三版

世界通史

王曾才——著

三民書局

三版說明

　　世界近現代史大家王曾才教授，不僅治學態度嚴謹，研究成果更是豐碩。本書《世界通史》為教授的心血結晶，內容自遠古的史前時代一直到列強殖民競爭的烽火年代，針對各個時代變遷皆有引人入勝的介紹與討論。

　　此次再版，為因應現代出版的潮流，本書除了調整內文間距及字體編排，更重新設計版式與封面，期許能夠帶給讀者更為輕鬆、舒適的閱讀體驗。我們期望讀者能藉由此書瞭解世界歷史與文化的發展，並在過去的歷史脈絡下理解今日的世界。

編輯部謹識

增訂二版序

　　數十年來，個人一直以綿薄之力，從事歷史知識普及化的工作。撰寫大學教科書是其中重要的項目之一。這些教科書，在內容上亦適合社會大眾和知識分子閱讀，也得到相當廣泛的回響，給予個人很大的鼓勵和樂趣。

　　這一部具備上述性味的《世界通史》是在 1993 年 2 月推出的，至 2004 年 8 月已經銷行八版。這些年來，有很多在大學講授這門課程的朋友們採用為教科書，據說也受到相當的歡迎。但是，他們也告訴我：本書在敘事範圍篇幅上略嫌不足，有時還得另覓補充教材。他們和他們的學生們都希望筆者能把它稍加擴大。三民書局的編輯同仁也屢作此類建議。最近稍得空閒，乃作了一些增訂的工作。

　　增訂的重點，在原書又加了一些西方的轉型和一個世界的形成的部分。轉型後的西方世界更具有感染力和影響力，本來可能由中國人在更早數十年就著先鞭的壯舉（明代鄭和的遠航），但因後繼無力，而讓西方人主導的地理大發現和殖民擴張來創造世界新局。對於此一課題的探討，也是重要的事。

王曾才

2005 年冬於溫哥華

自 序

　　近數十年來，有關世界史書刊的出版之多，堪稱汗牛充棟，但是一本用中文編寫，能夠趕上時代而又有可讀性的世界通史則不多見。本書便是希望暫時補上這個空隙。

　　義大利歷史學家克洛齊 (Benedetto Croce, 1866–1952) 曾倡言所有的歷史都是現代史。這是指人習於用自己所處的時代與價值觀來理解歷史：由於時代背景與價值體系時有變化，因而歷史著作亦應不斷地推陳出新。再者，自從 1960 年代以來，歷史研究，尤其是古代史方面，有了非常重大的發展與突破，於是新的歷史著作便大量產生。別的不說，英國劍橋大學本來在 1924 年至 1939 年間，出版了一套十二冊的《劍橋古代史》(*The Cambridge Ancient History*)，在 1970 年代以後便再改寫，其第一冊第一部有關緒論與史前史 (*Prolegomena and Prehistory*) 和第二冊有關中東與愛琴海地區 (*The Middle East and the Aegean Region*)（分別處理 c. 1800–1380 B.C. 與 c. 1380–1000 B.C. 部分），第三冊第一部有關巴爾幹史前史及中東和愛琴海地區的歷史 (*The Prehistory of the Balkans; the Middle East and the Aegean World, 10th to 8th Centuries B.C.*)、第三部有關希臘世界的擴張 (*The Expansion of the Greek World, 8th to 6th Centuries B.C.*)，第四冊有關波斯、希臘與西地中海地區的歷史 (*Persia, Greece and the Western Mediterranean, c.525 to 479 B.C.*)，均先後推出第七冊第一部希臘化世界 (*The*

Hellenistic World) 及第二部羅馬的興起 (*The Rise of Rome to 220 B.C.*)，以及第八冊羅馬與地中海世界 (*Rome and the Mediterranean to 133 B.C.*) 皆於 1984 年、1989 年（第八冊亦出版於此年）問市，其他各冊尚在策劃再版之中。

　　筆者於近二十餘年以來致力於外國史知識的普及工作。是書之作，亦本此目的。在涵蓋範圍方面，幾經考量，未把中國歷史與文化的發展包容在內。這並不是說，中國史不是世界史的一部分，恰巧相反，它應該是其中最重要的部分。但因中國歷史已有很多先進的著作，而且在大學內也有不少的相關課程，而不必列入本書，使之徒然「虛胖」而已。不過，本書在討論每一階段史實的前言中，均特別指明約當中國歷史發展的何一時代，以便比較。另外，本書於人物之生卒年代、地理沿革，以及各種名詞意義之釐清，報特別留意，冀盼有所助益。至於本書所包括的範圍原有意從遠古寫到十九世紀，以期下接《世界現代史》。但因另有其他計畫，便結束在地理大發現前後。事實上，如果與筆者所編寫的其他書籍相連接，已可自成一系統了。而且，將來如果時間允許，也許還可以再補充下去。

　　在此要說明的，是使此智慧財產受到極大重視與尊重的時代，本書在參考別人著作時均特別註明，所用圖片均先以自己拍攝或收藏者為主，為了證明該圖片為筆者自己所有，有時筆者本人也出現在其中，這並不是喜歡「拋頭露面」。再者，由於筆者學識所限，疏漏之處在所難免，還望方家指正。

王曾才

2004 年 3 月

世界通史

目次

引論：世界的通史

　　現代人除了是國家人、階級人、經濟人、政治人之外，就各種人類關係的互動而言，也是世界人。他要有世界史的胸懷，以廣闊而平衡的視野和理性客觀（或盡量客觀）的態度，才能對人類整體的過去作通盤而公正的瞭解與評估。

　　現代人有很多理由必須抱著世界性的視野和胸襟來衡量和瞭解歷史。第一，歷史，從較為廣泛的觀點來看，是文化變遷與發展的記錄。「文化」的界說很多，在中文裡習慣上指「人文化成」或「文治教化」。但是，西方學者對於何者為文化 (culture) 卻有多種不同的說法。自從英國人類學家泰樂 (Sir Edward Burnett Tylor, 1832–1917) 在 1871 年出版 《原始文化》(*Primitive Culture*) 並提出文化研究的問題以後，曾有很多的討論。1934 年美國女人類學家班迺迪 (Ruth F. Benedict, 1887–1948) 以其 《文化模式》(*Patterns of Culture*) 付梓。 1952 年美國人類學家柯魯伯 (Alfred Louis Kroeber, 1876–1960) 和克呂考洪 (Clyde K. M. Kluckhohn, 1905–1960) 推出《文化 ： 概念的批評與界說》 (*Culture: A Critical Review of Concepts and Definitions*)，為 「文化」 標舉了 164 個定義，真可謂洋洋大觀。此後在 1960 年代和 1970 年代初期不乏縱論文化問題的巨著❶。大致言之，文化

---

❶ 舉例言之 ， 有 Margaret Mead, ed., *Culture Patterns and Technical Change* (New York: New American Library, 1953); Ralph Linto, *The Tree of Culture* (New York: Alfred A. Knopf, 1955); Jack Lindsay, *A Short History of Culture* (New York: Citadel Press, 1962); M. F. Ashley Montagu, ed., *Culture: Man's Adaptive dimensia* (New York: Oxford University Press, 1968); P. L. Wagner, *Environments and Peoples*

是人類所獨有的東西，它是人類為了適應自然與人文環境所創造出來的生活方式的總和，其功能在確保人類的生存與發展。有的學者又提出「文明」(civilization) 的觀念，「文明」係指較「文化」更高的一種狀態，為在農業發展和新石器時代結束以後，人類社會有了城市中心、邦國（包括行政及稅收）制度、文字系統、專業劃分（如行政人員、農人、商人等等）和階級區別，以及技術成就（如冶金等）。依此說法，兩河流域（美索不達米亞）、埃及、中國、印度、希臘、羅馬、祕魯高地和玻利維亞（印加）、墨西哥河谷（阿茲提克）、瓜地馬拉（瑪雅）等地域以外，其他大河 (Rio Grande) 以北的美洲大陸，以及大洋洲和撒哈拉沙漠以南的非洲，在受到西方文化衝擊以前，均未到達此種程度❷。本書對於「文化」和「文明」不採取截然不同的區隔，而泛以「文化」稱之。

　　由於文化的產生係因人群社會在自然與人文環境的挑戰下，為了生存與發展所創獲的生活方式的總和。人類是否起於一元？其各種變異是否係因四出移徙在不同的自然與人文條件下而造成？這類的問題迄未得到完全圓滿的答案。但是，人類社群遍布世界各個不同的地區，而且為了因應不同的自然與人文環境發展出各種不同的文化，則為不爭的事實。文化是一種高度主觀的認同，各種不同的文化均因適合不同人群社會的需要而不斷地演變與發展。因此，我們很難用一成不變的固定標準來判斷各種文化的「高」或「低」。農業生產或工業經濟和「後工業」社會固然在生產力上有

(Englewood Cliffs, N.J.: Prentice-Hall, 1972) 和 W. W. Taylor et al., ed., *Culture and Life* (1973)。

❷　參看 Edward M. Burns & others, *World Civilizations*, 6th ed. (New York: Norton, 1982), Vol. I, pp. 16–18; Richard L. Greaves & others, *Civilizations of the World: The Human Adventure* (Philadelphia: Harper & Row, 1990), pp. 1–2; L. S. Stavrianos, *The World to 1500: A Global History* (New Jersey: Prentice-Hall, 1970), pp. 1–2, 42–43; *New Illustrated Columbia Encyclopedia* (Columbia: Columbia University Press, 1978), Vol. 5, pp. 1443–1444.

很大的差異，但是否就一定比「冬穴夏巢之時，茹毛飲血之世」（昭明太子蕭統語）要好，或使人更幸福，則恐怕不無疑問。另外，每個文化均有其不同的生活習慣、風俗儀禮和價值觀念，而這些也是難以分別高下的。何況人雖有白種 (Caucasoids)、黃種 (Mongoloids)、黑種 (Negroids) 等等的分別，而他們所分布的地區各不相同，如白種人居住在歐洲、北非與東非、中東、印度與中亞，黃種人生活在東亞和地理大發現以前的美洲，黑種人主要在非洲撒哈拉地區和其南邊的地帶活動，另外在非洲南部和中部還有布什人 (Bushmen)、小黑人 (Pygmies) 等，以及大洋洲又有澳人 (Australoids) 和毛利人 (Maoris) 等，他們之間容或因為不同的原因而有不同的際遇，但他們在體質結構與智能方面，彼此之間並無基本性的差異，所以同屬「人類」。在此情形下，人如果完全用「我族中心」(ethnocentrism)，也就是用自己的文化作為衡量或評估其他文化的標準，將會失之於偏頗。因此，人應該用文化相對論 (cultural relativism) 的觀點來理解自己和他人的文化，才是較為健全的態度。再者，現代世界已經因為交通運輸的發達和資訊傳遞的迅速而縮小為「太空艙地球」(spaceship earth) 或「世界村」(global village)，任何地區的歷史皆為人類共同的歷史❸。所以，現代人必須以世界人的立場去瞭解世界史。

　　第二，在歷史發展中，不同人群社會的文化一直在交互影響的過程之中，而且這種彼此之間的交互影響是世界性的。在古代，東西不同的人群社會固然各自獨立發展屬於自己的文化或生活方式，但是中央歐亞草原（從中國的東北到歐洲的匈牙利）卻在文化交流上扮演相當重要的地位，這個地區的各種游牧民族在不同的時代威脅著不同的居國（農業）文化，但也有助於它們之間的交流。除了游牧民族的「侵擾」所造成的文化交流以外，還有其他的方式。「絲路」(Silk Road, or Silk Route) 便是連接中國與西方的

---

❸　參看 L. S. Stavrianos，前揭書，pp. 3–7; *The New Encyclopedia Britannica* (1987), Vol. 16, pp. 925–930.

通道。它以漢唐帝國的首都長安為起點（或終點），經過河西走廊，大致上沿著長城向西北進發，越過新疆中部的大戈壁沙漠，經過新疆西方邊境的帕米爾（蔥嶺）高原，繼續向西越過阿富汗而進入地中海東部地區，然後由地中海到達更西的地區；向南可達印度。它曾經使羅馬帝國與中國維持某種程度的接觸，後來羅馬漸衰和阿拉伯勢力的興起使「絲路」漸失過去的風光，但十三和十四世紀蒙古人的崛起又曾使其暢通，馬可·波羅 (Marco Polo, 1254?–1324?) 便是經由這個道路到達中國。「絲路」把中國出產的絲運到西方，又自西方把羊毛、黃金和白銀輸送至東方。但是，「絲路」在文化交流上的功能不僅限於商業或物資層面，景教和佛教便是經由「絲路」分別自西方和印度傳播到中國。

　　這種不同人群社會或文化之間的交互影響，在近代以前常費時甚久，但卻有持續的效果。以中國的蠶絲、造紙、印刷、羅盤和火藥的西傳為例，均曾花了很長的時間。蠶絲在中國肇端甚早，相傳為黃帝的元妃嫘祖發明，這也許是附會之說，但絲綢在殷商時代即已相當發達。不過，中國一直嚴禁養蠶技術外流，違者甚至可能處以極刑。照中國的說法，它傳播到中原之外，係七世紀時唐代文成公主 (?–680) 在太宗貞觀十五年（641 年）出嫁給吐蕃贊普棄宗弄贊（松贊幹布），把養蠶、紡織、建築和造紙等技術傳到西藏。西方人的說法不一，通常說在西元 550 年左右有兩位景教傳教士在東羅馬皇帝查士丁尼的鼓勵下，把一些蠶卵及桑樹種子偷運到君士坦丁堡，然後才在西方逐漸流傳。八世紀時摩爾人把它傳至北非沿岸及西班牙和西西里等地，十二至十三世紀絲織業在西班牙和義大利北部等地大為發達，十七世紀以後在法國大為興盛，而路易十四在 1685 年取消寬容休京拉派教徒 (the Huguenots) 的「南特詔令」(*Edict of Nantes*) 以後，流亡的休京拉派教徒把它傳到英國。至於造紙術，東漢和帝時宦官蔡倫用樹皮、麻頭、敝布、魚網等造紙，在元興元年（105 年）正式奏報皇帝，宣布成功。唐玄宗天寶十年（751 年）中國與阿拉伯（大食）在恒羅斯河 (Talas River)（中

亞）畔作戰，在高仙芝指揮下的唐軍敗陣，被俘唐軍之中有會造紙的工人，被送至撒馬爾罕設廠製造紙張，後來輾轉西傳，到 1300 年左右亞麻紙在歐洲已甚為通用，歷程不可算不長。印刷術在中國很早便有木板印刷的技術，宋仁宗時畢昇發明活字版（約在 1045 年）。歐洲人在十五世紀才會木板印刷，日耳曼人谷騰堡 (Johannes Gutenberg, 1400–1468) 在 1450 年左右開始活版印刷。談到羅盤，在中國傳說很早，但在十二世紀（宋代時），北宋時中國人已知利用磁石製成磁針，然後把它橫貫著燈蕊放在有水的方位盤內而成為水羅盤，南宋時又成功製造不需要水盤的旱羅盤，此後西傳並獲改良。火藥對於歷史的影響頗大，一般相信至少在九世紀時（唐代末期）中國人便知曉火藥，不過用於製造爆竹（鞭炮），後來經由阿拉伯人傳至西方，1242 年英國人羅哲爾‧培根 (Roger Bacon, c. 1214–1294?) 公布火藥製造的方法，此後日益發展，成為影響歷史發展的主要因素之一。

在人類不同文化社會的發展與交互影響的過程中，有時呈現不同的運作與風貌。有的情形是在大放光芒後而灰飛煙滅，如埃及和兩河流域（美索不達米亞）的文化，不僅其本身到達很高的程度，而且對其他文化，尤其是希伯來文化和希臘文化有極大的影響，從而對羅馬以後的西方文化發生很大的作用，但二者皆已不存，現在居住在這兩個地區的人群與二者毫無直接的關係，徒令人發思古之幽情。又有一種情況是歷劫之後而能浴火蛻變，如歐洲中古時期以後的日耳曼人，他們破壞了西方古典世界的軀殼卻又繼承其餘烈，並下啟他們自己的時代。

與以上兩種情況不同的另一種情況是易地成長，這以誕生於印度而在其發源地趨於式微，卻在中國大放花華的佛教最為突出❹。我們都瞭解，佛教在印度創立以後，也曾在印度的孔雀王朝和岌多王朝等時代盛極一時，但後來卻日趨衰落而不再是印度人的主要宗教；反之在中國佛教卻日益發

---

❹　世界另一大宗教基督教，就某一意義而言，也是未能在其發祥地有高度發展，但其情況與佛教不同，基督教仍是發皇於西方並對西方影響最大的宗教。

達，成為絕大多數中國人的基本信仰。這種情形何以會發生？大致言之，佛教反對印度教的世襲種姓制度，倡導自我救贖，強調眾生皆有佛性，乃至「一闡提可以成佛」❺，在性質上是一種非常積極的信仰。另一方面，中國文化是一個非常積極的文化，中國沒有洪水滅世或避免洪水滅世的傳說，卻有「大禹治水」的故事，便是表現面對問題和解決問題的積極精神的一例，而儒家主張「人人可以為堯舜」和道家認為人可以藉著修行而成為「真人」和「至人」，凡此種種均可與佛教的積極精神相契合。另外，道家思想對於佛教的傳播有奠基的作用。佛家講的宇宙一貫的說法與道家的觀念很接近，而大乘佛學所表現出的「般若」（prajia，智慧）境界又能打動中國知識分子的心靈，因而使佛教佛學為中國社會上下所接受。佛教傳入中國的時間在東漢初年的明帝時期（永平十年，西元 67 年，在洛陽建白馬寺），魏晉南北朝以後大盛。中國人為了探明佛教教義，且到印度（天竺）取經，其中以東晉高僧法顯 (c. 337–422) 於東晉安帝隆安三年（399 年）自長安渡流沙（戈壁沙漠），越蔥嶺經中亞至印度，到過三十餘國，歷時十四年，經獅子國（錫蘭，今斯里蘭卡）回國，著有《佛國記》；另一唐代高僧玄奘 (602–664) 於唐太宗貞觀元年（627 年）自長安西行經西域至印度摩揭陀國，貞觀十九年（645 年）回國，撰有《大唐西域記》。佛教在中國不僅生根成長，而且在隋唐時期出現中國人或中國佛教徒自己開創的宗派，中國佛教三宗，即天台、華嚴、禪三宗，以及中國人大多數接受了佛教的基本信仰，是無容置疑的事。其所以致此，是因為中國的文化土壤之中有適合佛教發皇茁壯的因素❻。

---

❺　「闡提」指無善根之人，語出《大涅槃經》。

❻　參看勞思光，《中國哲學史》（臺北：華世出版社影印本，民 64），第二卷，pp. 308–311, 312–315, 326–331, 345–350；湯用彤，《漢魏兩晉南北朝佛教史》（臺北：商務印書館，民 57 重印），下冊，pp. 56–58, 88–93；《隋唐佛教史稿》（臺北：木鐸出版社，民 72），pp. 49–60；方東美，《方東美演講集》（臺北：黎明出版公司，

　　新航路與地理大發現以後，不同人群社會之間的文化交流與互動關係，無論是在量上，還是在質上，均到了前所未有的程度，其所造成的互相間的量變與質變亦至為驚人，而「世界一家」的局面乃告形成。

　　第三，如果不從世界史或比較歷史的觀點來看各種不同人群的歷史與文化，我們將無法對歷史發展有平衡的感受與瞭解。西方人士一向對近代以前的中國（所謂「傳統中國」）所懷抱的「中國中心的」(Sinocentric) 世界觀與政治觀有強烈的批評。由於中國一方面遠離其他重要的文化中心，如兩河流域及地中海地區等地，另一方面在東亞（也就是中國人所瞭解的「天下」的主要部分）居於特別優越的地位，無論在領土大小、人口多寡、經濟繁榮各方面均無其他國家可以在這個區域內與中國一爭短長，再加上中國無論在地理結構上，還是經濟體系上都是一個自足的體系，因而不認為任何其他國家可以有與中國平等的地位，於是一向視非孕育於中國文化中的民族為野蠻人。「東夷」、「西戎」、「南蠻」、「北狄」是中國對四裔民族傳統的稱呼，而泛稱之為「夷」。中國人對其他民族的優越感最能表現在對皇帝的尊崇上，皇帝是「天子」，是受「天命」來統治「天下」的，他的威權不受領土範圍的限制，即使是在中國之外，他也是至尊無上的，因為「溥天之下，莫非王土；率土之濱，莫非王臣。」❼中國此種建制在文化上的一統帝國與西方已經發展成功的民族國家不同，因而在理念上和價值觀方面均大異其趣。中國不能接受在西方已普遍接受的，以國際社會的存在為前提，以及以主權平等的原則為基礎的外交制度。這種不承認有平等國家存在的情況最能表現在政府組織上，自秦漢以迄清季的 1861 年 1 月（咸豐十年十二月）設立總理各國事務衙門以前，中國政府組織中從無主管外交的部門，此因外交部門是掌理平等的主權國家之間的政府與政府的關係，而中國雖有很豐富的涉外關係的經驗，但不出朝貢國與藩屬的範疇，而此

　　四版，民 73），pp. 48–49。

❼　《詩經・小雅・北山》第二章。

為禮部與理藩院的職掌。因而中國在與西方國家發生無可避免的關係以後，一直是拒絕應該接受的（如拒絕主權平等的原則、反對互換常駐使節、不願在國際交涉中委派全權代表、不准中國官員與外國官員發生直接聯繫，等等），同時也一直接受應該拒絕的（如協定關稅、領事裁判權、最惠國待遇，等等）❽。1792 年至 1794 年間（清乾隆五十七年至五十九年），英國以當時西方國家中之至強的地位派大使馬戞爾尼 (Lord Macartney, 1737–1806) 來中國要求建立外交關係，為避免商業色彩，乃以祝賀乾隆皇帝八秩晉三誕辰為名，但卻是為了極其嚴肅的談判使命而來。當 1793 年清廷決定拒絕英國派遣常駐外交代表來中國時，對當時英王喬治三世 （George III，1738–1820，在位時期 1760–1820）❾的答覆，完全用訓令的「上諭」款式：「奉天承運皇帝敕諭英咭利國王知悉」，嘉許說：「咨爾國王，遠在重洋，傾心嚮化，特遣使……叩祝萬壽。」但對所提駐使北京的要求則斷然拒絕，而其拒絕的理由是與「天朝體例」不合，斷不可行：

> 向來西洋各國有願來天朝當差之人原准其來京，但既來之後即遵用天朝服色，安置堂內，永遠不准復回本國。此係天朝定制，想爾國王亦所知悉。今爾國王欲求派一爾國之人住居京城，既不能若來京當差之西洋人在京居住，不歸本國，又不可聽其往來，常通信息，

---

❽　詳見王曾才，《中英外交史論集》（臺北：聯經出版公司，民 72，第二次印行），pp. 1–16。

❾　喬治三世為英國漢諾威王朝君主，他先後兼漢諾威選侯 (Elector of Hanover, 1760–1815) 和漢諾威國王 (1815–1820)。在英國，他是親自掌理國政的君主，但在 1765 年第一次心智昏狂症發作，1770 年在眾議院反對下任命諾斯勳爵 (Lord North) 為首相，他透過對國會議員的收買等方式，掌理國政十二年，但旋喪失北美十三州，他也反對解放英國境內的天主教徒。1803 年至 1804 年間，又有兩次心智昏狂症發作，1811 年眼睛瞎掉並且未再恢復神智，由其子（後來的喬治四世）任攝政王，至他死時繼位。

實為無益之事。且天朝所管地方，至為廣遠。凡外藩使臣到京，譯館供給、行止出入，俱有一定體制，從無聽其自便之例。……設天朝欲差人常駐爾國，亦豈爾國所能遵行？況西洋諸國甚多，非止爾一國，若俱似爾國王，懇請派人留京，豈能一一聽許？是此事斷難准行。豈能因爾國王一人之請，以致更張天朝百餘年法度？

　　另外的理由是，留使駐京對於貿易並無幫助，因為貿易地點遠在澳門，距北京幾乎有萬里之遙，「伊亦何能照料也耶？」理由之三是，英使駐京亦無益教化，因為英國無法實施天朝的禮法制度。上諭最後且不無警告意味：

天朝撫有四海，惟勵精圖治，辦理政務，奇珍異寶，並不貴重……派人與天朝體制既屬不合，而於爾國亦殊覺無益……惟當善體朕意，益勵款誠，永矢恭順，共享太平。……❿

---

❿　此敕諭係用滿文及拉丁文頒發，中文見故宮博物院編，《掌故叢編》(1928–1929)，第三輯，pp. 18–19；《乾隆朝實錄》，卷 1435，pp. 11–15；英譯見 E. Backhouse & J. O. P. Bland, *Annals and Memoirs of the Court of Peking* (London: W. Heinemann, 1914), pp. 322–325; Cranmer-Byng, op. cit., pp. 337–341. 亦見 S. Y. Teng & J. K. Fairbank, *China's Response to the West* (Cambridge: Harvard Univ. Press, 1954), p. 19; Arnold Toynbee, *A Study of History*, Abridgement of Volumes I–VI (London: Oxford University Press, 1946), pp. 37–38 亦有若干討論。討論此事的著作有 Aubrey Singer, *The Lion and the Dragon: The Story of the First British Embassy to the Court of the Emperor Quianlong in Peking* 1792–1794 (London: Barrie & Jenkins, 1992); Tseng-Tsai Wang, "The Macartney Mission: A Bicentennial Review", Paper presented at the British Association for Chinese Studies Annual Symposium, September, pp. 28–30, 1992, School of Oriental and African Studies, University of London.

　　這種情況，固然好笑。但是，我們必須從比較歷史來看，以及從文化的層面去理解：任何文化，無論其為亞述或波斯，均有「自我中心」的表現。以西方而言，古代希臘人無視其他人群社會的文化成就，相信他們在「光明的世界」(Oikoumene, or Ecumene) 中居於特別的地位。他們自稱其土地為「希臘」(Hellas)，自稱自己人群為「希臘人」(Hellenes)，他們認為任何不講希臘話的人是野蠻人，也認為任何會講希臘話的人（即使是不居住在希臘）是希臘人。羅馬人自認自己居於世界的中心，在他們之外有一些外圍土地 (orbis terrarum, or circle of lands)。他們把萊茵河和多瑙河以外的人群視為野蠻人，在沒有自然屏障的地區，羅馬人為了區隔文明與野蠻，也築有「羅馬長城」(Roman Walls)。我們都知道，羅馬人於西元 100 年左右，在現在的羅馬尼亞與德國之間建築了一道長城。稍後，他們在當時為其不列顛省的北邊，由皇帝哈德良（Hadrian, or Adrian，76–138，在位時期 117–138） 於 122 年至 126 年間， 在不列顛北邊狹窄地帶， 由泰尼河 (Tyne River) 邊的華勒盛 (Wallsend) 至蘇勒維・費茨 （Solway Firth，愛爾蘭海的分支） 邊的鮑奈斯 (Bowness)， 興建了號稱哈德良長城 (Hadrian's Walls) 的長城，後來塞佛留皇帝（Severus，146–211，在位時期 193–211）並曾再加以擴建。迄今此一長城仍然留有若干遺跡，有 8 呎（2.4 公尺）寬和 6 呎（1.8 公尺）高。另外，皇帝安敦（Antoinius Pius，86–161，在位時期 138–161） 又在 140 年至 142 年左右下令當時的不列顛省總督，在哈德良長城之北興築另一道較小的安敦長城 (Antoine Walls)。在羅馬帝國存在的時期也不承認有任何對等國家。即使是東羅馬（拜占庭）帝國，亦是視其他國家或鄰近民族為野蠻人，其政府組織中且有「蠻人事務部」(Office of Barbarian Affairs)。這與中國認為與外國人打交道為「籌辦夷務」，曾經把外交檔案稱為「籌辦夷務始末」，又有何不同？羅馬滅亡之後，歐洲人對於政治上的大一統和基督教興起後的宗教上的大一統，久久不能忘懷。所以，在羅馬滅亡之後，有查理曼帝國（Charlemagne's Empire，九世紀時），

以及被伏爾泰 (François Marie Arouet de Voltaire, 1694–1778) 譏為「既不神聖，亦非羅馬，更非帝國」 的神聖羅馬帝國 (Holy Roman Empire, 962–1806)，均為大一統理念的借屍還魂。在西方，一直到 1648 年三十年戰爭 (Thirty Years' War, 1618–1648) 之後，一統帝國 (universal empire) 和一統教會 (universal church) 的理想才完全幻滅。 1648 年的 「威西發利亞和約」 (*Peace of Westphalia*) 使神聖羅馬帝國僅餘軀殼，各民族國家主權平等的地位獲得承認。西方國家的政府結構中，也是自從 1648 年以後始有外交部的組織❶。因此，中國與西方對國際社會及國際政治看法與處理方式的不同，只是主客觀條件和歷史演變下的階段性的差異而已。而且，西方人是何等的「自我中心」，史實斑斑可考。西方人以歐洲為世界中心，乃把所謂「東方」(the Orient) 分為三個區域：「近東」是最接近歐洲的區域，包括地中海至波斯灣的地帶；「中東」為自波斯灣到東南亞的地域；「遠東」則為距離歐洲最遠的濱臨太平洋的地域。第一次大戰以後，「中東」一詞逐漸變為包含「近東」及「中東」絕大部分的地理名詞。最妙的是近代的澳洲人因係自歐洲（主要自英國）移來，竟然習而不察地也稱東亞為「遠東」，有的學者指出他們殊不知東亞實在澳洲的北邊，而且相去不遠❷。

　　因之，對不同的人群社會的文化能夠以客觀、虛心而平衡的態度去探討和研究是瞭解世界史的主要方法。事實上，中外史學家在寫作通史時，常是以 「世界史」 為其範疇的。 無論是中國的太史公司馬遷 (145–87? B.C.) 在撰寫《史記》，還是希臘的希羅多德 (Herodotus, c. 485?–425? B.C.) 在著述他的《史記》(*The Histories*)，他們的胸懷及寫作的範圍均不限於自己的國家。 馴至近世， 美籍荷裔的歷史學者房龍 (Hendrik Willem Van

---

❶　參看 L. Oppenheim, *International Law: A Treatise*, edited by H. Lauterpacht, 8th ed. (London: Longmans, 1955), Vol. I, p. 763.

❷　參看 Arnold J. Toynbee, ed., *Half the World: The History and Culture of China and Japan* (London: Thames and Hudson, 1973), p. 9.

Loon, 1882–1940) 所寫的《人類的故事》(*The Story of Mankind*, 1921)，英國歷史學者威爾斯 (Herbert George Wells, 1866–1946) 所推出的 《世界史綱》(*The Outline of History*, 1920) 和 《世界簡史》(*A Short History of the World*, 1922)，德國學者史賓格勒 (Oswald Spengler, 1880–1936) 的《西方的衰落》(*Der Untergang des Abendlandes*，1918–1922，英譯 *The Decline of the West*，1926–1928，兩卷)，英國學者湯恩比 (Arnold Joseph Toynbee, 1889–1975) 的《歷史研究》(*A Study of History*，1934–1961，十二卷)，均是以涵蓋世界史或整個世界為其目的的。但是，他們的著作客觀嗎？平衡嗎？仍不無仁智互見之處。 1963 年起，聯合國教育科學及文化組織 (UNESCO: United Nations Educational, Scientific, and Cultural Organization) 開始出版多卷帙的 《人類文化科學發展史》(*History of Mankind: Cultural and Scientific Development*)，但其取材與編排亦非令人滿意。我們也看到當代美國歷史學家麥克尼爾 (William H. McNeill) 在 1963 年美國處於最優越地位時推出 《西方的興起》(*The Rise of the West*) 到 1987 年出版《人類社會史》(*A History of the Human Community*)，這之間曾有很大的自我轉變與重新評估。其中最具關鍵性的中心課題，一直是在結構上取材是否均衡，以及在評價上對各人群社會所創造的文化是否公允。

怎樣才能做到平衡和公允？固然，如持「我就是世界，我不承認你」的態度是要不得的；即使是抱著「我的世界裡也有你」，也不足取；而必須是「我們的世界裡有我和你，也有他」才行。但是，在另一方面，任何人（無論是聖哲與不肖）都是生活在自己的世界中，差別的只是對外在世界警覺與認知的程度。美國歷史學家俾爾德 (Charles Austin Beard, 1874–1948) 早就感慨萬千地談到歷史的客觀研究只是 「高貴的夢想」 (noble dream)，此一問題一直討論不休❸。我們知道相傳發現槓桿原理的希臘科

---

❸　關於這一方面的問題，參看 Peter Novik, *That Noble Dream: The Objectivity Question and the American Historical Profession* (Cambridge: Cambridge University

學家阿基米德 (Archimedes, 287–212 B.C.) 曾經說如果給他一個 「定點」，他便能轉動世界。對於歷史學者，這個「定點」何在呢？恐怕仍是自己的文化與歷史，但應該以非常開放的胸懷，用盡量客觀（如果無法絕對客觀的話）來瞭解和評估自己社會的歷史與文化，以及其他人群社會的歷史與文化。在這方面，也許孔子所倡導的 「絕四」：「毋意、毋必、毋固、毋我」 ❹當不失為重要的指針。不過，我們必須要能跨越所應跨越的，超脫所應超脫的，突破所應突破的，以及綜合所應綜合的，我們才可期望認知全人類的世界史。

Press, 1988)；邢義田譯著，《西洋古代史參考資料》㈠（臺北：聯經出版公司，民 76），附錄，pp. 387–508；邢義田譯，麥克尼爾著，〈世界史的一個新結構〉，《當代》，66 期，1991 年 10 月，pp. 48–68；周樑楷，〈麥克尼爾世界史新結構的局限〉，《當代》，67 期，1991 年 11 月，pp. 132–141；周樑楷〈世界史觀和世界秩序的辯證關係〉，《當代》，78 期，1992 年 10 月 , pp. 70–82。

❹　《論語》，子罕第九。

第一章　遠古時代

　　人類出現在地球表面的時間與宇宙形成的悠久歲月相較，簡直就是須臾與永恆之別。 地球已有五十億年左右的歷史 ，而人類以最原始的巧人 (Homo habilis) 而言，也不過只有一百五十萬年至一百七十五萬年的時間，而人類之開始有歷史的記錄不過僅有六千年（甚至不到六千年）的時間，可以說是太短暫了。

　　人類出現以後曾歷經非常長的石器時代 ， 人本身的演變也從巧人 (Homo habilis) 經直立人 (Homo erectus) 而為智人 (Homo sapiens)。 接著人類文化由石器時代而青銅器時代而鐵器時代。人類文化也從農業發展成功以後，能夠生產糧食，而開始有聚落，同時因為有了多餘的生產才能養活其他不從事直接農業生產的人口，於是乃有政治組織、社會制度和宗教活動等等，也才能與其他的聚落發生以物易物的交易行為。人類關係趨於複雜，城市和邦國便應運而生，又為了紀錄各種活動與人和人之間的關係，文字便被發明出來，人類也就進入歷史時期。

　　人類古老的文化發祥在河谷地區，埃及的尼羅河谷，西亞的兩河流域，印度的印度河谷，以及中國的黃河流域都是孕育人類最早的文化的搖籃。至於那一個文化最為古老，一直有不同的說法。埃及與兩河流域的文化都可以追溯到大約西元前 4000 年以前，但是二者之中究竟何者最早也有相當多的爭議。印度河谷的文化大約肇始在西元前 3000 年以前。另外，中國黃河流域的文化，如果以殷墟出土的甲骨文字來算，其進入歷史時期是在西元前 2000 年以後，但是從很多方面看，甲骨文已非草創時期的文字，如果把仰韶時期西安半坡的陶文看作文字，則中國文化亦在大約西元前 4000 年

以前便已開始。而且，自 1987 年在雲南發現與「巧人」年代差不多的元謀人的化石以後，又接著在長江流域的良渚、河姆渡、彭頭山等處發掘到較黃河流域新石器時代的仰韶文化及龍山文化還早的新石器文化（至少早一千多年），因而黃河流域究竟是不是中國文化的發源地，也有了問題。不過，中國文化是遠古文化之一，由於另有中國上古史的範圍，此處不作討論。此外，從另一觀點看，埃及與兩河流域的文化已與現在的埃及與兩河流域沒有牽涉，它們已經是死亡的文化，只有印度與中國的文化仍然是一脈相承的文化。

西方學者喜歡在「文化」(culture) 與「文明」(civilization) 之間作某種不同的劃分。「文化」是生活方式的總和，「文明」則指已經進入城市生活、文字系統和金屬冶鍊等等狀況的情形。本書對二者不作如此苛細的區別，而率以「文化」稱之。

第一節　早期的人類與文化

一、人之初

天地萬物是如何形成的？各民族各文化均有不同的傳說。中國人傳說盤古是天地萬物的始祖。西方基督教則說天地萬物是由上帝所特別創造的，愛爾蘭的阿瑪大主教 (Archbishop of Armagh) 亞瑟 (James Ussher, 1581–1656) 更曾考證出上帝創造宇宙和人類萬物的時間是西元前 4004 年❶。

但是事實上，人類所居住的地球已有五十億年左右的歷史。它是距離太陽第三遠和太陽系中第五大的行星，呈球狀。在體積上，其赤道圓周為

---

❶ 亞瑟大主教於 1640 年後定居於英格蘭，並在 1650–1654 年間出版《舊約及新約編年史》(*Annales Veteris et Novi Testamenti*, or *Annals of the Old and New Testament*)，他推定上帝「創世」之時為西元前 4004 年。

40,076 公里（24,902 哩），赤道半徑為 6,378 公里（3,963 哩），其極圈半徑為 6,357 公里（3,950 哩），其平均半徑為 6,371 公里（3,960 哩），其總表面積大約為 509,600,000 平方公里　（197,000,000 平方哩），　其中約有 29%（148,000,000 平方公里，或 57,000,000 平方哩）為陸地。它有一個自然的衛星，就是月球，繞著地球運轉，其距離地球的平均距離是 384,400 公里（238,870 哩）。另 一 方 面，地球 以 距 太 陽 大 約 149,573,000 公里（92,960,000 哩）的平均距離繞著太陽運轉，運轉的速度是每秒 29.8 公里（18.5 哩），自轉一周需時 23 小時 56 分 4 秒，公轉一周要花 365.25 天。

在地球漫長的數十億年的歷史中，它曾經歷經古老代 (Paleozoic Era)、中生代 (Mesozoic Era) 和新生代 (Cenozoic Era) 等階段。現在正處於新生代的第四紀 (Quaternary Period)，而新生代的第四紀又有更新世或洪積世 (Pleistocene epoch) 和全新世 (Holocene epoch) 兩個階段。更新世約當距今兩百萬年至一萬年前。全新世或稱現世 (Recent epoch) 則始自一萬年前，更新世亦即冰河時代 (Ice Age)，世界氣候酷寒，終至產生冰河 (glaciers)，造成美洲、歐洲、亞洲等地域的冰封雪凍。此種冰凍現象稱冰河期，有過四次，每兩次冰河期之間，稱為冰間期，在此期內冰雪消退，氣候轉暖。最近一次的冰間期約始於兩萬五千年以前。隨著世界氣候的劇烈變化，不能適應環境的動物和植物便會滅絕，連帶地也引起動物群的大遷徙與變遷。

與地球的悠久歲月相比，人類的出現和發展是非常晚近的事。現代人在動物分類上，以目、亞目、科、屬、類而言，屬於靈長目 (Primates)、人形亞目 (Anthropoidea)、人科 (Hominidae)、人屬 (Homo)、智人類 (Homo sapiens)。經由現代人類學家的努力，我們有了大致的瞭解。最早類似人類的動物是非洲南猿 (Australopithecus africanus)❷，其化石為南非古人類學家及解剖學家達特 (Raymond A. Dart, 1893–1988) 首先在南非角省 (Cape province) 的一個採石場中發現者（1924 年），此後又有不同的學者在南非

❷　australis 為拉丁文「南方的」之意，pithekos 為希臘文「猿」的意思。

和東非各地陸續有南猿化石的發掘。南猿有不同的類別，其所生存的時代距今五百萬年至一百萬年前不等。牠們的腦容量雖較人為小，但其臂股與腿的結構已可直立，其牙齒亦較猿更近人類。

　　人類學家，特別是英國人類學家路易・李奇 (Louis S. B. Leakey, 1903–1972) 及其家人❸於 1959 年以後在非洲東部坦尚尼亞 (Tanzania) 的歐杜維峽谷 (Olduvai Gorge) 和肯亞 (Kenya) 的土爾卡那湖 (Lake Turkana) 等地又發現其他的化石，最初以為仍屬南猿的化石，但 1964 年以後終確定係為另外的品種，乃命名為巧人 (Homo habilis)❹，此種人在距今兩百萬年至一百五十萬年前生活於非洲東部（也許還有其他地方），其腦容量已較南猿大，臉及顎也較小，也有了臼齒。更重要的是，巧人已能製造粗糙的石器，在歐杜維峽谷的第一層和第二層分別挖掘到距今一百七十五萬年前和一百五十萬年前的化石，均有圓石石器，以及用來製造皮革的骨器，並且可能已經有了初級的語言。人類再進一步的發展是直立人 (Homo erectus)❺，其生存時間約在距今一百六十萬年前至二十萬年前，其化石在非洲、亞洲和歐洲均有發現。在非洲，前述歐杜維峽谷遺址的第二層頂部就有直立人的化石，稍早於 1891 年在爪哇發現的爪哇人 (Java Man)，1927 年在中國北京附近周口店發現的北京人 (Peking Man)，此外在德國所發現的海德堡人 (Heidelberg Man)，以及 1950 年以後在中國陝西渭水下游的藍田人，此外非洲北部、南部和東部均有發現。在雲南發現的元謀猿人（只餘兩顆牙齒）號稱有一百七十萬年的歷史。直立人亦稱猿人，譬如「北京人」即稱「中國猿人北京種」(Sinanthropus Pekinensis)。他們生存的時間也沒有定論。直立人的體質，尤其是四肢結構，已與現代人無大差異。只是腦子較小，頭

---

❸　李奇一家均為人類學家，其妻瑪俐 (Mary Douglas Leakey)，其子理查及約那旦 (Richard and Jonathan Leakey) 均為人類學家。

❹　Homo 為拉丁文「人」的意思，habilis 為拉丁文「技巧的」之意。

❺　erectus 為拉丁文「直立的」之意。

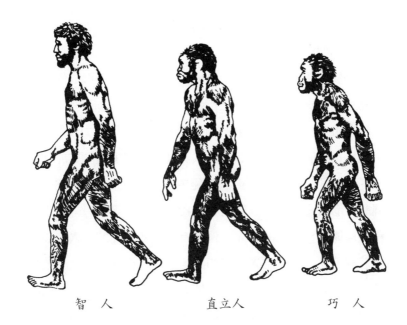

智　人　　　　　　直立人　　　　　　巧　人

骨較厚，臉較扁平，傾斜的前額，突出的下顎。他們已經知道用火，會製造手斧和砍切的器具，構築住處的技術也有進步。

巧人與直立人均已絕跡。現代人稱為智人 (Homo sapiens)❻，今日世界各地人種均屬之。智人究於何時出現於地球表面，各家說法不一，或謂五、六十萬年前，或謂二、三十萬年前，有謂他們在二十萬年至十萬年前首先出現於非洲，但在一萬年前他們已遍布於南極洲 (Antarctica) 以外的其他各洲。這種人體態較為輕盈，有大而圓的頭蓋骨，鼻子、牙齒和顎均較小，兩足站立的步態更穩，其腦容量平均有 1,350 立方公分，現代人的腦容量多超過 1,400 立方公分。

---

❻　sapiens 為拉丁文「有智慧的」或「聰明的」之意。中國人類學家李濟 (1896–1979) 根據荀子認為人之所以為人，不是因為「二足而無毛」，而是因為「有辨」，乃主張譯為「有辨的荷謨（類）」，見其所寫〈北京人的發現與研究之經過〉，《大陸雜誌》，〈史學叢書〉第一輯第二冊（臺北，民 49），p. 8。又，此名詞在中文中亦常譯為「真人」，中國發現最早的真人是「山頂洞人」。

　　人在生理結構及器官機能等方面均有較其他種類的動物為差的地方。但是，人類也具備很多其他動物所未有的體質上的優點。這些優點，用遺傳工程的術語說，是由於基因變化 (changes in genes) 而形成的。這些人類特有的優點包括：腿和腳可以直立行走，使前肢（臂）和雙手可以自由活動；腦容量的加大（特別就與身體比例而言），有了思考力和智慧；雙手的拇指與其他手指分開，乃能製造器具（其他動物如黑猩猩雖亦能使用簡單的器具，終不能與人類相比）；語言的能力尤為人類所專有，它使人能夠相互傳遞經驗、溝通意見、表達感情和講授知識，等等。另外，現代人各種不同的種族可能來自不同的祖先，但是有些彼此之間的差異，如不同的膚色，卻是適應不同氣候的結果。譬如說，黃色人種（黃種人）的特質與膚色原是適應寒冷的氣候；非洲人和印地安人之所以有黑的和較重的膚色是為了保護他們免於受到紫外線的傷害；歐洲人的膚色蒼白暗淡是為了適應多雲而陽光稀少的天氣。膚色在現代世界成為政治與社會的重大問題，但它在區分人種方面的真正重要性尚不如頭髮結構或頭顱形狀等。而且，這種膚色的分別有時也沒有意義。舉例言之，日本的蝦夷人 (the Ainu) 有白的膚色，但在其他方面卻與歐洲人不同；澳洲的土著民族有黑的膚色，但也與其他地域的黑人不同。現在處於一個世界一家的情況，種族和膚色等等生物方面的因素實在不應該被過分的強調❼。

二、史前史與歷史

　　習慣上把人類社會演化的過程分為史前史 (Prehistory) 和歷史 (History) 兩個階段。史前史係指人類發明文字，能夠作成紀錄以前的時期；歷史則指人類有了書面資料以後的階段。人類發明文字固為最重大的突破性的成就之一，文字是「寫的語言」，因為它可以使思想、知識和訊息不再

---

❼　參看 William H. McNeill, *A History of the Human Community*, 3rd ed., Vol. I (New Jersey: Prentice-Hall, 1990), pp. 4–6.

受時間和空間的限制，人類沒有文字以前真是「萬古如長夜」。文字實在是太神奇了，以致許多民族或文化集團均認為是神發明的。埃及人認為文字是掌理學問、文字和智慧的神祖特 (Thoth) 發明的，巴比倫人認為文字是智慧之神和太陽神奈保 (Nebo, or Nabu) 發明的，希臘人認為是赫爾穆斯 (Hermes) 神發明的，羅馬人認為文字是墨丘利 (Mercury) 發明的，墨西哥的阿茲提克人 (the Aztecs) 相信文字是奎札寇特 (Quetzalcoatl) 神發明的。其他如印度人、波斯人等無一不相信文字是神發明的。中國人則傳說文字是黃帝的史官倉頡創造的。文字的發展有其源遠流長的歷史，語文學家認為文字起源於圖畫，舊石器時代晚期在法國南部和西班牙東北部的洞穴中所留下的壁畫，以及其他的各種圖案和紋路都可能是文字的先驅。中國古書如《呂氏春秋》和《世本》等均提及「史皇作圖，倉頡作書」的說法；許慎也說倉頡是「見鳥獸蹏远之迹」而「初造書契」❽。文字亦非任何一人可以完成，倉頡也不是在中國唯一的文字創造者❾。但是，文字發明所帶來的震撼與突破是空前的，中國古書《淮南子‧本經訓》說：「昔者倉頡作書，而天雨粟，鬼夜哭。」❿但是，人類發明文字畢竟是相當晚近的事，埃及的象形文字發展於西元前 3500 年至 3100 年，蘇美人 (the Sumerians) 所創造的楔形文字形成於西元前 3000 年左右，印度的《吠陀》(Veda) 可以推至西元前 1500 年。至於中國，一般認為在西元前十八世紀開始的商代 (1751–1111 B.C.) 是歷史（即所謂「信史」）時代的開端。不過，最近數十年來的田野考古發掘到許多史前的陶器，有些陶器上的陶文被認為是比甲

---

❽ 《呂氏春秋‧勿躬篇》：「史皇作圖」；〈君守篇〉：「倉頡作書」；《世本‧作篇》：「史皇作圖，倉頡作書」，又說：「史皇倉頡同價」。按史皇相傳亦為黃帝之臣；許慎〈說文解字序〉。

❾ 《荀子‧解蔽篇》：「好書者眾矣，而倉頡獨傳者，一也。」

❿ 參看李孝定，〈中國文字的原始與演變〉上篇，《中央研究院歷史語言研究所集刊》，第 45 本（臺北：民 63），pp. 344–349。

骨文更早的文字，譬如，在陝西渭水流域若干仰韶文化（新石器時代彩陶文化）的遺址，而其中西安半坡陶文可能較甲骨文早兩千年以上，追溯到西元前 4000 年至 3000 年。這並不是定論。總之，以人類生存悠久的時間來看，文字發明實是很短時間的事。

就此意義而言，有人認為把人類活動的整個歷程分為「史前史」和「歷史」兩個階段，其妥適性尚待斟酌。這種劃分的辦法，可能使人誤認史前時期並不重要。事實上，早在文字發明之前，人類在政治和社會制度，乃至在技術方面，已經獲致很大的成就，並且奠定了後來發展的基礎。因此有人主張，全部人類在地球上活動的時間均屬歷史時期，而文字發明以前的階段可稱為「先文獻」(preliterate) 的時期。再者，從另一觀點看，整個人類歷史可以分為石器時代 (Age of Stone) 和金屬器時代 (Age of Metals) 兩個階段。前者約略相當於文字發明以前的時期，後者約略相當於有了文字記錄以後的時期❶。

我們對於有文字記錄以前人類的活動與成就的瞭解，主要靠遺存。所謂「遺存」，用最通泛的說法是化石與器物。所謂「化石」(fossil)，是指保存於地層沉積層（此為經水流一類的動力作用而一層一層地沉積下來的地質產物），在沉積層（堅硬的是沉積岩）如有屍體之類的東西，其柔軟的皮肉部分會腐化掉，剩下骨骼及牙齒等堅硬部分保留下來，後來可能與泥土固結而成為沉積岩（頁岩和砂岩等），這些石化的骨骸便會封閉在其中而成為化石。人類要到有埋葬的觀念與習慣之後，才會有完整的化石，在此之前只會有零星的殘骸，乃至一顆牙，一片頷骨或一片頭骨，學者可以用比較解剖學的方法來重建其形象。至於器物 (artifacts)，包括的範圍甚廣，有器具、武器、餐具、雕刻和繪畫等等。這些都有助於對當時人類社會的瞭解。有時，文化人類學家也可以藉著對現在原始民族的研究而收攻錯之效。

---

❶　參看 Edward McNall Burns, *World Civilizations*, 6th ed., Vol. I (New York: Norton, 1982), pp. 4–5.

三、舊石器時代

舊石器時代 (the Paleolithic Period, or Old Stone Age)，約當自巧人 (Homo habilis) 出現至西元前 10000 年，它占了整個石器時代的 99% 左右。在此時代內，石器由原始粗糙的成品發展到精密的細石器 (microliths)，同時也是冰河流動造成氣候劇烈變化的時代。此時的人以狩獵為謀生的手段，生活也非常艱苦。人群組織的規模很小，通常在二十人至六十人間。繼之，便是屬於直立人的爪哇人和北京人生活在地面上。到舊石器時代末期，一種新的人種，也就是尼安德爾人 (Homo Neanderthalis, or Neanderthal Man) 出現。尼安德爾人的得名，係因其化石是於 1856 年發現於德國杜塞道夫 (Düsseldorf) 附近的尼安德爾峽谷 (Neander Gorge)。此種人的化石（最早發現的是骸骨碎片，後來在歐洲其他國家多處發現，且有的是完整的骸骨）已非常接近現代人，故人類學家把他們歸入智人。尼安德爾人約有五呎四吋高，腦容量已與現代人無差別。他們已經有了語言的能力，在他們居住的洞穴中有大的壁爐，顯示已有群居的習慣。他們除了有一般的石器以外，也已有矛頭和較為鋒利的刀子和削刮用具。另外，他們開始有了殯葬死者和用死後可能用到的物品陪葬的習慣，這證明他們已有抽象的思考能力。他們生活在舊石器時代早期末代的二萬五千年的一段時間內，在距今三萬年至三萬五千年前絕跡。

繼之而來的人種是克魯麥囊人 (Cro-Magnon Man)，他們生活在舊石器時代後期（約當 30000–10000 B.C.）。這種人之所以被稱為克魯麥囊人，是因為他們的化石是在法國南部的克魯麥囊洞穴 (Cro-Magnon Cave) 發現的。他們身材頗高（男性平均超過六呎），有寬闊的肩膀，完全直立行走，前額高，也不再有早期人類那麼濃重的眉毛，其腦容量更與現代人無異。當時正值冰河時期，氣候寒冷，馴鹿、野牛、乳齒象等動物在歐洲和亞洲均隨處可見，克魯麥囊人便以狩獵為生。他們的石器不僅製作精良，而且

種類也繁多，同時也有骨製的用具，也有用馴鹿角和象牙製的用具。他們
也製作了魚鉤、魚叉、標槍等等，而且在他們後期也有了弓與箭。他們已
知用骨頭製作針，雖然尚不會織布，已能縫製獸皮成衣服。他們已有熟食
的習慣，因為有很多用來烤肉的壁爐。他們已有較大的人群組織，儘管他
們仍然以漁獵維持生活，已經有了固定的聚落。他們也能用土來製作陶器。
另外，非常值得一提的，是克魯麥囊人在法國南部和西班牙北部的洞穴中，
留下許多非常逼真的繪畫。這些畫在洞壁或洞頂的畫，都在很深很遠和很
暗的地方，畫的多是他們經常狩獵和殺死的動物，雖然妙肖無比，用色的
鮮明和描繪的生動令人目眩，但繪畫的目的似乎不是為了大眾的觀賞，而
另有其他更嚴肅的用意。他們可能相信世界上充滿了精靈鬼異，他們繪出
動物的形象是為了取悅這些動物的精靈，也許是為了更易於捕捉這些動物。
他們很少畫靜物及植物，也沒有人像。但是，有小型的女雕像或塑像，強
調乳房、 胸部及陰部 ， 可能是代表豐收 。 舊石器時代後期約於西元前
10000 年結束。由於冰河不斷向北退，歐洲氣候變暖而不適合馴鹿的生存，
牠們逐漸轉移到波羅的海沿岸，乳齒象亦告滅絕。

四、新石器時代

　　舊石器時代結束後，在大約西元前 10000 年至 5000 年間，有一段過渡
時期稱為中石器時期 (Mesolithic Period, or Middle Stone Age)。在此時期內，
人變得較為定居，而且也有了新的食物來源如貝殼、魚類和一些可食的植
物。此後是新石器時代 (Neolithic Period, or New Stone Age)，此一時代究竟
始於何時，則在各地並不相同。新石器文化的聚落在西元前 7500 年左右出
現在約旦河 (Jordan River) 西岸，充分發展則於西元前 5000 年的埃及和美
索不達米亞 (Mesopotamia)，在歐洲則係在西元前 3000 年左右。中國的新
石器文化為仰韶文化（彩陶文化）與龍山文化（黑陶文化），仰韶文化包括
中原地區及關陝一帶，約在西元前 5000 年至 3000 年之間。至於新石器時

代何時結束，也是各地情況不同，最早在埃及和美索不達米亞，係在西元前 3500 年開始有了文字，最晚則直迄現代在太平洋一些島嶼，在北美的一些北極地區 (Arctic regions) 和在巴西的叢林之中，仍有這種文化的存在。在新石器時代，人類已經比較能夠控制環境，不致因氣候的突變或食物的中斷而面臨滅絕的危機。人類已經知道飼養動物（家畜，如狗、牛、羊、豬等）和發展農業，從食物的採集者變成食物的生產者。石器的製作由撞擊打製發展為研磨，各種專門工具也宣告出現。

農業的發展是最重要的大事，它常被稱為農業革命 (the Agricultural Revolution)。農業可能是在西元前 7000 年左右首先發展於中東，此因地中海東岸的西部部分，有很多丘陵與山峰，面對西風的山丘地帶有足夠的雨水使樹木可以生長。播種者找到結實的禾本科植物，如小麥和大麥之類，用刀耕火種 (slash and burn) 的方式來種植。這種辦法是割破樹皮，使樹木枯死，陽光便可照射在地上，然後種植穀物。經過一兩年後，燒掉枯死的樹木，其灰燼便可增長土地的肥沃性。同時為了農耕的需要，又發展出鐮刀和其他的農具。通常一塊刀耕火種的土地在幾年之後便因雜草和野種植物叢生而不再有耕種的價值，便必須放棄這塊土地而再去用同樣的方法轉移到鄰處或別處去刀耕火種，而被放棄的舊的土地後來又可長出樹木。從伊拉克與巴勒斯坦的遺址發掘，可以看出農業始原於中東的說法有相當的可靠性。早在西元前 7000 年左右，耶利哥 (Jericho) 和雅莫 (Jarmo) 已是可以農業生產養活三千人口的城市。耶利哥有泥磚築成的房舍，也有二十呎高的城牆，可能是人類最早的城市。農業生產的方法便由中東西傳進入歐洲。它的向東傳播較慢，北非因為在地理上接近歐洲和西亞，在西元前 5000 年左右，新石器文化便已充分發展於埃及。至於印度和中國則稍微晚些。但是，中國的仰韶文化已是非常成熟的新石器文化，而中國最早期的農作物中的粟（小米或稷）並不見諸古代的中東（近東），因而中國農業也有係出於獨自發展的可能，不過在西元前 2400 年左右，小麥與大麥也出現

於中國，可能係自西亞傳入。由於農耕和生活方式的改變，便需要較為精確的時間觀念，因而曆法隨之發展；水源與土地的管理，使社會組織與政府權力的出現不可避免（邦國的出現）；農業社會的安定與游牧民族的機動，形成居國與行國的對立⓬。這些對後來人類耳熟能詳的發展乃開始展現於歷史舞臺之上。

西元前 3500 年左右，由於文字的發明，整個石器時代宣告終結。

五、文化產生的因素

文化是如何產生的？文化與文明 (civilization) 是兩個常見的名詞。大體上，文明是指人類歷史發展已經到了廣泛地使用文字，在藝術與科學方面有相當成就，其政治、社會和經濟制度也足以保障秩序、安全與效率的階段。在本書中，我們對文化與文明不採嚴格而明顯的分隔，而泛稱文化。

對於文化何以產生，學者一直有不同的解釋。有人強調地理的因素，特別是氣候的因素。古希臘時代的亞里士多德 (Aristotle, 384–322 B.C.) 及啟蒙運動時代的法國思想家孟德斯鳩 (Montesquieu, 1689–1755) 便有此說。近代美國地理學者韓廷東 (Ellsworth Huntington, 1876–1947) 更是力主此說。韓廷東並不否認其他因素的作用，但他認為任何國家，不論古往今來，如無氣候刺激的因素，很難有高度的文化成就。他提出理想的氣候應該是平均溫度在華氏 38 度至 64 度之間。除了氣候以外，濕度亦甚重要，應平均在 75% 左右。他也認為天氣不能固定不變，應有風雨等等使氣候和空氣有所變化，以激勵人類。以此論之，世界上若干太熱、太濕、太冷和太乾的地區不能產生高度的文化，如北極圈、沙漠地區、雨林地帶（印度、中美洲和巴西的一些地區）。文化興衰與氣候變遷有關最顯著的例子，是瑪雅文明 (the Mayan civilization)。瑪雅人所發展出來的文化曾經在西元 400–

⓬　參看 Edward McNall Burns，前揭書，pp. 12–16; McNeill，前揭書，pp. 7–20; Richard L. Greaves & others，前揭書，pp. 5–9.

1500 年間盛行於瓜地馬拉、宏都拉斯和墨西哥的猶卡坦半島 (Yucatan Peninsula)。此一文化曾經發展出造紙、零的觀念、太陽曆、文字、大城市，以及在天文學、建築、雕刻等方面的高度成就。此一文化僅餘廢墟，固然也有其他因素（如部落之間的爭戰）造成它的衰落，但氣候變遷恐亦為主要因素。這個地區後來叢林密布，瘧疾流行和農耕困難，此種惡劣的情況不太可能有文化的發展。另有與氣候說相關的土壤耗竭論 (soil-exhaustion theory)，認為歷史上大帝國的衰落與崩潰跟土壤耗竭有很大的關係。地球表面上的沙漠與荒地多是因為畜牧和農耕使用不當所導致，破壞生態環境會帶來嚴重的後果。在美索不達米亞、巴勒斯坦、希臘、義大利、墨西哥和中國，均有因土壤耗竭不能生產人口所需的糧食而導致文化衰落的例證。

另一個理論是英國歷史學家湯恩比 (Arnold Joseph Toynbee, 1889–1975) 所提出來的逆境論 (adversity theory)。湯恩比認為環境或條件的艱難或橫逆為造成高等文化發展的原因。這種逆境或艱難的條件構成一種挑戰 (challenge)，它不僅會激勵人類去克服逆境，而且也會使人類產生創造新成就的力量。挑戰可能是沙漠、叢林、崎嶇的地形，或貧瘠的土地。希伯來人與阿拉伯人便是接受了沙漠的挑戰，安迪斯山脈 (the Andes) 的印地安人便是接受了崎嶇地形和貧瘠土地的挑戰。挑戰也可能是戰爭中的失敗或奴役。迦太基人在第一次布匿戰爭 (The First Punic War) 失敗後，便發憤為雄在西班牙建立一個新帝國。但是，這也有其限度。如果挑戰過於嚴厲，便會因打擊過大而無法有成功的回應。

最早的文化究竟是埃及文化，還是兩河流域的文化，並沒有定論。不過，有一些學者傾向於主張埃及文化是最古老的文化。在尼羅河 (the Nile) 流域和兩河流域，地理因素在文化發展中所發生的作用最為重要。兩個地區也有類似的地方，皆有面積不大卻非常肥沃的土壤。尼羅河的河谷雖延伸，但河谷地帶不寬，最寬處不過 31 哩，很多地方甚至不過 10 哩，整個

面積不過為 10,000 平方哩。由於河流長期的侵蝕，造成一個寬廣的峽谷，兩旁則為高度在數百呎至一千呎不等的峭壁。峽谷的底部因沖積而造成了一層很厚（有的地方深度超過三十呎）的沃土，其生成力甚強。很多人便聚居在這個地區，在羅馬時代有七百萬人之多，在更古的時期為數也不會太少。在此河谷之外，也就是峭壁之外，便是廣大的沙漠，其西是利比亞沙漠，其東為阿拉伯沙漠。至於由底格里斯河 (the Tigris) 和幼發拉底河 (the Euphrates) 所形成的兩河流域 (the Tigris-Euphrates valley)，其中一部分稱為肥沃月彎 (Fertile Crescent)，其情況與埃及不無類似。兩河之間的距離有時不足 20 哩，河谷下部也不過 45 哩。一如在埃及，河流使內陸交通方便，也使人群有魚類和水禽可以食用。河谷四周皆為沙漠。這些因素使這個地區的人群趨向於聚居而形成密集的社會。由於人口增加，人與人之間的相互關係變得複雜，各種組織及法規也應運而生。文字及其他文化發展也因為需要而發展出來。

氣候因素在埃及與兩河流域均不甚重要。埃及的空氣乾燥而令人有精神，即使是在最熱的季節也沒有令人窒息的壓迫感。在尼羅河三角洲冬季的平均溫度是華氏 56 度至 66 度，夏季平均為華氏 83 度，亦有時可達 122 度，但夜晚涼快而濕度極低。除了在尼羅河三角洲以外，埃及雨量很少，但是尼羅河每年七月至十月的泛濫可以中和乾燥的氣候。另外，在上埃及 (Upper Egypt) 不曾有瘧疾，即使是沿岸地區亦不例外。風向亦頗重要，每年有九個月風自北邊吹來，與尼羅河氣流的方向相反。這使風力中和了河流的力量，使尼羅河上游的運輸與下游相差不多，同樣便捷。這使各地居民容易聯為一體，在古代非常重要。美索不達米亞的氣候狀況較埃及略遜。夏季較熱，濕度也較高，熱帶疾病容易發生。但是，來自印度洋的熱風及時吹熟棗椰，以利民食。另外，北邊山上融雪的水每年湧到巴比倫平原，其所發生的作用與埃及的尼羅河相類，造成肥沃的土壤。不過，美索不達米亞地區的洪水有時成災，不如埃及穩定。兩個地區的雨量很少，以致雖

有定期的泛濫，水分仍然不足，以致農耕用水不足。這迫使兩地人民必須運用巧思，於是水利灌溉乃有其必要。早在五千年以前，兩地區便已有水壩、灌溉和運河系統，而這又必須有數學計算、工程能力和社會合作方克濟事。這些都是高度的文化成就。

至於埃及和美索不達米亞兩地區的文化何者較早，大多數歷史學家均認為埃及文化為最古老的文化。他們係受美國埃及學家布瑞斯提德 (James H. Breasted, 1865–1935) 和法國埃及學家莫理 (Alexandre Moret, 1868–1938) 的影響。兩次世界大戰之間有一些新的發現，顯示早在西元前 3500 年，埃及便受到美索不達米亞的影響，如圓柱印記 (cylinder seals) 之應用、建築結構施工法、藝術圖案，以及文字書寫方面。不過，埃及人並沒有純粹模仿，他們做了很大的改變來適應他們自己的文化模式。但是，這也不能證明兩河流域的文化早於埃及文化。我們可以說這兩種文化都很古老，而且在大體上是同時發展的❸。

第二節　埃及文化

一、古埃及歷史概要

埃及的歷史發展與尼羅河有非常密切的關係。尼羅河流長約 4,160 哩（6,695 公里），自非洲中部向北奔流。埃及是一個沙漠國家，如果沒有尼羅河的沖積就不會有肥沃的土地，也沒有灌溉的水源。尼羅河每年定期泛濫，形成一個可供農業發展與人民聚居的三角洲。古埃及分為兩部，北邊叫做下埃及 (Lower Egypt)，主要的構成部分是三角洲的扁平部分，其寬度約為 150 哩 （240 公里），它與地中海其他地區交通方便。至於上埃及 (Upper Egypt)，也就是埃及的南部土地，其幅員約為下埃及的兩倍，與外

---

❸　以上部分取材自 Burns，前揭書，pp. 6–21。

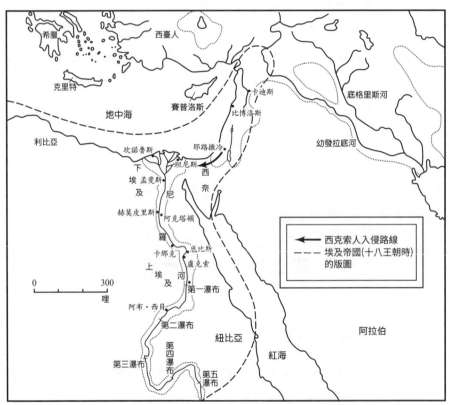

來源：Edward M. Burns & others, *World Civilizations*, 6th ed., Vol. I, p. 27.

古埃及地圖

在世界較為隔離。它是一個狹長（約長 525 哩，或約 840 公里）而富有生
長力的河谷地帶。整個尼羅河谷有如一個與外界不相連接的島嶼，河谷之
外是峭壁，峭壁之外是海洋（北邊）和沙漠（東、西、南）。這種地理狀態
使埃及相當安全，免於遭受外來的侵略，也使古埃及人較少受到外來的影
響，而致力於發展他們自己的同質性相當高的文化。埃及在新王國時期
(New Kingdom)，特別是西元前十六至十一世紀間，較少顯著的涉外關係，
也較少有對外征戰的活動，所以基本上古埃及人是愛好和平而不喜軍旅的。
另外，上、下埃及雨量均稀少，因而也就更為仰賴尼羅河，而尼羅河每年
定期泛濫也使古埃及人感到安定，也覺得自然是可以預測的。另一方面，
尼羅河與底格里斯河和幼發拉底河不同，它水流和緩，一直到第一瀑布
(First Cataract) 處是可以通航的，而古埃及的疆域也大致到此為止。埃及又
處於信風帶，風向經常由東北吹來，帆船揚帆很容易南航至上游地區，降
帆也可以沒有困難地到下游地帶。再加上河谷並不寬，控制水運的人便控
制了埃及。水運既便捷又可以大量運輸，於是大麥和其他必需的物資在供
應上不虞匱乏。尼羅河水流和緩，並不須要像兩河流域建築那麼複雜的水
壩及運河，古埃及人沿著田地興築不
高的水堤，在河水泛濫時打開水堤，
讓河水流入田地，水分足夠後再打開
堤門，讓水流入旁邊較低的田地。這
種灌溉的方法，防止了因蒸發作用而
造成鹽分的堆積。這種情形與兩河流
域蘇美人灌溉的方法不同，是以蘇美
人所居住的土地成為荒原，而埃及至
今仍為沃土。另外，埃及建築，無論
是城市、金字塔和廟宇都用石塊。尼
羅河流域也是很好的採石場，東邊的

此為吉薩的金字塔在尼羅河泛濫（上
水）時的情況，古埃及人選定在河水
上漲的時候來運送金字塔所需的建
材。

沙漠盛產石塊，水運也相當便捷。凡此種種，均說明尼羅河造就了埃及，埃及就是尼羅河河谷❹。這也是為什麼古希臘史學家希羅多德 (Herodotus, c. 485–425 B.C.) 說埃及是「尼羅河的恩賜」(the gift of the Nile) 的原因。

　　尼羅河河谷在新石器時期就有人活動，有些遺址可能埋在河谷下邊。但是，尼羅河河谷兩邊懸崖上所雕刻的畫面，其中有獵人、動物、武器，也有牲口和船隻等等，刻畫出當時的生活情況。這些岩雕畫有的可以追溯到西元前六千年以前。原先的人群社會可能只是小的村落，後來為了興築水堤和運河等，使社會組織日益擴大。古埃及人屬於高加索種（或稱歐洲人種），黑髮，膚色淺黑，但後來與亞洲、非洲和地中海地區的人相混融。

　　古埃及在統一以前，曾有下埃及（Lower Egypt，即埃及北部）和上埃及（Upper Egypt，埃及南部）之分。在西元前 3100 年，上埃及王曼尼斯 (Menes) 併取下埃及，建立了統一的國家，定都於孟斐斯 (Memphis)。曼尼斯是第一王朝的建立者，自他之後埃及有了全國性的政府，並且有了文字。古埃及的歷史，習慣上分為舊王國時期（Old Kingdom，3100–2258 B.C.，

孟斐斯遺跡（在今開羅附近）

❹　參看 *The New Encyclopedia Britannica*, 15th ed. (Chicago, 1987), Vol. 18, pp. 145–147.

第一至六王朝）、第一中間期（First Intermediate Period，2258–2000 B.C.，第七至十一王朝）、中王國時期（Middle Kingdom，2000–1786 B.C.，第十二王朝）、第二中間期（Second Intermediate Period，1786–1570 B.C.，第十三至十七王朝）、新王國或新帝國時期（New Kingdom or Empire，1570–332 B.C.，第十八至三十王朝）❶。事實上，埃及在西元前 525 年便被併入波斯帝國，西元前 332 年為亞歷山大大帝所征服，埃及法老喪失統治權。中間期則係中央王權式微，內部動亂和外有侵略的時期，如第一中間期時

內有貴族割據，外有沙漠部落入侵。第二中間期時也是內部貴族動亂；外則源自西亞的游牧民族西克索人 (the Hyksos) 入統，並掌握王朝權位。

　　埃及的君主稱為法老 (Pharaoh)。他握有很大的權威，他除了是全埃及土地的所有者和統治者以外，還具有神的地位，他是天神（光明與善良之神）何拉斯 (Horus) 的化身，是「活的何拉斯」(Living Horus)。

卡弗爾法老的雕像，其後為鷹神（天神）何拉斯。用閃長岩 (diorite) 雕成。

---

❶ 關於古埃及歷史中的王朝（dynasty，指出自同一家族的統治者），是根據西元前三世紀的埃及祭司馬奈圖 (Manetho) 在其《埃及史》（約成於 280 B.C.）的記錄。至於古埃及史的分期，則是學者依照馬奈圖所說的三十個王朝來劃分的。也有人把它們分為古代時期 (Archaic Period, c. 3100–c. 2686 B.C.)、舊王國時期 (c. 2686–2181 B.C.)、中王國時期 (c. 2133–1603 B.C.)、新王國時期 (1567–1085 B.C.)、晚期 (Late period, c. 1085–525 B.C.)。古埃及歷史的分期和各個不同時期的起迄年代，還有其他不同的說法。

吉薩的三大金字塔

何拉斯的形象是鷹頭人身,所以鷹在埃及也是最高權威的象徵。「法老」固然是埃及統治者的稱呼,事實上它的本意是「大房子」或「王宮」的意思。這是因為法老極為尊貴,不便直接稱呼他的名字,所以用他居住和辦公的地方來代表。另一方面,法老既如此尊崇,其血統屬於天胄神裔,不能與一般人相混,以致實施非常嚴格的內婚制,法老常與他自己的姊妹結婚。另外,此種單一家族的作法,也可以限制覬覦王位的人數,從而減少政治動亂的機會。法老的權威比兩河流域的統治者為高,因為他不僅是君王,也是大祭司。在古埃及,政教是合一的,而法老所扮演的是雙重的角色。古埃及人相信法老是永生的,他死時只是到另外一個極樂世界去居住,而且隨時可以再回到塵世間。所以,法老逝世時不僅要保全他的屍體,而且要為他興築最寬闊和最宏偉的墳墓,這就是金字塔。金字塔的興建以舊王國第四王朝(約當 2680–2565 B.C.,亦有更早的說法)最為著稱,因之此一時期有大金字塔時代 (Age of the Great Pyramids) 之稱。此王朝時期的法老古夫 (Khufu,亦名邱普斯,Cheops),其後的法老卡弗爾 (Khafre, or Khafra), 以及曼考爾 (Menkaure, or Menkure) 分別在今開羅附近的城市吉薩(Giza,or Gizeh,阿拉伯文 Al Jizah),尼羅河西岸地區建築了三個最大

古夫法老金字塔的石塊

的金字塔作為他們永久安息之處。三大金字塔中，以古夫（邱普斯）法老的最大，為「世界七奇」之一，占地十三英畝，其四方形的基座每一邊的長度有 756 呎（230 公尺），高 482 呎（147 公尺），用石灰石二百多萬塊，每塊平均 2.3 公噸。據希臘史家希羅多德估計是用了十萬多個工人，花了二十年的時間始告完成。第二大金字塔是卡弗爾法老的金字塔，著名的獅身人面像 (Sphinx) 亦係為他所建，第三大金字塔係為曼考爾法老而築，都非常壯觀。但是金字塔的神工鬼斧並未能使法老安息，在它們完成後的數百年內即有盜墓賊進入，後來的法老便漸漸地放棄了興建金字塔的作法。特別是新王國時期十八王朝至二十王朝的法老在山陵隱祕地帶建墓。有一點要指出的，是古埃及人對法老的尊崇與維持政治統一有密切的關係。

　　舊王國時代的埃及繁榮而和平，開發西奈半島的銅礦，並在上埃及採石。對外亦殊少征戰。後來因為財用耗竭（可能與興築金字塔有關，此時期完成的金字塔超過二十座）、各地貴族奪權，中央王權式微。繼之而來的是第一中間期，內爭不已而沙漠部落入侵。第十一王朝後局勢趨於安定，埃及進入中王國時代，底比斯（Thebes，現名盧克索，Luxor）的貴族統一埃及。第十二王朝時，王室與官員、商人、工匠和農人維持良好關係，頗

獅身人面像

能裁抑貴族,政況安定而經濟繁榮,文化亦有成就。在此期內,對外亦有
所拓展,在腓尼基建商業殖民地,影響力南至紐比亞 (Nubia,接近現蘇
丹),東至巴勒斯坦及敘利亞,在埃及亦擴至尼羅河第三瀑布處。但後來貴
族勢力又起,王權不振,第二中間期繼之而來。西元前十八世紀中葉(約
當 1750 B.C.,一說 1730 B.C.),來自西亞的游牧民族西克索人 (the
Hyksos) 越過西奈半島侵入埃及,他們挾著馬匹和戰車 (war chariot) 及強有
力的弓箭進入埃及,再加上埃及內部不能團結,乃能戰無不勝和攻無不克。
他們控有了埃及,也占據了王位。至西元前十六世紀,埃及人學會了運用
西克索人的武器,終能把西克索人驅逐出去。

領導埃及人驅逐西克索人的法老是阿穆斯 (Ahmose),他是第十八王朝
的建立者。自西元前十八世紀後古埃及進入新王國或帝國時期,西元前
1567 年至 1085 年尤其是它的極盛時期。在此時期,埃及向外擴張。西元
前十五世紀的法老圖特穆斯三世 (Thutmose, or Tutmose III) 在西元前 1490
年至 1436 年獨自治國期間,曾經連年征戰,在埃及本身南向擴展至尼羅河
第四瀑布處,向東北進兵到幼發拉底河,征服了巴勒斯坦和敘利亞,武功
彪炳。但至法老阿曼霍泰普四世 (Amenhotep IV, 1379–c. 1362 B.C.) 時致力

圖特穆斯三世摧敵圖（浮雕）

於宗教改革，欲將埃及人的多神信仰改為獨尊日神阿頓 (Aton)，他自己並改名為阿克納頓 (Akhenaton)❶，並將首都自底比斯遷至阿克塔頓（Akhetaton，今艾阿瑪那，El Amarna），中止了對外的拓展。但是，西元前十三世紀末期至十二世紀中期埃及在法老拉米西斯二世 (Ramsses II) 及拉米西斯三世 (Ramsses III) 時又恢復對外的擴張。拉米西斯二世恢復了對巴勒斯坦和敘利亞南部的控制，並與來自小亞細亞的西臺人 (the Hittites)發生衝突。二者並於西元前 1270 年締訂和平同盟條約，內容包括互不侵犯、引渡犯人和共同防禦等事項。條約刻在銀版上，雙方各執一份，而且為了各自的尊嚴，均稱係對方求和。這可能是最早的國際條約❶。

　　另一方面，西元前 1500 年至 1000 年間，文明世界進入鐵器時代。埃及本身不產鐵，自亞洲進口鐵亦甚困難，埃及漸不能與持有鐵製武器的他國軍隊相抗衡。自西元前十一世紀末年，埃及漸漸放棄其大帝國的地位，

❶　其意為「阿頓的僕人」。

❶　參看邢義田譯著《西洋古代史參考資料》㈠（臺北：聯經，民 76），pp. 65–67。

而且在東地中海地區再也未能恢復銅器時代的地位。西元前十世紀中葉以後，利比亞人與紐比亞人（蘇丹人）相繼控制了埃及的王朝。西元前 670 年埃及為亞述人所征服，西元前 662 年又恢復獨立，文化亦有某種程度的復興。西元前 525 年波斯人征服埃及，此後至西元前 332 年為第廿七王朝至三十王朝的波斯時期。西元前 332 年亞歷山大大帝將埃及併入其帝國。亞歷山大死後，其部將托勒密 (Ptolemy) 於西元前 306 年稱埃及王托勒密一世，此即托勒密王朝 (the Ptolemies)，此王朝在女王克麗佩脫拉 (Cleopatra, 69–30 B.C.) 自殺身亡後斷絕。

二、古埃及文化

古埃及人已有相當高度的文化成就。

(一)文字與文學

古埃及人所說的語言是一種混合的語言，雜有西南亞的閃族語言和北非的擺布人 (the Berbers) 及庫什語言 (Cushitic language)，其如何發音已不可考。不過，古埃及人早在西元前 3500 年左右便已發展出文字（寫的語言）。這種文字叫做象形文字 (Hieroglyphics)❸，其情況與兩河流域不同，但原理則一。這種象形文字先是由表象（繪畫）符號 (pictographic signs) 來表示具體的東西，繼之某些此類的符號便約定俗成地用以表示某些抽象的觀念，這就是字。後來漸漸地有了代表音節的符號，與這些字相混合。到了舊王國時代的初期，埃及人發展出了二十四個符號（字母），其中有子音和半子音。這些字母與許多音符 (phonograms) 和意符 (ideograms) 相結合，母音則未表示出來（不曾寫出）。這就形成了象形文字。這種文字非常適合刻在石碑上。另外，還有一種日常使用的較為簡化的象形文體 (hieratic)，這種文字字體仍為較官方的用法，稍後另有一種日常一般人用的通俗字體

---

❸　源自希臘文，原意為「神聖的刻畫」。

(demotic)，相當於草寫。埃及人與兩河流域的人不同的，是不把文字寫在
泥塊上，而是寫在紙草 (papyrus) 上。紙草是用生長在尼羅河流域的一種蘆
葦編織在一起，而做成的一種類似紙張的書寫用物。不過，古埃及人始終
沒有能夠把字母和非字母的文字分開，此一工作在差不多一千五百多年後
由腓尼基人 (the Phoenicians) 完成，然後傳播至西方各地。但是，字母的原
理是埃及人發明的。後人對於古埃及文字已多能解讀，在這方面法國人查
波昂 (Jean F. Champollion, 1790–1832) 的貢獻很大。他研究 1799 年在埃及
尼羅河口的羅塞達 (Rosetta) 發現的羅塞達石碑 (Rosetta Stone)，而使解讀
古埃及文的工作獲得突破性的發展。羅塞達石碑係拿破崙遠征埃及時發現，
現存大英博物館，約有 1.2 公尺長和 0.75 公尺寬，其碑文是由希臘文、埃
及通俗字體 (demotic) 和象形文字三種文字所刻成。

　　古埃及的文學題材多與歌頌尼羅河、宗教和強調合作的團隊精神（可
能涉及灌溉及水利的工作要求）有關。當然，也有通俗性的和娛樂性的作
品，以及有關愛情的故事❶。

羅塞達石碑　　　埃及的象形文字及其與英文字母對照的情形

❶　參看邢義田譯著，前揭書，pp. 73–77。

普通官方用的文字字體 (hieratic)

通俗字體 (demotic)

象形文字(此為新王國時期第
十八王朝法老圖特穆斯三世
所立之方尖碑)

三種埃及文字字體

㈡宗　教

　　古埃及人的宗教信仰非常強烈，這與他們相信來生有很密切的關係。埃及人認為人的靈魂（他們叫做「卡」(ka)）是不死的，而且還會回到原來的肉體。這種死後會有永生，而且不論生前的社會地位如何，在死後均能有美好生活的觀念，對於結合社會各階層（貴族、農民、奴隸等）有正面的幫助。古埃及人既然相信靈魂不死而且有時會回到原來的肉體，因之非常注意屍體的保存。他們為了保全屍體，發展出製作木乃伊 (mummy) 的方法。關於木乃伊的製作，希臘史家希羅多德在其《史記》(*The Histories*)有所描述。由於埃及人在這一方面留下來的資料太少，我們只好依賴希羅多德的記述（他曾於西元前 450 年左右在埃及遊歷），而現代研究者也認為他的描繪大致正確。根據希羅多德的說法，大致上需要七十天的工作，其步驟為先將死者的大腦及內臟取出，將屍體脫水以防腐臭，並用天然碳酸鈉將屍體作乾燥處理，然後將下腹部左側的開口縫合，用一個平板蓋著下腹開口，眼窩內放入偽眼球或其他物品，再用油膏、香料、樹脂等填入屍體體內，最後用繃帶纏緊並密密將之包裹，這樣便大致完成❷。木乃伊的作法依其費用多寡而分三個等級。製作最高級的木乃伊時，必須反覆經過幾項十分細緻的程序：首先得將腦及內臟取出，分別裝在 4 個容器內。接著清洗屍體，再加以鹽漬，待略乾後再塗上油脂，並在腹腔內塞入各種香料。最後再用亞麻布條密密地裹住身體，再為其穿上衣服，置於專為其身材而製的棺木中，在臉部戴上假面具，如此才算完成。不過，窮人常無力做此類的安排。他們通常把屍體包在亞麻布內，丟拋在洞穴或沙漠中，用一支手杖或一雙涼鞋讓死者走向永生世界。帝王和貴族則在死後用考究的棺材，葬入堂皇的墳陵。帝王的墳墓更有時是宏偉的金字塔。

　　古埃及人的宗教曾歷經多神教、一神教，然後再回到多神教的過程。

---

❷　參看 Herodotus, *The Histories*, Vol. 2, trans. G. Rawlinson (New York: Library of Living Classics, 1928), pp. 85−86.

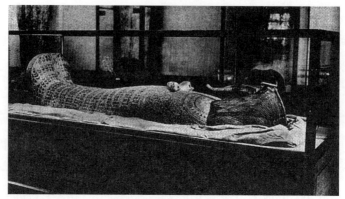

法老阿克納頓的金棺

埃及的神祇很多，瑞神 (Re, or Ra) 是日神，為最主要的。到中王國時代底比斯地位重要，該地的神阿蒙 (Amon) 也成為全埃及信仰的神，乃有阿蒙‧瑞神 (Amon-Re) 之名。另外一個重要的神明是歐西瑞斯 (Osiris)，為尼羅河之神，也是司理來生的冥神，人死後都必然受到歐西瑞斯和四十二位判官的審判。歐西瑞斯是死與重生的象徵，其妻伊色斯 (Isis)，為豐土（繁殖）的女神，他們的兒子是何拉斯 (Horus)。歐西瑞斯曾被其邪惡的兄弟賽馳 (Seth) 所殺死，並將屍體割成碎片，伊色斯把這些碎片用亞麻布包起來，歐西瑞斯又告重生。他們的兒子天神何拉斯打敗賽馳。何拉斯的形象是鷹，法老死後便乘坐升天。此外，古埃及人還信奉其他各式各樣的神明。在一些廟殿中也看到貓與豺等的木乃伊，這些動物當然也有宗教上的意義。

埃及人對歐西瑞斯的信仰涉及良心觀念和正義意義，非常重要。埃及人的《死者之書》(The Book of the Dead) 有死者「自辯詞」，其內容如下：

> 噢，讚美您！偉大的神（按即歐西瑞斯），正義與真理的主宰。我的主宰，我被帶到此地，來到您的面前，瞻仰您美麗的神采。我知道您，也知道您和正義與真理判官中四十二位神的名。他們監管罪犯，並當罪人於文列弗神（按即歐西瑞斯）前受審之日，以吞飲他們的

血為生。事實上，正義的主宰就是您的名。我來到您的面前，我曾
為您彰顯正義，我曾為您消滅欺詐罪惡。

我不曾對人行惡

我不曾虐待牛隻

我不曾在神廟中褻瀆神靈

我不曾知道人不該知道之事

我不曾行惡（殘闕）

我不曾蓄意製造聲譽

我不曾對神口出惡言

我不曾對窮人施暴

我不曾行神之所禁

我不曾在主人面前誹謗他的奴隸

我不曾使任何人患病

我不曾使任何人哭泣

我不曾殺人

我不曾教唆殺人

我不曾使任何人蒙受痛苦

我不曾短少神廟的供奉

我不曾污損眾神的犧牲

我不曾姦淫男童

我不曾增減升斗

我不曾縮減丈尺

我不曾虛增衡量

我不曾奪取兒童口中的乳汁

我不曾將牛群逐出他們的草地

我不曾獵捕眾神的飛禽

我不曾在池澤中捉捕眾神的魚

我不曾在氾濫季節私蓄洪水

我不曾築堰阻擋流水

我不曾熄滅不該熄滅的火

我不曾疏忽按時對神的獻祭

我不曾偷竊神的牛隻

我不曾阻攔神的遊行

我純潔無瑕！

我純潔無瑕！

我純潔無瑕！

我純潔無瑕！ ㉑

　　新王國時代，尤其是在帝國盛期，宗教趨於僵化，過分的儀式和強調教士可使死後的生活永生，演為魔法，《死者之書》便是此時期的東西。同時教士也自我膨脹。在此情形下，法老阿曼霍泰普四世（阿克納頓）在西元前十四世紀中葉展開宗教改革。他要使埃及宗教成為一神信仰，那便是他稱為「阿頓」(Aton) 的太陽神，阿頓沒有人或動物的形體，而是以其光芒普照宇宙。阿頓不僅是埃及的創造者，也是全宇宙的創造者。他為了擺脫底比斯教士的影響，另建他叫做阿克塔頓 (Akhetaton) 的新都。後人可以從若干留下的石刻浮雕中，看出他的虔誠。他自己也改名叫「阿克納頓」(Akhenaton, or Ikhenaton)。但是，他的改革並未成功。他死後被判定為異端，他的名字也自那個時期的石刻或碑文中除名。他的繼位者是他的女婿圖坦卡曼 (Tutankhamen, 1348–1330 B.C.)，又恢復了埃及的舊的多神教信仰。這種一神教的觀念得要等大約六百年以後的希伯來人去發揚了。

㉑　取自邢義田，前揭書，pp. 70–72。

此為第二十一王朝時繪在紙草上的葬畫，顯示死者的心在接受歐西瑞斯審判時，被放在天秤上衡量的情景。（作者自藏紙草畫）

法老阿克納頓的王后娜斐娣娣 (Nefertiti, or Nefretete) 被認為是古埃及美的化身

法老阿克納頓崇拜太陽神阿頓的情形，其後為其家人。（作者自藏之紙草畫）

㈢科學與藝術

　　古埃及人在科學方面的發展多基於實用的目的，在天文學、數學和醫學方面有相當的成就。在天文學方面，古埃及人為了瞭解尼羅河每年定期泛濫的情形，而且發現泛濫係緊接著天狼星（Sirius，天空中最明亮的星）與太陽同時在東方升起之後，乃逐漸發展出相當進步的太陽曆法，每年有365 1/4 天。另外，為了宗教祭祀和儀禮的需要，他們也有一套陰曆。在數學方面，古埃及人為建築和其他的需要，在算術與幾何方面頗為注意。他們發展出十進位的計算方式，但尚無「零」的觀念，百萬是他們最大的計算單位。他們也有了分數的觀念，如 1/2、1/5 和 1/10 等，並以之為基礎發展較為複雜的分數。由於尼羅河每年均泛濫，把區隔土地的阡陌沖壞，古埃及人必須每年測量土地，因此古埃及人對於體積和面積的計算已經相當精確，對於正方形、梯形、三角形和圓形（他們計算圓周率為 3.16，與現

埃及曆法圖：上、下、左、右代表北、南、東、西四個方位；四個白衣女子表示春、夏、秋、冬四季。圖中共有十二個人，為全年十二個月的象徵，每人兩臂則為二十四小時，圖中央部分為人生百態的寫照。（作者自藏紙草畫）

代人所計算出的 3.1416 已相去甚近），已能算出。他們可以計算出四邊體（如金字塔）的高度和角度，以及圓柱體、半球體和切割後的四邊體的體積，因此他們可以知道建築一座金字塔或廟宇所需要的石塊數目。古埃及人的醫學相當進步，舊王國第三王朝（約當西元前二十七世紀中葉）時期的大臣和祭司殷和泰普 (Imhotep) 便以醫術高超著名，而且被尊為醫神。古埃及人已經明白心臟與脈搏的作用，醫師已分科，有眼科、牙科、腸胃專家和外科等等，現有西元前 1700 年的文獻可以證明古埃及人在診斷和處方上相當進步，他們也知道瀉藥的功能，也有藥物目錄的編輯。古埃及人的一些處方後來傳入近東和歐洲，甚至現在還有窮鄉僻壤的希臘農民有時用以醫病。木乃伊的製作也需要相當程度的醫事技術。另外，古埃及人在物理學與冶金學上也有成就，他們製作紙草和玻璃也要相當的工藝。

　　古埃及的藝術常表現宗教與團結的主題，不是為藝術而藝術。最值得稱道的是建築，金字塔和神殿或廟宇最為有名，即使是一般富貴人家的墳墓也極具巧思。如建築在吉薩的金字塔，前面已經談到。至於神殿或廟宇，在古埃及通常有兩種：一種是祭祀用的，內有各個神祇的形象；另一種是葬祭用的，內有已逝世的法老的神龕。古埃及神殿現在還可以從建築在卡那克 (Karnak) 和底比斯（即盧克索）的神殿遺跡中來看其規模。這兩座神殿都是新王國時代興建的，卡那克的神殿自第十八王朝（約當 1554–1304 B.C.）動工，一直到羅馬時代，其周遭最長的一邊有 1,837 呎（560 公尺），其中間的殿大到可以容納歐洲哥德式大教堂，其石柱之大，令人嘆絕。盧克索的神殿是法老阿克納頓在西元前十三世紀中葉興建，祭祀阿蒙（太陽神），其柱廊之完美，最為著稱。埃及的葬祭殿多是為法老建築的，多集中在底比斯西邊沙漠的邊緣，惟王后赫茨普蘇 (Hatshepsut)㉒的葬祭殿為一例

㉒　赫茨普蘇是古埃及第十八王朝中有名的女主，她先是與她的丈夫和同父異母兄弟法老圖特穆斯二世 (Thutmose II, 1497–1490 B.C.) 共治，後來又為幼子圖特穆斯三世 (Thutmose III, 1490–1436 B.C.) 攝政 (1489–1469 B.C.)，擁有法老的名號。

卡那克神殿遺跡

外，它在代野艾巴利 (Dayr al-Bahri)，亦近底比斯。

雕刻與繪畫多附麗於建築。雕刻在舊王國時代便已有很高的成就，吉薩金字塔旁邊的獅身人面像便是一例。實際上，在更早的時期就已有用石塊、木材和象牙等做成的作品，另外古埃及也留下許多石浮雕和方尖碑之類的東西。繪畫更是可以追溯到新石器時代，有壁畫和畫在紙草上的畫，頗為傳神。

㈣社會與經濟情況

古埃及是一個高度神權的社會，法老是具有神格的最高統治者。祭司和官員之間幾乎沒有什麼差別。首都之外，另有行省 (nome)，大約在西元前 1300 年左右，埃及有四十二行省，每省的長官均由法老任命。社會階層有王室、祭司、貴族、中層階級（書記員、商人、工匠和富農），再加上占人口最大多數的農民。新王國時期，尤其是帝國擴張時期，又有職業軍人，以及多由戰爭俘虜構成的奴隸。不過，古埃及並沒有種姓制度，最窮苦階層的人可以爬升到高階層。古埃及人的平均壽命不過三十歲，可以說是「人生苦短」。

棕櫚樹在埃及對國計民生甚為重要，其果實即為埃及
人食用的棗，枝葉可用以築屋，其樹幹可造船。

　　古埃及人很喜歡家庭生活（通常是一夫一妻制），也愛孩子。男子雖是家庭的主人，女人也有相當的地位，她們有權擁有自己的財產，並且可以從事商業，比其他古代社會的女人的情況為好。在財產繼承方面，女兒亦有權利，通常是長子繼承絕大部分的產業，兒子們負責照顧父親的墳墓。

　　經濟是以農業為主，農作物的生產有小麥、大麥、小米（粟）、蔬菜、水果、亞麻和棉花。土地在理論上為法老所有，但實際上則掌握在地主和農民手中。古埃及人普通的飲食是大麥麵包、魚類、青菜和啤酒，他們也吃水果、肉類（牛肉及羚羊肉等），也喝其他的酒，並喜歡舉行盛大的宴會。他們的商業在西元前 2000 年以後趨於發達，且占很大的重要性。貿易的範圍包括克里特島、腓尼基、巴勒斯坦和敘利亞。他們的出口貨物主要是黃金（他們控制利比亞金礦）、小麥、亞麻織品、陶器，進口品則為白銀、象牙和木材。交易的方式多採以物易物的辦法。古埃及的工業也相當發達，早在西元前 3000 年就已有很多人從事工業生產，主要的產品有陶器、玻璃（1500–300 B.C. 埃及為玻璃工業中心）、採石業、造船業、紡織業和紙草業等。

第三節　兩河流域的文化

一、美索不達米亞的人與事

　　美索不達米亞 (Mesopotamia) 是希臘文，其意為「兩河之間的土地」(Land between the Rivers)。這兩河分別是底格里斯河（the Tigris River；阿拉伯文稱 Shatt Dijla；土耳其文稱 Dicle）和幼發拉底河 （the Euphrates River；阿拉伯文叫 Al Furat；土耳其文叫 Firat)。底格里斯河發源於土耳其東部向東南流，貫穿伊拉克 (Iraq)，長約 1,150 哩（1,851 公里）；幼發拉底河亦源於土耳其東部山區，為西亞最長的河流，有 2,235 哩（3,597 公里），亦向東南流經敘利亞及伊拉克，此河曾改道數次。這兩條河在伊拉克東南端匯流形成阿拉伯河 (Shatt al-Arab) 流入波斯灣。至於美索不達米亞，有狹廣兩義。狹義的美索不達米亞指兩河之間的土地，廣義的美索不達米亞則延伸自北起托魯斯山脈 (Taurus Mountains) 南麓，南至波斯灣，西至敘利亞沙漠，東到札格魯斯山脈 (the Zagros Mountains) 的地帶。古代的美索不達米亞指狹義的美索不達米亞，而此又分為南、北兩部，南部稱蘇美 (Sumer)，北部稱阿卡德 (Akkad)。但是也曾有將其南部稱巴比倫，北部稱亞述者。另外，還有一個地理名詞肥沃月彎 (Fertile Crescent)，此為美國埃及學家布瑞斯提德首先提出的，原指始於地中海延伸到兩河之地，包括巴勒斯坦、腓尼基、敘利亞及兩河流域的地帶，亦有擴大把埃及也涵蓋在內者。在此所討論的美索不達米亞是狹義的，相當於今日的伊拉克。

　　美索不達米亞或兩河流域是人類文化最早的發祥地之一，近年更有其尤早於埃及的說法。這個地區的南部一向被認為是古文化的搖籃，但近年亦在北部發現甚至更古的遺址，如雅莫 （Jarmo，可能追溯到 5000B.C）。另外，美索不達米亞的文化與埃及文化何者較為古老，亦為不易斷定的事。

不過，這兩個古老文化有其相同處，也有其相異處。相同的方面有：皆有
灌溉和土地劃界的問題，也因此在科學（尤其是數學）上有其成就；皆有
小國相爭，最後導致大規模的國家組織或帝國出現的情形；皆有奴隸制度
和擴張侵略，以及君王和教士（祭司）的暴虐；皆有倫理和社會正義的觀
念。相異的地方有：兩河不像尼羅河定期泛濫，有週期可循，使人感到安
定與自然變化可以預測，相反的是兩河常不定期有洪水上漲，而且有時會
造成極大的災難（考古學家認為基督教《聖經》中所說的伊甸園和挪亞方
舟均在兩河流域），生活遠較尼羅河流域艱難；兩河流域的地理屏障不如尼
羅河流域，較易受到外來的侵略，文化發展有時中斷，其歷史進程中係不
同的獨立民族發展其自己的文化，使此地區的文化不容易作概括性的處理，
而其他民族如來自西北的西臺人和來自東邊的波斯的一些民族，均曾在此
地區扮演過重要角色；兩河流域的文化比較好戰，也比較悲觀，在宗教信
仰上害怕神大於喜愛神，藝術作品也較埃及缺乏人性的因素❷❸。

　　首先進入美索不達米亞南部的人是蘇美人 (the Sumerians)。這個地區
亦稱下美索不達米亞 (Lower Mesopotamia)，相當於自波斯灣頭至今巴格達
(Baghdad)❷❹之地，其地由兩河沖積而成，為沙地平原，但可藉灌溉而使之
肥沃。至於蘇美人的來歷，則迄今未有定論。他們可能是在西元前 4000 年
至 3500 年間自現土耳其或伊朗的高地而來，他們的語言與今日所知的語言
系統均無關，他們的文化則與古印度文化有類似的地方。在他們到達之前，
此地已有土著，但後來則與他們相混融。這個地區地形平坦，必須興建水
堤與運河來保持水土和積存乾季用水，而又非群策群力不為功。於是，便
發展出小聚落，擴大成為城市，城市再併取附近土地而成為一個個獨立的
城邦，其中以烏爾 (Ur) 和拉格斯 (Lagash) 最著。蘇美人興建了很好的水利

---

❷❸　參看 Edward McNall Burns & others，前揭書，pp. 49–50; Richard L. Greaves &
　　others，前揭書，pp. 12–13.

❷❹　巴格達是西元後八世紀興建的城市。

系統，發明了文字 （楔形文字），也在美索不達米亞進入青銅器時代
(Bronze Age)❷❺後留下很多青銅傑作，他們所建的城邦在西元前 2800 年至
2340 年左右也非常繁榮。但是，北邊的阿卡德 (Akkad) 卻有一支屬於閃族
(the Semites) 的阿卡德人 (the Akkadians) 崛起，他們的統治者薩爾恭一世
（Sargon I，在位時期約當 2334–2279 B.C.，亦有更早的說法）征服蘇美，
建立了一個軍事帝國，以阿格德 (Agade) 為首都，不僅統有美索不達米亞，
並且擴及附近地區。他們接受了蘇美人所創造的文化。但是，他們的勢力
在西元前 2200 年左右衰落，蘇美人在烏爾 (Ur) 領導下曾經再起。此一時
期習稱烏爾第三王朝 (Ur III)，他們在西元前 2050 年至 1950 年左右（有的
資料認為更早一點）號稱統有蘇美與阿卡德，並且建立了初級的行政系統。
另一個閃族人民阿摩瑞提人 (the Amorites) 繼之而起，在美索不達米亞建立
統一帝國把勢力延伸到亞述。由於他們以巴比倫 (Babylon)❷❻為首都，因此
被稱為巴比倫人 (the Babylonians)，他們的帝國叫做巴比倫帝國 (the
Babylonian Empire, or Babylonia)。西元前十八世紀的名王漢摩拉比
（Hammurabi，or Hammurapi，or Khammurabi，統治時期約為 1792–1750
B.C.）便是他們的君主。但在漢摩拉比之後勢力漸衰，最後在西元前十六
世紀中葉（約 1550 B.C.）為來自東北的游牧民族卡賽特人 (the Kassites, or
Cassites) 所亡。卡賽特人可能源自印歐民族，他們在西元前十八世紀便已
進入美索不達米亞一帶。他們的文化程度不高，兩河流域文化發展有賴於
另一支閃族人民。

---

❷❺　約在西元前 3000 年前不久中東進入青銅器時代，青銅是以銅和錫以大約九比一的
　　比例混合而成，加熱液化後可以倒入模中製成各式形狀的東西，其本身又非常堅
　　硬，可以用來製造較為犀利的武器，如斧、矛、劍等。
❷❻　巴比倫位於今日巴格達之南的幼發拉底河岸上，距巴格達約 60 哩（97 公里），其
　　附近為現在伊拉克城市艾希拉 (Al Hillah)。巴比倫的意思是「神之門」，基督教
　　《聖經》作 Babel，現為廢墟。

烏爾的廢墟

　　這一支閃族便是亞述人 (the Assyrians)，是一支好戰的民族。他們早在西元前 3000 年便在美索不達米亞北部底格里斯河上的高原建立了一個叫亞述 (Assur) 的小王國，他們被稱為亞述人。他們在西元前 1300 年左右擴張，控有整個美索不達米亞北部。在西元前 1000 至 612 年左右的一段時期內，他們的勢力到達顛峰狀態，其勢力直抵黑海及地中海，征服敘利亞、腓尼基、以色列和埃及，僅猶太國倖免。他們在底格里斯河岸上所建立的首都尼尼微 (Nineveh) 是當時近東世界的中心。　亞述帝國的名王有薩爾恭二世（Sargon II，在位時期 722–705 B.C.）、辛那契利布（Sennacherib，在位時期 705–681 B.C.）和阿舒斑尼博（Ashurbanipal，在位時期 669–630 B.C.）等人。率軍征伐猶太國的亞述王便是辛那契利布，可能是因為瘟疫在軍中發作而未用兵到底。《舊約聖經》〈列王紀下〉第十九章三十五節說是耶和華的天使殺了亞述營中十八萬五千人，「清早有人起一看都是死屍了」。亞述帝國在西元前 612 年被來自米提亞（Media，今伊朗北部）的游牧民族米提人 (the Medes)，以及來自美索不達米亞最南端迦提亞 (Chaldea, or Chaldaea) 的迦提人 (the Chaldeans, or Chaldaeans) 聯手所滅亡。迦提人也

是閃族，他們取代亞述人後仍以巴比倫為首都而建立了第二個巴比倫帝國，或稱新巴比倫帝國，他們也被稱為後（新）巴比倫人 (the Neo-Babylonians)。他們的文治與武功亦頗足觀。他們的名王尼布加尼撒（Nebuchadnezzar II, or Nebuchadrezzar II，在位時期 605–562 B.C.) 是《聖經》中常提及的名字。他曾征服猶太國，攻陷耶路撒冷 (586 B.C.)，並將數千猶太人（有財勢和影響力者）強遷美索不達米亞，此即「巴比倫囚禁」(the Babylonian Captivity) 之說的來源。不過，迦提人所建的帝國為時甚短 (612–539 B.C.)，西元前 539 年為波斯滅亡。美索不達米亞的歷史暫時告一段落❷❼。

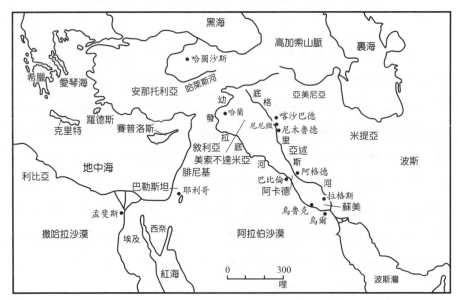

來源：Richard L. Greaves & others, *Civilizations of the World*, p. 13（美索不達米亞）.

美索不達米亞古地圖

---

❷❼　參看 Burns，前揭書，pp. 51–52; Greaves，前揭書，pp. 17–18.

兩河流域所使用的楔形文字

二、文化發展

美索不達米亞已發展出相當高度的文化。蘇美人是兩河文化的創造者，亞述人和巴比倫人僅是踵事增華。茲就其文化成就，簡述如下。

(一)文字與文學

蘇美人發展出的文字習稱楔形文字 (cuneiform, or cuniform)❷❸。此種文字源於何時，頗難確定。有謂在西元前 4000 年已有發展，而且已發現的楔形文字文獻有記載西元前 3100 年左右的商業資者，一般講來此種文字在西元前 3000 年以前已有發展。這些文字的泥板❷❾，是在現在伊拉克的瓦爾卡 (Warka)❸⓿及其附近各遺址中陸續發現的，而且自十九世紀中葉以後經由英國東方學家羅林生兄弟 (Henry & George Rawlinson)❸❶的解讀，已多能明瞭。

❷❸　此由拉丁文的 cuneus，意為 wedge 或「楔」；forma，意為 shape 或「形狀」而得名。

❷❾　兩河流域不產紙草，係以削尖的蘆葦寫在濕泥板上，在乾燥或烤乾後成為楔形文字。

❸⓿　其地為古代蘇美城市烏魯克 (Uruk)，位於烏爾西北的幼發拉底河上。

❸❶　羅林生兄弟，兄為 Sir Henry C. Rawlinson (1810–1895)，弟名 George Rawlinson (1812–1902)。亨利・羅林生的研究成果發表在 1846 年的《王家亞洲學會學報》

畫符	晚期楔形文字	早期巴比倫楔形文字	亞述楔形文字	本意
				鳥
				魚
				驢
				牛
				太陽日
				穀
				草林
				耕
				迴飛棒 投擲、丟下
				站 走

楔形文字的演變與涵義

這種文字係由圖畫演變而來，後來成為由楔形或釘形的筆畫組合成字 (character)。這種文字在蘇美人之後，亦為其他人如阿卡德人、巴比倫人和亞述人所採用，因之也有若干變異而分別成為他們自己的楔形文字。事實上，這種文字可以用於任何語言，西臺人和波斯人亦採用。楔形文字書寫

(*Journal of the Royal Asiatic Society*)，他也幫助大英博物館編纂 《西亞楔文刻銘集》五卷 (*The Cuneiform Inscriptions of Western Asia*, 5 Vols., 1861–1884 出版)。喬治・羅林生著有 《古代東方世界五大君主國史》 (*The Five Great Monarchies of the Ancient Eastern World*, 4 Vols., 1862–1867)。

的方式最早是自上而下，後來演變為自左而右，最早是用尖銳的東西寫在濕軟的泥板上，後來也用較硬的書寫材料。

　　兩河流域的文學作品之中，最早也以各種不同的版本和語言傳播最廣的是《鳩格米西史詩》(*The Epic of Gilgamesh*)，這是一個比希臘史詩還要早的史詩。至於它究竟要比希臘人的《伊里亞德》和《奧德賽》(800 B.C. 左右) 要早多久，並無定論，但至遲在西元前 2000 年以前即已形成。它最完整的版本約有三千行，寫在十二塊泥板上，發現於尼尼微廢墟，可能是在亞述王阿舒斑尼博的圖書館中。這個史詩的泥板碎在敘利亞和土耳其等地均有發現。史詩的名稱是以主角的名字命名的。鳩格米西是蘇美城邦烏魯克 (亦名艾里克，Erech) 的國王，好勇鬥狠而專斷，他是神所造的，三分之二是神而三分之一是人，他因為是人，就不免死亡的命運，他企圖努力改變此一命運。史詩中用相當多的部分敘述鳩格米西與另一個神所造的勇士恩奇度 (Enkidu) 共同冒險的故事。但後來恩奇度病弱而死，此使鳩格米西感到死亡的恐懼。他祈求永生，但酒神西度利 (Siduri) 告以死亡是人類必然的命運。不過，西度利仍然指引他渡過「死亡之水」去找烏那皮西丁 (Utnapishtim)。烏那皮西丁及其妻是眾神不耐人類的喧囂而以洪水滅世後的倖存者，但當鳩格米西歷盡艱險見到烏那皮西丁時，卻被告知其之所以得到永生係因在洪水中解救人類免於滅絕之功而為神所賜的，鳩格米西並無此等功勳。但烏那皮西丁仍為鳩格米西的誠心所感動，告以海底有一種使人永生的植物 (「青春之花」)，不過在鳩格米西尋得該植物後又在不注意時為一蛇所偷走。鳩格米西乃向恩奇度的鬼魂求助，但卻被告知只有等待死亡。這首史詩透露出兩河文化中人生態度悲觀的一面，勳業、名譽和成就均無助於永生。另外，洪水滅世的傳說，以及烏那皮西丁的傳說，均有類似《舊約聖經》所說的挪亞，表示此為兩河流域普遍的傳說❸。

---

❸　史詩的英譯見 *The Epic of Gilgamesh*, trans. N. K. Sandars (Harmondsworth, England: Penguin Books, 1960)；邢義田編譯，前揭書，pp. 31–55。

㈡宗　教

　　兩河流域的信仰為多神信仰。根據蘇美人的神話，阿諾 (Anu) 是天神，也是眾神之父。祂把原為混沌之海的宇宙分開為天 (An) 與地 (Ki)，恩利爾 (Enlil) 則為地神，同時也是風與精神之神。寧諾達 (Ninurta) 是灌溉之神、井神和戰神，恩諾格 (Ennuge) 既是灌溉之神，也是運河之神。此外還有日神、月神、雷神等等，不一而足。這些神祇又與某一特別的城市有關，如阿諾之與烏魯克，水神恩奇 (Enki)（即阿卡德人的神艾亞，Ea）、地神恩利爾 (Enlil) 之與艾里度 (Eridu)，以及恩利爾之與尼勃爾 (Nippur)。另外，新的神祇會隨需要或某些情況而產生。有時也會隨著某一城市的行情上漲，其守護神的地位也就水漲船高，如巴比倫的守護神馬度克 (Marduk) 在巴比倫時代成為最具權威的神，有很多最高神祇的法力。此外，還有一些較小的神祇，也與特別的城市有關，如日神閃瑪什 (Shamash) 之與拉莎 (Larsa) 與西巴爾 (Sippar)，月神辛恩 (Sin) 之與烏爾和哈蘭 (Harran)。有些較小的神祇卻有普遍的信眾，如暴風雨之神阿達德 （Adad，還有其他的名字），冥神奈格爾 (Nergal) 及其妻艾里史基格 (Ereshkigal)，以及豐收之神坦穆茲或杜穆茲 (Tammuz, or Dumuzi)。另外要指出的，就是兩河流域雖為多神教，亦有傾向單一神教 (Henotheism)❸，如馬度克被賦予很多神祇的特質。但是，這種漸趨一尊的情況並不是固定的，亞述主神，也是戰神的亞述爾 (Assur, or Ashur)（還有其他拼法），在亞述帝國時代有取代馬度克之勢。這些神祇具有人的形體，也有人的七情六慾，而且喜怒無常。每一個神都有自己的神廟，如果人誠心侍候，便會得保平安。

　　兩河流域的宗教信仰比較缺乏高超的精神意境，沒有靈魂救贖與永生。他們雖然也相信靈魂不死，卻認為靈魂在人死亡後和殯葬前，是在流浪，然後經過七重門戶進入荒涼之地，之後永遠被囚禁在該處。因此沒有製作木乃伊的觀念。但是，他們的宗教信仰仍有倫理善惡之念，他們認為心存

---

❸　這是一種信奉主神，但也承認他神的宗教信仰型態。

邪惡或行為不當，會帶來災難。他們相信，人與神的界限是永恆不變的，教士（祭司）是媒介，他們唱著禱告歌祈求，一般人的聲音神是不聽或聽不見的。因此，在兩河流域教士是專業專職的，只有他們才是神的特別僕人。只有教士可以知道神的旨意，這有一些方法：一種是教士睡在神殿，等候神在夢中的指示；再一種方法是觀察獻祭的羊肝的形狀；另一種方法便是測望天體運行的情形。教士便憑以評斷吉凶，並且紀錄下來。他們是立於不敗之地的，如果某事他們判定為凶而且發生了，那便是神意難違；如果沒有發生，那便是教士溝通懇求的結果，使神改變了旨意。

兩河流域的人為了崇敬他們所懼怕的神，他們建築一種造型特殊的塔殿 (ziggurat) 來供奉。這種塔殿是一種金字塔形的廟宇，由於兩河流域不產石塊，乃是用泥磚興建的。蘇美人、巴比倫人和亞述人等均有興建，時間在西元前 3000 至 600 年之間，可考的興建的地方超過三十個❸❹。這種塔殿從兩層到七層不等，基層最大，愈往上愈小，神龕便在最高層。它的形式有方形、橢圓形和長方形不同的建制，內部用太陽曬乾的泥磚，外表則用火燒的磚，有時有各種不同的釉彩，有的且用石板浮雕和壁畫來加以裝飾。《舊約聖經》中所說的巴別塔 (Tower of Babel)，實際上是指巴比倫（「巴比倫」的意思是「神之門」）的塔殿。這座塔殿在蘇美時代便已開始興建，至後巴比倫的名王尼布加尼撒完成。據考證此塔殿係七層高殿，高 174 公尺，底層的長與寬均為 90 公尺，有階梯和盤道，發掘出來的彩磚也有白、黑、紫、紅、銀、金等色。烏爾的塔殿仍存廢墟。

(三)科學與藝術

兩河流域的文化已有相當的科學成就。在數學方面，蘇美人超越埃及人，發展出高級的乘法與除法，且會計算平方根數與立方根數，不過在幾何學方面稍遜埃及人。他們計數的方式是十二進位，以六十為普通的計算單位。他們發明了水鐘和太陰曆，由於陰曆不準確，為了配合太陽年，又

---

❸❹ 中美洲的瑪雅文化 (Mayan Cultures) 也有類似的建築。

有閏月的辦法。他們的醫學混雜著草藥與魔術的療法,包括驅鬼等作法。另外,他們非常相信命運之說,勤於觀測星體,因而天文學也有了某種程度的發展。亞述人雖然好戰,不重文化,但是為了征戰的需要,也發展出若干科學知識。他們知道把圓分為 360 度,也為了定地理位置而有類似後來的經度和緯度的觀念,他們在預測日蝕和月蝕方面頗有成就。醫藥方面,他們已能用五百種左右的藥品,有的是植物性,有的是礦物性,並且把它們編排登錄。迦提人的後巴比倫時代,尤其是尼布加尼撒時,頗思振興文化,致有「迦提人的文藝復興」(Chaldean Renaissance) 之說。他們在科學方面相當突出,尤其是在天文學方面,他們發展出每一星期為七天,每天有十二個小時(每小時為 120 分鐘)的計時方法,對日、月蝕有詳細的記錄。

　　藝術方面,蘇美人已長於冶金、寶石雕和雕刻。從西元前四千年至三千年初,在都市中心,木工、雕刻師、鑄工等工匠很活躍。金屬的提煉技術日漸進步,不僅可煉出金、銀、銅、錫、鉛五種純金屬,也可將之熔合而製造合金。而且也具有能施予光澤、精細線條和琺瑯的技術。設在神殿的工廠,則從事金屬加工、雕刻、織布、染色、刺繡的生產。另外也輸入印度的象牙和寶石、賽普洛斯及小亞細亞的銅和高加索的錫。兩河流域的人用這些素材,有時也用貝殼,做出各式各樣的工藝品。亞述人的藝術,表現在壁畫和石雕方面亦甚可觀,其題材主要為戰爭與運動(包括狩獵)。

　　兩河流域的建築有其自己的特色。前已談及,由於此地區不產石塊,建築乃用泥磚建構。泥磚有曬乾的和燒成的兩種,後者還可以做成各種不同的釉彩。建築物之中最重要的是供奉神的塔殿和君主的宮殿。塔殿前已論及,王宮有臣屬朝覲之處,也有君主居住的地方,另外還有扈從住宿之所和倉庫。王宮之中,後巴比倫的尼布加尼撒的王宮頗為有名。他所興建的「空中花園」(Hanging Gardens),由四段山坡地構成,且用獨創的集水方式來灌溉,滿植奇花異林,蔚為奇觀,是古代世界的「七奇」之一。

㈣社會及經濟情況

巴比倫「空中花園」的遺跡

兩河流域在蘇美時代並未曾有真正的政治統一，各個城邦自理政務，但在遇有共同的軍事目的時，則會結成鬆散的同盟。盟主 (patesi) 並不是真正的共主。後來的阿卡德人、巴比倫人、亞述人和迦提人建立了統一的帝國。君主是專制的統治者，他們有職業軍隊、初級的文官體系和稅賦制度。社會結構有階級區分，貴族、平民、農奴與奴隸。其中奴隸主要係以在戰爭中俘虜的外國人居多，視同私人的財產，並且在他們身上烙印。

經濟是以農業為基礎，兩河流域是最早發展成功農耕的地域，蘇美人已知用犁來耕地，灌溉水利頗為發達。佃農要付三分之二的收成給地主。大麥、芝麻（用以榨油）和棗椰均為人民所需。他們也食肉類、家禽與魚，羊的奶、肉、毛均有大用。驢子是他們的交通工具。手工業和商業（交易範圍包括安那托利亞、敘利亞、伊朗和亞美尼亞等地）也相當的發達。

㈤法律制度

兩河流域非常突出的文化表現是法律制度。早在蘇美人的時代就已有法典的編纂，現在發現的法典中，至少有三個是早於巴比倫人所編纂的法典。蘇美人的法律已奠定「以牙還牙，以血還血」的原則 (lex talionis, or jus tabionis)，但亦有謂此係蘇美人採用了閃族的原則。蘇美人的執法方式（司法行政）尚非完全的公權力的行使，原告或其家屬有義務把被告送到法庭來接受裁判，不過法庭也有類似法警的人幫助執行判決。在法律之前，各階級並不平等，觸犯同樣的法條或遭受同樣的傷害，處罰和昭雪的方式並不一樣。另外，過失殺人與蓄意殺人的差別也不大。前巴比倫王朝第六

君漢摩拉比所編纂並施行的
《漢摩拉比法典》 (*Code of
Hammurabi*) 應是承繼前人
踵事增華的結果❸。該法典
除了「前言」和「跋語」以
外，包括二百八十段左右的
「律文」或判決的規範，其
中涵蓋民法和刑法，涉及的
範圍有誹謗、貪污、竊盜、

漢摩拉比法典

收受贓物、搶劫、謀殺、殺人、傷害、財物損害等等。在商務、貿易和錢
財方面，對於雇主和被雇用人員之間的權利義務關係，存款利息和婦女地
位（承認婦女法律地位並可支配其私產）等，均有所規定。

　　漢摩拉比在「法典」的「前言」中宣布：巴比倫奉眾神之命居世界最
高地位，而他本人是神命來光耀正義，消滅邪惡並制止強凌弱和眾暴寡。
法典的主要特色有以下各項：第一是「以牙還牙，以血還血」：「如果有人
挖掉貴族（高尚的人）的眼睛，他的眼睛也要被挖掉。如果他打斷貴族（高
尚的人）的肢體，其肢體亦必須被打斷」；第二是階級差別：自由人和奴隸
在法律之前沒有平等的待遇；第三是財產不可侵犯：「如果有人從廟宇或私
宅偷取財貨被處死，收受偷竊財貨者亦受處死」；第四是謀求社會福利：限
定基本物資的售價，規定利率不可超過 20%，規範家庭關係，度量衡必須
誠實無欺，如果涉及案件的城市未能破案即由該城市負責補償受害者；第
五是對於法律採取經久不變和為神所授的看法，不准以後的統治者改變法
律的內容，這在「跋語」中說得非常清楚，並詛咒要改變法典的人❸。

---

❸　參看 Burns，前揭書，pp. 53–54；邢義田編譯，前揭書，pp. 11–30。

❸　參看 L. S. Stavrianos, *The World to 1500: A Global History* (New Jersey: Prentice-
　　Hall, 1970), pp. 54–55.

　　這個法典為後來的亞述人和後巴比倫人（迦提人）所沿襲，有時有所變異，如亞述人不太強調「以牙還牙」的原則和法律的差別待遇，但對於叛逆、墮胎和同性戀採取更為嚴厲的處罰，這可能與亞述人好戰，必須生聚教訓有關。另外，亞述人對於婦女地位也不尊重，把她們視同丈夫的私產，不准在公共場合出現，並且不得以面孔示人。

第四節　印度河谷文化

一、歷史概要

　　印度的印度河谷文化是另一個世界最古老的文化。此處所說的印度不僅限於今日印度這個國家，而是指整個被稱為「印度次大陸」(Indian Subcontinent) 的半島，其範圍從阿富汗山地邊區向東到孟加拉灣，北自喜馬拉雅山脈至半島尖端（瀕印度洋），其幅員之廣與歐洲（俄國除外）相埒。它包括現在的印度、巴基斯坦、孟加拉國、尼泊爾和斯里蘭卡。

　　印度河 (Indus River) 在此區域內扮演很重要的角色。它發源於西藏的喜馬拉雅山脈，向西北流經西藏及喀什米爾後再向西南流入巴基斯坦（印度半島西北部），也就是旁遮普 (Punjab) 和信地 (Sind) 一帶，然後流入阿拉伯海。此河全長約有 1,900 哩（3,000 公里），沖積成淤泥的三角洲，成為古文化的搖籃。不過，印度河流域包括現在的巴基斯坦和印度西部的一部，延伸約有 1,000 哩（1,600 公里），自喜馬拉雅山麓至阿拉伯海及印度洋，其範圍較尼羅河流域、兩河流域，乃至最早的黃河流域為大。印度河在春天泛濫，常常水勢很大而不規則，它有時也會改道。

　　印度河流域的文化活動早在西元前 4000 年前後即已開展。不過，我們對於印度河谷的最早期的歷史線索並不十分清楚。1920 年代以來，在巴基斯坦的旁遮普省和信地省的哈拉巴 (Harappa) 和摩亨佐大羅 (Mohenjo-

Daro) 兩個遺址挖掘的結果，有若干收穫。另外，在印度西部也有類似的遺址。但是因為發掘的規模和數量仍不夠大，所得的文字資料不但非常少而且不可解讀。即使是如此，我們知道遠在亞利安人 (the Aryans) 侵入印度河谷以前，這裡曾經有過相當高度的文化，即印度河谷文化或哈拉巴文化 (Harappan Culture)。這個文化可能在西元前 4000 年左右即已開展，西元前 2300 至 1750 年之間更曾達到極盛的狀態。從摩亨佐大羅的遺址來看，可以發現規劃良好，其幾何形的布局和衛生系統的設計，均說明已有相當程度的公權力組織。建築物係用磚建造，街道和房屋都很整齊，也有穀倉、水塔和大浴池。出土的遺物中，有黃金首飾、青銅和石頭雕刻等等。至於文字資料，則發現於出土的印章（也有類似兩河流域的圓柱印章）和泥板中，但因迄今未發現與其他文字併排的雙語資料，以致缺乏解讀的線索。他們的文字已脫離圖繪的階段。

　　大約在西元前 1500 年左右，亞利安人❸侵入印度。亞利安人屬於印歐語系 (Indo-European family of languages)，亦稱印度‧亞利安人 (Indo-Aryans)。印歐民族的淵源不詳，他們可能最早生活在黑海以北的草原地帶，時在 3000 B.C. 或更早以前，他們原先講的語言稱為始初印歐語言 (PIE: Proto-Indo-European, or Proto-Indo-European language)，後來隨著他們四處擴散而形成很多不同的語言，此即印歐語系。今日歐洲和南亞的語言（包括日耳曼語言、羅曼斯語言、塞爾特語言、波羅的海區域語言、俄羅斯語言、印度語言），均屬此一語系。此語系的名稱叫做印歐語系，可能就是因為說這個語系的語言的人遍布印度和歐洲之故。印度─亞利安語言是印歐語系最東邊的一支，今日印度、巴基斯坦、孟加拉國和斯里蘭卡均使用此語言，而其中又有非常多的變異。

---

❸　亞利安 (Aryan) 原為梵文「貴族」之意。希特勒 (Adolf Hitler) 統治納粹德國時，聲稱（並無科學基礎）日耳曼和某些北歐民族是純種的亞利安人，優於其他的「非亞利安人」(non-Aryans)，演為屠殺猶太人、吉普賽人和斯拉夫人的理論根據。

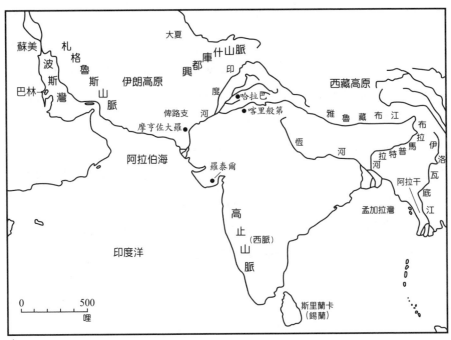

來源：Greaves & others, op. cit., p. 37.

古代南亞示意圖

　　亞利安人是從中央亞細亞大平原經由興都庫什山脈 (the Hindu Kush)
進入印度的，他們身材高大，眼睛碧綠，皮膚白皙。他們把原先生活在那
裡的德拉威人 (the Dravidians)（黑膚）趕到印度的南部。亞利安人實際上
並未真正征服印度的南部。他們先是集中在雨水較充沛的旁遮普一帶，因
為該地有草料游牧。這種情形可以較早的史詩《黎俱吠陀》(*Rig Veda*) 多
次提及旁遮普的河流，僅有一次論及恆河 (the Ganges) 看出。不過，他們
後來是以恆河流域為主。亞利安人慢慢擴張，特別是自從西元前 800 年左
右因為鐵器傳入之後擴張尤速。他們建立了一些邦國，每一邦國或部落有
它自己的王 (raja)，也有公民大會。這些邦國之中，也有由單一部落或數個
部落聯合而組成的沒有國王的邦國，稱「共和國」(Republics)。在這些邦
國之中，位於恆河下游的摩揭陀 (Magadha) 其首都為巴特里普垂

(Pataliputra)❸，因為控制重要的貿易路線和鐵礦而日益興盛。它在西元前七世紀中葉向外擴張領土，西元前六世紀至四世紀頗為強大。但是印度亦有外患，波斯帝國的大流士一世 (Darius I) 約在西元前 500 年征服印度河谷，使之成為波斯帝國的行省。另一方面，馬其頓的亞歷山大大帝在西元前 326 年渡過印度河，征服印度西北部。

摩揭陀一直在古印度史上占很重要的地位，亞歷山大死後，旃多羅岌多 (Chandragupta Maurya, ?–298? B.C.) 在西元前 322 年左右取得摩揭陀王位，他就是孔雀王朝 (the Maurya dynasty, 322–183 B.C.) 的開國君主，此一王朝南抵印度中部的那巴達河（Narbada River，亦稱那瑪達河，Narmada River），東到孟加拉灣，西邊包括阿富汗大部，歷史上第一次在印度建立了大規模的帝國，不僅統有印度絕大部分而且擴張至中亞，旃多羅岌多之孫就是有名的阿育王 (Asoka, ?–232 B.C.)。

二、文　化

古印度文化為世界最重要的文化之一。中國在唐代以前就知有印度，但稱之為「身毒」或「天竺」，《史記・大宛列傳》中張騫上漢武帝表中就提及「身毒」，《後漢書・西域傳》中說「天竺」就是「身毒」。「印度」 (India) 一詞是希臘人所首先使用，此因亞歷山大東征，而印度人稱其地為「印度」。印度人自己則稱其國為「巴拉塔」(Bharata)。

印度河谷在亞利安人未抵達之前，當地的德拉威人即已有相當程度的文化。他們已經有了文字、城市、貿易等等。又由於他們已經有殯葬的習慣，而且死者的頭放在朝北的方向，說明他們已有來生的觀念。不過，我們對他們的宗教信仰仍不十分清楚。但是，我們可以相信本屬游牧民族的亞利安人也吸收了他們的文化。

---

❸　其地相當於現在印度東北部比哈爾省 (Bihar) 的南部，巴特里普垂則為現在的巴特那 (Patna)。

　　亞利安人進入印度以後，造成很大的動亂，也把德拉威人趕到印度的南部，迄今他們仍生活在那裡。從西元前 1500 年左右亞利安人侵入印度直迄西元前 600 年左右，習慣上稱為吠陀時代 (Vedic Age)。在這個時期我們對印度的瞭解，主要是透過《吠陀》(the Vedas)。所謂《吠陀》是古印度教經書，它在梵文中是「神聖的知識」或「知識」之意。《吠陀》有四個，依時間順序為《梨俱吠陀》(Rig Veda)、《娑摩吠陀》(Sama Veda)、《耶柔吠陀》(Yajur Veda) 和《阿闥婆吠陀》(Atharva Veda)，亦有時與《梵書》(Brahmana)、《奧義書》(Upanishad) 併稱為六吠陀❸。另外，還有兩部史詩，即《拉瑪雅拉》(Ramayana) 和《大戰書》(Mahabharata) 兩部史詩❹，也有助於對亞利安人的早期文化的評估。

　　茲將亞利安人的文化分述如下。

(一)文字與文學

　　亞利安人發展出的文字叫做梵文 (Sanskrit)。它屬於印歐語系中的一支，可能是在西元前 1500 年左右即已發展出來。它又有古梵文或吠陀梵文 (Old, or Vedic Sanskrit) 和一般梵文之別。梵文雖已成為死的語文，但仍為

---

❸　《吠陀》實際上共有四部。但是每一部《吠陀》又包括三部分：頌歌 (the Samhitas)，為用韻文寫成的讚美詩歌和禱文；《梵書》，主要為討論婆羅門神的旨意和教儀；《奧義書》，為哲學性的思考。

❹　《拉瑪雅拉》相傳為詩人華米基 (Valmiki，西元前三世紀時人) 所寫，共七卷，二萬四千句，四萬八千行。記述印度北部阿育德哈 (Ayodhya) 王國的王子拉瑪 (Rama)，其人為護持神 (維斯諾神，Vishnu) 的化身，被逐、救妃和復國的故事。拉瑪為印度男性的典型，英俊而勇敢，其妃西妲 (Sita) 則為印度女性的模範，美麗而忠於職責和丈夫。《大戰書》為綜合戰爭詩歌編成，有的是二千五百年以前的故事，相傳是智者維亞撒 (Vyasa) 口授由智慧之神甘尼斯 (Ganesh) 所寫，實則作者不詳。它有十八卷，十萬句，二十萬行。《大戰書》的書名 Mahabharata 的意思是「巴拉塔大王」(Great King Bharata)，主題所記亦為兩大部落失國和復國之類的故事。古印度史詩每句多兩行。

1950 年印度憲法所承認，蓋因其宗教及文化傳統深厚之故。

　　古梵文寫成的文學作品（亦為宗教或歷史作品）很多，前述四吠陀或六吠陀，以及兩大史詩均為文學傑作。茲舉《梨俱吠陀》中的〈頌黎明〉和〈讚天神〉兩首頌詩，以見一斑。

頌　黎　明

　　神的女兒向我們顯現，

　　明亮的晨褸發出柔和的光澤。

　　掌管人世榮華的女神呵

　　吉祥的黎明今日光臨我輩。

　　她使我們看到天上的奧祕；

　　女神已卸下了黑暗的袍服。

　　健馬如飛喚醒了整個大地

　　端坐在上面的是黎明的來到。

　　帶著無數的祝福，

　　她放出光芒萬丈

　　最後的哀傷也已成為過去

　　第一個明亮的早晨來到當黎明興起！

　　興起，我們又得到了生的氣息，

　　黑暗遠逝，光明來臨，

　　她為太陽鋪路，

　　我們已經到達那人類長存的地方。

讚　天　神

　　是保衛者，世上的主，

　　看萬物近在眼前；

祕密中，想要做些什麼？**❹**

㈡宗教與社會

　　亞利安人的早期宗教信仰為多神，有天神、地神等等，至少有五個神是日神（太陽神）。另外，在吠陀時代，也就是早期印度教時期，有一個叫做因陀羅 (Indra) 的神，為雷雨與戰爭之神，係眾神之王。傳說中祂曾經屠殺一個惡蛇（旱魔）來解救人類，祂也殺死亞利安人的黑皮膚的敵人（是不是德拉威人？）。 亞利安人所信仰的婆羅門教 (Brahmanism) 是印度教 (Hinduism) 的早期型態，迄今仍有將二者混稱的情況。他們信仰最高的神為婆羅瑪 (Brahma)，但另又有維斯諾 (Vishnu) 和濕婆 (Shiva, or Siva)，這三位尊神又有時俱為一體，此為「一體三形」(Trimurti)**❷**，即為至尊至上的神。大致言之，婆羅瑪（梵天神）為創造之神，創造萬物；維斯諾為護持神，保護宇宙和為善與慈的化身；濕婆則為破壞者，代表破壞的力量，亦為重生、豐饒、舞蹈、藝術之神。婆羅瑪在三個形體中代表平衡的力量，

此圖為位於加爾各答西北的加佐里浩 (Khajuraho) 廟中的雕刻的一部分

---

❹　以上錄自吳俊才，《印度史》（臺北：三民書局，民 70），pp. 38–39, 46–47。

❷　Trimurti 為梵文，tri 為「三」的意思，murti 為「形體」的意思。

恆河一直被印度人，尤其是印度教徒視為聖河，即使是在工業「污染」的現代，很多人仍然以前往一「浴」為快。

另外二者則為相反的力量。一般印度人較為崇拜濕婆及其妻凱莉 (Kali)。牛之被印度教徒視為聖獸，係因牠是濕婆的坐騎，且印度人認為在母親哺育人類之前，牛即以其乳餵食人類。婆羅門教或印度教沒有創教的教主，也沒有先知，但強調遵守教規與道德的正道 (dharma)，也相信羯摩或因果關係 (karma)，但更高的境界是消除羯摩或因果關係。

亞利安人為了保持血統上的「純潔」和阻隔被他們征服並役使的人的距離，乃發展出種姓制度 (Caste System)。這種種姓制度形成於吠陀時代後期，在西元前 500 年左右便已成為牢不可破並滲透社會生活各個層面的定制。人民分成四個階級，第一個階級是婆羅門 (Brahmans)，屬於僧侶階級，代表神的頭部；第二個階級為剎帝利 (Kshatriyas)，為貴族武士，代表神的雙手；第三個階級是吠舍 (Vaishyas)，為農夫和工商，代表神的兩足；第四個階級叫奢陀羅 (Shudras)，是賤民，代表神的排洩物。前三個階級是亞利安人，第四個階級則是奴隸 (Dasas)。在這些階級之外，且有更低賤沒有階級歸屬的「穢不可觸者」(the Untouchable)，甚至據說他們的影子會使一口井污穢。值得注意的是，這種種姓制度和很濃厚的種族和膚色的性質❹。

---

❹ 梵文中表示種姓的字是 varna，其本身是「膚色」的意思，另一梵文：at 或 jati，

位於加爾各答西北方約430哩（629公里）的貝納拉斯（Banaras, or Beneres）為印度教的聖城，該城有1,500個寺廟。

這種種姓制度分得很細，據說僅婆羅門階級即有一千八百種區分，全部種姓的區分超過三千種。不過，另一點值得注意的是，後來因為亞利安部落或邦國有時結合「奴隸」種姓的部落或勢力為盟友而從事征戰，這使他們的地位提升，他們的教士成為婆羅門，他們的貴族成為剎帝利，他們的某些地主成為吠舍。這是為什麼印度南部有不同種姓制度的原因。這種種姓制度因為是世襲的，任何人為的努力或奮鬥都不能改變。同時，又因為規定不同的種姓與他們可以從事的職業和共同生活的交往有關，而且印度人的身體上也有種姓的記號（習慣上在前額），成為不可逾越的鴻溝。這種情形使社會流動的運作，社會正義的伸張和社會團結的促進均有其困難❹。

其意思是「物種」的意思。

❹　參看 Burns，前揭書，pp. 125–128; McNeill，前揭書，pp. 124–128; L. S. Stavrianos，前揭書，pp. 148–150。另外，在此要說明的是，印度雖於獨立後在1947年廢除「賤不可觸者」階層，1950年的印度憲法復廢除種姓制度，但是種姓制度的陰影仍然籠罩印度。在今日印度，除婆羅門階級（占總人口6%）外，其餘者均分屬不同的當地的種群（jati），如高層種群如達庫爾（Thakurs）、班尼亞（Banias）和喀雅斯（Kayasths）等（占全人口14%）。在這兩個上層種姓中，婆羅門

㈢科學成就

　　古印度文化雖以宗教和哲學思想見長，其在科學方面亦有若干成就。最突出的是數學，古印度人已能計算相當大的數字，也知道求平方和立方根數；他們用的是十進位法，而且有了「零」的觀念；在幾何方面不如希臘人，但代數學則過之。古印度人的天文學和占星學相當有成就，知道地球以自己的地軸旋轉。醫學方面，在吠陀時代即已有高度發展，留下一些治療的方法，人體解剖的技術也有相當的基礎，對於胚胎發展也有瞭解。

第五節　文化的擴散與「文明」和「野蠻」的對抗

一、文化的擴散

　　人類文化常有向外擴散的情況。古文化中心在河谷地帶靠灌溉的方法從事農耕並發展為國家和社會以後，也會向雨量充沛不需灌溉的地區擴散。這種文化的擴張有時與物質的需求有關，譬如兩河流域在蘇美文化的早期便因為需要銅和錫的供應，而與美索不達米亞北邊的山岳地區有交易。賽普洛斯島是生產錫與銅的，在西元前 2000 年後不久，銅礦在薩丁尼亞 (Sardinia) 開採，英格蘭康華爾 (Cornwall) 的錫礦也差不多在同時生產。隨著生產與銷售，也就與美索不達米亞有了貿易關係，鄰近底格里斯河和幼

仍為教士，也在政府職位中占很大比例；高層種姓以地主、商人和資產階級為多。至於下層種姓，包括雅迪夫 (Yadavs)、古札兒 (Gujar) 和雅那地 (Yanadis) 等，占全國總人口 52%，他們多為勞工和工匠及牧牛者，政府保留 27% 的職位給他們。最下層的達里特 (Dalits) 被認為不屬任何種姓的人，占全人口 18%，政府保留 15% 的職位給他們，他們絕大多數赤貧，並且做有關衛生（人體排洩物）、火葬和製皮等工作。此一大致情形，可參見 *Time* (April 13, 1992) 之封面專題報導。

發拉底河流域的敘利亞和巴勒斯坦，以及相鄰的阿拉伯北部的沙漠邊緣也就受到較多的影響。譬如希伯來人洪水滅世的傳說和挪亞方舟的故事，均與蘇美人的《鳩格米西史詩》有密切的關係。另外，考古學家在安那托利亞（Anatolia，今土耳其）某些地區也發現一些亞述商人寫回亞述帝國首都亞述 (Ashur) 的函牘。不僅此也，兩河文化的影響甚至遠及今日俄國南部的草原地帶，因為在該地區發現了模仿蘇美青銅器的石斧。

　　受古文化的輻射和擴散影響的文化很多，在此舉其中比較重要的來討論。

㈠克里特的邁諾亞文化

　　克里特的邁諾亞文化 (Minoan civilization) 是希臘文化的先驅。克里特 (Crete) 是地中海中的島嶼，面積 3,218 平方哩（8,336 平方公里），距離希臘南端的比羅奔尼蘇半島 (the Peloponnesus Peninsula) 以南約 60 哩（96 公里）。島上的居民原來自小亞細亞，約在五千多年以前已有人居住，而且在西元前 2500 年左右即已發展出相當高度的青銅器文化。這個文化叫做邁諾亞文化，係因得名自傳說中的克里特王邁諾斯 (Minos)。根據希臘神話，邁諾斯是天神宙斯 (Zeus) 與泰爾 (Tyre) 城的阿根諾 (Agenor) 之女歐羅巴 (Europa) 的兒子，而且邁諾斯是指一個王，還是指一些王，則不能斷定。此一文化受埃及的影響頗大，如國王「邁諾斯」可能一如埃及的「法老」，原來所指的是國王的治事或居住的地方。但是，邁諾亞文化也受到美索不達米亞的影響。它們受到兩種不同文化的刺激而發展出自己的風格。這個文化在西元前 1700 至 1450 年期間曾經盛極一時，其主要中心在該島北岸的諾薩斯 (Knossos)。在諾薩斯發掘的宮殿大約在西元前 2100 年便已興建。後來又在該島東岸另一城市卡圖・札克洛斯 (Kato Zakros) 發現了有 250 間房間的大宮殿，有鑲木地板，附設游泳池，以及數以千計的花瓶。邁諾亞文化已有相當高度的發展，社會組織亦已複雜，經濟係中央管制（其經濟力量來自海上貿易和土地生產），也有文官制度。此文化在西元前 1450

象牙雕成的克里特女蛇神像，西元前十六世紀作品，兩手各持一條金蛇，其頭髮亦纏繞著蛇，從其面部表情曾被懷疑為近人偽作，但仍相信為真品。現存波士頓美術館。

年左右消失，原因不詳，可能是因為外人入侵，也可能是因為地震。不過，一般相信邁西尼人 (the Mycenaeans) 的入侵為最可能的原因。

　　後人對於克里特邁諾亞文化和早期希臘文化的瞭解，多得力於德國人史列曼 (Heinrich Schliemann, 1822–1890)，英國人伊凡斯 (Sir Arthur Evans, 1851–1941) 和文垂思 (Michael Ventris, 1922–1956) 的貢獻。史列曼為德國一位路德會牧師之子，幼年貧窮，但後來經商成功，他在四十一歲時退休，致力於特洛伊城 (Troy) 遺址的挖掘。他對於「荷馬史詩」由衷的狂熱，能夠背誦荷馬的兩大史詩。自 1871 年他挖掘了九個城邦的遺址。英國考古學家伊凡斯在 1899 年至 1935 年間發掘諾薩斯，並且為邁諾亞文化命名。文垂思為英國語言學者，他解讀邁諾亞文字，即所謂「線型 B」文字 (Linear B)，並於 1952 年宣布此種語言為早期希臘語文。

㈡希伯來文化

　　希伯來文化對世界影響很大，特別是在宗教方面。

　　希伯來人 (the Hebrews) 的歷史常與古埃及和西亞的民族混合糾纏。不過，埃及與兩河流域各民族的歷史有考古發現的遺存，也有文獻的佐證，但希伯來人的歷史則主要靠《聖經》的記載，間或也有考古發現的資料。《聖經》包括了很多口頭與書面的傳說，其成書時期約在西元前 1500 至 300 年之間。希伯來人很早便與美索不達米亞有關，他們可能是來自阿拉伯沙漠的閃族人。他們的祖先亞伯拉罕 (Abraham) 約於西元前 1800 年率同族人定居於美索不達米亞西北部，距哈蘭 (Harran) 不遠，係游牧民族。亞伯拉罕之孫雅各 (Jacob) 率族人向西南進入巴勒斯坦，雅各後更名為以色列 (Israel)，其十二個兒子後來成為以色列人十二個部落的頭子。大約在西元前 1600 年後，他們為逃災荒而進入埃及，居住在尼羅河三角洲，遭到埃及法老的奴役。大約在西元前 1300 至 1250 年左右，摩西 (Moses) 帶他們逃出埃及。由於《聖經》中並未說明是埃及的那一位法老，從《聖經》中所記約瑟 (Joseph) 的故事來看，似乎是西克索人統治埃及的時期（關於希伯來人進入埃及的時間亦有謂係在西元前 2000 年以後，在埃及西元前 1900 年左右的墓畫中有游牧民族「亞洲人」的描繪）。不過，希伯來人在摩西領導下逃出埃及發生在西元前十三世紀，大約是在法老拉米西斯二世 (Ramsses II, 1304–1237 B.C.) 時期，這個時期的埃及繪畫也有「亞洲人」為奴，並從事造磚和其他建築工作的情形。他們大約在西元前 1200 年左右進入迦南 (Canaan) 或巴勒斯坦之地。巴勒斯坦固為雨量稀少的荒涼之地，但與他們在沙漠流浪的情況來比，仍為肥美的土地，因而《舊約聖經·出埃及記》仍說它是「美好寬闊流奶與蜜之地」。

　　希伯來人或以色列人進入巴勒斯坦或迦南之後，先是與原已居住在那裡的另一閃族人迦南人 (the Canaanites) 發生戰鬥與衝突。迦南人居住該地已有數世紀之久，並且因與巴比倫人、西臺人和埃及人接觸而有相當文化。希伯來人在與他們長期爭戰的過程中吸收了一些他們的文化。後來希伯來人又受到來自小亞細亞的腓力斯人 (the Philistines) 的威脅，腓力斯人不是

來源：Greaves & others, op. cit.,
　　　p. 27.

古巴勒斯坦圖

閃族人。他們已使用鐵器而希伯來人仍使用青銅器，其威脅之大可以想知。腓力斯人在巴勒斯坦勢力很大，巴勒斯坦便因他們得名。為了應付腓力斯人，希伯來人只好團結，本來他們十二個部落分別由各自的「士師」(Judge) 來統治，在西元前 1025 年左右便在第一個國王掃羅 (Saul) 的領導下建立以色列王國。但是掃羅戰死後，原為掃羅部將的大衛 (David, ?–970 B.C. or 962 B.C.) 繼為國王，頗有戰功。在他的時代，十二個部落真正統一，以耶路撒冷 (Jerusalem) 為首都，並且擴張土地自幼發拉底河至阿克巴灣 (Gulf of Aqaba)。為了維持統一之局，他並自不同的部族娶了不同的妻子。他的繼承人是他的兒子所羅門 (Solomon, 970 B.C. or 962 B.C.–c. 930 B.C.)，他是希伯來的名王。在他統治

下，以色列曾經到達顛峰狀態。他也非常富有爭議性，賢明或暴虐，不一而足。他不僅在耶路撒冷興建宏偉的神殿，巍峨的王宮，也娶了七百妻和三百妾，窮奢無度。他死（可能在 930–922 B.C. 之間）之後，以色列便分裂為二，北部十部落為以色列王國，以撒馬利亞 (Samaria) 為首都，南部二部落建為猶大王國 (Kingdom of Judah)，以耶路撒冷為都。以色列在西元前 722 或 721 年為亞述所征服。猶大王國則拖至西元前 586 或 585 年為迦提人（後巴比倫）之王尼布加尼撒所亡，其豪族更被強迫遷至巴比倫，是為「巴比倫囚禁」(Babylonian captivity)。西元前 539 年至 332 年期間，巴勒

耶路撒冷現貌

斯坦為波斯的附庸國。西元前 538 年居魯士允許猶太人返國。西元前 332 年巴勒斯坦為亞歷山大所征服，而成為亞歷山大大帝國之一部 (332–323 B.C.)，亞歷山大死後先後為埃及托勒密王朝 (323–198 B.C.) 和敘利亞的塞流卡斯 (198–168 B.C.) 所統治。西元前 63 年巴勒斯坦成為羅馬保護國，西元 70 年猶大因反抗羅馬而為羅馬所討平，耶路撒冷被毀，猶大國成為羅馬行省。此後希伯來人（猶太人）便展開了花果飄零式的「流徙寄居」(diaspora) 的生涯。

　　希伯來人在律法、文學和哲學方面均有表現。不過，其影響世界最大的則為宗教。猶太教 (Judaism) 為世界最古老的宗教之一。它的發展有其不同的階段。第一個階段是摩西以前的階段，自最初至西元前 1250 年左右，此為自拜物教（相信山、河、樹、泉等均有神靈）至擬人的多神信仰時期，每一部落或地方均有其神祇。第二個階段約當西元前第十三世紀至第九世紀，由信仰一神而不否認他神而逐漸發展到僅崇信亞衛或耶和華（Yahweh，約自 300 B.C. 後稱 Jehovah）（可能是為了怕褻瀆聖名而由「亞衛」改稱「耶和華」）。亞衛（耶和華）降臨西奈山向摩西宣布十誡。這個時期的亞衛或耶和華仍是威不可測的上帝，祂對亞伯拉罕的「試驗」（《舊約聖經・創世記》第二十二章），以及烏撒 (Uzza) 僅因用手觸及約櫃就被

祂發怒而擊殺（事實上烏撒是因為牛失前蹄才伸手扶住它的）死亡。所謂「約櫃」(Ark of Covenant) 是盛放十誡 (the Decalogue) 的木櫃，希伯來人在征戰時帶著它，後來放置在所羅門興建的聖殿中，現已遺失。至於亞衛（耶和華）究竟有什麼意義，並不清楚。摩西在西奈山詢問祂的名字時，所得到的回答是：「我是自有永有的。」(I AM WHO I AM.)（見〈出埃及記〉第三章第十四節）不過，由於希伯來人相信祂是唯一的真神，而又與他們有特別的關係，他們是祂的「選民」(chosen people)。這對他們能夠團結奮鬥有很大的鼓舞作用。這個時期的猶太教仍然殊少倫理和精神的意義，而「十誡」也是在摩西時代早已存在的一些基本信條。第三個階段是先知革命的階段，約當西元前八世紀至七世紀。這些先知有以利亞 (Elijah)、以賽亞 (Isaiah)、阿摩斯 (Amos) 和彌迦 (Micah) 等，他們努力講道的結果，建立了一神論（亞衛是唯一的、崇高的神，而其他民族的神是偽神不應受

哭牆：原為所羅門聖殿的西牆，西元70年羅馬人將其摧毀後仍殘留此牆，迄今仍被猶太人視為聖地，來此聚會悲泣。

到崇拜），亞衛是公義的神，以及亞衛獎善懲惡並且要人「行公義、好憐憫、存謙卑的心。」（《舊約聖經‧彌迦書》第六章）。在此階段猶太教有了濃厚的倫理色彩，但尚無撒旦 (Satan) 和永生的觀念。最後一個階段約當西元前539至300年，此期受波斯的影響很大，吸收了一些祆教 (Zoroastrianism) 兩元論的思想，而有了撒旦的觀念，也有了末日學說 (eschatology)，以及死後得救永生的信念。在這個階段他們也接受《聖經》是直接由上帝所啟發的看法。

　　猶太教的信仰對於猶太民族的生

存與發展有很大的關係，而上帝也有「憤怒的上帝」、「憐憫的上帝」和「愛
的上帝」的演變，這可以從《舊約聖經》早期、後期和《新約聖經》的時
代看出。猶太人秉承著他們是上帝選民的信心，終能歷經艱辛而國雖亡種
亦不滅。他們在所羅門時代原在耶路撒冷宏偉的聖殿中崇拜神，此一聖殿
在後巴比倫征服猶大國時被毀，第二次在西元 70 年又為羅馬人所毀。但是
猶太人自巴比倫流亡時期以來，便發展出另一種崇拜的形式，那便是會堂
(Synagogue)，此為希臘文「聚會」之意。猶太人無論在何處，心中奉「律
法」(Torah) 為最高的原則。所謂「律法」，特別是指《舊約聖經》中的前
五卷，即 〈創世記〉 (Genesis)、〈出埃及記〉 (Exodus)、〈利未記〉
(Leviticus)、〈民數記〉(Numbers-Census) 和 〈申命記〉(Deuteronomy)，有
時也有較為廣泛的解釋。他們在這種會堂作有組織的集會，發揮團結和薪
傳的作用，而且有猶太人之處就有會堂，其意義頗為重大。

㈢腓尼基和里迪亞

　　腓尼基 (Phoenicia) 為東地中海沿岸的狹窄地帶，在巴勒斯坦之北，處
於黎巴嫩山脈與地中海之間。腓尼基人為閃族，與迦南人的關係相當密切。
他們是一個商業民族，在大約西元前 3000 年左右便已居住此地，建立了一
些城邦，其中以西頓 (Sidon) 和泰爾 (Tyre) 為著。西元前十二世紀以後，
由於埃及勢衰，他們曾稱雄地中海域，在西元前十世紀至八世紀為極盛時
期，並且在北非建立迦太基 (Carthage) 和烏提卡 (Utica) 殖民地，也在西班
牙的卡地茲 (Cadiz) 和馬拉格 (Malaga) 建立殖民地，勢力達於克里特等地。
泰爾是各城邦的領袖。不過，他們文化最主要的貢獻是發明了字母（約在
1700 B.C.），而這種字母後來又為希臘人和其他民族所採用來發展他們各
自的語言。西元前六世紀後，腓尼基為後巴比倫與波斯所控制，西元前
332 年為亞歷山大所征服。

　　里迪亞 (Lydia) 位於小亞細亞，相當於土耳其西部地帶。里迪亞人 (the
Lydians) 為印歐語系的民族，他們在西元前七世紀發明用金屬鑄幣的方法，

約在西元前 546 年為波斯所滅亡。

二、「文明」與「野蠻」的對抗

　　隨著文化的發展，農業生產技術和城市興起，以及文字的發明成為各個古代文化中心的特色。於是國家社會形成，文官組織和財稅系統也告建立，而農業生產可以養活較多的專業人口，於是工藝產品的水準和貿易交易的規模也日漸提升和擴展。另一方面，在古代文化中心之外，有些游牧民族，他們逐水草而居，羨慕農業社會的繁榮而欲染指。他們常被稱為「野蠻」民族。居國與行國的衝突自古便已開始，固然有的時候居國文化也有組織完備的大軍，如阿卡德的薩爾恭可以深入野蠻民族的腹地而予以打擊。但是，在多數的情形下，文明社會常非野蠻民族的敵手。有些情形，游牧民族也可以進入文明地區建立他們的政治體制，如偏處美索不達米亞西北沙漠邊緣的阿摩瑞提人跑進美索不達米亞的心臟地區建立巴比倫帝國。在很多情形下，游牧民族也自己建立自己的帝國和社會。

　　游牧民族很早就進入了歷史舞臺。在西元前 3000 年左右，印歐民族（文化的意義大於種族的意義）便已出現，他們可能發祥於裏海一帶。他們游牧流徙的路線有二：一為向東南方向進入印度，一為往西南方向到小亞細亞和東南歐洲，包括多瑙河平原 (Danubian Plain) 和後來的俄羅斯南部。他們便對中東和印度河谷的文化中心構成威脅。在歐亞大草原有兩類游牧民族，印歐民族在西邊，另外在東邊有突厥及蒙古之類的游牧民族。這兩種游牧民族的分界線原在阿爾泰山脈 (Altai Mountains) 至天山山脈。由於大草原東半更為乾燥，高度也更大，生活條件更差，於是自古以來，游牧民族總是自東向西流徙。我們看到塞西亞人 (the Scythians) 從阿爾泰山流徙到烏克蘭，突厥人便進入了他們原來在中亞的地區而且後來也向西進發，後來的蒙古人尾隨他們之後，並且在西元十三世紀蹂躪了歐亞大陸的絕大部分。東邊的游牧民族，因為所處的地理位置，不僅可以接近歐洲、

中東和印度，也可以威脅到中國。

印歐民族中的西臺人 (the Hittites) 在西元前 1900 年左右進入小亞細亞中部 （相當於土耳其南部），他們建立了一個強大的王國，以哈圖沙斯 (Hattusas) 為首都，在西元前 1590 年左右攻擊巴比倫，並且在西元前 1450 年至 1200 年期間達於極盛時期，占有安那托利亞絕大部分和敘利亞北部。他們留下的文獻中有用楔形文字和西臺象形文字所寫的泥板。他們是第一個使用鐵器的民族。他們曾經侵擾其他地區，並且在敘利亞與埃及人征戰。西臺人的王國在西元前 1200 年為來自海上的不明勢力所亡。

繼之而來的是另一個印歐民族卡賽特人 (the Kassites)。他們自美索不達米亞以東的札格魯斯山脈而來，他們不僅曾經占領巴比倫，而且建立了第三個巴比倫王朝 (1600–1100 B.C. 間)。接著是來自亞美尼亞高山的休倫人 (the Hurrians)，也就是《聖經》所說的胡里人 (the Horites)。他們在巴比倫之北的亞述地區，建立了米坦尼 (Mitanni) 王國，在西元前十六世紀時曾甚強盛，他們吸收了很多美索不達米亞的文化，並且傳播周圍的民族，包括西臺人。另外西克索人 （一個以閃族為主的混合游牧民族）曾經侵入並且統治埃及 （西元前十八世紀至十六世紀）。

這些游牧民族之所以銳不可當，有幾個原因。第一是他們善於使用馬匹，因而有很高的機動力。第二是他們在西元前 1700 年以後不久發明了雙輪戰車 (chariot)，這種雙輪戰車較諸四輪車輛易於轉動和操作，它與馬匹相配合，由駕駛者用繮繩配合上馬嘴中的馬勒來操縱，如此把速度與戰力結合在一起，成為難以抵禦的力量。西克索人便使用這種戰車擊敗埃及人。第三是鐵器的使用，鐵雖在很早 （可能在 4000 B.C. 左右）即為人類所知，而且也間或使用，但是當將它像其他金屬一樣來處理，也就是加熱熔解倒入模型製成器具或兵器時，就變得過硬而且易碎 （因為脆），以致不能承受猛烈的打擊。但在西元前 1400 年左右，西臺人在安那托利亞發展出一種用木炭冶鍊錘打而使其吸收一些碳的成分的作法，如此鐵的質地便發生變化，

變得有彈性而有青銅的強硬度，它又價廉，因而取代了青銅，可以做成各種不同的用具和武器。連帶所及，雙輪戰車也不再叱咤風雲於戰場了，因為鐵製成的甲冑和頭盔可以保護步兵免於受到雙輪戰車上弓箭的攻擊。鐵器的製作，西臺人本來視作最高機密，但在西臺人的王國崩潰（大約在1200 B.C.）後，鐵器的製作技術便四傳各地。西臺人因為使用鐵器而攻無不克，鐵器製作的技術為其他游牧民族如腓力斯人 (the Philistines) 等所得之後，也同樣地可以得意疆場。同時，這些游牧民族在征服其他的民族之後也變得「文明化」了，有時被他們征服的民族也會學習到他們的戰技而驅逐了他們㊺。

㊺　本節大致參考 William H. McNeill, *A History of the Human Community*, Vol. 1, 3rd ed., pp. 52–95; L. S. Stavrianos, *The World to 1500: A Global History*, pp. 66–75; Richard L. Greaves and others, *Civilizations of the World: The Human Adventure*, pp. 26–34; Edward M. Burns & others, *World Civilizations*, Vol. I, 3rd ed., pp. 74–107；有關猶太教演進的論點，特別取自此書 pp. 80–84。

第二章　古典時代

　　古典時代人類的歷史與文化包括希臘、羅馬、波斯、中國與印度，以及他們互相之間的關係。

　　希臘及羅馬文化或希羅文化是西方文化的根源。希臘人所創造的文化，無論是在政治、社會、文化各方面都是後來的西方文化的源頭活水，所以英國歷史學家費雪 (Herbert A. L. Fisher, 1865–1940) 在其 《歐洲史》 (*A History of Europe*) (3 Vols., 1935) 開宗明義地說 ：「我們歐洲人是希臘的後裔。」 (We Europeans are the children of Hellas.) 英國詩人雪萊 (Percy B. Shelley, 1792–1822) 也用充滿感性的詞句說：「我們都是希臘人，我們的法律，我們的文學，我們的宗教，我們的藝術都植根於希臘。」(We are all Greeks; our laws, our literature, our religion, our arts have their roots in Greece.) 希臘文化中的理性與科學，以及其強調 「中庸」 (golden mean) 和「勿過分」 (nothing in excess) 的特色 ，再加上希臘人重視 「自由」(eleutheria) 的精神，都是世所少見的。這也是為什麼古代希臘人 (Hellenes) 自視其為文化人，視所有不會說希臘語文的人為野蠻人的原因。希臘人的文化創造後來又為著重實際和長於組織的羅馬人所發揚光大，而隨著他們所建立的跨越歐、亞、非三洲的大帝國成為西方的世界性的文化。羅馬人以其重視義務感 (pietas)、目標嚴肅性 (gravitas) 和個人價值 (dignitas) 等特質，也是做人做事的榜樣。

　　亞洲的波斯帝國和印度文化有其值得驕傲的地方。波斯的發展曾經使希臘飽受威脅，而其文化成就也很可觀。印度在古典時代的孔雀王朝和岌多王朝均曾有過統一整個次大陸的可能而終未成功，但其歷史發展的曲折，

人民種族的多樣性，以及宗教的重要，均為有目共睹。中國在這個時期歷經了周代、春秋戰國、秦、漢和魏晉南北朝時期，其歷史與文化的發展不但對中國，甚至對整個世界均有極大的重要性。

　　整個世界或當時所知的世界，發生了影響深遠的互動關係。亞歷山大東征印度在東西交通與文化匯流方面有其重大作用，羅馬在三大洲的用兵牽動整個世界。中國在漢代經營西域，通大月氏和征伐匈奴，對西方衝擊不小，與安息等國也有接觸；班超在一世紀末且想通使「大秦」（漢代稱羅馬帝國為「大秦」），但所派的甘英「臨大海未渡而還」。至於商業與文化的交流，彼此之間更不在話下。中國人有「天下」的觀念，希臘人也把歐亞大陸看作互相連鎖與彼此影響的「光明世界」(Ecumene)。

第一節　希　臘

一、早期歷史

　　古代的希臘，大致上包括馬其頓 (Macedonia)❶以南的希臘半島，以及愛琴海和愛奧尼亞海 (Ionian Sea) 中的各島嶼，其幅員約有 30,000 方哩（77,000 方公里）。但是希臘人亦視他們所建立的殖民地為希臘土地，如此則可延伸到西西里島、義大利南部、土耳其西岸地區和黑海沿岸的貿易據點。希臘半島是一個多山的地區（有四分之三的土地為山岳），古代時樹木茂盛，掩蓋著山坡地帶。平原地帶在北部有占薩利 (Thessaly)，中部有阿提卡 (Attica) 和布奧西亞 (Boeotia)，南部的比羅奔尼蘇半島 (Peloponnesus Peninsula) 上也有拉科尼亞 (Laconia) 和麥西尼亞 (Messenia) 兩個平原。希臘的氣候屬地中海氣候型，雨量集中在冬季。夏季晴朗，幾乎每天均有陽

---

❶　馬其頓為歐洲東南部的巴爾幹半島中部，愛琴海西北的一個地區，現分屬希臘、塞爾維亞和保加利亞。

邁西尼獅門（位於城堡西北角）

光，風自東北吹來，冬季則在西風的吹襲下，把大西洋的雨（有時也有雪）帶進來。希臘的土壤相當肥沃，古時尤然，可耕地約有四分之一，但其餘的土地亦可用來牧羊和牛馬等。希臘的山嶺雖產大理石，但卻缺乏資源（本土和外島除了有些銅、金、鋁、銀的礦產外，鐵藏量甚少）。

　　希臘地區在新石器時代便有人居住，但未發展出較高級的文化。後來印歐語系的希臘人自巴爾幹半島的北部進入希臘，希臘語便成為這個地區的語言。早在西元前 2500 年或甚至更早，克里特島便興起了邁諾亞文化，這是一個非常發達的青銅器文化，而且對愛琴海的島嶼和希臘半島發生影響。譬如說以邁西尼 (Mycenae) 為中心的邁西尼文化 (Mycenaean civilization) 便是其一。邁西尼是一個位於比羅奔尼蘇半島東北的城邦王國，而同處半島東北部的城邦提雲斯 (Tiryns)，以及半島西南部的另一城邦皮洛斯 (Pylos) 等均屬於此一文化。邁西尼在西元前 1600 年至 1200 年是主要的城邦，而且曾經控制克里特島和稱雄愛琴海地域。德國人史列曼在1876 年至 1878 年間在邁西尼掘出其國王阿楚斯的寶庫 (Treasury of

邁西尼王室墓園

Atreus)、王室墓園以及城寨圍牆的獅門，還有一些武器、珠寶和裝飾品等。
它與邁諾亞文化相似，惟其有很重要的戰士階級。邁西尼時期便是荷馬
(Homer) 的史詩所描述的時代，因此這個青銅器時代後期也叫荷馬時代
(Homeric Age)。邁西尼國王阿格曼儂 (Agamemnon) 便是《伊里亞德》
(*Iliad*) 中所說的攻打特洛伊城 (Troy) 的聯軍總司令。此外，邁諾亞文化和
邁西尼文化都是更廣泛的愛琴文化的一種。

　　生活在比羅奔尼蘇半島、希臘中部東邊，以及克里特和羅德斯
(Rhodes)、伊色佳 (Ithaca) 等愛琴海島嶼中的希臘人在「荷馬史詩」中被稱
為亞契安人 (the Achaeans)，他們也是參加特洛伊城戰爭的希臘人。此一名
稱可能是得自於亞契安 (Achaea)，這是一個比羅奔尼蘇半島北部科林斯灣
(Gulf of Corinth) 的地區，可能是他們在被多利安人 (the Dorians) 追逐最後
停留的地方。至於多利安人則為後來居住在希臘西北部山區厄皮洛斯
(Epirus) 和馬其頓西南部的希臘人。他們在大約西元前 1100 年至 950 年
間，經由希臘中部進入比羅奔尼蘇半島，隨後並伸張影響力於愛琴海諸島、
西西里和小亞細亞之一部，他們打敗並且取代了亞契安人。多利安人入侵

的時期常被稱為「黑暗時代」(Dark Age)。多利安人為游牧族群，且以鐵製武器作戰，因而銳不可當。在這些不同的希臘族群中還有愛奧尼亞人 (the Ionians) 和艾奧良人 (the Aeolians)，他們與多利安人之間也有若干的互動關係。在族群流徙結束之後，多利安人定居在比羅奔尼蘇半島和小亞細亞西南，愛奧尼亞人安頓在阿提卡平原和小亞細亞的西部中間沿岸地帶，艾奧良人分布在小亞細亞的西北沿岸地區。他們分別建立了一些城邦，最後為數超過一百座以上。但是，比較重要的有五：雅典 (Athens)、斯巴達 (Sparta)、底比斯 (Thebes)、科林斯 (Corinth) 和阿古斯 (Argos)。西元前八世紀中葉，大約為西元前 750 年左右至西元前 600 年左右，希臘各城邦復因人口過剩而向外移殖，愛奧尼亞人向東北發展至黑海地區，多利安人在西西里和義大利南部建立了一些殖民地，艾奧良人則遠至後來的法國和西班牙地區。拜占庭 (Byzantium)、馬賽 (Marseille)、里斯本 (Lisbon)、那不勒斯 (Naples)、敘拉古 (Syracuse) 等地均曾是希臘人的殖民地。不過，以上各城邦中，斯巴達並未發展海外移殖，而是用征戰的手段來擴張其生存的空間。

古希臘人的歷史一直有不同的分期的說法，習慣上第一個階段稱為形成時期 (Formative Age)，終止於西元前 800 年左右；第二個階段為殖民時期 (Age of Colonization)，約當西元前 800 年至 600 年左右；第三個階段為希臘文化的顛峰時期，約當西元前 600 年至 400 年間；西元前 400 年以後為衰落時期。但也有將西元前八世紀中葉至西元前 500 年左右稱為古代時期 (Archaic period)，西元前五世紀至西元前四世紀（約 323 B.C.）為古典時期 (Classical period)，以及西元前 323 年至西元前 224 年間稱為亞歷山大以後的馬其頓時期 (Macedonian period after Alexander) 的分期辦法。此外，還有其他不同的分期情形。

我們對於早期希臘各城邦的歷史主要是透過荷馬的史詩《伊里亞德》(Iliad) 和《奧德賽》(Odyssey) 來瞭解。這兩部史詩固然以多利安人入侵以

前的希臘人圍攻特洛伊城 (Troy)❷的經過和其他相關人物的故事為主要內容。但是它們也透露了當時希臘人的政治和社會情況，以及宗教信仰，後來的希臘人也承襲了這種政治組織和文化。希臘各城邦的政治組織似乎並不嚴密，國王的權力也不大，各氏族有相當大的權力，另有貴族會議 (Council of Nobles)，以及由戰士組成的戰士大會 (Assembly of Warriors)（後演為公民大會）。國王的政治角色不是非常重要，這從《奧德賽》的主角伊色佳 (Ithaca) 國王奧德修斯 (Odysseus) 可以離國二十年而沒有攝政王可以看出。每一個城邦（polis，多數形為 poleis）的政治體制和社會組織雖有所差別，但其中心（亦為其處理公事和集會的地方）常為一有利防禦而不易受到攻擊的山丘的頂部，最先建造一個城寨，然後擴散成為城市。不過，在早期城邦只是行政中心，而不是工匠和商人聚集的地方。在這裡，每個城邦訂下選舉領袖的法規和其他大家應該共同遵守的法律，建立起他們的體制。所以，英文中的「政治」(politics) 或「政治的」(political) 一詞便是由「城邦」(polis) 演變而來❸。

　　古希臘人從未能夠建立統一的國家，希臘的地理環境所造成的山嶺縱橫、河流分割和海灣交錯也助長了許多山谷、河域和平原的自成體系。它們不僅成為許多政治單位，也成為許多經濟單位。每一個城邦都是小國寡民的結構，它通常由城寨、城市和周圍的農村所構成。大致言之，除了極少的例外，這些城邦在政治演變方面均歷經類似的過程，先是君主體制

❷　特洛伊城亦名伊里阿穆 (Ilium)，位於小亞細亞西北部，近韃靼尼爾海峽 (the Dardanelles)。韃靼尼爾海峽古名赫里斯朋特 (Hellespontus, or Hellespont)。此一古城廢墟現在土耳其西部，此地曾經有九次建城的紀錄，第一個特洛伊城 (Troy I) 可以追溯到西元前 3000 年以前。德國人史列曼在 1870 年代的挖掘使我們有較多的瞭解，荷馬史詩中所說的特洛伊城為第七個特洛伊城 A 址 (Troy VIIa)，在大約西元前 1250 年被搶劫和焚毀。

❸　參看 William H. McNeill, *A History of the Human Community*, 3rd ed. (New Jersey: Prentice-Hall, 1990), Vol. 1, pp. 98–102.

(monarchy)，在西元前八世紀演為寡頭政治 (oligarchy)，再經過約一百年，絕大多數城邦的寡頭政治為獨裁者所推翻，這種獨裁者因為沒有合法的統治威權，因而被希臘人稱為「僭主」(tyrants)，這種政治體制稱為「僭主政體」(tyranny)。此處須說明的是，僭主政體純粹係就其為篡奪政權而無合法的權力基礎而言，有的並不暴虐。後來到西元前六世紀和五世紀，發展為民主政體 (democracy) 或「提謨克拉西」(timocracy)❹，至於到底是那些原因導致這種政治演變則不易斷定。寡頭政治之取代君主政體可能是因為土地財富集中的結果，地主或有產者決定把國王的權力剝奪，而由他們所控制的會議來行使，最後便廢掉君主體制。繼之而來的一些重大的經濟和政治變遷又使寡頭政治不能再維持下去。譬如說，海外的拓殖造成了商業和工業的發達，一些城邦特別是科林斯、加里西斯 (Chalcis)、米里圖斯 (Miletus) 等在愛琴海沿岸，以及西西里和義大利建立許多殖民地，且在埃及沿岸和巴比倫有貿易據點。隨著工商業的發展，城市人口增加，財富的型態也有了改變，新興的中產階級乃聯合受壓迫的農民攻擊寡頭政體。於是野心家和煽動者趁勢而起，此為「僭主政治」之來由。最後又因為一般公民的經濟力量和政治意識的發展而有了民主政體或其他較為開明的寡頭政體的出現。由於希臘城邦數目太多，無法一一分析。不過大致上除了比較落後的占薩利地區和比羅奔尼蘇半島以外，其他城邦的政治演變過程不出上述的情況❺。

　　斯巴達和雅典是兩個具有代表性的城邦，值得稍微多做介紹。

---

❹　此詞之所以採取音譯的辦法，係因它有兩種不同的涵義，而兩種不同涵義的體制也曾在不同的城邦實施。第一個涵義是柏拉圖政治學中所說的，是以愛榮譽和光榮為原則所締造而成的政體；另一個涵義是亞里士多德政治學所說的國家政治權力之大小與財產之多寡成正比。

❺　參看 Edward M. Burns & others, *World Civilizations*, 6th ed. (New York: Norton, 1982), Vol. I, pp. 176–177.

二、斯巴達和雅典

斯巴達和雅典是兩個最主要的城邦，也代表兩個完全不同的類型。這兩個最主要的城邦也不大，斯巴達約有 3,000 方哩 （大約 4,800 平方公里），雅典大約有 1,060 方哩（大約 1,696 平方公里）。

㈠斯巴達的政治、社會和經濟

斯巴達（Sparta，希臘文 Sparti）❻是希臘城邦中最為特別的一個，從未發展民主政體或開明的政治體制。它是多利安人所建立的城邦。多利安人進入比羅奔尼蘇半島東部以後，征服了邁西尼人，控有了整個拉科尼亞 (Lakonia, or Laconia) 地區，時在西元前九世紀末葉。接著斯巴達人又併取了麥西尼亞 (Messenia) 平原。本來斯巴達的發展雖有軍事主義的色彩，但尚無後來那麼嚴酷的特色。關鍵性的發展在大約西元前 640 年左右，麥西尼亞人在另一城邦阿古斯 (Argos) 的協助下反抗斯巴達，戰爭一度空前激烈，不僅拉科尼亞被侵，斯巴達幾乎被滅亡。後來終獲勝利，並且把麥西尼亞人變成農奴 (helots)。此後斯巴達為了保持軍事上的強大，便走上了軍事獨裁政體的道路。在立法者賴考格斯 (Lycurgus)❼的設計下完成了斯巴達的憲法，此一體制的建立約在西元前 600 年左右。

1.政治制度

斯巴達在賴考格斯制訂憲法以後的政治體制，保留了君主政體，但是有兩個國王，這是保留了原來「黑暗時期」兩個多利安家族，也就是保留歐洛旁提狄家族 (the Europontidae) 和阿及亞狄家族 (the Agiadae) 兩個家族

---

❻ 希臘境內的斯巴達係 1834 年後在舊城原址重建的城市，為希臘南部拉科尼亞省 (Lakonia department) 的首府，人口不多，在 1981 年時有 14,388 人。

❼ 賴考格斯是一位無可考的人物，其究竟是人還是神都不得而知。而且在古希臘也不只一人叫賴考格斯，譬如神話中的色雷斯 (Thrace) 國王也叫此名，他因得罪酒神狄奧尼修斯 (Dionysus) 而被罰瞎眼。

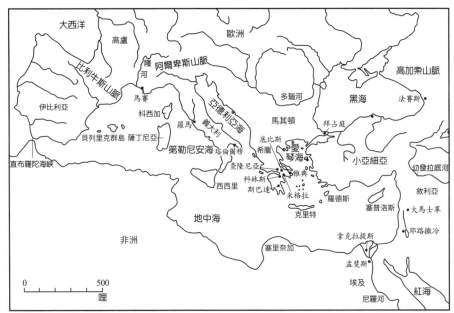

來源：Richard L. Greaves & others, *Clivilizations of the World* (Philadelphia: Harper & Row, 1990), p. 85.

古典時期的希臘世界（大約 550 B.C.）

的傳統。不過，國王並未享有很多的權力，主要是擔任軍事統帥和祭司的角色。另一個機構是元老會議 (Gerusia, or Council of Elders)，共有三十個成員，由兩個國王和二十八個年滿六十歲以上的貴族所組成。第三個機構是公民大會 (Appella, or Popular Assembly)，由全體成年的男性公民所組成，他們負責選舉元老會議的成員和五人組成的監理院 (Ephorate)。元老會議有權監督行政和準備提交公民大會決定的法案，亦為最高司法機關；監理院則由五位監理官 (Ephor) 所組成，負責實際的政務，為真正的統治者，他們主持元老會議和公民大會，監理全國人民的生活，甚至有權在必要時（神意有表現時）廢絀國王。因此，斯巴達的政治實質上是寡頭政治。不過，最具特色的是它的軍國主義。每一公民階級的兒童在出生後即受到監理官的檢查，凡是不健全的嬰兒即遭棄置，任其生死。健康的兒童在七

歲後便必須離開家庭，接受軍事和體能的訓練。此種訓練非常嚴格，而且
生活條件如衣食等均不好不足，以鍛鍊其耐力與堅毅。訓練過程中並鼓勵
他們偷取東西，如果發現被捉便受處罰，但處罰係因被發現和被捉到，而
非因為偷竊。二十歲後便編入軍營，服役至三十歲。此後他們終生在一種
特別的俱樂部 (Phiditia, or Syssitia) 中與他們同等地位或階級的人度過，進
共同的飲食。男性公民在三十歲結婚，婚後也不常在家。女孩也要接受類
似的軍事訓練，只是沒有男孩那麼嚴格。但是，在另一方面，斯巴達的婦
女與雅典婦女相較，有更高的法律地位。她們可以繼承財產，可以在法庭
中出庭，也可以管理大的田產。

2.社會結構

在社會結構方面，斯巴達有三個主要的階級。這種階級制度是一種不
能改變的種姓制度。統治階級是斯巴達人 (the Spartiates)，他們是最先征服
者的後裔，只有他們才能享有政權，全體成年的男性公民皆為公民大會成
員，但是他們的人數不多，從未超過全人口的二十分之一。他們生活有嚴
格的紀律，從不多言多語，因而形容用語「簡潔明白」(laconic) 便是源自
斯巴達人所控制的拉科尼亞平原的名稱。次一階級稱為周圍居民 (perioeci,
or dwellers around)，他們的來歷不詳，可能是原來斯巴達人的同盟或自願
屈從於斯巴達人控制的人，他們可以從事工商活動，仍有相當的自由。第
三個，也就是最低的階級是農奴 (helots)，他們毫無自由，限制居住在他們
耕作的土地，經常被監視，其優秀分子亦常被殺害。斯巴達人用種種手段
來鎮制農奴，包括隱瞞身分混居在他們之中，隨時對他們採取行動。

3.經濟制度

斯巴達的經濟制度完全著眼於軍事需要和維持斯巴達人的統治地位。
所有土地均屬政府，並且分成等分授予斯巴達人，原先規定不可讓渡，後
來亦有轉讓出售情事，遂造成公民有了貧富之別。每一斯巴達人亦分配得
若干農奴，永世為之耕作，他們既不能獲得自由，亦不可被賣至海外。有

的學者認為斯巴達的經濟制度具有共產主義的特色。不過，儘管斯巴達實行某些生產工具（土地和農奴）公有化的制度（至少在理論上如此），但與共產主義的理想仍不相同。共產主義主張所有的生產工具為社會所共有而且反對剝削勞工，但在斯巴達則工商業握在私人手中，農奴亦無政權。此與共產主義的作法大異其趣。

斯巴達之所以採取這種軍國主義的獨裁或寡頭體制並控制經濟，除了係為麥西尼亞人反抗其統治的反制措施以外，地理上的孤立也是原因。斯巴達東北邊和西邊皆為山嶺所阻隔，而且沒有足資借鑑的好鄰邦。在此情形下，其文化亦停滯不進，故對希臘文化沒有太大貢獻，其情況與雅典不同。後來的雅典擴張成雅典帝國，斯巴達人不肯坐視，在科林斯等城邦的慫恿下，在西元前 431 年由斯巴達主導向雅典宣戰，演為內戰，經過二十七年的戰爭終打敗雅典❽。

㈡雅典的發展

1.早期情況

雅典（Athens，希臘文 Athínai，古稱 Athenae）今為希臘的首都。在城邦時代，它位於阿提卡平原，處在科林斯灣 (Gulf of Corinth) 和愛琴海的匯流之地。它的核心是高地衛城 (Acropolis)，旁依戰神阿里斯 (Ares) 山，後來發展成為一個占有阿提卡平原的城邦。不過，雅典在西元前八世紀至七世紀間藉藉無名，在《伊里亞德》中也未被提及。當斯巴達大肆擴張並領袖群邦時，它仍然無足輕重。

在政治體制上，直迄西元前八世紀中葉雅典仍有國王，但在此後的一百年間，貴族會議 (Areopagus, or Council of Nobles)❾奪取國王之權，而建立了由九位執政官 (archons) 為主導的貴族政體，雖有公民大會 (Ecclesia) 但職權不彰。而阿提卡地區因為葡萄和橄欖的生產而造成農業的興盛，土

---

❽　以上參看 Burns，前揭書，pp. 177, 178–180.

❾　Areopagus 意為阿里斯 (Ares) 的山，即戰神山，因會議設此故名。

雅典的衛城，古希臘人選一制高點　（為一高 156 公尺的岩
丘）築為城寨，有利防守，成為政治、宗教和經濟的活動中
心，後來向四周擴展而為城市。雅典衛城的原意是「高地
城」，主要的建築物是祭祀雅典娜的神廟。

地兼併也使一些農民因抵押而喪失土地，或因負債而使自己或家人喪失自
由。於是城市居民的中產階級同情農民苦況而要求改革。西元前 621 年左
右，杜拉哥 (Draco) 制訂法典，因為過於嚴酷，乃有係用血而非墨水所寫
的說法❿。

2.民主政治的演變

　　西元前 594 年，梭倫（Solon，西元前七至六世紀人）改訂法典，他是
出身貴族的首席執政官。他做了一些重大的改革：在政治方面，他放寬執
政官的資格使中產階級人士亦可擔任，擴大平民參政權，即使是成為永久
居民的外國人，以工匠為業者亦有公民權，成立四百人會議 (Council of
Four Hundred)（每一部落一百人）作為公民大會的指導委員會；在司法方
面，廢除現有的財產抵押，禁止因債務而賣身為奴隸的作法；在經濟方面，
他也鼓勵生產，發行新的錢幣。但是，梭倫的改革雖使雅典政治邁向民主，
卻未能解決問題。人民的不滿，導致雅典也出現了畢西斯特拉圖斯
(Peisistratus) 和其子喜巴古斯 (Hipparchus) 和西皮亞斯 (Hippias) 的僭主政

❿　draconian 一字的意思是「嚴酷的」，便出自 Draco。

治時期，時間在西元前 560 年至 510 年。一群貴族在斯巴達的協助下推翻了僭主統治，但內部衝突一直到西元前 508 年貴族出身的克萊斯佐尼（Cleisthenes，西元前六世紀人）聯合平民力量才控制了局勢。他執掌雅典政局至西元前 502 年。

　　克萊斯佐尼在西元前 508 年的憲政改革，使雅典的民主政治大為躍進，因而他被認為是雅典民主政治之父 (Father of Athenian democracy)。他深知雅典的宗族偏見為糾紛之源，乃以區域為標準，打破宗親血統和社會階級而把雅典分為若干區 (Demes)，重新編定雅典人民為十個部族以代替原來各擁地盤的四大部落，同時劃定選區來選舉，此使許多家族喪失了在政治上的壟斷地位。他削減貴族會議之權，擴大四百人會議為五百人會議 (Boule, or Council of Five Hundred)。這個五百人會議掌理行政和負責草擬送請公民大會的案件，其成員由各區人民以抽籤方式產生，每一年滿三十歲的男性公民均有資格，以每一部族有五十人為原則。又有鑑於五百人會議成員過多，不易集中意見，乃又將之分為十個五十人委員會 (Committee of 50)，輪流主持國政十分之一年，即大約三十六天。另外，克萊斯佐尼也使公民大會具有充分的立法權，此一全體公民組成的大會每年至少召開十次，參與公民人數到達 6,000 人方可議事。再者，為了防範野心家的再起使僭主政治重現，克萊斯佐尼發展出一種將不受歡迎的政治人物投票放逐的辦法，其方式為用陶片 (ostraka) 把嫌疑人的名字寫上，在公民大會中投下，如果有人得票超過半數，即超過 3,001 票，即被放逐出國境十年，但其公民資格與財產並不喪失。

放逐投票中的陶片票（上面所寫為人名）

雅典用以限制發言時間的水鐘 (Klepsydra)，講話時水即開始流出，約 6 分鐘流完，表示時間已到。

此為放逐 (ostracism) 一詞的來源。如此可以鞏固民主政治的基礎。

　　雅典的民主政治至伯里克里斯 (Pericles, c. 495–429 B.C.) 時期發展到頂點。事實上，在伯里克里斯主政的時期 (461–429 B.C.)，三十二年間雅典在各方面的發展都登峰造極而為其黃金時代。在此期間，貴族會議已喪失在憲政方面的權力，成為專辦殺人罪的上訴法庭。公民大會成為無容置疑的最高權力機關，由五百人會議為之安排會期與議程，五百人會議所分成的十個五十人委員會，各主理十分之一年的國政，其主席亦由抽籤產生，任期一天，在這一天他就是雅典的國家元首。由於五百人會議的成員任期以兩年為限，又是抽籤產生，每一普通公民一生中大多有機會擔任，如果運氣更好，也有可能抽中籤擔任輪值主理政務的五十人委員會的主席，來擔任為期一天的元首。所有的官員，包括九個執政官和法官等皆由抽籤產生。不過，在軍事和外交方面，因為需要專業知識和能力，乃由公民大會選出十位將軍來司理，他們組成十將軍委員會 (Board of Ten Generals)，任期一年，但可無限制地連選連任，伯里克里斯擔任十將軍委員會主席 (chief strategus) 超過三十年，此一委員會的職權在很多方面類似內閣制國

家中的內閣，因而成為雅典最重要的領導人物。在司法方面，民刑事案件由各人民法庭 (dikasteria) 負責審理，有陪審制度，而陪審員用抽籤的方式產生，殺人罪則由貴族會議審理，叛逆罪則由公民大會審理。同時，雅典亦頗重視人民的福利，娛樂由政府提供，每年為酒神狄奧尼修斯所舉辦的慶祝活動與戲劇的發展有很大的關係。

這個時期的雅典民主政治可以說是到了極致，每一公民均足以擔當大任，劇作家索福克里斯 (Sophocles) 和史學家修西代底斯 (Thucydides) 均擔任過將軍。修西代底斯在其《比羅奔尼蘇戰史》(*History of the Peloponnesian War*) 中所收的伯里克里斯的悼亡演講詞（Funeral Oration，為紀念在波希戰爭中殉國戰士而作），對於雅典的民主政治多所闡揚，認為凡是不能或逃避這些職責的人就是「無用的人」(a useless character)。伯里克里斯在這篇演講詞中闡釋雅典的民主政治說：

> 我們所以稱為民主政治，是因為我們的行政機關操在多數人手上，而不是操在少數人手上。法律固然在私人的爭端中保障一切人民都能獲得平等的審判。不過才能卓異的人，也享有法律上的優待。一個公民無論在任何方面有他卓異的地方，國家當予以優先任用，這供職並不當作一特殊的權利，卻係功績的報酬。貧窮並非一種障礙，一個人的出身無論怎樣的微賤，對他的國家總是有益的。

他在這篇演講詞中也把雅典與斯巴達的精神作了對比：

> 我們的城市向全世界開放，而且從來不曾驅逐，或阻止一個查看或學習一些有助於敵人的祕密的外來者。我們不依賴管理和欺詐，而是靠我們的心和手。並且，在教育方面，斯巴達人從幼年即接受艱苦的體能訓練，造成每一個公民都很勇悍；我們則生活安逸，然而

也能應付著他們所面臨的危險。

……因為我們是美的愛好者，雖則我們的嗜好單純，而我們培養的心智而不失男子氣概。我們使用財富，不是為了吹噓和炫耀，而是用之於真正有用的地方。承認貧窮並不可恥，真正的可恥是不設法擺脫貧窮。一個雅典的公民不會忽視他的國家，因為他要照顧他的家人；甚至我們之中從商的人，也有很充分的政治觀念。只有我們把對公共事務漠不關心的人視為無用之人，而非無害的。……

……總之，我說雅典是希臘的學校，並且，每個雅典人就他本身言，都有使自己適於極多才藝和美德的各種行為。這不是閒詞廢語，而是真理與事實，而且此一斷言為這些使國家提高地位的特質所證實。因為在雅典的試煉期內，只有雅典人比那些當代民族在傳聞中要優秀。沒有一個來反對它的敵人會感到憤慨，如果他們自己控有這樣一個城市的話，沒有一個人民會抱怨他的主人不重視他……這樣的城邦，為了她的緣故，這些人高貴地戰鬥而犧牲了；他們不能忍受他們的城市被奪的思想，所以我們活著的每一個人要為了她的緣故而辛勤工作。❶

因此，雅典有「希臘的學校」(the School of Hellas) 之名不脛而走。

3.雅典民主政治的評價

雅典的民主政治，尤其是西元前五世紀的伯里克里斯時代，常為世人所艷羨，認為把團體生活與自由、公共精神和個人主義得到高度的調和，而每一公民均參與政治尤為可貴。政府雖然鼓勵公民參政，並且發給參與政治活動的人津貼和供應餐食，但農夫仍多不願放棄工作來參與，以致城

---

❶　錄自劉景輝譯，《西洋文化史》（Crane Brinton & others, *A History of Civilization*, New Jersey: Prentice-Hall, 1960, 2 Vols.，臺北：學生書局，民 78 年 3 月），pp. 92–93。

市人民參政較多，距離全民政治有其差距。但是，更重要的，雅典的民主政治與現代民主政治之最大不同在於只有公民階級的成年男子方有參政權，而公民階級係以血統為標準。這是因為在西元前 451 年通過法律限制公民資格限於父母俱為雅典人的人。固然，這個法律另有其時代背景，係為了防止雅典盟邦的人民大量移民到雅典，但是它並未能緩和盟邦對雅典在軍事上和政治上居於絕對優勢的不滿。總之，它排除了婦女、外國居民（metics，多從事工商活動）和奴隸的參政。據估計，當時雅典全部公民人數，包括婦孺在內約為 170,000 人，其中男性成年公民約為 40,000 至 45,000 人。外國居民約有 30,000 人，奴隸的數字不甚確實，大約與公民階級的人數相當，亦有謂在 100,000 至 200,000 人之間者。他們大多來自小亞細亞和黑海地區，除了家庭佣人之外，多在洛力姆山 (Mount Laurium) 的銀礦或其他地區做苦工，其境況之悲慘被亞里士多德形容為「有生命的工具」(a tool with life in it)。雅典的民主政治排除了這麼多的人參政，而參政資格又以血統為限，此與現代民主體制的人人（每一公民而且不以血統為限）參與的情況相去甚遠。因此，雅典民主實際上是少數統治 (minority rule)，這也是原籍俄國的美國歷史學者羅斯托夫茲夫 (Michael I. Rostovtzeff, 1870–1952) 在其《古代世界史》 (*A History of the Ancient World*; 1924–1926) 所說的古代文明的弱點在於「貴族的和排外的性質」(the aristocratic and exclusive nature of ancient civilization)，即使是開明如雅典也不例外。另外，雅典民主政治把十將軍以外的公職人員均由抽籤產生，以及用直接而非代議的方式，亦為現代民主政治所未有❶❷。

---

❶❷ 參看 Burns，前揭書，p. 183; Richard L. Greaves & others, *Civilizations of the World: The Human Adventure* (Philadelphia: Harper & Row, 1990), pp. 89–92；劉景輝譯，前揭書，pp. 98–100；邢義田譯著，《西洋古代史參考資料》㈠（臺北：聯經，民76），pp. 83–86。

提洛島的遺跡

4.雅典帝國

　　雅典不僅樹立了民主政治的宏規，而且在西元前 500 年以後也建造了非常強大的海軍力量而成為海權國家。這些條件均是她後來能夠領導希臘各城邦擊退波斯侵略的憑藉。在波希戰爭後，雅典不僅取代了斯巴達在希臘的地位，而且尤有過之。雅典為了防制波斯的再侵並鞏固海上霸權，西元前 478 年聯絡各城邦在供奉太陽神阿波羅的提洛島 (Delos) 成立提洛同盟 (Delian League)，名義上此一組織由各城邦共同組成的理事會 (council) 負責，而且在此理事會中每一會員國均有一投票權。但在西元前 454 年後雅典將同盟的財庫由提洛島移往雅典，而且不准加盟的城邦退盟，於是演為帝國主義，各加盟城邦雖獲商業利益卻喪失主權與自由，故稱雅典帝國 (Athenian Empire)。此後雅典的聲威達於極點，加盟國提供的經費形同貢金，伯里克里斯且將各加盟城邦劃分成省，以利貢金納繳的作業，雅典的貨幣成為整個同盟地區或雅典帝國的通行貨幣。雅典的海外貿易更是遠及地中海及黑海等地區，黑海地區且是雅典及其盟邦進口穀物的地域，這也是雅典一定要制服波斯的原因之一。但是雅典的擴張引起斯巴達等城邦的不安，西元前 431 年斯巴達、科林斯（早與雅典有海上利益的衝突）和底比斯各城邦向雅典宣戰。這便是比羅奔尼蘇戰爭 (the Peloponnesian War,

比羅奔尼蘇戰爭爆發時 (431 B.C.) 形勢圖

431–404 B.C.)❸。這個希臘各城邦自毀性的戰爭兵連禍結，戰區遍及希臘世界的海上與陸地，最後斯巴達在波斯的幫助下也建立了強大的海軍，而且在賴山德 (Lysander, d. 395 B.C.) 的指揮下封鎖雅典，終迫其投降。但是，斯巴達並未能保持領導權，西元前 371 年底比斯打敗斯巴達並解放了農奴（麥西尼亞人）。此後希臘各城邦日衰，馬其頓代之而起。

---

❸ 如此稱呼係因斯巴達和其盟邦如科林斯等多為位於比羅奔尼蘇半島的城邦。 此外，這些多利安希臘人的城邦與愛奧尼亞希臘人雅典本來就不和睦。

第二節　波斯、波希戰爭與大希臘化時代

一、波斯的興起及其文化

㈠歷史線索

波斯 (Persia) 源自希臘文的「波西斯」(Persis)，希臘人把現在伊朗的高原地區和阿富汗一部分以此名稱呼，波斯人則稱之為「亞利安人的土地」(Land of the Aryans)，由此而衍生「伊朗」(Iran) 一詞。這兩個地名一直交互使用，在 1935 年後波斯正式定名為伊朗。

在波斯人還沒有興起以前，這個地區已有別的文化中心。先是在高原的西南部有伊蘭 (Elam)，此王國在西元前十三世紀時曾甚強盛，其首都是蘇山 (Susa) ❹，至西元前 639 年為亞述帝國的君主阿舒斑尼博 (Ashurbanipal) 所滅亡。伊蘭人 (the Elamites) 所用的語言屬於何種語系，則迄未確定，惟似與現在印度南部德拉威語言 (Dravidian languages) 中的巴拉輝語 (Brahui) 有關係。另一在現伊朗西北部建立米提亞 (Media) 王國的米提人 (the Medes) 則為操印歐語系語言的游牧民族，他們在西元前七世紀和六世紀間一度頗為強大，統有大部分伊朗（波斯）地區，其首都為伊克巴塔那 (Ecbatana)❺。他們在西元前 612 年與巴比倫人聯合摧毀了亞述帝國。

波斯人 (the Persians) 原居於米提人的南邊，亦為印歐語系的民族，此一地區便是希臘人所說的波西斯（此一地名所指涉的地區後隨波斯人的擴張而擴大），他們原來在米提人的統治之下。西元前七世紀他們在部落國王阿基曼尼斯 (Achaemenes) 領導下逐漸強大，其後人居魯士大帝 (Cyrus the

---

❹　其希臘文名為 Shushan，其廢墟現在伊朗西南部的德茲弗爾 (Dezful) 附近的蘇什村 (Shush)。

❺　現名哈馬丹 (Hamadan)，位於阿爾溫德山 (Mount Alwand) 下的平原，在德黑蘭西南西方的 180 哩，為工商業城市，以皮貨及地毯業著稱。

Great, d. 529 B.C.) 在西元前 550 年左右滅了米提亞，而使之成為波斯帝國的一省。此後波斯日益壯大，又因帝王是阿基曼尼斯的後人，所以稱為阿基曼尼王朝 (the Achaemenids, or Achaemenidae)，此一王朝統治波斯自西元前 550 年至 330 年。

居魯士大肆拓展。他在西元前 546 年征服里迪亞 (Lydia)，此為占有小亞細亞西半部的王國。里迪亞國王克魯修斯 (Croesus) 據傳說曾至希臘的德爾菲 (Delphi) 去求神諭，得到他只要渡過哈萊斯河 (the Halys) 便會有一個大國被摧毀的啟示，於是他先發制人地先攻打波斯，結果是他自己的國家被滅亡，於是里迪亞成為波斯的一省。西元前 539 年居魯士又征服了迦提人的後巴比倫帝國，並占領了敘利亞和巴勒斯坦。他死後由其子甘比西斯 (Cambyses) 繼位，是為甘比西斯二世（Cambyses II，在位時期為 529–521 B.C.）（甘比西斯一世在居魯士之前），他在西元前 525 年又征服了埃及。甘比西斯二世死後，曾有短暫混亂，最後帝位為甘比西斯遠房堂兄大流士 (Darius) 所得。這個大流士便是大流士一世或大流士大帝（Darius I，or the Great，在位時期為 522–486 B.C.）。他的文治武功均有足以記述者。他所統治的帝國由印度延伸到希臘，他把帝國劃分為二十一個行省，每省派總督或省長 (satrap) 負責行政。他則在兩個首都，即蘇山和波賽坡里斯 (Persepolis)❶❻統治。大流士好大喜功，以致擴張過度。他用兵征討黑海歐洲沿岸今俄羅斯南部的塞西亞 (Scythia)，越過赫里斯朋特（韃靼尼爾）海峽去征服色雷斯沿岸，均耗國力太多。特別是他在對小亞細亞西岸各希臘城邦的橫徵暴斂，導致他們反抗，而雅典又予以支援，此使他決心征討雅典而發動了波希戰爭。此一戰爭兵連禍結，一直到他死還未結束。其子茲克西斯一世（Xerxes I，在位時期為 486–465 B.C.）仍繼續作戰，終被希臘城邦擊退，他本人也為自己的侍衛隊長所殺。此後波斯漸衰，至西元前 330 年為亞歷山大所亡。

---

❶❻　其廢址在今伊朗西南部席拉茲 (Shiraz) 東北約 30 哩處，其地尚有大流士的岩墓。

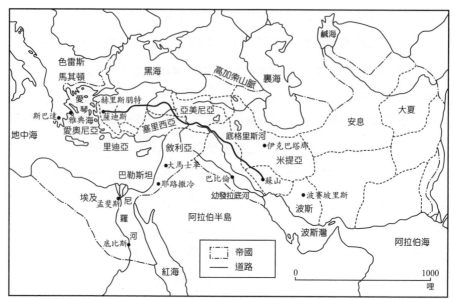

來源：Burns & others, *World Civilizations*, 6th ed., Vol. 1, p. 66.

大流士時期的波斯帝國

波斯國王如大流士等也從事很多公共建設，如修築道路，它全長約有1,600哩，自波斯灣附近的蘇山至小亞細亞西岸的薩迪斯 (Sardis)，為其廣袤的國家置郵傳命，信使日夜奔馳，可以在七天內走完全程，其他道路亦通各省及各重要地方。另外在紅海與尼羅河之間也開鑿了運河。但這些公共工程的著眼點在政治，波斯王更是君臨天下和神聖不可侵犯的專制君主。

㈡波斯文化

波斯文化受埃及、美索不達米亞、里迪亞和巴勒斯坦的影響。波斯文字原為楔形文字，後來採用三十九個字母。在科學方面，他們沒有什麼成就。不過在建築和宗教方面卻有其突出的一面。

波斯建築喜用厚牆和圓柱，其長凹槽的圓柱似受希臘影響，但其浮雕則與亞述相似。波斯的建築不是為了榮耀神，而多為榮耀萬王之王的波斯君主。波賽玻里斯王宮，即使是從廢墟看亦極盡宏偉之能事，它建築在山丘的臺地上，壯麗高聳而配有許多石刻與浮雕，其中的朝覲殿是大流士和

茲克西斯在西元前 520 年至 460 年間興建的，高六十呎，有三打每支高四十呎的圓柱，有「百柱殿」(Hall of the Hundred Columns) 之稱。

　　波斯的宗教稱為祆教 (Zoroastrianism)，一般說是索羅亞斯德 (Zoroaster, c. 628–c. 551 B.C.) 所創，實則係以古老的亞利安人的信仰為基礎，但去除了其多神信仰。索羅亞斯德（其希臘文名字為 Zarathushtra，or Zarathustra）的生平所知不多，他可能出生在波斯西北部，但因傳教並未為其故里所接受，乃逃往東部一帶❶或稱祆教也有其聖經《贊德·阿維斯達》(Zend-Avesta)（或稱《火教經》）❶。此一祆教聖經原是用古伊朗（波斯）文所寫，此一語文類似吠舍時代的梵文。經文前部多為讚歌，據說是索羅亞斯德受神啟發而得者，由其信徒記下。索羅亞斯德的主張代表一個由多神走向一神的重要階段，他的激烈處，也是他遭人反對的地方，是他認為傳統信仰中的多神是魔神而不應崇拜，傳統的教儀（尤其是血祭）也是邪惡的。他所崇信的最尊的神是阿舒拉·馬茲達 (Ashura-Mazda, or Ormazd)，是光與善的神，但另有一個邪惡的神阿利曼 (Ahriman) 為黑暗與罪惡之神，但在末日時阿舒拉·馬茲達一定會戰勝。祆教的教義雖有得救預定論或被選定得救的說法，但也主張人有自由意志，可以自行決定犯罪或不犯罪，死後會因生前的行為而受到獎賞或處罰，因而亦有高度的倫理精神。祆教因為受到大流士和其子茲克西斯的支持而興盛。它的教義，特別是有關魔鬼阿利曼和死後審判的部分，對於猶太教和基督教都有影響。但是，祆教在西元前七世紀後為回教勢力所消滅。八世紀時有部分祆教信徒為逃避回教迫害而自波斯逃到印度，他們成為印度境內的一個宗教群體，集中在孟買 (Bombay) 和印度西北部，稱為巴賽信徒 (Parsees, or Parsis)，現在人數僅十餘萬人。

---

❶　其地相當於後來伊朗東北部的喀拉杉省 (Khorasan)，當時是波斯人的阿基曼尼王朝的地區，可能是得到大流士的父親維斯塔斯巴 (Vishtaspa) 的信仰而漸興盛。

❶　在中古波斯文 (Pahlavi) 中，avesta 是「律」的意思，zend 是「論」的意思。

二、波希戰爭

波希戰爭 (Persian Wars，500–449 B.C.，主要戰爭在 490 B.C. 及 480–479 B.C.) 是影響歷史發展很大的戰爭，而且也是國際政治秩序中的第一次「東西衝突」，有其意識型態上和生活方式上的意義。早在西元前五世紀的希臘歷史學家希羅多德 (Herodotus) 便認為波斯之失敗在於其道德上的缺陷，也就是過分的野心 (hubris)，他也認為希臘人的勝利代表著正義和法治的勝利。

譬如說鑄幣術便是希臘人從里迪亞在西元前 625 年左右介紹到歐洲的。希臘人與波斯的關係希臘人老早就注意到波斯帝國的存在，但在西元前七世紀時在他們東方有兩個主要的國家，即波斯與里迪亞。里迪亞對於定居在小亞細亞沿岸地區 ，也就是愛奧尼亞 (Ionia) 的希臘人態度比較友善。希臘人也從彼此接觸中獲益不少，雖然也有貿易上的往來，但不是很友好。西元前 546 年波斯征服里迪亞以後，愛奧尼亞地區的希臘城邦便落入波斯的掌握。西元前 512 年波斯國王大流士打敗塞西亞後，乃漸覺需要直接統治各小亞細亞的希臘城邦並且向歐洲發展。另一方面，愛奧尼亞的希臘城邦便在米里圖斯 (Miletus) 的領導下反抗波斯的統治 ，時在西元前 500 年與 499 年左右，他們向希臘地區的城邦求救，只有雅典和愛琴海西部的尤比亞島 (Euboea) 上的小城邦伊瑞特里亞 (Eretria) 予以支援。愛奧尼亞各希臘城邦的反抗至西元前 494 年米里圖斯的失陷和被劫而完全被撲滅。但大流士卻矢志征討雅典和伊瑞特里亞，據說他命令僕人在晚餐以前每天三次提醒他勿忘雅典人。

西元前 490 年大流士決定派軍征討雅典，他們在占領尤比亞島並用以為基地後， 最後有為數大約兩萬人的波斯主軍在雅典東北方約 25 哩 （40公里）的馬拉松 (Marathon) 平原登陸。當時大流士亦經仔細規劃，他先派使至其他各城邦要求遵守中立，並擬於消滅雅典後再擊潰斯巴達。其時希

波希戰爭形勢圖

臘方面僅有雅典一萬軍隊和另一在布奧西亞 (Boeotia) 平原上的小城邦普拉特亞 (Plataea) 也提供了一千軍隊。雅典為了求救兵，曾派跑步最快的信差費迪皮底斯 (Pheidippides) 在三十六小時跑完大約 150 哩（241 公里）的路程到斯巴達，但斯巴達據說因為宗教迷信要月圓始出兵，俟其軍隊到達時戰爭已結束。當時雅典的指揮官米勒喜底斯 (Miltiades) 將軍決定以奔跑的方陣攻擊波斯軍隊，波斯軍隊雖發強弩攻擊，但希臘軍隊賴其奔跑的速度和冑甲而未受阻。結果希臘軍隊大敗波斯軍隊，波斯軍隊損折約六千餘

人，而希臘軍隊損折不到二百人。希臘死難的軍人便合葬在馬拉松的一個大塚中，迄今仍可看到。另一方面，馬拉松賽跑的運動節目便起源於此❶。

　　波斯戰敗後本謀再度大舉，但因大流士在西元前 486 年死去，再加上埃及和巴比倫有叛亂。繼位的波斯國王茲克西斯至西元前 480 年始決定再行攻打希臘，此次動員兵力有十五萬人左右，艦艇亦超過六百艘❷。面臨重大危機，希臘城邦於科林斯地峽 (Isthmus of Corinth) 召開會議並決定不屈服，但也未能完全團結一致，如北方城邦參加不多，斯巴達更是以比羅奔尼蘇的戰守為重，但雅典此時在詹密斯多克里斯 (Themistocles, c. 525–c. 460 B.C.) 的主導下加強海軍建設，雅典有了一支相當強大的艦隊，此一艦隊約有 200 艘左右的三層槳座戰船 (triremes)。各城邦對於戰爭提出各種不同的計畫，最後決定由斯巴達防守詹莫皮萊 （Thermopylae，希臘文 Thermopílai） 隘道，此一隘道在希臘中部奧艾達山 (Mt. Oeta) 和馬里亞克斯灣 (Gulf of Maliakós) 南岸之間，易守難攻。波斯軍隊亦越過山嶺攻擊以斷希臘人後路。當時斯巴達國王李奧尼達 (Leonidas, ?–480 B.C.) 率領斯巴達精兵 300 人（一說 1,400 人，包括其衛隊 300 人）防守此隘道，經力戰後全體殉難。另外，雙方的海軍也在詹莫皮萊隘道附近的海域，即在希臘大陸與尤比亞島之間，有過三次戰鬥。詹莫皮萊失陷後，希臘軍隊必須縮短防線，海軍乃撤至撒拉密斯 (Salamis)❸，雅典屏障盡失，雅典人乃撤出

❶　據說波斯軍隊奔上艦艇敗逃後，米勒喜底斯恐船上波斯軍隊會轉而攻擊雅典，又擔心雅典可能因不知馬拉松的勝利而投降，乃派費迪皮底斯以疲憊未復之身再從馬拉松飛奔到雅典去報捷，他在跑完全程並報捷後終倒地累死。不過，運動項目中的馬拉松賽跑係在 1896 年的雅典奧運會中開始舉辦的，當時距離為 25 哩（40 公里），1908 年後改為 26 哩（42.186 公里）。

❷　古代戰爭所涉及的軍隊數字常常很難有精確的統計，波斯軍隊另有五百萬人（由四十三個種族組成）和十五萬人（另加六萬附屬軍隊）等等不同的說法。

❸　撒拉密斯亦名喀妻里 (Koulouri)，為距離雅典西邊約 10 哩之小島，該島西端的港口稱撒拉密斯。

城市，波斯軍隊抵達後把雅典城焚毀。但是，希臘的陸軍與海軍實力仍在，季節已近冬天，波斯軍隊補給無法在當地解決，自波斯本土運補的路線既長，又常為海上風暴所中斷。茲克西斯乃決定進行決戰。此時希臘各城邦對於戰守之策，無法達成一致的意見。有的城邦主張向南撤退以防衛比羅奔尼蘇半島，這是斯巴達和科林斯主張最力的。但是，雅典領袖（將軍）詹密斯多克里斯則力主在海上決戰，如能打敗波斯海軍使波斯無法確保海上補給，則波斯只有撤退。科林斯則指詹密斯多克里斯已無資格代表一個城邦（雅典已陷），詹密斯多克里斯則以雅典仍擁有大片土地和 200 艘戰艦，可以征服任一地區。結果波斯與希臘海軍在撒拉密斯有了一場決戰。在決戰之前，詹密斯多克里斯誤導波斯王茲克西斯相信希臘艦隊會在夜間自撒拉密斯西端出口退走，波斯海軍如果封鎖這個出口便可把希臘海軍一舉成擒。為了觀察波斯海軍的勝利，茲克西斯還在一個陡峭的岸上架設一個御座，但卻發現波斯戰艦爭先恐後地在狹隘的海道中亂成一團，以致被以雅典為主的希臘海軍所敗。波斯艦艇有 200 多艘沉沒，而希臘艦艇僅損失 40 艘。

撒拉密斯海戰後，波斯喪失了制海權。茲克西斯回波斯，但仍留大軍於占薩利，由波斯大將馬東尼烏斯 (Mardonius)（大流士之婿）指揮。馬東尼烏斯且企圖與斯巴達締訂和約以分化希臘城邦，斯巴達及其盟邦亦拒絕派軍駐守希臘中部，阿提卡又被波斯軍隊占領，雅典遭到徹底摧毀。最後希臘各城邦仍組成聯軍（約有 100,000 人），西元前 479 年與波斯軍隊在普拉特亞相會，波斯軍隊因為步兵和騎兵均佳而在初時占上風，希臘軍隊一度撤退至布奧西亞與阿提卡間的山地，波斯軍隊誤認希臘軍隊已潰敗而追擊，由於波斯騎兵無法在山地施為，結果波斯大軍為希臘的輕裝步兵所敗。這次陸上決戰是由斯巴達主導。同年，在邁卡爾海岬 (Cape Mycale，愛奧尼亞海南邊的小亞細亞岸上) 的海域中，希臘海軍亦再度大敗波斯海軍。經過普拉特亞與邁卡爾的決戰之後，波斯知道無法征服希臘城邦，使希臘

逃脫了成為波斯帝國行省的命運。波希戰爭在馬拉松之役雙方會戰人數不過二萬多，撒拉密斯海戰雙方動用的艦艇也不超過 900 艘，普拉特亞之役總共參戰兵力也不過三、四十萬。但是，各個小城邦戰勝大帝國有很重大的歷史意義。希羅多德在其《史記》中認係「雅典民主戰勝了東方野蠻主義」(Athenian democracy over oriental barbarism)；英國大史家費雪 (Herbert A. L. Fisher, 1865–1940) 在其《歐洲史》第一冊中也指出波斯與希臘的對立代表著「東方與西方，專制與自由，伊朗拜火教與希臘自由而多樣的多神信仰的競爭」 (It was a rivalry between east and west, between despotism and liberty, between Iranian fireworship and the free and various play of Hellenic polytheism)。

三、希臘化時代

㈠馬其頓的興起

　　希臘各城邦雖然成功地抵禦了波斯的侵略和維護了自由，卻不能團結，更無法達成政治統一。我們對於自普拉特亞及邁卡爾之役到比羅奔尼蘇戰爭爆發之間約五十年的歷史所知不多，因為希羅多德的著述重點在敘述波希戰爭，而修西代底斯的作品則以比羅奔尼蘇戰爭為主。波希戰爭以後斯巴達取代雅典的地位，但因其憲法缺乏彈性而農業立國又財用不足，故無法持久。更不幸的，是各城邦內鬨而導致了自毀性的內戰，這便是比羅奔尼蘇戰爭。這個戰爭固然是因為雅典採取擴張的帝國主義，把提洛同盟演變為以雅典為核心的帝國，是為雅典帝國，造成斯巴達等邦的不安。由於政治制度（雅典民主而斯巴達為貴族軍事專制）和經濟生活（雅典商業及工業發達而斯巴達則以農業為主），以及文化的歧異（雅典文化有長足的進展而斯巴達則較落後），終於演變成為雙方與自加盟邦間的長期戰爭 (431–404 B.C.)。戰爭及戰後雖有若干發展實則兩敗俱傷。此一戰爭已於上述有所討論。

　　雅典和斯巴達等城邦在內戰中耗盡實力之後，北方的馬其頓 (Macedonia) 代之而起。馬其頓位於占薩利之北，截至波希戰爭時尚無大作用，被視為野蠻之地。波斯軍隊在越過馬其頓時未遭受任何抵抗，後來雅典亦視馬其頓為不關緊要的盟邦。但馬其頓在國王菲力浦二世（Philip II，在位時期為 359–336 B.C.）時期便勵精圖治，他控制貴族，開發森林與金礦，建立強大軍力和訓練士兵組成強而有力的馬其頓方陣。他也善用金錢和財寶來打擊敵人，曾謂凡一城邦可以用驢載運黃金入城的，便可以攻克。據說他曾經因為醉酒而判一婦人死罪，該婦人聲言要上訴，菲力浦便戲問向誰上訴，婦人說她要以醉酒國王的判決向清醒的國王上訴，翌日更審，果然判無罪。當時希臘各城邦互相衝突更給馬其頓機會。希臘文化在西元前四世紀雖光芒四射，但在雅典勢衰後則無任何城邦可以填補真空。西元前四世紀之初，斯巴達、底比斯、科林斯和阿古斯爭戰不休，有時要靠波斯國王的介入始能維持和平。西元前 387 年在波斯介入下雖有「大王的和平」(King's peace)，但代價高昂，而小亞細亞各希臘城邦又喪失了自由。但是，馬其頓在菲力浦統治下的崛起。雅典最著名的演說家和政治人物雖自西元前 352 年起，一再地發表演說，提醒希臘人注意馬其頓國王菲力浦二世的野心，並呼籲雅典與底比斯聯盟以對抗馬其頓❷。但未為雅典及其他希臘各城邦所注意，故未能形成有力的同盟。

　　西元前 338 年，菲力浦終大敗雅典和底比斯聯軍於查隆尼亞 (Chaeronea)❸。同年在科林斯大會為希臘各城邦推為盟主（此時斯巴達已衰，亦未參與該大會）。他正準備進攻波斯時，在西元前 336 年遇刺而死。

---

❷　這些演講通稱《菲力皮克集》(Philippics)，它們原為針對馬其頓國王菲力浦而言。後來羅馬的西塞羅 (Cicero, 106–43 B.C.) 所作攻擊安東尼 (Marc Antony, or Marcus Antonius, 83?–30 B.C.) 的演說亦稱《菲力皮克》，故此詞後來演變為內容激烈的演說之意。

❸　查隆尼亞位於布奧西亞的西部，希臘東部中間地帶，現為廢墟。

亞歷山大大帝像（雕刻家不詳）

其子亞歷山大繼位，即為亞歷山大大帝（Alexander the Great，356–323 B.C.，在位時期為 336–323 B.C.）。

亞歷山大是荷馬的愛好者，也是哲學家亞里士多德的學生。他在二十歲繼承王位後，繼續擴張。他相繼征服小亞細亞 (334 B.C.)、敘利亞 (333 B.C.)，並於進兵敘利亞的同年在「伊休斯之役」(Battle of Issus)❷❹大敗波斯王大流士三世（Darius III，在位時期為 336–330 B.C.）並俘虜其家庭，兩年後 (331 B.C.) 又在阿貝拉 (Arbela)❷❺重創大流士三世，波斯實際上已滅亡。在此之前他已征服埃及 (332 B.C.)。接著他在西元前 326 年抵達了印度西北部，但因士兵不願再前進而返回波斯。西元前 323 年正準備進兵阿拉伯半島時病死在巴比倫，年僅三十三歲。亞歷山大有融合東方與西方的理想，在實際作為上他也娶波斯女子為后。他建造了七十多個（大約七十五個）大城，均以「亞歷山大城」(Alexandria, or Alexandropolis) 為名，現在僅有兩個仍然存在（一在埃及，一在希臘北部）。

(二)希臘化時代

希臘化時代 (Hellenistic Age) 係指自亞歷山大死亡至西元前一世紀被羅馬人征服之間的時期。

---

❷❹　伊休斯位於小亞細亞南部，今土耳其境內，為塔魯斯山脈 (Taurus Mountains) 南邊的一個沿岸窄狹的平原。

❷❺　阿貝拉現名艾比爾 (Erbil, or Arbil)，在伊拉克北部。不過，此戰役實際上發生在阿貝拉以西約 30 哩的高格米拉 (Gaugamela)，被誤稱為「阿貝拉之役」。

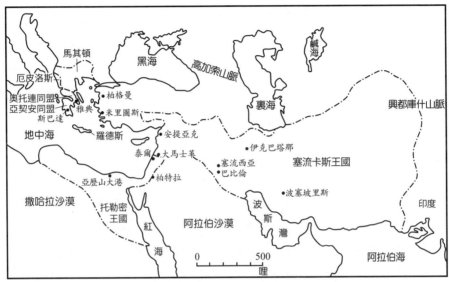

來源：Greaves, op. cit., p. 110.

希臘化世界（約 275 B.C.）

　　亞歷山大在西元前 323 年死後，其部將混戰不休，無人能再統攝大局，呈割據之勢。至西元前 301 年伊皮薩斯 (Ipsus)（今小亞細亞土耳其境內小鎮）之役，塞流卡斯 (Seleucus, 358?–280 B.C.) 與李西馬柯斯 (Lysimachus, 361?–281 B.C.) 等打敗安提哥諾斯 (Antigonus, 382–301 B.C.)，而成為四分之局：塞流卡斯取得波斯、美索不達米亞、敘利亞，其所建立的王朝為塞流卡斯王朝 (the Seleucids)；李西馬柯斯獲小亞細亞、色雷斯；卡山德 (Cassander, 350?–297 B.C.) 則控制馬其頓和希臘；托勒密 (Ptolemy, 367?–283 B.C.) 則主宰埃及、腓尼基和巴勒斯坦，其所建之王朝稱托勒密王朝 (the Ptolemies)。但西元前 281 年在小亞細亞的柯洛斯 (Corus) 平原李西馬柯斯又為塞流卡斯所敗殺而併取其地。在被羅馬人征服之前，三者維持不穩定的平衡。

　　在希臘政治自由已喪失，馬其頓常干預各城邦的政治。雅典失去了政治上和經濟上的重要性，但仍為學術重鎮。其他各城邦分別組成兩個同盟，

一為科林斯灣以北的各城邦所組成的奧托連同盟 (Aetolian League)，另一為比羅奔尼蘇半島北部各城邦所組成的亞契安同盟 (Achaean League)。兩個同盟均有相當民主的憲章，也有共同的理事會 (council) 和大會 (Assembly)，聯盟政府（由一位選出的將軍代表）可以徵稅，組織聯軍和執行對外政策。此時的希臘城邦有走上政治合作和統一事權的傾向，但終未能統一。

這個廣大的希臘化世界，從尼羅河、敘利亞以迄希臘、西西里和義大利南部，有相當同質性的文化。埃及的亞歷山大港和安提亞克（Antioch，在今土耳其境內，已成廢墟，當時為塞流卡斯王朝首都）是兩大中心。在經濟和商業方面，二者也是重鎮，亞歷山大港把埃及所產的玻璃、紙和穀物輸出到外地；安提亞克將中東及印度產品轉運到地中海地區；愛琴海中的羅德斯島在此時期亦甚重要。

希臘化世界在西元前 146 年至 30 年間次第為羅馬所征服。

第三節　希臘文化

希臘文化的璀璨多彩是人類文化的重大成就，也是西方文化的源頭活水。希臘文化的發展在希臘化時代以後的走向與希臘城邦的全盛時期有所不同，在此一併討論。

一、宗　教

希臘人信奉的宗教是多神教 (polytheism)，整個文化與奧林匹斯山 (Mount Olympus)❷❻上的諸神有密切的關係。我們對這些神的瞭解是根據赫

---

❷❻　奧林匹斯山的希臘文名字是 Ólîmbos，是一列約長 25 哩（40 公里）的山脈，位於希臘北部，在占薩利與馬其頓交界處，接近愛琴海岸。它的最高峰高度大約為 9,570 呎（2,920 公尺）。

西奧德 (Hesiod)（西元前八世紀希臘詩人）的《神譜》(*Theogony*)。根據他的說法，先是有開奧斯或混沌 (Chaos, or Space)，為空大而無邊的空間，由此而產生吉亞或地 (Gaea, or the Earth)，吉亞為烏拉諾或天 (Uranus, or the Sky) 的母親和妻子。烏拉諾恐怕自己的子女反叛，乃囚禁起祂們，這些子女便是泰坦（Titans，巨人們）。祂們其中的克洛那斯 (Cronus) 領導祂們叛父，並把父親閹割而使之喪失神力。克洛那斯娶了自己的姊妹瑞亞 (Rhea)，生下了一些神裔，包括宙斯（Zeus，羅馬人稱為朱比德，Jupiter）、普賽東（Poseidon，羅馬人稱為迺普通，Neptune）、狄米特（Demeter，羅馬人稱為西爾斯，Ceres）、喜拉（Hera，羅馬人稱為朱諾，Juno）、海地斯（Hades，羅馬人稱為普羅圖，Pluto）及海斯西亞（Hestia，羅馬人稱為維斯達，Vesta）等。克洛那斯因命中注定要被其子女之一所推翻，乃把祂們吞食掉，但宙斯因為瑞亞掩護而未被吞食。祂後來率領各兄弟姊妹把克洛那斯及各泰坦打敗，把祂們放逐，僅阿特拉斯 (Atlas) 得免而成為擎天神。此後宙斯成為天神和眾神的領袖，祂的形象是中年男子，留鬚，威嚴，以閃電為武器，希臘人視雷殛之地為聖地，獎善罰惡。喜拉是宙斯之妻，美而善妒，為司理婦女和婚嫁的女神。阿里斯（Ares，羅馬人稱為馬爾斯，Mars）是宙斯與喜拉的兒子，為戰神，其形象為英俊高大和駕著戰車的男子。赫夫斯塔斯（Hephaestus，羅馬人稱為伏爾坎，Vulcan）是宙斯與喜拉的另一子，為火神和火山之神，是一個跛子。阿波羅 (Apollo) 是另一個重要的神，祂是宙斯與另一女神拉吐納 (Latona)（亦名萊圖，Leto）之子，為太陽神，也是預言、音樂、詩歌、文學之神，健美男子，其在德爾菲 (Delphi)❷的神廟和神諭 (Delphic oracle) 最為希臘人和當時希臘以外的人所信服。阿波羅的孿生姊妹是艾蒂密斯（Artemis，羅馬人稱為黛安娜，Diana），為月神和獵神。阿扶洛黛德（Aphrodite，羅馬人稱為維納斯，

❷ 德爾菲亦名皮佐 (Pytho)，現名 Dhelfoí，希臘城鎮，在科林斯灣北岸與巴那薩斯山 (Mt. Parnassus) 的中間（約 6 哩）。

Venus) 是宙斯與黛奧妮 (Dione) 之女,為美神及愛神,伊子艾洛斯 (Eros,羅馬人稱為邱比特,Cupid) 常在旁邊,用箭射中人心便發生愛情,常用手臂遮臉, 表示愛情為盲目的。 雅典娜 (Athena , 羅馬人稱為米奈娃,Minerva) 是宙斯與梅提斯 (Metis) 之女,據預言伊將超越伊父,宙斯於是將其吞入肚中,伊運行至宙斯頭部,藉赫夫斯塔斯一斧之助而得破宙斯之頭出世,為智慧與戰爭之女神,亦為雅典的保護神。另有酒神和豐饒之神狄奧尼修斯 (Dionysus,羅馬人稱為巴古斯,Bacchus),為宙斯與賽米萊 (Semele) 之子,肥胖而有大的肚子,面赤而微笑,每年秋天受祭祀而有很多歌舞活動。至於普賽東是海神,狄米特是豐饒的女神,海地斯是冥神,海斯西亞是司灶的女神。此外,還有九個繆斯女神 (Nine Muses) 為宙斯與曼莫瑞 (Memory) 的女兒們,分別是文學、藝術、史學、科學等的女神❷。

　　這些神祇具有高度的擬人性,而且喜怒哀樂一如常人。每四年一度希臘人在比羅奔尼蘇半島西北部的奧林匹亞 (Olympia)❷所舉行的奧林匹克運動會 (Olympic Games),其基本目的在崇敬神明,運動僅為另一目的。除了運動競技之外,原來也有音樂和詩歌比賽,最早的記錄是在西元前 776 年。

　　這種宗教信仰與希臘人的文化活動有很大的關係。在希臘化時代,中東的神祕宗教,如埃及的女神伊色斯 (Isis),波斯的祆教,以及猶太教和基

---

❷　繆斯女神原有三位,後變為九位。分別為卡里奧比 (Calliope) 為史詩與雄辯的繆斯;尤特比 (Euterpe) 為抒情詩的繆斯;伊拉圖 (Erato) 為情詩的繆斯;波里米妮亞 (Polymnia, or Polyhymnia) 為演說與聖詩的繆斯;克里娥 (Clio) 為史學的繆斯;梅玻曼克 (Melpomene) 為悲劇的繆斯;妲里亞 (Thalia) 為喜劇的繆斯;德比斯楚爾 (Terpischore) 為合唱詩和舞蹈的繆斯;烏拉尼亞 (Urania) 為天文學的繆斯。又有一說是阿波羅是祂們的領袖。

❷　奧林匹亞為鄰近阿夫奧斯河 (the Alpheus,現名 Alfiós) 的小平原,為古希臘崇祀宙斯的中心, 其地有宏偉的宙斯廟, 其中安置了一尊由名雕刻家菲狄亞斯 (Phidias,西元前五世紀人) 所製作的宙斯像,用黃金和象牙雕成,連座高十四公尺,當時為古代七奇之一。神廟在 1875–1881 年間出土,雕像已不存。

督教也隨著猶太人的移入❸在下層階級傳播。

二、文　學

　　希臘人的語言原各有其方言，大約在西元前 330 年以後，一種由雅典方言發展出來的語言，也就是柯伊乃 (Koinē) 成為共同的語言。

　　在文學創作方面，希臘人（包括希臘本土、希臘各島和西西里及南義大利的希臘人）留下很多的作品。

㈠史　詩

　　希臘史詩的宗師是荷馬 (Homer)，對於他的生平所知不多，有七個城邦爭著作他的誕生地，他究竟是什麼時代的人也不清楚。他可能是西元前九世紀生活在愛琴海東岸小亞細亞的某一城邦 （也有說他生在 1200 B.C. 者），或者是奇奧斯島 (Chios, or Khíos)。至於他的兩大史詩《伊里亞德》(*Iliad*) 和《奧德賽》(*Odyssey*)（也有人認為是自青銅器時代以來世代相傳下的歌謠經整理潤色而成） 所敘述的事跡 ，則是以希臘人進攻特洛伊 (Troy)❸的特洛伊戰爭 (Trojan War) 為背景的作品，特洛伊城的陷落大概是在西元前 1184 年。不過，兩個史詩所描述的社會狀況則較為符合西元前九至八世紀的情形。

　　《伊里亞德》共有 24 卷（章），係敘述希臘人攻打特洛伊城持續十年之久的戰役。緣因特洛伊國王普瑞阿穆 (Priam) 之子巴里斯 (Paris) 在喜拉、雅典娜和阿扶洛黛德等女神的賽美會上評審阿扶洛黛德最美，此因阿扶洛黛德允諾將以最美的女人許配巴里斯為妻。最美麗的女人是海倫 (Helen)，

---

❸　由於亞歷山大征服巴勒斯坦 (332 B.C.) 和羅馬在西元前一世紀征服這些地區，使許多猶太人進入地中海地區。據估計，在西元一世紀時，在埃及約有一百萬猶太人，在小亞細亞約有二十萬猶太人與其他民族混居而成為希臘化世界中的猶太人 (Hellenistic Jews)。

❸　關於特洛伊城，參看❷。

為多人所追逐，最後為斯巴達國王曼尼勞斯 (Menelaus) 所得，眾人並誓言保護他們婚後的幸福。巴里斯奉使斯巴達時，因阿扶洛黛德之助而使海倫與他私奔到特洛伊，希臘各城邦乃組成聯軍前往征討特洛伊，各神明亦有助希臘城邦者（喜拉、雅典娜、普賽東等），亦有助特洛伊者（宙斯、阿扶洛黛德、阿里斯等）。希臘英雄有阿格曼儂（Agamemnon，邁西尼國王，但又為曼尼勞斯的兄弟）、阿奇里斯 (Achilles)❸❷、奧德修斯（Odysseus，伊色佳王，羅馬人稱為尤里西斯，Ulysses）等，特洛伊英雄有赫克多 (Hector) 和義尼阿斯 (Aeneas) 等。最後奧德修斯製造了一個大木馬，士兵藏於腹內，並佯裝揚帆回航。當特洛伊人把木馬拖入城內時，普賽東（海神）的祭司勞空 (Laocoön) 曾警告特洛伊人不要把木馬拖進來，說是希臘人的陰謀詭計❸❸。後來在特洛伊人狂歡慶祝勝利時，木馬腹內士兵衝出開啟城門，裡應外合攻陷特洛伊並在屠城後焚毀。

　　《奧德賽》亦有 24 冊（章），敘述伊色佳國王奧德修斯（羅馬人稱為尤里西斯）在特洛伊城戰役之後在海上流浪十年的驚險和傳奇故事。奧德修斯出征不歸之後，其妻潘尼樂普 (Penelope) 備受求婚者的困擾，她用織嫁衣而又拆掉的方式拖延，後來眾求婚者識破其計而大怒，她要眾求婚者用奧德修斯的弓來射用十二把斧頭做成的承口，勝者可以娶她，但無人成功。此時奧德修斯已化裝成老乞丐歸來（老狗先識出搖尾樂死），他要試射，眾人不肯，潘尼樂普堅持讓他有機會，一射而中，並用弓射死諸人，夫妻團圓。這兩部史詩除了它們本身的史料價值以外，也勾勒出希臘人的

---

❸❷ 阿奇里斯為占薩利國王派洛斯 (Peleus) 與美麗的女神詹提斯 (Thetis) 之子。誕生後其母曾將其在冥河 (River Styx) 濕身，以防其被傷害，但其腳跟則未用水濕過（因為手持該處），後來在此戰役中即因腳跟受傷而死。因此，Achilles' heel 乃為「惟一的致命弱點」之意。

❸❸ 後來羅馬詩人威吉爾 (Virgil) 在其有關羅馬建城的史詩《義尼德》(Aeneid) 中敘述勞空說他害怕希臘人且即使是他們帶著禮物來時也不例外。因而有 "Greek gift" 和 "Trojan horse" 等語。

典範，如阿奇里斯等人的英勇，奧德修斯的智謀，以及潘尼樂普的貞潔與忠心等。

(二)戲 劇

希臘人在戲劇方面有很大的成就，其悲劇創作尤為極致。緣因在 5 月後糧食已收成完畢，而葡萄和橄欖要到 10 月和 11 月才成熟，希臘人乃利用這段時間從事各種活動，秋季時他們為祭祀酒神狄奧尼修斯有很多歌舞活動。這種歌舞活動後來加上角色的扮演乃成為戲劇。當局也倡導這些活動，優勝的作品獎以山羊，「悲劇」 (tragedy) 一詞便是由希臘文中的 Τραγωιδιδ (tragoidia) 而來，其原始的意義即為 「山羊歌」。為了便於觀賞，各城邦也興築露天戲院（多利用山坡地而營造成梯形座次的韻律美）。

戲劇的主要原理是衝突，這包括人與人的衝突，或者是人與其反對力量的衝突，最後由於衝突的一方的勝利而收場。悲劇則代表著人與其不能克服的力量，如命運、社會、法律和習俗等相衝突，但終於無能為力。亞里士多德在其《詩學》(*Poetics*) 把悲劇解釋為經由悲憫和恐懼對情感的洗滌或宣洩 (catharsis or purgation)。 古希臘的三大悲劇作家是艾思奇拉斯 (Aeschylus, 525–456 B.C.)、索福克里斯 (Sophocles, 495–405 B.C.) 和尤里匹

德爾菲的露天劇場

底斯 (Euripides, 480–406 B.C.)。艾思奇拉斯為雅典人，曾參與波希戰爭中馬拉松、撒拉密斯和普拉特亞的戰役，他的作品據說超過七十部，餘下七部，其中以《奧勒斯提亞》(Oresteia) 和《普洛米修斯》(Prometheus Bound) 為著。《奧勒斯提亞》為三部曲，主要內容敘述攻打特洛伊的希臘聯軍統帥阿格曼儂進軍時受阻於月神艾蒂密斯的風浪，乃以親女祭之。班師後其妻與奸夫將其謀殺，其子奧勒斯提斯 (Orestes) 連同阿格曼儂另一女兒意萊克特拉 (Electra) 和一個友人把母親與奸夫殺死，為父報仇。但卻因此被神罰發狂，後來恢復清醒和被恕罪的故事。它的主題是復仇、罪與罰。該劇第一部曲中把主題點明：

> 古代的自負習於
> 燃起火花於罪惡人群之中；
> 新生的自負與瘋狂，
> 它總有一天會找出，
> 它命定誕生的時刻，
> 與相與而生之頑梗的、邪惡的、不可抗的幽靈。
> 輕率的慾望招致滿屋悲慘的命運，
> 有其父母也必有其子女。❸

《普洛米修斯》則是有關泰坦（巨人）普洛米修斯 (Prometheus) 的故事，他在泰坦與諸神之戰中助宙斯而未被罰，但偷火給人類和教導人類一些知識而被宙斯所罰，宙斯把祂用鍊條綑腳綁在高加索山的山頂上，其肝每天被鷹吃掉，夜間又長出，備受苦難與煎熬❸。

---

❸　取自劉景輝譯，《西洋文化史》第一卷上古，pp. 119–120。

❸　普洛米修斯代表創造進取的精神，他後來為大力士赫丘力斯 (Hercules) 殺掉兀鷹所救而獲自由，十九世紀英國詩人雪萊 (Percy B. Shelley, 1792–1822) 有《普洛米

　　索夫克里斯亦為雅典人，曾擔任將軍與祭司，撒拉密斯之役奏捷時他年十六歲，指揮合唱團奏凱歌。他的作品超過百部（約 123 部），得首獎者有十八部至二十部，現留下七部。他的才華與另兩位大師相伯仲，譬如他在西元前 468 年擊敗艾思奇拉斯獲獎，而在西元前 441 年又為尤里匹底斯所擊敗。他的作品形式完美而且表現中庸的理念，其中以《奧迪匹斯》(Oedipus) 和《安弟岡》(Antigone) 為著。《奧迪匹斯》描述底比斯國王賴烏斯 (Laius) 之子奧迪匹斯弒父娶母的故事。緣因根據德爾菲神諭，奧迪匹斯將弒父娶母，生下後為乃父所棄，但為科林斯國王所救，奧迪匹斯認為科林斯國王為其父，乃為逃避命運而出走，在途中弒父，不意至底比斯因解獅身人面獸之謎而解救該國，又娶其母，生下二子二女。後來知道罪孽，乃自挖眼睛出走，命二子相繼為王，後來發生內戰。《安弟岡》則描繪奧迪匹斯的兩個兒子戰死後，其叔叔底比斯王克里昂 (Creon) 禁止安葬，安弟岡（奧迪匹斯之女）乃葬其兄弟一人，克里昂把她囚在石墓中，克里昂之子（安弟岡的未婚夫）破墓來救，見她已自縊，乃自殺而死。克里昂之妻亦自殺，僅留下克里昂孤獨而痛苦地活著。索夫克里斯力主自然律的崇高和戒絕過分的自大與驕傲。《安弟岡》結局的詞句充分地表現了這種主題：

聰明的行為支配著快樂

　在其他所有之前，對上蒼的虔敬

　一定要維持。傲者的大言

　將悲哀領向極點以懲罰傲慢：

　當人們年老時會知曉的一課教訓。❸

　　尤里匹底斯亦為雅典人，作品有九十二部，其中有十九部尚存，他曾

修斯獲釋》(Prometheus Unbound) 之作。

❸ 取自劉景輝譯，前揭書，pp. 110–111。

四次獲首獎。他頗富個人主義的色彩，他的作品很多，茲舉《赫苦布》
(Hecuba) 以為介紹。赫苦布為特類王普瑞阿穆的王后，育有子女十九人，
其中包括巴里斯、赫克多等兒子及女兒卡珊德拉 (Cassandra)，城陷後她被
判歸奧德賽為奴。她先是為了搶救幼子波里多洛 (Polydorus)，把他送交色
雷斯王波里奈斯圖 (Polymnestor) 撫養，但在隨奧德賽途經色雷斯時獲悉幼
子已為色雷斯王所謀害，乃設計復仇，把色雷斯王弄瞎，也把他的兩個兒
子殺掉。

　　喜劇 (comedy) 亦源自宗教活動，它的特點在行諸理智，而非感情，其
功能藉著表現劇中人物的愚行、缺點和不協調來激發歡笑而娛樂人們。主
要劇作家為亞里斯多芬 (Aristophanes, 448?–380? B.C.)，亦為雅典人。他的
作品超過四十部，僅餘下十一部，擅長於諷刺（政治的，社會的和文學的
及思想的）。他的《雲》(The Clouds) 便是嘲弄哲學家蘇格拉底的作品。在
此劇中，亞里斯多芬讓一個新近窮困潦倒的人史崔柏西亞迪斯
(Strepsiades) 在蘇格拉底的「思想學店」中註冊，以求發現恢復他的財富的
方法。由一名弟子帶著四處參觀後，史崔柏西亞迪斯向上仰視。（下面是一
段「史」崔柏西亞迪斯與此名「弟」子間的會話）

　　　史：吊在這個藍子裡的是誰啊？
　　　弟：就是他自己。
　　　史：誰自己啊？
　　　弟：蘇格拉底。
　　　史：蘇格拉底！哦！我祈求你，替我馬上大聲喊他吧。
　　　弟：你自己喊他吧！我可沒有時間浪費。
　　　史：蘇格拉底！我的小蘇格拉底！
　　　蘇：喂，你要我做什麼？
　　　史：第一件事，你在那上頭幹什麼，告訴我，我求你。

蘇：我在巡視空氣和默察太陽。

史：如此，這不是在穩固的基礎上，而是從這隻籃子的高度上，你
　　輕蔑了諸神，如果真……

蘇：我必須將我的頭腦昇起，而要將我精神的微妙的本質與空氣混
　　合一起，這就如同自然一般，以便滲入天空事物之中。如果我
　　仍留在地上，從下而思考在上之事物，我不會有所發現；因為
　　大地的力量吸去了我精神的元氣，這正如水田芹一般。

因此，亞里斯多芬繼續譏嘲全新而迴然相異的觀念，由於蘇格拉底荒唐的
懸掛在籃子之中，開始了長久守舊分子的嘲弄：自由主義分子的雙足不是
立在實地上而是在半空之中。亞里斯多芬，如同大多數諷刺家一般，是一
位身負使命的人。他想要雅典人回復到伯里克里斯之前美好的古老時代，
當雅典愈來愈小和愈來愈窮時，當城市中的下層階級的商人和工人尚未迫
使「公民大會」執行帝國主義的政策時，亞里斯多芬認為繁榮、帝國與戰
爭腐蝕了質樸的雅典美德，正如幼里皮底斯和蘇格拉底威脅著要去毀滅奧
林匹斯山上諸神的古老信仰❸。

　　希臘化時代的文學創作雖多，但缺乏創造性及深度。戲劇方面以喜劇
為最主要，以米南德 (Menander, 342?–291? B.C.) 的新喜劇 (new comedy)
為最著。米南德為雅典人，喜歡以愛情故事為題材。他留下來的作品多片
斷不全，1957 年時在開羅發現他的《守財奴》(*The Curmudgeon*) 全本，並
於 1959 年出版。

㈢詩　歌

　　荷馬史詩和戲劇均以韻文寫成。在抒情詩和頌詩方面，有女詩人莎孚
(Sappho of Lesbos) 和詩人平德爾 (Pindar, 522?–443 B.C.)。莎孚大約是在西
元前 612 年左右誕生在愛琴海東部的萊斯布島 (Lesbos)，她才華橫溢，據

---

❸ 取自劉景輝譯，前揭書，pp. 112–113。

說被哲學家柏拉圖稱許為第十個繆斯。平德爾則出生在底比斯城附近，以
「勝利頌詩」（Epinicia，多以頌運動比賽中的優勝者為主）的寫作著稱。
茲舉莎孚的抒情詩〈好姑娘海倫〉和〈愛擾亂了我的心〉。

好姑娘海倫，一切都是為了愛

好姑娘，海倫

人間最美的女孩

別了高貴的夫君

航向遙遠的特洛

這一切都為了愛

忘了稚兒　忍離雙親

塞普瑞安（按 Cyprian 即美神與愛神的另一稱呼）

帶她遠去

她——

柔弱順從　了無反抗

愛擾亂了我的心

喔，愛又擾亂了我的心

如自山巔橡林

吹下的風❸

下面是平德爾以〈太陽的新娘〉(*Bride of the Sun*) 為題歌頌一位拳擊選手在
奧林匹克運動會的成就：

當一個人從豐盛之手取走了銀杯，

---

❸ 參看邢義田譯著，前揭書，pp. 135–148，所引詩句見 p. 144。又參看 W.
Barnstone, trans., *Sappho* (New York: Doubleday, 1965).

在葡萄泡沫之中滾滾地起泡，

將它呈給

一位年輕的新娘，信誓旦旦，以自傲，

純潔的金子，財貨，

節日的歡欣，去榮耀他的新貌，使他出現

在新娘同意下備受眾友之讚美：

因此我，帶來了勝利的甘露，

繆思的賜禮，心智甜蜜的收穫，

獻給

奧林匹亞和佩托 (Pytho) 的征服者。

為美名令譽所環繞的人有福了。

天恩凝視一個又一個，把寵愛常常賜與

悅耳動人的豎琴與五花八門的笛樂；

對這兩種旋律，我與迪亞哥提斯親熱，唱道：

海的兒女，阿花羅的蒂的女兒

和羅德島希利奧斯 (Helios, Rhodes) 的新娘，

他拳擊的勝利品，給予他對巨人的猛襲以禮讚。

為勝利者戴上花環，在阿爾費塞斯 (Alpheus) 水濱。

與卡斯塔里亞 (Kastalia)；

且給他的令尊達馬吉土斯 (Damagetos)，正義的寵兒，

他居住在三個城市的島上

以阿爾吉夫矛 (Argive Spear) 的正義，對付廣大亞洲的尖端。❸❾

　　希臘化時代的著名詩人是詹奧克里圖斯 (Theocritus of Syracuse)，他寫作於西元前三世紀上半期，長於田園詩和牧歌。

---

❸❾　取自劉景輝譯，前揭書，pp. 114–115。

三、史　學

　　希臘的史學頗為發達。第一位著名的希臘歷史學者是被羅馬人西塞羅 (Cicero) 稱為「史學之父」(Father of History) 的希羅多德 (Herodotus, 485–425 B.C.)。我們對希羅多德的生平事跡所知不多，其生卒年代亦有不同的說法。他出生在小亞細亞的希臘城邦哈利卡那蘇 (Halicarnassus)❹，當時該城邦在波斯控制下。後來因牽涉到政爭而在薩莫斯 (Samos) 生活過一段時間，後來一度回國，但又離開，他在伯里克里斯時代的雅典生活過一段時期，也在西元前 443 年參與雅典在圖里伊（Thurii，在義大利南部）建立殖民地的工作。他對於輿地之學和風土人情有極大的興趣，遊蹤之廣亦所罕見，他在波斯帝國、中東、北非、希臘、西西里和義大利行走，採集各種傳說，寫成《史記》(The Histories)，該書雖以波希戰爭為主要的內容，但包容甚廣，可以說是記述整個古代世界的通史。

　　另一位史家是出生在雅典的修西代底斯 (Thucydides, 460–400 B.C.)。他出身貴族世家，與權要人物將軍米爾西底斯 (Miltiades) 和西蒙 (Cimon) 均有密切關係，他和色雷斯的王室也有關係。西元前 430 年至 429 年雅典發生瘟疫，他罹患但倖免於難。西元前 424 年他當選十將軍之一，負責指揮部分雅典海軍防禦色雷斯 （時比羅奔尼蘇戰爭已爆發），但安非波里斯 （Amphipolis，在馬其頓東部）一役，他在愛琴海北部作戰失利，導致該城淪入斯巴達之手。他因此被放逐二十年。他對雅典的民主制度並無好感，持批評態度。他的史學研究重視歷史事實的因果關係，也長於分析。他的主要著作是《比羅奔尼蘇戰史》(History of the Peloponnesian War)，該書分為八卷，包括的範圍為自西元前 431 年至 411 年，也就是敘述這個為期二十八年的戰爭中的二十一年，為未竟之作。他也是廣遊覽，勤訪求，力主精確、客觀和對個人動機分析甚多。

---

❹　哈利卡那蘇現名波德魯木 (Bodrum)，在土耳其南岸。

　　希臘化時代的史家以波里比烏斯 (Polybius of Megalopolis) 為主，他大約生於西元前 200 年，而卒於西元前 118 年之後，為西元前二世紀的史家。他誕生的地點是比羅奔尼蘇半島中部阿卡迪亞 (Arcadia) 山區的米格洛波里斯 (Megalopolis)，自幼受很好的教育，喜歡騎馬和狩獵，亦長於文學。他後來擔任亞契安同盟 (Achaean League, or Confederation) 的騎兵 (hipparch) 的司令官。他有親羅馬的傾向，並且在西元前 168 年羅馬與馬其頓的戰爭中主張亞契安同盟遵守中立，但在羅馬征服馬其頓後，乃在翌年與一些亞契安人（共有 1000 人）被送往羅馬。他在羅馬居留時，與羅馬將軍西比阿 (Scipio Aemilianus, 236–c. 183 B.C.) 交好，並曾隨西比阿前往西班牙與非洲 (151 B.C.)。他也目睹西比阿對迦太基的圍攻和摧毀 (146 B.C.)。在歷史研究方面，他非常重視真實，並且在重視社會與經濟因素方面勝過修西代底斯。他的著作是《史記》(Histories)，主要是記述羅馬共和興起而終成為世界級國家的經過。他對羅馬頗為友善，並且呼籲希臘人接受羅馬統治。他曾在羅馬居住十餘年 (167–150 B.C.)，對羅馬有第一手的觀察。他的《史記》共有四十卷，但僅前五卷完整的遺留下來，其餘則為節錄。他的本意是對自西元前 220 年漢尼拔 (Hannibal) 的西班牙戰役至西元前 168 年羅馬征服馬其頓的五十三年間作詳盡的研究，但有時上敘到西元前 264 年羅馬人進入西西里對迦太基人作戰的事。

四、哲　學

　　希臘哲學非常發達，「哲學」(philosophy) 一詞亦源自希臘文「愛智」之意。希臘哲學源於西元前六世紀，其開山祖師為誕生在小亞細亞米里圖斯的泰里斯 (Thales of Miletus, c. 620–c. 555 B.C.)。他曾為商業旅遊埃及和巴比倫，習得土地丈量和天文星象之學，據說他曾預測西元前 585 年的日蝕。他所關注的是宇宙萬物的本體，而認為水是答案。他沒有著作留世。他被稱為「哲學之父」(Father of Philosophy)，他所創立的學派稱為米里圖

斯學派 (Milesian School)，亦被稱為唯物主義者 (Materialists)。另一哲學家
恩皮道克里斯 (Empedocles, c. 490–430 B.C.) 則誕生於西西里島的阿克拉
格斯 (Acragas)，有 《論自然》 (On Nature) 之作，他認為土 (earth)、水
(water)、氣 (air)、火 (fire) 是構成宇宙萬物的四大要素，它們的聚與散是在
吸引和排斥兩種力量交互作用之下，他稱此兩種力量為「愛」與「衝突」
(Love and Strife)。阿那佐哥拉斯 (Anaxagoras of Clazomenae, 500–428 B.C.)
講學於雅典，伯里克里斯亦為其弟子之一，他認為構成宇宙萬物的元素是
多不可分的，而每一東西均包含另外的其他東西的一部分。畢達哥拉斯
(Pythagoras) 是西元前六世紀後期人物，其學說在西元前五世紀甚為流行，
他出生在薩莫斯島，後來在義大利南部的大希臘地區 (Magna Graecia) 的克
洛土納 (Crotona) 定居講學。他主張靈魂在形體死後會進入新的形體而萬物
合一，後倡素食。他也是數學家，幾何學上的畢氏定理即為他所發明，但
亦有謂此種知識老早為巴比倫人所知。畢達哥拉斯及其門徒認為萬物的本
質不是物質，而為抽象的原則或數，他們強調物質與精神，善與惡，以及
和諧與傾軋的分別，為最早的兩元論者。畢氏學說再度引起宇宙萬物的本
質之爭，南義大利的艾里亞 (Elea) 有艾里亞學派 (Eleatic School)，其創立
者為巴米尼底斯 (Parmenides, c. 515–c. 445 B.C.)，他認為恆久是一切萬物
的本質，而變異只是幻象。赫拉克雷圖斯 (Heracleitus, or Heraclitus, ?–460
B.C.)，誕生於小亞細亞西岸的艾夫薩斯 (Ephesus)，則認為一切都在變動不
居，因而不可能踏入同樣的溪流兩次，但一切變動均受理則 (logos) 的支
配。狄莫克瑞圖斯 (Democritus, c. 460–370 B.C.)，他出生在色雷斯的阿布
迪拉 (Abdera) 而雲遊東方各地，則倡原子說，主張原子是一切萬物最基本
的單位〔希臘文原子 (atomos) 的意思就是「不可分的」〕，他不認為靈魂不
死和有精神世界的存在，他也堅持道德理想，指出「善不是不做錯，而是
沒有慾望去做錯。」至西元前五世紀中葉，詭辯學派 (the Sophists) 興起，
他們不同意在表象世界之外還有真實的世界，懷疑神和相信人的能力，其

中著名的是普洛達哥拉斯 (Protagoras, c. 490–
421 B.C.)，生於阿布迪拉，講學於雅典，其名
言有「人是萬物的尺度。」(Man is the measure
of all things.) 後人對於詭辯學派的瞭解主要是
透過柏拉圖的《論語》，而柏拉圖是他們的批評
者，故不完全公允❹。

　　希臘哲學到蘇格拉底 (Socrates, 469–399
B.C.) 有了大的發展，蘇格拉底的生與死均在雅
典。他出身寒微，父親為雕刻師，母親是接生
婆。他沒有著述，未創學派，也沒有講壇。後
人對他的瞭解係透過他的弟子柏拉圖 (Plato, c.
427–347 B.C.) 和贊諾芬 （Xenophon，c. 435–
354 B.C.，主要為歷史學家）❷，喜劇作家亞里
斯多芬，以及柏拉圖的弟子亞里士多德
(Aristotle, 384–322 B.C.)。他的本業是個石匠，

蘇格拉底

一個次等的雕刻師，其妻喋喋不休，他常外出與人討論問題，常批判詭辯
學派的主張。柏拉圖說他長得像山羊，說話像神。德爾菲神諭說他是最聰
明的人，他四處找人論道以證明神諭之誤。他主張好行為是由理性控制的
行為，一切道德在基本上就是理性克制情感，而錯誤的行為則源於無知和

---

❹　參看 Edward M. Burns & others, *World Civilizations*, 6th ed. (New York: Norton,
　　1982), Vol. 1, pp. 187–190; Richard L. Greaves & others, *Civilizations of the World:
　　The Human Adventure* (Philadelphia: Harper & Row, 1990), pp. 103–104.

❷　贊諾芬曾於西元前 401 年參加希臘人支持波斯王子居魯士與其兄波斯王的戰爭，
　　著有《居魯士遠征記》(*Anabasis Fyrou*, or *The Expedition of Cyrus*)，事敗後領導希
　　臘傭兵跋涉 1,500 哩歸來，後又為斯巴達（欣賞其軍國主義）作戰。另著有《回
　　憶錄》(*Memorabilia*)。

未能審察人為什麼會有那一種行為。他倡導「蘇格拉底方法」(Socratic Method)，這是一種追根究底地要求對方為自己的主張和言詞下定義（作界定），藉由觀念的澄清以袪除矛盾並揭露對方的無知的方法。他也主張不斷的討論和思考以弄清真相。蘇格拉底在雅典講學的時候正值比羅奔尼蘇戰爭，他雖然也克盡公民職責參與作戰，但他攻擊詭辯學派又批評時政，徒眾雖多，樹敵也不少。雅典戰敗 (404 B.C.) 後，斯巴達在雅典扶植了一個不具法理基礎的三十僭主 (Thirty Tyrants) 的政權，其中包括蘇格拉底的支持者，但此一政權統治雅典僅數月即被推翻。蘇格拉底的敵人乃趁機攻擊他，西元前 399 年他以腐化青年和不敬神（因他喜一神信仰）而被審訊，由五百零一人陪審，後以六十票多數被判死刑。他在法庭的答辯後來收入柏拉圖的《答辯集》(Apology)。他拒絕上訴，也不願接受逃獄的建議。執行死刑的方法是喝鴆酒。他在臨喝前還問送毒酒者如何飲用，告以飲用後起立走路直到兩腿沉重，然後躺下，麻木的感覺會到心臟。他都照辦如儀，中間僅停下來一次叫友人和弟子不要哭泣，最後還記起尚欠人一隻雞，叫弟子代為償還。關於他死亡的經過，柏拉圖在其《裴艾度》(Phaedo) 亦有詳盡的敘述。

柏拉圖出身雅典貴族，為蘇格拉底的友人和弟子。蘇格拉底死後，他去國他遊，亦曾在敘拉古 (Syracuse) 為僭主狄奧尼西烏斯一世 (Dionysius I) 的上賓。西元前 387 年四十歲時返雅典，在西北隅創辦學苑 (Academy)❸ 講授數學及哲學，除了有兩次（分別在 367 B.C. 和 361 B.C.）曾為企圖行道而去敘拉古但失望而返外，一直留在雅典到逝世。他的著作有《論語》（對話集或語錄，Dialogues）等有三十六篇（《論語》三十五篇及函牘一篇，後來學者認有三十篇及部分函牘為真正柏拉圖作品）。在哲學方面，他認為有理念或形體 (idea or form) 的世界和感覺 (senses) 的世界，譬如「桌

---

❸ 學苑 (Academy) 之名係來自一個林園的名字 (Academus)，柏拉圖在此處與弟子們見面討論哲學問題。

子」可以用來表示不同形狀或功能的桌子，是因為很多東西有共同的特徵，故可以使用同一名稱，這個共同的特徵便是「理念」或「形體」，這便是他的「理念論」或「形體論」(theory of ideas, or theory of forms) 的基礎。在政治哲學方面，他在其《理想國》(Republic)（《論語》或語錄中的一篇）中，認為一個國家或社會應有三個階層，分別為治理國家的哲學家帝王、國家的守衛者 (guardians) 和一般公民（農人、商人和工匠等），這三個階層，第一個階層代表理智的運作，由具有知識的貴族所構成，第二個階層代表意志，由士兵所組成，第三個階層主要為貨物的生產和分配而工作並代表胃口。至於所謂「柏拉圖式的愛」(platonian love)，他在《論語・討論篇》(Symposium) 指出，對生理體能的美的愛是不可恃的，因為各人都是一樣的，靈魂的美才是最值得珍貴的❹。

亞里士多德是最淵博的哲學家，他誕生在希臘北部馬其頓的斯臺吉拉 (Stagira)，曾追隨柏拉圖學習二十年。在柏拉圖死後 (347 B.C.)，他離開雅典，先後在小亞細亞的阿索斯 (Assos) 和萊斯布島的米提連 (Mytilene) 停留。西元前 342 年應馬其頓王菲力浦之請擔任其子亞歷山大的教師至少有三年之久。西元前 335 年回到雅典，自己創辦學苑，名叫萊西阿穆 (Lyceum)。亞里士多德的學派習慣上稱「柏里巴德提克學派」(Peripatetic School)❺。亞歷山大死後 (323 B.C.)，雅典發生反馬其頓的情況，亞里士多德於西元前 322 年避走尤比亞島的加里西斯 (Chalcis)，後來在那裡逝世。他不僅是哲學家和邏輯學家，而且也是物理學家、生物學家、心理學家、政治學家和文學批評家。

---

❹ 參看 M. P. O. Morford & R. J. Lenarden, *Classical Mythology* (New York: Longman, 1977), p. 126.

❺ 意譯應為「拱廊學派」，此因亞里士多德經常與弟子們在學苑的拱廊（上面有掩蓋，一如騎樓）講學論道，而拱廊的希臘文是 peripatos。另一說法是此學派之得名係因亞里士多德講學時有在花園中走來走去的習慣。

　　亞里士多德在自然哲學 (philosophy of nature) 方面，雖也接受柏拉圖的「理念」或「形體」之說，但他認為形體與物質為不可分的，不認為物質僅為形體的反映。他的《物理學》(*Physics*) 便研究這些，他也認為自然的特質是不斷變遷的。他的《形上學》(*Metaphysics*) 是研究不變的宇宙本體的學問。他的神學觀為一神的觀念，認為祂是「想自己本身的思想」(thought thinking of itself) 以及「不動的動者」(the Unmoved Mover)，則此唯一上帝不過是第一動因 (First Cause)。他的邏輯著作為《工具論》(*Organon*)，其中包括若干不同的篇章，他發展出三段論法 (syllogism)。亞里士多德對倫理和政治的看法，見於他的《倫理學》(*Nicomachean Ethics*) 和《政治學》(*Politics*)。他在倫理價值上強調「中庸」(golden mean) 的重要，如勇敢 (courage) 是恐懼 (fear) 與信心 (confidence) 的中庸；他重視平衡，不主張過度；他相信人的目標在追求幸福，而此一目標必須藉由完成他本身的功能來獲得；他認為人是「理性的動物」(the rational animal)。在政治方面，他認為國家或政府是促進人類福祉的最高制度或組織；人在本性上是政治的動物，而最好的政體既非君主政體及貴族政體，也非民主政體，而是一種介於寡頭政體和民主政體之間的國社 (Commonwealth)。他的文學理論見於他的《詩學》(*Poetics*)。

　　亞里士多德死於亞歷山大大帝死後的一年。希臘化時代的哲學主流是伊比鳩魯學派 (Epicureanism) 和斯多亞學派 (Stoicism)。此外，犬儒學派 (Cynicism) 也有相當程度的流行。伊比鳩魯學派為伊比鳩魯 (Epicurus, 341–270 B.C.) 所創，他生於薩莫斯島而死於雅典。他在十四歲便開始研究哲學，在小亞細亞一些城邦講學後約於西元前 306 年至雅典創立學派，他因講學於花園中，亦有花園學派之稱。他的著作很多，但皆餘片斷。他的學說是教人從憂懼中解脫出來，透過真理的認知讓心靈獲致平靜，他認為人生的目的和指導原則是增大快樂和避免痛苦，因而主張幸福生活的起點與終點都是快樂，而快樂就是「身體沒有痛苦和靈魂不存困擾」(absence of pain in body and trouble in the soul)，至善就是至樂。他認為，神靈即使存在，也與人生和自然無關，不應對不可察知的力量有所憂懼。他對物質的看法承襲西元前五世紀的原子論者，認為宇宙係由原子和空間組成，原子是一種固體，有體積和形狀，是不可分的，它們在空間中組合成各種形體，是神明所不能干預的，人對生命所能做的變動是非常有限的，因此應該坦然面對一切病苦與災變。他相信人死時，組成人體的原子即告分開，使肉體與心靈皆不再完整，由於人體沒有任何部分是不朽的，因而吾人不必恐懼死亡。他主張人如果能夠戒絕對成敗與野心的縈繞，便可得到快樂，因而人生的最高目的是「阿達拉克西亞」(ataraxia)，也就是免於困擾。此派後來流於頹廢。

斯多亞學派的開山祖師是齊諾 (Zeno of Citium, Cyprus, 335–263 B.C.)，他在雅典參加過柏拉圖的學苑，後來大約在西元前 300 年自成一家在雅典創立斯多亞學派 (Stoics, or Stoic School)❹，而蔚然成一家之言。齊諾頗受蘇格拉底學說和犬儒學派的影響，其邏輯亦以亞里士多德的邏輯為基礎。他批評傳統的道德說法，認為人生的福祉不在健康、財富或成功，只有善與惡 (virtue and vice) 的分辨是最重要的。他認為善是心靈的健全狀態而有益，而惡則為心靈的非健全狀態則為害，其他均與幸福無關，因為健康或財富可以運用得當或失當，一個有道德的人（善人）會具備追求幸福的條件，一個道德薄弱的人無論握有什麼資源均不可能幸福。他重視理性 (reason)，主張克制激情 (passions)，而倫理信念為此學派的核心部分，此超越種族、地位與性別，又由於此派強調智慧、勇氣、正義和適度，因而有天下一家的世界胸懷。此一學派對於後來的羅馬，乃至整個西方文化均有重大的影響。後來的羅馬皇帝奧理略 (Marcus Aurelius, 121–180) 便服膺此學派的主張，他在其《沉思錄》中也顯示出如想做到是何等的困難：

---

❹ 此名稱來自希臘文 Stoa Poecile, or Stoa Poikile，其意為有畫的門廊，此為雅典市場附近一個有蓋的門廊，齊諾在此用公共演說的方式講學。

「每天早晨告訴自己，『今天我會遇見過分殷勤的人，不義的人，威嚇的人，背叛的人，嫉妒的人，自私的人。他們之所以如此，是因為不能分辨善與惡。』」至於犬儒學派，則為安提斯尼斯（Antisthenes，444–370 B.C.，死於雅典）。他認為塵世一切都是空的，人生幸福要靠善的道德生活才可獲致，主張簡樸的生活，由自然律而得到心靈的平穩，可使人人為帝王。他的大弟子狄奧吉尼斯 (Diogenes of Sinope, pontus, 412–323 B.C.) 是與亞歷山大大帝同時的人，尤能光大門楣。他有很多傳說，如生活之簡單一如動物，以及在白天提著燈籠尋找誠實的人等。此派後來對羅馬和基督教苦修主義均有影響。至於此派何以稱為犬儒學派，也有不同的說法：有謂係因在犬嶺 (Cynosarges) 的體育館講學而得名，有謂因為他們的生活之簡單一如動物，因而有「如犬的」(kynikos, or dog-like) 的說法，亦有謂狄奧吉尼斯的綽號為「狗」（犬）**❹❼**。

五、藝　術

藝術是文化活動的另一個重要層面，希臘人於此也有卓越的表現，而且顯露了人文主義的精神（儘管有很多藝術創作如建築和雕刻等以神衹為題材但卻是為了人）。在建築方面，最早期的克里特島上的邁諾亞文化和稍後的邁西尼文化似乎影響不大。多利安人在西元前十世紀至六世紀發展出他們自己的建築，但在先前牆壁係由太陽曬乾的磚來砌成，樑柱也使用木材，奧林匹亞的喜拉廟 (Heracum) 是最早的廟之一，便有這種風格。西元前七世紀時已大量使用石塊，但西元前五世紀時以大理石為材料的建築物成為最主要的特色，而主要的傑作均在西元前 480 年至 323 年左右完成。各城邦均以其衛城為中心，公共建築也集中於此。希臘建築表現均衡、對稱、和諧與秩序的美感，其基本要素為圓柱、柱頂線盤（entablature，包括作為橫飾帶的腰線和它下面的框緣），以及傾斜的屋頂，裝飾是為了凸顯而

---

❹❼　參看 Burns，前揭書，pp. 187–194, 217–220; Greaves，前揭書，pp. 119–120.

喜拉廟遺跡

非隱藏結構。圓柱有各種不同的規格或款式 (orders)，均有其不同的特色與
風格。希臘建築中以殿廟最有代表性，它大致包括五個部分：內殿 (cella)，
為一長方形祀奉神像的房間、圓柱（構成門廊並環繞著內殿）、柱頂線盤
（在圓柱之上支撐屋頂的部分）、傾斜的屋頂 (pitched or gabled roof)，以及
在屋頂下邊三角形的山形牆或三角牆 (pediment)。至於圓柱的款式，希臘
建築大致有三種，多利安式 (Doric order) 較為厚重和有深的凹槽，其上的
柱頂或柱頭 (capital) 亦較簡單；愛奧尼式 (Ionic order) 較為纖細和優美，凹
槽亦淺，柱頭為渦卷形；科林斯式 (Corinthian order) 則多係希臘化時代建
築物所用，其特色為較愛奧尼式尤多複雜裝飾。殿廟最典型的是雅典人祀
奉雅典娜的巴特農神廟 (Parthenon)，巴特農在希臘文中的原意是「處女之
地」。巴特農神廟在波希戰爭中被焚毀，伯里克里斯予以重建（且動用了提
洛同盟的經費），由建築家伊克提那斯 (Ictinus) 和卡里克拉提斯
(Callicrates) 設計，並由雕刻家菲狄雅斯 (Phidias) 負責雕刻工作，在西元前
447 年至 432 年間完成。它是一座多利安款式的殿廟，兩面各有十七個圓
柱，兩端各有八個，總共有四十六個圓柱。建築物有 237 呎（72 公尺）
長，110 呎（34 公尺）寬，高度為 60 呎（18 公尺）。它的內殿有兩間，東

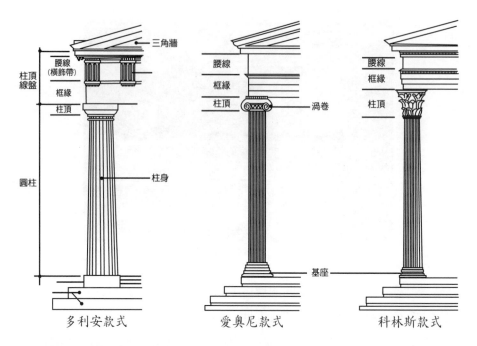

多利安款式　　　　　愛奧尼款式　　　　　科林斯款式

室奉雅典娜雕像，係菲狄雅斯用黃金和象牙雕成（在西元前 438 年裝妥開祭），西室（內間）則為寶庫。腰線（橫飾帶）和門廊等處均有精工雕成的浮雕，刻畫著許許多多的神話和歷史故事，美輪美奐，不可勝收。

　　希臘人的雕刻作品也很圓熟，早期似受埃及影響，後來則自成風格。西元前 600 年至 500 年間，因為權貴提倡，頗多佳作。西元前 500 年以後，雕刻漸以裝飾公共建築物，尤其是殿廟為主，作品亦多以神祇為題材。希臘人一如蘇美人，認為神具有人的形體，但可來去自如而不為人所見，如果能把神像雕得精美，則神可能駐足較久，賜福人間。

　　希臘化時代的建築和雕刻，其意境較前為差。建築多採科林斯款式，不再顯露人文主義、均衡和約制，而以奢華宏偉的宮殿和宅第為主。亞歷山大港的燈塔高度近 400 呎，用八個圓柱支撐燈光，可見一斑。雕刻也表現了放縱與誇大的色彩，但也有值得稱道的作品，如米洛的維納斯 (Venus de Milo, or Aphrodite of Milos) 和勝利女神 (Nike of Samothrace) 均為西元

巴特農神廟，此廟在六世紀時成為基督教堂，十五世紀時土耳其人占領雅典，
後又變為回教寺並加蓋了一個叫拜樓（尖塔）。1687 年威西尼人圍攻雅典，土耳
其人用作火藥庫，因爆炸而使屋頂和中間部分被毀。1801–1803 年間其中的雕
刻品和橫飾帶上的浮雕等被英國人運往倫敦，藏於大英博物館，餘下的一些現
藏雅典的衛城博物館和考古博物館，稱 「額爾金大理石特藏品」 (Elgin
Marbles)。希臘一直希望收回，1980 年代後尤甚。

巴特農神廟橫飾帶浮雕片斷：（自左至
右）普賽東、阿波羅和艾蒂密斯。

阿提卡最南端蘇尼旺岬 (Cape Sounion)
海神普賽東廟遺存

此為西元前四世紀雅典雕刻名家普拉克西提里斯 (Praxiteles) 所作的 「信使神與嬰兒酒神 (Hermes with the Infant Dionysus)」，1877 年在奧林匹亞喜拉廟發現，為唯一沒有爭議性的真品。

「米洛的維納斯」為 1820 年在米洛島上發現者。高度超過六呎，現藏巴黎羅浮宮。

勞空

「勝利女神」為1863年在愛琴海東北部的薩莫色雷斯島所
發現，約為西元前190年作品。頭部及雙臂均無（1950年
又發現一隻手），她站立在船首，長約有九呎高，表現動美，
左為側面，右為正面。現藏巴黎羅浮宮。

前二世紀末年的作品。另外，在差不多同時期有「勞空」(Laocoön)，為描繪特洛伊城祭司勞空警告特洛伊城不可把木馬運入城內，而為海神普賽東所罰，派兩蛇來咬死勞空及其兩個兒子，表現了極強烈的感情，以希臘標準看不是佳作，但後來對西歐藝術自米開朗基羅以來有很大的影響。

希臘人的音樂亦很發達，此與歌舞和詩人吟唱有關，主要的樂器是七絃琴 (phorminx)。

六、科　學

古希臘人在科學，尤其是理論科學方面成就頗大。在天文學方面已知算日蝕和月蝕，也知道月亮反射太陽的光。他們的曆法在古典時代各城邦間不盡相同，大致上陰曆為每年 354 日，陽曆為 365 日，為了配合季節，用閏月來調劑。在數學方面，泰里斯和畢達哥拉斯的幾何學已有相當成就。在醫學方面，出生在愛琴海中柯斯島 (Cos, or Kós) 上的希波克拉提斯 (Hippocrates of Cos, 460–c. 377 B.C.) 是「醫學之父」(Father of Medicine)，他的醫術高超，認為病皆有其原因，有七十部以上的醫書均稱出自他手。他非常強調醫德，傳說他命習醫者必須宣誓，至今學醫的人還要宣誓，這個誓言仍叫「希波克拉提斯的誓言」(Hippocratic Oath)❹❽。

希臘化時代為科學史上非常輝煌的時代，其成就之大僅次於號稱「天才的世紀」的十七世紀。此一因當政者的倡導，亞歷山大大帝本身便曾資助科學的研究；二因埃及和美索不達米亞科學知識的普及而為希臘人所光大；三因當時時代的需要，以滿足對生活舒適的要求和解決問題。在此情形下，天文學、數學、地理學、醫學和物理學頗有長足的發展。天文學方面，亞歷山大港學派的亞里斯他科斯 (Aristarchus of Samos, 310–230 B.C.) 已經有了太陽中心說的理論，但未為當時所接受。此外還有其他的天文學

❹❽　此誓言的主要內容是：「我進入任何一個房屋，是為了病人的福祉而前往的，禁絕有任何不義的惡行……在我診病時所見所聞均不可外揚，我要保持緘默。」

家各有他們的貢獻，不過最有名的還是亞歷山大港的托勒密 (Ptolemy, or Claudius Ptolemaeus)，他是西元後二世紀時人，其主要成就在整理前人的學說而使之系統化，他的《天文學》(*Almagest*) 有十三卷之多，主張地球中心說。在數學方面，歐幾里德 (Euclid) 的十三卷《幾何學要素》(*Elements of Geometry*)，奠定其不朽的地位；不過後人對歐幾里德的生平所知太少，不知其出生的地點與時間，僅知其在西元前四世紀後期於亞歷山大港教學。另一位生活在亞歷山大港的數學家赫隆 （Heron of Alexandria，不詳其生卒時間，有謂在西元前二世紀至西元後三世紀間者），在幾何學上發展出求三角形面積的公式，即三角形 ABC，再以 S 代表三邊之和，則 $\triangle ABC = \sqrt{S(S-A)(S-B)(S-C)}$。輿地之學則以曾任亞歷山大港圖書館館長的厄拉托西尼 (Eratosthenes, c. 276–194? B.C.) 為代表。他以認為地球是圓的和太陽的光是平行的假定，推算地球的圓周，並以之求出地球的直徑約為 7,850 哩（12,630 公里），與後來正確的算法（約 7,926 哩）已非常接近；他也畫出當時世界的地圖，並且認為一直向西航行有到達印度的可能。此外，醫學和生理學也有很大的發展，對解剖和心臟及神經系統均有所瞭解。物理學上的成就最為人所樂道，此以敘拉古的阿基米德 (Archimedes of Syracuse, c. 287–212 B.C.) 最為著稱。阿基米德有很多發明，槓桿原理便是其一，乃有如果給他一個定點能站著他就可以移動地球的豪語。阿基米德最大的突破在於發明「阿基米德原理」(Archimedes' principle)，緣因西西里島敘拉古統治者喜拉二世 (Hiero II, c. 270–215 B.C.) 因懷疑其金王冠摻銀，命其測出。他苦思後決定用比較容積 (volume) 的方法，容積指一個物體占有的空間，純金王冠應與同量純金占相同的容積，而同樣重量的銀較同樣重量的金占的容積較多（因金較重），如此則一純金王冠所占的容積應較混有銀的金冠為少。但是，難題在金冠不是金塊，它的形狀不規則而難以處理，後來他在洗澡時發現身體排出的水等於身體的容積而得到解決的方法。他在興奮之餘大呼：「我弄明白了！」(Eureka!)，

後藉此法發現該金冠較同重量黃金排出的水為多，因而斷定金匠欺騙❹。

七、政治、經濟與社會

㈠政　治

希臘各城邦的政治生活甚為活躍，各種政體均曾有實驗的機會。在此情形下，很多政治體制的名稱均源自希臘，如君主政體 (monarchy)，其原意為一個人的體制；寡頭政治 (oligarchy)，其原意為少數人的體制；貴族政治 (aristocracy)，其原意為精英分子的政治 (rule by the best)；民主政治 (democracy)，係由「人民」(dēmos) 和「治理」(kratos) 組成，原意為人民的政治。各城邦的法律亦甚周詳，前面已討論過雅典與斯巴達的情形。

希臘化時代則為專制政治流行，而且君主以神權或半神權為號召。亞歷山大大帝在埃及以上帝之子的身分統治，在希臘被當做神來崇拜。在他以後的希臘化各國均無不類此。這種情形以統治西亞的塞流卡斯王國和埃及的托勒密王朝為甚，塞流卡斯王朝安提奧古斯四世（Antiochus IV，在位時期 175–163 B.C.）統治敘利亞時用「上帝顯現」(Epiphanes) 的銜號；托勒密王朝君主在簽署詔令時用「上帝」(Theos) 的名義，而且為了保持王朝血統的純淨而恢復了法老時代的內婚制。只有馬其頓的情況稍微好一些。

㈡經　濟

經濟活動在希臘時代已經相當發達，工商業雖屬小規模，但均有進展。除了斯巴達採取管制經濟的體制外，其他各城邦大致尚稱寬大，雖然雅典在帝國時期亦曾採用規劃的作法。不過，各城邦均有貧富懸殊的情況。

希臘化時代各國，特別是埃及與西亞（敘利亞）對於工商業和對外貿易採取嚴格的政府控制的作法。托勒密王朝在埃及幾乎每一鄉村均設有政府經營的工廠或商店，以充裕財用，對於私營工商業也加以嚴格管制；西亞的政府也有類似的作法，只是規模較小。但是，另一方面，貧富懸殊的

❹　參看 Burns，前揭書，pp. 223–225.

情況，以及工資下降和物價上升的情形非常普遍，這使人民的生活相當疾苦。另外，大都市的興起亦為希臘化世界的特色。敘利亞的安提亞克 (Antioch)（在今土耳其南部）在百年之內人口成長四倍，底格里斯河上的塞流西亞 (Seleucia)❺從不毛到有數十萬人口之多，埃及的亞歷山大城為古代最大城市，有一百萬人口之眾。該城有很好的街道設計，也有公園、博物館和圖書館等公共建築物，其圖書館藏書有七十萬卷之多。

㈢社會情況

希臘時代各城邦情況雖各不相同，但人民均認同其城邦，並表現高度的愛國主義。一般希臘人的飲食很簡單，通常每日僅吃兩餐，午前餐 (ariston) 通常只有一盤豆或豌豆，再加一片生洋蔥或烤的蕪菁（蘿蔔）；在日落時進晚餐 (deipnon)，此為主食，有麵包、乳酪、無花果、橄欖，有時也有魚或肉。希臘人一般穿衣也很簡單，上衣常是到膝蓋或踝骨（這個上衣有時甚至是一塊長方形的布），腰間用繩或毛織的帶子為腰帶，不穿襪子，鞋子多為草鞋。希臘人的住宅係用石塊或日曬磚蓋成的房舍，上面塗以灰泥。每個城邦均有軍隊，也都有個體育館作為訓練和運動的地方，每四年一次各城邦停止戰爭，共同參加奧林匹克運動會，得勝者可獲橄欖葉做成的王冠，它本身雖不值錢，但卻是他本人和他的城邦的榮譽。

希臘人工作很勤勉，大致是日出而作和日入而息。

各城邦間戰爭頻仍常造成極大的生命與財產的損失。西元前 404 年雅典在比羅奔尼蘇戰爭中失敗以後，斯巴達一度取得領導地位，每一希臘城邦均分裂為窮人與富人、寡頭派與民主派的鬥爭，不再有團結一致的愛國精神。希臘化時代各國更是戰亂不休，人民流離失所。

---

❺ 在古代敘利亞和小亞細亞稱為塞流西亞的城不止一個，此處所稱的塞流西亞在底格里斯河南岸，今伊拉克境內，為塞流卡斯王朝在西元前四世紀初所建，曾極為繁榮，據說人口曾有六十萬之眾，後來為其對岸的提西豐 (Ctesiphon) 所取代，最後成為廢墟，但提西豐現亦為廢墟。

市井老婦，西元前二世紀雕刻作品刻畫窮苦人
的情形，富寫實風味。

　　另外，婦女地位也值得探討。在古典時期，希臘女人以家事為主，直
迄西元前五世紀很少拿她們作為藝術的題材，美常用裸體的男子來表現。
雖然在希臘悲劇中也常有強而有力的女性角色，但女人的地位並不重要。
西元前四世紀以後有了表現美的概念的裸體女像。不過，整個希臘和希臘
化時代，女人在法律上和經濟上的權利仍有限制。不過，也有些例外，如
埃及托勒密二世 (Ptolemy II, 283–244 B.C.) 的王后阿西諾伊二世 (Arsinoe
II) 曾使她的肖像與國王的肖像均鑄在錢幣上，而且在埃及與塞流卡斯王朝
的戰爭 (276–272 B.C.) 中表現將才，使埃及勝利，她和她的母親均戴著王
冠。斯多亞和伊比鳩魯兩個哲學學派均吸收女性弟子，而且沒有性別歧視。
希臘化時代末期，在亞歷山大城與雅典甚至有了婦女的俱樂部或聯誼會的
組織❺。

---

❺　參看 Greaves，前揭書，pp. 117–118.

希臘化時代的藝術融合了希臘和西亞各地的傳統，一般而言，比較強調人的情緒。

第四節　羅　馬

一、共和時期

羅馬共和 (Roman Republic) 係指自西元前 509 年至 31 年間的歷史與各種發展，在此期內羅馬由一個城市成為世界性的國家。

㈠早期發展

義大利為一多山的半島，北邊有阿爾卑斯山脈 (the Alps)，而亞平寧山脈 (the Apennines, or Apennino) 又南北貫穿成為半島的脊椎。在這兩個山脈之間是北部的平原，包括波河（the Po River，義大利最大的水運航道）東流進入亞德利亞海。另有亞諾河 (the Arno) 與臺伯河 (the Tiber) 在半島中部，西流分別注入利久利亞海 (the Ligurian Sea)❺❷和第勒尼安海 (Tyrrhenian

---

❺❷　地中海的一支，古名 Sinus Ligusticus，在義大利與科西加島之間。

Sea)❸。義大利的氣候除山地較為冷與濕外，多為乾與熱的天氣，冬季溫和而多雨，山地為森林與灌木林所掩蓋。

　　義大利的遠古歷史所知不多，可能是因為亞平寧山脈貫穿半島，四分之三的土地為山地，其較為肥沃的土地又朝向非洲與西班牙而非希臘與中東，故建立文化較晚。在羅馬之前，義大利南部已有希臘人居住，中部有拉丁人 (the Latins)，北部有伊特拉斯坎人 (the Etruscans)。

　　伊特拉斯坎人可能是來自小亞細亞的里迪亞（今土耳其），他們在西元前八世紀（有的可能早在西元前十三世紀）進入義大利北部，降服當地土著並奴役他們，他們在盛時曾占有波河流域一帶，大致上是後來的塔斯坎尼 (Tuscany)，占有羅馬（約在 616 B.C.），並延伸到義大利南部的康盤尼亞 (Campania) 地區。他們也曾發展出相當程度的文化，並與南義大利的希臘城邦和腓尼基人建立在北非的殖民地迦太基有商業關係，並會製作精美的黃金與青銅器。他們在西元前四世紀至三世紀間為羅馬人所屈服，但在文化方面（宗教、城市設計和土木工程等）對羅馬影響頗大。

　　拉丁人是居住在拉丁姆 (Latium) 平原❹的人民，其地在臺伯河以北，亦曾有伊特拉斯坎人居住。這些拉丁人在這裡建立了一些城邦。羅馬 (Rome) 為拉丁姆平原中的一個城市，根據羅馬詩人威吉爾 (Virgil, or Vergil, 70–19 B.C.) 在其史詩《義尼德》(Aeneid) 中的說法，是特洛伊城勇士義尼阿斯 (Aeneas) 的後裔羅穆洛斯 (Romulus) 和瑞莫斯 (Remus) 所建。他們是一對孿生兄弟，被擲在臺伯河中，後來為一母狼所哺乳，以及獵人所養活，他們在西元前 753 年建立了羅馬城。此一說法僅止於傳說。

　　羅馬城建立在臺伯河左（東）岸，其地有七座小山丘，分別是卡普托

---

❸　地中海在義大利以西，西西里島以北，薩丁尼亞與科西加以東的部分，古稱 Mare Tyrrhenum，義大利文稱 Mare Tirreno。

❹　音譯應為「拉休姆」，茲從眾。其地義大利文名叫 Lazio，在義大利中部，包括自亞平寧山脈與第勒尼安海之間，現為義大利一個行省，羅馬為其首府。

此一母狼實為伊特拉斯坎人的作品，後來加上兩個孿生小孩，成為羅馬的象徵，現藏於羅馬卡普托林博物館 (Capitoline Museum)。

林（Capitoline，高 164 呎或 50 公尺）、奎里那（Quirinal，高 184 呎或 52 公尺）、威米那（Viminal，高 184 呎或 56 公尺）、艾斯奎林（Esquiline，高 174 呎或 53 公尺）、巴拉丁（Palatine，高 167 呎或 51 公尺）、亞芬丁（Aventine，高 151 呎或 46 公尺）和卡連（Caelian，高 164 呎或 50 公尺），形勢險要。至於羅馬城，可能早在西元前二千紀年的青銅器時代在卡普托林山附近即有小聚落，後來大約在西元前七世紀末年為伊特拉斯坎人所據，建立為一個君主制的城邦。西元前 509 年，羅馬人反叛並推翻了最後一個伊特拉斯坎人的國王塔爾奎 (Tarquin, the Proud)❺❺，建立了共和體制。它逐漸成為拉丁姆平原中最強有力的城邦，打敗其他拉丁人的城邦，它們之中較重要的成為羅馬的「盟邦」(allies)，一般的便被併取。至於羅馬人，則可能是拉丁人和沙賓人 (the Sabines)❺❻。

---

❺❺　Tarquin 或 Tarquinius 在伊特拉斯坎語中的意思是「主宰」(Lord)，他是傳說中的羅馬第七王。

❺❻　沙賓人為生活在羅馬東北的山區部落，這些山區叫沙賓山 (Sabine Hills)。據傳說，羅穆洛斯在建城後要求鄰近城邦及人民准其從人在他們的婦女中選妻，此請被拒

㈡共和體制

　　羅馬在西元前 509 年建立共和後，原來在君主體制下的公民大會
(Assembly) 和元老院 (Senate) 仍繼續運作。公民大會為全體役齡男性公民
所組成的機構，元老院則是由各氏族領袖所組成的有貴族色彩的長老會議。
君主不再存在後，行政權由公民大會選出的兩個執政 (2 Consuls) 來行使，
他們任期一年，具有君主般的權力，不過，宗教權則被大祭司 (Pontifex
Maximus) 分去，在戰爭時擔任統帥，他們二人可以互相否決。但在緊急情
況時，事權需要統一指揮，則由公民大會選出獨裁者 (Dictator)，任期六個
月。在平時，執政行使行政權，元老院為重要的監督與諮議機構。元老院
的成員有三百個，元老 (Senator) 係由宗族領袖，擔任過執政的人和現任執
政所組成。公民大會負責選舉執政，有權表決法律和決定戰和，但實際上
不能創制，只有批准提案之權。而且，它雖然是貴族和平民均可參加，事
實上則為貴族所控制。這是因為它是以軍事組織為基礎的，是一種百人團
大會 (Centuriate Assembly)，羅馬的軍事單位為百人團 (Century)，在公民大
會中以百人團而非個人為投票單位，貴族控制了九十八個百人團，而平民
僅有九十五個百人團。此外，行政官中還有副執政 (Praetor)，可以代理執
政，亦負責軍事和司法事件，亦由公民大會選出，任期一年，先是一人，
後來增為八人，外放可以擔任總督，有時也做軍事將領❺❼。另外，還有兩
個檢查官 (2 Censors)，亦由公民大會選出，任期十八個月，負責調查國勢、
糾舉官員和審查元老的道德資格和公民資格等工作。

　　由於這些職位和行政權皆為貴族所把持，自然引起平民不滿。在羅馬，
貴族 (patricians) 和平民 (plebeians)❺❽在西元前 287 年以前鬥爭非常激烈。

　　後，羅穆洛斯舉辦大型慶祝會邀他們參加，羅馬人乃趁機搶沙賓婦女為妻。羅馬
　　人與沙賓人也發生過許多戰爭。

❺❼　競選這些職位時，要穿上一種用石灰染白的長袍，這種長袍叫 toga candida，此為
　　「候選人」(candidate) 一詞的來源。

貴族僅占人口的十分之一，卻把持一切權力，自為平民所不能接受，而且平民的人數與財富也愈來愈多，貴族不能長久保持優勢。平民階級在西元前五世紀末年以脫離羅馬和另建新城邦為威脅，並在元老院旁邊的市集廣場 (Forum) ❺❾另外再成立一個可以代表他們利益的部族大會 (Tribal Assembly, 471 B.C.)，選舉保護他們利益的保民官 (Tribune) 二人，後來增加為十人 (457 B.C.)，有權否決行政官員不合法的命令，以及法官和立法者所做的不公平判決或法規。另一方面，平民也要求權利和義務關係的法制化和透明化，其結果是西元前 450 年（一說 449 年）羅馬當局把所有當時的法律寫在十二個板上，並在市集廣場豎立以使人人周知，此即所謂「十二板法」 (*Law of Twelve Tables*) ❻⓿。西元前 367 年的 「賽克圖‧里西尼安法」 (*Sexto-Licinian Laws*) 使平民亦可競選執政（且二執政中有一名是平民出身），且於當選後其家庭成為貴族。最後是西元前 287 年的「歐登夏法」 (*Hortensian Law*, or *Lex Hortensia*) 使兩個階級完全平等，平民可擔任執政，且部族大會的決議對元老院和羅馬人民有約束力。部族大會與百人團大會有同樣地位，惟前者多主立法，後者常專選舉。至此兩個階級長達二百餘年的鬥爭始告結束，雖然羅馬政權並未真正民主，而是操於貴族和富有的

---

❺❽ 此二字分別來自 pater 和 plebs，前者意為「父老」(father)，通常用以稱呼元老，其階層或後裔乃為貴族；後者意為「群眾」(multitude)，故為平民。共和初期時平民尚不得服軍職，蓋古代政治常屬軍事貴族政體，當兵是權利，且須自行武裝。兩個階級在西元前 445 年前不准通婚。

❺❾ 市集廣場不僅羅馬有，義大利許多城邦均有，它類似希臘的市集 (agora)。羅馬的市集廣場發展於卡普托林山丘和巴拉丁山丘的沼澤之地，曾被附近村民用作墓地，西元前六世紀時伊特拉斯坎人將這村落建為羅馬城，把沼澤變為陸地，人民沿著邊緣建廟開店，漸成行政、立法和司法中心，亦為人民集會之處，元老院等均建於此。此詞後來演變為「集會處」和「講壇」等意思。

❻⓿ 舊譯「十二銅表法」，但 table 實為 tablet 之意，又當時據研究是寫在十二木板上，有時亦寫在青銅板上。

羅馬市集廣場中的戰神廟遺跡

平民之手，仍不脫寡頭政體，但已是自由化的寡頭政體。羅馬由於克服了
內部的矛盾，使之兼具雅典和斯巴達之長，後來才能大肆擴張。

　　羅馬之能大有為，除了政體富有彈性外，其軍事組織亦為主要憑藉。
最初羅馬軍隊的基本單位是方陣 (Phalanx)，由大約八千名步兵組成，他們
以幾個行列那麼深的長橫隊進入戰場，方陣又再分為百人團 (Century)，每
一個百人團號稱有一百個人。只有一些百人團能裝備前線所需昂貴的盔甲
和武器；他們就成為方陣的最前幾列。其他裝備較差的人則殿後。羅馬人
在戰爭方面的早期經驗，導致他們軍隊在結構和戰術方面的改弦更張。後
來採用三千六百人組成的兵團 (legion) 取代了較大的方陣。兵團又容有稱
為小隊 (maniples)，是六十人或一百二十人的團體。小隊照字面的意思是
少數。除了保有方陣的傳統裝備——盔與盾，矛與劍——外，兵團增加了
一強有力的攻擊武器，鐵頭的標槍，標槍在距離敵人的遠方擲出。這個新
的組織使軍隊在戰場上有更大的彈性。從共和的開始，幾乎所有羅馬公民
都必須從軍。許多希臘城邦發現它們的民兵痛恨被驅使，因此幾乎不可能
加以有系統的訓練。然而，羅馬共和國的軍隊克服此項困難，而且成功地

羅馬市集廣場廢墟之一角，中間的拱門係 203 年獻予皇帝塞
佛留 (Severus) 以慶祝其登基 10 週年者。

厲行了嚴格的訓練。西元前二世紀的希臘歷史家波里比烏斯描寫羅馬處置
一個在值勤中入睡的士兵的方法說：

> 一個包括所有護民官的軍事法庭立刻召開去審判他，如果發現他有
> 罪，他就得受罰……如下。護民官拿根小棒僅僅觸碰那被罰者之後，
> 所有營地的人打他或用石頭擲他，大多數情形，在營地就地正法。
> 就是打算逃走的人也不能被救；不可能！因為他們不允許回家，而
> 且也沒有一個家人敢在他的家中收容這種人。所以，那些只要有一
> 次犯了這種過錯的人就整個完蛋了。……因此，由於這種極為嚴厲
> 而又無法避免的懲罰，羅馬軍隊的守夜者都是很謹慎地執行任務的。

波里比烏斯發現，羅馬軍隊的成功，是靠慷慨的酬勞分配與殘酷的
懲罰。

他們還有一種美妙的方法去鼓勵士兵面對危險。在一次有些兵士成功立名的戰役過後，將軍便把軍隊集合起來，讓那些他認為表現出特殊的勇氣的士兵們到前面來，首先用讚美的字眼述說每個人的英勇事蹟……然後頒發如下的報償。傷了一個敵人的人一支矛，殺死一個敵人的人一個杯子，……在攻打一個城池時第一個登上城牆的人給予一個金冠……由於這種鼓勵，不僅那些出席而聽了這些話的人，就是在家中的人都激發出在戰場上的競爭和對抗之心。❻

這種鐵的紀律和嚴明的賞罰，使羅馬兵團戰無不勝和攻無不克。另外，羅馬公民握有土地，役齡係在二十七歲至六十五歲，應執政之徵召而入伍。這種徵召稱「克拉西斯」(classis)，最後演變為「階級」(class) 之意。第一種徵召令是下達給有能力購置全套金屬盔甲的人，有的可買兩匹馬成為重騎兵，其他種徵召令給予較貧窮的人。至於工人和其他無土地的人稱為「無產階級」 (proletarii) ，以別於其他有恆產的 「定居者」 (assidui, or settled men)。

㈢羅馬的擴張

羅馬的征服和擴張，最後導致一個世界級國家的建立，是人類政治史上少見的盛況之一。

1.義大利的統一

羅馬在西元前五世紀末期先底定拉丁姆平原，在西元前 493 年左右羅馬與各拉丁城邦簽訂條約 ，組成拉丁同盟 (Latin League) ，而羅馬為其領袖。來自北邊山區 （亞平寧山脈中央地帶） 的沙賓人和賽穆奈特人 (the Samnites) 常成為困擾，沙賓人在西元前 449 年被征服，其土地歸併羅馬。但是，北邊塞爾特民族中的高盧人 (the Gauls) 卻越過阿爾卑斯山脈進入義

❻　參看劉景輝譯，《西洋文化史》第一卷上古 （臺北：學生書局，修訂三版），pp. 157–158.

大利，他們長於冶鐵，武器犀利，曾於西元前 390 年蹂躪義大利中部，並且搶劫和焚燒羅馬。但是，訓練精良的羅馬軍隊終於打敗他們，但他們在退走後仍然占領了義大利半島北部一段時間❷。接著在西元前四世紀與賽穆奈特人與伊特拉斯坎人征戰，在北義的高盧人也曾與之聯合，至西元前三世紀末期（約為 290–280 B.C.）才把這些民族征服，高盧人也被逐到波河流域且為羅馬附庸，羅馬人也從事移民實邊。

　　至此只有義大利南部的希臘城邦未歸羅馬掌握。這些希臘城邦中以塔倫圖穆 (Tarentum)❸為最重要，西元前 281 年聯合各城邦抵抗。翌年邀請希臘西部愛奧尼亞海上的城邦厄皮洛斯 (Epirus) 國王皮洛斯 (Pyrrhus, c. 318–272 B.C.) 來援，皮洛斯為亞歷山大以後的大人物，且自負雄才，且有融合希臘、羅馬和迦太基之野心，故接受邀請。他率領二萬五千軍隊和戰象而來，雖在西元前 280 年和 279 年在喜拉克里亞（Heraclea，在塔倫圖灣附近）與艾斯古拉穆（Asculum，在義大利東北部的亞平寧山脈東坡，現名 Ascoli Satriano）兩勝羅馬軍隊，但卻損失慘重且不能立足，而檢視戰場羅馬人戰死者皆創在前身而面色堅毅，乃有如有此軍可征服全世界之嘆❹。羅馬派費比里西烏斯 (Fabricius, d. 250 B.C.) 與皮洛斯談判，皮洛斯以各種方式誘降和賄賂均不成。據傳皮洛斯的醫師往訪，且表示可毒死皮洛斯，費比里西烏斯乃拘捕以送皮洛斯。西元前 275 年羅馬人在貝奈文圖穆 (Beneventum)❺打敗他，他退出義大利。此後希臘南部的「大希臘」(Magna Graecia) 落入羅馬手中。

❷　這是為什麼羅馬人把阿爾卑斯山脈以南的部分稱為「內高盧」(Cisalpine Gaul，其原意為「阿爾卑斯山這一邊的高盧」)，以及把阿爾卑斯山脈以北的地區稱為「外高盧」(Transalpine Gaul，意為「阿爾卑斯山那一邊的高盧」) 的原因。

❸　即現在義大利南部城市塔倫圖 (Tarento)，地處愛奧尼亞海的塔倫圖灣，為塔倫圖省省會。

❹　所以「得不償失的勝利」稱為「皮洛斯的勝利」(Pyrrhic Victory)。

❺　現名貝奈文圖 (Benevento)，在那不勒斯東北。

羅馬現在統有了義大利的絕大部分，北起盧比康河 (the Rubicon)，南至麥西納灣 (Straits of Messina)，大約有 500,000 方哩 (800,000 平方公里)，人口約為四百萬。羅馬之所以能夠統一義大利，有幾個原因：⑴羅馬有優越的地理條件，有山（七山）河（臺伯河）之固，亦有航運之便，進攻退守，均得其宜；⑵政策運用靈活，遠交近攻，與希臘人作戰時則交好迦太基，對被征服者採取「分而治之」(divide et impera) 的政策，又把他們視為「同盟和朋友」(allies and friends)，予以全部或部分羅馬公民權利，使他們以城邦或部落為單位與羅馬訂立條約；⑶羅馬內政穩定，政治制度富有彈性，執政雖常變更，元老院卻集經驗與智慧於一體，其軍隊為公民軍，非傭兵可比；⑷推行軍事屯墾，在形要或特別地區進行殖民和修路，為一種武裝的農業擴張，能夠生根而歷久不衰，同時亦盡力推行羅馬化的政策。

2.布匿戰爭與迦太基的滅亡

羅馬統一義大利後，地中海地區的形勢是東邊為文化上具有統一性但戰亂不已的希臘化諸國，西邊則為迦太基 (Carthage)❻❻。迦太基對於羅馬的崛起初未措意打此，因羅馬並非海權國，而且它與羅馬也訂有商業條約。但是，當羅馬併有義大利各港口，如塔倫圖穆與那不勒斯等，雙方的衝突就在所難免了。

羅馬與迦太基間的戰爭稱為布匿戰爭 (Punic Wars, 264–241 B.C., 218–201 B.C., 149–146 B.C.)❻❼。第一次布匿戰爭 (264–241 B.C.) 係因西西里島而起，緣因迦太基早已拓殖至西西里島並已控制其西半部，當皮洛斯戰爭

---

❻❻　迦太基拉丁文為 Carthago 或 Cartago，其原意源自腓尼基文的「新城」。它是西元前九世紀時腓尼基人所建立的殖民地，西元前六世紀成為海權國，西地中海成為迦太基內湖。其地在現在突尼斯 (Tunis) 東北邊的沿岸，在羅馬人將之摧毀後又有人定居，現已不存。

❻❼　此名稱係因羅馬人稱迦太基人為「布匿」(punicus，多數形為 poeni)，其意為腓尼基人，由此衍生形容詞 punic。

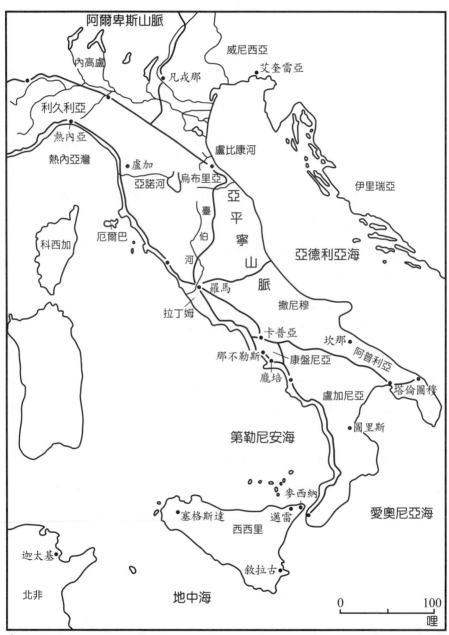

阿爾卑斯山脈

內高盧
凡戎那
威尼西亞
艾奎雷亞

利久利亞

熱內亞
盧比康河
熱內亞灣
盧加
烏布里亞
伊里瑞亞
亞諾河
臺伯
亞平寧山脈
科西加
厄爾巴
河
亞德利亞海
羅馬
撒尼穆
拉丁姆
卡普亞
坎那
那不勒斯
康盤尼亞
阿普利亞
龐培
盧加尼亞
塔倫圖穆
第勒尼安海
圖里斯
麥西納
愛奧尼亞海
塞格斯達
邁雷
迦太基
西西里
北非
敘拉古
地中海

0　　　　　100
哩

來源：Greaves, op. cit., p. 125.

羅馬時期的義大利

時迦太基曾與羅馬再訂條約，用意即在希望羅馬勿干預其在西西里島的殖民地。現在迦太基欲控制西西里東部的麥西納 (Messina) 和敘拉古，羅馬自然也密切關注。第一次布匿戰爭便是雙方為了爭奪對麥西納和敘拉古的影響力而爆發的。戰爭爆發後，羅馬遇上真正的敵手，而初次在海上作戰使羅馬蒙受很大的損失，但也使羅馬發展出有作戰力的海軍艦隊，苦戰二十三年後羅馬勝利。迦太基不僅退出了西西里島，並保證其戰船不再進入義大利領海，而且付出了鉅額的賠款 3,200 泰倫特銀兩❻❽。戰後羅馬併取了西西里島，成為其第一個行省，也自此直接接觸到頹廢的希臘文化。同時羅馬亦將其勢力擴及到亞德利亞海東岸的伊里瑞亞 (Illyria)，其地相當於現在的南斯拉夫一帶，伊里瑞亞人為巴爾幹民族，常以海盜行徑騷擾羅馬，羅馬在此亦可招募兵源。

　　第一次布匿戰爭後迦太基發展西班尼亞 (Hispania)（即西班牙），蓋因此地區地廣人多，資源亦豐。羅馬漸覺危險，西元前 226 年雙方訂約，以西班牙東北部的艾布洛河 (the Ebro River) 為界。第二次布匿戰爭 (218–201 B.C.) 係因迦太基大將漢尼拔 (Hannibal, 247–182 B.C.) 在完成西班牙（時稱「新迦太基」）的經略後，攻擊羅馬在西班牙的盟邦撒岡圖穆 (Saguntum)❻❾而引起羅馬宣戰。漢尼拔自幼兒時期即矢誓向羅馬復仇，他在西元前 217 年以其大軍和六十隻戰象在十五天內越過難以越過的阿爾卑斯山脈，並以高盧人補充兵力。他越過阿爾卑斯山進軍的情形，波里比烏斯在其《史記》中有很生動的描述：

　　　在這期間，除了一些潛伏的搶掠者之外，他們沒有遭遇到任何敵人，但由於地形和落雪的困難，他們的損失就幾如攀登高山時一樣的慘

---

❻❽　泰倫特 (talent) 為古埃及人、希伯來人、巴比倫人、希臘人與羅馬人所用來表示重量及價值的單位，而且各不相同。希臘泰倫特約為 58 磅（25.8 公斤）。

❻❾　現名撒岡圖 (Sagunto)，在西班牙東部，接近地中海。

重。下山的小徑很狹窄而陡峭，而且，由於下雪，人和動物都不能
辨認他們行走於何物之上，都要用腳試探小徑的寬度，否則一失足
就會猛掉下懸崖……他們終於到達一處象和馱獸都不能通過的地
方，由於小路太窄……落在去年冬天所留的舊雪上的新雪是易變形
的……當他們行走於其中，且腳踏在新雪之下的凝結雪塊上時，他
們不再掉下去，而是兩腳順著滑倒，好像那些在泥地上行走的人一
樣……當動物摔倒時，因牠們想掙扎起身，而把雪的下層弄破了，
所以牠們帶著包馱陷在那兒，好似凍在裡面一樣，這是由於牠們的
重量與舊雪凝固的情形而不能起身。❼⓪

　　羅馬人先是選出費邊烏斯 (Fabius Maximus, 260–203 B.C.) 為獨裁者，
他主張堅壁清野和迂迴作戰而不與漢尼拔正面衝突，因而得到「拖延者」
(Cunctator, or Delayer) 的綽號。羅馬人不滿，另選兩執政與漢尼拔決戰，
但坎那（Cannae，在義大利東南部）一役 (216 B.C.)，羅馬軍隊慘敗，漢尼
拔成為南義大利主宰。羅馬人只好再信任費邊烏斯，他終於挽回羅馬的命
運❼①。漢尼拔孤軍深入，漸不支，而響應迦太基的西西里的敘拉古亦於西
元前 212 年為羅馬將軍馬賽拉斯 （Marcellus，268–208 B.C.，綽號「羅馬
之劍」）所陷（此役物理學家阿基米德曾助守，後為羅馬軍隊所殺）。另一
方面，羅馬將軍西比阿（Scipio Africanus Major，or Publius Cornelius Scipio
Africanus，c. 236–183 B.C.，老西比阿）經營西班牙以打擊漢尼拔的支援
力量。漢尼拔命其弟哈斯德魯拔 (Hasdrubal) 自西班牙率大軍來援，但他於
西元前 207 年在義大利東中央地帶的密特洛河 (the Metaurus, or Metauro)
被殲滅而陣亡，未能與漢尼拔會師。此使漢尼拔征服義大利的計畫落空。
後來羅馬進攻迦太基本土，他只好回兵救援。非洲戰役在西元前 204 年展

❼⓪　取自劉景輝譯，前揭書，p. 170。
❼①　用迂迴和緩進的方法解決問題的方式稱為費邊 (Fabian)，即由此來。

開，兩年後 (202 B.C.) 西比阿在贊馬 (Zama，在迦太基西南) 打敗漢尼拔。翌年雙方訂立和約，迦太基賠款 10,000 泰倫特銀兩（五十年內付清），毀掉所有海軍，放棄外國領土，不經羅馬同意不得宣戰媾和。此後迦太基形同羅馬附庸。

但羅馬仍不肯讓迦太基存在。據說檢查官卡圖（Marcus Porcius Cato，234–149 B.C.，老卡圖）每次演講均以迦太基必須被摧毀來收尾。西元前149 年羅馬元老院有鑑於迦太基有某種程度的恢復，乃以最後通牒命令迦太基人放棄其城，並在離海岸約當 10 哩的地方定居，此對一個商業國家而言，等於是判處死刑。迦太基不肯接受，乃有第三次布匿戰爭 (149–146 B.C.)。這次戰爭羅馬的主將是另一位西比阿 (Scipio Africanus Minor，or Publius Cornelius Scipio Aemilianus Africanus Numantinus，185–129 B.C.，小西比阿) ❼❷。西元前 146 年迦太基終為羅馬所亡，城被焚劫。北非成為羅馬的行省。

繼之羅馬著手底定亞德利亞海地區，第一次伊里瑞亞戰爭 (First Illyrian War, 229–228 B.C.) 後大致掌握東岸。羅馬接著對付希臘化各國與希臘城邦。西元前 168 年羅馬軍隊在皮德那 (Pydna)❼❸打敗了馬其頓最後一個國王皮修斯 (Perseus，212–166 B.C.，在位時期為 179–168 B.C.，後被囚禁而死) 後，馬其頓便失去獨立地位，西元前 146 年亞契安同盟領導者科林斯被滅亡。此後馬其頓與希臘均在馬其頓總理治理之下。小亞細亞亦被征服，埃及變成保護國。至此整個地中海世界均為羅馬所統治。

---

❼❷　西比阿為一羅馬貴族家族，在西元前三世紀至二世紀的羅馬以倡導希臘文化和擁有極大的權勢和財富著稱。他們在共和時期至少有五人位居要津，小西比阿為前述老西比阿長子的養子。他們的政敵是卡圖家族 (the Cato family)。

❼❸　在希臘北部馬其頓沙隆尼卡灣 (Gulf of Salonika) 西岸，現為廢墟。

㈣羅馬共和的危機與覆亡

1.造成危機的因素

羅馬的擴張，由一個城邦成為跨歐、亞、非三洲的超級大國，造成了很大的影響。首先，羅馬的國家結構產生了重大變化。原來的結構是以羅馬為中心，四周環繞著由條約關係而聯結在一起的城邦，最初是拉丁城邦，再來是遍布義大利各地的拉丁殖民地，再次為伊特拉斯坎人、希臘人、賽穆奈特人等等的義大利城邦，由這些組成一個以羅馬為中心的聯盟。但是，自從第一次布匿戰爭後，羅馬開始把征服的地區建立為行省。所謂「行省」(provincia) 原為「行動區」(sphere of activity) 的意思，這些土地的資源和收益均歸羅馬，不屬於聯盟，其人民既非羅馬的公民，也不是其同盟，而為其臣民，由羅馬派總督治理。另外，羅馬的同盟也超出義大利之外，在希臘與小亞細亞各邦名義上仍獨立，但事實上一切聽命於馬其頓總督或柏格曼 (Pergamum) 總督，其人民與臣屬亦無不同。此一變化使羅馬不再依靠義大利各盟邦便可自籌兵餉，盟邦漸失去地位，羅馬亦漸用對付海外土地的手法來對付義大利同盟。另一方面，羅馬把行省視作「羅馬人民的財產」(praedia populi Romani, or estates of the Roman people)，不注意其禍福，而總督又多為武人貪夫，搜刮斂財。更嚴重的，是羅馬共和的內部結構隨著擴張而發生了根本性的量變與質變，終使原來的體制不能再維持下去。從西元前 146 年至 31 年，在這一段革命與暴亂的時期內，發生了不能解決的矛盾與衝突，最後終導致羅馬共和的覆亡。究其原因，有下列諸端。

第一在政治方面。長年征戰需要一個強而有力的政府，行政官員每年選舉不能久任，公民大會亦因戰爭而不易召開，於是元老院有了擴權的機會。在羅馬形成了元老院主導的政府 (Senatus Consultum, or Senatorial Government)，羅馬已成為一個世界國家，原為城邦設計的元老院自不適用。共和初期統治階級原為貴族，後來貴族與富有平民合流產生一種新貴(Nobiles) 或貴族，後因武力擴張又出現了一種因軍功或其他關係的騎士階

級（the Equites，or Equestrians，本來供應馬匹參加騎兵為榮譽，現在成為財富資格），他們壟斷利益，承包公共工程和供應軍需，保民官也與之同流合污，失去原有精神與功能。義大利人亦為羅馬擴張而作出貢獻，卻不能享有權益。再者，羅馬統一地中海世界後設立一些行省，其總督均由羅馬派任，貪污成風，繁榮的小亞細亞與希臘均為之蕭然。

第二在經濟方面。布匿戰爭（尤其是第二次布匿戰爭因漢尼拔在義大利用兵）和東方戰爭對義大利經濟破壞甚大，羅馬人口變化無常❼，土地兼併造成大農場 (Latifundia) 的興起，使原來以小農制 (Yeomanry) 為基礎的經濟制度不能再維持下去，很多人喪失經濟上自立自主的能力，淪為無產階級。另外，天下財富集中於羅馬，但不事生產，勞力游離不能正用。

第三在社會方面。家族及家庭制度遭到破壞，原來以家長 (pater familias) 為中心的家庭制度不能維持。上層社會生活奢靡，而破產的小農聚居城市，易為野心家所利用。另外，奴隸制度興起，提洛島成為奴隸交易中心，每年有萬人交易。逃亡的奴隸與貧民常造成騷亂，如西元前 134 年至 132 年，西元前 104 年，而西元前 73 年色雷斯出生的奴隸斯巴達卡斯 (Spartacus, ?–71 B.C.) 更是叛亂逾一年之久，由七十四人至七萬餘眾，後來被討平，斯巴達卡斯陣亡，其從者有六千人被集體處決（釘十字架）示眾。

第四在文化方面。羅馬自併取義大利南部大希臘地區及西西里以後，直接接觸到已告頹廢的希臘文化，在羅馬發展出崇尚希臘文化 (Philhellenism) 的風氣。此固不無裨益，因為如無希臘的思想與文化訓練，將甚難統治地中海東區，但是頹廢的希臘文化和個人主義也腐蝕了羅馬的精神。再者，希臘文化的輸入固頗受知識分子的歡迎，但對非知識分子則徒見其害而且不能瞭解，羅馬社會於貧富之分以外，又有了文野之分。

---

❼　以成年男丁計算，在第一次布匿戰爭前約有 270,000 人，西元前 209 年時降為 137,000 人，此後增損無常，最高時為西元前 163 年的 337,000 人，後又降為西元前 130 年的 317,000 人。

在此情形下，舊有的羅馬，也就是以愛國和尊重權威為傳統，崇尚英勇、榮譽、紀律、敬畏神明與祖先為道統，及自食其力的小農為骨幹的羅馬，從此蕩然無存。元老政治人物中檢查官卡圖（老卡圖，Cato Major or Cato Censorius，or Cato the Elder or Cato the Censor，234–149 B.C.）雖然力斥希臘文化之非，並曾怒逐在羅馬講希臘學說的希臘人，但於事無補。

2.政治鬥爭

　　為了挽救共和，格拉古兄弟 (Gracchi Brothers) 乃力主改革。提比留・格拉古 (Tiberius Sepronius Gracchus, 168–133 B.C.) 曾參與第三次布匿戰爭，在迦太基和西班牙作戰，他在西元前 133 年當選保民官，主張土地改革，授田公民並恢復限制私有土地的古法（規定不得超過 640 英畝），他也主張縮短軍事服役的時間和予盟友參政權。他在激昂慷慨的演說中說明必須改革的情形：

> 在義大利漫遊的野獸……都有牠們的巢穴，每一頭野獸都有牠休閒和躲避之處。但是為義大利奮戰而陣亡的人，除了空氣和陽光之外，什麼也享受不到；沒有房子或家屋，他們與他們的妻子及子女到處流浪。他們的統帥鼓勵他們為保衛墳墓和廟堂而戰，但統帥卻躺在床上，悠遊自在。因為沒有一個羅馬士兵擁有世襲的祭壇或祖先的墓碑；他們是為保護他人的財富和奢侈而奮戰至死；他們被稱為世界的主人，其實他們沒有一塊土，他們可以說是他們自己的……。❼❺

保守勢力使另一保民官否決其法案，他訴諸違憲手段使部族大會罷免反對他的保民官，但在競選連任時（亦不合先例）他與其從者約三百人在暴力衝突中被殺。西元前 123 年其弟蓋烏斯・格拉古 (Gaius Sepronius Gracchus, 159–121 B.C.) 當選保民官，計畫把元老院的職權轉移到部族大

---

❼❺　取自劉景輝譯，前揭書，p. 175。

會，並完成乃兄未竟之業，他也通過保民官可以連任的法律，故曾當選連任。但在西元前 121 年的武裝衝突中他自殺而死，其從者有三千人左右被殺。至此改革完全失敗，但改革派並未消失，他們自稱民黨 (Populares, or Champions of the People)，反對改革的貴族派稱精英分子 (Optimates)，二派皆靠軍人支持，政治更難穩定。

元老院及保守的利益階級雖然獲勝，但羅馬政治並未安定，而對外用兵又造成了軍人勢力的崛起，導致獨裁政權的興起。西元前二世紀末，日耳曼部落如喀布里人 (the Cimbri) 和條頓人 (the Teutons) 不僅幾乎把羅馬人逐出西班牙和高盧，且侵擾義大利北部。另一方面，位於小亞細亞東北部黑海以南的旁圖斯 (Pontus) 在其國王米賽拉戴提斯六世 (Mithradates VI, c. 131–63 B.C.) 領導下不斷攻擊羅馬領土和殺戮羅馬人民，羅馬於是有軍事行動的必要。在此情形下，造成馬里烏斯 (Gaius Marius, 157–86 B.C.) 和蘇拉 (Lucius Cornelius Sulla, 138–78 B.C.) 兩位軍人的得勢，前者屬民黨，後者為貴族黨。馬里烏斯在北非與高盧有戰功，他改公民軍為募兵和許以退役授田，使羅馬開始有了效忠個人的職業軍人，而西元前 108 年至 100 年間六次連任執政，亦違反卸任執政十年後始得再競選的慣例，他破壞了兩大傳統，他在位時元老院幾不能保。蘇拉曾在馬里烏斯麾下參與非洲戰役，後來征討旁圖斯，他是支持元老院和貴族保守勢力的將領，西元前 82 年東征旋師後入主羅馬為獨裁者，頒布剝奪公權名單 (proscription)，打擊民黨並剝奪公民大會職權，使之非經元老院同意不得通過法案，自他之後執政不再是最高統帥，各省均有兵權。他們二人的衝突和內政，使以後的領袖不再是為理想和改革，而為二派間的恩怨。

蘇拉之後，驕將悍兵，漸不能控制。元老院被迫在違憲的情況下讓某些將軍長期統兵。龐培 (Pompey, or Gneius Pompeius, 106–48B.C.) 和凱撒 (Gaius Julius Caesar, 100–44B.C.) 為共和末期的主要人物。龐培曾為蘇拉部將，曾在西西里和非洲作戰掃蕩民黨殘餘勢力，蘇拉允許他回羅馬接受「偉

大者」 (Magnus) 的頭銜且慶祝凱
旋，本來在羅馬只有行政長官率軍
打敗外敵時才舉行凱旋，但龐培破
了這個傳統。繼之，旁圖斯國王米
賽拉戴提斯六世為阻止羅馬併取
貝塞尼亞 (Bithynia)❼而加以占領，
羅馬派軍征討不力，龐培在西元前
66 年受命征討，把他逐至克里米
亞，並併取敘利亞和巴勒斯坦，使
之與旁圖斯合為東方行省。稍早他
也平定了地中海中的海盜，於是宰

建立在埃及亞歷山大城的龐培柱
(Pompey Pillar)，據說柱端原有龐培的騎
馬像，其前邊有一獅身人面雕像，其地
原為羅馬浴場。

制東方，權勢極大。民黨原曾利用他來破除蘇拉的建制，幫助他當選執政
(70 B.C.)，現在則對他懷有戒懼，怕他成為蘇拉第二。民黨乃拉攏凱撒，
以對抗龐培。龐培長於策劃，也頗有效率，但缺乏原則，不夠正直而且追
逐虛榮，凱撒則有多方面的才具但性格不穩定。先是凱撒與雄於資財的革
拉蘇 (Marcus Licinius Crassus, d. 53 B.C.) 合作來對付龐培，但至西元前 60
年他們二人卻與龐培合組三人同盟，是為「前三雄」 (First Triumvirate)。
西元前 59 年凱撒當選執政，另一執政為貴族黨的貝布拉斯 (Marcus
Bibulus)，為凱撒所制，時人乃有兩個執政一為朱理和一為凱撒之說。任滿
後，凱撒擔任內、外高盧總督五年 (58–54 B.C.) 並統率四個兵團，他在高
盧、日耳曼和不列顛用兵 (55–54 B.C.)，其《高盧戰紀》(*Commentaries on
the Gallic Wars*) 便敘述此時期之事。「前三雄」之間的關係本來就有問題，
西元前 53 年革拉蘇死於征討安息，凱撒與龐培的關係更難維持。稍早凱撒
之女，龐培之妻朱莉亞 (Julia) 死於難產 (54 B.C.)，二人關係不再有任何緩

---

❼ 為亞洲西北部古國，在現在土耳其境內。其地為色雷斯人，75–74 B.C. 頃，其最
後國王尼可米德斯四世 (Nicomedes IV) 遺囑將國土贈羅馬。

衝。此時龐培主宰羅馬，並曾一度擔任「唯一執政」(52 B.C.)，且為元老黨領袖。凱撒（雖出身貴族但一向為民黨）於西元前 49 年決定攤牌，他揮軍渡過盧比康河進向羅馬❼。於是內戰爆發，二人轉戰各地，翌年龐培終在希臘東北部占薩利地區的法薩洛 (Pharsalus, or Pharsala) 戰敗，逃往埃及，在埃及被刺殺。凱撒追逐龐培至埃及，看到龐培首級流淚並命厚葬。此時埃及國王托勒密十四世 (Ptolemy XIV) 正與其妹及后克麗佩脫拉 (Cleopatra VII, 69–30 B.C.) 爭位，凱撒介入使克麗佩脫拉成為女王 (47 B.C.)。他與克麗佩脫拉生活在一起，後來並育有一子凱撒里昂 (Caesarion)，但米賽拉戴提斯六世之子法那西斯二世 (Pharnaces II) 又起，元老院乃急召其前往敘利亞與旁圖斯討伐。他從亞歷山大城出發，很快地就將其平定，乃以「我來了，我看見了，我征服了」(Veni, vidi, veci) 之簡短捷報回覆元老院。同年他轉戰非洲，平定龐培餘黨在小卡圖 (Cato of Utica，or Marcus Cato，or Cato the Younger，95–46 B.C.，老卡圖之曾孫) 領導下的反抗 (46 B.C.)。他也討平了龐培之子蓋烏斯‧龐培 (Gaius Pompeius) 在西班牙的反抗 (46–45 B.C.)。於西元前 44 年當選第五任執政，同年成為終身執政。

凱撒握有無上的威權，集執政、保民官、獨裁者、大教主的權力於一身。這種「凱撒體制」(Caesarism) 結合了希臘僭主政治與東方專制，也引起反感。他進行了若干改革，如興建公共工程，津貼義大利農夫以期恢復農業自足，他為疏緩羅馬的人口壓力而遷移十萬公民於各省，他也改良了曆法。他也策劃東征以徹底解決色雷斯與安息的問題，集大軍於伊里瑞亞。他似乎認為他的權力可以世襲，在準備東征前夕認養其姊姪孫渥大維 (Gaius Julius Caesar Octavianus or Octavian，63 B.C.–14 A.D.，時年十八) 為養子。但是，元老院中有一些元老，以及他的部將卡修斯 (Gaius Cassius, ?–42 B.C.)、布魯特斯 (Marcus Junius Brutus, 85?–42 B.C.) 籌謀於 3 月 15 日（44 B.C.，即 "Ides of March"）在元老院刺殺他。一個卜者曾警告

❼ 「越過盧比康河」(to cross the Rubicon) 即為破釜沉舟之意，其典故出於此。

凱撒謹防 3 月 15 日，他未措意。在赴元老院途中也收到一份告密文件，因事忙，未及審視。被刺時，他挺身自衛，後見布魯特斯亦在刺殺者之列，乃驚呼：「還有你，布魯特！」(Et tu, Brute!)，乃以衣掩面，不再抵抗，後中二十三刀，倒在龐培雕像下。

安東尼雕像

3. 共和的覆亡

　凱撒死後，渥大維、安東尼 (Marcus Antonius, or Marc Antony, c. 83–30 B.C.) 與雷比達 (Marcus Aemilius Lepidus, ?–13 B.C.) 結成第二次三人同盟或「後三雄」(Second Triumvirate)。至於布魯特斯和卡修斯在刺殺凱撒後，分別前往馬其頓及敘利亞，西元前 42 年渥大維與安東尼在希臘北部馬其頓境內的菲力比（Philippi，現為廢墟）打敗他們，二人亦死於此役。雷比達不久退出政治角力場 (36 B.C.) 而擔任大主教，於是渥大維與安東尼兩雄角逐之勢成。安東尼自高盧時期至凱撒與龐培的內戰均為凱撒的左右手，但亦有其野心，故為西塞羅 (Marcus Tullius Cicero, 106–43 B.C.) 所攻擊，他發表兩篇〈菲力皮克〉(*Philippics*, 43 B.C.)，後為安東尼部下所殺。菲力比戰役後，安東尼主宰東方，先以雅典為基地，但在西元前 43 年後為埃及女王克麗佩脫拉所惑，而去亞歷山大城，她為他生了三個子女。安東尼為埃及王廷的驕奢淫逸所腐化，且同意將羅馬東方部分土地分予這些子女 (34 B.C.)。渥大維則統理西方，以義大利為本部。西元前 32 年元老院通過剝奪安東尼權力的決議，此使渥大維與安東尼的決戰不能避免。西元前 31 年在希臘西北部岸外的艾克提穆（Actium，為海岬及城鎮）海岬，渥大維海陸兩方面均大勝安東尼和克麗佩脫拉的軍隊。他們退回到亞歷山大城，但渥大維繼之攻來，

兩人均自殺而死。克麗佩脫拉是馬其頓人和亞歷山大的繼承者,操希臘語,卻成為東方美和傾城魅力的象徵,她在萬分艱難中努力維持埃及的自主,她在企圖引誘渥大維無效後用藏在無花果籃中的毒蛇自殺。渥大維成為羅馬世界中的惟一主宰。

二、帝國時期

渥大維的勝利和控制全局使羅馬歷史進入另一個新階段,此即羅馬帝國。羅馬帝國在西元前 31 年便已肇端,在西歐終結於 476 年,在東歐則持續到 1453 年。

㈠帝國早期

1.奧古斯都的建制

羅馬帝國之能夠建立與凱撒有很大的關係,因為他在百年動亂後維繫了羅馬的統一,也是由於他摧毀了寡頭政治而造成了專制體制。

羅馬帝國的早期稱為「普林西波特」(Principate)。渥大維一直以「恢復共和」為號召,而憲政程序如選舉行政長官和重大事件諮詢元老院等慣例也確實恢復,但部族大會及百人團大會之類的機構則有名無實。他刻意地掩飾其權力來源係自軍事力量的事實。他的治事之所不稱「朝廷」,他從不公開地以統治者自居。他每年競選執政至西元前 23 年為止,此後保持保民官的權力。他通常被稱為「奧古斯都」(Augustus,其意為「可敬可尊」或「偉大而神聖者」)。元老院獻給他很多榮銜:統帥(拉丁文為 imperator ,29 B.C.)❼⑧、第一公民

青年時期的奧古斯都

(Princeps, 28 B.C.)❼❾、奧古斯都 (27 B.C.)。在西元前 12 年他成為大主教 (pontifex maximus)，而原來叫做賽克提里斯（Sextilis，6 月）改名為奧古斯都 (Augustus, or August)，並由三十天改為三十一天。西元前 2 年他被上尊號為「國父」(Pater Patriae)。他死後 (14 A.D.) 被奉為神 (Dius Augustus)。

　　奧古斯都所建立的體制，在外形上是與元老院分治的兩元體制。他重組了元老院，但不再使之掌握軍隊與包稅的權力。在軍事方面，此時每一兵團有 6,000 步兵和 120 騎兵，兵團成員為羅馬公民，服役二十年。每一兵團又配有差不多相同人數的輔助軍隊，其組成分子為非公民，服役二十五年。他控制一切，並把軍隊的編制固定在 25 個兵團（不超過 300,000 人），不允許再有各擁軍隊和互相對立的情形。在稅收方面，使財賦制度標準化，雖有各種稅目，如房地產稅、鹽稅、銷售稅、進口稅等等，但平均言之稅負並不重，農民繳納大約為其作物價值的十分之一，而徵稅也由政府負責。在行政方面，他拔擢賢能，建立高效率的政治。他把帝國各省分類為內環的元老院管轄的省 (senatorial provinces)，由元老院選派總督，任期一年，以及邊區的皇帝省 (imperial provinces)，由皇帝負責，總督的任期亦無限制。他保留埃及（重要穀倉），由皇帝直轄，在此地他採取了「法老」的名銜。他個人生活簡樸，在表面上不喜鋪張，力矯社會的奢侈之風。他發展交通，興建道路，更有多方面的意義。他也不想再擴張領土，大體上守著凱撒時期的疆域。不過為了確保帝國的安全，他曾想在北邊和西北邊日耳曼人居住的地方建立鞏固的防線。原來的構想是把日耳曼人再向北推，期能在易北河 (the Elbe)、莫洛瓦河（the Morava，在現捷克境內）和多瑙河 (the Danube) 之間建立較短而易守的防線，在西元 9 年，由羅馬將軍日耳曼總督瓦拉斯 (Publius Q. Varus, d. 9 A.D.) 率領三個兵團前往日耳曼平亂，但在越過萊茵河後於條頓堡森林 (Teutoburg Forest)❽⓿為日耳曼人

---

❼❽　由此衍生出「皇帝」(emperor) 一詞。

❼❾　由此衍生出「君王」(prince) 一詞。

哈德良皇帝在羅馬東邊約 30 公里的提弗里 (Tivoli) 所建的別墅（別宮），約於西元 121–137 年間完工。

亞米尼烏斯（Arminius，17? B.C.–21 A.D.，亦名 Hermann）突襲而被殲滅。此後羅馬勢力便退到萊茵河西岸，又由於西班牙亦未大定，故不無隱憂。帝國的防衛因缺乏自然屏障，便興築長城。100 年左右，便在現羅馬尼亞與德國的地區築起邊牆。後來又在不列顛省的北緣，興建哈德良長城（the Hadrian's Wall，興建於 120 年代）和安東尼長城（the Antonine Wall，興建於 140 年代），分別為哈德良皇帝（Hadrian，在位時間 117–138）與安東尼・庇護皇帝（Antoninus Pius，在位時期 138–161）所築。安東尼長城在哈德良長城之北，哈德良長城在 211 年已破殘，後因羅馬人不再能堅守安東尼長城，在四世紀時兩次重築哈德良長城，並守此防線至 400 年左右。

2.帝國盛世

帝國並未停止擴張。奧古斯都雖在日耳曼中部受挫，但羅馬軍隊進入中歐，征服了現在瑞士、奧地利和保加利亞地區。43 年，克勞迪烏皇帝（Claudius，在位時期 41–54）時征服不列顛，圖拉真皇帝（Trajan，在位時期 98–117）時羅馬兵團越過多瑙河，而征服達西亞（Dacia，現羅馬尼亞），哈德良皇帝也拓張了領土，並且在邊境構築防衛城堡，也在不列顛北部興建邊牆。羅馬帝國在這個遼闊且地跨三大洲的空間內，所統治的人口從高度開化的希臘人和埃及人，到不列顛北部尚處於半野蠻狀態的塞爾特人 (the Celts)，他們有時尚把身體漆成藍色。無論在地理上、文化上和人種

---

⑳　條頓堡森林德文稱 Teutoburger Wald，為德國薩克森尼 (Saxony) 及威西發利亞 (Westphalia) 一帶的山丘森林地帶。

上，這個龐大的帝國均呈現多樣性。不過，在羅馬盛世 (Pax Romana, 27 B.C.–180 A.D.) 的兩百年間，是人類歷史上最值得驕傲的時期之一。羅馬人劃分行省，因人因地因時制宜，在中央集權與地方分權之間，在統一與紛歧之中，發展出一種均衡。整個帝國秩序安定，交通便利，商業發達，海盜絕跡。羅馬、迦太基、里昂等地有國家警察，羅馬人口超過百萬，其他如亞歷山大城、安提亞克、柏格曼、雅典、科林斯均為大城。整個帝國使用同一的錢幣，說同樣的語言（東部希臘語文，西部拉丁語文），崇拜共同的皇帝，自卡雷喀拉皇帝（Caracalla，在位時期 211–217）在 212 年把羅馬公民資格給予帝國內所有的自由人（據說為了增加稅收）以後，他們也有了共同的公民資格。於是從埃及到不列顛，自茅里塔尼亞迄般諾尼亞（Pannonia，現匈牙利及南斯拉夫一帶），可以藉著「我是羅馬公民」(Civis Romanus sum) 而通行無阻❸。

　　奧古斯都在 14 年死後，繼任的皇帝有為前任皇帝收養為繼承人者，有為軍隊所擁立者，有元老院選出者，有家族世襲者，也有篡奪得位者。他們之中有的昏暴，如卡里古拉（Caligula，在位時期 37–41）和尼祿（Nero，在位時期 54–68）等；有的頗賢明，特別是自從尼爾瓦皇帝（Nerva，在位時期 96–98）建立收認養子制度以後，接著有圖拉真皇帝（Trajan，在位時期 98–117）、哈德良皇帝（Hadrian，在位時期 117–138）、安東尼·庇護皇帝和奧理略皇帝（Marcus Aurelius，在位時期 168–180）皆為賢君。

　　這段時期為羅馬治世，其間雖有昏君，也有混亂，如自 68 年 6 月至 69 年 12 月的十九個月間曾有過四個皇帝，因有「四帝之年」(Year of Four Emperors) 的說法。69 年福雷維安 (the Flavian family) 的威斯巴西安皇帝（Vespasian，在位時期 69–79）建立了一個傳其二子鐵達時（Titus，在位

---

❸　參看劉景輝譯，前揭書，pp. 184–193；Edward M. Burns & others，前揭書，Vol. I, pp. 247–250; Richard L. Greaves & others，前揭書，pp. 130–132.

時期 79–81）和多密先（Domitian，在位時期 81–96）相繼為帝的王朝，威斯巴西安約於 75 年開始興築大競技場 (the Colosseum, or Coliseum)，亦稱福雷維安戲院 (Flavian Amphitheatre)，約於 80 年其子鐵達時在位時完工，為後來羅馬的象徵之一。

(二)帝國後期

1.步入衰途

奧理略皇帝雖係英主，且為斯多亞學派的哲學家，卻破壞了養子制度，而於 180 年傳子柯莫丟（Commodus，162–192，在位時期 180–192）。柯莫丟為一沉溺於歡樂的昏君，迷戀賽車與競技，此後羅馬帝國步入衰期。政治失去安定，制度遭受破壞，外患亦趨嚴重，軍隊擴充了一倍，但不僅未能鞏固國防，而且因為軍方用了太多的人力物力，造成嚴重的經濟危機。在 180 年至 284 年間，軍隊擁立或廢黜皇帝如兒戲，在 235 年至 285 年的五十年大混亂中有二十三位皇帝，但僅一人得善終。在此期內，東方波斯又起，西方則有日耳曼蠻族威脅帝國的安全。

2.戴克里先的改革

284 年戴克里先 (Diocletian, or Gaius Aurelius Valerius Diocletianus, 245–313) 被軍隊擁立為皇帝，他是出生在達爾馬西亞（現南斯拉夫）的軍人，在位的時期為 284 年至 305 年。他展開激烈的改革和重組帝國。

戴克里先的改革有下列諸項：

第一是尊君和集權。他不再以憲政統治者的面目，也不再用「第一公民」之類的頭銜，而以絕對專制者的姿態出現，他的稱號是「主公」(Dominus)，他也採用波斯和東方的朝儀。他戴著皇冠，穿著用絲和金線交織而成的紫袍，朝覲「天顏」的人要跪拜，只有受寵信的人才得親吻他的袍子。另外，他採取高度集權的政策，本來帝國在集權與分權之間有其分寸，帝國和自治的城市（civitas，複數形為 civitates）之間有其平衡，而城市也有議會 (curia) 扮演類似元老院在羅馬的角色，現則集權於皇帝。同時

羅馬競技場一角

羅馬競技場內部一角

也把帝國由 45 個行省劃分為 101 個行省，總督對地方事務握有大權，但不掌理軍事。這些行省分屬 13 個行政區 (13 dioceses)，以及 4 個大的政區 (4 prefectures)。軍隊重整為 132 個兵團，由 35 個司令 (commanders) 和 2 個統帥 (2 master-generals) 負責。他也增加行政和稅收人員，這使官僚系統擴增過大，財政更難負擔。

第二是分治。羅馬帝國過於遼闊，問題過多。286 年他以部將麥西米連 （Maximilian，or Maximian，or Marcus Aurelius Valerius Maximianus，d. 310，為一出生在般諾尼亞的軍人） 為 「共同皇帝」（Co-Emperor 或 「副」皇），司理西方，駐節米蘭 (Milan)；他專制東方，建廷於小亞細亞的尼克米迪亞 (Nicomedia)❷，政治中心遠離羅馬，元老院形同羅馬市議會。他與麥西米連皆稱奧古斯都，為二奧古斯都 (2 Augusti)。他的分治，大體上是把帝國的希臘語文部分和拉丁語文部分分開。292 年又以君士坦修斯 (Constantius, 250?–306) 和蓋勒里烏斯 (Galerius, d. 311) 為凱撒，是為二凱撒 (2 Caesars)。帝國一度四分，大致上麥西米連保有義大利、非洲和西班牙；君士坦修斯控制高盧及不列顛；蓋勒里烏斯則治理巴爾幹，並規定將來由他們繼承二奧古斯都。

第三為統制經濟。為了應付龐大的軍政支出，需要經費。當時有三種主要稅收，即田地稅、人頭稅和貨物稅，稅收不足，政府就採取通貨膨脹的辦法，在金內摻銀和銀內摻銅。為了穩定物價，政府嚴令限價，但導致黑市出現。同時，規定每一城市應繳的稅金數額，責成議會成員和行政長官負責，並且不准辭職，還要世代相傳，把這些本屬榮譽的職位變成可怕的負擔。為了鞏固稅源，也規定其他階級不得離開工作，如農民不准離開土地，不得遷居，且世代相傳，一如農奴。這種作法使羅馬帝國的社會結構變得固定而沒有變動。

305 年戴克里先倦勤，決定去種植白菜。但他在故里❸興築了一座四

---

❷ 位於土耳其西北部，現名伊佐米特 (Izmit, or Izmid)。

方形直角結構的宮殿。他也命麥西米連同時引退，由二凱撒繼位。但戰亂未休，直迄 323 年君士坦修斯之子康斯坦丁 (Constantine, or Flavius Valerius Aurelius Constantinus, 280?–337)，他便是君士坦丁一世或大帝（Constantine I，the Great，在位時期 306–337），統一群雄，成為單一的皇帝。他重建博斯普魯斯 (Bosporus) 海峽上的希臘人所建古城拜占庭 (Byzantium) 為君士坦丁堡 (Constantinople)❽，作為羅馬帝國新都並於 330 年遷入。

羅馬帝國早已走上衰途，戴克里先的改革只是救亡之策，為帝國垂死前的掙扎。帝國也愈來愈東方化，戴克里先的改革是走東方專制的道路，他出生在達爾馬西亞（現南斯拉夫），蓋勒里烏斯出生在達西亞（現羅馬尼亞），君士坦丁也是出生在般諾尼亞（現南斯拉夫）。在文化上也漸變質，姑舉一例，即在戴克里先時期雕刻材料常不再用大理石而用自埃及輸入的一種更硬而且黑的斑岩 (porphyry)。

羅馬帝國在狄奧多西皇帝（Theodosius I，the Great，346?–395，在位時期 379–395，出生於西班牙）後又分為二，而且永未再合。他在 395 年死時，由長子阿卡迪歐（Arcadius，377–408，在位時期 395–408）繼承東帝國，幼子奧諾里歐（Honorius，384–423，在位時期 395–423）繼承西帝國。西帝國也愈來愈日耳曼化，其最後一個皇帝是羅穆洛斯·奧古斯都拉（Romulus Augustulus，b. 461？ d. after 476，在位時期 475–476），他在 476 年被日耳曼傭兵領袖奧道阿塞或奧道瓦卡 (Odoacer, or Odovacar, c. 435–493) 所黜，奧道阿塞自稱義大利王。此年被認為係西羅馬帝國滅亡之年，但在實質上此年並無真正意義，因為後期羅馬皇帝早已成為日耳曼蠻

❽ 即現南斯拉夫的斯普里特 (Split)。

❽ 君士坦丁堡意為「君士坦丁城」，1930 年後正式定名為伊斯坦堡 (Istanbul)。它現為一個位於歐、亞兩洲的土耳其大城，博斯普魯斯海峽把它劃分為歐洲部分和亞洲部分。

族軍隊的傀儡。

㈢羅馬帝國何以衰亡

　　羅馬帝國衰亡的原因是歷史研究上的大論題。帝國在三世紀以後即開始走下坡，四世紀和五世紀更趨衰落與崩解。這種崩解表現在各方面，包括無形的和有形的。在經濟與社會方面，雖然亞歷山大城、安提亞克、艾夫薩斯和迦太基等仍繼續存在，但自哈德良皇帝時代（在位時期 117–138）以來，不復見大都市的興起，除了基督教堂和修道院以外也未見大建築物出現，拜占庭重建為君士坦丁堡係政治上的要求，為一例外。

　　羅馬何以衰亡？這一直是歷史學家、社會學家、經濟學家、哲學家乃至心理學家等不斷討論的題目，也是一個非常重要的問題，各個社會也都希望能得到殷鑑。十八世紀啟蒙時代英國歷史學家吉朋（Edward Gibbon, 1737–1794）在 1776 年至 1788 年間出版其《羅馬帝國衰亡史》（*The History of the Decline and Fall of the Roman Empire*，第一卷 1776 年，第二、三卷 1781 年，第四、五卷 1788 年），他著重政治、軍事和宗教的因素而較忽略經濟與社會力的作用，歸納起來認為蠻族入侵和基督教的興起為羅馬帝國衰亡的主因。另外，出生在烏克蘭基輔後來在聖彼得堡任教，於俄國革命後歸化美國的羅斯托夫茲夫（Michael Ivanovich Rostovtzeff, 1870–1952），他著有《羅馬帝國社會與經濟史》（*Social and Economic History of the Roman Empire*, 1926）和《古代世界史》（*A History of the Ancient World*, Vol. I, *The Orient and Greece*, 1926; Vol. II, *Rome*, 1927）均屬力作。他指出，東方文化的衰亡常因外患且常能復興（如埃及），而希臘羅馬文化則由小的城邦發展而成，但隨著對外擴張與發展其社會結構便因階級區分而分裂，因而造成心理態度的轉向，或追逐物資利益，或沉溺於來生的憧憬，而喪失創造的力量，因而無法抗拒內部解體與外來侵略。他認為這不能完全歸咎於經濟層面，應從更廣闊的現象去觀察，此一更廣闊的現象便是「行政的失敗和中產階級的毀滅」（the failure of administration and the ruin of the middle class)。二十世紀的英國歷史學家湯恩比 (Arnold Joseph Toynbee, 1889–1975) 也認為宗教有分解力使社會不能緊密結合，但他相信基督教的興起是羅馬帝國衰落的結果而非其原因❸。

羅馬帝國固然走向衰亡，但「百足之蟲，死而不僵」(Rome is not built in a day, its decay took a long time)，其衰亡過程甚為漫長。另一方面，羅馬帝國衰亡的原因也非常複雜。

在軍事方面，其衰落始於三世紀，軍人追逐權力與財富，變為政爭主力，不再能善盡捍衛帝國的職守。在此情形下，政權依賴軍隊而非人民，故常發生篡奪之事。在塞佛留皇帝（Lucius Septimius Severus，146–211，在位時期 193–211）（出生在非洲）以後，帝國的軍事性質日益濃厚，而兵源常感不足。奧古斯都時期的軍隊組成分子以羅馬公民為主，配以來自文明地區的帝國居民，但此傳統自哈德良皇帝時便難以維持，士兵漸成世襲。奧理略皇帝時蠻族加入軍隊，三世紀後主要兵源仰賴蠻族，很多家庭子弟不願當兵。現代一個有七千萬人口的國家可以動員數百萬軍隊，但羅馬帝國則無此動員能力，即使在戴克里先與君士坦丁時期重組軍隊後，軍隊總額也不過六十五萬人左右，軍力恆感不足。

在政治方面，自從 180 年皇帝收養繼位的制度破壞以後，不容易再有賢君，繼之而來的是混亂和東方式的專制改革，人民失去了政治權力，便趨於政治冷感，失去積極精神。

社會與經濟方面，政治和軍事的混亂自然有負面的影響，另外自從奧古斯都以來義大利的人口增加率即有降低之勢。166 年以後瘟疫流行，尤為嚴重。北非有長期旱災，義大利本身自漢尼拔戰爭以來即未真正恢復，農業生產減少，雖有新的耕作技術，而農民遲遲不能採用，於是經濟繁榮

---

❸　關於以上的討論可參看 *A Study of History*, by Arnold J. Toynbee, Abridgement of Volumes I–VI (Vol. I) & Abridgement of Volumes VII–X (Vol. II), by D. C. Somervell (Oxford University Press, 1956 & 1957), pp. 256, 260–315, 76–113.

不能維持，人民生活水準降低。另外，強制地方政府與議會包徵稅額，不准他們離職，也對社會結構有很壞的影響。

　　此外，精神與心理方面的因素也不無影響，雖然在這方面爭議較多。例如基督教的興起，使人民轉移精力於來世，喪失了公民精神。這一類的心理變化，可能也是因素之一。

第五節　羅馬文化

　　羅馬文化雖頗富實際性，但仍然有很多重要的成就與貢獻，對於後世也有重大的影響。

一、宗　教

　　義大利原有本土宗教，為相信在自然物體內有一些精靈或神明控制人類的命運，如森林之神、花神、灶神、門神等等。西元前三世紀以後受到希臘宗教的影響，便信仰希臘人所信仰的各神，如希臘人的天神宙斯 (Zeus)，便是羅馬人的天神朱比德 (Jupiter)，其妻喜拉 (Hera) 便是羅馬人的朱諾 (Juno)，希臘人的戰神阿里斯 (Ares) 便是羅馬人的馬爾斯 (Mars)，希臘人的智慧女神雅典娜 (Athena) 便是羅馬人的米奈娃 (Minerva)，希臘人的冥神海地斯 (Hades) 便是羅馬人的普羅圖 (Pluto)，希臘人的海神普賽東 (Poseidon) 便是羅馬人的迺普通 (Neptune)，希臘人的美神及愛神阿扶洛黛德 (Aphrodite) 便是羅馬人的維納斯 (Venus) 等等。

　　共和後期和帝國時期，來自中東和小亞細亞的信仰，如埃及的生育及繁殖女神伊色斯 (Isis)，小亞細亞的大母神 (Cybele, or Great Mother) 等等，以及一些其他的神祕宗教，也得到羅馬人的信仰。

　　帝國時期，基督教漸漸興起。第一批出現在羅馬的基督教徒約在西元 40 年左右。

二、文　學

　　拉丁語文是整個羅馬帝國的官方語言，為帝國各部分所通用。不過，在東半部，希臘語文亦為受過教育的人所使用。一般人在埃及使用古埃及語文 (Coptic)，在中東使用閃族語系中的阿拉姆語文 (Aramaic)。在西方，高盧與不列顛地區的普通人使用塞爾特方言，萊茵河與多瑙河地區的日耳曼人講古老的日耳曼語文，迦太基一帶講腓尼基語文。

　　羅馬文學為拉丁文學，其原創性不大，多摹擬希臘文學。拉丁文學的全盛時期為約當西元前 80 年至西元 17 年左右，此一時期以西元前 42 年為準又可分為兩期，前期以西塞羅、凱撒、卡特拉斯 (Catullus) 為大家，後期以威吉爾、荷瑞斯 (Horace)、奧維德 (Ovid)、李維 (Livy) 為宗師。

　　西塞羅 (Marcus Tullius Cicero, 106–43 B.C.) 為著名的演說家與政治人物，亦曾擔任執政。在政治立場上，他力主維護共和體制，但因拒絕參與「前三雄」的政治結合而逐漸失勢。在凱撒被刺殺後，他曾前後作過十四篇攻擊安東尼的演講 (Philippics)，使安東尼退出羅馬。但後來被安東尼所殺。他對拉丁散文的發展有很大的影響，他寫給一些友人的函牘不僅具有可讀性，且富史料價值。凱撒為軍人和政治人物，亦為作家和演說家，他的《高盧戰紀》(De bello Gallico) 和《內戰紀聞》(De bello civili)，表現出清晰和簡明的散文風格。卡特拉斯 (Gaius Valerius Catullus, 84?–54 B.C.) 則為抒情詩人，詩作頗多，其熾熱的情詩尤為有名。

　　威吉爾 (Publius Vergilius Maro, or Vergil, or Virgil, 70–19 B.C.) 為著名的詩人，他的史詩《義尼德》(Aeneid) 有十二卷，為描寫特洛伊城英雄義尼阿斯 (Aeneas) 在城陷之後從地中海輾轉航行到義大利，並且曾至冥間得知未來羅馬命運之事，後來娶拉丁姆國王之女，以及其後裔興建羅馬城的故事。威吉爾頗多摹仿荷馬的地方，但為拉丁名家。荷瑞斯 (Quintus Horatius Flaccus, or Horace, 65–8 B.C.) 為詩人，曾從布魯特斯，長於頌歌，

其諷刺詩尤為獨步。茲舉其作品之一：

> 幸福的人之普通常識是很稀少的，
> 生命上的許多爭論莫不與女人有關，
> 當吊死自己比較容易時，為什麼你要結婚呢？**❽**

奧維德 (Publius Ovidius Naso, or Ovid, 43?–17 B.C.) 為原來修習法律的詩人，長於敘事詩和輓歌。

李維 (Titus Livius, 59 B.C.–17 A.D.) 為史家，且與奧古斯都關係不錯。他的力作是《羅馬編年史》(Historiae ab Urbe Condita, or History from the Founding of the City)，敘述範圍自羅馬建城 (753 B.C.) 至西元前 9 年德拉蘇 (Drusus) 死**❽**。全書有 142 卷，但僅有卷 1 至卷 10 和卷 21 至卷 45 共 35 卷存世。另一個史家是塔西圖斯 (Cornelius Tacitus, c. 55–117)，生平事跡不詳，政治立場上主張共和，故對帝國有其成見，主要著作有《史記》(Historiae, or The Histories)、《編年史》(Annales, or The Annals) 和《日耳曼誌》(Germania)，他也有《語錄》(Dialogus, or Dialogue) 一書，討論西塞羅的演說及雄辯風格。一般言之，塔西圖斯的史學著作不夠客觀與冷靜，他的《日耳曼誌》常藉日耳曼人的純樸來攻擊羅馬人的腐敗，譬如他批評羅馬的教與育：

> 在美好的古老的日子裡，每一個由婚姻所生的孩子，都不是由僱來
> 的護士在寢室裡帶大，而是他母親在膝蓋上抱大的……同時母親們

---

❽ 取自劉景輝譯，前揭書，p. 207。

❽ 德拉蘇 (Nero Claudius Drusus Germanicus, or Drusus Senior, 38–9 B.C.) 為羅馬軍人及政治人物，曾任執政及高盧總督，其兄即為提必留皇帝 (Tiberius，在位時期 14–37) 為奧古斯都養子及繼承者。

都很殷勤的注意孩子的工作，並且也注意到他們的娛樂和遊戲。據說就是這種精神使格拉古的母親柯勒麗亞引導他們的成長。……現在，另一方面來說，我們的孩子一生下來就被送到一些愚蠢的小希臘女傭那兒，有一個男奴幫忙她，這個男奴可能是任何一個人，通常是整個社會中最沒出息的人，他們沒有能力去做別的複雜工作。從這些人的愚昧無知的閒談中，當孩子們的心中仍然是潔白如紙毫無成見之時，就接受了這最早的印象，而且在這整個屋子裡，沒有一個人會關心他在小主人面前做了或說了什麼事，……這些是我們大都會特有的罪惡，在我看來，幾乎就從娘胎裡帶來——做一個演員的熱狂，對於鬥劍比賽和賽馬的瘋狂；當你的心全神貫注於這類事物時，還有什麼餘地可以容納更高深的事物呢？有多少人在家中閒談時可以離開這些話題呢？當我們進入年輕人的演講廳時，我們能聽到他們談論一些別的事情嗎？而老師們也一樣的差勁。他們在課堂上講閒話的時候比講其他的多，他們不能置學生於嚴格的管理紀律之下，又不能證明他們有教書的能力，去聚集學生在一塊兒，只是逼迫他們注意……用一種諂媚的詭計。⑱

三、哲　學

羅馬在共和晚期以後受到希臘化哲學的影響，斯多亞學派與伊比鳩魯學派的思想傳至羅馬。斯多亞學說在西元前 140 年左右傳入，從者甚眾，早期最有名的是西塞羅，他並不是以研究哲學為專業，也吸取其他哲學的思想，但所受斯多亞學說的影響為大。至於伊比鳩魯學說的早期傳人則為詩人呂克里修斯 (Titus Lucretius Carus, c. 99–55 B.C.)，他著有哲學長詩《論萬物本質》(*De rerum natura*, or *On the Nature of Things*) 六卷，他用詩的形

---

⑱　取自劉景輝譯，前揭書，pp. 208–209。

式來表達對哲學的理念：

難道你不了解自然懇求

為她自己一點都沒有別的只有這個，痛苦

遠離軀體，而心靈

從焦慮與恐懼中解脫，是否應享受

感覺的快樂呢？現在我們看

軀體的本質只不過幾件

是緊要的，就是這幾樣

能驅散痛苦，雖然有時奢侈

可能給我們的滿足大人

許多愉快，然自然為她的部分

會感覺到不缺乏，因為在大廳中

沒有青春的寶貴的意象；

在他們的右手中，舉起熾熱的火炬，

那個亮光可以照明夜宴……

……熱狂也不會離開你的軀體

一點點，即使你抬起你的四肢

在有紅紫色圖形彩飾和床單之下

也不會比

你躺在窮人被單之下

要快，因此，

因為無用對我們軀體是貯藏的財富，

高貴的出身和帝王權柄的光榮，

此外，我們必須相信這幾樣

對心靈也是同樣無益……

　　他不僅認為伊比鳩魯學派僅是一享樂主義的自我放縱，並對其錯誤觀念加以駁斥，而且他提出一個對人類生命的徹底的唯物論之解釋，撇開任何宗教的解釋。人類的軀體和人類的靈魂，像宇宙間的任何東西一樣，代表原子的短暫結合。當死亡來臨時，原子就分離散開；軀體和靈魂一樣就這樣解體，而不能再感覺出任何東西。他的結論說：死亡是無需畏懼的。它只不過是一場無畫而又無夢的睡眠罷了❸。

　　可能是因為羅馬人的性格與氣質適合斯多亞派的學說，因而斯多亞學派曾在羅馬頗為發達。羅馬帝國早期的斯多亞派三哲，即席內卡、埃比克泰特，以及奧理略皇帝，最為著稱。席內卡 (Lucius Annaeus Seneca, c. 3 B.C.–65 A.D.) 自幼在羅馬研究，49 年曾因與克勞迪烏皇帝 (Claudius) 的姪女朱利亞 (Julia) 的親密關係而被放逐。他是尼祿皇帝的老師與顧問，在尼祿早期曾權傾一時，但 65 年因被控涉及政爭陰謀而被尼祿命令自殺。他強調哲學的實際方面，亦即倫理學，而且在倫理學的範圍中較為偏重品德之實行，而忽略對品德的性質做理論研究。他並不為了知性知識本身而做研究，卻以哲學為獲得品德的一種方法，哲學是必要的，但是研究哲學時應該存有實踐的目的。他認為說話的目的不在取悅別人而在幫助別人——病人並不需要一個口若懸河的醫生。他對於物理學的理論也有某一程度的興趣，但他堅持真正重要的是克制自己的激情，如此才能與上帝相等；他時常引用物理學上的題材作為道德論斷的實例，像坎巴尼亞的地震事件也曾出現在他的道德評述中。不過，他還是讚揚對自然界所做的研究，甚至宣稱有關自然界的知識值得獨立加以探討，可是即使在這一點上，實際的與人事的興趣仍舊清晰可見。他在理論上主張古老的斯多亞派唯物論，但實際上則顯然傾向於以上帝為超越物質者。這種形上學二元論的傾向是他的心理學二元論傾向的自然結果。他肯定靈魂的物質性，但仍舊以柏拉圖式

---

❸　參看前揭書，pp. 200–203，譯詩取自劉景輝譯。亦參看邢義田編譯，前揭書，pp. 149–155。

的語調討論靈魂與肉體之間的衝突，以及高級人格的希求與血肉之軀的執念之間的矛盾。「因為我們的軀體是加於靈魂的負擔與苦刑；靈魂在重壓之下陷於桎梏。」真品德與真價值居於人心；外在資產並不帶來真幸福，而祗是命運之神的虛幻禮物，愚人才會信賴它。埃比克泰特 (Epictetus, 50–138) 原為誕生在菲里幾亞（Phrygia，在小亞細亞）的奴隸。他著重內在的善和四海一家的精神。奧理略是羅馬盛世的最後一位皇帝（在位時期 121–180）。他是一位學養精湛的皇帝，也頗能實踐斯多亞學說的精神。他在位時羅馬帝國在安息、般諾尼亞、日耳曼因對付侵擾而用兵，他本人也在多瑙河地區親征，在兵馬倥傯中用希臘文寫成《沉思錄》(Meditations)（亦有譯為《養心錄》者），為頗有深度的作品。不過，奧理略亦曾反對基督教並主張迫害基督教徒❾⓿。

三世紀以後新柏拉圖主義 (Neoplatonism)，蔚為很有影響力的學派，至六世紀而不衰，幾有取代斯多亞學派之勢。這個學派的創立者為普洛提納斯 (Plotinus, 205–270)，他可能出生於埃及，後在羅馬定居（244 年）並講學。他鼓吹苦行制慾和內省思考；在宇宙本體的看法上，結合歸納柏拉圖、亞里士多德和畢達哥拉斯學派的學說，其主旨為本題或上帝 (The One or God) 發散出神聖心智 (Divine Mind，or Intelligence，包含柏拉圖的理念) 和世界靈魂（World Soul，or Soul，包含個別靈魂），然後便是可以認知的世界。他的四十四篇作品後為其弟子編為《九書》(Enneads)。新柏拉圖主義對早期基督教神學有很大的影響。

四、藝 術

羅馬人的藝術雖有仿自希臘和其他民族之處，亦有其獨特的風格。以建築言，羅馬人受伊特拉斯坎人與希臘人的影響，而發展自己的特色。其突出的地方便是使用一些圓形的設計，如拱門 (arch)、圓頂 (dome) 和穹窿

---

❾⓿ 參看 Burns，前揭書，pp. 244–245, 250–251。

萬神廟

(vault)，他們不像希臘人那麼著重柱子，因而牆的承受力較大。在建材方面，磚及石塊均用，而混凝土尤為羅馬人的發明。他們有時也使用石柱，特別是在廟宇方面採科林斯款式的為多。另外，很重視建築物的裝飾，除了有成排的柱廊或拱廊以外，有雕刻的柱頭線盤或臺口，也很講究正面 (façade) 的美感。同時公共建築物非常宏偉壯觀，富有帝國氣象。位於古羅馬中心而至今猶存的萬神廟 (Patheon)，其圓頂直徑即有 142 呎高。這是一個自奧古斯都興工建築，哈德良皇帝又曾重建的廟宇，奉祀多神而以戰神和美神為主。前面談及的大競技場（80 A.D. 完工），至今猶存遺跡，其外形頗似現代的足球場，為一四層的巨無霸建築物，高 161 呎（49 公尺），長約 600 呎（180 公尺），寬約 500 呎（150 公尺），室內的競技場呈橢圓形（以砂掩蓋其地面），有 282 呎（86 公尺）長，其最寬處有 207 呎（63 公尺）。它的門面用半柱裝飾，再以拱道分開柱子。公共建築物中還有大型的浴場，在羅馬和其他城市均有興建。公共建築中還有一些與民興利的東西，除了浴場和道路外，還有水道橋 (aqueduct)，可以引導水流越過山谷或河流以供應人口密集地區新鮮的水源。

羅馬雕刻的浮雕有青銅器的，也有大理石的，戴克里先時期流行用埃及斑岩為材料，作品的題材常是描繪戰功和皇帝雕像等。

五、法　律

羅馬人在法律方面的成就非常高，對以後的影響也極大。

羅馬法 (Roman Law) 是一個複雜而富有彈性的集合體。它包括羅馬共和時代和帝國時代的各種法律。自從西元前五世紀中葉的十二板法以來，羅馬當局有了在實施之前頒布法律的慣例，隨著政治、社會與經濟的需要，也不斷地立法。但羅馬在擴張為世界性的大國以後，原來適用於羅馬或義大利的法律便不足以應付需要。羅馬逐漸發展出三種法律，即民法 (jus civile, or civil law)、萬民法或後來的國際法 (jus gentium, or international law) 和自然法 (natural law)。這些不同的法律，有公民大會和元老院的立法、皇帝的詔令、法官的判例，以及斯多亞哲學家根據自然的理性秩序和正義與公平的原則所發揮出來的法理或準則。這其中有成文的法律 (jus scriptum, or written law) 和不成文的法律 (jus non scriptum, or unwritten law)，而不成文的法律常基於習慣或天理。民法適用於羅馬公民之間，萬民法係在西元前三世紀中葉以後，隨著羅馬的擴張而有許多外國人 (peregrini, or foreigners) 在管轄之內，乃有不分民族而普遍規範社會制度（如奴隸問題）和債權、繼承、契約、買賣等關係的法律。自然律則出自哲理或天理的推衍。

羅馬法對於以後的教會法 (canon law)，以及許多歐洲國家如義大利、法國、德國、西班牙、葡萄牙和拉丁美洲國家的司法制度有很大的影響。

六、科學與工程

在自然科學方面，羅馬人的成就不大，未能超出希臘人的範疇。出生於高盧而在羅馬受教育的普萊尼 (Pliny the Elder, or Gaius Pilinius

Secundus, 23–79)，曾在日耳曼參加軍旅，也在西班牙擔任過財政長官
(procurator)。他觀察和研究自然現象，撰有七十七卷的《博物學》
(*Historia Naturalis,* or *Natural History*)。他也從高地觀察船，因先見船桅，
次見船帆，最後見船身而相信地球係球形。另外，二世紀中葉在亞歷山大
城工作的天文學家托勒密亦為羅馬帝國初期時人。羅馬時代的醫生加倫
(Galen, or Claudius Galenus, c. 130–201)，為一出生在柏格曼而行蹤極廣，
最後生活在羅馬城的人，他對醫學做了綜合的整理。

羅馬人的曆法也相當發達。

羅馬人發展出算術上的計數符號，用大寫字母表示數字。此一數字系
統在十六世紀後期為阿拉伯數字（實際上是印度數字）取代以前，曾經長
期流行，而且至今在鐘錶、重要文件和公共建築物等處仍在使用。此一數
字體系主要用七個字母表示各種不同的數字，這七個字母及其所代表的數
字是 I 是 1，V 是 5，X 是 10，L 是 50，C 是 100，D 是 500，M 是 1,000，
但沒有零的符號，各種數字便由這些基本符號排列而成。數字的排列以大
小為序，自左而右為加，自右而左為減，如 XIII 為 13，XL 為 40（左邊較
小的數字代表減去該數字），MCD 為 1,400，MCDXLVIII 為 1,448。如果
要寫大的數字，是在該數字之上方加一線括，表示乘以 1,000，如 $\overline{\text{M}}$ 為
1,000,000 之意。下面的數字是 1 到 10,000,000 的表達方式：

1	I	120	CXX
2	II	130	CXXX
3	III	140	CXL
4	IV	150	CL
5	V	160	CLX
6	VI	170	CLXX
7	VII	180	CLXXX
8	VIII	190	CXC
9	IX	200	CC

10	X	300	CCC
11	XI	400	CD
12	XII	500	D
13	XIII	600	DC
14	XIV	700	DCC
15	XV	800	DCCC
16	XVI	900	CM
17	XVII	1,000	M
18	XVIII	2,000	MM
19	XIX	3,000	MMM
20	XX	4,000	$M\overline{V}$
30	XXX	5,000	$\overline{V}$
40	XL	10,000	$\overline{X}$
50	L	15,000	$\overline{XV}$
60	LX	25,000	$\overline{XXV}$
70	LXX	50,000	$\overline{L}$
80	LXXX	100,000	$\overline{C}$
90	XC	1,000,000	$\overline{M}$
100	C	5,000,000	$\overline{MMMMM}$
110	CX	10,000,000	$\overline{MMMMMMMMMM}$

　　在工程技術方面，羅馬人相當有成就。圖拉真皇帝興建十一個水道橋把附近山丘的水運往羅馬，每天有三億加侖之多，這類水道橋在他處亦見。羅馬人對於城市的規劃與建設，亦有其特色，通常為一矩形的結構，外有城牆，內部則為街道以直角交叉而形成的街區，有些地區有固定的功能。如下頁圖❾❶：

---

❾❶　取自 Mary Ann F. Witt & others, *The Humanities: Cultural Roots and Continuities* (Lexington, MA: Heath, 1980), Vol. I, p. 166.

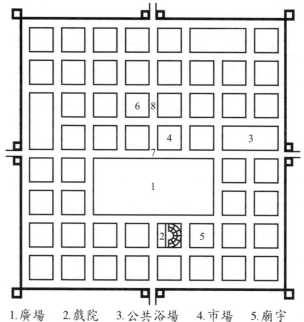

1.廣場　2.戲院　3.公共浴場　4.市場　5.廟宇
6.住宅區　7.東西渠道　8.南北渠道

七、社會及生活情況

　　羅馬帝國在一世紀初年約有五千四百萬左右的人口，在義大利約有六百萬人，羅馬約有一百萬人口。在 212 年擴大公民權給所有的自由人之前，公民人數約有十分之一。非公民主要包括外國人 (peregrini) 和奴隸。奴隸來源主要是戰俘，被海盜俘獲和出賣的人口，罪犯以及被父母出賣的孩子等等。他們之中從教師（多為希臘人）到農田和礦場的工人不等，奴隸是羅馬最主要的勞動力，而且境遇很差。

　　羅馬人很重視家庭生活，結婚的兒子及其家庭和奴隸常住在一起，為一種大家庭。父親或家長 (pater familias) 有很高的權威，也是家庭祭祀的主持人。一般人居住的房子是四邊的房間即前庭 (atrium)，後來在四邊加蓋其他房間，它就變成客廳。城市中有一層的房屋 (domus) 或多層的公寓

龐培城廣場遺跡

龐培城街道

(insula)，鄉間則有豪華的別墅 (villa)。在飲食方面，羅馬人吃三餐，但除了晚餐（有時持續到夜晚）以外，均甚簡單，有時也有宵夜。至於衣著，常穿寬的外袍 (toga)，其款式與顏色隨身分與財富而有所變化，帝國晚期長袍（dalmatica，有長袖）較為流行，材料為毛織。男女皆多穿草鞋。

羅馬人的生活水準相當高，羅馬城本身固不必說，即使從 79 年因為威蘇維火山 (Vesuvius) 爆發而被活埋的龐培城 （Pompeii，義大利文作 Pompei，1748 年發現）而言，亦可見其情況。該城位於義大利南部，在那不勒斯附近，在當時為一約有兩萬人口的港口，現在尚有五分之二的城市未挖掘出來，但已可看出當時的情形。

整個羅馬帝國交通相當發達，公路系統把羅馬與各省連在一起，海上航運也很發達。商業非常發達，義大利進口糧食而出口酒、油及製成品，並從阿拉伯買入香水、藥材和寶石，非洲輸入金砂、象牙和檀木，波羅的海地區則輸入琥珀和皮貨，印度輸入象牙、香料和檀木，中國的絲也打進羅馬的市場。

另一方面，羅馬社會有其殘忍的一面。希臘人在戲院內觀賞便可以娛樂自己，運動比賽亦無害。但是，羅馬人則喜歡賽車和競技。賽車常在一種長橢圓形的競技場 (circus) 進行，大賽場 (Circus Maximus) 有時可以容納 300,000 觀眾，而大競技場 （鬥獸場）亦甚壯觀。此類活動充斥暴力與血腥，而一般窮人在政府供應的節目中樂此不倦，以致詩人朱維納 (Juvenal, or Decimus Junius Juvenalis, c. 55–c. 130) 慨嘆他們衹知有麵包和競賽 (panem et circenses)。

羅馬的婦女地位並不比希臘婦女為高。有謂羅馬歷史中兩個有名的女人，一為埃及女王克麗佩脫拉，一為傳說中的呂克瑞西亞（Lucretia，相傳她被最後一位羅馬王之子姦污自殺而死並引起羅馬人推翻君主統治），但克麗佩脫拉並非羅馬人，呂克瑞西亞僅屬傳說。羅馬婦女不被承認的情況可以從她們沒有自己的名字看出，她們的名字常係由家族的姓加上一個表示女性的字尾，如朱利亞 (Julia) 是表示出自朱利 (Julius) 家族的女人，李維（薇）亞 (Livia) 是出自李維 (Livius) 家族的女人，而且一個家庭有二個以上的女兒時會用「朱利亞老大」(Julia the Elder)、「朱利亞老二」(Julia the Younger)，或 「朱利亞第一」 (Julia the first)、「朱利亞第三」 (Julia the third)，而且期望予她們的是宜室宜家，多育貴子。固然，在羅馬也曾發生過類似婦女運動的事件，如西元前 195 年她們聚集在一起要求廢除戰爭結束後仍在執行的強制婦女把金飾捐出來作為對漢尼拔作戰經費的法律（即 *the Oppian Law*）。西元前 42 年婦女集合到羅馬廣場，抗議要她們繳稅以支應內戰經費，並以不參政即無納稅義務為其依據。但是，婦女的法律地位很低，羅馬法不承認婦女有訂定契約、處分財產和繼承的權利。在父系社會的羅馬，男性家長在理論上對家庭成員有生殺大權，婦女在結婚從夫之前必須有男性親屬為其監護人。不過，上層社會的婦女享有的自由較多，也較容易離婚[92]。

---

[92] 參看 Burns，前揭書，p. 256; Richard Greaves，前揭書，pp. 139–140.

第六節　印度的歷史與文化

一、歷史線索

　　亞利安人進入印度後並未建立統一的國家。波斯帝國在大流士一世時期，約在西元前 500 年在印度河流域建立過一個行省。希臘人馬其頓雄主亞歷山大大帝在滅亡波斯帝國後亦有意將印度收入版圖，他揮兵越過興都庫什山脈轉戰印度河流域 (327–326 B.C.)。 他在印度河流域和旁遮普一帶的用兵，征服了一些小國，他用軟硬兼施的手法，底定這些區域。相傳西旁遮普的國王波洛斯 (Porus) 在其軍隊與戰象均為亞歷山大所敗而他本人受傷並被俘來見亞歷山大時，亞歷山大問他希望怎樣被對待，他雖然幾乎不能站立但卻勇敢地回答希望以對待國王的方式對待他，亞歷山大歸還了他的王國並以之為盟邦，波洛斯至死保持了這個盟約。亞歷山大的入侵印度有其文化交流的崇高理想，印度也是在他用兵之後才有一個世人共同接受的可信的歷史年代，但亞歷山大對土地廣大的印度而言，並沒有太大的影響， 當時的文獻甚至沒有言及亞歷山大的名字。 亞歷山大死後 (323 B.C.)，其部將塞流卡斯仍控制了印度西北部地區。

　　另一方面，早在西元前六世紀及五世紀在恆河流域平原上的小國之中，科薩拉（Kosala，現烏塔爾邦）和摩揭陀（Magadha，現比哈爾邦）興起而相互爭戰，其後摩揭陀獲勝，於是自西元前六世紀中葉以來，有數世紀之久，摩揭陀居於重要地位，而且奠定了後來孔雀王朝強盛的基礎。此因摩揭陀控制恆河下游和恆河三角洲地區，既有沿河貿易及東海岸商業之利，附近的森林亦可供應木材及作戰用的大象，而蘊藏豐富的鐵礦又可發展技術。西元前四世紀中葉旃多羅岌多 (Chandragupta Maurya) 取得摩揭陀王位（約在 325–321 B.C. 間， 有謂可能係 322 B.C.） 後， 便建立了孔雀王朝

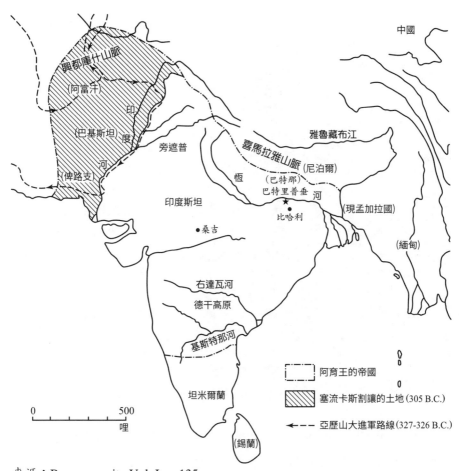

來源：Burns, op. cit., Vol. I, p. 135.

阿育王統治下的印度（約 250 B.C.）

(the Maurya dynasty, c. 322–185 B.C.)。其孫便是阿育王（Asoka，在位時期
273–232 B.C.）。本來，旃多羅岌多已經習得希臘戰法，建立了作戰力甚強
的軍隊。當時摩揭陀的首都巴特里普垂（Pataliputra，即現在的巴特那，
Patna）已成為政治中心（據說當時該城有厚牆和 64 個城門及 570 座塔）。
他打敗了亞歷山大在敘利亞和波斯的繼承人塞流卡斯 (305 B.C.)，迫使塞
流卡斯與他訂立友好條約，把俾路支 (Baluchistan) 和阿富汗的一部割讓給

阿育王的獅柱頭 (Asokan Lion Capital) 為孔雀王朝的光輝與威權的象徵,其結構實際上是 4 個石獅;背對背站立 (從前面看只能看到 3 個,因而常被一些學者誤為 3 個),圓形的輪為「法輪」(Wheel of Law),意味著永不止息的因果。此一制式係受波斯阿基曼尼王朝 (the Achaemenids) 的影響,蓋孔雀王朝在西元前四至三世紀與之有相當密切的文化交流。原件已分解並存博物館中,惟獨立後的印度政府採用此制式為國徽,並在其近底座處加上:「真理得勝」(Satyameva jayate) 字樣。

(印度加爾各答國立博物館前任館長 A. K. Bhattacharyya 提供,謹致謝忱。)

他,此時他已控有印度北部的絕大部分,其孫阿育王不僅統治印度河西北之地,以及印度斯坦 (Hindustan) 和德干高原 (the Decca) 的絕大部分,幾乎統有整個印度次大陸,是為印度第一次出現統一,或幾乎統一的國家。

孔雀王朝統治下的印度,特別在阿育王以前,為一嚴酷統治和用無情手段執法的政權,其社會及經濟組織與管制很嚴密,而且維持強大的軍事力量 (據說有 700,000 軍隊,9,000 頭大象和 10,000 輛戰車)。這種建制與旃多羅岌多的老師和首輔柯迭耶 (Kautilya) 的思想有關,他著有《政治經濟論》(*Arthashastra*, or *Theory of Political Economy*) 一書,主張國家的強弱端視其經濟力的大小而定,富國強兵為最大目標,為了目的可以不擇手段,控制人民活動和統籌經濟生產為最重要。他也認為戰爭是政策延續的另一

種手段，係為了更大的目的，其本身並非目的。他說朋友是可以利用的人，又認為君王既應兇猛如獅子，又要足智多謀如狐狸。他也討論到賢君和仁政，但此書在不同時代曾經有多種版本，而且是否是柯迭耶所作，也有疑問。不過，他的論點有與中國商鞅《商君書》類似之處。後來的尼赫魯 (Jawaharlal Nehru, 1889–1964) 在其《印度的發現》(*Discovery of India*) 中認為他是印度的馬基維里 (Machiavelli)❸。

阿育王後來篤信佛教，改行仁政。在他之後，孔雀王朝漸衰，至西元前 185 年覆滅。印度再度陷於混亂，於是小國林立。印度西北地區再為希臘人（塞流卡斯王朝）所侵，他們不僅再征服旁遮普，且威脅印度中部❹。繼之而來的有安息人（源自裏海地帶），他們取代了塞流卡斯希臘人並在西元前 140 年左右進入印度西北地區，占領印度河下游地帶❺。安息人之後侵入印度的是塞西亞人 (the Scythians)❻，他們原在中亞但被大月氏人（被匈奴人所逐）所驅，打敗在大夏的希臘人（約 130 B.C.），越過興都庫什山脈進入旁遮普，後來定居在印度西部的古札拉特 (Gujarat)，與當地土人相混融而形成馬拉達人 (the Maratha)。最後是貴霜人，他們原為大月氏人的一支，他們在西元前一世紀與西元一世紀間，不僅占領旁遮普，而且據有喀什米爾、印度河流域及恆河上游、阿富汗，以及中國西域的一部，建立強大的貴霜王朝，其名王迦膩色迦（Kanishka，在位期間 130-160）採用印度的「大王」(maharaja, or great king)，安息人的王號稱「萬王之王」（梵文作 rajatiraja），以及中國的「天子」（梵文作 devaputra）。當時不可一世，並

---

❸ 參看吳俊才，《印度史》（臺北：三民書局，民 70），pp. 68–69；L. S. Stavrianos, *The World to 1500: A Global History* (New Jersey: Prentice-Hall, 1970), pp. 156–158; Richard L. Greaves & others，前揭書，pp. 43–44.

❹ 印度人稱這些希臘人為雅瓦那人 (the Yavanas)。

❺ 印度人稱這些安息人 (Parthians) 為巴拉瓦人 (the Palavas)。

❻ 印度人稱他們為塞迦人 (the Sakas, or Shakas)。

且促進東西交流。三世紀後貴霜王朝衰亡。

　　四世紀，大約在 320 年後，再度以恆河流域的摩揭陀為基地的本土王朝岌多王朝 (Gupta dynasty, 320–540) 繼之而起。此一王朝由旃多羅岌多一世 (Chan dragupta I) 在 320 年建立，至其孫旃多羅岌多二世（Chandragupta II，在位時期 375 or 380–415）達於極盛，拓土自印度河至孟加拉灣，但向南未能真正統有文地亞山脈以南的地區，基本上是一個北印度的帝國。文地亞山脈一直是印度南北兩部的分界，其北為亞利安人屬印歐語系，其南則為各種德拉威語言 (Dravidian languages)，而以坦米爾人 (the Tamil)、泰盧固人 (the Telugu) 和卡納賽人 (the Kanarse) 等為主。不過，南部亦接受了印度教或佛教的信仰，而以梵文為經文和學術語文。旃多羅岌多二世時，正值中國晉安帝時期。安帝隆安三年 （399 年） 中國東晉高僧法顯 (337–422) 自長安取道甘肅、西域（新疆），渡流沙（戈壁沙漠），越過帕米爾高原進入印度，於 414 年經獅子國（錫蘭）與爪哇返國，他著有《佛國記》，對於岌多王朝的盛況和首都巴特里普垂（他稱為「巴利弗利」）有很傳神的描述❼。不過，岌多王朝的君主比較信仰印度教。岌多王朝後因受匈奴攻擊而日益衰亡。岌多王朝以後，印度又分裂成很多互相攻戰的小國。

二、文化活動

　　孔雀王朝與岌多王朝為印度史上的古典時代，其文化亦甚為發達。

㈠宗　教

　　在本時期內，宗教方面的最大發展當為耆那教 (Jainism) 與佛教 (Buddhism) 的興起，二者均可視為對婆羅門教（印度教）過於重視種姓制度的改革運動。

　　耆那教的創立者為馬哈瓦拉 (Vardhamana Mahavira, 599–527 B.C.)，他強調靠苦修得救和平等觀念，並且嚴禁殺生（他們甚至不吃蔬菜的根部以

---

❼　參看吳俊才，前揭書，pp. 79–81。

耆那教寺廟的內面

　　免驚動土壤中的小生物）和倡導誠實。這個宗教的信徒有許多是印度的商人和企業家，但該教未能傳播到印度之外，其教徒多集中於印度的西部。

　　　佛教的創立者是釋迦牟尼 (Sakyamuni, 563–483 B.C.)[98]。他屬於剎帝利階級中的釋迦族 (the Sakya clan)，原名賽達哈達‧高達瑪 （Siddhartha Gautama，高達瑪為其姓），其家族為喜馬拉雅山麓小國迦毘羅（Kapilavastu，現尼泊爾南部）的王室，為一小城邦，其父為此小國的國王淨飯王 (King Suddhodana)。他誕生的地點是盧比尼 （Lumbini，現屬尼泊爾，位於印度與尼泊爾邊界處）。他誕生時曾有預言謂其或為世界統治者，或為世界教師。其父非常希望他繼承王位，二十歲時結婚並育有一子。他出生七日其母即死。素來悲天憫人。二十九歲時他離開王國在印度東北部遊走，看透人間生、老、病、死的悲劇，對婆羅門教的教義僵化和種姓制度的不平等，頗為不滿。經過六年的修持，在保打加也 （Bodh Gaya，現印度東部比哈爾邦，Bihar state，小村莊）的一棵菩提樹下得道成佛，時

---

[98]　釋迦牟尼的原義是「釋迦 (the Sakyas) 中的聖者」(the Sage of the Sakyas)。釋迦為其氏族 (the Sakya clan) 的名稱。

釋迦牟尼

年三十五歲。他前往沙拿徒（Sarnath，現在印度北部阿達‧普拉迪斯邦，Uttar Pradesh，東南部的維拉奈斯或貝納拉斯，Varansi, or Benares 之北約六公里半處的考古遺址）的鹿苑講道。他終生多在恆河平原一帶講道，收徒不分階級及宗教信仰。八十歲時在古施那嘉拉 (Kushinagarle, or Kushinara) 逝世（進入或達成涅槃）。他的弟子將他所說的教義整理為經、律、論三藏。

佛教的基本主張，在大體上認為宇宙本是不增不減和不生不滅的。世間的一切祇是現象的變化，無常亦無我。這種種變化，不出六「相」：在現象世界中，就某一事物言，其事物之全體為「總相」，總相中之各部分為「別相」，總相與別相間之現象為「同相」（緣起），別相與別相之間的現象為「異相」，別相會合而成時稱為「成相」，別相不會合便是「敗相」。這種種錯綜複雜的排列組合，互為因果，剎那流變，是相對的，依存的。此生彼生，此有彼有，此無彼無，此滅彼滅，人之所以敗壞、死亡、哀傷、痛苦，是因為不明白上述的道理。因無知乃有種種意志的活動而成業。因為有種種意志的活動，乃有知覺的生起。因為有知覺，乃有精神與肉體的現象產生。因有精神與肉體的現象產生，乃有感官與心電對外境的接觸。因為有接觸乃生感受。因為感受，乃生貪慾、渴愛。因為貪愛，乃生執著。因為執著乃有存在。因存在乃有生命。因為有生命乃有敗壞、死亡、哀傷與痛苦。人生之中，約有八苦：生、老、病、死、怨憎念、愛別離、求不得、五蘊盛，其中「生」苦為一切痛苦之源。所謂「五蘊盛」苦，是指由於五種「因緣和合」而生的苦。這五種因緣和合便是色、受、想、行、識五蘊。

傳說中佛祖在此一菩提樹下（水泥塊處）悟道

「色」包括了所有物質的因緣和合，例如地、水、火、風；還有人的感覺
器官：眼、耳、鼻、舌、身，以及外境相應的對象：色、聲、香、味、觸
等等。「受」是感覺的因緣和合，包括所有身心器官接觸外界所生的感受。
眼根－色塵，耳根－聲塵，鼻根－香塵，舌根－味塵，身根－觸塵，意根－
法塵（思想意象）。「想」是辨別認識各種身心活動對象的因緣和合。「行」
是所有善惡的意志活動，也就是「業」。「業」就是先有了意志，然後指揮
心智所發出來的善惡活動。「受」與「想」，不是意志的活動，不能產生業
果。「識」是知覺的因緣和合，是以六根之一為基本以及相應的六塵之一為
對象而生的反應。例如眼識是以眼根為基本而以可見的形態為對象而生的
反應，只是察覺其存在而沒有認識，是普通的視而未見。為了透徹瞭解，
要明白「四諦」（苦、集、滅、道）的真義。「苦」起於有情有為心行，
「集」指招聚的意識，「滅」指消滅苦因而進入涅槃，「道」是止苦的途
徑❾❾。總而言之，佛教主張藉受苦受難而得救贖，重視因果 (karma)，由修
行和走正道而脫離因果的輪迴和痛苦，而達到慾求之火完全熄滅，以及自
我與無限合而為一的涅槃境界 (nirvana)。

---

❾❾　參看吳俊才，前揭書，pp. 60–62。

　　佛教創立後一直並不興盛。孔雀王朝的阿育王據說因為即位前與兄弟間的權力鬥爭⑩，後來又因征伐孟加拉灣地區的柯林迦 (Kalinga) 之戰殺戮過多，深自懺悔，因而皈依佛教（約在 249 B.C.），不僅以佛教教義作為個人人生的指引，而且也用為治國的原則。他提倡佛教的信仰，曾親往釋迦牟尼誕生聖地膜拜，不食葷腥，也不再狩獵歌舞。為了宏揚佛法，他派遣宣傳團到各地傳播佛教，據說在印度有九個團，另有兩團分赴錫蘭及緬甸。他在各地立石刻碑，以期佛教經文能發生影響。前述獅石柱雕刻便為其中之一。在此情形下，佛教大盛。在阿育王死後不久，佛教分為兩大派，即小乘佛教 (Hinayana, or Theravada, or the Lesser Vehicle Buddhism) 和大乘佛教 (Mahayana, or Greater Vehicle Buddhism)。小乘著重渡己以自我解脫進入涅槃 (Nirvana)，亦即慾求之火完全熄滅而自我與無限合而為一的境界；大乘則主張宏法法利生，祈求廣大眾人得以解脫而共登涅槃，因而有菩薩 (bodhisattva) 的思想，菩薩是已得道但為拯救眾生而遲遲不登涅槃的慈悲賢者。後來小乘佛教流行於錫蘭（斯里蘭卡）、緬甸、泰國和高棉（柬埔寨）等地，大乘佛教則傳播於中國、日本、朝鮮（韓國）、尼泊爾等地。

　　佛教在印度最流行的地區為西北地帶。另外，由婆羅門教發展而成的印度教 (Hinduism) 則始終未衰，而且在岌多王朝以後更為得勢。

㈡文學、藝術及其他

　　印度的文學與藝術多富宗教氣氛。文學以宗教題材和詩歌為主，五世紀的詩人與劇作家卡里達薩 (Kālidāsa) 為著。藝術在建築、雕刻和浮雕等方面也多與宗教有關，而且可以看出希臘的影響。

　　此時期的雕刻，也有很大的成就。值得敘述的，有孟買東方附近神象島 (Elephanta Island) 上的印度教石窟，其中有很多印度教雕像，主要完成

---

⑩　阿育王為旃多羅岌多之子賓多沙羅（Bindusara，在位時期約 298–273 B.C.）之子，在西元前 273 年繼位，但其登基大典卻在西元前 269 年才正式舉行。一說他曾殺死九十八個兄弟始得大位，一說他對諸兄弟極友善。

於六至八世紀。另外，印度西中部馬哈拉斯特拉邦 (Maharashtra) 的阿哲達
山 (Ajanta Hills) 有著名的佛教石洞，其中有很多雕刻與壁畫，為大約 200
年至 650 年間的作品。

科學方面，印度人在數學上發展出零的理論和十進位算法，其計數符
號後來為阿拉伯人傳入西方，因而稱為阿拉伯數字，此一符號系統因為簡
便但也容易弄錯，如稍不留神 0 就可能寫得像 6 或 9，但在十五世紀後期
後終告流行。印度人對三角學也很有成就。在天文學方面，五世紀的阿亞
巴塔 (Aryabhata) 提出地球是球形的，並且依其自身的軸轉動，以及月蝕係
因地球影響掩蓋所致。印度人已能算出陽曆一年為 365.3586805 天，相當
精確❶。

在經貿活動方面，印度的貿易（包括國際貿易）也很發達。

婦女地位在印度南部和北部有相當程度的不同。在孔雀王朝以前，婦
女較受尊重，也較多自由，在南部有相當多的女權社會的痕跡，女人可以

印度中部桑吉 (Sanchi) 的大佛寺。佛教
建築寺廟和放置佛舍利的塔（即佛祖骨
灰之一部分，Stupa，在印度以此稱佛
寺）。此為在西元前三世紀阿育王時代
開始興建的桑吉大塔，後來不斷擴建，
但在佛教在印度式微後失修。

❶　參看 Stavrianos，前揭書，p. 162.

桑吉寺的東門

有地位和財產，甚至有家庭的姓氏源自女性。這種情形在現代仍有。但在
印度北部則父權社會的色彩很濃，女人要服從父親、丈夫或男性親族。當
然，女性也有相當傑出者，例如《奧義書》(*the Upanishads*)（西元前七世
紀以來）談及一個非常有學問的女人瓦卡那維 (Gargi Vacaknavi) 與聖哲雅
納瓦克亞 (Yanavalkya) 論道，壓倒男性學者，也有很多女人精通《吠陀》
經文。但在孔雀王朝以後，女性所受約束較多，而且偏重家庭角色。岌多
王朝後期以後，寡婦不准再婚。不過，印度南方較為寬容。至於寡婦在丈
夫火葬堆上殉節 (sati, or suttee) 的習俗，也是在岌多王朝才較為普遍。此一
習俗令人震驚，英國統治印度時曾試圖禁止，但迄今仍未絕跡⓾。

⓾　參看 Richard Greaves，前揭書，pp. 52–53.

第三章 中古時代

從西羅馬帝國滅亡到十五世紀是歐洲史中的「中古時代」(the Middle Ages)。「中古時代」一詞流行於十七世紀，當時歐洲人形容中古為黑暗時代，蓋指其為光輝的希羅古典時代，與燦爛的文藝復興時代之間一段文化消沉時期，因而又稱之為「黑暗時代」(Dark Ages)。「黑暗時代」一詞後來不再使用，而且在西羅馬帝國滅亡直迄 1000 年左右的中古初期 (Early Middle Ages)，容許有行政系統崩潰，以及社會與經濟秩序解體的情況，而人的平均壽命不足三十歲，但自十一世紀以後，中古文化表現在工商業復蘇、城市興起、大學發展，以及領土或民族王國的開始形成而言，已是自成風格的「中古全盛期」(High Middle Ages, 1050–1300)。中古晚期 (Later Middle Ages, 1300–1500)，因為黑死病肆虐，戰爭頻仍，以及經濟與社會的不安，似乎又充滿危機，但後來又告恢復。這一段時期也是經由文藝復興過渡到近代初期的時期。

中古時期在西歐的重大發展是基督教（特別是羅馬公教）的興起和日耳曼民族的移入或「侵入」。基督教為猶太教的改革與光大，它先在巴勒斯坦猶太人間流行，後傳播到東地中海地區的希臘語文人口，然後向東沿著亞洲貿易路線流傳，向南進入印度和衣索比亞，向西進入羅馬帝國，成為中古世界最主要的力量之一。日耳曼人的遷徙主要發生在五世紀至九世紀，這原是世界性的發展，由東邊的匈奴人發動，僅中國與印度未被嚴重波及。此因中國與印度可以抵擋，另一方面，游牧民族追逐西方較為豐多的水草。東羅馬帝國雖受壓力，但因君士坦丁堡固若金湯，其經濟力頗強，而海軍亦有戰鬥力，故尚可承當。西歐在日耳曼民族安定並接受基督教信仰後，

其政治地圖的輪廓漸告明顯。另一方面，七世紀時回教興起於阿拉伯半島，阿拉伯人迅速地擴張到北非、波斯（伊朗）、伊比利亞 (Iberia)、印度北部等地，繼志承烈的塞爾柱土耳其人和鄂圖曼土耳其人，更把回教文化發展成足以威脅基督教文化的力量，而十字軍東征運動（1190 年代至 1270 年代）和東羅馬帝國的滅亡 (1453)，說明了此種情形。所以就回教文化來看，這一段時期不是「中古」，而是其成長與茁壯的時期。就印度與中國來看，也是文化繼續發展的時期。中國在此時是從南北朝至明代中期的時期，隋、唐的國力，宋代的文經，以及明帝國的強盛與海外拓展，在在表現出中國的優越。歐洲終中古之世，城市人口殊少超過十萬者（羅馬在極盛時期曾有八十萬人），但唐帝國的京城長安就有兩百萬居民；歐洲人口在 1000 年時，包括俄羅斯在內，不過三千八百萬人左右，但宋帝國的人口則有一億之眾。

中古時代也是一個世界性的互動時代，回教勢力影響到歐洲，也衝擊到遠東（唐帝國在 751 年在中亞敗於大食），亦波及印度（土耳其人在 1000 年至 1200 年征服並統治印度北部）。另外，十字軍東征和稍後蒙古人的西征（且曾建立一個自太平洋至黑海的帝國），即為顯例。

第一節　基督教

基督教 (Christianity)❶不僅是世界最大的宗教之一，而且也是西方文化中的第二個主要的因素，它把西方文化各個不同的層面連結在一起。此一宗教創始於一世紀，三世紀時流行，四世紀時大起，並且在 380 年左右成

---

❶　基督教在 1054 年分裂為羅馬公教（天主教）與東方（希臘）正教，1517 年馬丁路德發動宗教改革以後又造成許多新教教派的興起。中國人常有一種不太正確的瞭解，即把「基督教」一詞專指新教各派。此處「基督教」一詞的指涉，係採較為廣泛的看法。

為羅馬帝國的國教。此後更繼續發皇成為世界性的宗教。

一、耶穌及其門徒

　　基督教的創立者耶穌或耶穌基督 (Jesus Christ)❷的出生地是猶大 (Judah, or Judea)❸，其地原為雅各 (Jacob) 二子，即猶大（Judah，不是出賣耶穌的猶大）和便雅憫 (Benjamin)❹的後裔（兩個部落），也就是所羅門死後（約在 930–922 B.C. 間）在巴勒斯坦南部建立猶大國的地區（巴勒斯坦北部另外的十個部落建立以色列）。這個地區雖因時間和主客觀形勢不同所包括的範圍也有所差別，大致是指地中海至死海之間的巴勒斯坦南端的土地。這個地區的希伯來人一直自認較北邊的希伯來人（以色列人）為正統，他們的首都是耶路撒冷，源自大衛的王室❺。但在西元前 63 年後，巴勒斯坦為羅馬所控制。羅馬人扶立希律 (Herod the Great) 為猶大王（在位時期 37–4 B.C.），西元前 20 年希律又成為整個巴勒斯坦的王。希律死後由其四子瓜分，西元 6 年希律的長子死後，猶大與撒馬利亞 (Samaria)（巴勒斯坦中部）便直接由羅馬人治理。在耶穌時代掌理生殺大權的羅馬人是彼拉多 (Pontius Pilate)❻。

　　耶穌誕生的時間大約是在西元前 6 至 4 年，普通以他出生之年為紀元

---

❷　耶穌 (Jesus) 為希伯來文 Joshua 的希臘文翻譯，意為 「救主」 (Savior)；基督 (Christ) 源自希伯來文 Messiah 的希臘文翻譯 (Christos)，意為「受（香）膏者」(Anointed)。

❸　Judea 或 Judaea 為 Judah 的拉丁文形態。

❹　Benjamin 譯名見《聖經》〈創世記〉，35 章 16 至 18 節及 24 節。

❺　猶大部落的人稱 Judeans，此為「猶太人」(Jews) 一字的由來。

❻　彼拉多在西元 36 年以後死的，他在 26 年至 36 年間治理猶大。他的官銜有時稱「太守」(prefect)，有時稱「按察使」(procurator)，《新約聖經》則稱其為「巡撫」（英文版為 governor，〈馬太福音〉，27 章 2 節）。66 年猶太人叛亂，耶路撒冷為羅馬人所毀（70 年）。

之始是一種誤解。他誕生在希律王逝世之前，而希律王是西元前 4 年逝世的。他出生的地點是猶大小鎮伯利恆 (Bethlehem)❼，但其主要活動在拿撒勒 (Nazareth)❽，因而有「拿撒勒人的耶穌」(Jesus of Nazareth) 之稱。耶穌的父親是木匠約瑟 (Joseph)，母親是童貞女馬利亞 (The Virgin Mary)。耶穌的生平事跡主要見於《新約聖經》中的四福音（馬太、馬可、路加、約翰）和〈使徒行傳〉。當時的背景是，根據《聖經》和 1947 年發現的《死海古卷》(Dead Sea Scrolls)，猶太人在羅馬統治下普遍不安和不滿，渴盼「救主」或「彌賽亞」的降臨。他們之間分成三個教派或政治團體：法利賽人 (the Pharisees)、撒都該人 (the Sadducees) 和艾塞尼人 (the Essenes)。法利賽人為多數派，主要構成分子屬中層階級，堅信猶太教的律法 (Torah)，除了書面的律法以外，也遵守口傳的律法，他們也有民族主義的情操，耶穌常攻擊他們的「偽善」。撒都該人為少數派，以富人和祭司（教士）為主，他們不相信口傳的律法，不接受法利賽人所接受的永生和復活的信念。艾塞尼派則不見於《聖經》，而見於《死海古卷》，他們屬於苦修派，相信啟示，也渴望救主的降臨。

耶穌在被施洗者約翰 (John the Baptist) 於約旦河 (the Jordan) 施洗後（約在 28–29 間），便在拿撒勒和加利利地區 (Galilee，巴勒斯坦北部）傳道。他傳道的對象多屬下層社會的農民和漁民，以加利利海 (Sea of Galilee) 附近的迦百農 (Capernaum) 為根據地。他雖然談及「天上的父」(Father in Heaven)，以及說自己是「神的兒子」(Son of God)，但也自稱「人

---

❼ 伯利恆位於耶路撒冷西南南 (SSW) 方約 8 公里（5 哩）處，現人口不足二萬，原屬約旦，1967 年「六日戰爭」後為以色列所占據。其阿拉伯文名為 Bayt Lahm，意為「肉之屋」(House of Meat)，希伯來文名為 Bet Lehem，意為「麵包之屋」(House of Bread)。

❽ 拿撒勒的希伯來文為 Nazerat，位於以色列北部加利利 (Galilee) 地區，亦有人認為此處為耶穌誕生之地。

今日的約旦河

子」(Son of Man)。他所講的道也平易近人，而非高深的神學，他也不喜繁縟的儀式。他的教誨，以〈馬太福音〉記述較為完整。這包括「登山訓眾論福」(Sermon on the Mount)：

> 耶穌看見這許多的人，就上了山，既已坐下，門徒到他跟前來。他就開口教訓他們說，虛心的人有福了，因為天國是他們的。哀慟的人有福了，因為他們必得安慰。溫柔的人有福了，因為他們必承受地土。飢渴慕義的人有福了，因為他們必得飽足。憐恤人的人有福了，因為他們必蒙憐恤。清心的人有福了，因為他們必得見　神。使人和睦的人有福了，因為他們必稱為　神的兒子。為義受逼迫的人有福了，因為天國是他們的。人若因我辱罵你們、逼迫你們、捏造各樣壞話毀謗你們，你們就有福了。應當歡喜快樂，因為你們在天上的賞賜是大的，在你們以前的先知，人也是這樣逼迫他們。❾

他叫人不要懷有仇恨，不可姦淫，要愛仇敵，施捨的時候「不要叫左手知道右手所作的。」他也叫人「不要論斷人」以免「被論斷」。他也主張互相

---

❾　〈馬太福音〉，5章1至12節。

寬恕，「你們願意人怎樣待你們，你們也要怎樣待人。」他也勸人不要貪財。他叫人順從父母，不宜爭訟，以及各守身分❿。他非常善於用比喻來傳道。在曠野受過魔鬼的「試探」以後，也歷經過一些左右為難和進退失據的困境，但多能化解。譬如說，希律黨人問他可不可以納稅給該撒（凱撒），這牽扯到民族大義和是否遵守羅馬統治的兩難之局，但耶穌在叫人拿納稅用的錢看過，問他們錢幣上的像和號是誰的，並且得到答案說是該撒的，便說：「該撒的物當歸給該撒，神的物當歸給神。」⓫另有一次，文士與法利賽人帶著一個行淫被捉的婦人來問耶穌如何處置，根據摩西律法是要用石頭打死她的，這使耶穌面臨尊重律法與放棄仁慈的兩難情況，耶穌卻回答說：「你們中間誰是沒有罪的，誰就可以先拿石頭打她。」結果是，眾人慢慢地散去了，「只剩下耶穌一人，還有那婦人仍然站在當中。」⓬

　　耶穌傳道的工作不過三年左右。他吸引了許多從者，也選定了十二個門徒或使徒 (Apostles)⓭為人所知。他們是：西門（耶穌給他起名叫彼得，Simon, to whom he gave the name Peter）、西庇太的兒子雅各 (James, son of Zebedee)、雅各的兄弟約翰 （John， 又給這兩個人起名叫半尼其，Boaneges，就是雷子，Sons of Thunder 的意思）、安得烈 (Andrew)、腓力 (Philip)、巴多羅買 (Bartholomew)、馬太 (Matthew)、多馬 (Thomas)、亞勒腓的兒子雅各 (James, son of Alphaeus)、達太 (Thaddaeus)、奮銳黨的西門 (Simon the Zealot) 和加略人猶大 (Judas Iscariot)。耶穌叫他們「常和自己同在，也要差他們去傳道，並給他們權柄趕鬼。」⓮耶穌也稱許他們「為鹽

---

❿　同上，5、6、7 章；〈路加福音〉，3 章；〈哥林多前書〉，6 章。

⓫　〈馬太福音〉，22 章 18 至 22 節；〈馬可福音〉，12 章 15 至 17 節；〈路加福音〉，20 章 23 至 26 節。

⓬　〈約翰福音〉，8 章 1 至 9 節。

⓭　使徒 (Apostle) 源自希臘文 apostolos，其意為「差遣的人」(person sent)，亦有「信使」(messenger) 與「使節」(envoy) 的意思。

為光」❶。

　　另一方面，耶穌不避罪人，又不重視猶太人的傳統，例如在安息日 (Sabbath)（一個禮拜的最後一日，即星期六）不可做事等等。他所行的一些神跡也令人側目。另外，他聲稱是上帝之子，他的家譜系聲稱追溯到亞伯拉罕和大衛❶。他的十二門徒與使徒亦與希伯來人的十二個部落相巧合。他聲言天國近了，要人悔改，而且說凡是受壓迫的人和窮人均在天國內被接受，似乎把傳統中的彌賽亞演變為政治的彌賽亞。他的一些言行和他的吸引群眾，使猶太人認為他褻瀆上帝，羅馬人認為他從事政治煽動。耶穌死難之年約在西元 30 年與 33 年之間，確期不定。耶穌偕同門徒前往耶路撒冷去過逾越節 (Passover)，門徒之一的猶大以三十塊錢出賣了耶穌。一個禮拜四的晚上他與十二門徒共進「最後晚餐」(Last Supper)，並且設立了聖餐，其情形是：

> 他們喫的時候，耶穌拿起餅來，祝福，就擘開，遞給門徒說，你們拿著喫，這是我的身體。又拿起杯來，祝謝了，遞給他們說，你們都喝這個，因為這是我立約的血，為多人流出來，使罪得赦。❶

當夜耶穌被捕，被送往大祭司 (high priest) 處，問明耶穌是否為彌賽亞、上帝之子和猶太人之王，耶穌均承認。禮拜五早晨他們把耶穌送往彼拉多處，經審判後被釘死在十字架上。耶穌在死前尚說，「父啊，赦免他們，因為他們所作的，他們不曉得。」❶

---

❶　〈馬可福音〉，3 章 13 至 19 節，6 章 7 至 13 節；〈路加福音〉，6 章 12 至 19 節，9 章 1 至 9 節。

❶　〈馬太福音〉，5 章 13 至 16 節。

❶　〈馬太福音〉，1 章；〈路加福音〉，3 章。

❶　〈馬太福音〉，26 章 26 至 30 節；〈馬可福音〉，14 章 22 至 26 節。

耶穌受難圖（十六世紀時作品）

二、基督教的傳播

　　耶穌曾經教他的門徒傳道和建立教會，在猶大背叛以後，眾門徒乃揀選馬提亞 (Matthias) 來取代他⑲。這些門徒，除了猶大自殺和約翰老死之外，都是殉難而死的。他們相信耶穌死後復活並升天，也相信他是救主和神的兒子，以及道成肉身 (Incarnation)⑳。彼得和其他門徒說服許多猶太人接受基督信仰，早期的基督徒在神殿和巴勒斯坦的一些會堂中聚會，而且傳播到巴勒斯坦之外。當時人心苦悶而迷惘，相信耶穌是「道路、真理、生命」㉑便可獲得內心的安定與平靜。

　　早期基督教的傳播，保羅或聖保羅 (Paul, or St. Paul, ?–62 or 65) 的貢獻最大。保羅出生於塞里西亞（Cilicia，地當小亞細亞東南部，現土耳其南

---

⑱　〈路加福音〉，23 章 34 節。

⑲　〈使徒行傳〉，1 章 21 至 26 節。

⑳　〈約翰福音〉，1 章 14 節。

㉑　〈約翰福音〉，14 章 6 節。

部）的塔薩斯 (Tarsus)，原名塔薩斯的掃羅 (Saul of Tarsus)。他的父母均為猶太人，具有羅馬公民身分。他曾是以製造帳篷為業者，後在耶路撒冷受猶太教的教育以擔任法師或拉比 (rabbi)，他是法利賽人（派）。他原來迫害基督教徒，但在赴大馬士革途中（約在 34–35）受耶穌感召而皈依基督。他不辭艱難和危阻，在小亞細亞、地中海地區和希臘等地傳教，最後赴羅馬傳教，而為尼祿皇帝所斬首（一說被釋放而轉赴西班牙）。他的事跡主要見於《新約・使徒行傳》。保羅也是基督教早期重要的神學家，《新約聖經》中的許多書信 (Epistles) 出自他手。《聖經》學者大體上都同意保羅是〈羅馬書〉、〈哥林多前、後書〉、〈加拉太書〉、〈腓立比書〉、〈帖撒羅尼迦前書〉和〈腓利門書〉的作者。不少學者認為他還著有〈歌羅西書〉和〈帖撒羅尼迦後書〉，但對於他是否寫〈以弗所書〉、〈提摩太前、後書〉、〈提多書〉（牧歌）及〈希伯來書〉，則有不同的意見。不過，更重要的，是他擴大了基督信仰的群眾基礎。他使基督教不再僅僅是猶太人的宗教，他「給外邦人開信道的門。」❷猶太人因為對上帝（神）的信仰不渝，固使其民族長存，即使是國亡而種不滅，但保羅則因把「選民」(chosen people) 擴大到一切信仰主的人，而使基督教終能成為世界性的宗教。因為他的貢獻太大，他也被認為是使徒，而且有「外邦人的使徒」(Apostles to the Gentiles) 的稱號。

　　基督教的信仰先是流傳於窮人與下層社會，他們對於希臘與羅馬的榮耀感受不多，而且受苦受難，後來漸漸擴及到其他社會階層，受過教育的人和中產階級，乃至有些上層階級也受到感染。二世紀及三世紀基督教的發展很快，但也受到迫害。事實上，自尼祿皇帝在 60 年代初期迫害基督教徒，至 313 年君士坦丁大帝頒布「米蘭詔令」，約有二百五十年之久，基督教備受迫害❷。羅馬帝國有高度的宗教寬容，何以要迫害基督教徒？此因

---

❷　〈使徒行傳〉，14 章 24 至 28 節。

❷　參看 Norton Downs, ed., *Basic Documents in Medieval History* (Princeton: D. Van Nostrand Company, Inc., 1959), pp. 13–16.

羅馬帝國為了維持帝國的一統及增加人民對帝國的向心力，採取神化皇帝
的作法，在帝國漸呈衰象之後，尤為必要。皇帝被視為神明，「神明的凱
撒，永恆的奧古斯都」(divus Caesar, semper Augustus) 為最高原則，皇帝崇
拜是維持帝國的必要措施。帝國的作法，對其他宗教並無困難，它們屬多
神教，增加或減少一位神祇，並無太大關係，而且在它們的信仰中對於人
與神的界限也並不嚴格而分明。但是，基督教是一種一神教的信仰，只承
認惟一真神。這是猶太人的傳統，早在耶穌以前差不多兩百年，當時塞流
卡斯王朝的君王安提奧古斯四世艾皮芬 (Antiochus IV Epiphanes，在位時
期 175–163 B.C.) 便命猶太人崇拜他為神和接受希臘羅馬的神明而為猶太
人所拒絕，猶太人並且在猶大・馬可比阿斯 (Judas Maccabaeus) 的領導下
舉兵反抗，且一度勝利。猶太人認為這是他們得到上帝的保祐所致[24]。基
督徒拒絕崇拜羅馬皇帝為神，亦不接受羅馬帝國的宗教，這對他們來說，
是宗教信仰的最後立場，但卻與羅馬帝國的最高政治利益發生衝突，所以
基督教徒遭受到迫害。

　　帝國當局對基督徒的迫害（基督教謂「教難」）到底嚴重到何種程度？
各種說法及評論頗不一致。大致言之，尼祿在 64 年開始迫害基督徒，照塔
西圖斯 (Tacitus) 在其《編年史》的說法，係為羅馬大火找代罪羔羊。尼祿
以後，情況有人、時、地不同的差異。在圖拉真皇帝時（在位時期為 98–
117 年），似乎並未積極地迫害他們。大約在 112 年，貝塞尼亞（Bithynia，
古代小亞細亞西北部，現土耳其境內）總督小普萊尼 (Pliny the Younger) 上
疏請示如何處理基督徒的問題，並建議給他們自新的機會，圖拉真覆諭：
不必訂下普遍的原則，不必搜捕，如經檢舉而證明屬實就予以處罰，但如
被告否認其為基督徒，並以崇拜羅馬帝國的神以為證明，就應免罪。哈德

[24]　參看 R. R. Palmer & Joel Colton, *A History of the Modern World*, 6th ed. (New York:
Knopf, 1984), pp. 17–18; William H. McNeill, *A History of the Human Community*,
3rd ed. (New Jersey: Prentice-Hall, 1990), pp. 198–199.

良皇帝（在位時期 117–138 年）也主張寬大（只要被告否認和向羅馬的神獻祭便既往不咎），也不鼓勵密告。但是，基督徒不服從羅馬律令時，哲學家皇帝奧理略（在位時期 161–180 年）則主張鎮制，在他在位的時期，基督徒在小亞細亞與高盧均受到迫害。三世紀時羅馬帝國似將不保，對基督徒也迫害最大，此以戴克里先皇帝（在位時期 284–305 年）時最為嚴厲。但是，基督徒愈挫愈勇，傳播日廣，信徒也愈來愈多。繼戴克里先以後迫害基督徒最猛烈的皇帝之一的蓋勒里烏斯 （Galerius， 在位時期 305–311 年）終在臨死之前頒下「寬容詔令」(*Edict of Toleration*)。313 年，君士坦丁大帝頒布「米蘭詔令」(*Edict of Milan*)，給予基督教合法宗教的地位，在法律上與羅馬帝國的國教享有同等的自由，基督教徒也和其他公民一樣享有法律保障的權利。 380 年， 皇帝狄奧多西一世或狄奧多西大帝 （Theodosius I， or Theodosius the Great， 346?–395 A.D.， 東羅馬皇帝， 379–395 A.D.；狄奧多西一世於 392 年率軍入義，392–395 A.D. 為西羅馬皇帝）頒下詔令，獨尊基督教為國教，並禁止一切異教 (pagan religions)❷❺。

　　基督教終獲得完全的勝利。

三、教義與組織

㈠教　義

　　基督教與印度教和佛教不同，有其單一的教義。早期教會的基本信仰有：第一是耶穌或上帝（神）是先存的，〈約翰福音〉第一章開宗明義地說：「太初有道 (Word, or Logos)，道與神（上帝）同在，道就是神。這道

---

❷❺　參看 Edward M. Burns & others, *World Civilizations*, 6th ed. Vol. I (New York: Norton, 1982), pp. 279–280; Crane Brinton & others, *A History of Civilization*, Vol. I (New Jersey: Prentice-Hall, 1960), pp. 110–111; Milton Viorst, *The Great Documents of Western Civilization* (Philadelphia: Chilton Company, 1967), pp. 10–16；王任光編譯，《西洋中古史史料選譯》，第二輯（臺北：東昇出版社，民 70），pp. 25–40。

太初與神同在。萬物是藉著他造的。」❷第二是相信耶穌基督是救主,是神惟一的愛子;他降臨世界是藉聖靈感應和由童貞女馬利亞所生,是為拯救世人而來的(任何人均有「原罪」和其他的罪),而「天國近了」,人應該悔改,他「道成肉身」和受難而死。第三是耶穌釘死在十字架以後,第三天復活和升天,坐在天父(上帝或神)的右邊,將來必會再臨(Second Advent),審判死人與活人。第四是「三位一體」說(Trinity),上帝(神)為集三位,即天父(God the Father)、聖子(God the Son)和聖靈(Holy Ghost)為一身的。

在教義與信仰之外,另有聖禮(Sacrament)。聖禮後來發展成七個:洗禮(Baptism)、堅振禮(Confirmation)、聖餐禮(Eucharist)、告解或懺悔(Absolution or Penance)、婚配禮(Matrimony)、授職禮或冊封禮(Holy Orders or Ordination)、終敷禮(Extreme Unction, or Anointing)。這些聖禮,有的很早,如洗禮在耶穌時代或更早便已由猶太教所施用;聖餐禮為耶穌在被出賣的那一晚所定,有的則較晚。大致言之,七聖禮為十二世紀時義大利神學家彼得·倫巴地(Peter Lombard, 1100–1160)所整理出來,後來為另一義大利神學家聖湯穆斯·阿奎那(St. Thomas Aquinas, 1225–1274)在其《神學大系》(*Summa Theologica*, 1267–1273)所採納,至特倫特大會時(1545–1547, 1551–1552, 1562–1563)始正式頒布。不過,特倫特大會時宗教改革所造成的新教已成為既成事實,新教各派大體上只承認兩種,即洗禮與聖餐禮。

在教義的解釋上,基督教一直有所謂「異端」(Heresy)的挑戰。先是有所謂「唯知論」(Gnosticism),此詞源自「知識」(gnosis)一字,它又分為一些不同的支派,在二世紀時流行。本來,希臘哲學對於「知識」的界定,以及「永恆」的問題非常關注。唯知論者(the Gnostics)相信只有精神的世界才是真的和美的,也相信知識而非盲目的信仰,才是最重要的。不

---

❷　〈約翰福音〉,1 章 1 至 3 節。

過，他們所說的知識係來自精神的洞察，而非科學的探究。他們企圖調和基督信仰與東方和希臘哲學，但與基督教的基本信仰有違。此外，摩尼派 (the Manichaeans, or Manichaeism) 亦曾有流行，而且與唯知論有密切關係。摩尼 (Mani, c. 216–c. 276) 為波斯人，因受祆教影響，而主張光明之神與黑暗之神的兩元論，此說在三、四世紀時頗為流行，特別在北非一帶為然。唐代且曾傳入中國，回紇人亦信此教，他們曾助平安史之亂，因而一度流行。四世紀時流行在北非的多拿圖教派 (Donatism) 也曾把教會推向分裂的邊緣。緣因 312 年凱西里安 (Caecillian) 當選迦太基主教，主持其任職典禮的是一位在戴克里先迫害基督徒時期，曾交出《聖經》而得免一死的主教費力克斯 (Felix of Aptunga)，於是引起多拿圖 (Donatus, d. 355) 的反對。按在戴克里先時期，教士放棄立場並交出《聖經》者可免死刑，有一些教士因而活命，這些人被稱為「叛教者」(traditores)。多拿圖和他的支持者，也就是多拿圖派 (the Donatists) 認為這種教士所作的聖禮為無效。但是，如果一位教士所作的聖禮為無效，便可能解釋為其他教士所作的聖禮亦屬無效。君士坦丁大帝於 314 年在艾勒（Arles，位於法國中南部隆河三角洲）召開主教會議，宣布凱西里安的當選與就任為有效。但是，多拿圖派在北非一直很得勢，而且一度使各地主教鬧雙胞案。五世紀初，由於聖奧古斯汀的力戰，他們才漸衰，但直迄七世紀他們仍在北非活動。

　　早期教會史上，對於教會統一構成最大威脅的 「異端」 是阿萊安派 (Arianism, or the Arians)。此為亞歷山大城教士阿萊安（Arius, 256–336，希臘人）所倡。他在 318 年左右主張三位一體中的三位並非平等，他認為子既為父所創造，當在位階上低於父，子也沒有父那麼永恆。他也認為，耶穌並不具有完全的神性，但父與子均高於聖靈。他的說法受到亞歷山大城大主教阿詹納修 (Saint Athanasius, 297–373, Patriarch of Alexandria, 328–373) 的反對。阿詹納修派 (the Athansians) 的論點是，人間的邏輯不足以規範神事，縱即耶穌是子，仍然是完全的神（上帝），父、子和聖靈是平等

的。雙方的爭論影響到教會的統一，325 年君士坦丁大帝在尼西亞（Nicaea，位於小亞細亞北部）召開第一次大公會議 (Ecumenical Council)❷，與會的主教大多數支持阿詹納修派的論點，耶穌具有完全的神性，而且頒布《尼西亞信經》(*the Nicene Creed*)❷。後來雖仍有波折，但此一立場獲勝。值得注意的是：君士坦丁大帝不僅是尼西亞大公會議的召集者，而且也是主持會議的人，此種世俗政治權力干預教會事務的情況後來繼續發生。這在東羅馬帝國形成「政教合一體制」(Caesaropapism)，但在西羅馬帝國自 476 年後便不再有皇帝，而東羅馬帝國對於西歐的控制或影響又日弱，於是呈現不同的景象。另外，關於耶穌的本質，究為人性抑或神性，仍有爭論。雙性論者 (the dyophysites) 把耶穌的人性自神性分出，並拒絕承認聖母為神母，而單性論者 (the monophysites) 則認為人神二性是混一的，並強調耶穌的神性，且有僅承認其神性一面的傾向。君士坦丁堡大主教聶斯托留 (Nestorius, d. 451) 主張耶穌為兩體，儘管密不可分，但仍非一體。431 年，東羅馬帝國皇帝狄奧多西二世 (Theodosius II) 與西羅馬帝國皇帝法倫提尼安三世 (Valentinian III) 在艾夫薩斯（Ephesus，位現土耳其西部）召開大公會議，通過譴責其說為異端。但聶斯托留的從者頗多，稱聶斯托留派 (the Nestorians)。451 年皇帝馬辛（Marcian，在位時期 450–457 年）在君士坦丁堡附近的卡西頓 (Chalcedon) 召開大公會議 (此為第四次)，再度強調艾夫薩斯大公會議的決定，認為耶穌具有真神與真人二性，但卻合為一體而具有神的本質，聖母是神的母親❷。但是，聶斯托留派後來仍在中東、印度和中國流傳。其傳入中國者稱「景教」，於唐太宗貞觀初年（七世紀初）傳入，具有若干活動，在八世紀中葉後衰，明末發現「大秦

---

❷ Ecumenical 一字源自 Ecumene，由希臘文「人類世界」(Oikoumene) 轉來。

❷ Creed 一字源自拉丁文 Credo，其意為「我相信」(I believe)。

❷ 參看 Burns，前揭書，pp. 281–282; McNeill，前揭書，pp. 200–201; Brinton，前揭書，pp. 116–117. Chalcedon 現名 Kadiköy，為伊斯坦堡的外郊，且為其一區。

景教流行中國碑」，上刻中文及敘利亞文。

有關基督教義的一些爭議至聖奧古斯汀 (St. Augustine of Hippo, 354–430) 而大致獲得澄清。他出生於北非現阿爾及利亞，曾擔任希波城主教 (Bishop of Hippo, 396–430)，早年受摩尼派的影響，後受米蘭主教聖安布魯斯 (St. Ambrose, 340?–397) 的開導，而解脫精神上的和思想上的困擾。他著有 《懺悔錄》 (*Confessiones*, or *Confessions*, 400)、《上帝之城》 (*De Civitate Dei*，or *The City of God*，412 年後) 和 《論三位一體》 (*De Trinitate*, or *On the Trinity*, 400–416) 等書。他結合了基督神學與希臘、羅馬的哲學，尤其是新柏拉圖學說。他所闡揚的基督教義，其主要內容為：(1)上帝與靈魂的關係，一切思想以上帝（神）為中心，他雖認為若人懷疑則可證明其存在，以及「若我犯錯，則我在」，但他相信上帝存在於每一人的靈魂之中，而人應該敬畏上帝而不應為世間的煩憂與逸樂所誤導；(2)罪與恩典，人不僅有原罪，而且如無神的恩典或恩寵不能脫離罪惡的生活，上帝會揀選一些人得救；(3)教會與聖禮的重要，人如不參加教會和不接受聖禮，即不能蒙主救恩。針對北非多拿圖教派所倡教士品德會影響聖禮效力的說法，他主張上帝（神）能夠透過聖禮超越一切弱點。在《上帝之城》中，他因有鑑於 410 年蠻族攻陷並搶劫羅馬城，在當時引起極大的震撼，乃論說此事就整個人類歷史及上帝救贖人類的計畫而言，為一瑣事。他指出，有上帝之城或天堂，亦有地上之城 (City of Earth)，而教會則為二者之間的連繫。藉著教會，人可以跨越世上的邪惡而進入天堂的光榮，因為上帝是透過教會來施恩寵，此使教會所扮演的角色遠較早期基督徒時代為大。世界末日和耶穌再臨原是早期基督徒所熱烈期盼的，奧古斯汀則使之成為在時候到了和上帝所願的情況下才發生的事。但是從現時到無限的未來，基督建立了教會來帶領上帝選定得救者的靈魂，並導向他們永恆的家，也就是上帝之城❸。自從聖奧古斯汀以後，正統的教義雖仍有時受到挑戰，

❸　參看 McNeill，前揭書，pp. 202–203; Richard L. Greaves & others, *Civilizations of*

但在十六世紀以前大致上未再有嚴重的威脅。

㈡組　織

　　隨著基督教的傳播與發展，它也走向建構化與統階化。它的主要據點是城市，最初耶穌的十二門徒傳教時也是以城市為主（此因猶太人居住於城市為多）。而且，自從保羅以後，教士 (clergy) 與平信徒 (laity) 之間的分別愈來愈大。他們每到一城，先訓練一批人員，冊立其中一人為主教 (Bishop)，其他的人或為長老 (presbyter)，或為輔祭 (deacon)，主教的轄區稱為教區 (diocese)，下邊有教堂，稱為堂區 (parish)，為基本單位。這些教區在初時彼此並無統轄或主從的關係。三世紀時，羅馬各省內的主教為了解決共同問題，乃有集會研商的情事，此種會議稱為教務會議 (Council, or Synod)。四世紀時，各省首府的主教因為常主持這種會議，漸漸成為全省教會的領導人物，稱為都會主教 (Metropolitan) 或總主教 (Archbishop)。在這些都會主教之中，羅馬、君士坦丁堡、安提亞克（安提阿）、耶路撒冷和亞歷山大城的主教為最重要，他們被稱為宗主教 (Patriarch)。四世紀後，羅馬的地位日益重要，取得特別優越的地位，此即所謂「首席權」(primacy)。這有其原因：第一是羅馬為政治、經濟與文化的中心，自然居於樞紐地位。第二是就教會傳統與神學理論而言，因為耶穌的首席門徒（使徒）彼得係在羅馬殉教（大約在西元 64 年左右尼祿皇帝時），被認為是第一任羅馬主教；而且耶穌曾對彼得說：「你是彼得，我要把我的教會建立在這磐石上。陰間的權柄不能勝過他，我要把天國的鑰匙交給你。」❸此即所謂「彼得磐石說」(Petrine Theory)。再加上保羅也在羅馬傳教和殉教，益增羅馬的地位❸。羅馬主教乃凌駕其他同儕之上，成為「教宗」或「教

---

the World: The Human Adventure (Philadelphia: Harper & Row, 1990), pp. 166–167.

❸　〈馬太福音〉，16 章 18 至 19 節。彼得原名西門，耶穌為之改名為彼得，而彼得的希臘文是 Petrus，意為「磐石」(rock)。

❸　Burns，前揭書，pp. 282–283; Brinton，前揭書，pp. 112–114；王任光，《西洋中

阿佐斯山上的修院

皇」(pope)❸，而為基督教世界的領導權威。

　　自教宗以下，整個教士為一統階組織 (Hierarchy)。其中又分為入世教士 (secular clergy) 和戒律教士 (regular clergy)❸。所謂「入世教士」，包括大主教、主教和司鐸（神父）。至於「戒律教士」，則源自苦行主義 (Asceticism) 所造成的修會制度 (Monasticism)。修會的教士稱為修士 (monk)❸。苦行之風始於三世紀，先是起自東方。聖安東尼 (St. Anthony, c. 251–356) 在 285 年後曾在埃及沙漠中孤獨生活二十年之久。在埃及與敘利亞等地，基督徒中有人為了達到與上帝相結合的境界，乃棄世絕俗，逃避「肉體」和「魔鬼」的誘惑，成為「獨修者」(Anchorite) 或「隱士」(Hermit)，後來演為修士。希臘人聖巴西耳 (St. Basil, c. 330–379) 倡導修士組成共同生活、遵守會規和從事勞動生產的修院，大約在 963 年，在希臘東北部的阿佐斯山 (Mount Athos) 建立了第一座聖巴西耳修院 (Order of St.

古史》（臺北：環球書社，民 79），pp. 27–28。

❸　教宗或教皇 (pope) 一詞源自拉丁文的 papa 及希臘文的 papas，其意為「父」(father)，後為教宗所專用。惟埃及古基督教（Coptic Church，號稱聖馬可所創建者）的首領亦用此銜。

❸　secular 源自拉丁文 saeculum，為「世界」(world) 之意；regular 源自拉丁文 regular，為「規律」(rule) 之意。

❸　修士或和尚 (monk) 一詞源自希臘文 monos，為「孤獨」(alone) 之意。

義大利卡西諾山上本篤會修院，第二次世界大戰時被毀，此
為重建者。

Basil)，後來發展成二十座左右，此為東方教會的修會。至於在西方，義大
利修士聖本篤 (Saint Benedict, 480–547) 創立本篤會 (Benedictines)，在義大
利南部的卡西諾山 (Mount Cassino) 上興建修院（約在 520 年）。後來在十
三世紀初，出生於西班牙的聖多明我 (Saint Dominic, 1170?–1221) 和義大利
人聖方濟 (Saint Francis of Assisi, 1182?–1226) 又分別創立多明我會
(Dominicans, 1216) 和方濟各會 (Franciscans, 1223)❸❻。

㈢第一次分裂

　　基督教一直努力維持統一的普世教會風貌。但是，東歐與西歐始終存
在著地理上的、政治上的和文化上的各種差異。在地理上，東歐和西歐的
條件各不相同。在政治上，自從五世紀蠻族入侵和西羅馬覆亡以後，羅馬
教宗便享有最高的地位，其統階結構的教會組織也填補了帝國行政系統解
體後的真空；因為拜占庭帝國或東羅馬帝國仍然繼續存在到十五世紀中葉，

❸❻　關於修院制度的資料，可參看王任光編譯，《西洋中古史史料選譯》，第三輯（臺
　　北：輔仁大學，民 76），pp. 37–56。

君士坦丁堡宗（大）主教 (Patriarch of Constantinople) 雖為教會首領，卻為皇帝臣民，而東羅馬帝國又是政教合一體制，西方不願接受東羅馬帝國為「歐洲共主」的地位。在文化上，東歐為希臘語文，西歐為拉丁語文，本來早期教會文獻為希臘文，即使是在羅馬也是希臘文占優勢，但五世紀後發生變化。

　　這些因素使東、西教會難以密切合作。早在四世紀之初，希臘教士便常以他們自己的意見為「正統」(orthodos, or orthodoxos)。八世紀時，在東羅馬帝國發生破除偶像爭論 (Iconoclastic Controversy)，皇帝李奧三世（Leo III，680–741，在位時期 717–741）禁止教堂內使用圖像 (images, or icons)，以免導致異教的偶像崇拜，他此後有幾位皇帝貫徹此一政策，因稱「破除偶像者諸帝」 (iconoclast emperors)，至 787 年愛倫女皇 (Empress Irene) 時東教會始恢復在教堂使用圖像，惟雕刻仍被排除。在破除偶像運動時，西教會不肯聽從皇帝的命令。東、西教會對於巴爾幹地區，乃至義大利的教會管轄權亦有爭奪，雙方關係自然惡化。雙方的正式分裂，發生在 1054 年，其原因則為有關三位一體的一項爭議。緣因在《尼西亞信經》中，原謂聖靈源出於父（「從父而生」），而西教會加上「和（源自）子」(filioque) 等字，於是演發為聖靈是否也源自聖子的爭議 (Filioque Controversy)。西教會並不是自 1054 年才加入這些字句的，但在此年爭議發展至無法彌補的程度。此年教宗李奧九世（Leo IX，在位時期 1049–1054）與君士坦丁堡宗主教（大教宗）賽魯拉里 (Michael Cerularius) 互相開除對方教籍（即處以破門罪），於是基督教分裂為二，拉丁教會稱羅馬公教 (Roman Catholic Church)，希臘教會稱東方正教 (Eastern Orthodox Church)❸❼。

---

❸❼　他們雙方之間的互相敵對與互不承認，至 1965 年 12 月 7 日教宗保祿六世（Paul VI，在位時期 1963–1978）和伊斯坦堡大教宗安佐納哥拉一世 (Athenagoras I) 會晤，彼此同意取消破門處分，並互相承認，始告結束。

第二節　中古時期的西歐

一、日耳曼人

日耳曼人 (the Germans) 是除了希臘羅馬文化和基督教以外，西方文化的第三個主要的因素❸。

日耳曼人的入侵改變了羅馬帝國的命運，也把歷史推向了中古。但是，我們必須以更廣闊的視野，才能瞭解日耳曼人何以入侵。自從遠古以來，人類歷史上一個顯著的現象便是居國與行國的鬥爭。在歐亞大陸，從東歐的匈牙利、羅馬尼亞和俄羅斯南部直到東亞的蒙古與中國東北是一個橫亙大陸的草原地帶，有一些自西而東的游牧民族在大約西元前 800 年至 300 年間，占領了這些草原地區。這些游牧民族有動物和動物產品，卻渴望獲得他們所不生產的糧食與金屬。他們用貿易的方法與農業社會互通有無，而且他們的商隊把歐亞各文化連在一起。另一方面，他們也用攻擊和奇襲的方式來奪取他們所需要的東西，他們騎在馬上，使用弓箭為武器，發揮他們所擅長的速度與奇襲，使農業社會與城市居民遭受很大的損害。這種情形從遠古的埃及與中東和中國等帝國到羅馬帝國均是如此。在中國，匈奴人 (the Huns, or Hsiung-nu) 在西元前三世紀成為中國嚴重的外患，長城即為防他們南侵而興建。到漢代或征討，或和親，均為對付匈奴的侵擾。四世紀中葉，匈奴人向西推進，侵入窩瓦河 (Volga) 下游和俄羅斯南部地區。他們在 374 年左右征服東哥德人 (the Ostrogoths)，翌年西哥德人 (the Visigoths) 逃入羅馬境內，而日耳曼人的「入侵」便告開始❸。

事實上，即使是在羅馬帝國的盛世，其周邊即有各式各樣的「野蠻人」

---

❸　如果把希臘與羅馬分為兩個因素，則日耳曼人是第四個主要因素。

❸　參看 McNeill，前揭書，pp. 204–06.

(the Barbarians)。在東邊，有波斯人或安息人，東南有阿拉伯人；在西邊，有塞爾特或喀爾特人 (the Celts) 在威爾斯和蘇格蘭等地；在北邊則為日耳曼人。「日耳曼人」一詞的來源不詳，他們自己並不稱自己為日耳曼人。他們在西元前四世紀

歐亞草原

漸趨重要。在向外擴張以前，他們原居住在今日德國的北部、瑞典的南部和丹麥，以及波羅的海沿岸地帶。他們真正與羅馬人打交道則在西元前二世紀之末，其時條頓人 (the Teutons, or Teutoni) 和喀布里人 (the Cimbri) 侵入高盧南部和義大利北部，而在西元前 102 年與 101 年間為馬留 (Marius) 所殲。他們之間，部落繁多，早期記載見諸凱撒的《高盧戰紀》與塔西圖斯的《日耳曼誌》。羅馬為了防範他們，在萊茵河與多瑙河構築防線。他們並不是真正的「野蠻人」，他們從事農業生產（雖然也有游牧），製造鐵器和陶器等，而且在體質上與羅馬人並無太大差別，他們只是不住在城市中，而且一般說不識字，更不通曉希臘或拉丁語言。他們在三世紀以後逐漸滲透進入帝國，四世紀後尤甚，但不是從正面攻擊進入，而是逐漸滲入，他們有些做了帝國的傭軍，成為主要的兵源。

㈠哥德人、汪達爾人和盎格魯‧薩克遜人

哥德人 (the Goths) 源於現瑞典南部，於三世紀定居於波羅的海以北之地，不斷侵擾羅馬帝國的東北邊境，其中有一部分人在大約 272 年進入達西亞（Dacia，大致上相當於現今羅馬尼亞），從事農業生產，並接受基督教的阿萊安信仰 (Arianism)，這些人後來稱為西哥德人 (the Visigoths, or West Goths)。居住在黑海以北之地的人稱為東哥德人 (the Ostrogoths, or East Goths)。376 年西哥德人因受匈奴威脅，越過多瑙河定居於帝國的般諾

尼亞（Pannonia，時為行省，地當現奧、匈、南之一部），但不久與羅馬當局發生衝突。378 年羅馬皇帝法倫斯（Valens，328–378，在位期間 364–378）親自率軍征討，但在亞德利亞堡 (Adrianople)❹為西哥德人所敗，法倫斯亦死於此役。此後希臘門戶洞開，繼任的皇帝狄奧多西採取安撫政策，「買」了三十年的和平。在此期間，西哥德人居於色雷斯，仍以帝國「盟友」防守多瑙河流域，已形同割據。他死後，西哥德人進入巴爾幹，蹂躪希臘，在其酋長阿拉里克 (Alaric the Bold, 370–410) 率領下，經亞德利亞海首次進入義大利，並於 410 年攻陷和搶劫羅馬。此事引起極大的震撼，亦為奧古斯汀撰寫《上帝之城》的背景。阿拉里克旋即死亡，西哥德人離開義大利前往高盧與西班牙。法蘭克人在五世紀晚期將他們逐出高盧，但他們控制西班牙一直到 711 年為回教勢力征服為止。

東哥德人原於 374 年左右為匈奴人所征服。匈奴人並在中歐多瑙河平原（包括後來的羅馬尼亞、匈牙利和南斯拉夫，及波蘭之一部）建立了一個帝國，並向東羅馬皇帝勒索貢金。在其酋長阿提拉 (Attila, 433?–453) 的率領下，向西侵擾，造成很大的驚恐，阿提拉亦有 「上帝之鞭」 (the Scourge of God) 的稱號，他死後匈奴勢力漸趨瓦解。東哥德人在匈奴帝國崩潰後進入義大利。此時西羅馬皇帝早已廢弱無力，各省的秩序亦蕩然無存，日耳曼雇傭兵將領主宰一切。476 年，一位名叫奧道阿塞 (Odoacer) 的日耳曼將領罷黜了最後一位皇帝羅穆洛斯・奧古斯都拉 （Romulus Augustulus，意為小奧古斯都）的皇位而自稱義大利王，西羅馬滅亡。東哥德人係在東羅馬帝國皇帝齊諾 （Zeno, d. 491，在位期間 474–491） 的雇用和授權下為對付奧道阿塞而進入義大利。東哥德人的酋長是狄奧多里克 (Theodoric, 454?–526)，他率領族人進入義大利，罷黜奧道阿塞，控制了義大利（他統治義大利的時期為 489–526）。他是一個曾在君士坦丁堡做過人

❹ 位於現土耳其西北部，在伊斯坦堡 （君士坦丁堡） 西北約 130 哩，現名艾迪奈 (Edirne)。

質並接受教育的人，對羅馬文化頗有認同。但東哥德人亦信阿萊安教派，統治義大利有其困難。他死後不久，東羅馬皇帝查士丁尼的部將便把東哥德人逐出阿爾卑斯山以外，在歷史上失去蹤影。

　　汪達爾人 (the Vandals) 為源自日德蘭半島 (Jutland Peninsula) 北部的日耳曼人。他們在五世紀時越過萊茵河而到達高盧，再向南進入西班牙（411 年）。繼之於 429 年進入北非，再東向至今摩洛哥及阿爾及利亞，並建都於迦太基。他們建造艦艇，襲擾西西里與義大利，並於 455 年搶劫羅馬。他們也信阿萊安教派，其北非王國在六世紀時為查士丁尼所亡。

　　盎格魯人 (the Angles)、薩克遜人 (the Saxons) 和朱提人 (the Jutes) 是侵入不列顛的日耳曼人。他們原居於北海東岸的現德國北部與丹麥之地，五世紀時羅馬因歐陸吃緊撤出在不列顛的軍力，他們乃乘虛而入，並降服了原來的塞爾特人。他們分別建立了一些小國。盎格魯人在英格蘭❹東北、中部和北部建立了東安格里亞 (East Anglia)、麥西亞 (Mercia) 和瑙森伯里亞 (Northumbria) 等小王國；薩克遜人後來建立了撒賽克斯 (Sussex)、威賽克斯 (Wessex) 和愛賽克斯 (Essex) 等小王國；朱提人則建立了肯特 (Kent)王國並殖民威特島 (Isle of Wight)。這些人後來被混稱為盎格魯‧薩克遜人 (the Anglo-Saxons)❹。至於愛爾蘭則在第一波日耳曼人入侵時未被波及。

㈡法蘭克人的雄圖

1.梅洛文琴王朝

　　法蘭克人 (the Franks) 的來源不詳，他們似乎是由萊茵河下游與中游地區的一些小日耳曼部落結合而成者。他們之中主要的兩個部族是薩利安，指海邊居住者 (the Salian, or dwellers by the sea)，以及利普阿里安，指河邊

---

❹　拉丁文作 Angli，塔西圖斯的《日耳曼誌》曾提及此民族。英格蘭 (England) 一詞即源自他們。

❹　盎格魯‧薩克遜人原用以區別在歐陸和英格蘭的薩克遜人，後變為「英國人」(English) 的意思。

居住者 (the Ripuarian, or dwellers by the rivers Meuse and Rhine)，前者在北，後者在南。兩個部族各自獨立發展，有時聯合對付共同的敵人。薩利安法蘭克人在四世紀後期成為羅馬帝國的「盟友」，五世紀時他們南向進入高盧，在其領袖克洛維（Clovis，466–511，法蘭克國王克洛維一世）領導下擊敗羅馬軍隊而據有高盧（486 年）。克洛維統一了兩個部族，也接受了羅馬公教。法蘭克人繼續擴張，在六世紀至九世紀，建立了一個包括法國絕大部分、低地國（現荷蘭、比利時、萊茵地區）、現德國易北河以西，以及奧地利、瑞士和義大利北部與中部的大帝國。

克洛維所建立的王朝稱為梅洛文琴王朝 (the Merovingians)❹，法蘭克人舊俗在君主死後，土地不歸長子繼承，而由諸子瓜分。法蘭克人的國家後來分為幾個王國，西邊是紐斯垂亞（Neustria，約當巴黎及法國西北部），東邊的奧斯垂斯亞（Austrasia，法國東北部及萊茵地區），以及南邊的勃根地（Burgundy，法國東南部）。梅洛文琴王室率多無能之輩，政事多交宮相 (Mayor of Palace)。奧斯垂斯亞的宮相查理·馬泰爾 （Charles Martel，688?–741，任期 714–741）實為真正的統治者，他只是未取王位而已。他是卡洛林王朝 (the Carolingians)❹的創立者。

2. 卡洛林王朝

查理·馬泰爾綽號「鐵鎚查理」(Charles the Hammer)。本來在七世紀末年其父丕平 (Pepin of Heistal) 擔任宮相（任期 687–714）時，便已漸能掌控法蘭克人的土地，至八世紀初查理·馬泰爾更因回教勢力進入高盧而更能促使法蘭克人團結。他降服紐斯垂亞和勃根地，並且於 732 年在圖爾（Tours，在今日法國西中部）打敗回教軍隊，遏止了回教勢力的發展。他的兒子便是矮子丕平 (Pepin the Short, 714–768)，他不以宮相之位 (741–751) 為滿足，而於 751 年在教宗查克里亞斯 （Saint Zacharias，在位時期

---

❹　此名稱係由薩利安法蘭克人的祖先梅洛文 (Merovech) 酋長而來。

❹　Carolingian 源自拉丁文的「查理」(Carolus)。

741–752）的支持下，取得「法蘭克人之王」(King of the Franks) 的稱號。他是卡洛林王朝的第一君，他的孫子便是有名的查理曼（Charlemagne，or Carolus Magnus，or Charles the Great，741–814，在位時期 768–814）。查理曼的文治和武功均甚足觀。800 年聖誕節，教宗李奧三世 (Leo III) 加冕查理曼為「羅馬人的皇帝」(Emperor of the Romans)。

查理曼加冕為「羅馬人的皇帝」代表著一統帝國理念在西歐的復活。另一方面，東羅馬（拜占庭）帝國一直以歐洲共主自居，如果承

查理曼加冕用的坐椅 （現在位於阿亨）

認此事，則意味著帝國的最後和正式的分裂，經過若干戰爭與交涉，814年東羅馬皇帝邁克爾一世 （Michael I, d. 845，在位時期 811–813） 承認查理曼的帝號。 查理曼也修明文治，倡導文物， 他的王廷所在地阿亨（Aachen，法文稱 Aix-la-Chapelle，位於現德國西部） 不僅是政治中心，而且也是文化中心，乃有「卡洛林文藝復興」(Carolingian Renaissance) 的說法。 他在阿亨所設立的宮廷學校 (Palace School)，聘請英國教士及教育家阿昆 (Alcuin, 735?–804) 主持，為當時有名的學府。

3. 法蘭克人與羅馬教會的聯合

法蘭克人與羅馬教會的聯合是中古初期的大事，也對西方歷史發生很大的影響。法蘭克人信仰羅馬教會，與一些其他日耳曼民族不同。緣因倫巴人 (the Lombards) 原本在一世紀時居於易北河下游，但後來屢經轉徙而於六世紀後期進入義大利北部，並且建立了一個以巴維亞 (Pavia) 為首都的王國，他們的勢力在七世紀和八世紀時甚強。倫巴人信奉阿萊安教派並向外擴張，此對羅馬教宗構成很大的威脅。其時羅馬教宗在政治與宗教上仍須承認拜占庭皇帝的威權，在宗教聲望上亦遜於君士坦丁堡宗主教。在此

情形下，羅馬教會亟盼得到法蘭克人的支持。矮子丕平時，二者結盟的條件成熟。751 年教宗查克里亞斯已同意丕平取得王號。教宗史提芬二世（Stephen II, d. 757，在位時期 752-757）於 753 年親自赴高盧訪問丕平，雙方締結同盟。丕平擊敗倫巴人，奪得拉文那 (Ravenna) 等地，交付羅馬教宗，是為「丕平的贈獻」(Donation of Pepin)，時在 756 年，此年被認為係教宗國成立之年。772 年倫巴人又攻擊羅馬，為查理曼所敗，774 年查理曼加冕為倫巴人的王。教廷後來為了強化其塵世間的統治地位，又提出「君士坦丁捐賜狀」(*Donatio Constantini*, or *Donation of Constantine*)，謂早在四世紀君士坦丁大帝遷都君士坦丁堡時便把西方各省交由羅馬教宗統治。此一文件後來在文藝復興時代為人文學者法拉 (Lorenzo Valla) 考證其為偽作，蓋此一號稱四世紀時的文獻包含甚多八世紀的語法及辭彙。

　　教宗取得了世俗權力並繼續壯大，有力量對抗西歐君主，使西方脫離了政教合一體制，對西歐自由發展有很大的關係。

4.查理曼帝國的崩解

　　查理曼帝國雖然建立了西羅馬帝國滅亡以來空前的局面，恍如大一統盛世再現。但此帝國有其缺點，阿亨雖號稱首都，皇廷實無定所，游牧色彩仍在；帝國沒有制度化的文官組織，內臣與官員不分。更嚴重的是，法蘭克人對於領土沒有長子繼承的習慣，而係諸子分配。即使是查理曼本人，也是因為與他共同統治的弟弟卡洛曼 (Carloman, 751-771) 在 771 年死後，才有放手去做的機會。查理曼諸子之中除了虔誠者路易 (Louis I, or Louis the Pious, 778-840) 之外均早死，故查理曼在 814 年死時，帝號與國土均由其繼承（查理曼在死前一年即加冕其為皇帝）。但是，路易有三個兒子，即長子羅塞爾 (Lothair)、日耳曼路易 (Louis the German) 和禿頭查理 (Charles the Bald)。842 年，日耳曼路易與禿頭查理和他們所屬的軍隊相會於斯特拉斯堡 (Strasbourg，or Strassburg，位於現法國東北部)，宣誓一同反對兄長。由於路易所統治的地區是原來查理曼帝國的東部，也就是後來德國的

地區，查理所統治的地區是原來帝國的西部，也就是後來法國的地區，而語言發展已有分歧，東部所講的語文為早期的德文，西部所講的語文則為羅曼斯語文 (Romance)，為一種由拉丁文正轉變為法文的語文。於是，雙方乃用對方的語言宣誓，即路易用羅曼斯語宣誓，查理用早期德文宣誓，以期使兩人的軍隊均能瞭解。此即所謂「斯特拉斯堡誓詞」 (*Oaths of Strasbourg*)，在語言學上和政治史上同樣有重大的意義。兩兄弟起兵攻擊羅塞爾後，843 年簽訂「凡爾登條約」(*Treaty of Verdun*，凡爾登位於現法國東北部，在繆斯河上)。此條約將查理曼帝國正式三分：禿頭查理得西部，包括原來的紐斯垂亞及阿契坦，自此稱「西法蘭西」(West Francia)；日耳曼路易取得東部，包括薩克森尼 (Saxony)、巴伐利亞 (Bavaria)，以及萊茵河以東的大部分地區；羅塞爾保留帝號並獲中部地區，包括低地國、洛林 (Lorraine)、亞爾薩斯 (Alsace)、勃根地、普羅文斯，以及義大利絕大部分。羅塞爾死於 855 年，其土地由三子世襲：長子路易二世 (Louis II) 獲義大利及帝號；次子羅塞爾二世 (Lothair II) 取得北邊的羅塞倫吉亞 (Lotharingia，其地包括現荷蘭、比利時、盧森堡、洛林、亞爾薩斯及德國西北部，包括阿亨及科隆)；三子查理得勃根地。869 年羅塞爾二世逝世，其所統治的羅塞倫吉亞，翌年由其叔父禿頭查理與日耳曼路易在梅爾森（Mersen，在現荷蘭境內）訂立「梅爾森條約」(*Treaty of Mersen*) 所分，大致上禿頭查理取得現荷蘭、比利時及洛林，日耳曼路易取得亞爾薩斯和萊茵河下游左岸之地。後來禿頭查理所統治的西法蘭西便演變為法國，日耳曼路易所統治的東法蘭西便成為日耳曼（德國），同時也埋下兩國爭奪亞爾薩斯和洛林地區的種子。此外，法國 (France) 和法蘭康尼亞（Franconia，在德境）二名詞，均源自法蘭克❹。

---

❹　參看 Burns，前揭書，pp. 357–392；王任光，前揭書，pp. 129–173；張學明譯，《西洋中古史》（臺北：聯經，民 75）(C. Warren Hollister, *Medieval Europe: A Short History*, 4th ed., 1978)，pp. 65–91；Milton Viorst, ed.，前揭書，pp. 23–33;

㈢北　蠻

北蠻 (Nortmanni, or Norsemen) 亦稱維京人 (Vikings)。他們為古代斯堪底那維亞人，亦即挪威人、瑞典人和丹麥人等，在種族上與日耳曼人同屬條頓族。這些人自八世紀起即不斷侵襲歐洲沿海地區，他們的快速小船很容易就能到達泰晤士河 (the Thames)、塞納河 (the Seine) 和洛瓦河 (the Loire) 等河的河口。他們並不是受其他民族的逼迫，而是掠奪財富。再者，他們原係行一夫多妻制的異教徒，諸子（特別是幼子）必須向外發展。九世紀至十一世紀之間，他們對歐洲造成很大的侵擾，而且也發生了若干的影響。他們之中有一支在羅洛 (Rollo, or Hrolf, 860–932) 的率領下占領塞納河口，自 911 年迫使西法蘭克（法國）國王查理三世 (Charles III) 同意其安頓在諾曼地 (Normandy)，但以接受洗禮和協防為條件，羅洛受洗改名為羅勃 (Robert)，他就是第一個諾曼地公爵。他們以諾曼地為根據地，向義大利南部和西西里島發展。1066 年他們並征服英格蘭。

九世紀與十世紀間，他們另一支被稱為丹人 (the Danes) 的族群侵入英格蘭。英格蘭自盎格魯・薩克遜人入侵後，建立了一些小國，他們之間互相爭戰，也與仍在塞爾特民族控制下的威爾斯、康威爾 (Cornwall) 和蘇格蘭衝突。另外，基督教亦於六世紀末傳入。國王在治理國家方面亦有賢人會（Witenagemot，由地主、官員和教士組成）為諮詢機關。丹人入侵後，在英格蘭東部和北部占領一些土地，但薩克遜人的王國威賽克斯在國王阿佛烈（King Alfred the Great，849–899，在位時期 871–899）領導下打敗丹人，他並且徵收一種土地稅叫「丹吉特」(Danegeld)，作為安撫丹人之用，後來成為軍事稅目。但是，他並不能驅除丹人，後來劃出東安格里亞、麥西亞等地區為「丹法區」(Danelaw)❹。丹人後來又曾大舉侵入英格蘭，在

Norton Downs, ed.，前揭書，pp. 34–36.

❹　丹法區係阿佛烈在 886 年劃出當時在丹人占領下適用丹人法律的地區，後來丹人雖退，該地區仍沿用丹人法律至諾曼人征服英格蘭 (1066) 為止。

1017 年丹人之王卡諾特 (Canute, 995?–1035) 成為英格蘭王，且同時統治挪威與丹麥，建立了一個聲勢浩大的「帝國」，但因早死，至 1042 年薩克遜人懺悔者愛德華 （Edward the Confessor， 1004–1066， 在位時期 1042–1066）❹又成為英格蘭王。但因其無子嗣，遂發生繼承問題。諾曼地公爵威廉 (William, Duke of Normandy) 因與愛德華有親戚關係，且又娶阿佛烈後裔，乃聲稱有繼承權。1066 年愛德華死，威賽克斯伯爵哈洛德・高德溫 (Harold Godwin, Earl of Wessex) 自立為王，威廉取得教宗同意後乃跨海來征，他在哈斯汀斯（Hastings，位於英格蘭東南部）打敗哈洛德，繼之征服英格蘭。 他就是威廉一世或征服者威廉 （William I， or William the Conqueror，1027?–1087，諾曼地公爵，1035–1087，英王 1066–1087）。此即英國史上的「諾曼征服」(Norman Conquest)，此一征服至 1071 年始告完成。

愛爾蘭的塞爾特民族從未歸順羅馬帝國，五世紀初葉接受基督教。五世紀至九世紀間亦未受日耳曼人入侵，但 840 年北蠻在都柏林 (Dublin) 沿岸侵襲，之後也在愛爾蘭占領了一些地區，但後為愛爾蘭人所同化。

㈣神聖羅馬帝國的建立與政教衝突

1. 神聖羅馬帝國的建立

神聖羅馬帝國 (Holy Roman Empire, or sacrum Romanum imperium)❹的建立，是中古時期「大一統」理想的第二次試圖實現。這個帝國的肇端亦有自查理曼帝國開始計算的，但說查理曼帝國為其前身則不成問題。它的終結為 1806 年拿破崙 (Napoleon Bonaparte, 1769–1821) 取消其帝號。

---

❹ 懺悔者愛德華為丹人所敗並曾逃往諾曼地的英王艾佐瑞德 (Ethelred the Unready，952?–1016，在位時期 978–1016) 之子。其母愛瑪 (Emma) 為諾曼人，後又嫁卡諾特。他成長於諾曼地。

❹ 「神聖羅馬帝國」曾被伏爾泰 (Voltaire) 譏為「既不神聖，亦非羅馬，更非帝國」，但此名詞實係 1254 年開始使用，1157 年始有「神聖帝國」的說法，1034 年始有人以「羅馬帝國」來稱呼康拉德二世 (Conrad II) 統治下的土地。

　　查理曼帝國崩解以後，在東法蘭西（東法蘭克王國）的國王查理三世或胖子查理 （Charles III，or Charles the Fat，839–888，在位期間，皇帝 881–887，東法蘭克王 882–887，西法蘭克王 884–887）時曾一度復合。他是日耳曼查理之子，先由其父繼承斯瓦比亞 （Swabia, 876 年），後因其兄弟卡洛曼 (Carloman) 和小路易 (Louis the Younger) 之死 （分別在 880 年及 882 年） 而為東法蘭克或日耳曼王，881 年為教宗若望八世 (John VIII) 加冕為皇帝。884 年因西法蘭克國王禿頭查理 （查理二世）的後嗣死絕而繼位為西法蘭克（法國）之王。查理曼帝國又告復合，但惜乎曇花一現。蓋胖子查理膽識不足，不善治國，886 年巴黎為北蠻所包圍時，他用金錢贖城，而非擊退敵人。887 年被罷黜。在日耳曼（東法蘭克王國），諸侯選日耳曼路易之孫，來自巴伐利亞的阿諾夫 (Arnulf，850–899，在位時期東法蘭克王 887–899，皇帝 896–899) 為王。他頗有作為，他在 891 年擊敗來犯的北蠻，並與斯拉夫莫洛維亞人 (the Moravians) 締和 （894 年），但他不設法鞏固日耳曼內部，卻應教宗國之請南征義大利，896 年雖為教宗福莫索斯 (Formosus) 加冕為皇帝，但得不償失。他死後 （899 年） 由其六歲幼子路易或童子路易 (Louis the Child, 899–911) 繼位，但 911 年死，東法蘭克人的卡洛林王朝至是斷絕。

　　九世紀末以後，日耳曼境內有五個公爵國：法蘭康尼亞、薩克森尼、色林吉亞、斯瓦比亞和巴伐利亞。這些公爵國原為軍區，而「公爵」(duke) 原來的意義亦為「軍領」(army commander)。911 年為了抵擋馬札兒人 (the Magyars) 的侵略，選法蘭康尼亞公爵康拉德 (Conrad) 為王，是為康拉德一世 （Conrad I，在位時期 911–918）。康拉德一世死後，薩克森尼公爵亨利被選為王，是為亨利一世 （Henry I，在位時期 919–936）。亨利一世之子即鄂圖一世或鄂圖大帝 （Otto I，or Otto the Great，912–973，國王 936–973，皇帝 962–973）。鄂圖一世在主導日耳曼局勢後，於 951 年和 961 年兩度遠征義大利，962 年由教宗若望十二世 (John XII) 加冕為皇帝。

十一世紀後來自法蘭康尼亞的薩利安王室 (Salian House) 的康拉德二世（Conrad II，在位時期 1024–1039），亨利三世（Henry III，在位時期 1039–1056）和亨利四世（Henry IV，在位時期 1056–1106）本已能夠相當程度地伸張王權，大有可為。但在亨利四世後發生了政教衝突，帝國與教會雙方纏鬥了兩百年左右 (1075–1272)，元氣大傷。十四世紀後神聖羅馬帝國受到領土王國（後來的民族王國或民族國家）和城市（在義大利有米蘭主導下的倫巴同盟，以及日耳曼各城市）的抵制，再加上後來宗教改革所造成的各種發展，而漸趨不振。

　　神聖羅馬帝國在盛時曾涵蓋現在德國、奧地利、捷克西部、瑞士、法國東部、荷蘭、比利時、盧森堡，以及義大利北部和中部的部分土地。但是，它在基本上是個日耳曼政權和日耳曼國家，它號稱「神聖羅馬帝國」，原本為大一統政治理想的復活，但既名之為羅馬，便勢必統治義大利，而且以世間最高權威自居，這些因素導致它與羅馬教廷（教宗國）發生不可避免的衝突。另外，它的君主始終以選舉方式產生，基礎不夠穩固，雖有帝號，所統治的不過是一個鬆散的邦聯。選舉方式在查理四世（Charles IV，在位時期 1346–1378，盧森堡王室）於 1356 年頒布「金璽詔令」(*Golden Bull of 1356*) 後更變得「制度化」。此後只有七個選侯 (Elector) 握有皇帝的選舉權，他們是科隆、梅因茲和特里埃的三個大主教 (Archbishop-Electors of Cologne, Mainz, and Trier)、波希米亞王（King of Bohemia，波希米亞地當現捷克西部）、萊茵的巴拉提那 (Palatinate) 伯爵、薩克森尼公爵和勃蘭登堡侯 (Margrave of Brandenburg)❹。皇帝逝世後由他們在三十天內選出繼位者，如超過三十天仍未選出則減少供應和飲水，直至選出為止。日耳曼（德國）也因為背負著神聖羅馬帝國的包袱，以及諸多不利條件，故其民族統一工作至十九世紀下半期始能完成，而日耳曼或德國

---

❹　1648 年又加上巴伐利亞公爵（巴伐利亞在 1805 年升格為王國），1692 年再加上漢諾威公爵 (Duke of Hanover)（1815 年升格為王國），選侯成為九個。

(Germany) 一詞亦常被稱為諸日耳曼或諸德 (the Germanies)。

2.政教衝突

　　神聖羅馬帝國的力圖振作和聲稱具有世間最高的威權，與羅馬教會發生衝突。本來按照理想，一統帝國與一統教會應該是相輔相成的，政府與教會是上帝的兩把劍，但是二者之中何者為高，也是難以解決的問題。羅馬教會在中古時期一直是重要的力量，且有龐大而嚴密的組織。但它在十與十一世紀初期漸趨腐化和世俗化。於是教會有了克呂奈改革運動 (Cluniac Reform Movement)。此一改革運動的淵源在於 910 年阿契坦公爵虔誠的威廉 (Duke William the Pious of Aquitaine) 在勃根地的克呂尼（Cluny，法國東部城鎮）興建了一所嚴守教規的本篤會修院，即克呂奈修會 (Cluniac Order)。他們所倡導的嚴守教規發展為大規模的運動，1059 年建立樞機主教團 (College of Cardinals)，使教宗選舉有了成規，嚴禁買賣聖職 (simony) 和強調獨身 (celibacy)❺。關於羅馬教會的教士獨身不婚，此後成為定制。教會也有穩固的財源，信徒繳交什一稅 (tithe) 等。教會亦有司法權，「教會法」(canon law) 包括有關教義、《聖經》、大公會議決議、教宗諭令，其管轄權亦及於任何與信仰和道德有關的事件。這些案件不論涉及何人，均由教會法庭審理，任何與某一聖禮有關的民事案件（如與婚禮有關的結婚、離婚、遺囑等）亦然。

　　因為神聖羅馬皇帝亨利四世實行世俗政府冊立教職 (Lay Investiture) 的政策，教宗格理高里七世（Gregory VII，1020?–1085，在位時期 1073–1085，本為改革運動的領導人物）於 1075 年發表諭令「教宗指令」(Dictus Papae, or Pope's Dictate) 禁止。1076 年，亨利四世在烏穆斯會議 (Diet of Worms) 宣布罷黜教宗，而教宗則將皇帝開除教籍（破門罪）。1077 年亨利四世在貴族反叛的情況下，親赴卡諾沙（Canossa，義大利中部亞平

---

❺　十一世紀以前對此並無嚴格規定，獨身常是苦修志願的決定。耶穌的門徒中至少彼得是有妻室的，《新約聖經》中多處談及彼得的岳母，可為明證。

寧山脈上城堡），在雪地上赤足三天以懇求寬恕。但是，雙方衝突並未因此一暫時和解而停止。1080 年皇帝又獲大部分日耳曼貴族、主教和義大利主教支持，宣布罷黜教宗，並選克萊門三世 (Clement III) 為教宗，且於 1084 年占領羅馬。但是，格理高里得到諾曼人的支持，亨利四世之子亨利（即後來的亨利五世）叛而違抗其父，1105 年亨利四世被迫遜位。1122 年亨利五世（Henry V，1081–1125，皇帝 1111–1125）與教宗加利斯督二世（Calixtus II，在位時期 1119–1124）簽訂「烏穆斯條約」(*Concordat of Worms*)，決定主教由教宗與皇帝一同授職，教宗在前而皇帝在後，但此僅為妥協。至皇帝腓特烈一世或紅鬍子腓特烈（Frederick I，or Frederick Barbarossa，1125–1190，皇帝 1155–1190）時，因為伸張帝國權力，聲言自己是查理曼的繼承者，以羅馬法向教會爭權。他甚至與教宗亞歷山大三世（Alexander III，1181，在位時期 1159–1181）兵戎相見，1168 年且占領羅馬，但瘟疫迫使其退兵。另外，米蘭領導下的義大利城市組成的倫巴同盟亦不接受其威權，1183 年在用兵無效之後終同意他們自治。但是在 1186 年他為兒子亦即後來的亨利六世（Henry VI，1165–1197，皇帝 1191–1197）安排與諾曼人統治下的西西里女繼承人康士坦絲 (Constance) 的婚姻很成功，這使教宗國有被包圍之勢。但亨利六世在 1197 年死去，造成混亂，後由其子腓特烈二世（Frederick II，1194–1250，皇帝 1220–1250，日耳曼王 1212–1220，西西里王 1197–1250）繼位。此時教宗英諾森三世（Innocent III，1160–1216，在位時期 1198–1216）已大大伸張了教宗國的威權，他被認為是中古最有權力的教宗，英王約翰亦被其降服，腓特烈二世的繼位亦係由他裁定。此後腓特烈二世與教宗格理高里九世（Gregory IX，1143?–1241，在位時期 1227–1241）和英諾森四世（Innocent IV，1180 or 1190–1254，在位時期 1243–1254）互鬥不已，格理高里九世將皇帝開除教籍，重啟戰端，英諾森四世且一度逃到里昂 (Lyons)，召開會議宣布罷黜皇帝。1250 年腓特烈二世死，鬥爭仍未停止。教宗軍隊追擊，腓特

烈二世之子康拉德九世 (Conrad IX) 死於 1254 年，其幼子小康拉德
(Conradino) 在 1268 年亦被殺死。事實上，自 1254 年至 1272 年皇位中斷，
此稱 「大虛位」 (Great Interregnum)，至 1272 年哈布斯堡王室的魯道夫
（Rudolf I of Hapsburg）當選為皇帝（在位時期 1273–1291），才結束大虛位。

　　總之，政教之爭垂二百年，教會雖得到勝利，但後來面對民族王國或
民族國家的對抗時便不再能占上風。對於日耳曼更是造成很大的傷害，使
其封建化加深加強，使德國統一晚了數百年。

　　另外，政教之爭在日耳曼與義大利造成了教宗黨 (the Guelphs) 和皇帝
黨 (the Ghibellines) 的對立，對中古時期的政治有若干影響**❺**。

㈤英國與法國的發展

1.英　國

　　征服者威廉或威廉一世所發動的「諾曼征服」(Norman Conquest)，自
1066 年持續到 1071 年。他以六分之一左右的土地作為王畿，二分之一左
右的土地分封給有軍功的諾曼貴族 (barons)，教會所擁有的大約四分之一
的土地則予以歸還。他盡量保留盎格魯・薩克遜人的習慣法，以及原有的
地方行政區分，即三十六個郡 (shires)。他也下令清丈土地，在 1086 年完
成《土地清丈圖冊》(*Domesday Book*)。他對英格蘭一面採取軍事征服，一
面進行諾曼與法蘭西貴族移殖，改變了原有的社會與文化的結構。他以諾
曼人的「王廷」或「大會議」(curia regis, or great council) 取代原有的賢人
會，該一機構係由主教、重要修院院長和大地主組成，每年召開三次（分
別在聖誕節、復活節和降臨節），但國王得隨時召開。不過，在「王廷」或
「大會議」 中，另有國王所親信的內圈組織，此稱 「小會議」 (small

---

❺　參看 Milton Viorst, ed.，前揭書，pp. 47–61；王任光，前揭書，pp. 257–272；張
　　學明譯，前揭書，pp. 109–113。K. J. Leyser, *Medieval Germany and Its Neighbors*,
　　900–1250 (London: Hambledon, 1982); G. Barraclough, *The Origins of Modern
　　Germany* (New York: Norton, 1984).

亨利二世與貝克特

council)。前者後來逐漸擴大成為國會，後者演為政府。他所建立的體制，是王權伸張的封建體制。另外，由於政府和教會的重要職位均操在諾曼人或法蘭西人之手，而原來的盎格魯·薩克遜人受到壓抑，社會的上層（諾曼貴族與教士）說的是法文，寫的是拉丁，流行法國的文化，而盎格魯·薩克遜人則講英文，並保留他們自己的生活方式，以致造成隔閡。

　　威廉一世一系的君主有威廉二世（William II，在位時期 1087–1100）、亨利一世（Henry I，在位時期 1100–1135）、史提芬 (Stephen, 1135–1154)。自亨利二世（Henry II，在位時期 1154–1189）起便是來自安如（Anjou，位於法國西部）的安如王室或金雀花王朝 (Angevin, or Plantagenet dynasty)❷，此一王朝共有八君，自 1154 年至 1399 年統治英國。亨利二世在即位前娶與法國國王路易七世 (Louis VII) 離婚（由教宗宣布婚姻無效）

---

❷　安如王室之所以稱為金雀花王朝，係因此王朝之祖先安如伯爵吉奧弗里 (Geoffrey, Count of Anjou) 綽號為金雀花，此因他在帽上戴有金雀花嫩枝以為標誌。他娶了亨利一世的女兒瑪狄妲 (Matilda)，他們所生的兒子即為後來的亨利二世。

的阿契坦女公爵愛玲諾 (Eleanor of Aquitaine)，因而取得阿契坦，他從父親手中繼承了不列坦尼，從母親手中繼承了安如、梅因（Maine，在法國西北部）和圖倫（Touraine，法國西部中間地區），另外他又是諾曼地公爵，因而造成了一個龐大的金雀花帝國，而他以諾曼地公爵的身分又是法國國王的附庸 (vassal)，關係錯綜複雜。

　　亨利二世時期曾發生類似政教之爭的貝克特事件。貝克特 (Thomas Becket, 1118?–1170) 為諾曼人，原與亨利二世有密切的關係，而且曾擔任大理院長 (chancellor)，1162 年因亨利二世的力薦而由教宗任命為坎登伯里大主教 (Archbishop of Canterbury)。他在取得英國教會最高職位後卻忠於教會，因而與亨利發生嚴重的衝突。1164 年後貝克特流亡法國與羅馬六年，1170 年返英，並宣布將支持亨利者開除教籍，而在主持宗教儀式時為效忠亨利的人所殺害。亨利亦於 1172 年廢除限制教會權益的 1164 年「克拉倫敦憲章」(*The Constitutions of Clarendon*)，而另頒「教士權益狀」(*Benefit of Clergy*)。

　　亨利二世之子即為生活多彩多姿的獅心王理查（Richard I，or Richard the Lion-Hearted，在位時期 1189–1199）。他在位十年，但在英國僅有六個月。他的弟弟是約翰二世（John II，在位時期 1199–1216），因為屈服於教宗英諾森三世（Innocent III，在位時期 1198–1216），以及敗於法國國王菲力普二世（Philip II，or Philip the Augustus，在位時期 1180–1223），於是貴族和教士在 1215 年 6 月 5 日迫其簽署《大憲章》(*Magna Carta*, or *Great Charter*)。這個《大憲章》的簽署地點在蘭尼米德（Runnymede，位於英格蘭南部距倫敦不遠的泰晤士河南岸）。它全文有六十三條，用拉丁文寫成。主要內容為保障教會與城市的權益，國家大事須經貴族同意，新開徵之稅亦須貴族同意，以及不經同儕 (peers) 合法審判不得被囚禁和被逐出國，以及剝奪財產。這些條款原適用於貴族，後隨時代發展而包括全民。它在英國憲政史上有重大意義。

亨利三世 （Henry III， 在位時期
1216–1272）時貴族又與國王爭權，且曾
爆發內戰。1265 年貴族召開大會
(assembly)，每一城市有二名代表，每一
郡有四個騎（武）士參加，此為國會
(Parliament) 的起源。亨利三世之子愛德
華一世 （Edward I， 在位時期 1272–
1307）雖重振王權，並於 1283 年討平威
爾斯之亂， 封其子為 「威爾斯親王」
（Prince of Wales， 此後王儲均有此封
號），也於 1296 年自取蘇格蘭王之號，
將蘇格蘭王的登基石 (Stone of Scone) 移

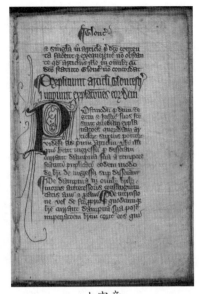

大憲章

至西敏寺。他在 1295 年召集的國會包括各階層（貴族、高級教士、騎士、
城市居民、基層教士），因而有「模範國會」(Model Parliament) 之稱，國
王召集令中且有「眾人攸關之事，應由眾人贊同」(what touches all should
be approved by all) 的名句。 後來演變為貴族院 (House of Lords) 與平民院
(House of Commons)。愛德華一世也改良司法制度。

　　愛德華一世之子愛德華二世 （Edward II，在位時期 1307–1327）甚為
平庸， 喪失蘇格蘭。但其子愛德華三世 （Edward III， 在位時期 1327–
1377）又重振聲威。他發動英法百年戰爭，但 1348–1349 年間，黑死病流
行，英國人口減少近半（八分之三），社會與經濟均受影響。但在此時期，
英國民族情緒興起， 英國人民不喜遷徙在亞威農的教宗威克里夫 (John
Wyclif, 1328–1384) 批評教會濫權，他與他的學生開始英譯《聖經》，這部
《威克里夫聖經》(*Wyclif Bible*) 具有多方面的意義。1362 年英文已取代法
文成為官方語文，1399 年更行之於國會。愛德華三世並設立地方治安法官
(Justices of Peace)。 理查二世 （Richard II， 1367–1400， 在位時期 1377–

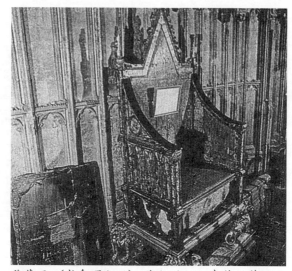

登基石（或命運之石）為九世紀以來蘇格蘭國王
登基之用，1296年後置於登基椅內，歷代英王均
在椅上加冕。

1399）為愛德華三世之孫，年幼繼位，1381年他十四歲時歷經農民叛亂
(Peasants' Revolt) 等變亂。1399年為其堂兄，亦即蘭卡斯特公爵約翰 (John
of Gaunt, Duke of Lancaster) 之子亨利所打敗並被迫退位，這個約翰便是蘭
卡斯特王室 (House of Lancaster)（源出金雀花王室）的第一君亨利四世
（Henry IV，1367–1413，在位時期1399–1413）。蘭卡斯特王室共有三君，
亨利四世之子亨利五世（Henry V，1387–1422，在位時期1413–1422）雖
甚有能力，1415年且在愛珍考（Agincourt，位於法國北部之村莊，現名
Azincourt）大敗法軍，但早死。其子亨利六世（Henry VI，1421–1471，在
位時期1422–1461，1470–1471）沖齡繼位且心智不全，對外又敗於法國，
於是約克公爵理查 (Richard, Duke of York)（亦源自金雀花王室）之子愛德
華起兵爭奪王位。由於約克家族以白色玫瑰為標誌，而蘭卡斯特王室以紅
色玫瑰為標誌，因而號為玫瑰戰爭 (War of Roses, 1455–1485)。但在1461
年愛德華即取得王位，他是約克王室 (House of York) 的第一君愛德華四世

（Edward IV，1442–1483，在位時期 1461–1470，1471–1483）。玫瑰戰爭長期纏鬥三十年，約克王室亦歷經愛德華四世、愛德華五世（Edward V，1470–1483?，在位時期 1483，愛德華四世之子）和理查三世（Richard III，1452–1485，在位時期 1483–1485，愛德華四世之弟）。但最後的勝利者則為理契蒙伯爵亨利・都鐸 (Henry Tudor, Earl of Richmond)，他是愛德華三世的後裔。1485 年他自法國登陸威爾斯，在英格蘭中部的波斯伍茨・菲德 (Bosworth Field) 打敗理查三世而取得王位。 他便是都鐸王室 (House of Tudor) 的第一君亨利七世 （Henry VII， 1457–1509， 在位時期 1485–1509）。

都鐸王室雖統治英國近一百二十年 (1485–1603)，且以王權集中著名，但國會制度在英國保留了下來，後來且發揚光大㊿。

2.法　國

法國與英國在中古晚期可以說是孿生兄弟，其政治與社會情況大致相同。中古時期以後，兩國也都走向領土王國與民族王國的道路，但在百年戰爭 (1337–1453) 以後，英國逐漸走上君主立憲的歸宿，法國卻成為專制王權的國家。

法國原為西法蘭克王國。十世紀初，諾曼人定居於其西北部的諾曼地。987 年，卡洛林王朝最後的法國國王路易五世或懶人路易 (Louis V, or Louis the Sluggard, 967–987) 死，且無子嗣。貴族與教士選休・卡本（Hugh

㊿　王任光，前揭書，pp. 425–496；張學明譯，前揭書，pp. 217–240；賈士蘅譯，《英國史》(Clayton Roberts & David Roberts 原著，*A History of England*) 上冊（臺北：五南，民 75），pp. 91–276。Crane Brinton & others，前揭書，pp. 272–284, 393–410 。參看 M. Chibnall, *Anglo-Norman England*, 1066–1166 (New York: Blackwell, 1986); C. Petit-Dutaillis, *The Feudal Monarchy in France and England, from the Tenth to the Thirteenth Century*, trans. E. D. Hunt (New York: Barnes & Noble Books, 1964, 1980); F. Barlow, *Thomas Becket* (London: Weidenfeld & Nicolson, 1986).

Capet，938-996，在位時期 987-996）為國王。他便是法國卡本王朝 (the Capetians)❺❹的第一君。不過，這個國王在當時只是名義上的。他所能控制的地區，也就是王畿，即所謂「法蘭西之島」(Île de France)。它所包括的地區為法國北部巴黎盆地，塞納河、奧斯河 (the Ouse) 和馬恩河 (the Marne) 之間的地帶。與當時的諸侯相比，如公爵國諾曼地、勃根地、阿契坦等，伯爵國如安如、香檳（Champagne，在法國東北部）、不列坦尼、吐魯斯（Toulouse，在法國南部）和法蘭德斯 (Flanders)❺❺等，均嫌太小。但是王畿集中，地理位置又甚優異，且控制教會，故能穩紮穩打。國王的王廷 (curia regis) 原來也很簡陋，而且公私不分（王室臣僕亦即王廷的官員），由它協助國王處理行政與司法的工作，另有親信組成的小型組合，後來分別演為三級會議 (Estates General) 和政府。

　　路易六世或胖子路易（Louis VI，or Louis the Fat，1081-1137，在位時期 1108-1137）已甚能伸張王權。其子路易七世或少年路易（Louis VII，or Louis the Young，1120-1180，在位時期 1137-1180）原娶阿契坦女公爵愛玲諾，1152 年與之仳離後使伊改嫁英王亨利二世，造成金雀花帝國。另一方面，他與諸侯爭戰，使之尊重王室，他也任命地方官員 (prévots) 以整頓行政，並且與中產階級聯合。他的兒子便是菲力普二世，或稱菲力普·奧古斯都（Philip II，or Philip Augustus，1165-1223，在位時期 1180-1223），他大肆擴張，降服諸侯，王畿擴大四倍。他也倡導文教，准許興建巴黎大學。他的兒子是路易八世（Louis VIII，1187-1226，在位時期 1223-1226），繼承原政策，惟在位不久。路易八世之子路易九世或聖路易（Louis IX，or Saint Louis，1214-1270，在位時期 1226-1270）則為有名

❺❹　此一王室自 987 至 1328 年無間斷地統治法國，如果將其旁支佛拉瓦王室 (House of Valois) 和波旁王室 (House of Bourbon) 計算在內，則統治法國至十九世紀。

❺❺　法蘭德斯位於現在法國、比利時與荷蘭間，其三分之二屬於比利時，為其東法蘭德斯與西法蘭德斯省，其餘分屬法國與荷蘭。

的令主。在他統治下的法國為中古時代法國的盛世，巴黎成為學術與文化和藝術的中心。他也改革司法，並提振中央威權。王廷逐漸分成幾個行政部門，除了司理文書檔案的祕書處 (Chancery) 之外，有備諮詢的樞密院 (council, or curia regis)，司財政的度支院 (chambre des comptes)，以及管司法的最高法院 (Parlement de Paris)。

路易九世之後是他的兒子菲力普三世或勇者菲力普 (Philip III，or Philip the Bold，1245–1285，在位時期 1270–1285)，亦有若干擴張。他的兒子菲力普四世或英俊的菲力普 (Philip IV，or Philip the Fair，1268–1314，在位時期 1285–1314) 已把法國發展為強而有力的民族王國。他降服諸侯，倡導尊君的羅馬法。從中產階級中選拔能員。他與教宗龐尼菲斯八世 (Boniface VIII，1235–1303，在位時期 1294–1303) 的鬥爭和得勝，說明了民族王國或民族國家的力量絕非鬆散的神聖羅馬帝國可比。他為了財政需要，向教士徵收防衛捐，教宗龐尼菲斯八世在 1296 年頒布諭令制止，雙方發生衝突，後來又發生神職人員司法管轄權之爭，教宗雖以開除教籍相威脅，菲力普全不措意，並召開三級會議 (1302–1303) 以為後盾，且派突擊隊到義大利阿南耶 (Anagni) 教宗在義大利中部山區的別墅去拘捕他，使他氣憤而死。他並在 1305 年使法國人戴高 (Bertrand de Got) (時任波多大主教) 為教宗，是為克萊門五世 (Clement V，1264–1314，在位時期 1305–1314)，克萊門五世且於 1309 年把教廷遷到法國的亞威農 (Avignon，法國東南部隆河上)，此後直迄 1378 年教廷均在亞威農，此為「巴比倫幽居」(Babylonian captivity)❺❻。

---

❺❻　參看王任光，前揭書，pp. 247–256, 469–496；張學明譯，前揭書，pp. 240–249；蔡百銓譯，《法國史》 (G. de Bertier de Sauvigny & David H. Pinkney, *History of France*，臺北：五南，民 78)，pp. 63–92；Brinton，前揭書，pp. 260–272; R. Fawtier, *The Capetian Kings of France: Monarchy and Nation 987–1328*, trans. L. Butler & R. J. Adam (New York: St. Martin's, 1960); J. W. Baldwin, *The Government*

3.英法百年戰爭

英法百年戰爭 (Hundred Years' War, 1337–1453) 為十四和十五世紀的大事,其影響所及不僅對英、法兩國的歷史發展有重大的意義,對於整個歐洲亦有很大的作用。

這個長期的戰爭有其早期的淵源。自從征服者威廉征服英國,再加上後來英國安如王室所締造的金雀花帝國,使英法海峽兩岸產生了微妙的政治情勢。英國國王作為諾曼地公爵必須向法國國王稱臣,而為榮譽與尊嚴所不許,此外英國又在法國國土之內擁有很多的領土,當法國王室逐漸消除封建勢力和鞏固王權之時,這些都涉及民族情緒,雙方關係自然趨於緊張。再者,英、法兩國對於法蘭德斯均勢所必爭,蓋其地工商發達,英國的毛織品銷往其地,並在此取得棉布。戰爭的近因則係 1328 年法國卡本王室的直系在查理四世無嗣而死後斷絕,此王室佛拉瓦 (Valois) 支的菲力普六世 (Philip VI) 繼承法國王位,且又幫助蘇格蘭反對英格蘭。菲力普六世是法國國王菲力普四世的姪子,英國國王愛德華三世 (Edward III) 的母親伊莎白拉 (Isabella) 則為菲力普四世的女兒。愛德華三世聲言有權繼承法國王位,但法國人卻搬出久已不用的六世紀「古法薩里克律」(*Salic Law*),說女人無權繼承土地以拒絕之。1337 年英王愛德華三世自稱法國國王,於是兩國爆發戰爭。英國自低地國攻入法國,並且在斯洛瓦 (Sluis)(現荷蘭西南部港口, 近比利時) 打敗法國海軍。此時期法國君主除查理五世 (Charles V,or Charles the Wise,在位時期 1364–1380) 外,多屬庸碌無能之輩。1348 年至 1350 年的黑死病固然使雙方受損,法國所受打擊尤大,1347 年至 1355 年因而休戰。英國軍隊組訓較佳,且使用長弓,其發射率較法軍的石弩為高。於是在克拉西(Crécy,1346,法國北部村莊)、波瓦底厄(Poitiers,1356,法國西部中間地帶城市) 和愛珍考 (Agincourt,

---

of Philip Augustus: Foundations of French Royal Power in the Middle Ages (Berkeley: Univ. of California Press, 1986).

1415，法國北部村莊）等役屢次大敗法軍，法國國王約翰（John，在位時期 1350–1364）且曾被俘虜。但是，法國在戰敗屈辱之下，民族情緒大起，出身農村的聖女貞德 (Joan of Arc, or Jeanne D'Arc, 1412?–1431) 以「奧爾良少女」(Maid of Orléans) 來號召全民，1429 年敦促查理七世（Charles VII，在位時期 1422–1461）在理穆斯（Rheims，法國東北部城市）正式加冕以鞏固中心。 三級會議又同意查理七世徵收土地財產稅 (taille) 和保持常備軍。最後終能取得勝利，把英國勢力逐出法國。

英法百年戰爭之後，英國與法國這兩個孿生的連體嬰才能有不同的發展。

二、社會與生活

㈠封建制度

封建制度 (Feudalism)❺❼為中古時期歐洲，尤其是西歐政治、社會、經濟乃至軍事秩序的基石，它發展於八世紀，盛行於十至十三世紀，工商業復興與城市興起後漸趨衰落，至十五世紀崩解。

封建制度在本質上，為基於土地使用條件所建立的一種各有權利與義務的宗主 (suzerain) 與附庸 (vassal) 的關係，以及根據這種關係所發展出的生活方式。它的淵源可追溯到羅馬帝國崩潰時，人為了求取安全而獻地於或服從於豪強的情事，以及日耳曼各戰鬥團群中的領袖與成員間的關係。在法蘭克人梅洛文琴王朝時期，自由地主為尋求保護而把土地奉予強而有力並可以保護他們的人，他們之間有約定的權利與義務關係。後來法蘭克人的帝國解體，尤其是在查理曼帝國崩潰以後，此類情況便更為普遍。十一世紀後隨著諾曼人的征服，也流傳到英國。在此制度下，每一個人，上自帝王，下至農奴，均納入體系之內。帝王是人間最高的宗主，國度裡邊的土地在理論上均屬於君主。他的下邊是各式各樣名義及所轄土地均大小

---

❺❼　此名詞源自拉丁文采邑 (feudum, or feodum)，此名詞本身係在 1839 年後始告流行。

不同的貴族，最後也就是最低層的是農奴 (serf)。帝王作為最高的宗主，對於他的附庸，在行過臣服禮 (homage) 並答允效忠和盡忠職守（盡義務）之後，乃舉行冊封 (investiture) 並取得采邑 (fief)，於是他們之間的宗主與附庸的關係便告建立。受封的貴族對於君主有上朝、服軍役（提供一定數字的武士或武裝士兵）等等義務，乃至在特殊情況下如宗主被俘虜或宗主的女兒出嫁，有提供贖金或出嫁奩的義務。本來，采邑在宗主或附庸雙方有一方死亡，便要重新另封，但後來采邑漸成世襲，而長子繼承制 (primogeniture) 的運行，又使采邑不致被分割而保持完整。如果沒有男嗣，女兒也可以繼承，宗主可以為此女婚配，此一繼承采邑的女子也常為其他貴族幼子們爭逐的對象，他們可以藉娶得此女而躋身封建土地貴族的行列。這些貴族或附庸亦可將土地或采邑給予其手下以換取他們的效忠與服役，這樣便構成一個金字塔式的組織，其最基層為農奴。

莊園制度 (Manorialism, or Manorial System) 是封建制度的基礎，尤其是在政治和經濟上為然。這種制度係以領主或莊園主 (seignior, or seigneur, or lord) 為中心，故又稱領主制度 (Seignorial System, or Seignorialism)。這種制度可以追溯到羅馬時期的大農莊 (latifundia) 或日耳曼村社 (German village community) 等因素。每一個莊園 (manor) 大小不一，可能從數百英畝至數千英畝不等，領主或莊園主保有的土地叫領主私屬地 (lord's demesne)，通常占全莊園三分之一或一半的可耕地，由農奴為之無給耕作。莊園的中心地帶有領主邸第 (Manor House)、穀倉、爐灶、風車、教堂、牧師住宅 (Parson's House)，此外還有池塘、沼地、共用牧場 (Common Pasture)，土地耕作則實施三田制 (three-field system)，所有土地分為三部分：一是春耕地 (Spring planting)，春種秋收；一是秋耕地 (Autumn planting)，秋種春收；一塊為休耕地 (Fallow)，停耕以養地力，如此每三年土地就休耕一年。但在歐洲南部則多行二田制 (two-field system)，土地每隔一年休耕一次。莊園的居民多為農奴（通用 serf，但在各國均有不同的

名稱)，他們必須無償為領主耕作土地，並且還要服種種的「勞役」和盡一些義務。另外，他們不能脫離土地，是與土地連在一起而不可分的，土地交易時他們也隨土地易主。但是，他們與奴隸不同，仍有某些人身自由，而附屬於土地固為一種束縛，但也是一種保障。十三世紀後由於貨幣經濟興起，他們也多能以現金折合勞役及其他義務，而且有的從地主買得土地，便獲解放了。另外，在中古不同地區也有的是自由人 (franklins, or freemen, or free villeins)，他們的祖先沒有放棄土地所有權，故未列入農奴，他們既屬自由人，便對領主沒有義務，但事實上他們的生活與農奴並無太大差別。農奴的生活很苦，中古時期的經濟完全是一種匱乏的糊口經濟 (subsistence economy)。這些農奴居住條件很差，穿的是自己紡織的粗布所做的衣服，吃的是黑麵包和蔬菜、乾酪，偶爾有雞蛋，一年難得有幾次吃魚肉的機會❸。

封建制度有其共同的模式，但也有地域性的差別，大同之中存在著小異，有時候一個附庸不只僅有一位宗主，有時候一國國王可能是另一國國王的附庸。於是，在大同色彩 (universalism) 之中有一些濃厚的地方主義 (localism) 便成為封建制度的特色。

在封建制度下，附庸間的爭議或衝突常由領主的法庭來裁決。通常這種法庭在領主主持下，然後由與當事人同等地位的人 (feudal peers) 作成判決。這與後來海洋法系國家的陪審制有相當關係。但是另外一種裁決方式，即決鬥判決 (trial by combat)，也就是由發生爭議的各附庸來決鬥而得勝者便洗清了罪名。這種方式未流行下來。

封建制度下，最活躍的人物是貴族與騎士。中古時期的貴族 (Nobility) 與羅馬時代的貴族 (Aristocracy) 不同的，就是中古時期的貴族有采邑和可以世襲，羅馬時代的貴族不過是有財富和有權勢的個人，其法律地位在基

---

❸ 關於中古經濟，可參看 *Cambridge Economic History of Europe*（共八冊）之前三冊 (Cambridge: Cambridge University Press, 1966, 1987 & 1963)。

本上仍為平民。即使是在查理曼時代，大地主在法庭中並無高於他人的權利。九世紀後，他們逐漸成為世襲的有特殊權益的人。後來商業復興和王權伸張，貴族也不一定再有采邑，到十三世紀以後，貴族階級有了更廣泛的涵意，他們不一定擁有采邑和堡壘，但仍不失為貴族。至於騎士 (Knight)，可以經由嚴格的養成教育，經訓練和冊封而取得。他們有的有采邑，有的寄食於領主。他們之間常因各種原因而有私戰 (Private Wars)，於是羅馬教會乃規定有 「上帝的和平」 (Peace of God) 和 「上帝的休戰」 (Truce of God)。「上帝的和平」 禁止貴族在戰爭中侵犯農民、商人、教士以及非戰鬥人員的生命財產；「上帝的休戰」則指定一年中某些日期——最初是每週從星期五至星期日和嚴齋期（復活節前四十天），以後又擴展包括自「聖母升天日」（8 月 15 日）至「聖馬丁日」（Martinmas，11 月 11 日），每週自星期三日沒至星期一日出一定要停止戰爭，違者被開除教籍。上述兩種禁令始於私戰最盛的法蘭西，然後傳播到歐洲其他各地；傳到英格蘭後，該禁令乃由國王執行，所以效果較佳。不論如何，明白了教會在這方面的苦心，就可以想像私戰所造成的災禍。消弭私戰的真正有效力量是十二世紀以後王權的擴張；但整個封建時代，私戰始終是一個不能完全解決的問題。

　　封建時代的婦女生活亦頗富興味，婦女的地位固然比不上男人，但由於騎士精神的影響，野蠻而好鬥的戰士逐漸變成有教養的「紳士」，婦女的地位亦因此而逐漸提高。在傳奇羅曼史 (Romances of Adventure) 和其他封建情詩裡，崇拜女性的趨勢日益增強；而理想的紳士亦即是對婦女能夠體貼、善良和熱情的人。在堡壘裡，領主夫人是女主人，招待貴賓、教育子女或其他領主所付托的子弟、領導女紅等都是她的責任。在戰時，如果丈夫不在，她也就負責整個堡壘和避難人民的安全；而且要守貞等候丈夫回來。丈夫在出征或因他事離家前甚至可以用「貞節帶」鎖住妻子。另外，女人沒有婚姻自主權。封建婚姻是一個「政治問題」，而不是男女間的私人

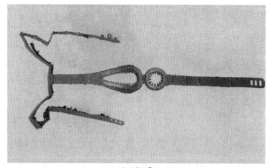

貞節帶

問題。因此男婚女嫁必須由對政治利害有關的領主或家族來決定。如果一位女子是某一封土的繼承人，那麼她的夫婿是誰，是領主或家族最關心的事。即使她不是封土繼承人，她的「嫁奩」(Dowry)，無論是一塊土地或大批財物，亦足以引起有關人物的重視或爭逐❺❾。

㈡文學與藝術

1.文　學

歐洲中古文學最主要的形式為羅曼斯 (Romance)，此一名詞源自老法文，其原來的意思是用通俗語文（即羅曼斯語言，Romance languages）所寫成的東西。一般言之，羅曼斯是用韻文或散文所描述的宮廷愛情和豪勇感人的故事。它的取材大致上有三個主要的來源：第一是古典故事，此指希臘與羅馬以及亞歷山大以來的傳說；第二是亞瑟王（King Arthur，傳說中六世紀時的英國國王）和他的圓桌武士（Knights of the Round Table，因每個武士均武藝超群不分高下而用圓桌）的故事；第三是查理曼大帝和他

❺❾ Burns，前揭書，pp. 405–437; Brinton，前揭書，pp. 196–204; Norton Downs, ed.，前揭書，pp. 27–56；王任光編譯，《西洋中古史史料選譯》，第一輯，pp. 1–82；王任光編著，《西洋中古史》，pp. 183–227。參看 D. Baker, ed., *Medieval Women* (Oxford: Blackwell, 1978); F. Gies & J. Gies, *Women in the Middle Ages* (New York: Crowell, 1978); S. Shahar, *The Fourth Estate: A History of Women in the Middle Ages*, trans. C . Galai (New York: Methuen, 1983).

的貼身武士（the Paladins，傳說中有十二位，但名單各不相同）的英勇事跡。這些故事 (roman) 在十一世紀以後便因羅曼斯文學的發展不脛而走。這種文學創作之所以能夠發達，與法國吟唱詩人的活動不無關係❻。這些吟唱詩人，特別是法國北部的吟唱詩人發展出一種「武勳之歌」(Chansons de geste, or Songs of deeds)，其中最著者為《羅蘭之歌》(Chanson de Roland, or Song of Roland)。《羅蘭之歌》為十一世紀時作品，以詩人杜洛多 (Turold) 所寫的版本為佳。故事敘述 778 年查理曼用兵西班牙時，其外甥羅蘭發揮忠君愛國的武士精神，以二萬人為查理曼大軍殿後，在隆薩瓦爾 (Roncesvalles，法文作 Ronceaux，為西班牙與法國之間的比利牛斯山脈隘口) 遭受四十萬之眾的回教軍隊伏擊，在查理曼大軍來援之前光榮戰死的經過。

　　類似的文學型態在歐洲其他國家亦有產生。西班牙有史詩《席德歌》或《征服者席德》(El Cid or Cid Campeador)，此長詩（3,735 行）寫作於大約 1140 年，可能出自一位不知姓名的卡斯提爾的遊唱詩人。其內容主要敘述西班牙民族英雄洛德利哥 (Rodrigo Dia de Vivar, 1043–1099) 率領卡斯提爾軍隊與摩爾人奮戰，並於 1094 年征服華林西亞（Valencia，位於西班牙東部）王國，並加以統治的故事。「席德」(Cid) 為阿拉伯文「主公」(lord) 的意思。在日耳曼有《尼布龍之歌》(Nibelungenlied, or Song of the Nibelungs)，寫作於 1190 年或 1200 年左右。尼布龍人 (Nibelungen) 為生活在挪威而握有財寶的矮人族，此史詩敘述席格菲烈 (Siegfried) 取得財寶並娶美女克里赫黛 (Kriemhild)，但後為哈根 (Hagen) 所殺，哈根並將財寶沉入萊茵河中，而克里赫黛復仇並導致大屠殺的故事。

　　歐陸之外，英國有《比渥伍爾夫》(Beowulf)，冰島有《伊達》(Edda)。

---

❻　這種吟唱詩人有兩種：一為使用法國南方方言 (langue d'oc)，亦即普羅文斯方言 (Provençal) 的 Troubadours；另一種為使用法國北方方言 (langue d'oil)（巴黎地區方言）的 Trouvères，後來北方方言成為法文。

《比渥伍爾夫》是最古老的英文（盎格魯‧薩克遜語文）作品，可能完成於八世紀早期，為一長達 3,200 行之韻文史詩，現僅有一個手抄本，存放大英博物館。該一史詩揉合了北蠻傳說和基督教因素，描述六世紀時丹麥與瑞典等地的生活狀態，而後由丹麥人以口耳相傳的方式介紹到英格蘭。此史詩分為兩部分：第一部係敘述比渥伍爾夫打敗水怪格倫德爾 (Grendel) 和乃母的經過；第二部則描寫比渥伍爾夫在老年戰勝一條龍，以及最後在備受尊崇中死去，其葬禮感人的情景。《伊達》原來的意思是北蠻語的「老祖母」或「曾祖母」，其主要內容為有關北蠻神話及英雄故事。它共有兩部：《老伊達》或《詩的伊達》(Elder Edda, or Poetic Edda)，為大約 800 年至大約 1200 年間在冰島或挪威西部發展出來的，有三十四首；《小伊達》或《散文伊達》(Younger Edda, or Prose Edda)，是十三世紀初冰島詩人史杜魯生 (Snorri Sturluson) 所作，共有三部及一篇有關押韻方式的說明。

2.藝　術

中古時期有其藝術活動，不過由於不重個人精神，作品皆不署名，而且在建築方面以教堂、修道院、城堡、行會（基爾特）會館為主要。工匠先做學徒，然後擔任職工 (journeyman)，最後繳出畢業作品 (masterpiece)，經行會審查合格後取得工匠（師傅）的執業資格。

中古早期的藝術稱為仿羅馬式的藝術與建築 (Romanesque art and architecture)，此在十一及十二世紀最為發達。中古時期雕刻、繪畫、染色玻璃 (stained glass) 等均附屬於建築，故建築最為重要。仿羅馬式建築雖以羅馬建築為心法，實則也採取了卡洛林、鄂圖曼和拜占庭的因素，其最流行的地區是法國，西歐其他地區也所在多有，東歐則拜占庭式較多。這種建築的特色為廣泛地採用半圓形的拱門（此為「羅馬」風格）於門、窗和拱廊 (arcade)，頂部有圓頂，門面有雙塔（亦有單塔者），並有厚重的牆壁。

中古晚期，從大約 1200 年到 1500 年，哥德式藝術與建築 (Gothic art and architecture) 代之而興。「哥德式」此一名詞係誤解，因為這種藝術風格

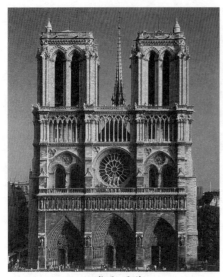

巴黎聖母院　　　　　　　　　　　　倫敦西敏寺

與哥德人並無關係。文藝復興時代的藝術家不喜歡這種藝術風格，乃稱其為「哥德式」，暗含其為野蠻不文之意。就某個意義而言，哥德式建築是仿羅馬式建築的改良，他們希望增加建築物的高度和寬度，而不要增加牆的面積以致減少陽光的照射，同時使建築高聳宏偉，因而採取有稜線的穹窿或拱頂 (ribbed vault)，用尖拱圈 (pointed arches) 構成，藉以增加高度和寬度間的比例，而增加的空間面積可以用不同高度的尖拱圈來連接與支持，而飛扶壁置於建築物牆壁外以強固建築物本身。在此情形下，牆壁減少而空間加大，就用描繪《聖經》及宗教事跡的染色玻璃來裝飾教堂。有名的哥德式建築，有巴黎的聖母院 (Notre Dame)，倫敦的西敏寺 (Westminster Abbey)，德國科隆 (Cologne) 大教堂等。此外，英國國會也是有名的哥德式建築**❻**。

---

❻ 參看王任光，《西洋中古史》，pp. 639–643；Mary Ann F. Witt & others, *The Humanities: Cultural Roots and Continuities*, Vol. I (Lexington: Heath, 1980), pp. 150–175.

英國國會

　　音樂在中古時期附麗於教會。流行至今的音樂符號是義籍本篤會修士基多・戴瑞佐 (Guido d' Arezzo, 990–1050) 所發明，或者至少是由他發展流傳下來的。

㈢學術與思想

　　中古時期的學術與思想雖不如古典時期那麼璀燦多彩，亦非全無成就。在科學方面，無論是數學、天文學、醫學等均有所進展。科學家中如日耳曼人亞爾伯大師 （Saint Albertus Magnus ，or St. Albert the Great ，1193 or 1206–1280 ，多明我會修士），英國人羅伯・柯勞塞代斯托 （Robert Grosseteste，1175–1253，主教，並任教牛津），以及英國人方濟各會修士並執教牛津的羅哲爾・培根 (Roger Bacon, 1214–1294) 均為富有實驗精神而且具有廣泛興趣的科學家。中古時期，特別在十二世紀後鍊金術 (Alchemy) 經阿拉伯人傳播，在歐洲頗為流行。它可能源自古埃及，也有謂係源自中國（西元前五世紀或三世紀）者，其目的在轉變便宜金屬如鉛之類，為白銀或黃金。一般言之，中古時期自然科學的水準不高，此因在基督教信仰高度影響下，對於自然現象多以神的旨意解釋，而教會的出世

觀也影響到人對自然與各種事物的態度；科學與方術的界線不清，如鍊金術與化學，星象學與天文學之間的分際，在此時仍含混不明。

法律及法學的研究在十二世紀以後相當發達，這包括羅馬法的復興及教會法的編纂等，法律也是中古大學中修習的重要專業知識之一。這種情形與政治和經濟均有關係。不過，在基本上，中古時期的人不認為法律是可以制訂的，而是為人所發現的，其成長為約定俗成的。他們也相信有一個超越其他法律的自然法 (law of nature)。

神學 (Theology) 是中古時期的顯學。它不像現在為很多學門之一，而是包含很多其他的學問，並有「各門學問之首要」(queen of sciences) 的稱號。它是有系統的研究上帝的性質，以及上帝與人和世界的關係的學問。上帝創造一切和規劃一切，但人仍有自由意志和抉擇。

中古哲學思想中最重要的思想是經院哲學 (Scholasticism)❷。它是一種將基督教神學和邏輯系統與哲學（特別是亞里士多德的哲學）加以綜合而使之結為一體的思想，他們認為理智 (reason) 固然附屬於信仰 (faith)，但亦可用以強化信仰者對所信仰的道理之瞭解。十二世紀時，幾乎所有亞里士多德的邏輯、哲學和自然科學等著作，均已先後譯成拉丁文。此外，重要的阿拉伯哲學作品亦有拉丁文譯本，這對沉默已久的西方思想界確實是一個強烈的刺激。這不但使知識的領域擴大，而且獲得知識的方法也有了新進展。在一個還不知道用實驗來治學的時代，亞里士多德的演繹法 (Deduction) 成了獲得新知識的法寶。只要有幾個認為真確不變的大前提，許多新結論都可以由此被發現，或舊結論被推翻；同時，許多過去認為不可解釋的難題，也可以用邏輯來解釋或消除。不僅如此，某些學者甚至認為，自然界的知識固然可以用邏輯方法來發掘，連基督的屬於超自然界的啟示亦可以用邏輯方法來解釋。在十二世紀的中葉，「邏輯」可以說是最熱門的學問，其時不僅出了許多有名的學者，也發生了許多激烈的爭辯。

---

❷　此名詞源自拉丁文 schola（學校），亦譯「士林哲學」或「煩瑣哲學」。

　　經院哲學的首倡者是出生在法國不列坦尼的彼得‧亞培拉 (Peter Abelard, or Pierre Abélard of Brittany, 1079–1142)。他與艾洛漪絲 (Heloise) 的愛情故事，以及他所寫的自傳《痛史》(*Historia Calamitatum*)，均為人所熟知。他在經院哲學方面的著作為《是與非》(*Sic et Non*)，收集了 158 個有關神學的論題，每個均用正面和反面的論證方式加以探討。與彼得‧亞培拉　（有謂係其學生）　差不多同時的義大利神學家彼得‧倫巴地 (Peter Lombard, or in Latin Petrus Lombardus, 1100–c. 1160) 也有很大影響，他的《神學句集》(*Sententiae*, or *Sentences*) 為第一部神學教科書。不過，集大成的人則為義大利神學家，也是多明我修會修士的阿奎那 (Saint Thomas Aquinas, 1225?–1274)，他的《神學大系》(*Summa Theologica*, 1267–1273) 為經院哲學的聖經，他本人也有「經院哲人的親王」(Princeps Scholasticorum, or Prince of Scholastics) 的稱號，他的學說被稱為「多瑪斯學派」(Thomism)。簡單言之，他結合了基督教義與亞里士多德哲學。他認為，信仰與理性並無衝突，哲學基於理性而神學信仰則源自天啟，天啟與哲學結論之間如有歧異，係由於錯誤的推論。他相信，人皆渴盼幸福，但此僅能藉與上帝直接契合而獲得，上帝會給某些人恩寵，使之克服罪惡的影響而得與上帝直接契合，聖禮對使人獲得恩寵有很大的關係。

　　經院哲學的爭論中有所謂名目論 (nominalism) 與實在論 (realism) 的問題，這對西方哲學的發展有其貢獻。所謂「名目論」，係認為在殊象 (particulars) 之外，沒有通象 (universals) 的存在，任何一個特殊事物（殊象）如桌子，並沒有一個先於實體的觀念或通象概念 (universal concepts) 的存在，因此「圓」、「美」等等抽象的觀念僅為名目，且係約定俗成者；所謂「實在論」，則一如柏拉圖，認為有獨立存在的通象，任何事物有其本身的性質。

　　政治思想方面，十二世紀時英國教士及古典學者莎斯保里 (John of Salisbury, c. 1115 1180) 著有《政治家手冊》(*Policratius*，or *Statesman's*

Book ' or *On Court Vanities and Diplomacy*，完成於 1159 年），認為在國家 (commonwealth) 之中，君王為其頭；元老院（立法部門）為其心；法官與各省總督為其眼、耳、舌；官員及士兵為其手；財稅官員為其胃及腸；農民為其腳。比他稍後的義大利人巴都亞的馬斯留 (Marsilius, or Marsiglio of Padua, 1290?–1343) 著有《和平的保衛者》(*Defensor Pacis* ' or *Defender of Peace* ' 完成於 1324 年 ' 出版於 1522 年) 為皇帝黨人 ' 他指出一國 (commonwealth) 之內的真正權威在於全體公民 (universitas civium)。

經濟思想方面，中古社會有其層階，每個人均應安分守己，不允許牟利。物價應有公正的價格 (just price)，由各行會訂定，而不受供求關係的影響。教會把放款生息定為重利盤剝之罪 (sin of usury)。

中古時期的學術與思想有其大同色彩的一面，道者道袍一襲，滿口拉丁，可以走遍各地❸。

㈣大學的興起

大學的興起為中古時期饒富興趣的問題。五世紀以後，教育由教會負責。800 年時查理曼大帝曾命每一主教區和修院所在地設立一所初級學校。羅馬教會本身也很注重教育，十世紀以後修道院學校漸衰，但各地的「主教座堂學校」(Cathedral schools) 成為各地主要的學校。1200 年以後，非教會人士所辦的世俗學校 (lay schools, or lay education) 亦起，教育漸告發達。中古初期，文教退步，直到 1050 年左右，只有教士才通文墨，中古後期教育漸告普及。1340 年左右，在佛羅倫斯已有大約百分之四十的人口不是文盲，十四世紀晚期的英格蘭也大約已有百分之四十的人口識字。

---

❸ 王任光，前揭書，pp. 587–625；Brinton，前揭書，pp. 312–324。參看 F. B. Artz, *The Mind of the Middle Ages, A.D. 200–1500*, 3rd ed. (Chicago: Univ. of Chicago Press, 1980); J. W. Baldwin, *The Scholastic Culture of the Middle Ages 1000–1300* (Lexington: Heath, 1978); E. Panofsky, *Gothic Architecture and Scholasticism* (New York: Meridian, 1957).

　　大學的興起尤其代表文教的進步。中國在一世紀初東漢光武帝時便設立「太學」，但惜乎沒有持續發展下來。印度在四世紀時，岌多王朝便在恆河流域的那爛陀（Nalanda，現名 Baragaon，位於現印度中部東邊的巴哈爾省一村莊）興建一所大學，成為研究佛學的中心，一直持續到十二世紀。開羅的阿亞茲哈大學 (University of Al-Azhar) 建立於 970 年，迄今仍存。西方的大學源自十二世紀。它從中世紀的全科學校（studia generalia，單數為 studium generale）演變而來。此種全科學校的學生來自歐洲各地，有堅強的教師陣容，並設有初級與高級課程。它們傳授「三文」(trivium)（文法、修辭、邏輯）與「四藝」(quadrivium，算術、幾何、天文、音樂）的課程，這些課程構成了「博雅教育」(liberal education) 的核心內容，再加上神學、法律和醫學。這種學校後來在量與質上擴充和提升，乃成為大學 (university)。所謂「大學」，拉丁文為 universitas，在基本上為一種團體或社團 (corporation)，並享有特別的權益。它類似一種學術的行會或基爾特，一如工匠基爾特有師傅、職工（工人）和學徒之分，大學亦有教師 (Masters)、學士 (Bachelors) 和學生 (Students) 之別。

　　西方第一所大學是波隆那大學 (University of Bologna)，設立於 1158 年，但早在 890 年起即為一所法律學校。1158 年由神聖羅馬皇帝腓特烈一世頒賜特權，使其成員免於被濫捕和受審判時由其同儕或社會同等地位的人 (peers) 來審判。巴黎大學 (University of Paris) 是由聖母主教座堂學校 (Cathedral School of Notre Dame)、聖傑內維愛弗修道院學校 (Abbey School of St. Geneviève) 和聖維督修道院學校 (Abbey School of St. Victor) 合併組成，1200 年和 1231 年先後分別由法國國王菲力普・奧古斯都 (Philip Augustus) 和教宗格理高里九世 (Gregory IX) 頒予特許狀 (Charter)。波隆那大學和巴黎大學代表兩個不同的風格與類型，除了波隆那以法學研究著稱和巴黎以神學及藝術聞名之外，還分屬兩種不同的社團組織：波隆那大學是以學生為主所組成的團體，由他們來聘請教師和決定政策；巴黎大學則

牛津大學之一瞥　　　　　　劍橋大學三一學院 (Trinity College) 的
　　　　　　　　　　　　　　大庭院

係以教師為主的組織，他們向學生收費並主導政策。英國的牛津大學
(University of Oxford) 係 1167 年在巴黎大學的英國學生分出所組成，劍橋
大學 (University of Cambridge) 則為 1209 年自牛津所分出。不過，這些有
關大學創校的年代指其最初的濫觴，具體而有形的建校則可能晚一些。此
後大學在各國各地紛紛出現，此與十二世紀以後的政治（政府權力逐漸擴
大和公務人員增多）及經濟（工商業復興）因素有很大的關係。

　　中古時期的大學，除了原來的主教座堂學校或其他舊址之外，並無固
定的校舍，教師可以隨時隨地開課。因為沒有註冊，也沒有學籍，故不易
知道確切的學生人數。中古大學的學院 (College) 原指宿舍，為學生和教師
住宿之所，後來成為大學校舍的起源。大學修習的時期是四年或三年不等，
學生在精讀「三文」及「四藝」等學科後，再考試及格便可取得學士
(Bachelor of Arts) 的學位；如再繼續進修至少二年，經考試及格，取得碩
士學位 (Master of Arts)，便可以成為該大學的正式成員。如要再深造，當
可取得更高的執業資格或學位，如神學教授 (S. T. P., or Sanctae Theologiae
Professor)、法律博士 (L.D., or Legum Doctor) 和醫學博士 (M.D., or
Medicinae Doctor) 等。

　　中古大學因其成員享有特殊的權益而又自成世界，有時會與其所在地
的城市發生衝突，因此所謂「城鎮與道袍」(Town and Gown) 之爭，時有

發軔於中古時期的西方大學，有的有完整的校園，
有的則沒有。德國最古老的大學是創立於 1386 年
的海德堡 (Heidelberg) 大學，上圖為其校本部或行
政部門的所在地，其各個學系則散處於各街道，乃
至商店的樓上。

所聞。中古大學生活也有其多彩多姿的一面，以巴黎大學為例，學生通常
早晨五、六點起床，聖母院的大鐘會催喚他們開始作息。他們從臥室或膳
房湧出，走過狹窄而嘈雜的街道，來到散布在市內校區各處的講堂；冬天，
講堂空曠而寒冷刺骨，有些講堂擺有粗糙的長凳；有些講堂，學生要坐在
鋪了禾稈的地面上，以膝蓋支撐他們用來教授課程：天文、幾何、數學、
音樂、文法、修辭及邏輯，以及一科或多科的「高級」課程：神學、法律、
醫學。學生修畢七藝課程後，可以申請教學執照，又可進修專門科目，如
醫學、神學、民法或教會法。

　　中古學生寫給父母或監護人的信，常甚有趣：「城市生活昂貴，需求很
多：我要租房子、買日用品，還要置辦其他很多不能盡數的物品。因此，
懇請父親大人善體天恩，給我幫忙，使我能繼續好的開始，完成學業。」

　　某父親給兒子覆信，說：

　　　　最近，我聽說你生活不檢，貪玩，致荒廢學業。別人讀書時，你彈
　　　吉他。

　　當時流行的一首拉丁打油詩，其意思為：「身在教堂，心在市場，或在飯
桌，或在床上。」他們常酗酒和與城鎮居民鬥毆❻❹。

　　直迄十八世紀之末，大學仍以訓練政府與教會人才為主要工作，課程
固定。學生在修習「三文」和「四藝」等博雅或通才教育的課業之後，便
選定專業主科，通常為法律、醫學或神學。美國哈佛大學（Harvard，1636
年創立）和耶魯（Yale，1701 年創立）初時亦僅為學院，所修習之課程類
似今日高級中學的課程。但在十七世紀末年，現代大學濫觴於日耳曼，如
創立在 1694 年的霍爾 (Halle) 大學開始有大學本科與研究院。

㈤工商業與城市

1.農業、商業和工業的復興

　　中古早期，由於經濟的倒退和生產力的喪失，使中古經濟成為比利時
歷史學家比倫 (Henri Pirenne, 1862–1935) 在其《中古歐洲經濟及社會史》
（*Economic and Social History of Medieval Europe*，1936 年英譯本出版）中
所說的「糊口經濟」(subsistence economy)。西歐本身成為閉鎖的農業社
會，而阿拉伯回教勢力又控制地中海的海上交通樞紐地帶，遂使商業陷於
停滯。但在十一世紀以後逐漸有了變化。先是農業有了新的發展，而商業

---

❻❹　Burns，前揭書，pp. 461–467；王任光，前揭書，pp. 572–587；張學明譯，前揭
　　書，pp. 271–274；Norton Downs, ed.，前揭書，pp. 132–138. 參看 A. B. Cobban,
　　The Medieval Universities: Their Development and Organization (London: Methuen,
　　1975); S. C. Ferruolo, *The Origins of the University: The Schools of Paris and Their
　　Critics 1100–1215* (Stanford: Stanford University Press, 1985); G. Leff, *Paris and
　　Oxford Universities in the Thirteenth and Fourteenth Centuries: An Institutional and
　　Intellectual History* (New York: Wiley, 1968).

與工業也繼之興起，到十三世紀時其進展已至為顯著。

　　先是在 1050 年至 1250 年間，農業有了很大的進展，乃有「第一次農業革命」(First Agricultural Revolution) 之稱。這包括：農作地區的轉移，自地中海地區轉向北歐（自英格蘭南部直至烏拉山脈的廣大、潮濕而肥沃的地帶）；農具的改良，如重犁 (heavy plow) 的使用，水車的推廣，以及廣種與深耕的應用，等等。如此使農產品有了穩定的生產。

　　商業也有了進展，羅馬時代及中古早期偏重陸路交通及貿易，北義大利和法蘭德斯等地區也一直有商業活動。1050 年至 1300 年間，義大利城邦如熱內亞 (Genoa)、比薩 (Pisa)、威尼斯 (Venice) 從回教勢力手中奪得大部地中海的控制權，而壟斷與東羅馬帝國和東方的貿易，於是香料、寶石、香水和絲綢等出現在西歐的市場。在威尼斯、熱內亞和比薩之間的倫巴地 (Lombardy) 也興起了繁榮的商業，商人沿著東西向的多瑙河，北向的萊茵河與西向的隆河，與來自法蘭德斯的商人交易。法蘭德斯以其優越的地理位置及工業條件，北向可與斯堪底那維亞通商，南向可藉萊茵河及其支流與法國和日耳曼交易。

　　法國的香檳便因法蘭德斯的布匹與來自東方（經義大利人之手）的香料的交易，而發展著名的貿易集會 (trade fairs)。

　　商業的繁榮刺激工業生產。早在羅馬時代以來，法蘭德斯的毛織業即甚有名，中古初期雖遭受嚴重打擊，但在十世紀末期以後又告復興，由於當地羊毛供應不足，又自英格蘭大量輸入羊毛，從而又與之發生密切的經濟關係。其重要的紡織業中心有布路日 (Bruges)、根特 (Ghent)、里耳 (Lille)、易普爾 (Ypres) 和阿拉斯 (Arras) 等地。在義大利北部毛織業也有高度發展，在 1300 年左右佛羅倫斯有大約二百家工廠致力於毛織業。同時，冶金工業在西西里、佛羅倫斯、熱內亞和其他義大利城市也有發展。另外，造紙業在義大利與西班牙逐漸發達而於 1200 年至 1400 年間取代了羊皮紙，鍍金玻璃和吹製玻璃在威尼斯，染色玻璃在法國均有相當的發展。

　　另外，中古晚期軍火（武器）工業和航海工業趨於發達。軍火工業方面，與中國發明的火藥西傳有關，大砲或重砲在 1330 年左右便已使用，此後屢有改進，威力也日大，十五世紀時發生很大的作用，1453 年鄂圖曼土耳其人使用日耳曼人和匈牙利人製造的大砲突破了君士坦丁堡的防禦，法國人用大砲攻下波多 (Bordeaux) 而結束了英法百年戰爭。同時，由於火砲的使用，使封建領主的城堡不足畏，有助於王國的伸張。1500 年以後，由於毛瑟（滑膛）槍 (musket) 的使用，使步兵成為戰場上的主力，而結束了重裝備的騎士主控戰場的時代，軍火工業也在各國興起。至於航海工業，與光學（眼鏡發明於 1280 年代）的發展，可以製造觀測儀器，以及造船業的進步，有很大的關係。

　　十四世紀中葉，特別是 1347 年至 1350 年間，由於黑死病流行，日後又曾間歇肆虐近百年，使歐洲人口在 1300 年至 1450 年間減少了一半，乃至三分之二，造成經濟與社會危機，但在十五世紀後即告恢復。

2.城市的興起

　　工商業的發展造成城市的興起。古代城市係在農業生產發展成功，有足夠的多餘糧食可養活非農業人口而逐漸形成者，有了較大的聚落之後，又需要管理及設施，而維持城市亦要腹地。城市多為政治和經濟的中心，在中古初期城市趨於衰落。十一世紀以後，城市漸告復興而新的城市也次第出現。在日耳曼的中部和東部從前羅馬人未曾經營的地域，出現了一些新的城市如佛烈堡 (Freiburg)、盧比克 (Lübeck)、慕尼黑 (Munich) 和柏林 (Berlin) 皆為十二世紀建立的城市。再向西，有一些在羅馬時代便已建城但在十二世紀以後才日益擴張的城市如巴黎、倫敦、科隆等。中古時期城市最發達之處當屬義大利，威尼斯、熱內亞、米蘭、波隆那、巴勒摩 (Palermo)、佛羅倫斯和那不勒斯等均為大城。很多城市的興起均有其背景與原因，有的是因為是自然的港口，如西班牙的巴塞隆那 (Barcelona) 為海港，倫敦（在泰晤士河上）、科隆（在萊茵河上）等為河港，巴黎與波隆那

有著名的大學，威尼斯、熱內亞、倫敦和科隆為貿易中心，而米蘭、根特、布路日是製造業的中心。很多城市因為經濟方面（如商業與工業）或其他因素而形成，其地名最後以「福」(fort, or furt) 或「堡」(burg, or borough)結尾，如法蘭克福 (Frankfurt)、漢堡 (Hamburg)、奧古斯堡 (Augsburg) 和愛丁堡 (Edinburgh) 等是。

　　這些城市在握有資源和實力以後，便希望取得自治乃至獨立的地位，而建立自治城或城邦 (Communes, or City-States)。它們用金錢向封建領主或帝王買下原來在封建制度下的領主權益，而成為「有自治許可狀的城市」(chartered towns)。這種特許狀 (Charter) 在日耳曼多由神聖羅馬皇帝頒發，而使之成為神聖羅馬帝國的自由市 (Free City)，從十二世紀開始到十五世紀時約有五十個之多，其中以紐倫堡、奧古斯堡、阿亨、盧比克、布來梅(Bremen)、漢堡、法蘭克福等，它們不承認皇帝以外的任何威權。有時這種權益係用武力抗爭得到的，如北義大利的城市米蘭、威尼斯、曼圖亞(Mantua)、巴都亞、羅堤 (Lodi) 等在 1167 年組成倫巴同盟 (Lombard League)（此後直迄 1250 年屢次續盟）來抵抗神聖羅馬皇帝腓特烈一世的統治，最盛時有二十個城市參加。它們又得到教宗亞歷山大三世的支持，在 1167 年打敗腓特烈一世，並於 1183 年的「康斯坦士和約」(*Peace of Constance*)，在向皇帝重申忠悃 (fealty) 的情形下獲得自治權。

　　這些城市的統治階級多為富有的商人，市政係由基爾特 (Guild)，包括商人基爾特 (Merchant Guild) 和工匠基爾特 (Craft Guild) 來治理。它們在中古雖盛極一時，但即使是巴黎、威尼斯、佛羅倫斯、那不勒斯、米蘭和熱內亞，其人口很少超過十萬人，漢堡及奧古斯堡的人口更不過各有三萬人左右。這與唐宋時期的中國有五十二個超過十萬戶人家的城市，而唐都長安更有兩百萬居民，是不能比的（即使是奧古斯都時代的羅馬，其人口估計不過八十萬人）❻❺。但是，城市中的公共設施不夠，生活條件欠佳。各

---

❻❺　Burns，前揭書，pp. 400–406, 412–418, 484–489; Richard Greaves & others，前揭

種基爾特為了保障會員的利益，限制會籍，不鼓勵競爭，每一種基爾特對其特定的行業均壟斷生產和銷售，並限制售價。農民因莊園制度崩潰而湧入城市，做勞工而沒有政權，便構成無產階級，雖有人身自由，生活情況殊難改善。

第三節　中古時期的東歐

一、東羅馬帝國

東羅馬帝國或拜占庭帝國 (Eastern Roman Empire, or Byzantine Empire, 330–1453) 在西羅馬帝國滅亡後，仍巍然存在，它儘管有許多主觀和客觀上的困難，面臨不少內在與外在的挑戰，但也做出歷史的貢獻，直迄 1453 年才滅亡。

㈠基本體制

君士坦丁大帝 (Constantine the Great) 重建拜占庭 (Byzantium) 並更名為君士坦丁堡 (Constantinople)❻，且於 330 年遷都於此，是為東羅馬帝國的肇端。君士坦丁堡位於歐洲的最東南端，三邊環水，即由瑪莫拉海 (Sea

---

書，pp. 269–330；王任光，《西洋中古史》，pp. 385–417；《西洋中古史史料選譯》，第一輯，pp. 83–143。參看 P. M. Hohenberg & L. H. Lees, *The Making of Urban Europe, 1000–1950* (Harvard University Press, 1985); M. M. Postan & E. Miller, *The Cambridge Economic History of Europe*, Vol. II, *Trade and Industry in the Middle Ages*, 2nd ed. (Cambridge: Cambridge University Press, 1987); R. S. Lopez, *The Commercial Revolution of the Middle Ages, 950–1350* (Cambridge: Cambridge University Press, 1976).

❻ 其地原為希臘人建立之殖民地，因傳說中其建立者為拜占 (Byzas)，故名拜占庭 (c. 660 B.C.–330 A.D.)。330 年至 1930 年間稱君士坦丁堡，此後改名為伊斯坦堡 (Istanbul)。但斯拉夫人稱為皇城 (Tsargrad, or City of the Emperor)。

of Marmora)、韃韃尼爾海峽 (the Dardanelles) 和博斯普魯斯海峽 (the Bosphorus) 所構成的接連在一起的水域，陸上的一邊亦為堅牆和高塔所切割，是一個易守難攻的城池。

東帝國在文化本質上揉雜了羅馬、希臘和基督教的因素，其領土的大部分亦在歐洲之外，包括現在希臘、土耳其、中東（絕大部分）和埃及，其語言主要為希臘文，其文化亦以希臘及希臘化的文化為主。在政治體制方面，為高度專制的政體，皇帝在君士坦丁皈依基督教以後雖然不再是具有神性的神帝 (God-Emperor)，但為上帝的直接代理者，其權力是至高的和神聖的。自五世紀中葉，他由君士坦丁堡宗主教加冕，自七世紀起加冕典禮在聖智大教堂 (Santa Sophia) 舉行。皇帝的標誌除了皇冠以外，尚有一雙高的紫靴和一襲紫袍，而且也是自七世紀起加上「巴斯留」或「萬王之王」（希臘文 Basileus，or King of Kings）的名銜，稍後又加上「專制者」(Autokrator) 的稱號。皇后有正式的「女皇」頭銜，而且也經在宮中正式加冕，她的肖像鑄造在錢幣上，有時也攝政，帝國史上且有過三次女皇單獨治國的事。皇帝在朝廷和生活方面，均有複雜的儀禮，在他面前一切臣民都要噤聲。皇帝在理論上是受命於上帝的，但上帝的意旨表現在人民、元老院和軍隊的擁戴上，因此皇帝在理論上又是選舉產生的。但是，在位的皇帝又可以連同另一位皇帝共同治國，因而他可以指定繼承人，有時也是世襲的。皇位繼承的不穩定性和無定規可循，是東羅馬帝國的一大弱點。但是，皇帝是絕對專制的統治者，他雖可能被推翻或被篡奪，但其專制的原則是不變的。皇帝為一切權力的淵源，他的住處叫「聖宮」(sacred palace)，宮中主要的官員也是帝國主要的官員，每一重要官員均有宮中的名銜與位置，很多有權勢的官員多為宦官，這是另一個有東方色彩的地方。帝國設有宰相來處理政務。另外，作為京兆尹 (eparch) 的君士坦丁堡行政首長也有相當大的權力。

政教關係方面，東羅馬帝國為政教合一制度 (Caesaropapism)，皇帝既

是政府的最高首長，又是教宗。皇帝在宗教事務上有「同使徒」(equal to the Apostles) 的頭銜，他可以任免主教和獎懲教士。在東羅馬，皇帝也直接介入教會的教義和崇拜的問題，有一些大公會議，如尼西亞（Nicaea，325 年）和卡西頓（Chalcedon，451 年）均由皇帝召開並主持。皇帝也主導破除偶像爭議 (Iconoclastic Controversy)，並且與 1054 年東西教會的分裂有相當大的關係❻。

東羅馬帝國之所以能夠在艱難的環境中持續一千多年，有其原因：⑴間或有令主出世，發生扭轉乾坤的作用，如查士丁尼大帝 (Justinian the Great，482–565，在位時期 527–565)、李奧三世（Leo III，680–741，在位時期 717–741)、邁克爾八世・巴拉洛哥斯（Michael VIII Palaeogus，1225–1282，在位時期 1259–1282）等等；⑵有效率的文官行政，中古時期東帝國文化水準高於西方，在 600 年至 1200 年間，西方幾無識字的俗人（非教士），而東帝國則教育較為發達，訓練人才甚多，他們蔚為國用，成為文官；⑶有堅實的經濟基礎，君士坦丁堡本身繁榮，為國際貿易中心，控制東西方商業，皇帝掌握絲織品、紫染業 (purple dye) 和金繡業 (gold embroidery) 的專利，各省財稅亦較為健全；⑷外交與戰爭的運用：東帝國外交政策與手腕均甚靈活，對外族以交涉談判，乃至通婚皆為手段，最後才訴諸戰爭，設有辦理「夷務機關」(office of barbarian affairs)，以主持其事。但在另一方面，東帝國亦加強戰備，保持強大的軍力，其海軍亦多能控制海洋的通道，並且配備有祕密武器希臘火 (Greek fire)❻。

---

❻ 詳見 *The Cambridge Medieval History*, Vol. IV, *The Byzantine Empire*, Part II, *Government, Church and Civilization* (Cambridge: Cambridge University Press, 1978).

❻ 「希臘火」為迄今並不十分明瞭的東西，它大概用硫磺、石油精 (naphtha)、生石灰 (quicklime) 等混合而成，然後裝在鍍金的青銅器內，配備在戰船的船頭，噴出使敵艦著火而趁機進攻。它也可以安裝在城牆上使用。參看 *The Cambridge*

㈡興衰情形

君士坦丁大帝定都君士坦丁堡以後，東西帝國仍時有共戴一君之事，但自狄奧多西一世（Theodosius I，or Theodosius the Great，在位時期 379–395）以後便未再復合。狄奧多西一世為了解決長久懸宕的哥德人問題，允許他們以羅馬盟友名義定居多瑙河以南。此後日耳曼人問題愈為嚴重，五世紀時匈奴人和西哥德人蹂躪巴爾幹地區。六世紀時查士丁尼繼位，他是皇帝查士丁 （Justin ， 在位時期 518–527） 的姪子， 出生在伊里瑞亞（Illyria，現南斯拉夫）但講拉丁語文。他的功過是非，是不易論定的，因為他的文治與武功都很足觀，但也虛耗國力。拜占庭歷史學家普洛柯比斯 (Procopius, 499–565) 在其 《祕史》(*Secret History*) 對他有很多的揭發與指責。但是，查士丁尼重用文官約翰 (John of Cappadocia)，法學家托利包尼安 (Tribonian)，武將貝利沙斯 (Belisarius, 509?–565)，而其皇后狄奧多拉 (Theodora) 亦能對他有很大的幫助。查士丁尼在內政上曾遭遇非常困難的「勝利暴亂」(Nika revolt of 532)，為其重大關鍵。緣因君士坦丁堡沿襲羅馬賽車各為選手加油的習慣，逐漸分為藍黨 (the Blues) 和綠黨 (the Greens)，即使是皇帝亦常參加一方，而藍黨以貴族居多，綠黨則多屬下層社會。532 年，兩黨聯合向皇帝（參加藍黨）施壓要求釋放兩個分屬兩黨的刑犯，他們以「勝利」為呼號，情況一度非常嚴重，查士丁尼一度曾考慮一走了之。幸賴其皇后的鼓舞，終能平定叛亂，比賽場地 (hippodrome) 附近因亂被毀的一所教堂遺址被改建為有名的聖智大教堂。在武功方面，查士丁尼在 533 年派大將貝利沙斯征服汪達爾人在北非的王國，貝利沙斯繼之轉戰義大利，在 535 年至 555 年經纏戰二十年，也消滅了東哥德人的王國，義大利重歸帝國版圖，同時也收復了西班牙的一部，但高盧和不列顛仍在帝國範圍之外。

Medieval History, Vol. IV, *The Byzantine Empire*, Part I, *Byzantium and Its Neighbours* (Cambridge: Cambridge University Press, 1967).

　　查士丁尼以後的幾位皇帝多屬庸碌之輩。六世紀末年，波斯人西侵而斯拉夫人亦越過多瑙河占領色雷斯和希臘北部 。 日耳曼人的一支倫巴人（Lombards，「長鬍子」之意） 亦逃脫柔然人 (the Avars) 的控制而竄入義大利波河流域（568 年）❻❾。波斯人漸成威脅，613 年占領敘利亞，614 年取埃及，619 年圍攻君士坦丁堡。東羅馬與波斯不久兩敗俱傷，回教阿拉伯人的勢力繼之而起。東帝國在喪失敘利亞與埃及兩個主要的財稅來源區域之後也大受打擊，僅能依賴小亞細亞為主要的基地。李奧三世在 717 年打敗阿拉伯人，解了君士坦丁堡之圍，但與阿拉伯人的戰爭並未停止，而克里特和西西里之失，使帝國海權大受影響。威尼斯的海上力量已不可輕視，帝國在義大利的統治也因法蘭克人與教宗國的聯盟而中斷。在內政方面，混亂不安，至 867 年出生在色雷斯的皇帝巴西耳一世 (Basil I，在位時期 867–886) 即位， 此後有五位皇帝相繼統治， 是為馬其頓王朝 (Macedonian dynasty) 並在 961 年奪回克里特，不久又收復敘利亞北部。此王朝在 1056 年斷絕，繼之又是混亂和一些平庸的君主。同時塞爾柱土耳其人 (Seljuk, or Seljuqs Turks)❼⓿漸成嚴重外患。 1071 年他們在馬佐克特（Manzikert，在小亞細亞，現土耳其東部村莊）大敗東帝國軍隊十萬人，俘虜皇帝羅曼諾斯四世 (Romanos IV)，並使之喪失安那托利亞東部和亞美尼亞，此後小亞細亞便在土耳其人的直接威脅之下，他們並以尼西亞為首都。同年，西西里的諾曼人攻占義大利南部，並且攻擊希臘西部。

　　帝國最後的三百八十多年 (1071–1453) 可以說是每下愈況 ， 呈現著內部崩解和外患日亟的情況。十一和十二世紀以後，東帝國內部失去凝聚力，

---

❻❾　此後該地區稱倫巴地 (Lombardy)。

❼⓿　塞爾柱土耳其人為十世紀後期來自中亞的土耳其人，他們在其酋長塞爾柱 (Seljuk ibn Takah) 的率領下進入巴格達阿拔斯王朝的土地，接受回教信仰，成為回教的狂熱分子 ， 並為阿拔斯王朝雇傭兵 。 1055 年塞爾柱之孫土格利耳貝格 (Tughril Beg) 占領巴格達，被阿拔斯哈里發封為蘇丹 (Sultan)。

被形容為拜占庭封建制度 (Byzantine Feudalism)，蓋其情景一如西歐在九世紀以後查理曼帝國崩解和中央權威消失的樣子。經濟與社會均喪失活力，海權衰落，海盜公行，威尼斯商人操縱了帝國的經濟命脈。

東帝國本想引進西歐基督教勢力以為臂助。1095 年皇帝亞歷西烏斯‧康奈納斯（Alexius Comnenus，1048–1118，在位時期 1081–1118）儘管覺得西歐並不友善，仍然呼籲西歐與他協力抵抗土耳其人，於是乃有十字軍運動。十字軍運動助長了東帝國的衰落。第一次十字軍東征雖幫助東帝國逐退在小亞細亞的土耳其人，但他們在敘利亞等地建立自己的政權，使東帝國當局不悅，此後不斷有衝突。教宗英諾森三世 (Innocent III) 所發動的第四次十字軍，竟然受威尼斯商人所利用，再加上東羅馬帝國政爭的因素，從巴勒斯坦轉向，在威尼斯海軍的協助下，於 1203 年 7 月攻下君士坦丁堡，為之立新皇帝。但不久一場政變，1204 年占領君士坦丁堡，大肆破壞和搶掠，並控制東羅馬帝國政權，選法蘭德斯伯爵鮑爾德溫 (Baldwin I, Count of Flanders, 1172–1205) 為第一任皇帝，並由一個威尼斯人擔任君士坦丁堡宗主教。此為拉丁帝國 (Latin Empire)，他們主宰君士坦丁堡有五十七年 (1204–1261) 之久，使帝國遭受到非常嚴重的打擊。

最後滅亡東羅馬帝國的人是鄂斯曼或鄂圖曼土耳其人 (Osman, or Ottoman Turks)❼，此一民族擴張甚速。他們在 1356 年遷都亞德利亞堡 (Adrianople)，君士坦丁堡完全被包圍，只有靠海路得以與西方聯絡，情況日蹙，常被迫訂城下之盟。1451 年蘇丹穆罕默德二世 （Mohammed II，1430–1481，在位時期 1451–1481） 即位，其匈牙利籍的工程師為之鑄造巨砲，不僅威脅到君士坦丁堡的防衛，架設在博斯普魯斯海峽的巨砲亦封鎖了君士坦丁堡的對外交通和運補。1453 年 5 月，土耳其人大舉攻城，城內

❼ 鄂圖曼土耳其人在十二世紀晚期由其酋長鄂斯曼 (Osman) 定居於貝塞尼亞 (Bithynia) 邊地，1326 年建都於布薩 （Bursa，位於現在土耳其西北部）。他們在 1345 年進入巴爾幹半島。

希臘及拉丁教友在聖智大教堂做完最後一場聚會後，最後一位皇帝君士坦丁十一世（Constantine XI，1404–1453，在位時期 1449–1453）英勇戰死。穆罕默德二世在攻陷君士坦丁堡後在聖智大教堂祝謝阿拉，並將之改為回教寺。

　　東羅馬帝國亡，自 330 年 5 月 11 日建立，至 1453 年 5 月 29 日覆亡，歷一千一百二十三年。

㈢東羅馬帝國的成就

　　東羅馬有很多重大的貢獻和成就，對後來歷史有極大的影響。擇要言之有下列諸項。

　　第一是有系統的整理法律。作為羅馬皇帝和上帝的直接代理人，查士丁尼大帝要保全羅馬法的傳統。他在 528 年命法學家托利包尼安領導組成一個十人委員會，把哈德良皇帝 (Hadrian, 117–138) 的法條、判例、詔令等做有系統的整理與編纂。全書於 529 年公布，後又有修訂，定本在 534 年公布。此一大部頭的法典有十二卷，4,652 條。這個法典稱為《查士丁尼法典》(Justinian Code)，或稱《民法大全》(Corpus Juris Civilis)。查士丁尼時代整理的法典把東方專制精神注入，乃強調皇帝的詔令就是法律，此對民族王國的君權伸張有其影響。另一重要的工作是《法學摘要》(Digesta, or Digest; Pandects, or Pandectae)，此由十六名法學家組成的委員會在 530 年開始工作，533 年出版為五十卷，包容了二千餘卷法書的精要，對於法學研究頗有貢獻。查士丁尼自 534 年直迄 565 年逝世，也頒布了許多詔令，後來經過編輯而稱為《新法典》(Novellae Constitutiones Post Codicem，在英文中簡稱 Novels)。除此之外，還有《法學入門》(Institutes) 的刊行，為法律教科書。廣義的《查士丁尼法典》包括上列四種，惟前三種係以拉丁文寫成，《新法典》則係以希臘文寫成。九世紀時，皇帝李奧六世（Leo VI，在位時期 886–912）時期又編纂法律，是為《必斯理可》(Basilica, or Basilics)，用希臘文寫成。

　　這些法典和對法學有系統整理的出版品，與對於羅馬法的復興和君權的擴張有很大的關係。

　　第二為藝術方面的成就。東羅馬帝國的文學創作、語言學、史學和其他學術的研究均在進行。在藝術方面，成就最大。以綜合藝術的建築而言，東羅馬帝國的拜占庭建築 (Byzantine architecture)，其特點為把希臘化或羅馬的長方結構體 (basilica) 與高的波斯式的圓頂 (dome) 結合於一體。代表作是查士丁尼建築的聖智大教堂 (Hagia Sophia, or Santa Sophia, or Holy Wisdom)，動工時間為 532 年至 537 年。它是一座宏偉富麗的教堂，長 250 呎，寬 225 呎，正中央的圓頂由四根托柱拱著，圓頂直徑為 107 呎，從地面至圓頂頂點高度為 179 呎。教堂四壁及天花板的鑲嵌藝術，光輝奪目。

　　這種建築亦影響到其他地區，如義大利靠近亞德利亞海的拉文那 (Ravenna) 有三座小型的教堂。威尼斯的聖馬可教堂 (St. Mark's) 亦為拜占庭建築。很多地區的回教清真寺有更多模仿它的建築。

　　建築之外，尚有附屬於建築的鑲嵌 (mosaics)、繪畫與雕刻，以及金銀工業等，亦甚發達。

　　第三是保全古典文化。在中古時期，尤其是在中古初期，西歐不再有人通曉希臘語文，無人研究古希臘人所著述的哲學、科學和文學的作品，東羅馬帝國則保存了這些寶貴的文化資產。東羅馬與西歐不同的另一點，是學術研究不限於修院和教士。六世紀時查士丁尼雖關閉了有強烈異教傳統的雅典

聖智大教堂圓頂內部情形

聖智大教堂及其周圍

大學，但君士坦丁堡大學一直為學術重鎮，其課程亦多世俗學科，如哲學、天文、幾何、修辭、文法、音樂、法律、醫學和算術。如果沒有東羅馬帝國，則柏拉圖、亞里士多德、荷馬和索福克里斯將會流失，此將對文化構成莫大的損傷。

　　第四是開化斯拉夫民族並使之接受基督教信仰，此為對後來歷史發展發生重大影響的事。緣在東羅馬帝國周圍，有形形色色的斯拉夫人 (the Slavs)，他們仍然處於相當野蠻的狀態。東羅馬帝國透過各種接觸，使他們漸漸開化。九世紀時，兩位希臘修士，即聖西瑞爾和聖麥佐迪 (Saint Cyril, 827–869 & Saint Methodius, d. 884)，於 863 年為君士坦丁堡宗主教派往莫洛維亞（Moravia，現捷克中部）向斯拉夫人傳教，他們發展出一套字母來拼寫斯拉夫語文，後來便成為斯拉夫民族中俄羅斯人、烏克蘭人、白俄羅斯人、塞爾維亞人和馬其頓人語文所通用的西瑞爾字母 (Cyrillic alphabet)。這些信奉東正教，以及俄羅斯人以東羅馬帝國的繼承者自居，後來均有重大的影響❼❷。

❼❷　另一部分斯拉夫人如波蘭人、捷克人、斯洛伐克人、克魯特人、斯洛維尼人，再　　加上部分烏克蘭人和大多數白俄羅斯人則接受了羅馬公教，但在語言上則全部烏　　克蘭人和白俄羅斯人採用西瑞爾字母，其餘上述接受羅馬公教信仰的人則採用拉

二、斯拉夫民族與俄羅斯的建國

㈠斯拉夫民族

　　斯拉夫民族 (the Slavs, or the Slavic peoples)，為操印歐語系的斯拉夫語言 (Slavic languages) 的民族，他們在四千多年以前便已出現在黑海以北，初居於現烏克蘭 (Ukraine) 西部與波蘭東南部之地。200 年至 500 年間，他們也流徙到其他地區，包括中歐與東歐，現在俄羅斯西部，以及東南歐洲的巴爾幹地區。八世紀時曾一度在中歐建立以莫洛維亞為中心的統一帝國，906 年為馬札兒人 (the Magyars) 所征服。他們之中有的受東羅馬統治，後又為蒙古人所征服。此後他們分為三個族群：東斯拉夫人 (the Eastern Slavs)，此包括俄羅斯人或大俄羅斯人 (the Russians, or the Great Russians)、烏克蘭人或小俄羅斯人 (the Ukrainians, or Little Russians) 及白俄羅斯人 (the Belorussians)；西斯拉夫人 (the Western Slavs)，包括捷克人 (the Czechs)、斯洛伐克人 (the Slovaks)、波蘭人 (the Poles)、溫德人或索爾伯人 (the Wends, or Sorbs)；南斯拉夫人 (the Southern Slavs)，包括克魯特人 (the Croats)、斯洛維尼人 (the Slovenes)、塞爾維亞人 (the Serbs)、馬其頓人 (the Macedonians)、蒙特尼哥羅人 (the Montenegrins) 和保加利亞人 (the Bulgarians)❼❸等。

　　首先與東羅馬帝國打交道的斯拉夫人是保加利亞人，他們在七世紀晚期越過多瑙河，與帝國不斷發生衝突。811 年，保加利亞人的酋長克魯穆 (Krum) 擊敗皇帝奈斯普魯斯一世 （Nicephorus I, d. 811， 在位時期 802–811）的軍隊，奈斯普魯斯一世陣亡，克魯穆竟將其頭蓋骨挖空後鑲以銀邊來用作飲器，於此可以看出其文化程度。他們宗教崇拜的對象為日、月、

丁字母。

❼❸　保加利亞人為斯拉夫人與來自亞洲的征服者保加人 (the Bulgars) 的混血種，但亦操斯拉夫語，故常被列入南斯拉夫人。

星辰等。但在九世紀中葉以後使用希臘字母，並建立國家。另外一種居住在現在捷克中部的斯拉夫人莫洛維亞人 (the Moravians) 在九世紀時亦建立國家，他們因為不喜日耳曼人與羅馬教會，於 862 年接受東正教。於是，皇帝邁克爾三世（Michael III，836–867，在位時期 842–867）與君士坦丁堡宗主教福舍斯 (Photius, 820–892?) 派聖西瑞爾及聖麥佐迪前往傳教，二人因此而有「斯拉夫人的使徒」(Apostles to the Slavs) 的稱號。他們並為斯拉夫人設計一套字母。但是保加利亞人的國王包里士 (Boris) 則欲自日耳曼人接受拉丁教會。最後，聖西瑞爾及聖麥佐迪在莫洛維亞未竟全功，此因日耳曼人的努力甚大，而莫洛維亞人亦不願接受強鄰的信仰之故。不過，他們設計的字母卻被很多斯拉夫人，如俄羅斯人、保加利亞人和塞爾維亞人等所採用至今。保加利亞人雖曾欲接受拉丁信仰，並徘徊於羅馬公教與希臘正教之間，最後在九世紀後期後終接受了希臘（東方）正教。但保加利亞人並未因接受東方正教信仰而與東羅馬帝國發展出友好的關係。包里士的兒子西米昂一世 (Symeon，or Simeon I，863–927，在位時期 893–927) 後來自稱「皇帝」(Czar)，他甚至有征服君士坦丁堡的野心。他與他的繼承人與東羅馬帝國有長期的戰鬥，十世紀後期戰況甚為慘烈。保加利亞王撒姆耳 (Samuel) 時與當時在位的東羅馬皇帝巴西耳二世 （Basil II，958–1025，在位時期 976–1025） 衝突最大。1014 年巴西耳二世俘虜四千至五千保加利亞人，每一百人中弄瞎九十九人的眼睛，另一人留一隻眼睛以領其他人回去。撒姆耳因見此情景震駭而死，巴西耳二世也因而得到「保加利亞人屠殺者」(Bulgar-Slayer) 的稱號。1018 年左右，東羅馬帝國征服了保加利亞人。

其他的斯拉夫人在此不一一詳述。

㈡俄羅斯的建國

1.早期情況

各斯拉夫民族中，第一個真正獨立建國並對後來歷史發生重大影響的

是俄羅斯人。其他各斯拉夫人要到十九世紀末期以後，甚至第一次世界大戰以後才漸次獨立。

　　俄羅斯 (Russia, or Rossiya) 為東斯拉夫人建立的國家。其地在新石器時代即有人居住。在西元前七世紀時，塞西亞人 (the Scythians) 控有黑海北岸和克里米亞 (Crimea) 之地，西元前三世紀時塞西亞人又為薩爾馬提 (the Sarmatians) 所取代。此後俄羅斯草原為各種民族所侵入，包括三世紀時的日耳曼哥德人，四世紀時的匈奴人，以及六世紀時的柔然人（突厥）。七世紀時卡札兒人 (the Khazars)（突厥）在俄羅斯南部建立國家，八世紀時保加利亞人亦在窩瓦河流域建國。九世紀時，東斯拉夫人在相當於現歐洲俄羅斯地帶建立了一些城鎮，但受卡札兒人控制。

　　俄羅斯立國的歷史在九世紀時開始。

2. 羅立克王朝

　　俄羅斯早期的歷史多根據十二世紀初（大約 1111 年）在基輔 (Kiev) 編撰的《俄羅斯編年史長編》(*The Primary Russian Chronicles*，主要敘述 852 年至 1110 年間的歷史)。根據它的說法，是在諾夫哥勞特（Novgorod，現俄羅斯西北部）的斯拉夫族群發生爭執，乃邀請斯堪底那維亞半島的維京人的一支維倫吉安人 (the Varangians) 來統治他們。於是，維倫吉安人便在其首領羅立克 (Rurik, c. 830–879) 率領下征服諾夫哥勞特和附近地區，此事發生在 862 年左右。這些人被稱為羅斯 (Russ, or Ros)，羅斯一詞後來逐漸成為東斯拉夫人的通稱，也是俄羅斯 (Russia, or Rossiya) 一詞的來源。羅立克和他的繼承者建立了羅立克王朝 (Rurik Dynasty)。此一王朝建立了基輔俄羅斯 (Kievan Russia)，後來亦統有莫斯科大公國及俄羅斯，直迄 1598 年費多爾一世 (Feodor I) 死時為止❼❹。

---

❼❹　羅立克及其王朝究為受邀請而來，或係征服者，實不易確定。二十世紀後俄國史學界又有人認為《俄羅斯編年史長編》不可信，認為東斯拉夫人已建國，惟金人曾一度來攻擊，並僅短時掌控，而羅斯人為生活在羅斯河 (the Ros River) 的南斯

　　羅立克的繼承者奧萊格 （Oleg, d. 912，統治時期 879–912，為羅立克親族） 在 882 年將治所轉移到基輔 （Kiev，烏克蘭文為 Kyyiv，俄文為 Kiyev，現烏克蘭首都），是為基輔俄羅斯之始。奧萊格統一很多東斯拉夫人的土地，使他們不再奉卡札兒人為宗主，並在 911 年與東羅馬帝國簽訂通商條約。基輔俄羅斯日益重要，且控制波羅的海至黑海地區的貿易，並與拜占庭交易。基輔的統治者稱號 「大親王」 （Grand Prince） 或 「大公」 （Grand Duke），位在其他俄羅斯王侯之上。至伏拉迪密爾一世 （Vladimir I, c.958–1015，在位時期 980–1015） 正式接受東正教信仰，故亦稱聖伏拉迪密爾 (Saint Vladimir)❼❺他大約在 988 年或 989 年受洗，並娶東羅馬皇帝巴西耳二世之妹安娜 (Anna)，宣布東正教為國教，接受希臘文化及禮儀。他也編纂了第一部法典。但在十一世紀後半期及十二世紀，基輔俄羅斯衰落。

3. 蒙古統治與莫斯科的興起

　　十三世紀初，原居於中國黑龍江上游蒙古東部的蒙古部族興起，1206 年鐵木真 (Temujin, 1167?–1227) 在統一蒙古各部落後被推戴為成吉思汗 （Genghis Khan，or Jenghis Khan，意為「宇宙的皇帝」）。此後成吉思汗以騎兵與弓箭手組成的大軍成為攻無不勝的高速進軍的鐵旅。在兼併中國塞北諸游牧部落、征服中國北部後又發動西征，於 1220 年滅亡中亞大國花刺子模 (Bukhara)。另支蒙古軍隊北越太和嶺 (高加索山脈)，擊敗俄羅斯 (阿羅斯) 聯軍，抵黑海北岸。成吉思汗死後，其子窩闊臺 (Ogotai, or Ogadain, 1185–1241) 繼之在滅掉女真人的金朝之後 (1234 年)，又以拔都 （Batu Khan，c. 1205–1255，成吉思汗之孫） 在 1237 年至 1241 年西征。蒙古人在大草原上行軍，攜帶牲口，供應不虞匱乏，隨處可以架起蒙古包來住宿。蒙古包，西方人稱為「帳」，拔都的帳稱為「金帳」。他率軍越過

　　拉夫部落。

❼❺　俄羅斯人在此之前已有多人接受基督信仰，在 945 年與東羅馬帝國訂立商約時，已在十字架旁宣誓。

烏拉山，不僅征服全俄（除西北角的諾夫哥勞特以外），且亦攻入波蘭（孛烈兒），並破日耳曼（捏迷思）聯軍於柏林東南，也攻打匈牙利（馬札兒），班師回和林（庫倫西南，現為廢墟），參與新大汗的選舉，這也說明東西歷史交互影響的一面，直抵亞德利亞海東岸。1241 年因窩闊臺死訊至，始未再進軍。蒙古人不僅征服俄羅斯等地，亦征服波斯（木剌夷）等地。1260年左右建立四大汗國。這四大汗國分別為伊兒汗國 (the Il Khanate)，包括波斯及地中海以東之地；欽察汗國或金帳汗國 (the Kipchak Khanate, or Khanate of Golden Horde)，統轄俄羅斯大部及波蘭東南部；察合臺汗國 (the Jagatai Khanate)，包括新疆大部、中亞、阿富汗及印度北部；大汗國 (Great Khanate)，以中國為中心，在忽必烈 (Kublai Khan, 1216–1294) 時於1271 年改稱為元，即中國元朝❼⓺。

　　蒙古西征及其建立汗國之事，在此不必多論，但俄羅斯在 1237 年至1480 年間係在蒙古人的統轄之下，歐洲人習慣上稱蒙古人為韃靼人 (the Tartars)❼⓻。同時，白俄羅斯和烏克蘭絕大部分和俄羅斯西部一些地區併入立陶宛大公國 (Grand Duchy of Lithuania)，於是俄羅斯東北部日益重要，成為俄羅斯的政治與經濟中心。至於蒙古人的欽察汗國或金帳汗國的首都則在薩瑞 (Sarai)❼⓼。

---

❼⓺　亦有謂四大汗國為欽察汗國、察合臺汗國、伊兒汗國及窩闊臺汗國（約當今阿爾泰山一帶及新疆北部一部分），事實上窩闊臺汗國在十四世紀初即併入察合臺汗國。

❼⓻　「韃靼人」一詞的來源有二說：一為它源自一個叫「韃靼」(Tata, or Dada) 的蒙古部落的名字；一為因蒙古人兇暴，使人與希臘神話中所說的「地獄」(Tartarus) 聯想在一起而謂為「地獄使者」。至於後來生活在俄羅斯伏爾加河流域，以及亞塞拜然和克里米亞地區的韃靼人則為蒙古人與來自東亞與西伯利亞中部的操突厥語的游牧民族的混血後裔。另外，西方人稱蒙古人為韃靼人，係因明太祖朱洪武把蒙古人趕出大都（北京）後不久，蒙古大汗為臣下所篡，分裂為兩部，即瓦剌 (Oirat) 與韃靼。

❼⓼　薩瑞為 1241 年拔都所建，在俄羅斯東南部，近現在的伏爾加格勒（Volgograd,

十四世紀後莫斯科大公國 (Grand Duchy of Moscow, or Muscovy) 日盛。此一大公國在十三世紀後期即已漸趨重要,其統治者出於羅立克王朝的一支。1318 年尤里 (Prince of Yuri, d. 1326) 為大親王 (Grand Prince),尤里且娶金帳汗的妹妹。1326 年大公國的核心城市莫斯科 (Moscow, or Moskva) 成為俄羅斯東方正教的大主教 (Metropolitan) 的常駐之地。尤里之弟便是伊凡一世(Ivan I,1304?–1340,在位時期 1328–1340),其與金帳汗國關係甚佳,被指定代收貢金,因而有 「錢袋子伊凡」 (Ivan Kalita, or Ivan the Moneybag) 的稱號,他也可能是第一位真正的大公❼⑨。此後莫斯科大公國日益壯大,與金帳汗國也時有衝突。同時,其為全俄羅斯中心的地位也早已建立,而金帳汗國則日衰。

4.俄羅斯的建國

1462 年,伊凡三世或伊凡大帝 (Ivan III,or Ivan the Great,1440–1505,在位時期 1462–1505) 繼位,他以聰敏與謹慎而又胸懷大志著稱。

聖巴西耳大教堂

1961 年前稱史達林格勒) 處,自 1480 年衰落。

❼⑨　大親王 (Grand Prince) 與大公 (Grand Duke) 相差不多,惟大公是俄皇稱皇以前的正式頭銜,但實際上二名銜常相混稱。

他在 1478 年征服諾夫哥勞特等地，亦制止立陶宛的東向擴張，統一了俄羅斯各地，為莫斯科俄羅斯 (the Muscovite Russia) 的建立者。1480 年他拒絕再向金帳汗國繳稅，並推翻了金帳汗國。

伊凡三世師法東羅馬帝國，建構專制政體的統治，並娶最後一位東羅馬皇帝君士坦丁十一世的姪女蘇菲亞 (Sophia) 為妻，她把拜占庭朝儀帶到莫斯科。東羅馬時已滅亡，伊凡三世採東羅馬帝國的標誌雙頭鷹為標誌，並且相信莫斯科為「第三羅馬」(Third Rome)。他的孫子便是伊凡四世或恐怖的伊凡 (Ivan IV，or Ivan the Terrible，1530–1584，在位時期 1533–1584)，早年由乃母攝政，1547 年加冕，為第一位正式稱皇帝 (Czar)❽⓿的俄皇。

克里姆林宮的主塔史巴斯凱雅塔 (Spasskaya Tower，1492 年，意譯為救主塔)，塔下為克里姆林宮正門。

莫斯科城在十五世紀後成為全俄羅斯的中心❽❶，此城可追溯至 1147 年，因其沿莫斯科河 (the Moscow R.) 兩岸興建，後來又有運河通窩瓦河（或伏爾加河，the Volga），為水陸交通要衝而日益發達。自伊凡三世以來，俄國有意繼承或取代東羅馬帝國，對於莫斯科也延聘義大利等建築家大興土木。舊城中心的克里姆林宮 (Kremlin)❽❷尤屬重要。克里姆林之名在 1331 年便已有，其石牆係自

---

❽⓿　俄皇 Czar 或 Tsar 常為國人音譯為「沙皇」。事實上，此一名詞一如德皇 (Kaiser) 係來自拉丁文凱撒 (Caesar)，它本身就是皇或皇帝的意思，如譯為「沙皇」反而為「皇皇」之意了。

❽❶　1712 年彼得一世或彼得大帝遷都聖彼得堡，但 1918 年莫斯科又恢復為首都。

❽❷　克里姆林 (Kremlin) 源自俄文 Kreml，為要塞或城堡之意。

1367 年興建，現在所看到的石牆係 1492 年即已完成者。克里姆林宮為一楔形或三角形的建築物而外邊圍以鋸齒狀的堅厚石牆，占地約 90 英畝（36.4 公頃），南臨莫斯科河，居形勝之地。其中有一些雄偉富麗的宮殿與教堂，牆的四邊各有七座塔，共有二十座。克里姆林宮在 1955 年後有一部分開放為博物館❸。

第四節　回教的興起與十字軍運動

一、回教的興起

　　阿拉伯人所創立的回教 (Islam)，或音譯為「伊斯蘭教」，後來發展成世界性的宗教。「伊斯蘭」的意思是「歸順阿拉的意旨」(surrender or submit to the will of Allah)，而回教徒或「穆斯林」(Muslims, or Moslems) 則意為「歸順阿拉的人」(those who submit to Allah)。它不僅是一種宗教信仰，也是一種認同，更是一種生活方式。它所表現的高度凝聚力不僅結合了阿拉伯人，更把所有信仰回教的人，不論其種族、語言和地理分布，鎔鑄成強烈的歸屬感。而回教的分布遍及非洲、中東、中亞、巴基斯坦、孟加拉國和印尼等地域。

㈠回教興起以前的阿拉伯半島

　　阿拉伯半島 (Arabia) 位於亞洲西南部，其地名的意思為「阿拉伯人的島地」(Island of the Arabs)。它本身為一貧瘠的岩質半島，而其地理位置亦甚為閉鎖。它的東邊是波斯灣，隔絕了其與波斯及印度的聯繫，它的西面為紅海，又把它與埃及分開。除了半島南端的一些山坡地帶以外，為雨量

---

❸　本節主要取材自 Richard L. Greaves & others，前揭書，pp. 288–290, 331–332; L. S. Stavrianos, *The World to 1500: A Global History* (New Jersey: Prentice-Hall, 1970), pp. 298–303; Brinton，前揭書，pp. 240–247, 376–385.

稀少的沙漠地區，生計困難。半島上的阿拉伯人 (the Arabs) 早在西元前三千年左右便已出現，他們是一種講亞非語系 (Hamito-Semitic, or Afroasiatic Languages)❽中的閃語 (the Semitic Languages) 的人群。艱難的生活條件使他們常北向移動，巴比倫人和亞述人都可能出自阿拉伯人，因為他們的語言與阿拉伯語有關。希伯來語也是閃語的一支，猶太人也可能是阿拉伯移民的後裔。希臘人、希伯來人與羅馬人的記錄中都有提及阿拉伯人。大致言之，在西元前九百多年時，半島上，特別是半島南部也曾建立幾個小王國，他們種植農業，並且出口乳香 (frankincense)、沒藥 (myrrh) 和香料。亞歷山大在未能征服阿拉伯半島前死去，希臘化時代在紅海附近有一小國叫納巴提亞 (Nabatea)，控制駱駝商隊的路線，其首都為柏特拉（Petra，在現約旦境內）。後來在 106 年羅馬征服此王國，建為阿拉伯省。半島南部曾有四個小王國：希巴 (Saba)、米內亞 (Minaea)、哈達拉摩 (Hadhramaut) 和卡達 (Qatar)。但在 300 年至 500 年間，均告衰亡。游牧部落四起，遍及半島。這些阿拉伯人的部落仍信仰拜物及多神的宗教。總之，在回教於西元七世紀初興起以前的阿拉伯為鮮為人知的時代 (jāhiliyah, or time of ignorance)。

㈡穆罕默德與回教的創立

回教的創立者是穆罕默德 (Muhammad, or Mohammed, or Mahomet, 570–632)❽。他在大約 570 年或 571 年誕生在麥加 (Mecca)❽，幼年時父母先後逝世，為祖父及叔父相繼撫養長大。他屬於阿拉伯人的庫拉斯部落 (tribe of Kuraish or Quraish)，時該部落控制麥加。他自幼可能隨其叔父阿

---

❽ 亞非語系為北非、撒哈拉地域大部，中非、東非和西非的一部，以及西亞（特別是阿拉伯半島、伊拉克、敘利亞、約旦、黎巴嫩、以色列）等地區的語言，閃語為其一支。

❽ 穆罕默德的意思為「受讚美者」。

❽ 麥加位於現沙烏地阿拉伯西部，為海志省 (the Hejaz) 首府及回教聖地。

穆罕默德與天使加百利

布・塔里博 (Abu Talib) 從事阿拉伯半島至敘利亞的商隊活動。後來他為富孀卡蒂雅 (Khadija, or Kadijah) 管理商隊事務，並且娶她為妻。據說卡蒂雅比他年長十五歲，但他們的婚姻似甚成功。他們有四子及四女，但諸子夭折，僅餘一女法提瑪 (Fatima)，後嫁阿布・塔里博之子阿里 (Ali)。

610 年，穆罕默德四十歲時，當他在麥加城北希拉山 (Mount Hira) 的山洞中看到天使加百利 (Gabriel) 的異像，加百利宣稱穆罕默德是先知，並要他把神的訊息帶給他的同胞。穆罕默德本來並無信心，後經其妻卡蒂雅鼓勵，她並成為他的第一個信徒。此後他便宣稱為神的先知，並且是最後一位先知，因而後來被稱為「回教的先知」(Prophet of Islam)。這可能與他在商旅中聽到基督教的情形有關。穆罕默德聲稱，只有一位真神，那便是阿拉 (Allah)。阿拉本來是在麥加的阿拉伯人所信奉的多神中的一位，為一男神。此時阿拉伯人尚停留在信奉多神和拜物的階段，他們所崇拜的神龕稱為卡巴 (Kaaba)，為一方形石屋的「天房」，其中供奉一塊黑石。穆罕默德公開傳教後，便受到很多人的嘲笑與攻擊。但也有人信奉他，如富商阿

布・巴克 (Abu Bakr, or Abu-Bekr, 573–634) ，後來把女兒阿薏莎 (Ayesha) 嫁給他 ；另外如地方領袖之一的奧馬 (Omar, or Umar, 581–644) 本來反對他，後來接納他並且也把女兒嫁給他❽。但是，麥加地方的人終不肯接受他，622 年他被迫逃到麥地納 (Medina)❽。回教稱此一事件為 「遷移」(Hijrah, or Hegira)，並且為回曆紀元 (A.H., or Anno Hegirae) 之始。他和他的門徒控制了麥地納，建立了神權統治。穆罕默德利用麥地納為擴張基地，624 年第一次對麥加商隊發動「聖戰」(Jihad)，630 年征服麥加，下令銷毀所有的偶像，但仍保留卡巴及黑石，並宣布麥加為回教聖城。此時他已聲威遠播，很多阿拉伯部落接受了他的信仰。632 年，穆罕默德死。

　　回教教義的主要內容為：阿拉是宇宙間惟一的真主，而穆罕默德為其先知，而且是最後一位先知，耶穌及《舊約聖經》中的先知們與他一脈相承；嚴禁撒謊、偷竊、奸淫 （通姦）、謀殺、崇拜偶像、重利盤剝和食豬肉 ；行多妻制 （一個男子可以在某些條件下娶四房妻子）；人應該孝順父母，對別人要仁慈慷慨，並要有勤勉、忍耐、誠實、榮譽和勇敢的美德 ；人在世間的生命為來生的試煉與準備期，天上的天使會紀錄人在人間的行為，因此人要力求行善袪惡，死亡為通往永生的門戶。至於宗教生活，回教徒重視禱告、布施、齋戒和朝聖。在禱告方面，回教徒每日在黎明、中午、下午、晚間與夜間禱告五次，清真寺的叫拜樓 (minaret) 會有禱告報時人 (muezzin) 宣告禱告時間，每個禮拜五 （一如猶太教的安息日和基督教的禮拜日） 應參加清真寺的午禱，而且在禱告之前要洗臉、洗手和洗腳 ；布施包括對教會的捐獻 （通常以年收入的 2.5% 繳為基金） 和自由捐獻 ；齋戒為定期齋戒 ；朝聖 (Hajj, or Pilgrimage) 為一生中至少要去麥加的卡巴

---

❽　穆罕默德在 620 年卡蒂雅死後採行多妻制。

❽　麥地納的意思是 「先知之城」，其阿拉伯文的名稱為 Medinat an-Nabi，亦在現沙烏地阿拉伯西部，亦在海志省，在麥加北邊約 210 哩處，為一水草肥沃的綠洲。在 622 年以前，此城叫雅托利 (Yathrib)。

回教的標誌是新月與星辰

朝聖一次，不過一般回教徒也去麥地納的穆罕默德清真寺 (Mosque of Muhammad) 一行。回教徒崇拜的清真寺[89]，它有一個指向麥加的壁龕 (mihrab, or niche)，內有一個講壇和一個放《古蘭經》的讀經臺 (lectern)。每一清真寺至少有一座叫拜樓。清真寺的主持人稱為阿匐 (Imam)，為領導信徒禱告的人。回教沒有組織化的和系統化的教士階級，阿匐也可大可小。

回教的聖經為《古蘭經》(the Koran, or the Qu'ran)，據說其經文為天使加百利頌讀在天堂內的原書給穆罕默德而成，亦包含解釋經文的說明，全書有 114 章 (suras, or chapters)，經文最後定本在 650 年左右。《古蘭經》中每一個字（共有 323,621 字）都是神聖的，不能翻譯的，一定要用阿拉伯文來讀。

(三)回教勢力的擴張

回教勢力擴張的速度非常驚人。632 年當穆罕默德逝世時，他們所控制的地區不過為阿拉伯半島三分之一的土地，但百年以後統有了近半的文明世界。他們的勢力跨越三大洲，印度、波斯、埃及、北非、西班牙等地皆被其征服。

穆罕默德逝世時，因為沒有指定繼承人，也沒有對未來發展作周詳的規劃，一度陷於群龍無首的狀態。但是，阿布・巴克和奧馬展開行動，任命阿布・巴克為哈里發 (Caliph)[90]，穩定領導中心。第二任哈里發為奧馬

---

[89]　清真寺 (Mosque) 一字源自阿拉伯文 masjid，其意為「跪拜的地方」。

[90]　哈里發 (Caliph, or Khalifa) 為阿拉伯文「繼承者」之意，引申為穆罕默德的繼承者，或穆罕默德的代表。此一地位 (Caliphate) 為回教世界的宗教、政治和軍事領袖。其當選條件為身心健全、精通回教法律，以及必須為穆罕默德的部落中人。

（在位時期 634–644），他是第一位加上 「信眾統帥」 (commander of the faithful) 名銜的哈里發，後來被謀殺，相繼由奧茨曼（Othman，在位時期 644–656）和阿里（在位時期 656–661）為哈里發。同時，為了哈里發的繼承問題，回教陣營漸趨分裂。656 年時，主張哈里發應由先知家族中產生繼承的人稱為什葉派或基本教義派 (the Shiites)❽，並獨尊《古蘭經》，與他們持反對立場的是素尼派 (the Sunnites)❾ ，認為哈里發可選任何適任之人擔任，而《古蘭經》以外的先知聖訓和教會論說 (traditions) 亦可補充教義。656 年什葉派獲勝，穆罕默德的女婿阿里當選第四任哈里發，但兩派之間發生內戰 ，阿里在 661 年被謀殺 。 其對手亦即素尼派的領袖穆阿維雅 (Muawiya) 於 660 年即在大馬士革（Damascus，現敘利亞首都）宣布自己為哈里發 。 他所建立的奧馬雅王朝 (the Omayyad or Umayyad Caliphate or Dynasty) 成為世襲的王朝，他們在 660 年至 750 年間以大馬士革為中心來治理回教世界，此時期大體上為繁榮與文化發達的時期。此後政治中心並未再回到阿拉伯半島。另一方面，什葉派並未罷休，他們在 750 年推翻奧馬雅王朝並屠殺其家族九十人 ，而以穆罕默德叔叔阿拔斯 (Abbas) 的後人阿布·阿拔斯 (Abu'l Abbas) 為哈里發 ， 他們並把朝廷東移至巴格達（Baghdad，舊譯「報達」，現伊拉克首都），是為阿拔斯王朝 (the Abbasid Caliphate)，他們以巴格達為中心統治回教世界，直迄 1258 年❿。

在理論上，它是經由選舉產生，但在奧馬雅王朝 (Ommayyad Caliphate) 和阿拔斯王朝 (Abbasid Caliphate) 時為世襲，至鄂圖曼土耳其人時，亦用此名義，他們甚至與阿拉伯人無關。1924 年，土耳其革命後廢除此制。

❽ 此由 shiat 或 shiat Ali，即「阿里黨人」(partisans of Ali)，後轉為 Shiis，英文則寫成 Shiites。

❾ 素尼派由 sunnah（先知的「道」）一詞而來。

❿ 他們統治回教世界直迄 1258 年蒙古人搶劫巴格達為止。另外，奧馬雅王朝成員拉曼 (Abd-al-Rahman) 逃到西班牙，在西班牙南部柯多巴 (Córdoba) 建立獨立的回教王國或酋長國 (emirate)，自 750 年持續到 1031 年。909 年至 1520 年間在埃及也

　　儘管領導中心有時有變，但回教勢力的擴張並未停止。636 年他們在敘利亞打敗東羅馬帝國軍隊而占領之，於是安提亞克、大馬士革和耶路撒冷皆為他們所占領。637 年至 651 年滅亡波斯。阿拉伯人不忙著去攻擊鐵壁銅牆的君士坦丁堡，而去蠶食東羅馬帝國的其他領土。646 年他們攻下埃及並席捲北非。711 年他們自北非進入西班牙，旋即占領西班牙的絕大部分。732 年他們在法蘭西的攻勢，因為在波瓦底厄 (Poitiers) 敗於查理‧馬泰爾 (Charles Martel) 始受到阻擋。如此阿拉伯人在不到百年之內，征服了古代波斯的全部和舊羅馬世界的大部。另一方面，他們在 669 年奧馬雅王朝時第一次圍攻君士坦丁堡，攻下君士坦丁堡對岸小亞細亞的卡西頓 (Chalcedon)，並以海軍包圍君士坦丁堡數月之久。自 674 年起，每年夏天均包圍君士坦丁堡。677 年，阿拉伯海軍為東羅馬所殲滅，所謂神祕武器「希臘火」便在此時出現。此後雙方戰鬥趨於和緩，但 716 年 8 月至 717 年 9 月再度包圍君士坦丁堡，情勢可危。東羅馬皇帝李奧三世在 717 年至 741 年間力挽狂瀾。雙方關係又趨穩定，直迄十一世紀塞爾柱土耳其人勢力興起後才再趨於緊張。

　　阿拉伯回教勢力能夠如此迅速地發展，固與宗教因素有關，但並不絕對重要。阿拉伯人並不熱心於轉變他們所征服的人民的信仰，反而不鼓勵他們信奉回教，以便使他們自己可以保持統治者和徵稅者的地位，當然榮耀阿拉也是他們對外征服的動機之一，但一手執劍和一手拿《古蘭經》之說並無根據。經濟是一個重要的因素，阿拉伯人為游牧民族又行多妻制，人口膨脹而水草隨沙漠擴大而減少，因而對外征服以掠奪財富與物資。此外，東羅馬帝國與波斯（薩珊王朝）雙方作戰不休，彼此衰竭而民不聊生，亦為因素。

有一個阿拔斯哈里發。中國人稱阿拉伯回教勢力為「大食」，據說是根據波斯語音譯成，《新唐書‧西域傳》中有「大食」部分。中國人亦稱巴格達（報達）的政治勢力為「東大食」或「黑衣大食」，西班牙的回教勢力為「西大食」或「白衣大食」。

　　阿拉伯人對於被征服的人民，大致上採取相當寬容的政策。回教帝國的人民分為四等：1.阿拉伯回教徒，2.非阿拉伯回教徒，3.非回教徒（Dhimmis，包括猶太人和基督徒等），4.奴隸（多屬戰敗被俘者）。帝國財政主要來源係公有土地的生產、各種專利，以及非回教徒的繳稅。最初回教徒不繳稅，後因國家財政需要而繳土地稅，但仍不繳人頭稅。基督徒與猶太人在繳納人頭稅後可保持其宗教信仰與生活習慣。但不信一神的人民如波斯人則須接受回教信仰。

　　阿拔斯王朝在十世紀趨於衰落，阿拉伯人的回教帝國也漸告解體。阿拉伯人缺乏政治經驗，而帝國過於龐大和民族分子複雜亦不易治理。但最主要的因素還在內爭，素尼派與什葉派之爭永未和好。另一重要原因是阿拔斯王朝的經濟基礎，亦即底格里斯河與幼發拉底河盆地的農業財富日益衰敗。西班牙與埃及均另成局面。在巴格達的阿拔斯王朝在 945 年以後其大權漸為波斯的臣屬所操縱（他們號稱「蘇丹」），1055 年後塞爾柱土耳其人又代之而起。塞爾柱土耳其人原為帝國傭兵，亦信回教，但 1055 年其酋長進入巴格達，並加「蘇丹」稱號。阿拔斯王朝成為傀儡，至 1258 年為蒙古人滅亡。後來回教勢力漸演為土耳其與印度為主導的局面。

㈣回教文化

　　回教文化為中古時期主要的文化系統之一，而且也有很高的成就。一般言之，回教世界的教育較西歐普及，每個清真寺大多附設學校。在大城市的清真寺也多附設高級學校，教授文學、邏輯、哲學、法律、代數、天文、醫學等。在開羅的阿亞茲哈大學 (University of Al-Azhar) 亦較西歐大學為早。

1.哲　學

　　回教哲學家 (faylasufs) 所關切的主要課題，是如何調和希臘哲學思想與回教神學的問題。雖然很多回教神學家認為，阿拉的意旨是不可測的，但是哲學與神學的匯流仍難避免。希臘哲學著作，主要為亞里士多德、柏

拉圖和新柏拉圖學派的著作，或為阿拉伯人攻城掠地時所搶得，或為外交使節和商旅在君士坦丁堡購得，大多譯成阿拉伯文。巴格達圖書館為學術研究的中心，有「智慧之房」(House of Wisdom) 的稱號。回教哲學家中，有伊班‧辛那 (Ibn Sina, 980–1037)，此人在西方世界以阿維塞納 (Avicenna) 之名著稱，他原為花剌子模 (Bukhara) 人，後活動於波斯，他精研亞里士多德的哲學。另一哲人為阿法拉比 (Al-Farabi, d. 950)，講學於巴格達。最有名的回教哲學家是伊班‧羅雪 (Ibn Rushd, 1126–1198)，在西方世界以亞弗洛伊斯 (Averroës, or Averrhoës) 之名見稱。他是西班牙柯多巴哲學家，他的生活有極端不同的兩面，私下為一理性論者，公開場合則為篤信回教者。

2.文學與藝術

阿拉伯人的文學，無論是詩歌、散文和小說均甚發達。由於回教不准翻譯《古蘭經》，必須以阿拉伯文來讀，因而使阿拉伯文成為知識分子通用的語文，也是文學創作的工具。在詩歌創作方面，詩人菲道茲 (Firdawsi, or Firdausi, 940–1020) 為波斯著名的詩人，常用筆名曼蘇爾 (Abú Al-Qásim Mansúr) 寫作，其名作有 《諸王之書》 (*Shah-Nama*, or *The Book of Kings*, 1010)， 為敘述波斯諸王自傳說時期以迄七世紀中葉阿拉伯征服以前的史詩。西方人最熟知的詩人是奧馬‧凱耶 (Omar Khayyám, 1050–1123)，亦為波斯人，其名作為《四行詩集》(*Rubáiyát*, or *Quatrians*)，為發抒自然與愛情的詩集。

最膾炙人口的回教短篇小說集是《天方夜譚》(*Arabian Nights*)，或稱《一千零一夜》(*A Thousand and One Nights*)。此為一有波斯、印度和阿拉伯成分的故事集，為自十世紀初至十五世紀中葉的故事和傳說的集結，定稿在 1450 年左右。故事背景為蘇丹謝里亞 (Schahriah) 因其妻與弟婦不貞，乃認女人皆淫蕩，於是每夜娶一妻，於黎明時縊死，後娶大臣之女史合拉茲黛 (Scheherazade)，每夜講一精彩故事，而每次均採「且聽下回分解」的

方式，在一千零一夜後終被赦免一死，並備受恩寵。

　　在藝術方面，阿拉伯人本身原不講求藝術，但後因征服波斯、敘利亞、埃及、美索不達米亞等高度開發地區，又經常與東羅馬帝國接觸，乃混合發展出回教藝術 (the Muslim or Muhammadan art)。在建築方面，回教非常重視集會崇拜的清真寺，他們結合了拜占庭教堂的規格，並有前院及噴泉，再加上叫拜樓（一種塔形的建築物），他們用色彩鮮明的磚瓦和繪畫來裝飾建築物。他們在紡織（包括地毯）、冶陶、玻璃工藝、雕刻（多用象牙與木料）和繪畫方面亦有其特別的風格。

3.科　學

　　回教文化的科學相當發達。天文學，尤其占星學是阿拉伯人的「應用科學」，在大馬士革、巴格達、撒馬爾罕等地均建有天文臺。詩人奧馬‧凱耶亦為天文學及曆法專家，他改良了曆法，使之益為精確。阿拉伯人的醫學成就相當高，很多哲學家如伊班‧辛那（阿維塞納）和伊班‧羅雪（亞弗洛伊斯）等皆為醫生。伊班‧辛那並著有《醫經》(*Canon of Medicine*)，對於肺結核的傳染，肋膜炎的性質，以及一些心理疾病均有所討論，並指出疾病可經由水及土壤的污染而發生。其他的醫生也對天花、麻疹、中毒、瘟疫的治療有正面的貢獻。尤為難得的，他們已有醫院的組織與建設。他們在光學和化學（鍊丹術）方面也很著稱，光學發展出放大鏡及矯正視力的眼鏡；鍊丹術則來自希臘化的埃及等地，認為一切金屬均由水銀及硫磺所組成，普通金屬可藉哲人之石轉變為黃金，而黃金又可使人長壽。在數學方面，阿拉伯人尤為出色。他們把希臘人的幾何與印度人的數字學 (number science) 結合在一起，從印度把印度人的數字符號和零的概念借來，並使之成為「阿拉伯數字」 (Arabic numerals)，乃能進行十進位的計算。他們發展出代數學 (Algebra) 和三角學 (Trigonometry)。

二、十字軍運動

　　十字軍 (the Crusading Movement, or the Crusades)❾運動係在回教勢力興起以後，特別是塞爾柱土耳其人造成西歐基督徒前往聖地朝聖的障礙，再加上其他政治的與經濟的因素，在十一世紀末年至十三世紀中葉期間西歐基督教力量對東方回教勢力的攻擊行動。它是所謂「十字架對新月的抗爭」的具體表現，也是東方與西方的衝突與會合。

㈠背景與原因

　　自從三世紀起，基督教徒為了表示虔誠，有前往耶路撒冷等聖地朝聖的習慣。早期的朝聖者之一應為君士坦丁大帝的母親聖赫萊娜 (Saint Helena) 往訪耶路撒冷，發現耶穌受難的真十字架 (True Cross) 和其他遺物。君士坦丁大帝在耶路撒冷興建聖墓堂 (Church of Holy Sepulchre)，大約在 336 年築成❾。七世紀回教興起之前，西歐及拜占庭的教友經常前往朝聖。但在阿拉伯回教勢力興起以後，朝聖途中常備極艱難和危險。英國人聖威里巴德 (St. Willibald) 在 722 年至 729 年間朝聖時曾在小亞細亞飢寒交迫，並且被回教徒以間諜罪名監禁於敘利亞北部，回程時亦飽經災難。查理曼大帝時，因為他與阿拔斯王朝哈里發哈倫‧阿拉希德（Harun alRashid，在位時期 785–809）關係頗好，朝聖較為方便，並得在耶路撒冷設一會館。十世紀時西方人相信朝聖有助於得到聖寵，於是風氣大盛。但是，十一世紀時塞爾柱土耳其人興起，他們在 1050 年左右在波斯建立一個國家，1055 年受阿拔斯王朝邀請至巴格達，充當他們打擊在埃及統治的素尼派勢力。1071 年他們在馬左克特大敗東羅馬軍隊，占領了小亞細亞絕大部分，

---

❾　Crusade 一詞源自拉丁文「十字架」(crux)，參加者在外衣縫上基督的十字架以為標誌，故名「十字軍」。

❾　此堂亦稱復活堂 (Church of Ressurection)，在城牆外的花園內，據說其地為耶穌的墳墓。後來曾不止一次的被破壞與修建，1810 年經大修一次。

使該地區從基督教文化轉變為回教文化，建立一個以尼西亞為首都的國家。同年他們征服了敘利亞與巴勒斯坦，耶路撒冷也是在這一年被他們攻占。他們對西歐基督教徒不友善，朝聖便難以繼續進行。

十字軍運動便是在這種背景下發展出來，它有宗教方面的，政治方面的，以及經濟方面的原因。

第一在宗教背景方面。西歐與東羅馬帝國，或者是羅馬公教與東方正教均有以恢復聖地為目標的「聖戰」(Holy War) 的理念，回教也一直希望受到「唯一真主阿拉」的保佑。羅馬公教自從十一世紀克呂奈改革運動 (Cluniac Reform Movement) 以來，已大為加強，一直希望合併東方正教，以恢復教會的統一。1073 年教宗格理高里七世 (Gregory VII) 派出使節前往君士坦丁堡，他報告說東羅馬皇帝極願與西方和好，以及土耳其人征服小亞細亞以後朝聖者所面臨的艱難情況。格理高里七世本有自西班牙出兵亞洲從事聖戰之意，他甚至想親自領兵，欲藉以使東、西教會合一。但旋因與神聖羅馬帝國發生政教衝突而未果。 1088 年即位的教宗烏爾班二世 (Urban II) 是一位想繼承格理高里七世志業的人物，他頗思有為。

第二在政治方面。西歐封建帝王和諸侯因私戰不休而有意鼓勵貴族和武士東向發展，英、法等國在長子繼承制下不易取得采邑，亦有許多王侯幼子意圖到東方創名立業。另一方面，十一世紀後期東羅馬帝國在西邊受到諾曼人在義大利南部的攻擊，而塞爾柱土耳其人又在小亞細亞造成很大的壓力，亦盼望得到西方的支援。

第三在經濟方面。十一世紀末期以後歐洲工商業漸告復興，人口也在繁殖，亟盼向外發展與擴張，西方需要東方的貨物如香料、絲綢和寶石等，而塞爾柱土耳其人阻擋國際貿易的通路。

十字軍運動的近因則為東羅馬皇帝亞歷西烏斯・康奈納斯 (Alexius Comnenus) 在 1095 年派使向教宗烏爾班二世請援，力陳土耳其人已步向衰落，現在是打擊他們的良機，同時也強調朝聖者的苦況。此年稍後教宗在

法國克萊蒙 (Clermont)⑯召開大會，藉以謀求共識。教宗的講詞在大家高呼
「上帝所願！」(Deus volt!, or God wills it!) 聲中結束。於是乃有十字軍東
征的運動。烏爾班二世也對十字軍有以下的指示：

> 我們相信，從各方的報導，你們早已知道東方各地教會受到了野蠻
> 的可悲災難和破壞。更令人痛心的，各地教會，以及因基督受難和
> 復活而受到榮耀的聖城，也遭受到了難以容忍的壓迫，這真是一件
> 瀆聖的事。帶著悲痛和關切的心，我們走訪高盧，呼籲當地諸侯和
> 他們的臣民，來拯救東方的教會。在奧凡內會議中，我們命令他們
> 從事這項工作，做為他們罪赦的準備。我們也指派我們可愛之子、
> 布衣主教亞代馬代表我們做這次遠征的領袖，凡參加此項行程的人
> 應服從其命令，就如服從我們一樣；他具有這項職務上赦免或保留
> 之權。此外，你們臣民之中，如有受天主啟示而行此誓願者，請告
> 訴他們：……藉天主的助佑，將於聖母升天日（8 月 15 日）啟程，
> 他們可以跟著同行。⑰

(二)經　過

　　十字軍東征到底有幾次？一共有八次或不止八次的不同說法。

　　第一次十字軍東征係在 1095 年至 1099 年。先是在法國亞眠 (Amiens)
地方的修士隱者彼得 (Peter the Hermit, 1050?–1115?) 鼓吹下，組成一支以
農民為主的十字軍。彼得本人是一個赤足，以魚和酒維生的人，但卻是一
位頗能吸引群眾的演說家。他所召集的群眾多來自法蘭西與日耳曼，而且
為未經訓練並包括婦孺在內的烏合之眾，約有二、三萬人之多，此與東羅

---

⑯　克萊蒙位於法國中部，1731 年與 Montferrand 合併稱 Clermont-Ferrand。

⑰　王任光編譯，《西洋中古史史料選譯》，第三輯（臺北：輔仁大學出版社，民 76），
　　p. 125。

馬所期盼的西歐武士有太大的不同。他們之中有很多人在途中散失或餓斃，到達君士坦丁堡後轉往小亞細亞作戰，但被土耳其人所消滅。1096 年下半年第二批出征的十字軍則屬高階層的，雖無國王級的人物參與，但不乏大領主，其中包括法國國王菲力普一世的弟弟休 (Hugh of Vermandois)、諾曼地公爵羅勃 (Robert of Normandy)、 法蘭德斯伯爵羅拔二世 (Robert II of Flanders)、 洛林公爵哥弗雷 (Godfrey of Bouillon, Duke of Lorraine) 等等。他們共有三萬人左右，分道東進，1097 年春天在君士坦丁堡會師。他們在指揮統馭和作戰目標上均與東羅馬當局發生歧見。東羅馬當局所希望的，是十字軍為其傭兵，受其節制，十字軍則想自由行動；對作戰目標，東羅馬當局是要驅逐塞爾柱土耳其人，十字軍則志在收復聖地。後來妥協為東羅馬供應補給而十字軍向皇帝效忠，所征服土地如原屬東羅馬帝國者則歸還東羅馬帝國。1097 年 5 月以後十字軍開始作戰，進軍小亞細亞，取尼西亞城，並在多利來翁（Dorylaeum，位現土耳其西北部）大敗土耳其軍隊，並取得安提亞克。他們在 1099 年 7 月結束戰爭時攻取耶路撒冷，並大肆屠殺回教徒與猶太人，血流成渠，高及馬膝。他們在耶路撒冷建立拉丁王國，也在艾岱沙（Edessa，現土耳其境內）、底黎波里和安提奧克建立十字軍政權或拉丁政權，但均未能持久。同時為了保護聖地和朝聖者，以及為了照顧傷患，他們分別組成了聖殿武士團 (Order of the Knights Templar) 和醫院武士團 (Order of St. John of Jerusalem, or the Hospitallers)。

　　第二次十字軍係在 1147 年至 1149 年， 由神聖羅馬皇帝康拉德三世 (Conrad III)，與法國國王路易七世 (Louis VII) 分別率軍進入小亞細亞，但雙方不能合作而為回教所擊敗。 第三次十字軍東征發生在 1189 年至 1192 年，此因 1187 年耶路撒冷又為回教徒所攻占而起，參與者有神聖羅馬皇帝紅鬍子腓特烈一世 (Frederick I)、法國國王菲力普二世 （Philip II，菲力普奧古斯都），以及英國國王獅心王理查 (Richard, the Lion-Hearted)。但腓特烈一世在未抵聖地前即在塞里西亞 （Cilicia，現土耳其南部）淹死，法王

與英王亦不合作，法王不久回國。英王獅心王理查則力戰不已，並與回教英雄沙拉丁 (Saladin, or Salah ad-Din, 1137?–1193) 數度決戰，雖未能收復耶路撒冷，但回教方面同意基督徒可以自由前來朝聖。理查於班師回國時在亞德利亞海沉船，喬裝為商人至奧地利，因其侍從腰間有手套被認為是貴族，後為奧地利大公利阿坡 (Leopold of Austria) 所拘捕 （1192 年 12 月），被囚於杜斯坦 (Dürnstein) 的城堡中，傳說其樂師布朗迪 (Blondel de Nesle) 於訪尋他時作曲，理查自堡內和之而被發現。利阿坡將其交予神聖羅馬皇帝亨利四世，樂師返英籌措大筆贖金後救回。此為中古傳奇故事之一，據說理查善戰，所用戰斧重二十磅。

另外，日耳曼騎士在參與圍攻亞克 （Acre，or Akko，現以色列西北部，1190–1191） 時把船隻整修成醫院，照顧傷兵。後來他們的組織回到日耳曼，演為條頓武士團 (The Teutonic Knights, or The Knights of St. Mary the Virgin of Jerusalem)，成為日後拓展波羅的海北日耳曼等地的主要力量之一。

第四次十字軍東征發生在 1201 年至 1204 年，係教宗英諾森三世 (Innocent III) 發動，參與者多為法國與法蘭德斯的貴族，他們商請威尼斯把他們用船運到東地中海區，但卻受威尼斯利用去攻打君士坦丁堡，後來奪取東羅馬帝國政權，成立拉丁帝國，統治至 1261 年。此次十字軍真正的贏家是威尼斯人，他們藉此把貿易地區擴張至東羅馬帝國領土，而且未進兵聖地。1212 年又有一次孩童十字軍 (Children's Crusade)，以男女兒童為主，很多人不足十二歲，有兩支隊伍分別自法蘭西與日耳曼出發，他們根本未抵達聖地，多人死於途中，或因飢寒，或被溺斃。

十三世紀時還有其他十字軍東征之事。第五次十字軍係在 1217 年至 1221 年，由匈牙利王安德魯二世 (Andrew II)、奧地利公爵利阿坡六世 (Leopold VI) 和教宗國代表裴勒修 (Pelasius) 主導，目標為埃及，但失敗。第六次十字軍在 1228 年至 1229 年，由神聖羅馬皇帝腓特烈二世 (Frederick

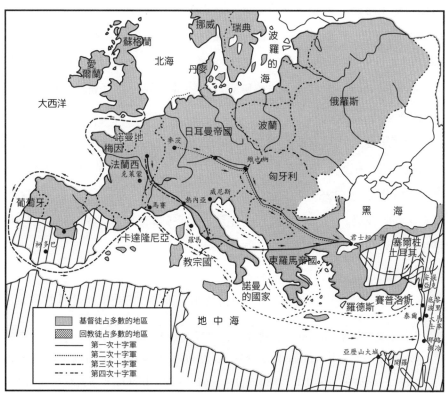

圖例：
- 基督徒占多數的地區
- 回教徒占多數的地區
- 第一次十字軍
- 第二次十字軍
- 第三次十字軍
- 第四次十字軍

來源：Edward M. Burns & others, *World Civilizations*, 6th ed., Vol. I (New York: Norton, 1982), p. 448.

重要十字軍東征情形圖

II) 領軍，他長於外交，用談判的方式贏得耶路撒冷的一部分，並在耶路撒冷加冕為耶路撒冷王，但 1244 年耶路撒冷又陷。第七次十字軍由法國國王路易九世或聖路易 (Louis IX, or Saint Louis) 率領，是在 1248 年至 1254 年，但路易在埃及為土耳其人所俘，後經贖回。第八次十字軍係在 1270 年，仍由法國國王路易九世領軍進攻北非，但他在突尼斯 (Tunis) 登陸後生病，後在迦太基病死，其軍隊撤回法國。通常討論十字軍東征至此為止。但亦有謂有第九次十字軍者，事在 1271 年至 1272 年，由英國愛德華親王（Prince Edward，後為英王愛德華一世）領導，他在亞克登陸，與土耳其人簽一停戰協定後班師。

　　十字軍運動就其收復聖地為目的而言，歐洲人十三世紀以後喪失熱誠。十四與十五世紀雖有多次鼓吹，但並無力量，亦未成軍。土耳其人於 1268 年再下安提亞克，1289 年攻陷底黎波里，1291 年奪取基督教最後的根據地亞克。同時在另一方面，歐洲人的注意力似乎轉向西方。1492 年西班牙人把摩爾人逐出歐洲，而哥倫布也發現美洲。

(三)影　響

　　十字軍運動一直被認為有重大的影響❾❽。不過，它既未能使基督教東、

---

❾❽　本節主要取材自 Greaves，前揭書，pp. 177–183; Burns，前揭書，pp. 247–257, 358–386, 447–454; William H. McNeill, *A History of the Human Community*, 3rd ed. (New Jersey: Prentice-Hall, 1990), Vol. I, pp. 217–230; Brinton，前揭書，pp. 247–257, 345–369；王任光，《西洋中古史》, pp. 105–128, 302–308；張學明譯，《西洋中古史》, pp. 51–64；蔡百銓譯，《阿拉伯人的歷史》(Bernard Lewis, *The Arabs in History*, London: Hutchinson & Co., 1981，臺北：聯經，民 75)，pp. 15–168。又，王任光編譯，《西洋中古史史料選譯》，第三輯（臺北：輔仁大學出版社，民 76)，pp. 57–290 為有關十字軍之史料。另外可參看 N. Daniel, *The Arabs and Medieval Europe*, 2nd ed. (London: Longman, 1978); F. M. Donner, *The Early Islamic Conquests* (New Jersey: Princeton University Press, 1981); G. Le Strange, *Baghdad During the Abbasid Caliphate* (New York: Barnes & Noble Books, 1972); B. Lewis,

西教會復合，也未能恢復聖地。在文化交流方面，十字軍戰士殊少瞭解回教文化之人，他們也沒有到過回教文化中心的巴格達、大馬士革、托雷多、柯多巴等地。他們對西歐封建制度的崩潰，城市經濟的興起，以及民族王國的出現，究竟有多少作用，也令人置疑。

　　但是，十字軍運動前後多次，歷時二百年左右，而且牽扯到三大洲，自然不可能沒有影響。第一它代表著東方與西方的會合 (meeting of the East and West)，東方與西方曾有大量接觸。即馬賽一地，聖殿武士團及醫院武士團的船舶每年載運六千名朝聖者往返，並引起其他船東控告這些武士團從事不公平競爭。這些軍事上的和隨同軍事上的其他方面的交往，使西方人瞭解回教國家的制度與文化，從而擴大了視野，產生一些作用。同時，西方基督教文化本來對回教文化採取守勢，現在易守為攻，亦使他們在自信心方面大有提升。

　　第二它加強了西歐與中東的商業貿易，西歐對於香料、絲織品和寶石與香水的需求，使義大利城市如威尼斯和熱內亞等因轉運東、西方貨物而控制了貿易路線及貿易地區，從而使整個西歐受益。遠地貿易付款與轉帳的需要，造成銀行業的興起。西方有很多有關海關及商業和貨物的名詞多來自阿拉伯文，如海關在法文中是 douane，在義大利文中為 dogana，皆係自阿拉伯文 diwan （原指官員所坐的椅子或沙發） 而來 ；其他如市場 (bazaar)、關稅 (tariff)、棉 (cotton)、棉布 (muslin)、錦緞 （damask，源自 Damascus） 等，亦皆由阿拉伯文而來，於此可窺見其影響。

Islam: From the Prophet Muhammad to the Capture of Constantinople, 2 Vols. (New York: Oxford University Press, 1987); Joshua Prawer, *Crusader Institutions* (Oxford University Press, 1980); Steven Runciman, *A History of the Crusadés*, 3 Vols. (Cambridge: Cambridge University Press, 1951–1954); Elizabeth Siberry, *Criticism of Crusading, 1095–1274* (Oxford: Oxford University Press, 1985).

　　第三在政治方面，為了支援十字軍東征的費用，各國君主開始向教士徵稅。對於提振王權，以及開了以後為特別支出而開徵特別稅的先例。這與民族王國的興起也不無關係。

　　此外，十字軍對歐洲人地理知識的增進和航海業與造船工業的進步，均不無作用。

第四章　文藝復興時代

　　「文藝復興」 (Renaissance) 源自法文 ， 係由 「再」 (re) 與 「生」 (naissance) 組合而成，包括「再生」與「新生」兩義。此一名詞在十九世紀流行 ， 瑞士歷史學家蒲卡德 (Jakob Christoph Burckhardt, 1818–1897) 和英國歷史學家席蒙思 (John Addington Symonds, 1840–1893) 推廣尤力。

　　文藝復興時代泛指十四世紀至十七世紀初葉，為中古與近代的過渡時期。具體的現象則為古典學術的研究、人文主義的發揚、方言文學（即後來的各國國家語文）的興起、藝術的創新，再加上新學說的提出。這些現象在十四世紀首先發展於義大利半島，在 1500 年左右以後擴展到阿爾卑斯山脈以北的地區。文藝復興並不是驟然而來的突發現象，在此期內的一切發展也不完全一致。但是，人的自我覺醒和對新人生典型的追求具有極大的意義 。 所謂 「文藝復興人」 (Renaissance Man) ， 也就是 「通人」 （Universal Man ， 義大利文 Uomo Universale） 是文藝復興人文主義的理想，也是對自我發展的自信。義大利佛羅倫斯的人文主義者亞伯提 (Leone Battista Alberti, 1404–1472) 就認為一個人只要有意志便無事不成 ， 他自己就是人文學家、畫家、建築家、詩人和科學家，同時精通騎術和長於運動，其他如達芬奇與米開朗基羅也大致類此。

　　十八世紀的啟蒙時代和十九世紀的學者和思想家大多數認為文藝復興與中古時代相較為完全不同的發展。啟蒙時代的法國學者伏爾泰 (Voltaire, 1694–1778) 在其 《風俗論》 (*Essai sur les moeurs et l'esprit des nations*, 1756) 中，認為文藝復興時期的義大利與伯里克里斯時代的雅典、奧古斯都時代的羅馬和路易十四時代的法國，併列為人類歷史上的四個偉大時代。

蒲卡德與席蒙思等人的觀點更擴大了對文藝復興的肯定。二十世紀中葉以後，折衷的論點興起。美國歷史學家福開森 (Wallace K. Ferguson) 在其《史學思想中的文藝復興：五個世紀的解釋》 (*The Renaissance in Historical Thought: Five Centuries of Interpretation*, 1948) 便指出文藝復興是中古與近代的過渡時期。

第一節　義大利文藝復興

一、背　景

　　文藝復興首先肇端於十四世紀，至十五世紀和十六世紀達於頂點，因而義大利文中的「十四世紀」或「三百年代」(trencento)，「十五世紀」或「四百年代」(quattrocento)，和「十六世紀」或「五百年代」(cinquecento) 有其特別的意義，蓋其表示各該期的文化與藝術風格。文藝復興何以首先在義大利展開，有其特殊的背景。

㈠政治方面

　　文化成就常在政治安定之時，但也有時在政治混亂的時期有突破性的發展，文藝復興是在義大利政治不安定的情況之下誕生的。中世紀的政教衝突使義大利沒有強而有力的政府，於是對半島之外的地區沒有擴張的力量，在半島之內也無統一的發展。文藝復興時代的義大利是一個「地理名詞」(geographical expression)，政治上四分五裂而又互相競爭，大致上有三種不同的型態：在北部是城邦，中部是教宗國，南部則為那不勒斯王國。北部的城邦多屬「共和」(republics)，它們在中世紀晚期掙脫神聖羅馬皇帝的控制，原來也有較為民主的體制，但後來逐漸成為獨裁或寡頭的政治。商業發達又使各城邦主導人物追逐利益而漠視政治與軍事，結果造成傭兵將領 (condottieri) 奪權，這些傭兵將領原來統領為金錢報酬而戰的職業軍

人，在他們強大而能控制局面時便奪取了政權，像米蘭（Milan，不僅為一城市，且控制倫巴地平原）原是由維斯康提家族 (the Visconti) 所統治，但在 1450 年傭兵將領法蘭西斯科‧斯福薩 (Francesco I Sforza, 1401–1466) 控制了米蘭，成為米蘭公爵，其家族統治米蘭至 1535 年。再一種情形是富豪及有影響力的人得勢，如佛羅倫斯共和國（Florence，控有塔斯坎尼地區並於 1406 年取得比薩）從十五世紀中葉（約 1434 年）便為富商與銀行家家族麥地西家族 (the Medici) 所統治，直迄 1737 年（十六世紀後稱號為公爵及塔斯坎尼大公）。其他如統治曼圖亞（Mantua，位義大利北部倫巴地，1708 年併於奧地利）的岡薩格家族（the Gonzaga，傭兵將領出身），以及統治法拉拉（Ferrara，位義大利北部，1558 年為教宗國所併）的艾斯特家族 (the Este)，均不脫獨裁作風。威尼斯（Venice，1454 年左右已併取義大利東北部），雖名為共和，實為一些富有家族所控制，其最高領袖或道支 (Doge)❶和議會 (Grand Council)，均由他們把持。西北部的熱內亞 (Genoa) 亦為寡頭政治，其首領亦稱「道支」。不過，北部的城邦以米蘭、佛羅倫斯和威尼斯為重要。中部的教宗國自八世紀以後即與世俗國家無異。南部的那不勒斯王國 (Kingdom of Naples) 則在西班牙王室統治下，法國亦意圖染指，成為國際爭戰之所。各國之間的互相鬥爭和重視人才，使權力政治與個人主義相互為用❷。

　　各國政府及統治者均提倡文化與學術，米蘭的斯福薩家族、佛羅倫斯的麥地西家族、法拉拉的艾斯特家族、曼圖亞的岡薩格家族，以及威尼斯

---

❶ 道支 (Doge) 一詞源自拉丁文 dux，意為「領袖」。威尼斯自八世紀初設「道支」，終身職，具獨裁權力，但 1310 年後為十人會議所約束。熱內亞自 1339 年設「道支」，1528 年後任期減為二年。二地之道支在 1797 年為拿破崙所廢。

❷ 參看 *The New Cambridge Modern History*, Vol. I, *The Renaissance*, edited by G. R. Potter (Cambridge: Cambridge University Press, 1961), pp. 31–32；王任光，《文藝復興時代》（臺北：成文出版社，民 68），pp. 247–297。

政府莫不如此。即使是在教宗國，教宗如尼古拉五世（Nicholas V，1397?–1455，在位期間 1447–1455）號稱「人文主義教宗」（Humanist Pope），建立梵諦岡圖書館而甚被稱道，後來的教宗包括亞歷山大六世（Alexander VI，1431?–1503，在位時期 1492–1503），朱理二世（Julius II，1443–1513，在位時期 1503–1513，有「戰士教宗」（Warrior Pope）之稱），李奧十世（Leo X，1475–1521，在位期間 1513–1521）均雅愛藝術和振興文化❸。

㈡經濟方面

自從十一世紀中葉以來，西歐的經濟開始有了顯著的變化：從自給自足的莊園經濟逐漸走向商業和工業的經濟；而在工商業經濟的衝擊下，莊園本身亦有了變化。在中古時期，我們看到工商業的發展，新地的開發和農耕技術的改進等；可是這些進步卻受到中古制度的束縛——基爾特和農奴制——不能加速的推進。到了十三世紀末，由於貨幣經濟已經發展到相當的程度，舊有的中古經濟組織已經廢弱無力，所以有十四世紀後新經濟制度的加速發展——資本主義的成長和莊園制度的崩潰。由於地理環境的優越，義大利商人自十一世紀末即已壟斷西歐和東方的貿易。義大利商人用西方的紡織、金屬品等交換拜占庭和回教徒的精細工藝品，或者從東方來的香料、絲、棉、糖、染料等。他們回到本土之後，將從東方帶來的貨品，除了少數為供應當地市場的需要之外，其餘則以批發價格售予資本較小的商人，再由他們轉售歐陸他處。然後再把其他地區的產品採購回義大利並且轉售到其他地區，獲利甚多。米蘭位於波河流域的心臟地帶，控制阿爾卑斯山脈通往北歐的貿易路線，又有發達的紡織業和武器工業，自然甚為重要。佛羅倫斯不僅商業鼎盛，在十三和十四世紀時，其毛織業的發展，尤為可觀。根據歷史家費拉尼（Giovanni Villani, 1275–1348）在所著《佛羅倫斯年鑑》記載：約在 1338 年，佛羅倫斯有二百餘紡織廠商，三萬餘工

---

❸ 參看 Edward M. Burns & other, *World Civilizations*, 6th ed. (New York: Norton, 1982), Vol. I, pp. 566–567.

來源：Greaves, op. cit., p. 336.

文藝復興時代的義大利

威尼斯為建立在威尼斯灣（亞德利亞海）大約 120 個小島上的城市，以運河代替街道，圖為「嘆息橋」(Bridge of Sighs)。

人，約占全城人口三分之一。這些廠商組成羊毛工會 (Arte di lana)，控制毛布生產的整個過程，而各階段的工人也完全屈服於他們的控制下，以勞力換取工資；因為從事這項工作者並不需要特別的訓練或技巧，所以工人不能用罷工來和廠主討價還價。何況，「羊毛工會」是資本家的組織，往往以壓力來影響佛羅倫斯城邦政府，通過有利於自己的法規，或制定防止罷工的禁令。在這種情形之下，勞資的對立有時不可避免。

威尼斯在文藝復興時期是一個海權大國，並且在 1290 年至 1300 年間，發展出一種新型的船隻，是帆與槳配合來推動的船隻，號稱「巨舶」(great galleys)。這種巨舶長約 120 呎至 150 呎之間，可以載用一百至二百名船員。最初大多是利用長槳推動，亦設有兩面巨帆，以備遠海順風時應用。甲板上靠船邊每邊有二十五或三十條長凳供兩排或三排長槳，每槳由一人操縱。船艙不深，而且只有一層，但運貨的容積很大。從 1290 年直到十六世紀的中葉，威尼斯和其他義大利的遠洋商船就是這種巨舶。不過，在這時期還有一些其他的改進。譬如，逐漸以帆代槳，原來操槳者可以作其他的工作。我們應該記得，威尼斯的商船也是武裝的軍艦，平時載貨，戰時作戰；即在平時運貨時，如遇到海盜或敵對城邦船隻的挑戰，也可以立刻應戰。這種巨舶，經過逐漸的改良，到了十五世紀的中葉，已是低而迅速，以帆為主力的軍艦，但也有槳的設備以備緊急之用。自 1317 年，威尼斯艦隊首次航行到法蘭德斯和英格蘭之後，此一航線便成為義大利和北歐貿易

的正常路線。威尼斯每年遣派艦隊一次，每次船隻少則一艘，多則六艘，大約是春天起航，自亞德利亞海南行，途經西西里島、科西加島、巴利亞群島 (Balearic Islands)，經過直布羅陀海峽，沿西班牙和葡萄牙進入風浪兇險的比斯開灣 (Bay of Biscay)，然後北航至英吉利海峽；一部分船隻赴英國南安普敦 (Southampton) 或多佛 (Dover)，有的更航入泰晤士河 (Thames) 到達倫敦；另一部分船隻則可航至荷蘭的港口。從威尼斯開航直到最後目的地，在中途各重要城市商船亦多停泊，推銷貨品或購置新貨，但極大部分的貨品則在終點卸除。在終點約停留三、四十天，然後回航，所有貨物都已由威尼斯或其他城邦商人的常駐代理人或委託商捆紮堆集碼頭倉庫；當然，船員亦帶有自己的貨品以獲得額外的利益。商船所載貨物，運往英格蘭和法蘭德斯的大致是：香料、糖、各種乾果、酒、明礬、染料、帳幃、棉、絲、紙、甲冑、玻璃、書籍，以及其他拜占庭和阿拉伯人的工藝品；回程則有英格蘭的羊毛、毛布、皮革、皮貨、鐵、鉛、錫、白鑞，布路日的毛布、成衣、帽、刀劍等利器、黃銅、麻繩等。對貨物的進出，地方政府都徵收關稅；港口各種設備的利用，商隻亦須付租佣金。但一次航行所得利潤極高，不僅商人能得高利，連出租船隻的威尼斯政府亦有很豐潤的收入。當時的威尼斯是典型的商業寡頭政體，有財勢的家族列入金冊 (Golden Book)，大約有 240 家富商控制大議會，再由此選出十人委員會 (Council of Ten)。就內部而言，威尼斯較佛羅倫斯和米蘭安定，也沒有捲入過教皇黨和保皇黨之爭 (Guelph-Ghibelline feud)。但對外則為了控制東地中海貿易而與熱內亞有過艱苦的戰鬥（威尼斯有 3,300 艘船隻，熱內亞有 2,000 艘），至 1380 年獲勝。另一方面為了確保糧食供應和取得經由阿爾卑斯山脈通往北歐的貿易路線，而必須在義大利北部開疆拓土，在征服巴都亞 (Padua) 與凡戎那 (Verona) 之後與米蘭和教宗國時有衝突，同時因為威尼斯在亞德利亞海的擴張也引起哈布斯堡王朝的不滿。威尼斯在陸上的糾纏難免分去海上發展的力量，而與土耳其人有過長期的戰爭 (1463–1479)。

威尼斯的顛峰時期是十五世紀和十六世紀初期，物阜民豐，人民就業情況良好。威尼斯曾販賣奴隸，家庭中也有黑奴，後因土耳其人把其勢力逐出地中海，始衰。對於外國人也大致寬大，惟對猶太人除外，猶太人要戴黃色標誌，而且自 1423 年起不准他們擁有房地產，自 1516 年起限定他們住在一定的地區。不過，義大利其他國家對猶太人的嚴酷亦不下於威尼斯❹。

　　商業組織也有了新的發展，早在十二世紀的熱內亞，就有了一種「臨時合夥經營」(commenda, or temporary partnership) 的投資組合。十四世紀時，義大利商人也實施一種代理辦法 (Agency)，由委託或授權的代理商人在船貨到達時代為出售並依雙方議定的條件致酬。此外，還有一種由一家庭或家族經營的商業組織或公司，有時不僅經營商業，而且從事銀行活動如借貸、存款、匯款等，或投資於不動產和企業，到了這個階段，真可以說是資本家了。家庭公司的好處是資金集中，指導有一個中心和延續性；同時，海外分公司的經理亦係家庭中人，更是可靠可信。可是，這種組織有其最大的缺點，就是一旦發生經濟危機，整個公司可能破產。為了應付這種困難，有些資本家如麥地西 (Medici)，除在佛羅倫斯的總公司外，在各地尚有分公司；可是，每一分公司在組織上和財政上都是獨立的，和總公司或其他分公司並無關係，所以一旦有了問題，不會牽涉到其他分公司或總公司。再者，銀行業的發展與經濟和商業的成長相表裡，此因兌換、匯款、存款、投資、轉帳等皆非銀行不能辦理。佛羅倫斯素有銀行城之稱，在 1472 年時有三十三家銀行，在熱內亞、威尼斯等地有公營銀行。佛羅倫斯發行的金幣佛羅林 (florin) 和威尼斯發行的金幣達卡特 (ducat) 不僅通行各國，而且幣值穩定。這些銀行的客戶包括教宗及帝王將相和富商巨賈。

---

❹　參看王任光，前揭書，pp. 85–91；Richard L. Greaves & others, *Civilizations of the World: The Human Adventure* (Philadelphia: Harper & Row, 1990), pp.338–339; 威尼斯的盛況可參看 P. Lauritzen, *Venice: A Thousand Years of Culture and Civilization* (London: Weidenfeld & Nicolson, 1978)。

此外，熱內亞亦開始發展保險業，對於外洋貿易的安危及盈虧予以保險❺。

㈢社會方面

十四世紀期間，黑死病 (Black Death) 肆虐全歐，1347 年至 1351 年間的流行造成二千五百萬人左右死亡，約當其時三分之一的人口，此後在 1361 年至 1363 年，1369 年至 1371 年，1374 年至 1375 年，1390 年和 1400 年又曾發生，造成人口減少和勞力短缺，經濟與社會結構亦隨之發生變化。本來，中古的莊園制度 (manorialism) 具有經濟、社會，乃至政治上的性質。在政治上，莊園是領主統轄的範圍；在經濟上，是自給自足的單位；在社會上，廣大的農奴在靠土地生存和必須向領主服勞役的關係下，結合成一種殊少變動的社會組織。農奴之所以必須為領主服勞役和向領主繳納各項雜稅，是因為他從領主手中獲得莊園裡一塊耕地和公地的使用權。一旦工商業復興，貨幣再度流通時，農奴可以用金錢來代替勞役，或用一筆錢來代替逐年繳付某項雜稅的義務。久而久之，如果一個農奴已不必替領主服勞役或付某些雜稅，他和領主間那種主奴的關係也就從此解除；他變成一個完全自由的人，不再附屬於土地；相反地，土地是屬於他的。這種「解放運動」早在 1300 年以前即已開始；而十四世紀後，其進度加速，到十五世紀末，一般說來，西歐已無農奴的存在，莊園亦自此瓦解，起而代之的是現代的農業制度，也就是自由耕農和自由佃農。義大利是西歐商業復興的基地之一，都市的出現亦較其他地區為早。在半島中部和北部各城市爭取脫離封建領主之束縛的過程中，在新經濟的壓力下，許多地主出售私地，而以所得資金到都市投資；同時，都市人民之富有者亦以多餘金錢在鄉間置產，作為另一種投資的方式。如此，無論都市地主，或有經濟眼光的貴族地主，都將土地看成投資，而用企業的態度來經營。因此，這裡的農奴最早獲得自由，而莊園制度的消失亦比其他地區為先，約於十三世紀時即已完成。在這種生產轉化的過程中，也有一些原來依靠土地生產

---

❺　參看王任光，前揭書，pp. 92–121；Greaves，前揭書，p. 331.

威尼斯聖馬可教堂的廣場與鐘樓

維生的農奴流離失所，跑到城市去謀生。在此情形下，義大利北部（歐洲其他地區亦然）的城市在發展工業生產上便有勞動力的供應，於是佛羅倫斯和威尼斯等地紡織業（包括毛紡與棉紡）興起，威尼斯亦有興盛的造船業及武器製造業。

另一方面，由於資本主義的發展，以及工業之企業化，都市人民中逐漸又產生階級的分裂，根據財產的多寡有所謂資產階級、中產階級與無產階級。階級間的鬥爭是這時期都市混亂的最大因素。農村的農民雖已解脫了過去農奴的桎梏，可是在天災人禍交逼之下，再加上不勝其煩的苛捐雜稅，他們的生活境況並不見得比過去好。在十四、十五世紀時，各地一再有規模不同的農民暴動，其故即在此。

文藝復興的文化活動有很濃厚的城市色彩，因為工商業在義大利發達最早，發展最快，所以城市亦最多，城市人民間的階級區分亦最清楚。由於階級的區分是根據財富，而不是根據出身或家族，所以階級與階級間的流動性很大。城市人民中屬於上等階級的是那些具有雄厚資產的富商、企業家、銀行家、律師、法官等。在經濟上，他們是資本家；在政治上，他

們是統治者。組成這個階級的大概可分為三種人,一種是城邦獨立運動初期的那些富商的後代;另一種是參加獨立運動,或在城邦獨立後能夠識時務而參加商人行列的貴族的後代;第三種是新發跡的富商官吏,這種人原來多屬一般人民或「平民」(Popolo) 中少數較幸運的。他們在商業和企業上發跡,或在事業上成功,變成了「大亨」或「大人物」(popolo grasso),他們躋身權貴,但與既得利益階級相結合。另外,十四、十五世紀時,「都市貴族」的另一個表記是騎士勳爵 (kinghthood),皇帝、教宗、城邦獨裁者等往往用這種爵位封賜有功人士,而有錢的人亦往往以重價購得此項爵位。連城邦的共和政府亦有將此項勳爵酬謝對國家有貢獻的人士。總之,封建制度雖早已過去,但一般人士對爵位還是極有興趣的;何況在義大利以外的地區還盛行著許多從封建時代傳下來的貴族,他們對義大利都市上等社會人士之追逐爵位不能說沒有影響。

城市人民中大多數人屬於中產階級,他們之中包括店東、技工,以及基爾特的會員如醫師、藥劑師、律師、書記等,他們自食其力,活動範圍亦在城市之內。他們中某些幸運者變成暴發戶,或在事業上成功變成名律師、名醫師,或在政府任重要職位,所以他們也就更上一層樓,一躍而為都市貴族。在他們之下是所謂「無產階級」,這些人構成城市人民中的最下層。他們在經濟上,是被剝削者;在政治上,是被統治者。因為他們不滿現實,因而容易被煽動,鋌而走險,為少數野心家所驅使。都市之外,農村也有無產階級,就是那些沒有土地、專以勞力換取生活所需的農人,或者租耕他人土地的佃農;不論是那一種,他們的生活都完全仰賴於地主而受到他們的控制。還有那些小地主,他們名義上雖擁有少許自己的田地,但在苛捐雜稅的壓力之下,每年的收成還不夠維持一家的生活。他們一旦被野心家利用,便成為社會的亂源。在此情形下,文藝復興時代的義大利常有激烈的社會衝突。這些衝突有不同黨派的爭奪權力,因而有政治因素。但是,也有工潮引起的騷亂。1378 年爆發的 「西奧穆比之亂」(Revolt of

Ciompi) 即為一例。「西奧穆比」是佛羅倫斯的毛紡業工人的統稱,他們聯合下層社會階級向佛羅倫斯的行政會議 (Signoria) 提出一連串的請願,且於 7 月 22 日接管政府,選出梳毛工人蘭道 (Michele di Lando) 為執掌司法的保安官 (gonfaloniere),但兩個月後辭職,是暴動領袖中少數得善終的一位。在位的兩個月中,蘭道的確為平民做了不少的事,譬如組織毛紡工人基爾特 (Ciompi Guild),他們的代表參加政府,就如其他基爾特一樣。可惜在他辭職後,因缺乏有效領導,暴動再起,給上等階級一個以武力鏟除的藉口,毛紡工人基爾特亦被禁止。經過三年長時期的混亂,暴動終於在 1381 年終止,政權又恢復舊觀。

文藝復興時期佛羅倫斯的社會一方面有活力,另一方面充滿了不穩定性。他們原來在斯福薩家族統治下,1494 年忽受來自法拉拉多明我會修士薩伏那羅拉 (Fra Girolamo Savonarola, 1452–1498) 煽動,推翻麥地西家族的統治而建共和,以嚴酷的宗教法規來控制佛羅倫斯,使之成為一個神權國家。人民乃不再擁護他,羅馬的新教宗亞歷山大六世乃利用時機宣布其為異端,處以破門罪。1498 年他被處以炮烙之刑而被焚死,屍灰拋入亞諾河中❻。

文藝復興發軔於義大利是可以理解的。義大利人一直以羅馬帝國的傳人自居,而且古典文獻保存良好,古跡隨處可見。但是何以誕生在佛羅倫斯則不易明瞭,因它既不像羅馬有非常豐厚的傳統,也不像熱內亞或威尼斯具有海洋經濟的條件,尤其是威尼斯不僅掌握東西貿易,而且與東地中海地域有密切的聯繫。即使是米蘭因其居於阿爾卑斯山脈向北貿易的重要地位,似乎也較佛羅倫斯優越。不過,佛羅倫斯居於羅馬與北方貿易的重要位置,在其爭獨立的過程中大大地激發了人民的公民精神與歷史感,也不無原因❼。

---

❻　參看王任光,前揭書,pp. 128–177; *The New Cambridge Modern History*, Vol. I, *The Renaissance*, pp. 79–81.

　　佛羅倫斯（義大利文作 Firenze，拉丁文作 Florentia）位於羅馬西北方大約 145 哩（230 公里），後來且曾經一度是義大利的首都 (1865–1871)。它建立在亞諾河 (the Arno) 上，在亞平寧山脈腳下。亞諾河把佛羅倫斯分為兩部分，不過重要的建築物和名勝集中在右岸。其地原為伊特拉斯坎人的聚落，後為羅馬城市。五世紀及六世紀時，哥德人、拜占庭人和倫巴人 (the Lombards) 曾相繼占領，十二世紀成為自治地區 (Commune)，後來成為城邦，十三世紀時教皇黨 (the Guelphs) 和保皇黨 (the Ghibellines) 互爭控制權，十三世紀末教皇黨勝利，但又分裂為白派 (the Whites) 和黑派 (the Blacks) 而爭鬥不休，同時又與鄰近城市作戰。不過，自十三世紀經濟成長甚速，主要為紡織業（從英格蘭及西班牙進口羊毛織造後，行銷西歐及東地中海區域）和金融（銀行）業（為教宗國徵收稅款等）。十四世紀時曾遭受兩次大打擊，一為英王愛德華三世因破產賴債使其銀行業元氣大損，另一為 1348 年的黑死病使其人口喪失約 60%（當時居民有 95,000 人左右，有大約 55,000 人喪生），但仍然繼續繁榮。文藝復興時代以後佛羅倫斯成為哥德式建築的城市，其聖瑪利亞大教堂 (Cathedral of Santa Maria del Fiore) 如此，兩個公共場合即人民宮（Palazzo del Popolo，掌握軍權的各機構與議會集會處）和行政宮（Palazzo della Signoria，各行會代表集會決定政策之處）也莫不如此。文藝復興時期由麥地西家族統治佛羅倫斯。

二、文藝復興的開展

　　義大利文藝復興運動的開展有三個主要的方向，分別是：方言文學 (vernacular literature) 的興起、人文主義 (Humanism) 和古典研究，以及學術取向的新發展，再加上藝術的創新。

㈠方言文學的興起

　　所謂「方言」係相對於拉丁語文而言，「方言」後來成為國家或民族語

---

❼ Greaves，前揭書，p. 344.

佛羅倫斯一景，後方的大建築
物為聖瑪利亞大教堂，左前方
為該城最古老的建築物——洗
禮堂 (Baptistery)，為一八角形
建築物，(約 1000 年建築者)，
但丁曾在此受洗，其雕刻有聖
經故事的 3 個青銅大門甚為
精美。

聖瑪利亞大教堂正面

洗禮堂

文，例如義大利塔斯坎尼地區的語文後來便成為義大利語文。首先用方言寫作的人物是但丁 (Dante Alighieri, 1265–1321)。他在某些方面來說，是介於中古時代和文藝復興時期之間的人物。他的思想，特別是他的巨著《神曲》為中古思想的精要，同時他對於以後的西方文學有極大的影響。在他之後的英國喬叟 (Geoffrey Chaucer)、彌爾頓 (John Milton) 皆模仿他的作品，十九世紀受他影響的作家有美國的朗費羅 (Henry Wadsworth Longfellow, 1807–1882)，英國的雪萊 (Percy B. Shelley, 1792–1822)、拜倫 (George Gordon Byron, or Lord Byron, 1788–1824)、丁尼生 (Afred Tennyson, or Lord Tennyson, 1809–1892)，法國的雨果 (Victor Hugo, 1802–1885)，以及日耳曼（德國）的施拉格 (Friedrich Schlegel, 1772–1829)，等等。

但丁在 1265 年出生於佛羅倫斯，我們對他的生平主要是靠他所寫的一個自傳性的作品 《新生》（*La Vita Nuova*，or *The New Life*，約完成於 1292–1293 年頃），他出身佛羅倫斯教皇黨的白派（較為主張限制教廷的世俗權力），曾經服務政界和外交界，也曾參與軍旅，但白派後來為黑派所敗，但丁在 1302 年遭受放逐，也曾至巴黎和牛津遊學，最後在 1321 年死於拉文那 (Ravenna)，並殯葬於該地。但丁曾在波隆那、巴都亞 (Padua) 和巴黎研究，但壯志未伸。他最特別的地方，當為他對碧阿翠絲 (Beatrice) 的深情。碧阿翠絲可能是佛羅倫斯貴族福爾科‧波迪那里 (Folco Portinari) 的女兒，但丁在九歲時 (1274) 與她見過一面，九年後又見過第二面，使他終身難忘，這種刻骨銘心的愛在她嫁後和他婚後始終不渝，而且碧阿翠絲成為他創作靈感的來源❽。

但丁鼓吹用塔斯坎尼的語文寫作，他著有 《論義大利文寫作》（*De Vulgari Eloquentia*，or *On Writing in the Italian Language*，約寫作於 1303–

---

❽　關於但丁在《新生》與《神曲》中對碧阿翠絲的禮讚，可參看 Mary Ann Frese Witt & others, *The Humanities: Cultural Roots and Continuities*, Vol. I (Lexington: Heath, 1980), pp. 194–201 所採摘和討論的部分。

1306 年間），此作品係用拉丁文寫作，但強調使用一種共同的義大利語文來寫作的重要性。他的名著《新生》和《神曲》(*La Divina Commedia*，or *The Divine Comedy*，大約寫作於 1308–1320 年間）❾，皆用塔斯坎尼語文寫成。《新生》收錄三十一首詩歌和一些散文，以頌讚碧阿翠絲的美和他對她的愛為主。《神曲》是包括一百篇章 (canto)，超過一萬四千行的詩作，分為〈地獄〉(*Inferno*)、〈煉獄〉(*Purgatorio*) 和〈天堂〉(*Paradiso*) 三部曲，但丁記其夢遊地獄和煉獄時係由羅馬詩人威吉爾引導，而天堂則係由碧阿翠絲引導。另外，但丁還有一部未及完成的《饗宴》(*Il Convivo*，or *The Banquet*，約寫作於 1304–1307 年間），其中包括三篇頌歌和對每篇用散文所寫的評釋，主要為討論哲學與科學的作品，亦為用方言所寫。但丁也有一部用拉丁文寫作的政論《論君主政體》(*De Monarchia*，or *On Monarchy*，or *On World Government*，可能寫作於 1313 年），主張建立統一的世俗政權支持神聖羅馬帝國，對抗政教衝突。這可能與他不擁護教宗龐尼菲斯八世 (Boniface VIII，在位時期 1294–1303)，而傾向於神聖羅馬皇帝亨利七世 (Henry VII，在位時期 1308–1313) 有關。

　　另一位方言文學大家是佩脫拉克 (Francesco Petrarca, or Petrarch, 1304–1374)，他除了是有名的人文學家以外，也是出色的詩人，他雖然用拉丁文寫了很多詩篇，但最有價值的是用塔斯坎尼語文所寫的。他在 1304 年出生於塔斯坎尼的亞勒索 (Arezzo)，是佛羅倫斯人，雖然他不曾生活在該城，但因其父供職教會法庭而隨教廷遷居法國的亞威農 (Avignon)❿，他個人也曾一度在科隆那樞機主教 (Cardinal Colonna) 手下當差。他雖曾在蒙貝艾 (Montpellier) 大學及波隆那大學修習法律，但雅愛希臘及拉丁文學。他用拉丁文寫作的著作很多，有散文，也有詩歌，而且在 1341 年在羅馬加

---

❾　原稱 La Commedia，divina 一字係十六世紀後加上者。

❿　亞威農在法國東南部隆河 (the Rhone) 左（東）岸，此時教廷在法國影響下遷到亞威農，此段時期 (1309–1378) 常被稱為「巴比倫幽居時期」(Babylonian Captivity)。

冕為桂冠詩人。一如但丁，他也有刻骨銘心的愛戀，她就是蘿拉 (Laura)。
蘿拉究竟有無伊人，是個爭議的問題。不過，一般說法是佩脫拉克在 1327
年在亞威農的聖卡萊爾教堂 (Church of St. Clare) 遇見她，雖未與之交往，
但一直難忘，她大約在 1348 年與科隆那樞機主教皆死於瘟疫，成為佩脫拉
克一生歌頌讚美並加以理想化的對象。佩脫拉克用義大利文寫了四百首以
上的詩篇，其中絕大部分（約 366 首）後來收在他的《詩歌集》
(*Canzoniere*, or *Book of Songs*)，多屬抒情的十四行詩或商籟體詩 (sonnet)。
另外也有其他種種不同體裁的詩作，後來被編輯分為兩部，即《蘿拉生時
的詩篇》(*Rime in vita di Laura*, or *Poems During Laura's Life*) 和《蘿拉死後
的詩篇》(*Rime in morte di Laura*, or *Poems After Laura's Death*)，另外他有
一首敘事長詩《勝利》(*Trionfi*)，依次描述愛情、貞潔、死亡、榮譽、時間
及永恆的勝利。蘿拉代表貞潔，而她的死則表現死亡的勝利。作品中的脈
絡清晰：愛情征服了男人，但聖潔征服了愛情。雖然聖潔不得不屈服於死
亡，但榮譽使人的名字永存，因此死亡並不可怕；在最後，時間必須讓位
給永恆。

　　第三位作家是薄伽丘 (Giovanni Boccaccio, 1313-1375)。薄伽丘為一佛
羅倫斯商人的婚外兒子，母親可能是法國人，因此也可能像他在其著作中
所暗示的是出生於巴黎。他童年在佛羅倫斯並不幸福，其父與佛羅倫斯的
銀行家族巴爾迪 (the Bardi) 在那不勒斯的業務有關，因而薄伽丘青年時期
(1327-1340) 曾在那不勒斯習商，這使他習染於那不勒斯的商業貴族生活，
以及那時尚殘存的騎士精神。1340 年因為巴爾迪銀行破產，薄伽丘被乃父
召回佛羅倫斯，此後生活情況不佳，也許因為「窮而後工」，致力於文學創
作。早期作品有《火花》(*Fiammetta*，寫作於 1344-1346)，其女主角為瑪
利亞，有人認為確有伊人，乃為那不勒斯王羅勃 (Robert) 與亞奎諾伯爵
(Count of Aquino) 之妻的女兒瑪利亞・亞奎諾 (Maria d'Aquino)，也有人認
為並無伊人。此事不必深究。《火花》是敘述他與瑪利亞之間的愛情的心理

分析羅曼斯，但瑪利亞後來離開薄伽丘，《火花》中卻寫伊為其情人所遺棄。薄伽丘還有很多其他的作品，不過他最有名的作品是《十日談》(*Decameron*)❶，寫作於 1351 年至 1353 年間。故事背景為 1348 年黑死病流行，有七女三男為逃生而相遇於佛羅倫斯的一個教堂內，決定離開城市走到城外山區，十日內每人每天講一個故事來消磨時光，因而共有短篇故事百篇，分別編排在第一天（Day I）、第二天（Day II）等等。這些故事反映出當時人的道德觀和對人生價值的看法。這些故事光怪陸離，茲舉其一：

> 那麼，你們必定知道，在我們城中曾有一個很富有的商人，名叫阿瑞古西奧・柏林基瑞 (Arriguccio Berlinghieri) 的，娶了一個名喚西絲蒙達 (Sismonda) 的年少淑女，不過閨房不睦。由於他像一般商人經商在外，很少和她共居，她便與一個叫盧伯圖 (Ruberto) 的青年戀愛了。
>
> 結果阿瑞古西奧發現他妻子的不貞而將她痛打了一番——他自以為他已將她打得半死。鞭打是在暗室中進行的，其實西絲蒙達用李代桃僵之計，命她的女僕頂替，阿瑞古西奧打的只是這名女僕。他還不知受了騙，極盡發洩之能事，並召喚西絲蒙達的兄弟前來，目睹她的恥辱；「那些兄弟們——看到她好端端地坐在那兒做針線，臉上絲毫沒有挨打的痕跡，而阿瑞古西奧卻信誓旦旦地說他已將她打得半死——開始覺得奇怪了。」西絲蒙達立刻向她的兄弟控告她那倒霉的丈夫，「流連沉醉於酒肆，一會兒與這個下流女人交談，一會兒與那個下流女人聊天，讓我在家苦苦等他⋯⋯到深夜。」結果是，她的兄弟們給他一頓毒打。薄伽丘的寓意是：
>
> 那女人，藉著她的機智，不但逃開了那燃眉的災禍，且為未來尋歡

---

❶ 書名源自希臘文 deca，為「十」之意，hēmera 為「日」或「天」之意。

作樂開闢了一條道路，根本不用畏懼她的丈夫了。❷

《十日談》和薄伽丘的其他文學作品對後來影響很大，喬叟、莎士比亞、德萊登（John Dryden，1631–1700，英國詩人）和濟慈 (John Keats, 1795–1821) 等人的作品中均可看到他的影子。不過，薄伽丘在生命末期不再從事文學著作，而投注到拉丁學術的研究。

塔斯坎尼的語文經過但丁、佩脫拉克和薄伽丘的淨化與提升，演為義大利的國家或民族語文。

(二)人文主義和學術研究的新發展

「人文主義」或「人文運動」(Humanitas, or Humanism) 是文藝復興時期最為突出的文化運動。人文主義者 (the Humanists) 研究古典文化的經籍，以及以希臘和羅馬文學、文法、史學和倫理學等學問為主所構成的「人文研究」(studia humanitatis)，其目的在於解脫基督教神學的藩籬，重新發掘古典文化在政治、社會和宗教上的價值。人文學者非常重視以「七藝」(seven liberal arts)，也就是文法、邏輯、修辭、史學、文學、詩歌和倫理學為修習內容的博雅教育 (liberal education)。人文主義的研究在十五世紀或「四百年代」蔚為風尚，與前一個世紀的「三百年代」方言文學獨領風騷的情形，可以說是一個明顯的對比。在 1450 年左右人文主義已是義大利文化的主導力量，而且開始滲透到阿爾卑斯山脈以北，到 1520 年左右它改變了西歐的思想與文化❸。

人文主義或人文運動首先是由「三百年代」的佩脫拉克所肇端的，因此他有「人文主義之父」(Father of Humanism) 的稱號。1333 年至 1337 年間他遍遊歐洲各大城市，如巴黎、根特 (Ghent)、列日 (Liege)、科隆

---

❷　劉景輝譯，《西洋文化史》(Crane Brinton & others, *A History of Civilization*)，第四冊（臺北：學生書局，民 78），pp. 32–41；譯文徵引部分亦取自劉譯。

❸　參看 *The New Cambridge Modern History*, Vol. I, *The Renaissance*, pp. 95–96.

(Cologne) 和羅馬等，參觀教堂，訪問修院，搜集古鈔本。他在巴黎獲得一個聖奧古斯汀《懺悔錄》的鈔本，詳加研讀。他對古典文化考察的結果，使他相信在古典文化與基督教文化之間有其連續性。1337 年他初訪羅馬，在廢墟中震撼於羅馬過去的光輝。他撰寫了許多羅馬人物的傳記，此為《名人傳》(De viris illustribus)（此書原擬以羅馬人物為範圍，後擴大至包括歷代而自亞當開始）。他也摹擬威吉爾的《義尼德》(Aeneid) 撰寫《阿非利加》(Africa) 史詩以表揚西比阿在第二次布匿戰爭中的成就。他也神交古人，與荷瑞斯 (Horace)、李維 (Livy)、威吉爾、西塞羅等人通訊論學，這些用拉丁六韻步韻文體寫成的六十六封函牘，後來輯成《與古人書》(Epistolae metricae, or Letters to the Ancient Dead)。薄伽丘亦曾致力於古典學術的研究，他也曾協助佩脫拉克搜求古本，在卡西諾山 (Mount Cassino) 的本篤會修道院 (Benedictine Abbey) 找到史家塔西圖斯的手稿。他在暮年也用拉丁文寫了一些著作，包括《名人的命運》(De Casibus Virorum Illustrium, or The Fate of Illustrious Men)、《論名女人》(De Claris Mulieribus, or On Famous Women) 和《異教神明譜系》(De Genealogiis Deorum Gentilium, or Genealogies of the Pagan Gods) 等。另一方面，希臘語文與學術研究，也在拉丁研究之後展開。先是東羅馬學者克利沙羅拉（Manuel Chrysoloras, 1350?–1415）在 1397 年應聘至佛羅倫斯大學教授希臘文，到 1453 年君士坦丁堡陷落，大批希臘學者逃奔到義大利教學，風氣日盛。

　　另一方面，由於佩脫拉克為修士，雖然也曾有《我的義大利》(Italia Mia) 的詩篇表現出對義大利統一的憧憬，他倡導的人文主義不盡符合時代需要，因而又有「公民的人文主義」(Civic Humanism) 之說。此說強調人應學以致用和服務社會國家。也重視政治自由和愛國主義。早期人物以薩盧達提 (Coluccio Salutati, 1331–1406)（佩脫拉克的學生）和布魯尼 (Leonardo Bruni, 1370–1444) 以及亞伯提 (Leone Battista Alberti, 1404–

1472) 為主。薩盧達提稱佛羅倫斯為「自由之母」。布魯尼在 1428 年曾經摹擬雅典的伯里克里斯為佛羅倫斯與米蘭作戰而陣亡的將軍史特洛茲 (Nanni Strozzi) 作悼詞 (Funeral Oration)，其內容如下：

> 這是一篇特別的悼詞，因為它既不適宜哭泣，也不適宜悲歎，我們應該為毫無成就的死者感到難過，以安慰後人。我們所悼念的這個人，其生命是最可羨慕的，而他的死亡也是最光榮的。我們悲悼一個有如此豐功偉業的人，不宜過於悲戚，但是在詮釋他的成就的性質的時候，我們要指出在很多因素之中，他是受天命所鼓舞的，他為他國家的美德而享受盛名。我們的祖國是首要的人類幸福的基礎，值得我們比尊敬我們的父母還要尊敬它。所以如果我們從禮讚我們的母國開始，當是非常適當的。
>
> 他誕生於最偉大的城市，而且此一城市是所有的伊特拉斯坎諸城之一。事實上，它在義大利各城之中，以淵源，財富或面積而言，都不做第二城想。義大利兩個最高貴的種族，也就是原來統治義大利的塔斯坎人，和征服世界的羅馬人，共同攜手奠定它的基礎，我們的城市是結合了塔斯坎土著和羅馬殖民地而成的。塔斯坎人曾是義大利最主要的民族，而且具有最高的權威和財富，在羅馬帝國建立之前，他們的力量之大，到達義大利海的兩端，而且統治從阿爾卑斯山脈到西西里海峽很多世紀之久。最後，此一民族傳播最深的崇拜和文字到整個的義大利。義大利的其他民族從他們身上學習了戰爭與和平的象徵。至於羅馬人的力量，他們的卓越、德性、光榮、寬宏、智慧和他們帝國的規模，那是說不盡的。
>
> 那麼，哪一個城市會更卓越，更高貴？誰有更光榮的祖先？哪一個城市可以在這些方面跟我們媲美；我們的父老們因為繼承了這個城，而且建設它、治理它，而他們所表現的，不遜於他們自己的父老的

德性。受到最神聖的法律的支持，本國由他們以智慧統治，可以做我們的典範，他們為自己樹立榜樣。他們永保警覺，乃能既保全權威和力量，乃至更加發皇，而且在塔斯坎尼永保第一。我們也應該禮讚現在的公民。他們比他們的祖先更擴大了力量，加上了比薩，以及其他的大城加入他們的帝國，這是他們藉著德性和勇敢善戰而達成的。但是這裡沒有時間去回憶爭戰，這些資料太多了。不僅是需要整日，而且要經過多年才能講完，現在我們就來看看我們城市的每個公民。

我們治國的方式，其目的在使每一公民得到自由和平等。因為在各方面平等，所以可以稱為是民眾支持的政府。我們不向任何主宰顫抖，我們也不被少數人的權力所支配。全體公民享有同樣的自由，只受法律的治理，和無懼於任何個人。任何人只要勤奮，有才具和有清醒的生活方式，就有同樣的希望得到榮耀和改進其狀況。我們的城市要求公民要有德性和誠實，它認為每個人有這些品性就高貴的足以治國……

這是真正的自由和平等：無懼於任何人的權力，也不害怕來自他們的傷害，體會法律的平等和治國的同樣機會。這些優點在專制或寡頭的地區是不會有的，因為在君王統治的政體人，無人能想像一般人可以有君主一樣的德性。有沒有人會對自己一無所求，只要名聲的虛榮？因之，讚美君主政體就像一件假的東西是含混不清的。有一位史家說，無論好人或壞人都是受君王猜忌的。別人的美德都是君王們所不喜悅的。寡頭政制下，其情況也與此大致相同。

因之，民眾是治理國家的唯一政府型式。在一個受民眾支持的政府內，所有的公民均可享有真正的自由和平等，也都可以修養德性而不被猜忌。自由的人民可以憑能力得到榮耀和實現目標，這是激發每一個人才能的最佳途徑。因為有希望得到榮耀，人便會努力向上，

除非他們已無生息。既然在我們的國家人人有這種希望和機會，其
能激發才能和勤奮就不足為奇了。事實上，我們的城市有那麼多的
這種公民，在我們的祖國也有難以數計的人口，而且向全世界散
播。……佛羅倫斯人散居世界各地，無遠弗屆……我們的公民在才
能和智慧方面是如此卓絕，以至於很少人能夠趕上他們，而且無人
能超越他們。他們具有活力和勤勉，敏銳和機智，具有偉大的精神
能力可以迎接所有的挑戰。

我們不僅在治理國家方面有能力，在藝術、商業，乃至於軍事光榮
方面也有很大的成就。因為我們的祖先打過很多次光榮的戰爭，以
他們強大的軍力克服了所有鄰近的人民。……

在文學和學術方面，我要講些什麼呢，誰不承認佛羅倫斯是主要的
和輝煌的領導者？……除了他們以外，誰了解拉丁文學，誰能起衰
振敝？凱米勒斯 (Camillus) 據說是羅馬城的建立者，這不是因為在
開端的時候他建立了它，而是因為它在被敵人占領和擊敗之中恢復
了它。……再者，就像我們讚美提里波圖勒繆斯 (Triptolemus)，他
是首先種植小麥的人，那麼文學和學術則源自我們的城市。現在已
經衰落七百多年的希臘文學，已經在我們的城市復興。現在我們可
以面對最偉大的哲學家，可敬愛的演說家，以及其他學者。不要再
經晦澀的解釋，而是面對面。最後，這些人文研究 (Humanities, or
Studia Humanitatis)，這是最卓越和有最高價值的，對人類的公私生
活是極端重要的，這些都源自我們的城市，而遍及義大利的，我們
的城市擁有那麼多的資源和財富，以致我說出來後會被別人妒嫉。
這可以從我們從事長期的對米蘭的戰爭，耗費那麼多的金錢，約在
3,500,000 佛洛林 (florins)，可以看出……

所以說，我們所禮讚的這個人，在出生上屬於這個最高貴的，聲譽
卓著的，人口最多的，最富有精神的，富有的和光榮的祖國。在永

　　　　生的神的意志下，他（史特洛茲）完成了他的最大幸福……在此一
　　　　方面，事實上他是不能再幸運的。……⓮

　　此處之所以錄下布魯尼講詞，是除了顯示其模仿伯里克里斯以外，還可以
使我們瞭然於所謂「公民的人文主義」的胸懷。

　　1450 年以後直迄 1600 年，新柏拉圖主義隨著希臘研究的興起而引領
風騷。前面談及東羅馬學者克利沙羅拉在 1390 年代來佛羅倫斯講學，布魯
尼為其學生之一，他翻譯了《柏拉圖全集》等希臘典籍（亞里士多德的著
作在十三世紀已譯為拉丁文），繼之在 1439 年有一些希臘學者來參加在法
拉拉舉行的宗教統合大會。不久君士坦丁堡陷落（1453 年），更多的希臘
學者來到義大利。此時在佛羅倫斯當政的柯西摩・麥地西 (Cosimo de'
Medici, 1389–1464) 喜愛提倡文物，於興建麥地西圖書館 (Medici Library)
之外，亦於 1462 年捐建柏拉圖學院 (Platonic Academy)。此一學院結合學
者集會講學及討論，由費西諾 (Marsilio Ficino, 1433–1499) 擔任主持人，而
其中健者米蘭多拉 (Giovanni Pico della Mirandola, 1463–1494) 所作的講詞
〈論人的尊嚴〉(*Oration on the Dignity of Man*)。米蘭多拉的演講從提出人
有創造性的自由意志開端。在從前，佛羅倫斯的柏拉圖主義者受普洛提納
斯的影響，認為人處於最低的物體和上帝之間的中間點。他們相信人具有
力量升到最高層次或跌進最低深淵。米蘭多拉的成就則不把人這樣看。人
在他的自身內部含有可以做任何事的潛能。他的自由意志是完整的。事實
上，他是一個具體而微的小宇宙⓯。

　　學術研究有了新的取向。在歷史研究方面，布魯尼的《佛羅倫斯史》
(*Historiarum Florentinarum*) 打破了中古敘事的傳統，而且認為研究過去可

⓮　Mary Witt，前揭書，pp. 224–226，王光宇譯，〈人文主義與早期義大利文藝復
　　興〉，載《人文與社會學科教育通訊雙月刊》，3 卷 2 期，民 81.8，pp. 141–152。

⓯　Mary Witt，前揭書，pp. 226–28.

以擴大對現代事務的遠見與洞察。另一歷史學家格西亞迪尼 (Francesco Guicciardini, 1483–1540)，為佛羅倫斯的外交家，雖批評馬基維里，但有其類似現實主義的觀點，其名著為《義大利史》(*Storia d'Italia*, or *History of Italy*)，敘述 1492 年至 1534 年間的義大利史。考證批評的精神也於此時興起，法拉 (Lorenzo Valla, 1404–1457) 尤為著名。法拉出生在羅馬，曾在義大利北部一些大學任教，亦曾為那不勒斯的亞方肅王 (King Alfonso) 服務，後來又在教廷做事。他考證出來羅馬教廷賴以伸張其權威的〈君士坦丁大帝捐賜狀〉(*The Donation of Constantine*) 乃係出自偽造，而〈使徒信經〉(*Apostles' Creed*) 亦非使徒所作。

　　馬基維里 (Niccolò Machiavelli, 1469–1527) 亦為佛羅倫斯人，是政治人物和政治理論家。他在 1494 年至 1512 年間，當佛羅倫斯發生政變驅逐麥地西家族而建共和時❶，他曾擔任外交代表出使歐洲各地。麥地西家族復辟後，雖被赦免，但政治生涯告終。他轉向著述，在 1513 年至 1517 年間寫了一些文學作品和史著《佛羅倫斯史》，但最有名的作品則為《君王論》（亦稱《霸術》，*Il Principe*，or *The Prince*）（可能完成於 1513 年），主張統治者要用各種手段維持權位，而目的可以使手段成為正當；君王應該懂得運用權謀，可以不講信義和冷酷殘忍，也可以狡獪。此書據說是為了獻給偉大的勞倫佐・麥地西 (Lorenzo de' Medici the Magnificent, 1449–1492) 的孫子勞倫佐・麥地西 (Lorenzo de' Medici, 1492–1519) 以期獲賞識，藉以再起者。但書中所寫的人物則係以出身西班牙的教宗亞歷山大六世

---

❶ 1494 年宗教改革者薩伏那羅拉 (Girolamo Savonarola, 1452–1498) 煽動人民驅逐麥地西家族建立共和，至 1512 年結束。1527–1530 年間又有一次革命，再建共和，但為皇帝查理五世所平，麥地西家族又復位，1569 年 Cosimo I de' Medici 成為佛羅倫斯大公 (1537–1569) 和塔斯坎尼大公 (1569–1574)。參看 D. Weinstein, *Savonarola and Florence: Prophecy and Patriotism in the Renaissance* (N.J.: Princeton, 1970).

（Alexander VI，本名 Ro drigo Borgia，1431–1503，在位時期 1492–1503）
的私生子西塞爾・鮑吉亞 (Cesare Borgia, 1476–1507) 為典型❶。《君王論》
在 1532 年後始出版，時馬基維里已作古。

三藝術的創新

　　文藝復興最燦爛奪目的成就在於藝術，而其中又以繪畫居首，但繪畫
在十五世紀才登峰造極。這種過程顯示出技巧與風格的創新。文藝復興初
期，十四世紀時繪畫和其他藝術仍受哥德藝術的影響，後來則愈來愈能發
展出自己的特色，只要把十四世紀初期的喬島和十五世紀末年的米開朗基
羅做一比較，便可以看出其間的不同。在中古時期，繪畫和雕刻原是建築
的附屬品，它們主要的用途在裝飾建築，文藝復興以後成為獨立的藝術。
再者，在中古時代，藝術工作者只是工匠，屬基爾特管轄，只有團體的意
識而缺乏個人的意志，因之他們的作品多不具名。在文藝復興以後，他們
有了個人的意識，知道追求創作的境界，因為作品中有自己的精神和理念，
所以在作品上留下創作者的名字❶。

---

❶　西塞爾・鮑吉亞為一頗有能力的將軍與行政者，他可能謀殺了自己的兄弟而取得
　　教宗國軍隊統帥 (Captain-General) 的職位，歷經轉戰，一度控有羅馬涅
　　(Romagna)、比魯幾亞 (Perugia)、辛那 (Siena)、畢奧比諾 (Piombino) 和烏比諾
　　(Urbino) 等地，並企圖建立中義王國，乃父死後為敵人所敗，在那不勒斯投降而
　　被囚禁，後於 1506 年逃出，但不久為那瓦爾 (Navarre) 國王作戰而死。他的妹妹
　　盧克瑞贊亞 (Lucrezia Borgia, 1480–1519) 美艷而有心機，諧傳與伊父伊兄皆有不
　　正常關係，被她父親以政治動機婚配過三次，最後嫁給法拉拉公爵 (Alfonso
　　d'Este, Duke of Ferrara)，卻能倡導文物而為人民所愛戴。又，權謀的
　　(machiavellian) 一詞即出自馬基維里。美國學者 A. Gilbert 曾譯著 N. Machiavelli,
　　The Chief Works and Others (Durham, N.C.: Duke University Press, 1965)。參看 F.
　　Gilbert, Machiavelli and Guicciardini, *Politics and History in Sixteenth-Century
　　Florence* (N.J.: Princeton University Press, 1965).

❶　參看王任光，前揭書，pp. 559–560。

1.繪　畫

喬托 (Giotto di Bondone, 1267–1337) 是佛羅倫斯畫派的開創者，他誕生在佛羅倫斯附近的柯爾 (Colle)。他打破了拜占庭傳統平面的、單調的繪法，他為許多教堂，包括在巴都亞、阿西茲和佛羅倫斯的教堂所作的壁畫，遠近馳名。這些壁畫多係以耶穌、聖母和《聖經》故事為主，他的作品保存至今的有佛羅倫斯聖十字架教堂 (Santa Croce) 中巴爾迪禮拜堂 (Bardi Chapel) 和佩魯齊禮拜堂 (Peruzzi Chapel) 的壁畫，前者是畫聖方濟 (St. Francis) 的生平，後者則描述施洗者約翰的事跡。另外，佛羅倫斯的烏斐茲畫廊 (Uffizi Gallery) 中所收藏的〈聖母加冕〉(The Virgin Enthroned) 亦認為係真作。

聖母加冕

維納斯的誕生

　　十五世紀後在繪畫技巧上，由於光與影對比法 (chiaroscuro) 的精進，以及油性染色 (oil-based paints) 較諸用蛋黃混合塗料的暗晦手法 (tempera) 更能表現畫家的情感，使繪畫能有更進一步的發展。馬薩其奧 (Masaccio, 1401–1428)❶為此時期的先導人物，他雖不是生在佛羅倫斯，卻在佛羅倫斯工作，他雖然在世時間只有短暫的二十七年，卻有很大的影響，且有「真正的文藝復興繪畫之父」(the true father of Renaissance painting) 之稱。他強調單純，並且以「模擬自然」為重點，此為文藝復興繪畫的精髓，他所繪的〈亞當與夏娃被逐出樂園〉 (The Expulsion of Adam and Eve from the Garden)，畫中的亞當與夏娃皆為裸體，加強了自然主義的效果，也刻畫出心理的深度。他也長於畫三位一體的題材。他所創立的風格為波提西里 (Sandro Botticelli, 1444–1510)❷所繼承，他生與死均在佛羅倫斯，為一製革工人之子。他善於營造美的線條，作畫的題材有古典神話，也有宗教故事。他的〈春天〉(Primavera) 及〈維納斯的誕生〉(The Birth of Venus)，均屬佳

❶　為 Tomasso di Giovanni 之別號。

❷　真實姓名為 Alessandro di Mariano dei Filipepi。

春　天

構，他也為麥地西家族畫了一些畫像，也與別的畫家參與過羅馬西斯汀禮拜堂 (Sistine Chapel) 的壁畫工作。

達芬奇 (Leonardo da Vinci, 1452–1519) 尤為佛羅倫斯畫派的大師，他誕生在佛羅倫斯附近的芬奇 (Vinci)。他不僅是畫家，也是雕刻家、建築家、工程家、科學家與詩人。他的生平事跡也多彩多姿，他曾擔任過米蘭統治者洛多維可・斯福薩 (Ludovico Sforza) 的工程師和宮廷演藝的服裝設計師，並為其城堡設計中央暖氣系統 (1482)，他也曾為西塞爾・鮑吉亞做軍事工程師 (1502)，後應法國國王法蘭西斯一世 (Francis I) 之聘前往法國，後來死在法國。他對解剖學、數學和動力學均有研究，他也把心得與隨感記在一個筆記本上。不過，這本筆記本卻很少記述同時代的其他藝術家的事，譬如對建築家布拉曼特、畫家拉斐爾及米開朗基羅等均未言及。但是，他有他的創作哲學：

　　難道你不知道，光是人類的行為就已是光怪離奇，種類繁雜？難道你不知道世上還有無數種的動物，樹木和花草？各種不同的高山峻

嶺和平原丘陵、溪流、江河、城市、公共和私家建築，形形色色適於人類使用的工具，各式各樣的服裝，飾物與藝術？這些東西都是值得你想稱為畫家的人，用同樣的靈巧與愛顧心去畫的。

如果一個畫家以別人的作品來做為自己的標準，那麼他的畫沒有什麼值得頌揚的地方，但是如果他把自己從大自然中所學習到的，應用到作畫上去，那麼他會創造出很傑出的作品。**㉑**

Leonardo da Vinci: Master Draftsman
THE METROPOLITAN MUSEUM OF ART · JANUARY 22 · MARCH 30, 2003

達芬奇的〈處女的頭〉

他的作品取材很廣，有宗教意味濃郁的〈最後晚餐〉(Last Supper)，也有洋溢著世俗精神的〈蒙娜麗莎〉(Mona Lisa)。〈最後晚餐〉完成的時間可能是 1495 年至 1498 年間，為在米蘭聖瑪利亞修道院 (Refectory of Santa Maria delle Grazie) 的壁畫，因為牆壁潮濕生霉，他還在世時就受到損壞。這幅畫的題材是耶穌與其十二門徒慶祝踰越節。他運用幾何學的原理把十二門徒三人一組的分成四組，而圍繞著中央的基督，謹慎的把背景盡量保持簡單，以強調配景的輪廓。不過，有些地方顯得不夠寫實。因為他畫的晚餐桌相當小，在物理上說，根本不可能使十三個人同餐共飲。老一輩的畫家往往將這一群人的最後會餐，用莊嚴肅穆而和平安詳的氣氛來陪襯，並且將猶大置於孤立的地位，與其他的門徒分開，暗示出他將來的叛逆。達芬奇則不然，他選擇了耶穌說出「你們當中有一人要出賣我」的緊張時刻，把猶大安排在諸門徒中間，以他們臉部的表情和身體的動作，來顯示叛逆者的

㉑ 取自劉景輝譯，前揭書，p. 64。

蒙娜麗莎（現藏巴黎羅浮宮）

罪惡和其他諸人的驚愕。在其他的一些畫中，可以看出達芬奇對於畫面結構與細部嚴密處理的匠心。在〈巖中聖母〉這一幅畫中，達芬奇所繪之樹木與花卉酷似教科書上之插圖。畫中的人物之排列有似金字塔──在聖母的兩側分別是聖·約翰與天使倚靠身邊的聖嬰耶穌──小巧的手臂，細緻的頭髮，經過仔細描繪過的衣裳摺痕，都顯示出達芬奇幾何學的熟練與畫圖術之內行❷❷。至於〈蒙娜麗莎〉，完成於 1503 年。它原名〈姬阿孔達〉(La Gioconda)，畫中人物是那不勒斯的女貴族麗莎·姬阿孔達夫人 (Madonna or Mona Lisa del Gioconda)，其微笑令人著迷，後來的英國小說家赫胥黎 (Aldous Huxley, 1894–1963) 且有《姬阿孔達（蒙娜麗莎）的微笑》(The Gioconda Smile) 之作。達芬奇的另一特色是他與其各贊助人之間的工作關係良好，而其意志且得以伸張，此與米開朗基羅與教宗朱理二世之間的關係迥異。

❷❷　取自劉景輝譯，前揭書，pp. 64–65。

十五世紀末期至十六世紀初，威尼斯畫派 (Venetian School) 興起，其主要人物有喬琪奧奈 (Giorgione, 1478–1510)❷❸、提善 (Titian, 1477–1576)❷❹和丁圖里托 (Tintoretto, 1518–1594)❷❺。喬琪奧奈的生平不詳，留下的真作不過一打左右，其作品富有感官效應與詩境，現存作品較著者有〈暴風雨〉（Tempest, 1506）和〈睡中的維納斯〉（Sleeping Venus, 1510）等。提善長於用色，不太注意構圖的均衡，作品有宗教題材，也有神話故事。丁圖里托除曾兩度訪問曼圖亞 (1580, 1590–1593) 外，均生活在威尼斯，其作品常甚巨大而且作畫甚速，作品中有〈最後晚餐〉(1547)、〈最後審

提善的〈聖母升天圖〉

判〉(1560)、〈報佳音〉（Annunciation, 1583–1587）和〈釘十字架〉（Crucifixion, 1565）等。

　　文藝復興時期義大利最後兩大畫家為拉斐爾 (Raphael, 1483–1520)❷❻和米開朗基羅 (Michilangelo di Lodovico Buonarroti Simoni, 1475–1564)。拉斐爾與達芬奇和米開朗基羅為同代三傑。他出生在烏比諾，亦曾在佛羅倫斯生活，後應教宗朱理二世之聘前往羅馬工作，當時朱理二世延攬了很多的藝術家與建築家，有意恢復古羅馬的光榮，其後的李奧十世亦雅愛文

---

❷❸　真實姓名為 Giorgio di Castelfranco。

❷❹　真實姓名為 Tiziano Vecelli。

❷❺　真實姓名為 Jocopo Robusti。

❷❻　真實姓名為 Raffaelo Sanzio or Santi。

米開朗基羅的〈聖家〉

物，拉斐爾後來死在羅馬，年僅三十七歲。拉斐爾是一個多才而取材亦廣的畫家，所繪主題包括宗教、歷史與神話，作品很多。他的聖母像很有名，其中以西斯汀禮拜堂的〈聖母像〉最為人所樂道。他為梵諦岡教宗房間所作的一些壁畫，包括〈爭議〉(Disputà)，象徵天上的教會與地上的教會之間的關係，以及〈雅典學派〉(School of Athens) 則暗諷柏拉圖學派與亞里士多德學派的衝突。

　　米開朗基羅為曠古奇才，也多才多藝，他是畫家、雕刻家、建築家、工程家與詩人。他出生在塔斯坎尼的卡普里塞 (Capresse)，曾在佛羅倫斯（受勞倫佐‧麥地西贊助）、波隆那和羅馬工作。米開朗基羅的創造力很大，但其個性亦強，他與教宗朱理二世的爭論為最著名。終米開朗基羅之世，他對繪畫的興趣不如雕刻大。然而他在繪畫方面的成就也是非凡的，主要作品有〈聖家〉(Holy Family，完成於 1504 年，現存佛羅倫斯烏斐茲

米開朗基羅所繪〈原罪與亞當和夏娃的墮落〉

畫廊)、〈創世記〉(Genesis，1508–1512 年間畫在西斯汀禮拜堂天花板上或拱頂，從創造天地至挪亞方舟的各個情景)。他的另一鉅構是〈最後審判〉(The Last Judgment，1532 年至 1541 年間完成)，其情景為一陣超強旋風將地獄邊緣的死者捲上審判席，在席上，他們或者上天國與聖人為伍，或被惡魔推下地獄。其暴力場面，曾使人悲嘆，現則為人讚賞。為迎合較保守的觀念，即使在他生前，已開始修飾所有的裸體人物，添加一些絲帶，飄垂的布幔，甚至整件衣服。

2.雕　刻

　　文藝復興時期的雕刻也很發達，而且成為獨立的藝術。早期有名的雕刻家有吉伯提 (Lorenzo Ghiberti, 1378–1455) ❷和多那特羅 (Donatello, 1386–1466) ❷。吉伯提為佛羅倫斯雕刻家，原為金匠和青銅鑄器匠，其最有名的工作為佛羅倫斯洗禮堂的北門和東門(工作時間分別為 1402–1422，1427–1452)，手法混合了傳統與創新，為鍍金青銅浮雕。多那特羅亦為佛

❷　真實姓名為 Lorenzo di Cione di Ser Buonaccorso。

❷　真實姓名為 Donato di Niccoio dei Bardi。

維羅基奧的〈科勒奧尼將軍馬上雕像〉

羅倫斯雕刻家，曾為吉伯提的徒弟。他的作品有〈男孩大衛〉(The Boy
David)，為一青銅裸體立像，為自古典時代以來第一座大的站立的青銅雕
刻，他也有木雕。稍後有維羅基奧（Andreadel Verrochio, 1436–1488）❷，
亦為佛羅倫斯人，他的作品有用青銅雕成的〈大衛〉(1476) 以及在威尼斯
的〈科勒奧尼將軍馬上雕像〉（General Baŕtolommeo Colleoni, 1479）。

　　文藝復興時期最偉大的雕刻家當為米開朗基羅，他雖為畫家和建築家，
但更大的興趣在雕刻，他自己也說他對形體的興趣大於對色彩。他於 1498
年在羅馬時完成了梵諦岡的大理石〈聖母哀憐像〉〔或稱〈聖殤像〉，
(Pietà)，現存羅馬聖彼得大教堂〕，回到佛羅倫斯後他完成了大理石的〈大
衛〉（David，1504 年完成，此年亦完成繪畫〈聖家〉），此一精美且代表佛
羅倫斯的雕刻品現藏佛羅倫斯學院畫廊 (Gallery of the Academy)。他不久
又為教宗朱理二世召回羅馬為其設計陵墓，但兩人間屢有爭執，1508 年朱
理二世命其畫西斯汀禮拜堂拱頂，他實勉強為之。1520 年至 1524 年他為

---

❷　真實姓名為 Andrea di Michele de Francesco de' Cione。

麥地西家族墓園所雕刻的柯西摩與吉連
諾 (Cosimo and Giuliano de' Medici) 的雕
像，以及棺蓋上所雕的四個斜倚著的哀
悼人物表現出晨（Dawn，醒來便哀痛）、
昏（Evening，表示已悲傷力竭）、日
（Day，在騷亂中悲傷），和夜（Night，
表示難以安眠）的景象。

3.建　築

　　文藝復興時期，特別是十五與十六
世紀，羅馬式的建築復興。早期建築名
家有布魯那勒契（Filippo Brunelleschi,
1377–1446），為佛羅倫斯人，他的作品
有佛羅倫斯的聖瑪利亞大教堂（該教堂
為十三世紀末年即已開始動工之教堂，
其圓頂為 1420 年由布魯那勒契用羅馬
萬神廟的圓頂觀念而設計）和聖勞倫佐
教堂（Church of St. Lorenzo，自 1418 年
起）。繼之有布拉曼特（Bramante, 1444–
1514）❸，誕生在烏比諾附近，前半生生

米開朗基羅的〈大衛〉

活在米蘭，1499 年後則在羅馬度過。他應教宗朱理二世之命重新規劃梵諦
岡，並且設計聖彼得大教堂（St. Peter's Basilica, 1505–1506）。米開朗基羅
亦為建築家，亦曾參與聖彼得大教堂的工作，為它設計了圓頂。其柱廊則
為更後的義大利建築家貝爾尼尼（Lorenzo Bernini, 1598–1680）所設計。
整個工程係 1506 年至 1667 年間完成，其地基被認為是聖彼得的墳墓。它
是基督世界最大的教堂，可容納五千人。

❸　真實姓名為 Donato d'Agnola.

米開朗基羅的〈聖母哀憐像〉

米開朗基羅的〈聖彼得哀憐像〉（為
其生命最後作品，實未完工，現存
佛羅倫斯大教堂，Duomo）

聖彼得大教堂

佛羅倫斯的聖勞倫佐教堂

第二節　文藝復興的傳播

一、阿爾卑斯山脈以北文藝復興的背景

　　1550 年後不久，義大利的文藝復興趨於衰落。這可能有其複雜的原因：第一是經濟方面的原因，義大利文藝復興有其經濟繁榮的基礎，但新航路與地理大發現之後，經濟中心由地中海轉移到大西洋，使義大利經濟衰落。第二是法國國王查理八世於 1494 年率兵越過阿爾卑斯山占領佛羅倫斯與征服那不勒斯，後來雖因西班牙、教宗國、神聖羅馬帝國、米蘭及威尼斯組成聯盟而迫其退兵，但是繼位的法國國王路易十二又入侵義大利，使 1499 年至 1529 年間兵連禍結，義大利各邦的政治自由備受威脅。第三是宗教改革所造成的信仰紛歧，以及教宗國推行對抗改革，如 1542 年羅馬異端裁判所建立，以及 1559 年教宗保祿四世頒布禁書目錄等等，使義大利喪失思想自由，1616 年教宗譴責太陽中心說的天文理論，而 1632 年伽利略（Galileo Galilei, 1564–1642）便受到異端裁判的迫害❸❶。

---

❸❶　參看 Edward M. Burns & others，前揭書，pp. 577–579; *The New Cambridge Modern*

　　但是，文藝復興也在 1500 年左右越過阿爾卑斯山脈傳播到歐洲其他國家。十六世紀歐洲其他地區之所以能夠展開文藝復興運動，亦有其背景。

㈠政治背景

　　首先要指出來的，是十五世紀中葉以後民族王國 (National Monarchies)（即為「民族國家」）興起，而且在西歐，特別是大西洋地區成為最強大的政治力量。固然，羅馬帝國大一統的景象使歐洲人永難忘懷。而且自從十一世紀基督教勢力瀰漫全歐之後，歐洲與基督教世界 (Christendom) 已經是一而二和二而一的關係。由於羅馬帝國所造成的政治上的大一統局面和基督教會的尚同精神一直為歐洲人所嚮往，於是一統帝國 (universal empire)與一統教會 (universal church) 是他們的崇高理想。不過這種理想迄未能完全實現。在一統帝國方面，自從羅馬帝國亡後而東羅馬帝國又廢弱無力，在西歐自查理曼 (Charlemagne) 帝國以迄神聖羅馬帝國均代表這個理想。1453 年東羅馬帝國亡後，神聖羅馬帝國雖想作全歐洲的統治者。但在事實上，它不僅不能統治全歐，甚至也未能有效控制中歐與西歐。在 1500 年左右，它已經只限於德意志、波希米亞和匈牙利，而匈牙利且常處於回教勢力的威脅乃至大部分在回教勢力占領之下。其他國家與地區如教廷、義大利城邦、英國、法國、西班牙、葡萄牙、北歐各國及東歐各斯拉夫民族均不在其管轄之下，即是尼德蘭（今荷蘭與比利時）也僅是在名義上屬之。至於在一統教會方面，十一世紀時已分裂為東方正教與羅馬公教，不過在西歐馬丁・路德發動宗教改革，以致造成新教與舊教的對立之前仍是信仰統一的情況。但是十六世紀以後，最有力量的政治結構，不是籠統含混的一統帝國，更不是散漫無力的城邦，而是自從十四與十五世紀就隨著封建制度的衰落而興起的民族王國。這種民族王國一方面力爭國權的完整，對於神聖羅馬帝國或教廷等國際勢力而言，算是一種離心的 (centrifugal) 發展，但對於國境之內的分裂勢力（封建制度等）而言，則為一種向心的

(centripetal) 發展 。它們大致上有中央集權的政府，支薪的職業軍人和文官，中央財政和法律系統。他們統一了境內的封建勢力，卻又獨立於帝國，各以某一單一的民族為核心，而又具有特殊的語言、文學與某種自我意識。這種民族王國的興起有其多方面的因素。

第一是十字軍東征所發生的影響。十字軍東征導致了西方與東方的會合，把東方式的君主專制 (oriental absolutism) 的觀念和行政技術介紹到西方；它也刺激了商業和交通的發達，使中產階級益形興起；它也加速了封建貴族的衰落，封建貴族原是有限君權和立憲政府的鼓吹者，他們有的死於十字軍東征，有的移民往近東，有的移居城市經商而與工商階級打成一片，有的則為王室所用。

第二是中產階級的興起。中世紀後期商業的復興打破了閉鎖的中古經濟型態，而中產階級亦隨之興起，十字軍東征與地理大發現更助長了這種態勢。中產階級有其財富與知識，他們不滿於封建貴族間的私戰不休和劫掠成習，而亟願見法律與秩序，強而有力的王室則為法律與秩序的保障，他們的利益在此時是與君主的利益一致的，因而成為君主的「有力的同盟」(powerful alliance)。同時，此時期的議會仍多控制在貴族階級手中，他們也樂見君主忽視議會的地位。他們願意用納稅的方式在財政上支持君主，使其可以加強行政和組織軍隊以打擊封建貴族的勢力。

第三是戰術的革新。中世紀後期騎兵漸失去重要性，使用弓箭與長矛的步兵成為戰場上的主力。在英、法百年戰爭中，1346 年克拉西 (Crécy)❸❷和 1356 年的波瓦底厄 (Poitiers)❸❸諸役中，英兵卒大敗法騎兵可為明證。而步兵多來自平民，與騎兵富有貴族色彩又有不同的社會意義。尤其是十四世紀之後火藥的傳入歐洲，更改變了戰爭的舊觀，使封建領主的堡壘不復為鞏固的屏障，王軍取代了封建軍的地位。

---

❸❷ 正式名稱為 Crécy-en-Ponthieu，位於法國北部索穆省 (Somme dept.)，為一村落。

❸❸ 位於法國西部中間地帶，現為維奈省 (Vienne dept.) 省會。

第四為羅馬法的復興。為了伸張王權必須打破封建的和傳襲的「習慣」法，在歐洲大陸自十二及十三世紀以後，羅馬法的研究從波隆那 (Bologna) 大學傳播到各地而極一時之盛。羅馬法的精神是尊君，於是國王乃稱「君主」(sovereign) 和被稱為「陛下」。羅馬法專家主張君主本身代表人民的意志與福祉，而且徵引「人民的福祉便是最高的法律」(salus poquli suprema lex, or the welfare of the people is the highest law) 的原則，認為君主有打破習俗和傳統而立法的權力。他們引用另一個羅馬法的原則：「王侯所悅納者便有法律的效力」 (quod principi placuit legis habet vigorem, or What pleases the prince has the force of law.)❸❹，這使君主的權力得到法理上的維護。

第五為政治新說的產生。十六世紀以後，許多政治哲學家鼓吹專制政治的理論，亦有甚大的影響。法國人布丹 (Jean Bodin, 1530?–1598) 於 1576 年出版《國家論六卷》(Six livres de la republique，1606 年英譯為 Six Bookes of the Commonweale)，他倡言君主為立法者因而高於法律之論，不過他也指出此僅為法律的原則，君主仍應遵守上帝的法與自然律，否則即為暴君。他主張人民沒有權力抵抗君主的統治，他提倡主權說，但他所謂的主權是「統馭人民而不為法律所限之最高權力」，他從不認為君主應受人為的法律之限制。英人霍布士 (Thomas Hobbes, 1588–1679) 亦為專制政治的辯護者，他的力作是出版於 1651 年的《利維坦》(Leviathan)❸❺，他從自然狀態與社會契約的觀點鼓吹君主專制。荷蘭法學家格勞秀士 (Hugo Grotius, 1583–1645) 在 1625 年出版《論戰爭與和平的法律》(De jure belli ac pacis, or Concerning the Law of War and Peace，1631 年出版)，於主張國家主權平等之外亦倡導專制政體。另外，父權政治理論 (Paternalism) 的興

---

❸❹　參看 R. R. Palmer & Joel Colton, *A History of the Modern World*, 6th ed. (New York: Knopf, 1983), p. 68.

❸❺　Leviathan 為《聖經・約伯記》第 41 章所說的一種水中動物，可能是鱷魚、鯨魚或龍，為龐大而有力量的象徵。

起亦為鼓吹專制政治的有力因素，英人費彌爾 (Sir Robert Filmer, 1588–
1653) 作《父權政治論》(*Patriarcha*，or *The Natural Power of Kings*，於其
死後在 1680 年出版)，力言父權理論為政府起源的理論，不贊成社會契約
說。此派論者以「子民」及「羊群」和「父」及「牧者」等比喻來解釋人
民與君主的關係。《舊約聖經》所描述的希伯來社會便是一種父權社會，羅
馬社會中的父權 (Patria Potestas) 亦甚高，基督教亦甚強調父權，舊教的教
士迄今仍稱「神父」❸。就這個角度來鼓吹專制政治，亦有相當的說服力
量。凡此種種，造成了君主權力的擴張，而「君權神授」之說也響徹雲霄。

這種民族王國或民族國家，便是歐洲列國制度的奠基者。它們首先發
展成功於西班牙、葡萄牙、英國、法國、丹麥、挪威、瑞典、波蘭等國，
我們略述西班牙、英國和法國的情形以概其餘。

西班牙的民族王國形成的過程是緩慢的。迄十五世紀中葉伊比利亞半
島仍有五個王國：卡斯提爾 (Castile, or Castilla) 在中部與北部，為其中最
大者，它占有全部的中央高原 (整個高原的 60% 以上)；較小的亞拉岡
(Aragon, or Aragón) 和葡萄牙兩個王國則分據半島的東岸與西岸；北邊是跨
比利牛斯山脈的那瓦爾 (Navarre, or Navarra)；最南還有回教殘餘勢力的小
王國格拉納達 (Granada)。其中較重要的是卡斯提爾與亞拉岡，卡斯提爾是
藉慢慢地向外征服回教勢力而擴張的，而每次新拓的領土則在半獨立的封
建貴族或武士團的控制之下，因此直到十五世紀中葉境內仍是混亂的封建
狀態，此外王室的權力亦受議會 (Cortes) 所限制。亞拉岡有比較強大的中
央政府，由於處於半島的東岸而又在十三世紀時取得西西里和在十四世紀
時又得到馬約甲島 (Majorca) 及薩丁尼亞，因而可以參與地中海區的貿易，
商業較為發達。1469 年，卡斯提爾女王伊莎白拉一世 (Isabella I，or
Isabella the Catholic，1451–1504，在位期為 1474–1504) 與亞拉岡國王裴

<hr>

❸ 參看 Crane Brinton, *The Shaping of the Modern Mind* (New York: New American
Library, 1959), pp. 45–46.

迪南二世（Ferdinand II，or Ferdinand the Catholic，1452-1516，在位期為 1479-1516，作為卡斯提爾國王則為裴迪南五世，在位期為 1474-1504）結婚而奠下西班牙強盛統一的基礎。這種兩國的聯合當然是個人性的，也就是說兩國仍各有其君主、政府與議會 (Cortes)，每一國均有其特別的語言，不過卡斯提爾語文 (Castilian) 逐漸較亞拉岡人所用的卡特蘭語文 (Catalan)（西班牙東北部所用的語言）為重要。不過此一聯合大大地加強了西班牙的力量，1492 年伊莎白拉與裴迪南征服了格拉納達，消滅了回教的勢力，而同年哥倫布的遠航美洲尤代表海外的開拓。裴迪南也為亞拉岡於 1503 年取得那不勒斯和 1512 年征服了那瓦爾的比利牛斯山以南部分。同時他們也鞏固中央威權，一般人民因亟思安定而支持王室；他們也從教皇昔克圖斯四世（Sixtus IV, 1471-1484）取得提名主教的權利，使教會成為襄助專制的工具；1478 年建立異端裁判以消滅異端與回教信仰，逐摩爾人與猶太人。同時他們也抑制議會，成為歐洲強大的民族王國。

英國自都鐸王室 (House of Tudor, 1485-1603) 以後亦發展成了新型的民族王國。英、法百年戰爭 (1337-1453) 雖為兩國王室間的角力，卻有民族主義的意義。英國勢力被逐出歐洲大陸後，王室乃發現應銳意於不列顛各島的建設，於是在英國民族情緒大振，英國語文漸發展定型和英國制度亦告成長。不過戰後大貴族仍擁有軍隊（所謂 "livery and maintenance"），國內擾攘不安，國王亨利六世（1421-1471，在位期為 1422-1461，1470-1471）無力維持秩序。1455 年爆發爭奪王位的內戰，約克公爵理查 (Richard, Duke of York) 起而與當時統治的蘭卡斯特王室 (House of Lancaster) 相爭並以白色玫瑰為標誌，蘭卡斯特王室則以紅色玫瑰為標誌，是為玫瑰戰爭 (War of the Roses, 1455-1485)。理查不久失敗被殺，其子愛德華繼續抗爭而登極為愛德華四世 (1461-1483)，但蘭卡斯特派仍繼續作戰。愛德華四世死後，其弟告羅士達公爵理查 (Richard, Duke of Gloucester) 又篡奪其幼子愛德華五世（1470-1483，繼位在 1483 年，即與

其幼弟被謀殺）之位而為理查三世 (1483–1485)，人民乃唾棄之。其時理契蒙伯爵亨利・都鐸（Henry Tudor，Earl of Richmond，1457–1509，1485 年起為英王亨利七世）以蘭卡斯特王室遠親而在亨利六世死後起為此王室領袖，他於 1485 年自法國西北部的不列坦尼 (Brittany) 登陸，在波斯伍茨・菲德 (Bosworth Field)❸❼擊敗理查三世且娶愛德華四世之女伊莉莎白，因而結合了約克與蘭卡斯特二王室而建立了都鐸王室，他便是都鐸王室的第一君亨利七世。玫瑰戰爭主要是封建貴族間的火併，因而大大地削弱了封建貴族的力量。王室乃藉以伸張其權力，亨利七世通過法律禁止貴族再維持有特別旗號服色的私軍。而且在大亂之餘，人心惶惶，普通的司法程序，因證人不敢指認和陪審團不敢開罪巨室等不能確保安全，亨利七世乃設立特別法庭，指派其樞密院大臣來組成❸❽。這個法庭的主要職責，為處理有關治安與財產的案件，它在一個有星飾的房間開庭，因而有星標法院 (Star Chamber) 之稱。此法院代表國王與樞密院的威權而不需陪審團，它在當時發生相當大的功用，後來被指為專制的工具❸❾。總之，亨利七世已是強有力的君主，國會為其所控制。他的兒子亨利八世 （Henry VIII，1491–1547，在位時期 1509–1547）

亨利八世

---

❸❼　在英格蘭中部的萊西特郡 (Leicestershire)。

❸❽　樞密院（royal council, or curia regis）在中世紀時原來就有代表君主聽訟和為國家最高司法機關的功能，此舉可謂據此傳統。

❸❾　參看 G. M. Trevelyan, *History of England*, Illustrated Edition, New Impression (London: Longman, 1960), pp. 277–278.

已是專制君主。

　　法國在路易十一 (Louis XI, 1461–1483) 時，亦以新的姿態出現。英、法百年戰爭已奠定了民族獨立的基礎，他建立了一支王軍，剿平盜賊和降服了封建貴族。在徵收賦稅方面，他所握有的權力遠較英國的都鐸諸王為高，可以不經議會的同意而逕行之。百年戰爭的教訓也使法國人民確信只有強大的王室才是國家安全的保障，因為在戰時封建貴族的自私與三級會議的無能是法國的弱點。路易十一和乃子查理八世 (在位時期 1483–1498) 相繼為討平境內的封建貴族勢力而奮鬥。路易十一在 1483 年平服了境內最大的強藩勃根地 (Burgundy) 公爵國和其他諸侯，到 1483 年他死時除了不列坦尼 (Brittany) 公爵國以外，幾乎全在王室的直接統治之下了。其子查理八世繼位時年僅十三，此後九年在乃姊安妮（Anne of Beaujeu，路易十一稱她為「歐洲最不愚蠢的女人」）的監護下，經過多年的征戰，終於在 1491 年由查理八世與不列坦尼女公爵安妮 (Anne, Duchess of Brittany) 的聯姻，而使法國成為領土統一的國家。隨著領土的統一而同時發展的是中央集權，貴族的權力多已被剝奪，三級會議的地位亦被忽視。國王既有自行徵收賦稅的權力，自可用以維持一支封建貴族無法抗衡的常備軍，貴族逐漸成為廷臣和王軍中的重騎兵的重要分子，當然貴族也得到外償，即享有若干社會特權和幾乎免稅的待遇。後來在宗教鬥爭時，貴族也曾企圖再恢復從前的地位，終未成功。至於教會，自 1438 年的「國是詔令」(*Pragmatic Sanction*) 後，法國教會已取得相當的民族獨立地位而非受命於羅馬。至 1516 年法國國王法蘭西斯一世（Francis I，1494–1547，在位時期 1515–1547）更與教皇李奧十世訂立「波隆那協約」(*Concord at of Bologna*)，取消「國是詔令」，規定教皇可以收取法國教士的首年俸 (annates)，但由國王提名主教與方丈的人選。此後法國國王控制了法國的教士。1494 年查理八世進兵義大利，這不僅是代表民族王國在法國的完成，而且也意味著開始從事國家疆土以外的征伐戰了。

　　民族王國或民族國家在中歐沒有得到良好的發展。但是十六世紀初，哈布斯堡王室 (the Hapsburgs, or Habsburgs) 用婚姻及繼承等方法大肆擴張，不僅控制了神聖羅馬帝國的帝號，而且也掌握了西班牙及其在歐洲內外的土地。於是此王室與西班牙在十六世紀的聲勢是驚人的。哈布斯堡王室為歐洲歷史上最重要的王室之一。此王室的名稱係源自其家族堡壘的名稱。這個堡壘稱哈布斯堡 (Habichtsburg, or Hapsburg)，其意為「鷹堡」(hawk's castle)，現已為廢墟。它建立在今瑞士亞古 (Aargau) 附近，處於亞爾河 (the Aar R.) 與萊茵河的會合處。此堡原為斯特拉斯堡主教韋納 (Werner, Bishop of Strasbourg) 在十世紀與十一世紀之交所建，韋納之姪即為第一個哈布斯堡伯爵韋納一世。傳至魯道夫四世（Count Rudolf IV）時，他在神聖羅馬帝國經大虛位之後於 1273 年當選為日耳曼皇帝（神聖羅馬皇帝），是為皇帝魯道夫一世（在位期為 1273–1291）。在此之前此家族已取得上亞爾薩斯 (Upper Alsace)、瑞士及巴登 (Baden)，魯道夫又取得奧地利、斯提里亞 (Styria)、喀倫塞亞 (Carinthia) 和喀尼奧拉 (Carniola)，旋失去瑞士，但於 1263 年又得提洛爾 (Tyrol)。此家族善於運用謀略及矛盾，自 1438 年奧地利公爵亞伯特五世（Albert or Albrecht V, 1404–1439）當選為神聖羅馬皇帝為亞伯特二世（Albert or Albrecht II, 1438–39）後直到 1806 年神聖羅馬帝國告終，他們經常掌握帝號❹。

　　文藝復興肇端時的神聖羅馬皇帝是麥西米連一世（Maximilian I，1459–1519，在位期間為 1493–1519）。他從未為羅馬教皇所加冕，而於 1508 年稱號「皇帝當選人」(emperor-elect)❹。其時神聖羅馬帝國分崩離

---

❹　僅有一次例外，1742 年因法國的影響而使巴伐利亞選侯查理當選，是為皇帝查理七世 (1742-1745)，但不久即由哈布斯堡王室所恢復。

❹　依照傳統，皇帝先在阿亨 (Aachen) 加冕為德意志王或羅馬人的王，然後前往羅馬由教皇加冕為帝。通常在位的皇帝為使其繼承人可以當選，便在生前設法先使之當選為王，如麥西米連一世在 1486 年即已當選為王。自查理五世在 1530 年在波隆那

析，境內有四種不同的政治形態：第一類為王侯邦如薩克森尼、勃蘭登堡、巴伐利亞，每一國有其世襲的王朝；第二類為教會邦，即享有政治權力的主教區；第三類為自由城市，其時約有五十個左右，其所占總面積不大但掌握工商業；第四類為帝國武士，他們的數字甚多，超過千人，有的僅有幾個莊園，但卻不屬王侯、教會及城市的管轄而僅承認皇帝。帝國在 1356 年發展成選侯制，皇帝由七個選侯所選出。這七個選侯有四個是王侯邦，即巴拉提那伯爵 (Count of the Palatinate, or Count Palatine)、薩克森尼公爵、勃蘭登堡邊侯 (Margrave of Brandenburg) 和波希米亞國王；另外三個是教會邦，即梅因茲 (Mainz)、特里埃 (Trier) 和科隆 (Cologne) 三個大主教。從 1438 年起，帝位經常由哈布斯堡王室所擁有。不過帝國內各邦均甚強調邦權，有對內行專制統治而對外則反對帝國的集權傾向。帝國內亦私戰不休，混亂不堪，以致德境雖有廣土眾民（在十六世紀有二千萬人）而無從發揮力量。只有在各邦及城市互相締結「公共和平」(Landfrieden, or public peace) 同盟時才能有較安定的局面。麥西米連一世頗思振作，他加強帝國中央的權力，禁止私戰，設立帝國議會 (Reichstag) 以及帝國皇廷 (Reichskammergericht, or Imperial Chamber Court)，並將帝國劃分為若干「道」(circles)（1500 年時為六道，1512 年增為十道）以監督並處罰破壞公共和平者。他在 1505 年左右一度相當成功，此年 4 月威尼斯使節向其本國政府報告：「皇帝陛下現在是帝國真正的皇帝與日耳曼的統治者」❷。這些努力終因各邦強調邦權而落空。

　　不過麥西米連一世甚善於利用婚姻來擴張哈布斯堡王室的勢力，因有「別人都忙於征戰，只有快活的奧地利在娶親」(Bella gerunt alii, tu, felix Austria, nubes) 之說❸。1477 年他與勃根地公爵查理 (Charles the Bold，

由教皇加冕為帝後，其後各帝便取消了由教皇加冕的手續而改在法蘭克福加冕。

❷　Archiv f. Österr. Gesch., Vol. 66 (1885), p. 77, as quoted in *The New Cambridge Modern History*, Vol. I, *The Renaissance*, p. 211.

Duke of Burgundy，甫於南珊 (Nancy) 為瑞士人所殺）的女兒瑪瑚 (Mary of Burgundy) 結婚，而取得尼德蘭 (Netherlands, or Low Countries) 與法蘭・康特 (Franche-Comté)。瑪瑚死於 1482 年，他於 1490 年又娶不列坦尼女繼承人安妮 (Anne of Brittany)，此次係因安妮為免使法國染指不列坦尼而與麥西米連（缺席）結婚的，後因安妮又嫁法王查理八世而作廢。1493 年他又與米蘭公爵之姪女 (Bianca Sforza) 結婚而得米蘭為采邑。他第一次婚姻所生的兒子菲力普 (Philip, 1478–1506) 繼承了尼德蘭而又於 1496 年與西班牙君主裴迪南五世與伊莎白拉一世的女兒裘安娜 (Joanna, 1479–1555)（乃夫死後發瘋）結婚，此一聯姻生下一子名查理。這位查理從其祖父母和外祖父母手中繼承了廣大的領土：從祖父麥西米連一世繼承得奧地利等地，從祖母繼承得尼德蘭及法蘭・康特，從外祖父裴迪南繼承了亞拉岡、那不勒斯和西西里等地，從外祖母伊莎白拉繼承了卡斯提爾及美洲屬地。他又在 1519 年當選為神聖羅馬皇帝而成為全日耳曼的元首，其聲勢之大為空前所未有。他就是神聖羅馬皇帝查理五世 (Charles V，1500–1558，帝位時期為 1519–1556)（作為西班牙國王為查理一世，在位期為 1516–1556)。查理之弟裴迪南一世 (Ferdinand I, 1503–1564)（1531 年為日耳曼王，1556 年查理五世遜位於他）又與匈牙利與波希米亞王路易二世（Louis II，King of Hungary and Bohemia，1506–1526，在位期為 1516–1526）的姊妹安娜 (Anna, or Anne) 結婚，使他於 1526 年路易二世在馬哈齊 (Mohacs, or Mohács)❹與土耳其人作戰陣亡時又取得匈牙利與波希米亞，因而哈布斯堡王室在中歐的地位已大為鞏固。哈布斯堡王室與西班牙的結合造成了查理五世的帝國。但是他的「一統王國」(Universal Monarchy) 對於其他國家構成很大的威脅。尤其是法國，因為查理五世的帝國包括了西班牙、尼德蘭、日耳曼，再加上義大利的大部分，而使之處於被包圍的態勢之下。此時的

---

❸ 引自 Palmer & Colton，前揭書，p. 73.

❹ 位於現匈牙利南部多瑙河上的城鎮，近南斯拉夫邊境。

法國其勢力已不容輕侮，它的領土與人口使它舉足輕重於歐洲的國際政治。
法國人口在 1500 年時約有一千四、五百萬人左右，此為西班牙的二倍和英
國的四倍。於是在法國國王法蘭西斯一世（Francis I，1494–1547，在位期
間為 1515–1547）領導下，法國的佛拉瓦王室 (House of Valois) 與哈布斯堡
王室有了兵連禍結的爭雄戰。西班牙是查理五世的大帝國的核心力量，也
是十六世紀歐洲最強大的國家。西班牙海軍巡弋的範圍自利普多灣 (Gulf
of Lepanto) 以迄馬尼拉灣 (Manila Bay)，其陸軍（西班牙步兵）更是稱雄
歐洲一個多世紀之久。軍事上的強大和財用上的充足（與美洲貴重金屬的
開採有關），再加上王室的勵精圖治便是西班牙富強的原因。

　　查理五世的聲威是空前的，但是他的困難亦多。他的帝國雖廣，卻不
是真正統一的民族國家，各區域各民族之間的利益衝突是一個無法解開的
死結。他的帝國實際上是各邦分別奉其為主，而他卻並不是各邦共主的一
種個人聯合 (personal union)，也就是說他以各種不同的特殊身分統治各邦，
諸如他在奧地利是奧地利大公，在西班牙是卡斯提爾王與亞拉岡王，在尼
德蘭則為尼德蘭王侯 (Prince of Netherlands) 等是。這種帝國有其弱點，因
此他實不如地圖上所顯示的那麼強大。法國因不耐處於他的帝國所造成的
鉗形包圍之中，再加上對義大利的野心，於是自 1522 年起，查理五世便與
法王法蘭西斯一世有了長期的戰爭，義大利是主要的戰場。這種衝突一直
到二人死後尚在繼續之中，到 1559 年因法國無力再問鼎義大利，而哈布斯
堡王室也無力削弱法國，才暫時告一段落。此外，土耳其回教勢力不斷地
侵擾中歐也給他很大的壓力。當宗教改革在德境爆發後，他決志撲滅新教
勢力（因為只有在羅馬教會的一統信仰內，神聖羅馬帝國始有其意義），但
終因各種原因，再加上法國的牽制（法國援新教王侯，且有時不惜與土耳
其回教帝國合作），終於徒勞，他在 1555 年被迫接受「奧古斯堡和約」而
永離德境。1556 年，他倦勤退隱於西班牙的約斯達 (Yuste) 修道院，1558
年死。

查理五世退隱時將西班牙、美洲、西西里、那不勒斯和尼德蘭給其子菲力普二世（Philip II，1527–1598，在位時期 1556–1598），其弟裴迪南一世（Ferdinand I，1503–1564，在位時期 1556–1564）則取得哈布斯堡領土及帝號（1558 年查理五世死後正式稱帝）。哈布斯堡王室分為二支。不過，哈布斯堡王室的力量仍然非常龐大。菲力普二世的領土縱已不包括日耳曼仍然非常廣大和足以威脅均勢。他先娶葡萄牙公主瑪琍（Mary of Portugal, 1643），瑪琍死後又與英國女王瑪琍一世結婚 (1654)，但翌年因不能加冕為英王而離英。他仍然繼續乃父與法國的戰鬥，1559 年與法國訂「凱圖・岡布西斯條約」（Cateau Cambrésis，在法國境）而確定了哈布斯堡王室在那不勒斯、米蘭和西西里的統治，法國雖可擴至萊茵河，終未能在義大利有所作為。菲力普二世鞏固了地中海的海權，與回教勢力先在北非作戰，1571 年的利普多灣（Gulf of Lepanto，科林斯灣）的海戰終止了土耳其西侵之勢。在義大利逐法國勢力。1580 年，葡萄牙國王亨利一世死而無嗣，他更取葡萄牙而兼為其王❹，葡萄牙海外殖民地亦因而在其控制下。因此菲力普二世是十六世紀後期的中心人物，十六世紀前半期為查理五世時代，後半期則為他的時代。

總之，文藝復興時代歐洲的政治發展，係當領土王國 (territorial monarchies) 演變為民族王國和民族國家而以伸張國權為務，且神聖羅馬帝國所代表的一統帝國也力圖振作之際，因而競爭激烈，兵連禍結。

㈡經濟背景

歐洲在十四世紀和十五世紀初期曾有經濟性的災難，但自十五世紀後期和十六世紀以來，由於人口恢復到從前的水準，而工商業的發展也使經濟趨於多元性。以尼德蘭而言，尼德蘭南部（相當於今日之比利時），也就是泛稱為法蘭德斯的地區，本來自十一世紀中葉商業復甦以後即為歐洲西

---

❹ 他以葡王約翰三世之甥的身分以兵取葡萄牙，並經葡國會 (Cortes) 承認。1640 年葡始脫離西班牙。

北地區的商業中心。到十四和十五世紀時，更為興盛，而且除了商業之外，毛紡業興起，布路日（Bruges，or Brugge，位於現比利時西北部）、根特（Ghent，or Gent，位於現比利時西北中間地區）、易普爾（Ypres，or Ieper，亦位於現比利時西北部）等處均為中心。同時，由於這些毛紡業係自英國輸入羊毛為材料，於是與英國有了密切的關係。後來英國亦發展毛紡業，而且在十五世紀中葉以後發展迅速。同時英國也自法國進口葡萄酒，以及從事海鮮魚類的買賣。於是各種商業行號或組織興起，大的批發商形成「同業公會」（Livery Companies），最重要的有十二個，因而稱為「倫敦十二公會」（12 Livery Companies in London）。這些公會成員除有共同遵守的規則以外，亦穿著特定的服飾，此即為 "livery" 一詞的來源。其情形有類佛羅倫斯的七大基爾特，以及巴黎的六大商團（Corps de Marchands）。它們在歐洲各大城市設有分支機構，從事交易。日耳曼北部的商業城市組成的漢撒同盟（Hansa, or Hanse, or Hanseatic League）更曾在十三世紀至十七世紀中葉興盛一時，控制了自大西洋至波羅的海地區的貿易。緣「漢撒」（Hansa, or Hanse）為「公司」或「同業公會」之意，可能是由於日耳曼沒有強大的國家政府，各城市為了保障共同的利益乃有此類組織，它的確切起源已不可考。但是，1241 年盧比克（Lübeck）與漢堡（Hamburg）締結互保條約，繼之其他城市加入，於是在盧比克主導下成立強而有力的國際商業同盟，則為其發展的重大里程碑。加盟的城市因為變動很大，也很難有精確的數目，從波蘭到尼德蘭也有城市加入，但始終以北日耳曼的城市為主要成員。這個同盟不僅為商業組織，且有政治與軍事力量。它在很多歐洲城市設有分支機構或「漢撒」，而且還在重要貿易據點建立有類似租界的地區（Kontore），這包括俄羅斯的諾夫哥勞特（Novgorod），尼德蘭的布路日，挪威的卑爾根（Bergen），以及英格蘭的倫敦。1368 年至 1370 年間，丹麥國王華德瑪四世（Valdemar，or Waldemar IV，1320?–1375，在位時期 1340–1375）企圖打破它在波羅的海的控制，反而為它所打敗。同盟在十六世紀

衰落，最後一次會議在 1669 年。當時它的成員的船隻縱橫斯堪底那維亞、
俄羅斯、不列顛、法蘭德斯和北義大利，以波羅的海和北海地區的魚類、
木材、糧食、皮貨來交易酒、香料、布匹等。尼德蘭是交易中心，布路日
碼頭每天平均泊船一百艘。至於威尼斯在地中海貿易的控制力量，以及其
龐大的船隊，前已在上一節義大利經濟情況時談及。

　　另外，中歐礦業的復甦，亦為主要因素。中古時代的礦業，因為技術
簡單，僅限於層面上的開採，而不能深及地下豐富的蘊藏。表層面的礦產
如銀、銅、錫、鐵等的開採，大概到了十四世紀初，已漸告罄，礦業因而
停滯，其他相關的工商業亦陷入不景氣。但在十五世紀中葉，由於技術的
進步，譬如排水系統、支架建造等能更深入地下，探求豐富的礦脈。日耳
曼南部和東部、匈牙利和波希米亞等地的銀礦和銅礦再度恢復開採；新的
技術可以增加產量，因此增加利潤，但也需要更多的資金，而力能提供此
項龐大資金的就是那些股商。他們組織公司，從王公取得開礦專利。開礦
和相關的冶金業和金屬品製造業除了需要資金外，還需要大批工人，包括
技術性的和非技術性的，從而產生勞資兩個階級。金礦和銅礦以及各種金
屬品大量輸至威尼斯或安特衛普等國際市場，刺激了日耳曼的對外貿易。
總之，十五世紀中葉之後，中、南日耳曼的工商業蒸蒸日上，而奧古斯堡
和紐倫堡就是這工商業的兩大中心。

　　由於商業的振興，銀行業亦應運而生。銀行業最早起源於義大利，早
在 1171 年威尼斯便有政府特許的銀行，而「銀行」(Banco) 一詞，原指義
大利金融商人從事兌換外幣時所用的凳子。至於歐洲其他地區則以日耳曼
的奧古斯堡 (Augsburg) 和紐倫堡 (Nürnberg, or Nuremberg) 的富格家族
(the Fuggers) 為最著，他們建立了主導歐洲十五及十六世紀商業的銀行王
朝。這個家族的創始人漢斯・富格 (Hans or Johannes Fugger, 1348–1409)，
於 1367 年至奧古斯堡。他原是一個紡織工人，藉著兩次娶紡織基爾特領袖
的女兒，以及克勤克儉而起家。到第三代他的孫子雅各・富格 (Jakob II,

Fugger the Rich, 1459–1525）時達於頂點。他一方面在西班牙、提洛爾和喀倫塞亞（Carinthia，現奧地利南部）經營礦業，並從印度及東方輸入香料；另一方面從事規模龐大的銀行業，作為教宗國與神聖羅馬帝國的財務代理人。他在 1514 年為皇帝麥西米連一世封為伯爵，並且以巨款賄賂諸選侯，結果使查理五世擊敗法王法蘭西斯一世 (Francis I) 和英王亨利八世（Henry VIII）而當選為神聖羅馬皇帝。此一家族在十六世紀下半葉後衰落❹。

經濟的發展與貿易的活絡對於文化與學術也有助益。譬如說，在富格家族高度影響下的奧古斯堡和紐倫堡就是文物鼎盛的地區。其他地域亦大致類此。

㈢社會背景

文藝復興時代的歐洲社會是個紛擾不安的社會。緣自十一世紀中葉商業與工業復興以後，由於經濟活動的持續擴大，造成中產階級的興起。中產階級一直是一個不定的階級，因為它之稱為中產，係相對於整個社會結構中的其他階級而言，但它一直是一個動力甚大的階級。在此時而言，他們是處於貴族與教士（上層階級）和農奴（下層階級）之間。繼之，由於封建制度漸行解體，莊園制度逐步崩潰，貴族漸漸喪失他們在政治和經濟上的地位，也就漸漸不再能夠維持他們在社會上的地位，同時也使農奴被解放而獲得自由。另一方面，隨著商業與工業活動的日益發達，資本化與企業化的經營，以及都市人口的增加，使十四與十五世紀的歐洲社會完全改變。原來中產階級當中雄於資財的人與舊有的貴族合流，而成為一種新的貴族，另外大多數未能與時俱進的人仍然保持中產階級的地位，更有人變成了無產階級。至於農民雖多已獲得自由，但其情況並未得到改善，他們乃非常不滿。

就莊園制度而言，各國雖不盡相同。以英國而言，由於英格蘭國王征服者威廉或威廉一世（William the Conqueror，or William I，1027–1087，

---

❹ 參看王任光，前揭書，pp. 104–113, 122–123；Greaves，前揭書，pp. 330–331.

在位時期 1066-1087）分封諸侯是與其軍事征服並行的，每攻占一個區域即以土地分封。其結果是：貴族的土地分散在全島各地，不能像法國的一樣組成一個封國。也就是說，貴族的封土只是他們經濟的來源，而不是政治力量的基礎。同時，盎格魯‧薩克遜的地方政府制度還繼續存在，各郡守直接聽命於國王，貴族沒有行使政權的能力。英國的地主貴族也富有經濟頭腦，知道用最合乎經濟原則的方法來經營土地。譬如，在十三世紀時，英國許多地主將荒蕪的私地變為牧場以養羊，牧畜當然不需要太多的人工；所以後來在十四世紀中期黑死病一再出現、人口減少，英國的莊園雖然也受到勞工缺乏的困擾，但其嚴重性並不如歐洲大陸各地。此外，英國社會較為安定，不如法國或日耳曼之連年戰爭。又十三世紀時，英國貴族實施長子繼承制度，祖產不致一再分割；也就是說，英國的莊園較具完整性，而其經營亦較有延續性。法國的情形是因為封建制度曾經根深柢固，領主把采邑或封地視作政治的領域，其政治性大於經濟性。日耳曼地區，因為缺乏較為強大的中央權威，各地情況不同。但是，無論如何，在工商力量抬頭和貨幣經濟興起以後，均不再能維持原來的運作狀況。因為農奴原來所服的勞務 (corvée) 可以用金錢代替，原來名目繁多的稅目也可以用一筆總額的金錢繳清，甚至因為經濟上的或權利義務關係上的變遷，領主可能喪失了其直轄土地 (Demesne)。凡此種種因素，均造成農奴的解放，使農業人口獲得自由。

不過，阿爾卑斯山脈以北的地區與義大利有不同的地方。義大利的社會結構已以城市為主，而且城市和郊區打成一片，義大利以外的歐洲社會還有城市和農村的明顯區分，而城市和農村兩相比較，後者也顯然比前者更為重要。就經濟方面而言，義大利以北地區雖然已有頗為繁榮的商業，尤以北日耳曼和法蘭德斯為最，農業還是最主要的經濟基礎。就政治方面而言，王權擴張，其勢力範圍不僅包括農村，而且也包括城市；因此城市和農村在經濟上是分開的，在政治上它們卻是相連的，因為都受制於國王

或少數的大封侯。同時，義大利以北地區還有一個和義大利不同的現象，就是義大利的貴族階級已被城市所吸收，和都市人民打成一片；而阿爾卑斯山脈以北的貴族仍故步自封，拒絕和都市人民溝通。其結果是，義大利已沒有舊式的封建貴族，而義大利以外地區則尚保有舊式的封建貴族，在政治上和經濟上他們已不能和過去相比，但在社會上他們還具有特權和地位。他們之外，還有一些雄於資財而與王室有密切關係的「新貴」。

另一方面，社會的變動也帶來不穩定。工商業的成長和資本主義的發展，使新型的社會浮現。但是，造成財富分配上富者愈富，貧者愈貧；不僅城市有許多被壓迫的工人，即在農村亦有許多家無寸土的佃農。這些無產階級在生活的壓力下，對現實最為不滿，易受野心家煽動，再加上天災人禍，如黑死病和百年戰爭，受害最烈的便是這群毫無保障的無產階級和低收入的平民。教會又領導無能，教士生活違反原始理想，更是火上加油，引起人民的不滿。於是造成十四和十五世紀的社會騷動。這些騷動有時非常慘烈，造成很大的破壞與傷亡。暴亂以十四世紀為多，在法蘭德斯的工人暴動，以及佛羅倫斯毛紡工人的「西奧穆比之亂」皆屬此類。農民暴亂，在法國較著的有 1358 年的「夏克之亂」(Jacquirie)（「夏克」，Jacques，為法國地主或貴族對農民慣用的稱呼名字），以及在英國較著的有 1381 年的「農民之亂」(Peasants' Revolt)❹。

二、北區文藝復興運動

阿爾卑斯山脈以北歐洲地區的文藝復興係在 1500 年左右以後始大規模展開。義大利的經濟、文化與都市生活均較其他地區發展為早，在十五世紀時歐洲其他地區便不斷有人來義大利的波隆那、巴都亞等地研究學問。1494 年以後，法國與西班牙在義大利連連作戰，也有助於文化的傳播。不

---

❹ 王任光，前揭書，pp. 127–135, 149–181；Burns，前揭書，pp. 489–492; Greaves，前揭書，pp. 322–324.

過,與義大利相比,北區的文藝復興較為缺乏現世性,此因義大利都市文化較為發達,即使是在中古時代也未間斷在商業、法律和市政方面的教學與研究,而義大利又是羅馬帝國的根據地,古蹟隨處可見,羅馬廢墟也富有啟發性有關。凡此種種,使北區的人文主義研究常著重基督教《聖經》版本和早期聖徒著作的考訂,而較少用力於古典學術的研究❹。

㈠人文主義

日耳曼人文主義者有盧克林 (Johann Reuchlin, 1455–1522) ,胡騰 (Ulrich von Hutten, 1488–1523) 和魯比那斯 (Crotus Rubianus, or Rubeanus, 1480–1523) 等人。盧克林重視希臘研究,而神聖羅馬帝國當局(麥西米連一世)不喜其所為,胡騰及魯比那斯為支持盧克林而有反教權的《蒙昧者書簡》(*Episculae obscurorum virorum, or Letters of Obscure Men*, 1515) 的諷世之作。在英國,人文主義者有考萊特 (John Colet, 1467?–1519),曾於 1493 年至 1496 年間遊學歐陸,出身牛津大學,曾任倫敦市長,為倫敦聖保羅學校(St. Paul's School, 1509) 的創辦者。此校雖為貧窮子弟而設,但規定學生須修習希臘文及拉丁文。另一更為有名的英國人文主義者是摩爾 (Sir, or Saint Thomas Moore, 1478–1535)。摩爾出生於倫敦,受教育於牛津,為有名的法學家,1529 年至 1532 年間擔任英國最高司法職位,即大理院長 (Lord Chancellor)。後因健康不佳、不能支持英國國王亨利八世的反教廷政策和其欲與乃后凱薩琳 (Catherine of Aragon) 離婚而辭職,他在 1535 年因為不肯接受亨利八世所頒的「最高統領法」(*Act of Supremacy*,即國王為英國教會的最高統領),被亨利八世斬首。四百年後,1935 年羅馬教廷封他為聖人。他的名著為《烏托邦》(*Utopia*,1516 年用拉丁文寫成)❹,其中所描述的是一個有正義和每一公民皆享平等地位的理想社會。

---

❹ 參看 Burns,前揭書,pp. 580–581; Mary Witt,前揭書,pp. 257–258.

❹ Utopia 為摩爾所創,源自希臘文 ou-topos (no place),即「無此地方」之意,且與另一希臘文 eu-topos (good place),即「好地方」為雙關戲用語。

最享盛名的北區人文主義大師是尼
德蘭（荷蘭）的伊拉斯莫斯 (Desiderius
Erasmus, 1466 or 1469–1536)。他是一位
周遊列國的遊方學人，也是「人文主義
者的親王」(Prince of the Humanists)。他
大約在 1466 年至 1469 年間誕生在鹿特
丹，為一教士和一個醫生女兒的私生子，
但這無礙於他的學術生涯。他的名字也
富有玄機❺。他在英國的劍橋、牛津，法
國的巴黎，尼德蘭的魯汶 (Louvain)，日
耳曼的佛烈堡 (Freiburg) 和瑞士的巴塞
爾（最後死於該地）教學和研究過。他

伊拉斯莫斯像（1523 年小霍爾本
繪）

編纂新版拉丁文和出版希臘文的《新約
聖經》(1516)。他的著作很多，包括《諺語集》(*Adagia*, or *Proverbs*,
1500)、《基督教騎士手冊》(*Enchiridion militis Christiani*, or *Manual of the
Christian Knight*, 1503)、《基督教王侯的教育》(*Institutio Princips
Christiani*, or *The Education of a Christian Prince*, 1515)、《對話集》
(*Colloguia*, or *Colloquies*, 1516) 等。其《愚昧頌》(*Moriae encomium*, or *The
Praise of Folly*, 1509) 最為有名，為諷世之作。譬如他攻擊修辭學家：

> 至於那些矯揉做作，枯燥乏味的詩文，被他們用來隨處自我炫耀（也
> 有人喜歡這一套），顯然這些作者相信威吉爾的靈魂正轉入他們的胸
> 中。但是最可笑的是他們彼此互相頌揚，標榜，彼此唱和。

---

❺　Erasmus 為其希臘文的名字，Desiderius 則為拉丁文「可愛的」(beloved) 之意。他
　　父親是 Roger Gerard。

又如他評估人性：

> 嗯！這比例是一磅情感，三十二分之一磅理智，此外，他將理智囚
> 禁在頭部的一個角落上，然後將身體的其他部分交付給感情。他又安
> 置了兩個暴君和理智對抗，一個是憤怒，它占據著胸之城壘，最後占
> 據了生之泉源——心。另一個是慾望，它統治著較低的廣大帝國。

但在揭露人性弱點上，他也毫不留情：

> 現在，我不僅看見國家主義激發了個人的自負，也激發了某種民族
> 或城市所共同具有的自負。根據這個道理，英國人說……姣好的面
> 貌，音樂，與美食是他們特有的財產。蘇格蘭人因以家世高貴和有
> 皇族的血統而沾沾自喜，更不必提他們還具有辯證的技巧了。法國
> 人認為他們的禮貌是特有的天賦……義大利人則以文學與善辯而自
> 負，他們自誇說，在人類之中，只有他們不是蠻人。……希臘人，
> 也是各種學問的創建者，以擁有古代名人而目空一切。

大致言之，北區人文主義者多仍重視和珍惜原有的宗教信仰，固有「基督
教人文主義」(Christian Humanism) 之稱。伊拉斯莫斯雖批評教會的繁文縟
節，卻不願與馬丁‧路德 (Martin Luther, 1483–1546) 合作來改革或改造教
會，摩爾寧死而不接受英王是英國教會的最高領袖，像胡騰這種與路德採
取同一立場的人不多❺。

㈡藝術活動

　　日耳曼文藝復興藝術主要表現在繪畫和版畫，畫家中較著名的有杜勒

---

❺　Burns，前揭書，pp. 580–584; Greaves，前揭書，pp. 376–377；劉景輝譯，前揭
　　書，pp. 50–53，譯文引文採自劉譯。

(Albrecht Dürer, 1471–1528) 及漢斯・霍爾本父子 (Hans Holbein the Elder, 1465–1524; Hans Holbein the Younger, 1497 or 1498–1543)。杜勒誕生在帝國自由市紐倫堡，為一金匠之子。他曾旅遊義大利和尼德蘭，亦曾為皇帝麥西米連一世服務。他的畫風寫實而細膩，作品有人像，也有宗教題材。他在 1519 年為皇帝麥西米連一世所畫的兩幅人像，以及 1526 年的作品〈四使徒〉(Four Apostles，約翰、彼得、保羅、馬可) 均為佳構。霍爾本父子均出生在奧古斯堡，亦均擅長於人像畫，而小霍爾本在繪畫上所表現的自然主義和在人像上展示出來的客觀寫實主義為其特色，曾為英王亨利八世宮廷畫家。他的作品有〈伊拉斯莫斯像〉(Erasmus) 和〈英王亨利八世像〉(Henry VIII)，均屬名作。

　　法蘭德斯的畫家不少，首先舉麥西斯 (Quentin Massys, or Metsys, c. 1466–1530)，其人在魯汶學藝後自 1491 年便終生在安特衛普 (Antwerp) 度過，受達芬奇影響很深。他的作品表現出寧靜而有秩序的美感，題材包括宗教與非宗教的東西。他的〈錢莊夫婦〉(The Banker and His Wife, 1514) 頗能表現出一些時代氣息。畫中用細膩的手法勾勒出錢莊主人正用天平來衡量金幣，其妻原正讀《聖經》，轉而凝視，為金幣的光芒所吸引，但《聖經》仍在開啟著，桌上有一圓鏡反射出窗子和外邊的風景，表示空虛的景象。另一對父子畫家為彼得・布魯哲爾 (Pieter Brueghel, or Bruegel the Elder, 1525–1569, & Pieter Brueghel, or Bruegel the Younger, 1564–

麥西斯的〈錢莊夫婦〉

1637)，長於風景畫及生活畫，小布魯哲爾多師法乃父。至於法蘭德斯的大畫家魯本斯 (Peter Paul Rubens, 1577–1640) 雖亦深受拉斐爾、提善、米開朗基羅等人的影響，有人認為已不屬文藝復興時代了。

　　法國國王法蘭西斯一世於 1515 年即位後頗為倡導文物。他在巴黎東南方約 35 哩（56 公里）的楓丹白露 (Fontainebleau) 所興建的宏偉的城堡式宮殿，成為法國國王的夏宮，其地森林之美亦甚有名，而且終十六世紀之世洛瓦河谷 (the Loire Valley) 為法國文藝復興藝術的中心。畫家中詹‧克魯埃及法蘭西奧斯‧克魯埃父子 (Jean & François Clouet, 1485–1540, 1510–1572) 均曾為法蘭西斯一世的宮廷畫家。他們和其他的畫家及建築家等形成楓丹白露學派。

　　西班牙在此時期國力甚強，但在文藝復興方面的表現並不突出。最有名的西班牙畫家是葛瑞柯 (El Greco, 1541–1614)㊿，他誕生在克里特島（因而有謂其為希臘人），但在威尼斯從提善學畫後於大約 1577 年移居西班牙，先是在馬德里，後終老於托雷多 (Toledo)。他富有想像力，並會用扭曲光線、空間或形體的手法來強調或凸顯其作品的精神品質。他也是雕刻家與建築家，但不為菲力普二世（在位時期 1556–1598）所喜。

　　建築方面，法國法蘭西斯一世在洛瓦河谷興建的尚保德城堡 (Château

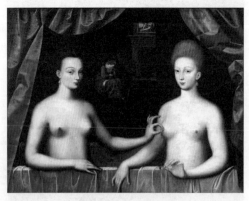

法蘭西奧斯‧克魯埃所繪的〈維艾公爵夫人與格布萊爾〉(The Duchess of Villars and Gabrielle d'Estrée)，在厚重的窗帘下，有一婦女坐在火邊做針線，另外（前景）是兩個共浴的女人為維艾公爵夫人與格布萊爾（國王亨利四世的情婦），公爵夫人用一個象徵性的手勢，宣布格布萊爾即將生子。

㊿ 即為西班牙文「希臘人」之意。

at Chambord)，以及楓丹白露宮均為文藝復興的名建築。他於 1546 年聘請建築家萊斯柯 (Pierre Lescot, 1510–1578) 重新設計改建巴黎的羅浮宮（Louvre，原為十二世紀末年菲力普二世所建的城堡及宮殿）。不過，最宏偉的建築物當為西班牙國王菲力普二世所興建的艾斯科瑞爾 (El Escorial, or Escurial)。其地在馬德里西北 26 哩（42 公里），為一莊嚴而宏偉的王宮、修道院、王室陵墓及圖書館等的複合體。興建時間為 1563 年至 1584 年間，用以紀念西班牙軍隊在 1557 年在聖昆丁（Saint Quentin，位於法國北部，索穆河上）戰勝法國軍隊。此一宏構由建築師托雷多 (Juan Bautista de Toledo) 設計，為一包括三主要部分的大的矩形建築物，中間為一有圓頂的教堂；南邊是五個迴廊，其中有宮殿與其他用途的房間；北邊則為修士的生活地區。托雷多在 1567 年死後，由埃里拉 (Juan de Herrera) 繼之，對教堂部分又較原設計擴建。宮殿中菲力普二世的寢宮，以及陵墓中自查理五世以來的諸帝王陵墓均甚有名。

㈢文學創作

　　北區文藝復興運動中最大的成就還有方言（國語）文學的興起。在法國，重要作家有拉伯雷 (François Rabelais, 1490–1553) 和蒙田 (Michel de Montaigne, 1553–1592)。拉伯雷為一圖倫 (Touraine) 省希儂 (Chinon) 城的地主與律師之子。他自己曾做過修士與神父，也學習過法律希臘文，並曾

羅浮宮

艾斯科瑞爾

學醫並做過醫生。他的名著是《巨人傳》(*Gargantua et Pantagruel*)，描寫巨人卡岡圖亞 (Gargantua) 及其子龐達格魯 (Pantagruel) 等探險旅遊的故事，為諷刺小說。此書從 1532 年第一冊《巨人卡岡圖亞偉大而又無價的編年紀》 (*Les Grandes et instimables cronicques du grant et énorme geant Gargantua*)，至 1562 年第五冊在拉伯雷死後出版（第五冊有人謂係遺作，有人謂係偽作），可謂歷有年所，但銷售奇佳。不過，他的著作一直頗多爭議，而且亦曾被特倫特大會 (Council of Trent, 1545–1563) 宣布收入禁書目錄。蒙田是法國近代散文體裁與風格的創造者，他誕生在波多附近的蒙田堡 (Château de Montaigne)。他曾受過很嚴格的拉丁教育，其父為之延聘拉丁教師，在六歲以前以拉丁文作為唯一的語言。他後來修習法律，曾為波多高等法院 (Parlement of Bordeaux) 的法官，也曾擔任過波多市長。他的頭兩冊《散文集》(*Essais*，出版於 1580 年)，第三冊和頭兩冊的修訂則在 1586 年與他逝世之間，第一版的《全集》出版於 1595 年在他死之後。他對知識抱著懷疑的態度，其口頭禪為 「我知道什麼？」 (Que sais-je?, or What do I know?)。

　　西班牙文學此時期亦放異彩，主要作家有西萬提斯 (Miguel de Cervantes Saavedra, 1547–1616) 和維加 (Lope de Vega Carpio, 1562–1635)。西萬提斯不僅為小說家，且為詩人與劇作家。他誕生在馬德里附近的埃納雷斯堡 (Alcalá de Henares)，1569 年赴義大利，喜歡義大利文學與哲學。1570 年從軍，並曾參與 1571 年希臘外海的利普多之役 (Battle of Lepanto)❸，不過也使他左臂傷殘。他在回西班牙途中 (1575) 為巴巴利 (Barbary) 海盜所擄，被售為奴隸，數度企圖脫逃不成，1580 年被贖回。他的名著是《吉訶德先生傳》〔或譯《唐吉訶德傳》(*Don Quixote*)，第一部出版於 1605 年，第二部出版於 1615 年〕。此書第一部主要內容是說西班牙拉曼卻 (La Mancha) 地方有一個將近五十歲的紳士吉訶德先生，整天閱讀騎

---

❸　此役神聖同盟 (Holy League，由西班牙、威尼斯、教宗國等組成) 擊敗土耳其艦隊。

士小說入了迷，竟想親自來實現書中的事實：騎著馬，拿著矛和盾，去周遊世界打抱不平。結果他便鬧出了許多笑話，例如把鄉下旅店當作城寨，旅店的兩個女僕當作貴婦人，旅店老板當作寨主，並要求旅店老板授給他武士的爵位，而在受到他們玩弄之後，他便自以為從此具備了武士資格，可以出發去作俠義之事了。他首先遇到一個農夫在鞭打一個十五、六歲的小廝，他便不問情由，立刻衝過去，舞動長矛逼著那農夫釋放他的奴僕並給他工錢，可是等到吉訶德先生剛剛走開，那農夫便把孩子重新綁在樹上，鞭打得幾乎死去。隨後吉訶德先生又遇到一群買賣蠶絲的商人和他們的僕從，他就把他們都當作武士，並且忽發奇想，逼著他們承認他以前私戀過的一個鄉下女孩是天下第一美人。結果卻被商人們所雇的騾夫痛打一頓，連長矛也被奪去，折為數段。最後，幸虧來了一個同村的農夫，才把他和他的馬，送回他自己的家裡。這是吉訶德先生第一次出門行俠的結果。吉訶德先生受傷回家後，他家裡的女管家和他的姪女，還有他的好朋友牧師和理髮匠，大家認為這全是那些騎士小說一類的書害了他，便趁著他在床上養傷的當兒，把所有武俠的書全都燒掉；牧師和理髮匠還想出了一個計策來醫治他們這位朋友的瘋病：把他藏書室的門堵塞起來。待到吉訶德先生能夠起床時，卻再也找不到他的書籍和藏書室，他便相信了他的姪女和女管家的話，認為那是給妖魔搬走了。可是他的武俠迷並沒有因此減輕，他又悄悄地準備第二次出門去做行俠仗義之事。他在本村裡找到一個貧苦的農夫山差邦 (Sanc ho Panza)，許下征服第一個島嶼時便派他做總督的承諾，因此說動了這農夫願意丟棄了妻子兒女，跟隨他去打天下。於是吉訶德先生騎著他的瘦馬，山差邦騎著他僅有的一隻驢子，偷偷地溜了出來。他們最先遇到的意外，也許是全書中最常為人引述的：吉訶德先生看到了遠處一些風磨，卻把它們當作了巨人，儘管山差邦向他提出警告，他卻挺著長矛直向第一架風磨刺去，結果雖然是矛斷人傷，但他仍不相信是自己的錯覺，而是他的敵人那些魔術師臨時把巨人變成了風磨。像這樣把自己

唐吉訶德與山差邦（十九世紀法國畫家及雕刻
家 Paul Gustave Doré 繪）

的幻想依附在全然不同的事物上來滿足自己的武俠迷的冒險行為，書中數
不勝數。例如他看到一輛四輪馬車，車中坐著一個女人，和其他幾個騎騾
乘馬的行人一同前進，他便把車中女人當作是一位被人劫走的公主而拔劍
前去救援；又如他遇到一群羊走過，前面飛揚著塵土，他就幻想這是兩個
軍隊在打仗，自己決定要去幫助那屬於基督方面的軍隊，於是揮動長矛，
衝入羊群，結果卻被牧童們用石子打落三個牙齒；再如他遇到一群遭受罰
處苦役的徒刑犯，他便逼著押解他們的兵士釋放他們，而最後卻反而被那
些解放了的徒刑犯痛打一頓；他住在旅店的閣樓上，夜晚間忽然拿刀亂砍，
把旅店主人掛在牆上儲酒的皮囊全都刺破，酒也流光，結果自己不單挨了
旅店主人的打，還要賠錢。幸而最後出來尋訪他的朋友牧師和理髮匠，定
下巧計，把他騙入囚車，費盡氣力才把他弄回家來，結束了他第二次的出

門行俠。此書的第二部敘述他在恢復健康後又外出行俠，後來遇見「白月騎士」(Chevalier de la Blanche Lune) 的挑戰，雙方約定：如果吉訶德先生戰敗，他便得轉回他的家鄉，永遠不再出門。我們不難猜到所謂「白月騎士」實際又是他的朋友學士桑松‧加拉斯戈在再度嘗試曾經失敗過的企圖。這次，他畢竟打贏了吉訶德先生，將他自馬上擲下。而吉訶德先生根據騎士的諾言，只好轉回家鄉。不久，他生了一場大病，居然恢復了理智，否認自己過去那些可笑的武俠行為，留下了最賢明的遺囑，抱著最虔誠的信心死去❺。至於維加是誕生在馬德里的詩人與劇作家（據說作有一千八百部戲劇），十二歲時即開始寫作。他曾經參與 1588 年西班牙無敵艦隊 (Spanish Armada) 的征英戰役。

英國文學在十四世紀中葉便已萌芽，其時中古英語 (Middle English) 已經為上層社會作為講話與書寫的溝通工具。喬叟 (Geoffrey Chaucer, 1342–1400) 生於倫敦，為一富裕酒商之子。他的名著為《坎登伯里故事集》（*Canterbury Tales*，主要部分寫作於 1387 年，實際上並未殺青）。其寫作手法可以看出受薄伽丘等人的影響。故事背景是三十名朝聖者自倫敦出發前往坎登伯里，為了排解途中寂寞乃輪流講故事，原計要講一百二十個故事，但喬叟僅寫了二十四個。文體係用韻文。

英國文學至伊莉莎白一世 (Elizabeth I，1533–1603，在位時期 1558–1603) 時期達於頂點。詩人有史賓塞 (Edmund Spenser, 1552?–1599)，誕生於倫敦，受教育於劍橋。他的名著為《仙后傳》(*The Faerie Queene*)，原先計畫有十二冊，但僅完成六冊，於 1590 年出版。不過，最大的英國文學成就在於戲劇，大師有馬婁 (Christopher Marlowe, 1564–1593) 和莎士比亞 (William Shakespeare, 1564–1616)。馬婁出生在坎登伯里而受教育於劍橋，曾在情治部門工作，死於餐飲中與人鬥毆。他的名作是《浮士德博士悲史》(*The Tragical History of Doctor Faustus*, or *Dr. Faustus*, 1588?)，其主要內容

❺ 參看黎烈文著，《西洋文學史》（臺北：大中國圖書公司，民 64），pp. 122–125。

為敘述浮士德把靈魂賣給魔鬼以換隨心所欲的法力的故事。

莎士比亞為英國文學的瑰寶，被認為係自古希臘大師尤里匹底斯 (Euripides) 以來最偉大的劇作家，也是傑出的詩人。他在 1564 年誕生於英格蘭瓦威克郡 (Warwickshire) 的艾文河上的斯特拉福 (Stratford-upon-Avon)，有「艾文河上的吟唱詩人」(Bard of Avon) 或「艾文河上的天鵝」(Swan of Avon) 的綽號。其父為一熱心鎮上公益事務的雜貨商，他曾在斯特拉福愛德華四世文法學校（King Edward IV Grammar School）受教育，十八歲時娶農家女安娜・哈茨威（Anne Hathaway，長他七、八歲），育有一女二孿生子，其一早殤。後人對於他在 1585 年至 1592 年間的事跡不詳，僅知其在倫敦從事演戲及編寫劇本之事。1592 年 6 月至 1594 年 4 月，倫敦各戲院因瘟疫而關閉，南漢普敦伯爵 (Henry Wriothesley, Earl of Southhampton) 曾接濟他。1594 年他參加御前大臣的戲班 (Lord Chamberlain's Company of Actors)，因而為御前大臣伶人或國王伶人（Chamberlain's Men，or King's Men，國王指詹姆士一世）之一。他們投資寰球戲院 (Globe)，此使莎士比亞有力量在 1597 年購下斯特拉福的一所大房子，即新屋 (New Place)，成為他退休（大約在 1612 年後）生活的居所。他的作品很多，確實屬於他的作品有三十六部❺❺。他的傑作完成於 1600 年至 1610 年間。他的作品可以分作三大類：第一類是十個歷史劇，都是相當嚴格地依照英國的編年史寫成，其傑作為《理查三世》(*Richard III*) 及《亨利四世》(*Henry IV*)；第二類是十個悲劇，其中三個屬於羅馬時代，那即是《哥利奧拉努斯》(*Coriolanus*)、《凱撒》(*Julius Caesar*) 和《安東尼與克麗佩脫拉》(*Antony and Cleopatra*)；其中七個則取材於中世紀的編年史作者或義大利的小說家，這七部戲曲中價值最高而影響最廣者為《哈姆雷特》(*Hamlet*)、《麥克伯斯》(*Macbeth*)、《奧塞洛》(*Othello*)、《李爾王》

---

❺❺ 大約寫作於 1612 年的兩部，即《亨利八世》(*Henry VIII*) 和《兩位貴戚》(*Two Noble Kinsmen*) 可能係與傅萊契 (John Fletcher) 合著者。

(*King Lear*)、《羅密歐與朱麗葉》(*Romeo and Juliet*)；第三類是十六個喜劇，它們大都取材於義大利的小說家，其中一部分是屬於寫實的，即《溫莎的風流娘兒們》(*The Merry Wives of Windsor*)、《馴悍記》(*The Taming of the Shrew*)、《威尼斯商人》(*The Merchant of Venice*)、《第十二夜》(*The Twelfth Night*) 等；其餘則是傳奇的、想像的、並且甚至是夢幻的，如《無事煩惱》(*Much Ado About Nothing*)、《仲夏夜之夢》(*Midsummer Night's Dream*)、《皆大歡喜》(*As You Like It*)、《暴風雨》(*The Tempest*) 等。再就寫作時間而言，早期作品（1590 年代上期）以歷史劇和喜劇為主，也有一個悲劇，如《亨利六世》(*Henry VI*, 1589–1592)、《理查三世》(1592–1593)、《馴悍記》(1593–1594) 和悲劇《羅密歐與朱麗葉》(1594–1595)。《亨利六世》和《理查三世》分別以十五世紀英國歷史和玫瑰戰爭的結束為背景。《馴悍記》則敘述義大利紳士柏楚丘 (Petruchio) 馴服其美而兇悍的妻子凱珊琳 (Katherine) 的故事。至於《羅密歐與朱麗葉》是博得多情男女眼淚最多的一齣。故事發生於十五世紀義大利的凡戎那 (Verona)，該城的兩個著名家族孟臺古 (the Montaigues) 和加普勒 (the Capulets) 懷有宿仇，時常發生吵鬧和流血的鬥爭；有一次加普勒家舉行慶典，孟臺古家的青年羅密歐竟化裝混入他們的跳舞會，遇見了加普勒家的小姐朱麗葉而一見鍾情，發誓非朱麗葉不娶；而朱麗葉也同樣地傾心於羅密歐，她轉回臥房後，便從陽臺上和溜進花園的羅密歐喁喁情話；兩個青年人互誓終身，於是第二天他們便找到一個神父，瞞著雙方的家屬而悄悄地結了婚。神父因為希望雙方家屬能因此婚姻而化干戈為玉帛，故樂於玉成其事；但是，好事多磨，最後因為兩個人的殉情才使兩個家族和解。十六世紀末年，

莎士比亞故居

他的創作以喜劇為主，包括 《威尼斯商人》 (1596–1597)、《無事煩惱》 (1598–1599)，另有歷史劇 《亨利四世》 (1598–1599) 和 《凱撒》 (1599–1600)。十七世紀早期的作品以悲劇為主，包括《哈姆雷特》(1600–1601)、《奧塞洛》 (1604–1605)、《李爾王》 (1605–1606) 和 《麥克伯斯》 (1605–1606)。晚年作品則以悲喜劇（集合了羅曼斯、悲劇與喜劇）為主，包括《冬天故事》(*The Winter's Tale*, 1610–1611) 和 《暴風雨》 (1611–1612) 等等。由於莎士比亞作品多，因而有版本考證等問題，甚至有人認為培根 (Sir Francis Bacon, 1561–1626) 是這些戲劇的作者。《莎士比亞全集》(*First Folio*) 係在 1623 年出版。

　　莎士比亞的作品內容，無法在此一一介紹。茲將《威尼斯商人》與《哈姆雷特》的情節略述梗概。《威尼斯商人》劇中情節為有錢的孤女波細亞 (Portia) 受到許多男子求婚；根據她父親的遺囑，她得使那些男子接受一種考驗，讓他們在金、銀、鉛三只不同的小箱中選擇一只；這三只箱子中的一只藏有她的肖像，凡選中這只箱子的便可做她的丈夫。直到如今，任何求婚者都不曾選中這只箱子。威尼斯的一個青年紳士巴西亞諾 (Bassiano) 愛悅波細亞，並相信自己也為她所愛。他想去接受考驗。可是他已幾乎破產，而他要求他的朋友，同一城市的富商安脫尼奧 (Antonio) 借給他三千塊錢。安脫尼奧正等著自己的幾艘商船歸航，它們載著他的全部財富；因為他沒有現款可借，他便要求猶太人錫洛克 (Shylock) 墊給他三千元，約定三個月歸還。放高利貸的猶太人同意了；可是他要安脫尼奧簽一張契約言明屆期如果不能還錢，安脫尼奧便得聽憑錫洛克在自己身上的任一部分割下半公斤的活肉。商人安脫尼奧確信他的商船都會平安回來，便不加爭論地接受了這野蠻條款。在這期間，受到波細亞的三只箱子的考驗的巴西亞諾，選擇了那只鉛箱；他在那箱子裡發現了他的愛人的肖像，而他成了她的未婚夫。三個月的時間過去了，商人安脫尼奧的商船並沒有回來，大家相信它們都已出事了。猶太人錫洛克把安脫尼奧告到道支面前，請求他准許自

己實行安脫尼奧所簽契約上的條款。道支無法
反對這事。錫洛克拔出了刀；大家都為安脫尼
奧的生命擔心……可是正當猶太人快要實行那
野蠻的條款時，一個從巴都亞 (Padua) 城來的
青年律師（實為波細亞喬裝），向總督要求嚴格
執行契約。猶太人有權利得到半公斤的活肉，
但他不能多得千分之一的格蘭姆，也不能得到
一滴血。如果他不能嚴格遵守這界限，他將受
到殺人行為的控訴……錫洛克因此無法實施他
的野蠻條款。

克倫堡庭院　（牆上石刻為
莎士比亞像）

　　至於《哈姆雷特》（又名《王子復仇記》）的故事背景發生在丹麥哥本
哈根附近的克倫堡 (Kronborg)，九世紀時丹麥王子哈姆雷特 (Hamlet) 自威
丁堡 (Wittenberg) 大學回來後，其父丹麥國王已死，其母后正忙著與王弟
（新國王）克勞丟 (Claudius) 結婚。這時他的朋友荷拉修 (Horatio) 來對他
說：兩晚以來，他去世的父親的影子出現在王宮的平臺上。哈姆雷特想親
自去證實這事。半夜，他果然看到了故王的影子。他詢問影子。於是他知
道了國王並不是如外面所傳說的那樣被毒蛇噬死的，而是他的兄弟克勞丟
為要篡奪王位和他的女人，當他熟睡在花園中凳子上的時候，在他耳中傾
注了一種最厲害的毒液而致死的。國王要求哈姆雷特替他復仇；可是他同
時吩咐哈姆雷特饒恕他的母親。雞鳴的時候，幽靈消失了，得到這番啟示
而悲憤欲絕的哈姆雷特，決心準備復仇；但為著不引起克勞丟的懷疑起見，
他便裝作瘋癲。這時王宮內來了一個劇團，哈姆雷特於是想到要利用劇團
來考驗國王與王后。的確，自從看到幽靈出現以來，哈姆雷特的意志方面
便受著痛苦的折磨；他懷疑自己是不是受了一種可怕的幻覺的愚弄，抑或
他應當真正相信幽靈對於克勞丟和他母親的告發。因此他要劇團在宮廷內
演戲，在那戲中，人們可以看到幽靈對他訴說的國王的死的情況。如果克

勞丟和他母親對此感到惶恐不安，哈姆雷特便可確信告發的真實，而他將要毅然復仇。由哈姆雷特臨時安排的戲劇上演了……克勞丟看到劇中情節，震驚之餘，便離開了演戲的房子；王后跟隨著他。再沒有懷疑的可能了；幽靈所說確是事實！哈姆雷特執劍去復仇，卻發現國王在他的小禮拜堂內，正在求告上帝赦免他的罪惡。哈姆雷特心想：「如果我在他祈禱的時候殺他，他的靈魂便會得救……」他要使他滿身罪惡不意而死，那樣他才會墜入地獄。其實這位不幸的王子是永遠在找口實拖延自己的行動。最後，在歷經曲折後，哈姆雷特終於殺死克勞丟，但是其母誤飲毒酒而死，他也被女友之兄的毒劍所刺死。

　　莎士比亞非常善於刻畫人性與心理分析，再加上生花妙筆和超人的想像力，因而寫出不朽的作品。他所創造的悲劇人物均有人格上的缺點或瑕疵 (personality flaws)，如哈姆雷特的猶疑不決，奧塞洛的妒嫉猜忌，李爾王的任性衝動，以及麥克伯斯的狂妄野心等，均甚著稱❺❻。

三、文藝復興的社會與科學

㈠社　會

　　人文主義的發揚和批評精神的興起，使文藝復興時代的社會趨於開放與自由，人在擺脫了神權與宗教的束縛之後，也重新尋覓人生的價值，因此瑞士歷史學家蒲卡德 (Jakob Christoph Burckhardt, 1818–1897) 在其名著《義大利文藝復興時代的文化》 (*Die Kultur der Renaissance in Italien*, or *The Civilization of the Renaissance in Italy*, 1860) 便以 「個人的發展」 (The Development of the Individual) 和 「世界和人的發現」 (The Discovery of the World and of Man) 為其論點。 英國歷史學家席蒙思 (John Addington Symonds, 1840–1893) 在其《義大利的文藝復興》(*The Renaissance in Italy*，七卷，1875–1886) 認為文藝復興是「自覺性自由成就的歷史」(the history

---

❺❻　參看 Mary Witt，前揭書，pp. 271–329；黎烈文，前揭書，pp. 137–145。

of the attainment of self-conscious freedom)，人生的理想與典型也發生了變化，人不再自我貶抑 (self-debasement)，而且追求淵博的知識和優美的儀容，在各方面希望做到「通人」或「全人」("universal man" and "complete man")。義大利外交家與作家卡斯提利昂 (Baldassare Castiglione, 1478–1529) 曾在曼圖亞與烏比諾擔任外交使節，他的《廷臣論》(*Il Libro del Cortegiano*，or *The Book of the Courtier*，簡稱 *Il Cortegiano*，or *The Courtier*，1518)，指出一個理想的廷臣與一個中世紀武士遊俠的特點沒有什麼不同。

> 我祈望我們的廷臣是紳士與名門望族的出身，因為一個非紳士出身的人，不能有善行表現，他所受到的責難就要比一位紳士出身的人少多了。
>
> 我祈望他生來不僅就有才智，美好的身材與面貌，而且還要具備優雅的氣質，與一種使他可以在他人一見之下有親切與傾心之感的特質。他也強調「心靈之美，不亞於軀體之美。」在決鬥與私執方面，他應該比中世紀武士要節制得多。他應該像從前的武士一樣，擅長運動，能狩獵，角力，游泳，「打網球」。卡斯提利昂再強調平衡感。因此，我要我的廷臣把時間用在簡易與愉快的運動上。避免忌妒並且與每一個朋友們愉悅相處。讓他做別人所做的一切。

在教育方面，他的主張是：

> ……接受我們所謂古典文學的教育，而且……不僅要會拉丁語，同時也要明白希臘文，因為有許許多多卓越的巨著都是用希臘文寫的。要他勤練詩歌，演說，撰寫歷史；還要寫韻文與散文；此外，特別要用本國話寫作。❺

---

❺　參看劉景輝譯，前揭書，pp. 103–105，引文取自同處。

他的著作雖為「廷臣」塑像，實則為人生典型的指引。

　　另一方面，知識在社會上也逐漸普及。這與造紙與印刷的發展均大有關係。以造紙而言，中國唐代與大食（土耳其）的接觸，玄宗天寶十年（751年）怛羅斯河畔（Talas River，在中亞）一役，唐將高仙芝戰敗，被俘唐軍中有造紙工人，使造紙術傳至土耳其，後輾轉西傳，在1300年左右亞麻紙 (linen paper) 在歐洲已通用。至於印刷，亦源自中國，宋代已有活版印刷。日耳曼人谷騰堡 (Johannes Gutenberg, 1400–1468) 在1450年左右開始在梅因茲 (Mainz) 經營印刷廠，他在1455年左右印刷出其四十二行的〈谷騰堡聖經〉(*Gutenberg Bible*)。大約在1500年左右，義大利約有七十三家印刷廠，日耳曼約有五十家，法國約有三十九家，西班牙約有二十四家。隨著印刷術的發展，而知識亦為之普及❸。

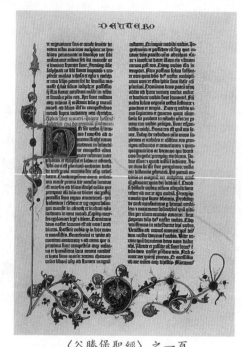

〈谷騰堡聖經〉之一頁

(二)科　學

　　文藝復興時代的科學並不發達，但是由於考證及批評的精神逐漸興起，科學研究也就可以推展。這個時代的科技自然也有若干進

---

❸　參看 Greaves，前揭書，pp. 355–356。更進一步的瞭解，可參看 E. L. Esenstein, *The Printing Press as an Agent of Change: Communications and Cultural Transformations in Early Modern Europe*, 2 Vols. (Cambridge: Cambridge University Press, 1979); J. R. Hale, *Renaissance Europe: Individual and Society, 1480–1520* (Berkeley: University of California Press, 1978).

展，藝術大師達芬奇與米開朗基羅同時也精通工程與技術，前已談及。不過，文藝復興最大的科學成就在於天文學。波蘭人哥白尼 (Nicolaus Copernicus, 1473–1543)，曾在義大利波隆那研究教會法。他在 1530 年完成《天體運行論》(*De Revolutionibus Orbium Coelestium*, or *On the Revolutions of the Celestial Spheres*)，主張太陽中心說，其書於 1543 年他死時始出版。他的學說後為日耳曼天文學家凱勃勒 (Johannes Kepler, 1571–1630) 用數學推算的方法，以及義大利科學家伽利略 (Galileo Galilei, 1564–1642) 用自製的望遠鏡觀測所證實。但是，伽利略受到異端裁判的威脅。他死亡之年正是牛頓 (Sir Isaac Newton, 1642–1726) 出生之年，但牛頓所受的尊崇與他所遭到的屈辱構成強烈的對比，也說明不同時代對待科學家的不同方式。

在此時期醫學也有相當的發展。尼德蘭人維賽留斯 （Andreas Vesalius，1514–1564，布魯塞爾人） 在解剖學方面的瞭解，西班牙人塞維圖斯 (Michael Servetus, 1511–1553) 堅信化學與醫學的密切關係和血液循環的看法，以及英國人哈維 (William Harvey, 1578–1657) 在心臟方面的研究，均有其貢獻。

第五章　西方世界的轉型

　　美國歷史學者，也是世界史家麥克迺爾 (William H. McNeill) 曾指出：1500 年至 1650 年間是歐洲的「自我轉型期」 (Europe's Self-Transformation)，主要包括宗教改革和自然科學的興起等等❶。其實，就大一點的範疇而言，十六、十七和十八世紀是整個西方世界的轉型期。

　　首先，宗教改革 (the Reformation) 在十六世紀之初登場，它有其錯綜複雜的因素，也有深遠重大的影響。它爆發的初期，雖伴同激烈的衝突，乃至戰爭。但是，到後來卻提供了信仰價值的不同抉擇，使世界變得更為寬容，也充益了個人主義的內涵。十七至十八世紀的思想革命，奠定了科學研究的基礎，使「自然哲學」 (Natural Philosophy) 轉變為「自然科學」 (Natural Science)。至十八世紀，由於科學方法與知識觀念的持續發展和廣泛傳播，使現世的和理性的精神大為增長，也就是使一般人都「茅塞頓開」，演為啟蒙時代，新的世界觀 (weltanschauung) 乃告確立。

　　十七世紀中葉後的百餘年間，國際社會的權力結構發生很大的變化，其主要的發展是奧地利的轉型，普魯士的興起，以及俄羅斯的改革和擴張。奧地利的轉型，是因為哈布斯堡王室 (the Hapsburgs, or the Habsburgs) 在日耳曼 (Germany) 的帝國夢幻破滅而強化自身領土所形成的，雖未能成為緊密結合的民族國家，總能面貌一新。普魯士與俄羅斯的崛起，以及成為歐洲國際政治的要素，則為不爭的事實。固然，美國亦因 1783 年「巴黎條約」的簽訂而被承認為主權國家進入國際社會，不過此時尚未發揮重要的

❶　見其所著 William H. McNeill, *A History of the Human Community: 1500 to the Present*, 3rd Edition, Volume II (New Jersey: Prentice-Hall, 1990), pp. 373-374.

角色，美國要到美西戰爭或甚至到第一次世界大戰時才成為國際社會的主導力量。因此，英、法、奧、普（以後為德國）、俄五國扮演要角。其主要的歷史線索為英、法海外殖民競逐而英國最後勝出，以及普、奧爭奪中歐霸權而普終於掄元，再加上俄國的對外擴張。

　　轉型以後的西方世界，強化了它自己的殊相而減弱了它與其他文化的通相，變得更具有感染力與影響力，也表現出高度的擴張力。

第一節　宗教改革及其時代

一、宗教改革的背景及原因

　　宗教改革是發生在十六世紀歐洲的大事，它不僅涉及西方基督教的核心價值，也就是得救問題的爭論，更遠遠超出宗教的範疇之外，而與各種政治、經濟和文化的因素糾結在一起。

　　另一方面，宗教改革的時代是歐洲的震撼痙攣期，伴同宗教變動的，有其他重大的事件。整個時期一直到 1648 年才漸趨穩定。

㈠宗教改革的背景

　　宗教改革發生的背景，是神聖羅馬帝國與羅馬教會皆趨於衰落，歐洲缺乏有力的政治的和精神的裁決力量，而由星星之火發展為燎原之勢。

　　神聖羅馬帝國所代表的「一統帝國」(the Universal Empire) 與羅馬教會所象徵的「一統教會」(the Universal Church) 原是羅馬帝國滅亡之後，留給歐洲人的兩大理念。二者雖曾因爭奪權力而有政教之爭，但在基本上是相輔相成的。二者的存在，使歐洲尚保留住若干「大同」的餘緒。

　　神聖羅馬帝國雖號稱是歐洲的共主，但其實是一個日耳曼人的結構，基本上是一個鬆散的邦聯。它實際上局限於日耳曼、波希米亞 (Bohemia)和匈牙利 (Hungary)，而匈牙利且常處於回教勢力的威脅之下。十三世紀以

後，其帝位雖經常由哈布斯堡王室取得，而哈布斯堡王室為歐洲最有名望的王室之一。但是，皇帝的產生，始終是經由「選舉」，握有選舉權的王侯叫做「選侯」(the Elector)，在 1356 年有七個，1648 年後有八個，1805 年後有九個。每次選舉，均經過條件的交換或妥協，也使皇帝的權力受到削弱。尤其是自十四及十五世紀，隨著封建制度衰退而興起的民族王國 (National Monarchies) 或民族國家 (National States)，在十六世紀以後，成為最有力量的政治結構。這些民族國家如英國、法國、西班牙，以及北歐（斯堪底那維亞）各國，不承認在國家主權之外有更高的權力，也不容忍在自己的國境之內有分裂的力量存在。這對於神聖羅馬帝國和羅馬教會都構成挑戰。神聖羅馬帝國的廢弱無力，自是不爭之論。

再看羅馬教會，它自中世紀以來，已經發展成嚴密而具有大同色彩的制度。教宗 (the Pope, or Sovereign Pontiff, or Vicar of Christ) 是它的最高領袖，由樞機主教團 (College of Cardinals) 選出，是聖彼得 (St. Peter) 的繼承者。在他之下，是一個統階性的建構。十二世紀以後，教會發展出一套完整的聖禮制度 (sacramental system)，它們號稱是「基督制訂藉示恩寵的外在信號」(outward signs instituted by Christ to give grace)，總共有七項：洗禮 (baptism)，其作用為洗清原罪或受洗以前的罪愆；堅振禮 (confirmation)，目的在把聖靈介紹給已受洗者以強化其信仰；聖餐禮 (holy eucharist)，在羅馬教會所主張的化體論 (transubstantiation) 的說法下，教士以餅和酒給予信徒使之變成耶穌的肉及血；告解禮 (Penance)，其功能在信徒悔改並誓言不再干犯上帝並接受某些懲處（諸如做多少次彌撒之類）後，解除其罪過；終敷禮 (extreme unction)，臨終前由教士在身體塗膏的禮；聖職禮 (holy orders, or ordination)，教士的任職禮，使之有執行聖禮的能力；婚禮 (matrimony)，把男人與女人結為夫婦並組成家庭的禮。這七個聖禮中，聖職禮不及於信徒而婚禮不及於教士。但是，洗禮、堅振禮、告解禮、聖餐禮和終敷禮，都是世人得救所必需的，因此教會控制了一個人從搖籃

到墳墓的歷程。七聖禮之外,還有「事功」(good works),此指做多少次彌撒,唸多少遍經文,做多少善事之類。羅馬教會主張,信徒必須靠聖禮和事功得救 (salvation by sacraments and works)。教會主宰一切有關信仰和道德的事,如果人被開除教籍或受到破門罪 (excommunication) 的處置,其景況是悲慘的,即使是帝王將相也抵抗不住這種壓力。

但是,在民族王國或民族國家興起後,羅馬教會遭受到抵制或抗拒。於是乃先後有「巴比倫幽居」(the Babylonian captivity, 1309–1378)❷和「大分裂」(Great Schism, 1378–1417)❸的事端,使教會的聲勢備受打擊。另外,中世紀後期以後,羅馬教會的教士素質趨於低劣加上教規逐漸廢弛。有人甚至不諳舉行彌撒的拉丁語文。有些教士的私生活不檢點,獨身的戒律形同具文。一些堂區的神父,他的女管家便是他的情婦。教宗亞歷山大六世 (Alexander VI,1431–1503,在位時期 1492–1503) 有八個私生子女,其中有七人是他當選教宗之前所生。大致上,教士所過的生活並不比信眾(平信徒)乾淨,但是一般人期盼教士應有較高的道德水準,而改革也是要使他們有較高的道德水準。他們認為如果不改革,則這個拯救他們靈魂的組織將適得其反地導致他們靈魂的毀滅❹。至此,羅馬教會的衰落和喪失精神領導的力量,已是無容爭辯。

---

❷ 所謂「巴比倫幽居」,原指西元前 585 或 586 年後巴比倫人(迦提人)滅亡猶大國後強徙其豪族至巴比倫之事。此處則為借此典故比喻 1309–1378 年間,民族王國法國與羅馬教廷發生衝突,在法國運作下,連續有七個法國人當選教宗並將教廷移往法境亞威農 (Avignon) 的事情。當時亞威農為教廷采邑。但此事符合法國利益,自不待言。

❸ 所謂「大分裂」是指 1378–1417 年間,羅馬教會為了結束「巴比倫幽居」,曾一度造成二個教宗,乃至三個教宗互相對立的事。

❹ Lord Acton, *Lectures on Modern History* (London: The Fontana Library Edition, 1961), p. 95.

㈡宗教改革爆發的原因

宗教改革之所以發生，有很多錯綜複雜的原因。其中包括：

1.教會的腐敗

除了教士素質低落和清規廢弛以外，教會還有其他的腐敗。其中之一是買賣聖職 (simony)❺。此指教會的許多大小職位可以用金錢取得。此外還有任用親信和特准破戒。買賣聖職係指教會的職位可以用錢「捐」得、取得，甚至包括最高品級的樞機主教。1500 年教宗亞歷山大六世一次受款冊封了十二個樞機主教 ，其私生子鮑吉亞從中得到巨款。 教宗李奧十世（Leo X， 在位時期 1513–1521） 每年出售二千個聖職。 任用親信 (nepotism)，指教會聖職可以由子姪或親信擔任，亦即不以正途取得。此外，還有特准破戒 (dispensations)，通常指齋期和婚配而言，如付出一定數額的金錢，可以破齋戒，吃魚吃肉，一切隨意；使依據教會法不得婚配的人（如血緣過近或輩分不當）可以結婚等等。

教會另一不當財源為出售贖罪券 (Indulgences)，其理論係在十三世紀時由士林神學家發展出來的。它是說，耶穌及諸聖徒在世時曾因其特大善行而積下甚多的功德存貯天上，此為「功德寶庫」(Treasury of Merit)，教宗可就其中支出以補普通功德不足的人，使其藉以獲恩寵而得救。用此方式，可以使煉獄中的靈魂早升天界。不過，原先不是由信徒購買以為其死去的親人贖罪，而是指作多少次彌撒或禱頌多少次經文，或為教會與異教徒作戰陣亡等用。1300 年教宗龐尼菲斯八世 (Boniface VIII) 在羅馬舉行大赦年 (Jubilee)，給予來羅馬朝拜者贖罪的功德，一時羅馬人潮洶湧，為使交通方便，規定行人經過聖安琪洛橋 (Saint Anglo Bridge) 時一律靠右行走。這可能是最早見諸記錄的交通規則。此後贖罪券的頒予漸漸變質，成為出錢做某些聖事的人的酬謝。十五世紀後一變而為有厚利可圖的「神聖買賣」

---

❺　這個名詞源自男巫西門馬格斯 (Simon Magus) 企圖用金錢購買聖靈降身的能力而為彼得所責斥的故事。見《聖經》〈使徒行傳〉，8 章 9 至 12 節。

(holy trade)。教宗朱理二世（Julius II，在位時期 1503–1513）為興建聖彼得大教堂而發行贖罪券，謂購買者可以得到等同羅馬朝聖的功德。教宗李奧十世在 1517 年發行，並委託富格銀行家族 (the Fuggers) 經辦，予以三分之一的利潤。這種作法，自然引起爭議。

2.政治方面的原因

　　中世紀後期民族王國漸漸興起，後來成為民族國家。十五、十六世紀，民族國家已甚成熟，於是隨著民族情緒和民族意識的奔騰澎湃，乃有了國權完整的要求。羅馬教會不僅是一個宗教組織，而且也是一個超國家的政治勢力。它有它的君主（教宗）、議會（大公會議或主教會議）、法律（教會法）和法庭。從教宗以至最下邊的司鐸（神父）和修士皆不受國家行政和司法的管轄。它擁有龐大的土地，且可以向信眾（也是國家的人民）徵稅，而不慮世俗政府的干預。它的法庭管轄教士和一切與信仰及道德有關的案件，乃至婚姻和遺囑在內。這是各國的政府和人民所不能永遠接受和繼續的。

　　因此，在宗教改革的各種原因中，各國政府的利益和民族王國對教廷威權的抗拒，是不容否認的重大因素。有些地區，如法國，教會已相當地民族化，政府已處相對優勢，所以並不特別嚴重；但在另外的地區，如英國、日耳曼和北歐各國，雖然也有若干控制教會和教產的行動（例如在十四世紀英國便不因土地捐贈給教會而撤銷對它的管轄權，以及由國王提名主教人選等），不過因為教會民族化的程度仍不夠，各國君主與政府願意假宗教改革來與教會爭奪土地控制權和司法的管轄權。

3.文化方面的原因

　　自十四世紀歐洲的文化與社會發生重大的變遷，再加上文藝復興運動的開展，羅馬教會在這個變動的局面下，有難以自處之勢。不過，文藝復興與宗教改革的關係，尚無定論。自從二十世紀之初，德國史學界便對二者的關係有不同的看法。有謂宗教改革是文藝復興的日耳曼表現，哲學家

及思想史戴爾悌 (Wilhelm Dilthey, 1833–1911) 視二者皆為爭思想自由之奮鬥，皆同源於城市興起、工商發達、資產階級之日趨重要和近代國家之形成，認為日耳曼的「世界的發現和人的發現」便是採取教會改革的形式，給予人內在的自由，從而突破中世紀世界的藩籬。但是，神學家和宗教社會學家楚意茨 (Ernest Troeltsch) 則認為宗教改革產生一種近乎中世紀時代的專制神教文化，其宗教氣氛大於現世精神，認為宗教改革與文藝復興的精神相左❻。也有謂二者密切相關，皆為個人主義思潮之產物（一為宗教自由，一為藝術自由，合為精神自由），二者皆有相同的經濟與社會背景，皆為回歸本源的運動（一指希臘和羅馬，一指《聖經》和早期聖徒）。但二者仍不完全一致，宗教改革不是文藝復興的宗教表現；宗教改革視人性為墮落的而其主旨為出世的，文藝復興的精神是現世的而漠視超自然的；宗教改革強調信仰和尚同 (conformity)，文藝復興則重理性和寬容；二者皆直指本源，但人文學者要恢復的是古典文化，宗教改革者要還原的是聖保羅和聖奧古斯汀的教誨❼。

　　撇開文藝復興和宗教改革究竟是否有二而一的關係不談，文藝復興對於宗教改革的產生，有其影響。第一、文藝復興運動所產生的新的和現世的時代精神使中世紀重守窮、苦修和出世的宗教生活遭到破壞，而經濟的發展也使人「在繁榮的時候忘記上帝」 (forgetfulness of God in time of prosperity)。第二、文藝復興時代基督教人文主義的興起，學者們研究希臘文和希伯來文，分析考證早期的《聖經》和典籍，他們直指本源，糾正錯誤，要求另譯《聖經》和改正教義，他們也譴責教會的腐敗，而其學說和

---

❻　參看 Lewis W. Spitz, *The Reformation: Material or Spiritual?* (Boston: Health, 1959), pp. 8–16, 17–27.

❼　參看 Edward M. Burns & others, *World Civilizations*, 6th ed. (New York: W. W. Norton & Company, 1982), Vol. I, pp. 604–605; Crane Brinton, *The Shaping of the Modern Mind* (N. J. : Prentice-Hall, 1959), p. 22.

主張又因印刷術的發展而廣為流傳。凡此種種，均與宗教改革有關。

4.經濟方面的原因

羅馬教會擁有廣大的土地和財富，不僅不納稅，每年還要向各國各地人民徵收彼得捐 (Peter's pence) 和什一稅 (tithe)。此外，出售聖職所得及各地主教和教士的首年俸 (annates) 均歸教廷。再加上羅馬教會的經濟主張，如服務社會只應取合理的酬勞而不得逾分，為牟利而經營是不道德的，放款生息是犯重利盤剝罪 (usury) 等，與日益茁壯的資本主義精神不能相容。關於此點，儘管馬克思主義學派與其他學派的論點不盡相同，但各國君主和政府企圖藉宗教改革剝奪教會財產及一般人反對教會經濟和工商經營的主張，顯示宗教改革有其經濟方面的因素。

二、宗教改革運動的開展

宗教改革包括兩個層面：新教 (Protestantism, or Protestant Churches) 的興起和羅馬公教會改革 (Catholic Reformation)。

㈠新教的改革運動

1.路德教派

日耳曼人馬丁·路德 (Martin Luther, 1483–1546) 是宗教改革的首倡者。法國哲學家馬利坦 (Jacques Maritain, 1882–1973) 認為馬丁·路德在宗教方面，一如笛卡爾在科學方面和盧梭在政治方面，開啟了個人主義的先河。路德出生於薩克森尼 (Saxony) 的一個自耕農家庭，後於 1501 年入艾福大學 (University of Erfurt) 修習教會法，1505 年完成碩士學業後，因志趣不在法律，乃入奧古斯汀修院，1507 年成為教士。1508 年奉派至威登堡大學 (University of Wittenberg) 研究和任教。1510 年他前往羅馬，震驚於教會上層人士的精神廢弛和靡亂。1512 年後取得神學博士學位並成為教授。路德是一個性情激烈而又精神不穩定的人，他恐懼於上帝的全能而沮喪於自己的渺小，也害怕魔鬼和常為自己能否得救而痛苦。這與他幼年時常因小

過錯而被鞭打，以及當時教會所能提供的減輕精神徬徨的辦法，如聖禮、祈禱和彌撒之類，均不切實際有關。據說，1505 年他之所以加入艾福的奧古斯汀修會，係因在風雨中受雷電襲擊倒地，他恐怕上帝要處死他又認為這是神兆有關。

早在 1512 年，法國神學家和人文學者賴費維 (Jacques Lefevre d'Etaples, 1450–1536) 在其新版《聖保羅書信》(*St. Paul's Epistles*) 中首倡信心得救說。1515 年路德深然此說。此外，他研究聖奧古斯汀的著作，發現沒有得到神的恩典的德性（事功）只是一種偽裝的罪惡，上帝拯救誰和詛咒誰，並不看其功德（事功）如何。於是他大加發揮《羅馬書》一章十七節「義人因信而生」(The just shall be justified by faith) 的說法，而發展出「信心得救說」(Justification or Salvation by Faith Alone)，用以反對當時教會所主張的「聖禮及事功得救說」(Justification by Sacraments and Good Works)。他主張把靈魂交付給上帝，事功只是內心得到神的恩典的外在表現，而非得到神的恩典的原因，人不是因為有事功才得到神的恩典，而是具有神的恩典才表現於事功❽。

路德並沒有立即採取行動。一直到 1517 年為了贖罪券問題才引爆出來。此因一位多明我修會的修士戴茲爾 (John Tetzel) 曾奉教廷批准，以籌款興建羅馬聖彼得大教堂的名義，在日耳曼主持發售贖罪券。當時薩克森尼並不在發售的範圍內，但是仍有多人前往購買。路德深為痛恨。1517 年 10 月 31 日，他把他所撰寫的九十五條論點張貼在威登堡教堂門前。他首先攻擊羅馬教廷不可搜括日耳曼人民的錢財來興建他們並不需要的聖彼得大教堂；接著指出並無功德寶庫的存在和教會對煉獄並無管轄權。他的論

❽　關於路德的心理狀態和其為信心與得救的心路歷程，參看 Erik H. Erikson, *Young Man Luther: A Study in Psychoanalysis and History* (New York: Norton, 1962); Roland H. Bainton, "Luther's Struggle for Faith," *Church History*, XVII, (1948), pp. 193–205; *Luther: Here I Stand* (New York: Abingdon-Cokesbury Press, 1950).

點最激烈之處，在於他直接攻擊當時羅馬教會教義的核心部分，也就是聖禮和事功。他特別指出，在懺悔（告解）禮中，告解者之所以能解除心理上的負擔乃是因為信仰和內心中的神恩，而非由於教士的赦免，教士在人與上帝的關係中並無必需的功能，而「每個人都是他自己的教士」❾。這九十五條後經印刷傳至各地，並由拉丁文譯為德文。

羅馬教廷並未立即採取行動，教宗李奧十世對多明我修派與奧古斯汀修派的糾紛並不想立即排解。後來到翌年 8 月因為贖罪券的銷售受到影響，才接受多明我修會建議，召路德至羅馬答辯異端指控。路德求助於薩克森尼選侯腓特烈三世 (Frederick III，the Wise，1463-1525，在位時期 1486-1525)，他安排他的案子在奧古斯堡由多明我修會會長卡仁坦樞機主教 (Cardinal Cajetan) 以宗座代表的身分聽訊，雙方各持己見，並無結果。1519 年夏天，路德與日耳曼神學家艾克 (Johannes von Eck) 展開激辯。艾克指責路德不服從教宗和大公會議的權威，路德被迫指出教宗和大公會議並非無誤，《聖經》才是最高的指引，他並且讚揚胡斯。至此，路德與羅馬完全決裂。同時，路德亦在發展新的教義：強調《聖經》的重要性，否認聖禮可以傳遞神的恩典而僅為基督應允拯救的象徵，縮減聖禮至兩個，即洗禮和聖餐禮。至於聖餐禮的意義，路德提出合質說或共在論 (Consubstantiation)，也就是耶穌的血和肉就在酒和餅之中。此與羅馬教會的化體論 (Transubstantiation)，也就是酒和餅化成耶穌的血和肉，有所不同。他提倡信心或信仰最為重要，為宗教的個人主義觀。1520 年起，路德趨於激烈。在這一年他發表論著攻擊教會。教宗李奧十世乃頒下諭令而嚴加譴責，路德當眾將諭令及教會法付之一炬。1521 年教宗頒諭開除路德教籍，並將諭令在烏穆斯 (Worms) 公布。此年神聖羅馬帝國皇帝查理五世 (Charles V，1500-1558，在位時期 1519-1556) 在烏穆斯召開帝國會議，

❾　九十五條全文，見 Bertram L. Woolf trans., *Reformation Writings of Martin Luther* (London, 1952), Volume I, p. 32.

教會問題為議程之一，他命路德參加會議並頒安全狀給他，使他在宗座代表阿靈德樞機主教 (Cardinal Aleader) 面前申說。當他被詢問到是否願意撤回所見時，他堅決地以不能違背良心行事而拒絕，且轉向皇帝用德語說：「這就是我的立場。我無法不遵守。願上帝幫助我。阿門。」(Hier stehe ich. Ich kann nicht anders. Goff heltt mir. Amen)。查理五世仍遵所頒安全狀之承諾，准其離開，但頒布詔令宣布其不再受法律保護。

「這就是我的立場」(Hier stehe ich, or Here I Stand)，昭示了路德和他的追隨者不妥協的態度。此後路德在薩克森尼選侯腓特烈三世的保護下，在瓦特堡 (Wartburg) 發展教義和翻譯《聖經》。所謂宣布他不受法律保護的「烏穆斯詔令」(*Edict of Worms*) 自始即為具文。而且，路德教派也在日耳曼漸漸流行，王侯們也分成兩種信仰，在政治分裂以外，又加上宗教分裂。他們在 1526 年史培爾 (Speyer, or Spires) 帝國會議時已不可輕侮。故該次會議對路德教派的法定地位僅含混決定：「每一王侯應善自為之，以符上帝及皇帝之意」。1529 年第二次史培爾帝國會議時，因查理五世對法國戰爭得利，乃擬採較嚴措施，信奉路德教派的薩克森尼等王侯乃發出抗議 (protest)，這些「抗議者」(Protestants) 後來逐漸演為所有新教徒的通稱。

此後日耳曼北部大體上是路德教派的地盤。1520 年代亦傳入北歐，瑞典和丹麥均接受之，此時丹麥控有挪威，瑞典掌握芬蘭和波羅的海東區，《聖經》亦於十六世紀中葉分別譯為丹麥文和瑞典文。後來它也傳到歐洲以外的地區。

路德教派強調信心得救，遵行洗禮和聖餐禮，以方言為禮拜用語，以及教士可以結婚。

2.喀爾文教派

喀爾文教派 (the Calvinists) 興起於瑞士日內瓦。在瑞士有一些獨立於路德的宗教改革活動，其中較著者有在德語區首倡宗教改革的茲文里 (Huldreich or Ulrich Zwingli, 1484–1531)。他與馬丁・路德是同時代的人，

也受過嚴格的人文主義學術訓練。他先後在維也納和巴塞爾大學進修，以攻擊瑞士人為外國做雇傭兵而著稱。他的宗教改革有政治和社會的色彩。他像路德一樣，不承認教士握有信眾所沒有的神跡力量，不過他認為在優良牧師的帶領下，更容易喚起社會良心和宗教情操。他也反對教士獨身、齋期、苦修、告解、贖罪券等等。他認為崇拜聖徒，以及使用薰香、燭光、圖像（甚至苦像）都屬迷信，他也不贊成在教堂內使用音樂（儘管他本身精通半打樂器），他認為音樂可作為私人休閒活動，而非崇拜上主所需要，他也主張教堂應該簡樸無華和不要裝飾。有一點他與路德顯著不同的，是他比較服膺聖奧古斯汀的預定得救說，即得救或沉淪已經上帝預定。另外，在聖餐禮的解釋方面，他和路德也不相同，路德的解釋是共在論，也就是耶穌的血和肉就在酒和餅之中，但是茲文里認為酒和餅是耶穌的血與肉的象徵，這種解釋後來為大多數的新教所接受。二者也曾有過協調歧異的企圖，1529 年二派在日耳曼馬堡 (Marburg) 論道，但茲文里拒絕妥協，二者終成為不同的陣營。茲文里之說在 1528 年已在瑞士德語區相當流行，在蘇黎士 (Zurich) 更是得勢。但當他向瑞士中部進展時，1529 年與羅馬教會勢力發生戰爭，1531 年他敗死在卡培爾 (Kappel)，雙方在卡培爾簽約，同意瑞士各郡 (cantons) 可以自行選擇信仰。新教運動受挫。

　　新教改革到喀爾文 (John Calvin, 1509–1564) 出現後又起，而且在瑞士法語區的日內瓦建立了鞏固的陣地，在國際也有了相當的空間。他是法國人，較路德和茲文里晚，也受過相當的人文主義學術訓練。1533 年因「頓悟」 (sudden conversion) 而放棄羅馬教會信仰，且流亡國外。他的宗教理念，見其所著《基督教會的組織》(Institutes of the Christian Religion)，該書在 1536 年完成於巴塞爾，原用拉丁文撰寫。喀爾文出版其自譯的法文版，但屢經修訂，至 1559 年始定型，已較第一版多出五倍。至於他的宗教事業，在 1536 年抵達日內瓦後展開。日內瓦原屬薩伏衣公爵 (Duke of Savoy)，但為當地主教控制，1530 年當地人在北方各郡支持下，驅逐主教

並推翻薩伏衣公爵的統治而建立共和。喀爾文在初期並不順利，1538 年為古老的貴族勢力驅逐至斯特拉斯堡，1541 年返回，以首牧 (chief pastor) 的身分控制了日內瓦的宗教、政治和社會，一直到 1564 年死去為止。

　　喀爾文認為人生的目的在榮耀上帝。他大體上同意馬丁‧路德對羅馬教會的批評，也大體上接受馬丁‧路德的觀點，如信心重要及僅靠聖禮和事功不能得救等。不過，他不認為僅靠信心就可以得救，他強調預定說，認為只有上帝所選定的少數人 (elect) 始能得救。人沒有辦法靠自己的努力得救，他也無法預知他究竟是否在得救的行列之中，但如果他多行不義和違反誡命，他必遭沉淪；相反的，如果他能抵抗試探及誘惑而過著聖潔的生活，則他可能已經得救（雖然尚不能確定）。因此，相信得救預定論、上帝全能，以及自己有為主作戰的使命，為喀爾文教派的特色。另外，喀爾文教派和路德教派均不同意羅馬教會對聖餐禮的解釋（化體論），但二者又各不相同，路德教派主共在論，而喀爾文教派則認為餅和酒是象徵。總之，在教義方面，喀爾文教派的立場較富有法戒性，路德重視個人良心的指引，喀爾文則強調上帝戒律之權威，喀爾文教派的上帝觀是一種《舊約》的上帝概念 (Old Testament conception of God)。在安息日遵守 (Sabbath observation) 方面，喀爾文教派較為嚴格❿。路德教派雖主張主日應做禮拜，但並不禁止禮拜之餘的工作或娛樂，喀爾文教派則不然，其採取古猶太律法安息日的觀點，禁止作宗教以外的活動。

　　喀爾文教派和路德教派在對待政府和社會的態度上，亦有很大的差異。路德教派仍承認王侯貴族在教會方面的權力，喀爾文教派則不認為教會應服從政府或政府有為教會立法的權力。喀爾文教派也拒絕接受主教制度（路德教派和聖公會仍保持之）。喀爾文教派主張教會應該自治，他們互相訂立

❿　安息日 (Sabbath) 是希伯來文「休息」的意思，對猶太人是指星期六，因為據《聖經》〈創世記〉，上帝自星期日（第一日）起創造宇宙萬物，至第七日（星期六）休息，該日為猶太教禮拜日，但新教多將它移至星期日，該日為主日。

盟書 (covenant)，選出由牧師和信徒組成的長老會 (presbyteries) 來主持教會。他們的禮拜方式相當嚴肅，有長篇的證道，不要色彩、燭光、薰香等，一切以《聖經》為準。喀爾文和他的信眾控制下的日內瓦實為神權統治，禁止跳舞、玩牌、看戲和在安息日工作或娛樂。旅館主人奉令不准任何人未經謝飯而飲食，奸淫、巫術、異端與瀆神皆屬大罪。同時，沒有宗教自由，西班牙人塞維圖斯 (Miguel Serveto, or Michael Servetus, 1511–1553) 因主張唯一神論 (Unitarianism)，認為上帝是單一的，因而否認三位一體說。他流亡到日內瓦，卻被視為異端而受炮烙致死。

喀爾文教派發展甚速。茲文里派在布林格 (Heinrich Bulinger, 1504–1575) 率領下在 1549 年與之合流。各國改革派至日內瓦學習。諾克斯 (John Knox, 1513–1572) 將之介紹至蘇格蘭而稱為長老會 (Presbyterianism)。它也傳入荷蘭、法國和英格蘭，傳入荷蘭者後來與抵抗西班牙統治的民族主義力量相結合。傳入法國者被稱為休京拉教派 (Huguenots)❶，主要分布在法國西南部。傳入英格蘭者被稱為清教徒 (Puritans)，多屬中產階級。此外，在匈牙利、波希米亞、波蘭、日耳曼均有此派信徒，後來也傳播到世界其他地區。

3.英國國教派

英國國教派或英國國教教會 (the Anglicans, or the Anglican Church) 是英國宗教改革的型態。它與其他地區的宗教改革不同的是它不是由教會人士發動，而是由君主（國家領導人）肇始的。英國國王亨利八世（Henry VIII，1491–1547，在位時期 1509–1547）原是支持羅馬教會的神學體系和教義的，他且於 1521 年親撰《七聖禮辯》(*The Defence of the Seven Sacraments*)，用以駁斥馬丁·路德之說，教宗李奧十世且因此頒給他「信仰保衛者」(Fidei Defensor) 的頭銜。亨利八世因為沒有男嗣，而在他之前，英國沒有成功的女王統治，而王位繼承者又必須是他與王后的嫡出，因而

---

❶　據說此名詞可能由德文 Eidgenosse（結盟者）轉來。

亨利八世想結束與王后西班牙公主凱薩琳 (Catherine of Aragon, 1485–1536) 的婚姻。這本非難事，羅馬教會雖不准離婚，但可用原婚姻無效的方式來達成撤銷婚姻 (Marriage Annulment)。歐洲王室常締結政治性的婚姻，其結結離離，教宗也多予批准。亨利與凱薩琳的婚姻原屬高度政治性的安排。凱薩琳真可謂「紅顏薄命」，她是當時西方第一超強國家的公主。英國國王亨利七世（Henry VII，1457–1509，在位時期 1485–1509）為爭取西班牙的友誼而安排了她和他的長子亞瑟 (Arthur) 的婚姻。她於 1501 年嫁到英格蘭，但 1502 年亞瑟就死了。但英國仍需要西班牙的友誼，所以儘管凱薩琳長亨利六歲，亨利在 1509 年即位後即經教廷特准兩人成婚。這個婚姻育有六個子女，但多夭折，僅一女瑪琍存活。所以，儘管此一婚姻已維持了十八年，亨利仍認為婚姻有問題，因為教會法禁娶寡嫂，而《聖經》也有同樣的禁令❷。

　　另一方面，當時亨利愛戀宮女安妮‧鮑麟 (Anne Boleyn) 而欲娶之。樞機主教武爾賽 (Thomas Cardinal Wolsey, 1473?–1530) 訴請教宗克萊門七世 (Clement VII) 註銷婚姻。但教宗出於政治性的考量，殊覺左右為難，因為一方是英國國王，而另一方的凱薩琳又是神聖羅馬皇帝查理五世之姑母。他拖而不決，於是自 1531 年起亨利開始杯葛教廷。此年英國教會同意亨利為英國教會最高領袖，翌年亨利命國會通過禁止教士向羅馬繳納首年俸和英國法院判決之案件不再上訴羅馬。1533 年亨利任命有路德信仰傾向的劍橋大學神學家克蘭穆 (Thomas Cranmer, 1489–1556) 為坎登伯里大主教。此時教廷仍圖安撫，頒發諭令，承認此一任命。但克蘭穆旋即宣布亨利與凱薩琳的婚姻無效，接著安排亨利和安妮‧鮑麟的婚禮。教宗乃開除亨利教籍。1534 年，亨利使英國國會通過「最高統領法」(*Act of Supremacy*)，宣布亨利為「英國教會與教士的保護者及最高統領」(Protector and only Supreme Head of the Church and Clergy of England)，臣民要宣誓效忠他和反

───────────────

❷　見〈利未記〉(Levicticus)，18 章 16 節。

對教宗，湯瑪士・摩爾 (Thomas Moore) 因拒絕接受，而以叛逆罪遭斬首處死。在 1536 至 1539 年間，解散修院和沒收其財產，又把這些土地分封給支持他的土地貴族，這些土地鄉紳成為英國國會及都鐸王室 (the Tudors) 的擁護者。

　　不過，至此亨利仍無意變更英國教會的教義和組織，他的用意是保住羅馬公教但不受羅馬干預 (Catholic but no Roman)，因此這是「分裂」而非「異端」。他在 1539 年頒「六條款」(Six Articles)，仍主張聖餐的變體論、教士獨身和告解等。但勢已不能挽回。亨利八世於 1547 年死去。因為他與第二后安妮・鮑麟婚後數月即感情破裂，且她被亨利下獄倫敦塔，不久被斬首處死，故由他與第三后珍妮・西摩爾 (Jane Seymour) 所生兒子年僅十歲的愛德華繼位，是為愛德華六世 （Edward VI，1537–1553，在位時期 1547–1553）。因為攝政的乃舅索謨賽特公爵 (Edward Seymour, Duke of Somerset) 和坎登伯里大主教克蘭穆皆為新教同路人，英國因而走上新教路線。1553 年愛德華六世死，王位由同父異母的姊姊瑪琍繼承。她是凱薩琳的女兒，繼位後為瑪琍一世（Mary I，1516–1558，在位時期 1553–1558）。她是虔誠的羅馬教徒，1554 年與西班牙國王菲力普二世結婚，這是一場政治婚姻，她年三十八而他僅二十七，婚姻不幸福，英國人民更視西班牙為敵國。瑪琍決心使英國再回羅馬教會陣營，她以異端罪名處死（焚死）了近三百人，其中包括克蘭穆大主教，因而有「血腥的瑪琍」(Bloody Mary) 的稱號，但把「時鐘倒撥」又是談何容易。1558 年瑪琍一世死去，同父異母的妹妹伊莉莎白（安妮・鮑麟的女兒）繼位，她便是有名的伊莉莎白一世（Elizabeth I，1533–1603，在位時期 1558–1603）。在宗教立場上，如果說愛德華六世是新教徒 (Edward the Protestant)，瑪琍是公教（天主教）徒 (Mary the Catholic)，則伊莉莎白是曖昧者 (Elizabeth the Ambiguous)。不過，伊莉莎白不可能信奉天主教，因為依照羅馬教會法她是私生的。事實上，在她的時期，英國逐漸地變成獨樹一格的另類新教國家，也就是說，

英國國教會始告定型。她原想打造一個以王室為主導的、有限度的新教。但國會卻表現出希望有較大的變動。至 1563 年國會通過「三十九條款」(*thirty-nine Articles*)，其主要內容為廢除教士獨身、祕密告解、教廷至尊和使用拉丁文。因此，英國國教成為以英語代替拉丁文，教士可以結婚和不再崇拜聖徒的新教。它在聖餐禮中用餅和酒，而不像羅馬教會僅用餅，但認為酒和餅是上主的血和肉。它也規避路德所倡的信心得救和信徒皆為自己教士的說法。此種籠統含混的用意，在於兼容並蓄以使各教派均能接納。簡言之，它是一種妥協，用以配合多數人的宗教需要，從而避免宗教內戰。它由政府（君主透過國會）來決定其教義。在組織上，它保留了中古教會的結構與建築，主教制度仍存而大主教及主教仍出席上議院，教會法庭仍管轄婚姻與遺囑，教會仍收什一捐，堂區結構如舊，不過不再有修道院。同樣的宗教政策亦推行到愛爾蘭，建立了一如英國教會分支的愛爾蘭教會。英國國教派傳到美國，稱新教監督教會 (Protestant Episcopal Church)，傳到加拿大稱聖公會 (Anglican Church of Canada)，等等。後來亦傳到世界各地。

4.其　他

　　前述三派是新教的大派。在十六世紀還有一些其他與此三大派並起的各派，甚至在十六世紀以後，還有許多新興的派別，多到無法一一列舉。

㈡羅馬公教會的改革運動

　　在十六世紀，羅馬教會或羅馬公教也有改革的運動。這個改革或稱公教改革 (Catholic Reformation)，或稱對抗改革 (Counter Reformation)。稱其為公教改革，則因羅馬教會有自我改革的傳統，而「宗教改革」(reformation) 一詞便出自公教所用的拉丁文「改革」(reformare)。十一世紀間的克呂奈改革運動 (Cluniac Reform Movement)，曾有中興教會之功：稱其為對抗改革，是新教人士的習慣，蓋他們認為羅馬教會的改革，是針對他們所造成的局勢而不得不然的舉措。

　　公教也一直有改革的呼聲。教宗保祿三世（Paul III，1468–1549，在

位期間 1534–1549）決志改革，他和他以後的朱理三世（Julius III，在位時期 1550–1555）、保祿四世 （Paul IV，在位時期 1555–1559）、庇護四世 （Pius IV，在位時期 1559–1566）、庇護五世 (Pius V, 1566–1572)、格理高里十三世 （Gregory XIII，在位時期 1572–1585） 和昔克圖斯五世 （Sixtus V， 在位時期 1585–1590），均能從事改革。至此，文藝復興教宗 (renaissance popes) 終於為改革的教宗 (reforming popes) 所取代。保祿三世在 1537 年即召集大會，但因法國與神聖羅馬帝國間的戰爭而無法集會，1542 年再頒召集令，但僅有一些義大利籍主教可出席而被迫停止。最後在 1545 年終於在特倫特 (Trent) 集會， 其地在日耳曼和義大利交界處的阿爾卑斯山區。這個大會自 1545 年至 1563 年歷經近二十年間，間歇分三個會期召開。

這個大會有雙重使命，即重訂教義和改革教會。大會的出席率不高，與 1215 年的第四屆拉特蘭大會和 1415 年的康士坦斯大會各有五百名主教蒞會不可同日而語。它有的時候僅有二、三十名主教出席開會，而最重要的是有關得救的議題，此為路德提出來的挑戰並造成教會分裂的大問題，許多良善的教徒仍渴盼能有妥協性的解決，但通過時僅有六十名左右的主教在場。出席最多的主教，多為義大利籍和西班牙籍，來自法國、日耳曼的主教則出席率不高。儘管如此，仍有主教提出大會運動時的主張，即由全體主教所構成的大會，其權威應高於教廷。教廷運用教宗指派的樞機主教們主持會議，用各種議事技巧擊敗了這類建議，乃決發一切大會的行動應經教廷的同意。這也許有助於維持天主教的統一，使之未像新教那樣分崩離析。另外，各國主教在會議上表現了民族主義的色彩，而就各該國的利益來看問題。不過，最後仍是教廷集權的主張得直。這個大會後有三百年未再舉行大會。 它為三百年後 1870 年的梵諦岡大會宣布的教宗無誤論 (Papal Infallibility)，即教宗就其職權 (ex cathedra) 所作的有關所有信仰和道德問題的裁決是無誤的，推進了一大步。

　　大會有很多成就，在制訂教義和改革教會方面均有收穫。此時因為新教羽翼已豐，恢復統一已不可能，也就不多作妥協。在教義方面：宣布得救須賴事功和信心 (justification by works and faith combined)；重新列舉及界定七聖禮，並視之為蒙受神的恩典的途徑；教士整體 (priesthood) 係經聖職禮後經基督及使徒授予超自然力量的集團，它與平信徒有所區隔；告解與赦免的程序，再予澄清；重申聖餐禮的化體論之正確性；信仰的依據，是《聖經》與傳統並重；《聖經》的版本以四世紀聖哲羅米 (St. Jerome) 的普及本 (the Vulgate) 為準；平信徒個人無《聖經》解釋權，此權屬於教會；教士維持獨身；修道院制度繼續存在；地獄和天堂之外，另有煉獄；拉丁文為崇拜用語及教會官方語言；崇拜聖母、聖徒；使用圖像、法器及朝拜聖地等例照舊等等。

　　在教會改革方面：大會決議嚴禁買賣聖職；主教應經常駐守教區並擴大其職權及於修會及托缽僧等；不准濫發贖罪券但仍承認其理論與原則。大會亦編訂頒發禁書目錄 (Index)，舉凡有礙信仰的作品，如馬基維里、薄伽丘，以及各新教改革者的著作均列入其中，1559 年由保祿四世頒布。整個大會的決議，在 1564 年由教宗庇護四世頒布諭令 (Benedicus Deus) 予以肯定。大會也制訂了正式的要理問答 (Catechism)，採取問與答的方式，1566 年由庇護五世公布。

　　公教改革運動的一大助力是新修會的成立。其中最著者，是西班牙人羅耀拉 (Ignatius Loyola, or St. Ignatius of Loyola, 1491–1556) 所建立的耶穌會 (S. J., or Societas Jesu, or Society of Jesus)。羅耀拉原為西班牙軍官，後因受傷停止軍職。他後來在西班牙各大學和巴黎大學研讀神學，矢志為上主的精兵。1534 年他與六個夥伴在巴黎聖瑪琍教堂宣誓守貞、守貧和服從教會權威。他們原計畫前往中東向回教徒傳教，後因土耳其戰爭而無法去聖地。他們遂決定以「耶穌會」的名義在歐洲行道，1540 年為教宗保祿三世所批准，而羅耀拉在 1541 年為耶穌會的總監 (General)。修會要其成員

作「基督的精兵」(soldier of Christ) 的理想，係來自《聖經》〈以弗所書〉
六章十至十七節。此修會為最大的單一修會，致力三事：異域傳教 (foreign
missions)、教育 (schools) 和研究科學及人文 (studies in the sciences and
humanities)。

　　耶穌會士 (Jesuits) 純由男性組成，穿著普通入世教士的服色。他們均
經過很嚴格的養成教育，歷經羅耀拉手著《精神練習》(*Spiritual Exercise*)
的訓練程序，有堅毅的意志和鐵的紀律。這個修會發展至 1624 年成員已超
過一萬六千人。他們構成了一股強有力的國際傳教組織，不僅在歐洲與新
教奮戰，而且傳教海外，把公教（天主教）傳到西班牙、葡萄牙和法國的
美洲屬地。他們也傳教到東方，如羅耀拉巴黎舊侶之一的沙勿略 (Saint
Francis Xavier, 1506–1552) 就到東印度群島、麻六甲、錫蘭、印度傳教，
頗有成就，1549 年至日本並擬向中國進發，1552 年在抵達中國前死去。他
以後的利馬竇 (Matteo Ricci, 1552–1610) 終將天主教傳入中國。還有，艾儒
略 (Giulio Alenio, 1582–1649)、湯若望 (Johann Adam Schall von Bell, 1591–
1666)，皆於明代來到中國。清初有南懷仁 (Ferdinand Verbiest, 1623–1688)
等，皆為耶穌會士。

　　為了對付反對天主教的力量，教會亦再採用異端裁判 (Inquisition) 的方
式。異端裁判原為中世紀取締異端的宗教法庭，用拷打、刑求，以及炮烙
焚死的酷刑來取締異端。1542 年教宗保祿三世下令組成異端裁判會
(Congregation of the Inquisition, or Holy Office)，用以取締新教活動。

　　最後，羅馬公教之所以能站穩腳步與政治支持亦有關係。哈布斯堡王
室統治下的奧地利和西班牙、法國（雖有時因政治利益而不盡力支持）和
某些日耳曼王侯（主要在南部），以及義大利和東歐的王室公侯均支持羅馬
教會，而其時統治者可以決定人民的信仰。

　　羅馬教會的再征服運動雖未竟全功，仍保全了義大利、西班牙、葡萄
牙、法國、尼德蘭南部（比利時）、日耳曼南部、奧地利、瑞士一部分、愛

爾蘭、波蘭、立陶宛、波希米亞和匈牙利大部分的信仰，並傳播到歐洲以外的地區。

三、宗教改革的影響

宗教改革是十六世紀和十七世紀很大的歷史事件，有其複雜的原因，也產生了多方面的重大影響。不過，對於宗教改革以後，西方在宗教、政治、經濟和文化上的發展，也有以更廣的視野，用整個十六世紀的思想與行動的綜合 (the whole synthesis of the 16th century thought and action) 和它們之間的交互影響來解釋的。

第一、大體言之，宗教改革的影響，可作為教會一統局面的分裂，新教各派的興起，以及羅馬教會的改革。十六世紀後期，歐洲的宗教分界線已大致上是現在的狀態。英國、蘇格蘭、荷蘭、北日耳曼及東日耳曼（德國北部及東部），以及瑞士一部和北歐為新教地區。愛爾蘭、尼德蘭南部（比利時）、南日耳曼（德國南部）、萊茵地區、奧地利、西班牙、葡萄牙、波蘭、義大利為天主教（舊教）的地區。在舊教區域內有少數的新教徒，而在新教區域內有少數的舊教徒。這種對立，導致了宗教迫害和宗教戰爭。這要到後來因為雙方互不能下，才使激情趨於沉澱，不再能忽視對方存在的事實。

第二、政治方面，它助長了民族主義的茁壯和君主專制的強化。民族主義的興起和國權完整的要求，原為宗教改革的動力之一。宗教改革的結果自然也更為加強了民族主義。各地的新教改革，原來就含有反對「外國控制」（羅馬公教勢力）和超國家大同色彩的力量，它因為訴諸各地的民族情緒乃呈現不同的民族型態和組織。於是，路德教會乃變成北日耳曼各邦和斯堪底那維亞半島各國的國教，喀爾文教派成為荷蘭及蘇格蘭的國教，英國也有了自己的國教教會。即使是在羅馬教會的國家，其教會也各自表現了不同程度和不同型態的民族色彩。這使宗教情緒和民族情緒互相增強，

而特別有助於民族爭取獨立的奮鬥，如喀爾文教派有助於荷蘭人抵抗西班牙，羅馬教會有助於愛爾蘭人抵抗英國，即使是在已經獨立的國家，宗教也增強了人民的愛國心，如伊莉莎白一世以後的英國以新教自豪，西班牙以天主教為榮。至於君主的權力，民族王國本已強大，藉宗教改革又加強了對教會更進一步的控制，新教國家固不必說，在天主教國家也在各國加速民族化。教會成為君主專制的輔助力量，於是教會力量走下坡，而君權神授 (divine rights of kings) 的理論繼之而起，十七和十八世紀成了君主專制的時代。

　　第三、在社會與經濟方面，宗教改革促進了資本主義精神的發揚，從而導致資本主義制度的成長和資產階級的興起。新教的道德觀和價值觀，以及其對金融經營的看法，頗為符合工商階級的需要。馬丁・路德倡導職業神聖 (dignity of vocation) 的論調，認為每個人對上帝均有其天職，而盡力履行此天職便是恪遵上帝的旨意。喀爾文教派（包括喀爾文教派、長老會、清教徒、休京拉派）特別著重勤勞和節儉；認為怠惰是萬惡之源；工作才能使人免於誘惑而不會做出上帝所不悅的事情；商業上的成功是上帝眷顧的表徵；利潤是合理的酬報；支出應小於收入。在喀爾文教派的國家，其工業革命的資金皆為前幾個世紀所累積下來的。許多新教神學家均反對羅馬教會所持利益即盤剝的觀點，也不贊同「公正價格」的規範，而持近乎近代市場自由競爭的論點。凡此種種，均為明顯的例證。德國社會學巨擘韋伯 (Max Weber, 1864–1920) 在 1904 年和 1905 年間發表《新教倫理與資本主義精神》(*Die Protestantische Ethik und der Geist des Kapitalismus*, or *The Protestant Ethics and the Spirit of Capitalism*) 的論文，1906 年又發表另一論文 《新教各派與資本主義精神》 (*Die Protestantische Sekten und der Geist des Kapitalismus*, or *The Protestant Sects and the Spirit of Capitalism*)。這些論文後來收在他的 《宗教社會學論集》 (*Gesammelte Aufsatze zur Religionssoziologie*, 1920–1921) 之中。韋伯主要的論點是，資本主義精神為

新教（尤其是喀爾文教派）運動的副產品。此說造成很大的影響。

　　不過，也有人認為，儘管蘇格蘭人、荷蘭人、瑞士人和新英格蘭的「美國佬」(New England Yankees) 的經濟發展可以用此類觀點來解釋，但是仍有一些例子不盡合此說。譬如說，銀行業便是在宗教改革之前先在天主教國家的義大利、日耳曼南部、尼德蘭南部（比利時）興起的，而後來新教也並未在這些地區得勢；沒有充分證據可以斷言天主教地區的經濟發展較慢和新教倫理與經濟發展完全相合。如萊茵地區是天主教地區，但其經濟發展和工業化程度高，而普魯士東部是新教地區卻是農業發達。此外，資源亦為重要問題，義大利縱使變成新教國家仍不能解決煤和鐵的問題，英國即使保留在羅馬教會區域內仍然有煤與鐵。因此，這個問題仍有可以討論處。不過，大致言之，新教所持的若干價值觀，確實對西方經濟和工業的發展有所助益。

　　第四、在教育和現世化方面，以教育言，新教領袖如路德、喀爾文等均力倡興學和教育群眾，日內瓦與萊頓 (Leyden) 大學係著名的新教學府，新教亦重視初級和中學教育。羅馬教會自保祿三世以降的改革派教宗，以及耶穌會士均以普及教育為務。雙方均深信以教育爭取信徒的重要性。不過，在宗教改革的擾攘期間，因為輕視事功而使教育受到影響。但是，大致言之，宗教改革以後，教育比較發達。在現世化方面，宗教改革的結果，更強化了個人主義和現世精神的色彩。使世俗政府接管了許多原來屬於教會的業務，於是教會逐漸是私人信仰的所在。這對加強政府的職能和現世化，也有正面意義。

四、動亂、戰爭與國際社會的浮現

㈠一般情況

　　十六和十七世紀的歐洲因宗教改革而精神騷亂和戰爭頻仍。這些戰爭有其複雜的因素，諸如朝廷王室的仇恨，國家民族的競爭，宗教信仰的衝

突等等。在此期內，一切戰爭均脫不了宗教的背景，政治和宗教是分不開的，宗教在這時不是扮演癒合裂痕的角色，它在同中求異，而不是異中求同。政教分離是西方文化的特色之一，但不是這個時期，而是在十九世紀末年，乃至二十世紀初葉才達成的。

在十六世紀之初，以奧地利為發祥地的哈布斯堡王室本來力圖振興一統帝國的理想。這個王室慣用婚姻繼承的方法拓展政治勢力和土地，乃有「別人都忙於征戰，只有你，幸運的奧地利在娶親」(Bella gerunt alii: tu, felix Austria, nubes!, or where others have to fight wars, you, fortunate Austria, marry!)❸。這個作法也曾相當奏效，到神聖羅馬帝國皇帝查理五世（作為西班牙國王為查理一世，在位時期 1516–1556）時，從其祖父母和外祖父母手中繼承了廣大的土地：奧地利、尼德蘭、法蘭·康特 (Franche-Comté)、西班牙、那不勒斯、西西里、西班牙美洲及其他海外屬地，他在1519 年成為神聖羅馬皇帝又成為全日耳曼的元首。其聲勢之大，為空前所未有。

查理五世和哈布斯堡王室想恢復宗教的統一，是可以理解的，因為這不僅涉及信仰的虔誠，另外只有在統一的教會中，神聖羅馬帝國始有其意義。但是，他的勢力對其他國家造成威脅，尤其是對法國。此時民族國家已告興起，而且漸漸成為西方重要的政治力量。法國是民族國家中的佼佼者之一，且其力量也已不可輕侮。法國在 1500 年時有一千五百萬左右的人口，此為西班牙的兩倍或英國的四倍。查理五世的帝國包括了西班牙、尼德蘭、日耳曼及義大利的大部，對法國形成包圍的態勢。法國矢志要突破「哈布斯堡包圍圈」(Habsburg ring)，因而不能無爭。法國的佛拉瓦王室 (House of Valois) 在法蘭西斯一世（Francis I，1494–1547，在位時期 1515–1547）和其繼承者的主導下，與哈布斯堡王室從 1522 年起便有了兵連禍結的戰事，義大利常是主要的戰場。法國雖為最大的天主教國家，且有「天

---

❸　參看 R. R. Palmer, *A History of the Modern World* (New York: Knopf, 1984), p. 73.

主教的長女」的稱號，但行事卻以國家利益為重，不但不顧全娘家，且有時欺負老母。法國有時支持新教力量，甚至有時與土耳其回教勢力相勾結，使哈布斯堡王室欲恢復教會一統的努力受到牽制。

㈡動亂與戰爭

這個時期政治與宗教不分，所有的戰爭都有宗教的動機。

事實上，自從 1531 年，北日耳曼境內因為信奉路德教派的北日耳曼王侯和若干自由城市便因堅持改革權 (ius reformandi) 而結盟與神聖羅馬帝國對抗，又得法國國王法蘭西斯一世的支持。他們自從 1546 年起便與查理五世作戰。這個內戰因有國際背景（法國為削弱哈布斯堡王室而支持新教勢力，甚至有時與土耳其相聯合）而不易解決。戰爭持續到 1555 年結束，訂立「奧古斯堡和約」(*Peace of Augsburg*)，代表路德派的勝利，承認各王侯有權決定其統治區域的臣民信仰羅馬公教或路德教派，此為「誰的地盤，就是誰的宗教」(cuis regio eius religio, or whose the region, his the religion) 條款。查理五世深感心餘力絀，而於翌年即 1556 年倦勤退位，隱於西班牙約斯達 (Yuste) 修道院，1558 年死。他退隱時將西班牙、西西里、那不勒斯及美洲和其他屬地界予其子菲力普二世 (Philip II，1527–1598，在位時期 1556–1598)，其弟裴迪南一世 (Ferdinand I，1503–1564，在位時期 1556–1564) 則取得哈布斯堡領土及帝號（1558 年查理五世死後始正式稱帝）。自此以後，哈布斯堡王室分為奧地利系 (Austrian Habsburgs) 及西班牙系 (Spanish Habsburgs) 兩支。西班牙哈布斯堡王室勢力較大，如果查理五世是十六世紀前半期的中心人物，則菲力普二世即為十六世紀後半期的中心人物。

西班牙與法國繼續作戰。除此之外，荷蘭的獨立戰爭、西班牙與英國的海權爭霸戰、法國內戰和三十年戰爭均為政治與宗教的混合戰爭。

荷蘭係尼德蘭北部的地區，它與其南部（後來的比利時）在語言方面（荷蘭人講日耳曼方言，比利時人用法文）和宗教方面（荷蘭人在宗教改

革後接受喀爾文教派，比利時人仍奉天主教），均有所不同。荷蘭人自 1566 年即反抗西班牙的統治，抗戰期長，也斷斷續續，戰爭因宗教因素而強化，始能奮鬥不已。但是，正式取得獨立，要到 1648 年的「威西發利亞和約」。獨立後的荷蘭，其正式國名為尼德蘭 (The Netherlands)。

　　西班牙與英國的戰爭，固有其他的因素，但宗教也是一個重要的因素。西班牙與教廷一直想恢復羅馬教會在英國的地位。英國全力支持荷蘭的獨立戰爭，亦為西班牙所憎。再加上英人杜累克 (Sir Francis Drake, 1540–1596) 等人於 1587 年以英船攻擊卡地茲 (Cadiz) 和侵擾墨西哥及南美。菲力普二世乃於 1588 年派出無敵艦隊或稱天主艦隊 (Invisible Armada, or armada catholica) 進攻英國。這支艦隊包括一百三十艘戰艦，總噸位五萬八千噸，外加三萬名士兵和二千四百門巨砲，此一實力在當時是空前的。但是，它也不無弱點：統帥麥地納西頓尼亞公爵 (Duke of Medina Sidonnia) 並非海軍出身，戰艦中有些過於笨重，又有些不夠堅實，分子龐雜以致命令要用六種語言下達水手。行軍路線原定先至尼德蘭接運軍隊以攻英國陸上，但在抵達尼德蘭以前，在英國南岸樸立茅斯 (Plymouth) 遭遇到英國統帥霍華德（Charles Howard，後封 Duke of Nottingham，1536–1624）指揮下的英國艦隊約二百艘，杜累克亦參與此役。主要戰鬥發生在 7 月 29 日，英艦較小巧而富活動力，且火力配備良好，西班牙大艦被各個擊破。西班牙艦隊企圖撤退至加萊 (Clais)，但被攔回。繼之，忽風暴大作，此被稱為「英吉利風」或「新教風」(English Wind, or Protestant Wind)，此使西班牙艦隊蒙受極大損失，有的戰艦被吹入怒濤洶湧的北海而沉沒，殘艦沿著愛爾蘭西岸回航。此戰使英國取代西班牙的海上霸權。

　　十六世紀下半期，法國爆發了嚴重的內戰。這個內戰有宗教的和政治的兩個層面。宗教改革以後，新教喀爾文教派傳入法國，他們就是休京拉教派。他們在法國傳播很快，此時沒有精確的統計數字，但至少有十分之一的人口接受了此種信仰，他們之中有三分之一到二分之一的法國貴族，

以及很多中產階級，他們主要分布在西南部，但也散居各地。他們主張宗
教寬容，也主張召開三級會議來改革國家財政。法蘭西斯一世和後來的君
主對他們展開制裁。十六世紀末期，1570 年代後，法國有三個政治勢力：
王室 、 吉斯家族 (the Guise) 領導下的天主教集團 ， 以及波旁家族 (the
Bourbons) 領導下的新教休京拉派力量。自從 1562 年起，天主教派與休京
拉派互戰不休，王室乃忽助此和忽助彼以求取平衡。1585 年爆發三亨利戰
爭 (War of Three Henrys)，此為法國國王亨利三世 (Henri III)、天主教派領
袖吉斯公爵亨利 (Henri, duc de Guise) 和休京拉派首領那瓦爾的亨利
(Henri de Navarre) 之間的混戰。至 1588 年吉斯公爵亨利為法國國王亨利三
世所暗殺，而翌年亨利三世又為吉斯家族所暗殺。於是，那瓦爾的亨利成
為碩果僅存者，他成為法國國王亨利四世（Henri IV，or Henry IV，1553–
1610，在位時期 1589–1610）。但是，巴黎卻拒絕接納一個新教的國王，直
到 1593 年亨利四世改變信仰，棄休京拉派而改就天主教，巴黎才接納他。
據說他在作此抉擇時曾說，巴黎蠻值得一場彌撒。事實上，我們從亨利屢
次被迫改變信仰和最後結局，便知道法國在此時期宗教問題之嚴重和它與
政治的糾纏不清：他本是新教徒，1572 年由新教徒變為天主教徒；1576 年
由天主教徒變回新教徒；1593 年再由新教徒變為天主教徒；1610 年為極端
的天主教徒刺死。亨利四世為波旁王室 (House of Bourbon) 的開創者。他
懂得癒合分裂和與民生息。1598 年他頒下「南特詔令」(*Edict of Nantes*)，
寬容休京拉派信徒。同時，在內戰期間即已興起的政治務定派 (Politiques,
or Politicals) 當道，他們由穩健的天主教派和中庸的休京拉派構成，認為國
家與政府為重，教會屬次要。法國漸趨安定和繁榮。

　　最後一個宗教戰爭是大規模的三十年戰爭 (Thirty Years' War, 1618–
1648)。這個戰爭到 1648 年締和時，法國和西班牙的矛盾仍未解決，兩國
又繼續打了十一年至 1659 年方休。但法、西自 1648 年至 1659 年的戰爭便
沒有太多宗教的成分。整起戰爭的原因甚為複雜：有宗教的紛爭，國際利

益的衝突（如法國欲突破哈布斯堡王室勢力的包圍及西班牙想控有義大利和尼德蘭），領土的野心，經濟的貪婪，也有政治的仇恨。戰爭爆發於波希米亞，此因奧地利哈布斯堡王室欲箝制波希米亞的喀爾文教派，1618 年發生布拉格拋窗事件 (Defenestration of Prague)，此為捷克貴族用傳統的把人拋出窗外以示決裂的方式，把裴迪南二世 (Ferdinand II, 1578–1637, King of Bohemia, 1617–1637, Holy Roman Emperor, 1619–1637) 派來的兩位欽差拋出窗外。於是引發神聖羅馬帝國聯同西班牙、巴伐利亞等舊教各邦征討波希米亞，繼之新教國丹麥及瑞典參戰，到後期政治色彩趨濃，法國以舊教國參加新教集團和勃蘭登堡以新教國參與舊教陣營作戰。戰爭的主戰場在日耳曼，啟示錄四騎士即戰爭、饑饉、災疫和死亡，馳奔全日耳曼，使之元氣大損。戰爭初期，哈布斯堡方面占優勢，但後期西班牙漸不支，其曾經不可一世的步兵在 1643 年洛克洛亞 (Rocroy) 一役為法國所敗。1641 年開始和談，至 1648 年才締和。

(三)國際社會的浮現

結束三十年戰爭的「威西發利亞和約」簽訂於 1648 年 10 月 24 日。這是一個對近代西方有極大影響的和約。它的決定，主要內容為：在政治部分，瑞典、法國、勃蘭登堡等均獲得一些土地；神聖羅馬帝國的三百多邦皆成為獨立自主國家，對外享有宣戰、媾和之權，帝國形同解體。在宗教方面，羅馬教會、路德教派和喀爾文教派均享有平等的權利。

更重要的，是這個和約正式結束了歐洲一統帝國和一統教會的兩大理想，此後各國並立和宗教紛歧成為普遍的常態。於是，列國制度 (Staatensystem, or State System) 形成，而國際社會 (Family of Nations, or International Community) 乃得浮現。這有一些特徵：一是主權平等的原則獲得承認，也就是國家與國家之間，儘管可能有所差異，但彼此的主權 (sovereignty) 卻是平等的。但是，此一主張的理論與實際有其差距，有人用「對天帝合法的事，對一頭牛不一定合法」（只許州官放火，不許百姓點

燈) (Quad licet Jovi, non licet bovi) 來說明這種狀態。二是外交制度的建立，外交關係 (diplomatic relations) 是在主權平等的基礎上發展出來的政府與政府之間的官方關係，它與一般的「對外關係」(foreign relations) 不同。歐洲各國從前在一統帝國和一統教會的籠罩下，沒有主權平等的觀念，甚至各國間沒有彼此互為獨立主權國家的意識，各國政府組織中也就沒有「外交部」(foreign office) 這種機關。各國在「威西發利亞和約」以後才次第建立外交部❶。三是各國依照自身的利益，透過交涉談判，甚至有時採取戰爭手段來調整彼此的關係，但均勢 (balance of power) 原則為指導原則。四是國際法 (international law) 得到發展，由於各國的國內法不適用於國際行為的處理，於是乃有國際法的需要，國際法萌芽於荷蘭法學家格勞秀士 (Hugo Grotius or Huig de Groot, 1583–1645) 在 1625 年歐洲正處於三十年戰爭時出版 《論戰爭與和平的法律》 (*De Jure Belli ac Pacis*, or *Concerning the Law of War and Peace*)，此後有持續的發展而成為體系。

第二節　思想革命

十七和十八世紀，在學術思想上有了極為重大的發展。在此時期內，人對自然，對社會和對自己，都有了與從前完全不同的瞭解與看法，很多近代的觀念浮上腦際，因而稱為「思想革命」(the Intellectual Revolution)。

一、學術發展

㈠自然科學的進展

「科學」指可以驗證的有系統的知識。在十七世紀，當時被稱為「自然哲學」 (Natural Philosophy) 的自然科學，有了長足的發展。在這個世紀

---

❶　參看 L. Oppenheim, *International Law: A Treatise*, edited by H. Lauterpacht, 8th ed. (London: Longmans, 1955), p. 763.

中，大師輩出，各領風騷，照耀著這個為英國數學家和哲學家懷海德 (Alfred Whitehead, 1861-1947) 所稱許的「天才的世紀」(century of genius)。他們的論證，在現在看來，或許還相當原始，但在當時卻是突破性的，且奠下以後發展的基礎。因之，在科學史上，占有重要的地位。這些大師們努力做到：(1)理論與實際相結合；(2)以實驗的方法印證新說；(3)用數學語言表現定律；(4)互相切磋以交換心得。藉著這些方法，科學乃日益邁進：伽利略 (Galileo Galilei, 1564-1642) 的死和牛頓 (Sir Isaac Newton, 1642-1727) 的生，皆發生在 1642 年。但是，在伽利略時代，科學仍在「嘗試錯誤」的程度，到牛頓死時已燦然大備。

科學的發展，得力於方法論的突破。在這方面，英國人培根 (Francis Bacon, 1561-1626) 和法國人笛卡爾 (Rene Descartes, 1596-1650) 貢獻最大。培根出生於倫敦，受教育於劍橋的三一學院 (Trinity College, Cambridge)。他於 1584 年進入國會，但女王伊莉莎白一世並不十分欣賞他的才具。詹姆士一世 (James I, 1566-1625, King of Scotland from 1567 and of England from 1603) 後情況好轉，1603 年封爵士，1618 年任大理院院長 (Lord Chancellor)，並晉封男爵又晉子爵。1621 年被控受賄而被罰鍰 40,000 鎊且判入獄倫敦塔。後來雖經免罰免獄，但不再適任公職，乃從事研究和著述的工作。他計畫撰述一個有六帙大部頭的著作，題目為 《大更新》 (Instauratio Magna, or Great Renewal)。不過，他僅完成了兩部：1605 年完成《進學論》(The Advancement of Learning)，後來用拉丁文擴大為《科學的拓展》 (De Augumentis Scientiarum)，於 1623 年出版。不過，影響最大的，是 1620 年出版的《新工具論》(Novum Organum)。在此書中，他發展出一種新的治學方法，那就是歸納法 (Inductive Method)，此法的特點在於由特殊案例而發展出通則，這與由通例而推知通則的演繹法 (Deductive Method) 大不相同。原已存在的演繹法源自亞里士多德的三段論法 (syllogism)，後為符號邏輯 (Symbolic Logic) 所延伸，其法為由已知為正確

的通則著手，而推及特殊案例，如人皆有兩條腿，某甲是人，所以某甲有兩條腿。此法雖有其價值，但在獲取新知方面，有其極限。歸納法則不同，它有四個步驟：第一為考察在所有已知事例中某一特定現象發生的情形；第二為考察在已知事例中此一特定現象不曾發生的情形；第三為考察在各種事例中此一特定現象出現程度的差異；最後在通盤檢查以上三種情況後，會發現某一因素存在，此種特定現象即會發生；某一因素不存在，此一特定現象即不會發生；此一因素存在的程度與該一特定現象發生的程度成正比。那麼，就可確定此一因素即為彼一特定現象的原因。培根在此書中亦主張理論和實踐應合而為一，用觀察、實驗和歸納的方法來研究問題。這種歸納法的治學展現可以發掘無窮的新知。不過，培根認為研究學問要有清明的心智，必須剷除四種心內的偶像或偏見。第一種是洞穴的偶像 (Idol of Cave)，此為由每人的個性、癖好或特殊的境遇塑造而成的，一如自閉者的觀念世界，是狹隘的「坐井觀天」式的意識型態；第二種是戲場的偶像 (Idol of Theatre)，一般人總是接納某種傳統的想法或觀點，為一種接近「人云亦云」的情況；第三種是市場的偶像 (Idol of Market)，此為語言之蔽，指藉由語言溝通而形成的社會性的意見，但語言與實在是有距離的；第四種是種族的偶像 (Idol of Tribe)，此為習俗之蔽，來自社會環境和文化背景的影響而形成頑固的意識型態，易以一己的愛憎影響正確的思考判斷。他在《科學的拓展》中，闡揚科學知識的重要性，並指出真正的知識乃是有用的知識。他死後在 1627 年尚有《新阿特蘭提斯》(*New Atlantis*) 一書出版，描繪科學的烏托邦，認為人可藉著對知識和自然的控制而創造出完美的社會。他預見工業革命的發生，並聲言科學可變成人類的臣僕，以及工廠可為良田。培根重視科學知識的功用，不認為理論科學和應用科學之間有真正的分野，他的徒眾更持知識即力量之說。

　　笛卡爾為哲學家和數學家，曾受教育於耶穌會學院和波瓦底厄大學 (University of Poitiers)。1628 年退居荷蘭，從事科學研究和哲學思考。

1649 年受瑞典女王克麗斯娜 (Christina) 之邀，前往瑞典，後因不耐酷寒而死於該地。他綜合代數和幾何而發展出解析幾何。他提供了科學的數學研究法，也給科學研究一個哲學的基礎。1637 年他出版《方法論》(*Discours de Methode*, or *Discourse on Method*)，為用法文所寫的早期名著之一。笛卡爾主張有系統的懷疑，試圖懷疑一切可疑的事物，以求去舊布新。但他認為到最後他不能懷疑自己的存在，以及他自己是一個會思考而懷疑的實體，因而有 「我思故我在」 (cogito, ergo sum, or I think and therefore I am) 的名句。然後，他以有系統的推理而得到上帝的存在。但是，他所說的上帝是指遙遠的和不具人格的上帝。他曾說，可以用「宇宙的數理秩序」來代替他所說的上帝。 他創出二元論的哲學 ， 即 「笛卡爾二元論」 (Cartesian Dualism)。他認為世界是二元的，造物者在宇宙間創造了兩個實體或實在：一是思維的實體 (thinking substance)，此指心 (mind)、精神、意識、主觀經驗；另一個是延伸的實體 (extended substance)，此指「心」以外的所有各個事物是客觀的。除了「心」以外的各個事物皆占有空間。他的哲學因為把心和物 (matter) 劃分開，使「心」以外的物理性的研究可以從時間、空間、運動來著手，不受其他干擾，此可使科學家對物理世界的研究當做一個自我發動的機械人。此外，與培根不同的，是他較為重視數學。

十七世紀後，自然科學取得了獨立和持續發展的地位。數學是自然科學的基礎，此時也有一些發展。自從中世紀後期採用阿拉伯數字以後，計算已趨方便。 歐幾里德幾何 (Euclidian geometry) 亦因 1505 年拉丁譯本的出版而廣為流傳。義大利數學家嘉戴諾 (Girolamo Cardano, 1501–1576) 於 1645 年出版《大藝》(*The Great Art*)，成為代數學上的劃時代著作。數學在十七世紀以後有些發展：第一是小數 (decimals) 的介紹，1616 年開始有小數點而使小數演算節省很多時間；第二是蘇格蘭人納皮爾 (John Napier, 1550–1617) 在 1640 年發明對數 (logarithms)， 使演算更為省力 ； 第三是 1637 年笛卡爾在其解析幾何中指出幾何和代數可以互相換算 ； 第四是

1680 年後，牛頓和萊布尼茲 (Gottfried Wilhelm von Leibniz, 1646–1716) 分別發明了微積分學，使變動中的量可以方便地計算，成為自然科學研究的利器。

這個時期最大的發展在天文學與物理學。

天文知識是人類瞭解宇宙及其所處的世界的鎖鑰。它的發展，頗能表示人對宇宙認知的歷程。中世紀時，人對宇宙世界的認知，是受希臘人（特別是亞里士多德）的影響，認為世界是一個封閉的和穩定的實體，其四周環以恆星；世界有兩部分，即天空和塵世。天空係由不可破壞的「以太」(ether) 所構成，天體便在其內運轉；塵世是人居之處，位於月亮之下，是不穩定而可破壞的，由四種基本元素（地、水、火、氣）所組成。二世紀時亞歷山大港的天文學家托勒密 (Claudius Ptolemy，約 100–168) 的主張成為「顯學」：地球是靜止的，而且為宇宙的中心；它的周圍有一些行星，如月球、水星、金星、太陽、火星、木星和土星。他的天文系統在但丁的〈神曲〉之中，有很傳神的描繪。

但至十六世紀中葉，波蘭天文學家哥白尼 (Nicolaus Copernicus, 1473–1543) 提出與中世紀不同的天文學觀念。哥白尼的父母為波蘭日耳曼人，他先後在格拉科 (Gracow) 和義大利波隆那及法拉拉 (Ferrara) 等大學研習數學和醫學。他在法拉拉取得教會法博士學位後，在普魯士擔任教會職務。他的研究使他相信太陽中心說，即太陽而不是地球是宇宙的中心。他認為行星（包括地球）以圓形的軌道環繞著太陽旋轉。他認為這是因為較輕的物體朝向較重的物體運動，而太陽是最重的，故成為宇宙中心。但他的學說與基督教義不合，茲事體大。所以他的《天體運行論》(*De revolutionibus orbium coelestium*, or *On the Revolutions of clelestial Spheres*)，在 1543 年他臨死前付印，並將之呈獻給教宗保祿三世。路德教派學者歐欣德 (Andreas Osiander, 1498–1552) 為之作序時，為保護哥白尼，尚稱哥白尼之說為一種基於數學的好奇的假說。事實上，在當時哥白尼的理論並未引

起太大的注意。終十六世紀哥白尼之說未為天文學界所接受。哥白尼之後最有名的天文學家丹麥人布拉 (Tycho Brahe, 1546–1601) 仍遵守托勒密學說。不過，他勤觀天星，累積下許多有關星體位置的資料。他的學生，也是天文大師日耳曼人凱卜勒 (Johannes Kepler, 1571–1630)，雖然視力不佳，但長於數學計算，並善用布拉的資料，在 1609 年至 1619 年間，發展出三個定律。這就是凱卜勒三律 (Kepler's laws)：第一、行為行星循橢圓形軌道（直至哥白尼仍認為是圓形的軌道）環繞著太陽運轉，每一個運轉的軌道均以太陽為焦點；第二、每一行星的向徑（radius vector，指連結此行星中心與太陽中心的線）在同等時間之內移動的空間相同，因此愈靠近太陽的行星因其軌道距太陽愈近而運轉愈快；第三、行星環繞太陽一周所需時間之平方與其距離太陽平均距離之立方成正比。

　　義大利科學家伽利略為集天文學家、數學家和物理學家於一身的人物。他出生在比薩，先後任教於比薩和巴都亞大學。他把速率和距離與時間的變數連在一起，而發展出加速度運動的原理。他在 1589 年至 1592 年間在比薩擔任教授時，開始其有關物體和運動的實驗，發現物體降落的速度與其重量並不成比例，差不多二十年後才得到物體降落的速率與時間成正比，而無關其重量和密度的結論。1609 年他製成望遠鏡，使觀察天象不再靠肉眼，發現銀河為不可數計的星群，月球和金星有類似的盈虧，土星有環和木星有衛星等，1611 年發現太陽黑子，這些都強化了哥白尼的學說。1610年他出版《星球的信使》(Nuntius Sidereus, or Messenger of Stars)，把他的發現紀錄其中。

　　此後太陽中心說逐漸推廣，此使羅馬教會深具戒心。特倫特會議召開以後尤然。先是義大利泛神論哲學家布魯諾 (Giordano Bruno, 1548–1600)引用哥白尼理論攻擊正統教義，認為地球不過為億萬星球之一，人類在浩瀚無限的宇宙中是何等的渺小和微不足道，而基督教義卻以地球為中心和以人類為主角，上帝偏偏又派其獨生子耶穌降臨為人類贖罪，此為何其荒

謬的想法！他認為在其他星球上，也許也存在類似地球上人類自以為是的想法。他相信上帝存在於萬物之中。1600 年，布魯諾被視為異端受裁判，且處炮烙死刑。1616 年起，哥白尼的《天體運行論》被羅馬教會列為禁書，至 1835 年方解禁。至於伽利略也在 1616 年受異端裁判的警告，說他在傳播「假的畢達哥拉斯學說」(false Pythagorician doctrine)，此年他被召至羅馬，受到不得再宣揚哥白尼學說的警告。1632 年他出版《兩大世界體系對話錄》(*Dialogo sppra I due massimi sistemidel mondo*, or *Dialogue on the Two Great World Systems*)，此書在表面上是為托勒密體系辯護，所以教會准予出版。但是書中所描述的，為托勒密體系辯護的辛浦里西烏斯 (Simplicius) 為一愚不可及的人物。有人進讒言說此為諷刺當時教宗烏爾班八世 (Urban VIII，在位時期 1623–1644)。於是，伽利略被召至羅馬審判，1633 年被判終身監禁，並命其撤回「異端與謬見」。據說，他在表示撤銷自己的意見之後，仍喃喃自語：「它（地球）是在動嘛！」(Eppur si muove)。此固為傳說，後來發現寫在一個大約在 1640 年完成的伽利略畫像上。他最後被允許幽居在佛羅倫斯附近的阿賽特里 (Arcetri)，仍在不斷研究物理。他的事例，說明科學家在此時仍可能受到迫害。他的案子，在羅馬教會內，一直到 1992 年 11 月 1 日教宗認錯並讚揚伽利略在天文學的貢獻，才得到平反。這位教宗是若望・保祿二世（John Paul II，1920–2005，在位時期 1978–2005）。

物理學在此時期大放光芒。伽利略在 1591 年左右發現物體降落的速率與重量無涉。他在動力學方面的探討，發現動者恆動和靜者恆靜的慣性原理。凱卜勒和笛卡爾發現光的折射。十七世紀初英國人吉伯特 (William Gilbert, 1544–1603) 發現天然磁石的特性並指出地球為一大磁場，他也把「電」(electricity) 介紹進一般字彙。最偉大的科學巨人是英國人牛頓。他於 1661 年入劍橋三一學院就讀，1662 年至 1666 年間，劍橋因瘟疫關閉，他回到沃斯佐普 (Woolsthorpe) 老家，此時他發現萬有引力，開始發展微積

分和瞭解白顏色的光是由不同顏色的光譜組成。1667 年當選三一學院院士，1672 年當選皇家學院 (Royal Society) 院士。牛頓是多方面的天才，他是數學家、天文學家和物理學家，也有高度的綜合能力。他綜合凱卜勒的天體以橢圓形軌道環繞太陽又偏向太陽運轉的天體引力說，以及伽利略及吉伯特的落體和磁力的地心引力說，認為是同一定律的一體之兩面，這個定律就是萬有引力定律 (law of universal gravitation)。據說牛頓在 1665 年他二十三歲時便在家鄉沃斯佐普悟出是理，不過直至 1687 年他出版科學史上劃時代的鉅著，即《自然哲學的數學原理》(*Philosophiae naturalis principia mathematica*, or *Mathematical Principles of Natural Philosophy*) 才公布於世。在此書的第一部分討論力學，其中包括他的運動三定律：第一個定律是，物體非受外力干預，則靜者恆靜和動者恆動 (以慣常速率運行)；第二定律是，物體運動速率之變化與所受外力干預之大小成正比；第三定律是，物體之運動會產生一個大小相等而方向相反的運動。第二部分處理流體動力和其他課題。第三部分為萬有引力，討論地面上的落體和太空中行星、彗星等等運動的情形。牛頓用微積分計算出結果，卻用較舊的幾何方法來解釋。他在光學方面的研究成果，見於他在 1704 年出版的《光學》(*Opticks*)，提出光 (light) 係由微粒 (corpuscles) 或分子 (particles) 構成的，此種微粒論 (corpuscular theory) 支配光學研究直迄十九世紀之初，始為光波論 (wave theory of light) 所取代。牛頓晚年對冶金術、神學、歷史，特別是編年史比較有興趣。當時牛津、劍橋在國會有代表權，1687 年至 1690 年和 1701 年至 1702 年，他曾兩度為代表劍橋大學的國會議員。他從 1703 年擔任皇家學院院長，直至逝世為止。他也曾任鑄幣局長，1705 年晉封騎士。他是一個心胸開闊而大方的人，但有時也捲入爭議，最為大家所熟知的，是他與萊布尼茲在誰發明微積分的爭執，後來雖為世人承認兩人都有功勞，但當時兩人爭執甚烈。

不過，牛頓的學說體大思精，是個集大成的人物。他的偉大在於把宇

宙萬物均納入一般人可以理解的 「牛頓世界機械」 (Newtonian World-Machine) 之中。他的成就之大、聲響之高，以及影響之深遠，可從英國詩人波普 (Alexander Pope, 1688–1744) 為他預擬的墓誌銘看出：

> 自然和自然的法則晦暗如長夜；
> 上帝說，「牛頓出」，一切乃光燦輝煌。**⓯**

　　順便在此談談，所謂牛頓在故鄉沃斯佐普的蘋果樹下因為被落地的蘋果擊中而悟出萬有引力的道理，以及瓦特因見母親燒開水，壺蓋為沸騰後的水蒸氣衝開而發明蒸汽引擎，完全不是這麼一回事。這些故事可作為「科學傳奇」或「科學神話」而可能有啟發性，但卻不合事實，因為我們知道牛頓學說和瓦特蒸汽引擎，有其發展的脈絡。不過，有時仍然很有意用心。1954 年劍橋三一學院忽發奇想，從牛頓舊居的沃斯佐普邸第 (Woolsthorpe Manor) 移來一棵蘋果樹，筆者也曾多次去看過，但到 2002 年其生長情況仍然不佳**⓰**。是否牛頓地下有知，不接受此一盛意？

　　其他自然科學，比如化學、生物學、醫學等等，也在此時期大有發展，不再列舉。另外，技術亦在萌芽。後來推動工業革命的蒸汽引擎亦告萌芽。1681 年法國人巴平 (Denis Papin, 1647–c. 1712) 設計出蒸汽活塞，因其產生的動力不大，僅可用於烹飪。此後英國人亦注意及此。紐昆門 (Thomas

---

⓯　原句作：

Nature and nature's laws lay hid in night;

God said, "Let Newton be," and all was light.

轉引自 R. R. Palmer, *A History of the Modern World*, 6th ed. (New York: Knopf, 1984), p. 288.

⓰　請參看 Trinity College Cambridge, "Isaac Newton and Apple Tree," Trinity College Cambridge, *Annual Record 2001–2002*, pp. 17–20.

Newcomen, 1663–1729) 在 1712 年頃發展出動能較大的蒸汽引擎，但因體積大且耗燃料多，多在煤田供抽水等用途。此種蒸汽引擎後經蘇格蘭人瓦特 (James Watt, 1736–1819) 的改良，成為工業革命早期的重要動力來源。

另一發展，是自十七世紀，學術組織亦次第出現，顯示學術研究走上建構化。其中較早的，有 1601 年在羅馬成立的山貓學會 （Academia dei Lincei，or Academy of the Lynxes，此因山貓善於透視祕密而命名），1625 年在日耳曼成立的自然探奇學院 (Collegium naturae curiosorum, or College of Natural Curiosities)，1657 年在佛羅倫斯成立的實驗學院 (Academy for Experiments)。最負盛名的，有 1662 年成立於倫敦的皇家學院，以及 1666 年成立於巴黎的法蘭西科學院 (Academie des Sciences)。1743 年建立在美國費城的費城哲學會 (Philosophical Society of Philadelphia) 是新大陸的第一個類似的組織，為富蘭克林 (Benjamin Franklin, 1706–1790) 所發起。這些學術團體發行期刊和出版書籍，也舉辦學術會議，用以傳播知識和交流意見。

(二)人文及社會學科

1.哲　學

人文和社會學科在此時期亦有拓展。以哲學而言，近代西方哲學肇基於此時。西方哲學的兩大派，即理性論 (Rationalism) 和經驗論 (Empiricism)，以及其他的哲學理論均告形成。

理性論主張僅靠理性 (reason)，而不必借助於經驗，即可獲得有關宇宙的基本真理。他們認為知識源自先天的觀念 (innate ideas)，從先驗的 (a priori) 或自明的 (self-evident) 原則出發，經由邏輯的演繹方法來取得。此派大師有笛卡爾、萊布尼茲和斯賓諾沙 (Baruch or Benedict de Spinoza, 1632–1677)。後來的唯心派哲學家屬於此類，其中最著者為黑格爾 (Georg W. F. Hegel, 1770–1831)。萊布尼茲是一位社會生活也很成功的哲學家和數學家。他在 1666 年至 1673 年間曾為神聖羅馬帝國選侯梅因茲 (Mainz) 大

主教國的外交官，且曾出使路易十四時的法國。1700 年他出任普魯士科學
院第一任院長。他也曾為神聖羅馬帝國樞密大臣，封為男爵。在哲學思想
上，他認為宇宙為神聖設計的結果，一切井然有序，彼此相關。他相信宇
宙由無數個精神單位所構成，他稱這種單位為單子 (monad)，這種單子是
實體，是萬物根源，是不可分割的和不生不滅的；宇宙萬物中雖一塵之微，
亦充滿著單子；單子有其統階，最大和最超越的單子即為上帝；上帝允許
意志的自由，但祂所締造的世界仍為「許多可能的世界中的最完美者」
(the best of all possible worlds)。他的理論，主要見諸他在 1714 年出版的
《單子論》(*Monadology*)。斯賓諾沙出生在荷蘭阿姆斯特丹，出身猶太家
族，受猶太教育。1656 年因其獨立思想為猶太社會驅逐，他自此不再使用
猶太式的名字巴魯克 (Baruch) 而改採拉丁文式的名字本篤 (Benedict)。
1673 年他拒絕海德堡 (Heidelberg) 大學的教授聘約而寧願保持他在阿姆斯
特丹磨透鏡的工作以求得以安靜思考。他的主要著作有 1670 年出版的《神
學・政治學論》(*Tractus theologicus-politicus, or Theologico-Political
Treatise*) 和 1677 年他死後出版的《倫理學》(*Ethics*)。他接受笛卡爾的心
物二元論，但他認為心與物為同一本質的不同特性，此一本質即為上帝，
也就是自然；上帝是無限的，具有很多的特性，不過心與物是人類心靈所
能知曉的兩種。他認為任何事物皆為上帝的一面。他這種泛神論的觀點，
使他為當世（猶太人和基督徒）所不容。事實上，他有很深的宗教感，認
為人生的最高快樂在體認到自己為無所不包和無所不在的上帝的微細部
分。他不相信《聖經》是神的啟示，亦不相信神跡。在倫理典範方面，他
主張純潔而嚴正的生活，財產、權勢、名利、歡樂都是空的，永恆的快樂
在於敬愛上帝，也就是崇拜自然的秩序與和諧。

　　經驗論主張感官經驗才是知識的可信來源，也重視歸納法。知識來自
後天的 (a posteriori) 經驗，唯有用觀察和實驗的方法始能判定其真確與否。
英國哲學家洛克 (John Locke, 1632–1704) 為此派的巨擘。他認為，知識的

對象是觀念，而觀念的唯一來源則為經驗。他認為，一切觀念都是來自經驗的和後天的，沒有什麼先天的觀念。他的力作為 1690 年出版的《人類悟性論》(*An Essay Concerning Human Understanding*)。他指出：所有的知識均來自經驗，而經驗有兩種，即外在的經驗 (outer experience) 和內在的經驗 (inner experience)。外在的經驗來自五種感官，此為遇到外界刺激時所獲得的經驗，也就是感覺；內在的經驗則來自思考，由心內的各種作用而生，也就是反省 (reflection)，這包括想像、記憶等等。一切觀念皆由此兩種經驗的各種結合而產生。觀念大致有兩種：簡單觀念 (simple ideas) 和複合觀念 (complex ideas)。洛克把初生嬰兒的心靈比作白紙 (tabula rasa)。他認為心靈在最初為沒有特性和缺乏觀念的白紙，惟賴經驗加以充實。因此，他認為人的知識和信念都是訓練和環境的產物，也就是經驗的果實，經驗為一切觀念之始，亦為一切知識之本。經驗論學派後來又有愛爾蘭的柏克萊 (George Berkeley, 1685–1753) 和英國的休謨 (David Hume, 1711–1776)。

2. 史學和考證之學

　　這個時期的史學有些發展。義大利人維哥 (Giovanni Battista Vico, 1668–1744) 提出文化循環論，認為社會發展有三個階段，即神權政治、貴族政治和民主政治，而每一階段均含有自己毀滅的種子。日耳曼哲學家赫德 (Johann Gottfried von Herder, 1744–1803) 在其 1784 年至 1791 年出版的《歷史哲學的理念》(*Ideas on the Philosophy of History*，四卷) 中，認為人類的文化演進為自然演進的一部分，而非人類理性和自由意志的顯現。十八世紀理性主義當道而呈現輕蔑信仰和迷信的態度，英國歷史學家吉朋 (Edward Gibbon, 1737–1794) 在 1776 年至 1788 年間出版的《羅馬帝國衰亡史》(*The History of the Decline and Fall of the Roman Empire*，六卷) ❶，認為羅馬帝國的衰亡導因於野蠻人的入侵和基督教的勝利。

　　考證之學亦萌芽於此時。例如法國本篤會修士馬必揚 (Jean Mabillon,

---

❶　現行標準本為拜瑞 (J. B. Bury) 所編的七卷本，在 1896 年至 1900 年出版。

1632–1707) 精於考證，在 1681 年出版《古文獻研究》(*De re Diplomatica, or On Diplomatics*)，1704 年又出版補篇。他建立了古文書學 (Paleography) 或文獻學 (Science of Diplomatics) 的研究方法。此外，年代學 (Chronology) 亦於此時出現，愛爾蘭阿瑪 (Armagh) 大主教烏舍 (James Ussher, 1581–1656) 為其大師之一，但他考訂上帝創造宇宙萬物的時間為西元前 4004 年 10 月 23 日，則不具說服力。

3.國際法及政治理論

　　自從文藝復興時期，馬基維里已經奠定了政治學的基礎，使之從神學和道德哲學中獨立出來。十七世紀政治理論亦大有發展。此時期政治與社會思想集中在兩個問題上：自由與權威的關係和「美好社會」(good society) 的性質究應如何。十七世紀的政治理論家或政治哲學家一方面受自然科學的激勵，企圖用科學的分析方法來研究人類社會，以估量和改進現存的政治與社會制度；另一方面，由於自然律哲學思想的興盛，使他們對於自然律和自然權利有很大的期盼。這個時期的政治理論屬於「自然律學派」(School of Natural Law)。所謂「自然律」是，有鑑於宇宙所表現出來的秩序與和諧，使人認為世間亦有判別是非對錯的準則，而此種準則是超越任何威權之上和放諸四海而皆準的。沒有人能將此種自然律曲為己用，所謂「明」君和「賢」人，是因為他們的行為符合尺度和標準。再者，此種自然律可以為人的理性所發現，而人既是理性動物，所有各民族和各色人等均具有或潛賦有同樣的理性和理解力。此種看法雖在十九世紀末年以後動搖，且人不再被認為是理性的動物，其行為受本能或慾望的驅使，而人與人之間也存有很大的基本差異，不過在當時自然律的觀念卻是流行的。在這個基礎上有的思想家欲建立國際法，荷蘭人格勞秀士在 1625 年出版《論戰爭與和平的法律》。日耳曼人普芬道夫 (Baron Samuel von Pufendorf, 1632–1694) 認為各國之間的自然關係，一如人與人之間的關係是和平的，戰爭是對違反國際法國家的懲罰，而且是在各種和平的矯正方法均告無效

之後方可使用的。他在 1661 年出版 《普遍管轄的要素》 (*Elementa jurisprudence universalis*)，在 1672 年出版 《自然法與國際法》 (*De jure naturae et gentium, or On the Law of Nature and of Nations*)，闡明其思想。

在政治方面，亦有各種不同的主張，有人主張專制，也有人鼓吹立憲。不同的主張均可從自然律哲學中找到依據，不過政府型態只是一種手段，他們認為政府體制的本身並無絕對的價值。主張專制的代表人物為英國哲學家霍布士 (Thomas Hobbes, 1588–1679)。他曾在牛津瑪達琳學院 (Magdalen College) 就讀。他的思想受到兩個因素的影響，一為自伽利略以來自然科學的發展，使他認為只有物質的存在，因而他的思想富唯物色彩；另一為受英國革命和內戰的影響，使他相信人性是自私的。他的政治理論見諸他在 1651 年出版的《利維坦》(*Leviathan*)。他一如亞里士多德認為人是社會動物，但亞里士多德認為這出於人的本性，他卻認為這出自人的需要。他認為人一如別的動物，其思想、感受和慾求均受外在刺激而產生，只是程度有異而已。人沒有自治的能力，人性是低下的。人的各種活動，包括政治活動在內，係源於對安全或自保 (self-preservation) 的需求，國家和社會的起源並非由於人的社會本性，而係起源於相互的恐懼。他指出，在沒有政府組織以前的狀態是「自然狀態」，這是一個紛爭而混亂的狀態，到處充滿著奪取和鬥爭，除了強者以外，無人是安全的。人生在這種情況下是「孤單的，可憐的，污穢的和短促的」(solitary, poor, nasty, brutish, and short)，於是為了免除恐懼，獲得秩序和保障權益，以及為了避免發生「全部對抗全部的鬥爭」(bellum omnium contra omnes, or war of all against all)，人乃互相同意將他們所有的個人權力交付給一個人或一個團體，以作為主權者 (sovereign) 來治理他們。此一主權者必須有絕對的或不受限制的權力，也唯有如此，始能維持秩序，給大家帶來安全。主權者或政府必須像「利維坦」，也就是龐大而有力量。至於政府型態並不重要，但霍布士認為君主政體中主權者和政府最能合而為一。他給予主權觀念以最廣泛的解釋，

主張主權者握有君臨一切的權柄，是正義的泉源和法律的創造者。他指出，任何人不得干預主權者或政府的行動，因為這樣做是危險的，可能使混亂時代再度來臨。

此時期也有人鼓吹憲政，其中最重要的是英國哲學家洛克。洛克是英國光榮革命的辯護者，他把發生在英國一隅的事件賦予世界性的意義。在政治態度上，他一直與英國的惠格黨人 (the Whigs) 接近，1683 年至 1689 年間且一度流亡荷蘭。他的政治理念見諸他在 1690 年出版的 《政府論兩篇》(*Two Treatises on Government*)，尤其是第二篇說得更為透徹。他也認為在政府組織出現以前有「自然狀態」(State of Nature) 的存在，但人在這種狀態中是安全而平等的，人人也都是獨立的，在此環境中，惟一的法律是自然律。他認為，儘管在「自然狀態」下缺乏公共威權，一切卻是合理的，因為人都有「正確的理性」(right reason) 和「寫在人心內的」(written in the hearts of men) 自然律 ，而且人皆有其 「自然法權利」 (natural law rights)，如生命、自由和財產等等。但是，另一方面，如果人人都是他「自己案件的法官」(a judge in his own case)，就會趨向於用自己認為適當的方式來保障自己的權益，那就會導致混亂和不安。所以，他也和霍布士一樣，認為人民既在個別的情況下，在「自然狀態」中對自己的權益不易得到適當的保障，乃互相同意進入「契約」(contract)，以建立政府來保障人民的權益。政府係由契約組成的，但此種契約並非如霍布士所說的那麼無條件和無限制，人民交付給政府的權力只是自然法的執行權，而其他的權力和權利並未讓渡，因之人民與政府之間有相互的義務，政府不可越出和濫用人民交付的權力。他承認人民的一切行為必須合乎理性，因為只有理性的人才配享有政治自由。他指出，自由 (liberty) 不是任意胡為，而是不受他人脅迫的自由行動。只有理性而負責的人，始得行使「真正的自由」(true freedom)，而人是可以經由教育變為理性的和負責任的，因此能夠而且應該是自由的。他認為政府有它的義務，如果政府破壞契約，不但不能保障

人民的權益，而且威脅到人民的權益時，人民可以反抗。他也承認反抗政
府是危險的事，可能導致混亂，但總比被奴役 (enslavement) 要好。他反對
任何型態的專制。另外他雖主張維護立法部門的地位，但也不主張給予人
民代表無限的權力。洛克的學說有很大的影響，後來的美國〈獨立宣言〉
便是根據他的理論寫成。

二、啟蒙時代

㈠一般觀察

　　十八世紀通稱為啟蒙時代 (Age of Enlightenment) 或理性時代 (Age of
Reason)。事實上，這個稱為「啟蒙」的思想運動在十七世紀之末或 1680
年左右在英國便已肇端。 啟蒙大師之一的法國人狄德洛 (Denis Diderot,
1713–1784) 曾說與他們「同時代的人物」(contemporaries) 已經生活在路易
十四的時代❸。所謂「啟蒙」便是在十八世紀將上一個世紀的知識發展，
如牛頓的科學成就，洛克的經驗哲學，笛卡爾的理性主義，以及自然律的
原則等等，予以普及化到一般受過教育的社會大眾。啟蒙時代的思想主流
是現世的和理性的，它不再像中世紀以來的思想運動與宗教有密切的關係，
同時因為它是經濟和社會變遷的產物，主導者也多具有資產階級的背景，
受到中產階級的支持，他們重視自由和寬容，懷抱的是對普世價值的關切，
以及透過自由貿易和自由企業的角度，展望環球經濟的願景❹。

　　另一因素是散文成熟了，這種流暢、清晰和精準的文體是說理和傳播
知識的利器。另外，此時公眾的求知慾大為增強，使出版事業趨於發達。
這種情形可以使作家不再像從前要靠自身富有或依靠豪門或王室政府或宗

---

❸　參看 J. O Lindsay, *The New Cambridge Modern History*, Vol. V, *The Old Regime*
　　(Cambridge: Cambridge University Press, 1966), p. 85.

❹　參看 Richard L. Greaves & others, *Civilizations of the World: The Human Adventure*
　　(Philadelphia: Harper & Row, 1990), pp. 593–596.

教團體的津貼，而是透過公眾支持藉售書或版稅所得，便可自由生活。此時歐洲各國仍有檢查制度，其用意聲稱是為了保護人民使其免於心靈的污染。檢查尺度的寬嚴，各國不同。大致上，在英國最鬆，在西班牙最嚴。在法國，雖然教會、巴黎高等法院、政府和出版同業公會均有檢查權，不過在執行上並不徹底，尤其是在 1750 年以後甚少造成困擾。但是，檢查制度的存在對出版自由仍有其不良的負面影響，它使作者不敢暢所欲言地直接攻擊或批評具體而特殊的問題，以致有時無法直接評論公眾關注的課題，因而只好作抽象的和理論的討論一般事物，有時甚至要用影射或比喻的方法，於是作品中常有乍看起來覺得不切題的地方。

　　法國是啟蒙運動的大本營，法國學者的聲名和影響力彌漫全歐。十七世紀法文取代拉丁文成為各國學術用語，自 1678 年的 「尼維根條約」 (*Treaty of Nimwegen*) 以後亦為外交用語。別國的君主如普魯士的腓特烈二世 （Frederick II，the Great，1712–1786，在位時期 1740–1786） 也是用法文寫作，歐洲上流及學術社會為法國文化所薰陶。雖然英國亦很重要，像牛頓、洛克均為英國人，英國上升的國勢和財富也證明這些思想的效應。不過，巴黎是十八世紀歐洲的文化中心，則沒有疑問。在巴黎，有一些名媛淑女主持的沙龍 (salons)，學人、作者及名人可以在其中集會，討論各種問題。參與者可因其博學、機智、談吐動人或出語雋永而聲名大噪。這種沙龍常是名士聞人宅第中的客廳，由艷光四射而又博學多才的女主人來主持，如杜德芳侯爵夫人 (Madame or Marquise du Deffand, 1697–1780)、財經專家奈克 (Jacques Necker, 1732–1804) 的太太蘇珊・奈克 (Suzanne Necker, 1739–1794) 等，常是名流駐足和群賢畢至。在這種場合的對談或辯論中，常能撞擊出智慧的火花。

㈡百科全書派

　　在十八世紀的法國主導思想潮流的人是「哲士」(philosophes)。這個法文字的本義是「哲學家」。但是，他們並不是嚴格意義下的哲學家，而是比

較接近文人 (men of letters) 的人物，是為公眾寫作的名作家。啟蒙時代是他們的時代。許多哲士屬於百科全書派 (Encyclopedistes, or Encyclopedists)，其中包括伏爾泰 (François Marie Arouet de Voltaire, 1694–1778)、孟德斯鳩 (Charles de Secondat, Baron de la Brède et de Montesquieu, 1689–1755)、盧梭 (Jean Jacques Rousseau, 1712–1778)、杜哥 (Turgot)、奎內 (Quesnay)、浦風 (Buffon) 等等。緣因狄德洛 (Denis Diderot, 1713–1784) 主導編修《百科全書》，集合了許多哲士參與其事。

狄德洛受過耶穌會教育，拒絕法律生涯，後自由研究及寫作，名揚全歐。他的最大工作便是編纂《百科全書》，對知識作有系統的整理。《百科全書》不同於字典或辭彙，是依字母順序就每一專題來處理知識。此類工作西方世界在他之前就有人做過，從前中國大部頭的類書亦屬此類。那使是狄德洛，他原先計畫翻譯英國在稍早 1728 年出版的《詹伯百科全書》(*Chamber's Cyclopedia*)，後來決定另起爐灶，編輯一部更大的百科全書。第一集在 1751 年問世，其中包括無神論及人類靈魂等項目，被法國官方查禁，教廷更宣布會把購買者和閱讀者開除教籍。當共同編纂人戴拉波 (Jean le Rond d'Alembert, 1717–1783) 在 1758 年退出後，狄德洛獨任艱鉅，至 1765 年出版了十七集，1772 年另外十一集插圖亦告問世。此套大書銷售奇佳，至 1789 年已有二萬套售出，此外還有節本及盜版書等。此套《百科全書》把科學、技術和歷史知識集於一體，並且反映出獨立的（指獨立於政府及教會之外的）、批評的和理性的精神態度，因而發生很大的影響。

㈢三哲士

在這些哲士之中，最負盛名和對後世影響最大的有三人：孟德斯鳩、伏爾泰，以及盧梭。

孟德斯鳩是傑出的政治哲學家，他曾任波多高等法院 (Parlement de Bordeaux) 院長及法蘭西學院院士。1721 年出版《波斯書簡》(*Persian Letters*)，藉兩位波斯旅遊者與其朋友們通訊的方式，以波斯和回教制度為

比喻，嘲諷法國和歐洲的社會及制度而名噪一時。1734 年出版《論羅馬人偉大及衰落之原因》(*Considerations sur les causes de la grandeur des Romains et de leur decadence*, or *On the Causes of the Grandeur and Decay of the Romans*)，指出歷史為變遷錄，法律、制度和政治權力皆隨經濟和社會的環境而變遷。不過，他最有名的著作是 1748 年出版的《論法律的精神》（舊譯《法意》）(*De L'esprit des lois*, or *The Spirit of Laws*)，他對三種政府型態，即共和政體、君主政體和專制政體作了比較研究，在此也顯示出洛克對他的影響。他主要的論點是氣候與環境決定政府的型態，如共和政體適宜於小國家，君主立憲適宜於中級國家，君主專制適宜於熱氣候和大疆域的國家，自由政制適合於北方高緯度的寒冷地帶，此因人民較富活力而個性坦誠。不過，更重要的，是他試圖為人類的政治制度尋求最佳的解決方案，主張政府的權力應該分開和制衡。他認為人有濫用權力的自然傾向，因此任何型態的政府或任何樣的人當政都終必流於暴虐。為防止此種情況發生，他主張政府的三種主要權力，即行政、立法、司法，應該分立並且要互相制衡，如行政權應有抵制立法權的辦法，立法權可以限制並彈劾行政權，而司法權獨立才足以保障人民的權利。在當時各國的政治制度中，他最為稱羨英國政制，1729 年至 1731 年他曾旅居英國，有實地觀察的機會，他認為英國政制混合了君主、貴族和民主的成分（君主、代表貴族的上議院和代表平民的下議院）於一爐，又三權分立和互相制衡。他對英國政治制度的觀察並不一定正確，因為英國作為一個典型的內閣制國家，其內閣（行政）與國會（立法）雖呈現互相對立的表象，而二者實為一體。但是，他的三權分立和互相制衡的理論確實有很重大的影響，1787 年的美國憲法和 1791 年以後的法國憲法，均依此法制訂。

伏爾泰 (Voltaire) 是阿魯艾的筆名。他出生於巴黎，乃父為一公證人。他自己因為繼承先人財產，又善經營，因而在三十多歲時即擁有巨資。1717 年他因為文諷刺政府，而為攝政王❷關入巴士底 (Bastille) 監獄十一個

月。1726 年又因開罪權貴人物盧昂 (Chevalier de Rohan) 而二度繫獄，後以離開法國為條件獲釋。1726 年至 1729 年間居住於英國，在此期間他欣羨英國自由制度而益憎專制，對牛頓與洛克的學說甚為傾服。1727 年他親睹牛頓的葬禮，對其備極哀榮印象深刻。1729 年返回法國。1733 年他的《英國書簡》(Letters Concerning the English Nation) 在英國出版，翌年在法國被翻印而被稱為《哲學書簡》(Philosophical Letters)，因讚揚英國的風俗、制度和思想，間接批評法國，而為法國政府所不滿。他再度離開巴黎，1734 年至 1739 年間居住在洛林的西瑞 (Cirey)。1749 年至 1751 年接受普魯士國王腓特烈二世之邀請，前往任普魯士王廷的座上客，但不到三年又因與主人不能相處而離開。他後來在瑞士靠近法國邊界的費奈 (Ferney) 購一莊園，與他的外甥女及情婦丹妮夫人 (Madame Denis) 同居 。 他將它命名為怡園 (Les Delices, or The Delights) 。 他在這裡悠然自得 ， 每日寫信達三十封之多 ， 同時接待川流不息的訪客 ， 有 「歐洲的居停主人」 (hotel keeper of Europe) 的稱號。1778 年，他八十三歲時再回巴黎，不久逝世。

伏爾泰的著作甚多，寫作的範圍亦廣，包括詩、戲劇、歷史、小說、政論等等。其全集依 1883 年的訂正版有五十三冊之多。除了上述各書外，有《瑞典查理十二史》(Histoire de Charles XII, 1713)、《路易十四世紀史》(Siecle de Louis XIV, 1751) ，以及 《各國禮俗及民族精神》 (Essai sur l'histoire generale et sur les moevrs et l'esprit des nations ， or Essay on Manners and Spirits of Nations，1756，七冊)，最後一書側重文化及經濟發展，顯示歷史研究的新方向。此外，他所寫的《英國書簡》和《牛頓哲學要素》(Elements of the Philosophy of Newton, 1738) 把培根的歸納法、牛頓的物理學和洛克的政治理論，予以普及化。他的哲學小說亦受歡迎，較著

❷ 路易十五 (Louis XV，1710–1774，在位時期 1715–1774) 為路易十四曾孫，1715 年即位時僅五歲，在他 1743 年親政前，曾歷經不短的攝政時期，1715 年至 1723 年間由王叔（乃父堂兄弟）奧爾良公爵 (duc d'Orleans) 攝政。

名的有《憨迪德》(*Candide*, 1759) 為諷刺樂觀主義的作品。伏爾泰的思想以理性主義和懷疑主義為基礎，他珍視個人自由，認為對思想和言論限制是野蠻之事。他很強調寬容的重要，曾說可以不同意對方所說的，但要誓死維護對方表達意見的權利。他反對宗教迫害、迷信和教士的暴虐，他常說：「摧毀邪惡的東西」！(Ecrazez l'infame!, or Crush the infamous thing!) 另外，他堅信沒有正義的社會是不能存在的。他在宗教上相信自然神論，在政治上接受開明專制。

盧梭在 1712 年出生於日內瓦，與其他的哲士相比，他出身寒微且未受良好教育。他終生遭受一些情感上的痛苦，且有深度的自卑感和罪惡感，對社會適應困難。他的童年極不快樂，母親因生他難產而死，父親不喜歡他，十歲即遭遺棄。他十六歲時即離開日內瓦到處流浪，一度以抄樂譜維生。十七歲時由新教改信舊教，後為此深感罪惡，1754 年再回到新教。他自 1741 年即在巴黎謀生，但始終不能在社會上安身立命，使他覺得留在現存社會中無法得到快樂。他需要愛，但缺乏良好的婚姻和家庭，所生的五個孩子皆送育嬰堂收養。他需要朋友，但因個性猜忌、敏感而與人疏離。他早期的著作有《論人類不平等的根源》 (*Discours sur l'origine de l'inégalité des hommes*, or *Discourse on Inequality Among Men*, 1754)，其論點為人性是善的，但為文明所腐化，因而文明是許多罪惡之源。他也認為人原來生活在「自然狀態」下，但此一「自然狀態」為一樂園，人在其中原來不會為了維護自己的權益而與他人衝突，因為私有財並不存在而人人皆互相平等。這種美妙的原始的共產主義卻被占有的罪惡 (sin of possession) 所破壞，後來終有人用樁標出地界而聲言：「這是他的土地」。於是，禍害由此產生，因此私有財產是禍源，自此之後各種不同程度的不平等逐漸產生，野心家亦隨之而起，法律也為了保障壓迫者和被壓迫者之間的不平等關係而制訂。

盧梭影響後世最大的著作是 1762 年出版的《民約論》 (*Le Contrat*

Social, or *The Social Contract*)。在此書中，他又認為「自然狀態」是類似霍布士所描述的那種沒有法律和道德的狀態，以及社會係由強制所造的，但他認為像洛克所說應建立在人民的同意之上，以及適度地建構的社會秩序是轉變自然的自由 (natural freedom) 為公民的自由 (civil freedom) 的工具。他指出：「人生而自由，而處處在枷鎖之中」 (Man is born free, and everywhere he is in chains)，他一方面認為人的自由是被剝奪去的，一方面又說那個自認是別人的主宰的人，是一個更大的奴隸，又說社會秩序 (social order) 是神聖的權利 (sacred right)，是建立在協約 (conventions) 之上的。他認為，社會既出現不平等，糾紛乃告不免，為解決此一困難，便是締造一個把私人利益包容在共同福祉內的社會。盧梭認為如此不但不會喪失自由，而且能獲得自由，因為每個人在放棄個人權利的同時，也取得別人放棄的個人權利，而且既然每一個人均做了同樣的交換，則所有的人均彼此平等，這是民約或社會契約的真意。霍布士是要每一個人均屈從於絕對的統治者，平等而不自由；洛克是要所有的人均自由地追求私人利益而終將導致人趨於彼此不平等。盧梭認為唯有自由和平等均得確保，始有公正的社會。盧梭這種自由和平等為不可分的理論也在美國〈獨立宣言〉中得到回應：人人生而自由和平等，但美國建國者採取孟德斯鳩的分權制衡來保障自由。盧梭對於包容所有個人權利 (individual rights) 的共同體為普遍意志 (general will)，此一普遍意志即為主權者，是絕對的和神聖不可侵犯的，而且是整體不可分的，並不是像洛克所說人僅將自然法權利的一部分交付社會。但是，普遍意志不是任何一個部分的意志，甚至也不是多數人的意志，而整個社會的一致同意在不是每個人均能超出私人利益的情況下，是不可能的。因此，盧梭認為，有迫使不同意者遵循普遍意志的必要，而這並非破壞個人自由，事實上只是個人把在自然狀態下的動物自由 (animal liberty) 改變為遵守法律下的理性動物的真正自由 (true liberty)，因此迫使個人遵從普遍意志，是為了他們自身的利益和社會的共同福祉，是

「強迫他們獲得自由」(be forced to be free)。但是，普遍意志究竟為何物？盧梭並未明確的予以界定，他也少談政府結構，他對代議政治亦無好感，對許多關鍵問題的交代也嫌含混。因此，盧梭的學說可為兩種極端不同的政治型態，即民主政治和獨裁極權所引為依據，民主政治固可說普遍意志便是主權在民，獨裁或極權者亦可聲言其為普遍意志的代言人或詮釋者。不過，大致言之，盧梭是民主政治所尊奉者。另外，他質疑理性和進步，亦開日後浪漫主義的先河。

　　盧梭在教育理論上亦有其貢獻。他在 1762 年出版《愛彌兒》(*Emile*)，倡導自由主義的教育理論。「愛彌兒」是他虛構的一個兒童的名字，認為他應該在自然環境中，自由自在地學習，而不應在限制兒童自然本性發展的學校場合中學習。他不贊成語言文字的教育，主張兒童自由發揮情感和實踐自由意志，直接的經驗比語言文字的教導更為重要。如果愛彌兒要讀書，那該是《魯濱遜漂流記》。

㈣開明專制

　　上述哲士們的政治理論後來有重大影響，但是十八世紀的政治實務是開明專制 (Enlightened or Benevolent Despotism)。此因各國君主在啟蒙時代主流思潮，如崇尚理性及自然律，以及相信進步和倡導人道主義等的影響下，願意脫下君權神授的外衣，站在開明無私和造福人民的立場上來治國理政。這一方面是因為哲士們的著述立說不無作用，另一方面也因為十八世紀的一些戰爭加強了政府的權力而使法令易於貫徹。由於當時一些君主所表現的禮賢下士和求治心切，使狄德洛認為當時歐洲君主多為哲人。每一個君王也希望自己是「王座上的哲人」(a philosopher on a throne)。有些君主也真心以改革為務，希望清除積弊。假如他們成功了，也許開明專制不失為一種良好的政體，容或可以防止或拖延法國革命的爆發。但這些號稱開明專制的君王，實不出古希臘僭主 (Greek tyrants) 或文藝復興型專制君主 (Renaissance despots) 的格局。他們雖讚賞孟德斯鳩，但並無分權制衡

的心意；雖同意伏爾泰的宗教寬容，但其目的在削弱教會；雖主張改革，卻認為改革必須由上而下而不是由下而上。這種基本態度再加上阻力，很難有什麼永久的效果。不過，他們接受時代思潮而做出改革，亦不無可取之處。

普魯士的腓特烈二世可以說是開明專制的典範，他在 1740 年至 1786 年間統治普魯士，幾無私生活可言。他的文治武功均足稱道，而且是伏爾泰所稱許的「哲王」(philosopher-king)。他自己指出：君主並非最重要的，他的地位和權力來自他能貫徹其天職，他不過是「國家的第一公僕」，他的行為應以公正、智慧和無私為準繩。這表示君權觀念的改變。普魯士因為以小國圖強並以擴張為務，素有軍國主義的傳統。他為太子時，不喜兵事而雅好文學、哲學和音樂，法國詩和笛子是他的最愛。乃父腓特烈威廉一世（Frederick William I，1688–1740，在位時期 1713–1740）深以為憂，常謂「腓特烈是個柔弱頹廢的東西。」(Der Fritz ist ein effeminerter kerl)。他常以鞭打和囚禁的方式逼迫他放棄所好，腓特烈也企圖逃亡過，但捉回後被囚一年，且要他親見幫助他逃亡的人被處死。很少人能熬過這樣嚴酷的訓練。但是後來腓特烈卻成為一流的將才，也是傑出的知識分子。他用法文寫作，他的《腓特烈大王全集》（*Evres de Frederic le Grand*，1846 年至 1857 年出版），有三十三卷之多，據說其散文頗佳而詩則平平，另包括一些與哲士們的函牘。

另一位號稱開明專制的君主是俄國的女皇凱薩琳二世（Catherine II，the Great，1729–1796，在位時期 1762–1796）。她是日耳曼小邦安哈‧齊必斯特 (Anhalt-Zerbst) 的公主，嫁到俄國，但後來成為女皇。從彼得大帝 (c. 1672–1725) 死到她中間隔三十七年，有六主，但她才是彼得志業的真正繼承者，彼得使俄國成為歐洲國家而她則使之成為強國。她雖自嘲每一吋都是男人 (every inch a gentleman)，卻是一位風流自賞的女主。她真心贊助啟蒙，也推動改革，與伏爾泰、狄德洛、孟德斯鳩等相友善。奧皇約瑟夫

二世（Joseph II，1741–1790，在位時期 1765–1790），但直迄 1780 年其母瑪珂‧德麗薩 (Marie Theresa, 1717–1780) 死後始自己執政，他也推動改革如廢除農奴和限制貴族權益等，但受到的阻力甚大，他死時年僅四十八歲，而且不久農奴恢復而貴族跋扈如舊。法國的路易十五亦不足有為，法國積弊更深。據說他臨終時曾說，「我死後，洪水將氾濫」 (apres mopi, le deluge)，他究竟有沒有說過此話，並不能確定，但有寫實的效果。此外，還有別的同時代的君主。

(五)經濟思想

　　這個時期出現有系統的經濟思想。第一個經濟學派是十八世紀法國的重農學派 (the physiocrats)。它的創始人是奎內 (Francois Quesnay, 1694–1774)，他本是路易十五的御醫。此派主要人物有 1774 年至 1776 年曾擔任路易十六財相的杜哥 (Jacques R. Turgot, 1727–1781)，還有比爾‧杜邦 (Pierre Samuel du Pont de Nemours, 1739–1817) 等人。比爾‧杜邦後移民美國，其子易留泰‧杜邦 (Eleuthere du Pont, 1771–1834) 在 1802 年創辦美國最大的化學公司杜邦公司 (E. I. Du Pont de Nemours & Company)。此派主張所有的財富來自土地而農業為最重要，他們並未主張忽視工業和商業，但認為輕忽農業的經濟是不健全的，農業生產方法要科學化，但農業產品必須維持公平的價格。奎內認為，豐收和高價才能確保繁榮。此派主張自由貿易，認為惟有如此始能維持公平的價格，也主張政府應放任經濟活動。與此派關係密切但非其正式一員的另一法國經濟學者古乃 (Vincent de Gournay, 1712–1759) 認為工業和商業與農業同樣重要，他反對政府干預經濟活動，主張自由貿易，他提出自由放任及聽其自然 (laissez-faire et laissez-passer, le monde va de lui-meme) 的理論。

　　此期最重要的經濟學家是蘇格蘭人亞當‧斯密 (Adam Smith, 1723–1790)，他受教育於格拉斯哥及牛津大學，曾為格拉斯哥大學教授，後移居倫敦，1776 年出版《國富論》(*An Inquiry into the Nature and Causes of the*

Wealth into Nature and Causes of the Wealth of Nations)，1778 年因擔任海關
監督而回愛丁堡，最後在愛丁堡逝世。他的《國富論》後來被公認為是最
重要的經濟學著作，因為它開了日後資本主義制度的先河。他指出，在自
由放任的經濟活動中，每個個人基於自利的激勵 (self-interest impulse) 來尋
覓個人利益，最後會使社會蒙其利而導致公眾福祉的增長，「宛如有一隻看
不見的手」(as if by an invisible hand) 在那裡調節。他倡導分工的理論，鼓
吹自由貿易，政府應盡量不干預經濟事務。

(六)宗教活動

在宗教方面，十八世紀為自然神論 (Deism) 的時代。這是因為在十七
世紀以後，由於自然科學的發展，懷疑主義的興起，以及理性主義和規律
哲學的流行，再加上非基督教文化的影響，使人對上帝和世界的觀念發生
變化。人不再恐懼魔鬼，但也不再像從前那麼敬畏上帝。於是，自然神教
流行。它的精義是：第一、相信上帝的存在和祂創造了宇宙萬物及自然律，
但上帝是宇宙萬物的始原造因 (First Cause)，在創造以後便讓世界自然運
作，一如一個鐘錶匠在完成製品以後便不再追蹤鐘錶的情形；第二、上帝
與世界並無現存的關係，祂不干預世事，因之祈禱、聖禮等均屬無用；第
三、不相信奇蹟；第四、人有趨善避惡的秉賦，無人預定得救或沉淪，來
生的賞罰由今生的行為而定。這是一種調和了科學知識、自由意志和上帝
觀念的宗教觀，為當時知識分子所接受的看法。舉凡伏爾泰、狄德洛、盧
梭、波普、富蘭克林和傑弗遜等皆屬之。

此時期亦有新的宗教活動，美以美教派 (the Methodists) 的興起便是一
例。緣在 1729 年，英國人衛斯理兄弟即約翰·衛斯理 (John Wesley, 1703–
1791) 和查理·衛斯理 (Charles Wesley, 1707–1788)，以及懷菲德 (George
Whitefield, 1714–1770) 等在英國牛津開始集會，並以「規律和方法」(rule
and method) 研究神的道理，1738 年開始積極傳教，後來形成在英國和美
國等地的新教美以美教會 (Methodist Church)。這個教派注重傳播福音、強

調信仰、相信贖罪，也重視事功。

　　另一宗教教派是虔信派 (Pietism)，此為日耳曼神學家斯賓奈 (Philipp Jacob Spener, 1635–1705) 所創。他原為法蘭克福的路德會牧師，但倡導事功、《聖經》研究和聖潔生活，可視為對新教教條主義的反動。他的弟子法蘭克 (August Hermann Francke, 1663–1727) 尤為此派健者。他們發展成以霍爾 (Halle) 為中心的教派，亦傳至其他地區，但為路德教派所反對。

㈦時代精神

　　啟蒙時代的十八世紀有其不同於其他世紀的時代精神 (Zeitgeist)。此一時期大師輩出，為時亦長，自難有完全一致的地方。但這個時代有共同的語言：理性、自然律、進步。茲僅就其舉舉大者，加以論列。

　　第一是崇尚理性，十八世紀被稱為「理性時代」(Age of Reason)，此時期的人認為藉著理性的推理可以瞭解自然與人生的奧祕，也可以經由理性而達到完美的制度和社會。總之，理性是人類行為的最佳嚮導。

　　第二是相信自然和自然律，由於大自然中的天體和萬物表現出來的秩序及和諧，其運轉又為人的理性可以瞭解的一些單純的、數學的和機械的規律，如牛頓的運動三定律和萬有引力定律等所支配。此種情況令人稱羨，也使人相信世間有放諸四海而皆準的規律，即自然律的存在。哲學家和思想家乃欲師法之，以建立理想的人類社會，認為也可以找出規範社會制度的法則。孟德斯鳩等人便代表此種努力。

　　第三是進步的信念，十八世紀一般西方人認為人類社會和生活會與時俱進，一代比一代更趨完美。法國哲士及革命者康道賽 (Antoine Nicolas, Marquis de Condorcet, 1743–1794) 在 1794 年撰寫 《人類精神進步史》(*Progres de l'esprit humain*, or *Progress of Human Spirit*)，指陳人類歷史有過九大時期，法國革命為第十期的開始，此後無知、苦難和殘酷將會一掃而空，「自然得救」(Natural salvation) 終將來臨，他和許多人均認為今後不必再有記載痛苦和奮鬥的歷史，因為天國無史。值得注意的，是康道賽撰寫

此書時為其生命最暗淡之時，因他當時被關在巴黎附近的監獄中，完稿數月後即死，或因死於自殺，或因死於衰竭。

　　第四是人道主義與寬容精神，此兩種精神為各開明專制君主的施政準則。義大利法學家貝克里亞 (Cesare Beccaria, 1738–1794) 在 1764 年出版《論罪與罰》(*Essay on Crimes and Punishments*)，提出知識自由和教育完備較諸嚴刑峻法更能防制犯罪。在宗教寬容方面亦大有進步，各開明專制君主大體採行宗教寬容政策，在法國的新教徒和在英國的舊教徒，其境況均因取締法律在執行上的寬鬆而獲改善。教宗克萊門十四 （Clement XIV，1705–1774，在位時期 1769–1774） 曾在 1773 年下令取締耶穌會，尤為里程碑（耶穌會在 1814 年恢復）。同時，猶太人的境遇亦獲改善，特別是在普魯士和奧地利為然。

第三節　中歐與東歐的蛻變

　　十七與十八世紀，中歐與東歐發生蛻變。三個古老的、舊式的、鬆散的國家，也就是神聖羅馬帝國（1618–1648 的三十年戰爭使之崩潰）、波蘭（十一世紀建國並在十四至十六世紀強大，但後為俄、普、奧瓜分）、鄂圖曼土耳其帝國 （1453 年滅東羅馬帝國且威脅歐洲，但至 1699 年後走上喪權辱國之路），趨於衰落。代之而起的，是奧地利、普魯士和俄羅斯。在這三個新興的政治勢力中，奧地利帝國是從神聖羅馬帝國中蛻化出來，普魯士 (Prussia) 王國 （後來德意志帝國的核心）和俄羅斯帝國，則為加入歐洲國際社會 (European Family of Nations) 的新興勢力。

一、奧地利帝國

㈠十六世紀以來的情況

　　奧地利在哈布斯堡王室統治下，1516 年後又透過婚姻繼承與當時最強

大的國家西班牙結為一體，再加上其他的領土繼承，到查理五世（Charles
V，1500–1558；奧皇及神聖羅馬皇帝，在位時期 1519–1558；西班牙國王
查理一世，在位時期 1519–1556）有了空前的聲勢。不過，查理五世雖然
成就了很大的霸業，但負擔的責任之艱鉅和所承受的壓力之重大，也是前
所未有。他在鞏固神聖羅馬帝國和力圖恢復基督教的統一上，皆受到極大
的挫折。1556 年他倦勤退位，隱居於西班牙的約斯達修道院。歷史上又添
一樁「壯志未酬」的案例。他在退位時，把西班牙、美洲、西西里、那不
勒斯及尼德蘭界予其子菲力普二世，另把哈布斯堡領土及帝號傳給其弟裴
迪南一世㉑。自此以後，哈布斯堡王室分為兩支：奧地利哈布斯堡王室
（Austrian Hapsburgs，統治奧地利至 1918 年）及西班牙哈布斯堡王室
（Spanish Hapsburgs，統治西班牙至 1700 年）。

　　奧國哈布斯堡王室的地位原係建立在作為神聖羅馬帝國的元首，以及
與西班牙的關係上。三十年戰爭以後，神聖羅馬帝國崩解及西班牙衰落
（1700 年後西班牙更入於法國波旁王室之手），使其二大支柱喪失。奧地
利哈布斯堡王室只好改弦更張，從強化在奧地利的統治著手。在此方面，
在三十年戰爭時便致力拔除奧境內的新教和封建勢力。奧地利帝國統轄的
土地有三部分。這三部分，一是哈布斯堡王室世襲的奧地利，包括鄰近的
提洛爾 (Tyrol)、斯提里亞 (Styria)、喀倫塞亞 (Carinthia)、喀尼奧拉
(Carniola)；二是所謂「聖溫斯拉斯王冠」(The Crown of St. Wencelas) 名下
的土地，包括波希米亞、莫洛維亞 (Moravia)、西里西亞 (Silesia)；三是所
謂「聖斯提芬王冠」(the Crown of St. Stephen) 名下的匈牙利 (Hungary)、特
蘭西凡尼亞 (Transylvania)、克魯西亞 (Croatia)。

(二)世襲化與公教化的努力

　　哈布斯堡王室加強對這三部分土地的控制或統治，所用的手段主要是
世襲化和公教（天主教）化。在世襲化方面，在三十年戰爭中進行，如

㉑　裴迪南一世為表示尊崇查理五世，在其死後始正式稱帝。

1620 年白山 (White Mountains) 之戰之後，裴迪南二世便取消了波希米亞的國王選舉制度，於是聖溫斯拉斯王冠便由哈布斯堡王室所世襲；匈牙利亦自 1699 年收復（在此之前其絕大部分為土耳其人所占據），改為世襲，而聖斯提芬王冠亦歸諸哈布斯堡王室。在公教化方面，新教王侯本來在波希米亞與匈牙利得勢，奧地利的對抗改革便主要針對他們而來。同時亦用來對付猶太人，把他們逐出下奧地利 (Lower Austria)，利阿坡一世（Leopold I，1640–1705，在位時期 1658–1705）執行甚力，他的財政大臣歐本赫默 (Samuel Oppenheimer, 1635–1703)，一直為他所信任。

　　同時，在三十年戰爭後，奧地利也建立了較為近代的行政組織。政策由樞密院 (Geheimer Rat) 掌理，中央行政由宮廷錄事院 (Court Chancery) 負責，中央財政歸諸宮廷主計處 (Hofkammer, or Court Chamber)，其職責為分配預算和司理經濟產業。另有宮廷國防院 (Hofkriegsrat, or Court War Council) 處理軍事。

　　這一時期也是奧地利的多事之秋，陷於土耳其與法國的兩面威脅之下。可依賴的柱石人物為尤金親王（(Eugene, Prince of Savoy, 1663–1736)。他是法國人，但不能為路易十四（Louis XIV，1638–1715，在位時期 1643–1715）所用，但奧皇利阿坡一世則委以經略土耳其人之重責，後亦統軍與法國作戰，為一出將入相的人物。

　　但是，儘管奧地利帝國如何努力轉型，始終不是民族國家，而為一個朝代國家 (dynasty state)，沒有民族上與文化上的統一性。帝國的領土不是一體的，而是一種「個人聯合」(personal union)，即最高主權者，對全部人民而言，沒有一個單一的名銜，也就是皇帝的名號僅在奧地利被承認，在奧地利本部是奧地利大公，在波希米亞則是波希米亞國王，在匈牙利是匈牙利國王。他是用各種不同的名號把這些土地結合在一起，而不是它們的共主。這些土地各有自己的政治傳統、法律和議會。帝國內民族分子龐雜，有日耳曼人、捷克人、馬札兒人 (Magyars)、克魯特人（克魯西亞人）、

斯洛伐克人 (Slovaks)、斯洛維尼人 (Slovenes)、義大利人、羅馬尼亞人、魯特尼亞人 (Ruthenians)，等等，而這些民族在文化上和經濟開發程度上又不一致。帝國有其大同色彩，許多民族的優異分子也出將入相，在朝廷、政府及軍隊中，除日耳曼人外，捷克、匈牙利、克魯特、義大利姓氏也屢見不鮮。帝國靠大同色彩的土地貴族（儘管族群及語言不同）結合在一起，最下層是廣大的農民，農民的情況甚苦，但上層統治者並不在意，直到 1848 年才觸及農民問題和給予農奴自由。

這種靠「個人聯合」才能把全部領土拼湊在一起的國家，各領土必須全部由一人繼承，否則有時會產生危機。到皇帝查理六世 （Charles VI，1685–1740，在位時期 1711–1740）因無男嗣，僅有一女瑪琍·德麗薩。他為了使其女有繼承權而修改土地必須由男系繼承的 「薩里克律」 (*Lex Salica*, or *Salic Law*)，於 1713 年頒布 「國事詔令」 (*Pragmatic Sanction*)，規定將來他如無男嗣則全部領土由乃女繼承。他並且費盡了氣力爭取到有關各方及歐洲主要國家的同意。1740 年他死後，立即受到挑戰而演變為奧地利王位繼承戰 (War of Austrian Succession, 1740–1748)。後來雖證明此女並非易與之輩，但仍賴力戰才保住奧國皇位（奧地利女大公）及波希米亞和匈牙利王位（為兩國之女王），但割西里西亞予普魯士，她未能繼位為神聖羅馬帝國皇帝而由其夫法蘭西斯一世 (Francis I, 1708–1765) 得位。

奧地利帝國在三十年戰爭後，是歐洲主要強國之一，但其地位漸受普魯士的挑戰。帝國本身亦為逐漸興起的民族主義與民主政治的浪潮所衝擊。1867 年為了適應時代潮流和匈牙利馬札兒人的壓力 ，而透過妥協憲章 (Ausgleich) ， 把匈牙利提升到與奧地利同等的地位而成為奧匈兩元帝國 (Dual Monarchy of Austria-Hungary)，但君主名銜仍然在奧地利為帝和在匈牙利為王，而稱為：帝一王 (Emperor-King)，兩國各有其憲法、議會及內閣。在行政語言方面，奧地利為德語；匈牙利為馬札兒語。兩國設立共同的軍政、財政和外交部門，為了監督共同的行政部門，兩國議會各派六十

名議員組成議員團 (Delegation) 分別在維也納和布達佩斯單獨集會，再以書面交換意見。奧匈兩元帝國於第一次世界大戰後覆亡。

二、普魯士的興起

㈠霍亨佐倫家族與勃蘭登堡普魯士

　　普魯士（後來德國）的龍興之地是勃蘭登堡 (Brandenburg)，它位於日耳曼東北部，在易北河之西與奧德河之東，原為中世紀時神聖羅馬帝國所建立的邊侯 (march)，用以防衛斯拉夫人。後來成為神聖羅馬帝國的選侯。1415 年由霍亨佐倫家族 (the Hohenzollerns) 取得。這個家族自 1415 年至 1918 年統治勃蘭登堡、普魯士及德意志帝國。此時勃蘭登堡土地貧瘠和人口稀少，但霍亨佐倫家族亦善用婚姻設法拓展，宗教改革後，雖信新教（路德教派）但也採宗教寬容的政策。它最大的發展，便是在 1618 年三十年戰爭前夕取得普魯士。

　　原來在易北河以東直到波蘭，係由斯拉夫人所居住。中世紀時日耳曼人的東向發展（Drang nacy Osten, or Drive to the East），或消滅了他們，或以通婚等辦法同化了他們。勃蘭登堡的東邊是波美拉尼亞 (Pomerania) 和普魯士。1618 年勃蘭登堡用婚姻繼承的方法取得普魯士，此時的普魯士仍為波蘭王室采邑（這種情況維持到 1660 年）。此時勃蘭登堡的名稱改為勃蘭登堡普魯士 (Brandenburg-Prussia)，進而圖謀波美拉尼亞。波美拉尼亞位於中歐北部沿波羅的海地帶，原由斯拉夫部落居住，十一世紀後建為公爵國並基督教化。1181 年分為兩部，東部包括但澤 (Danzig)❷❷稱波美瑞利亞 (Pomerelia)，西部仍稱波美拉尼亞。1648 年「威西發利亞和約」將波美拉尼亞西部劃歸瑞典，東部予勃蘭登堡普魯士，但波美瑞利亞仍在波蘭手中並隔絕了普魯士與波美拉尼亞東部的通道，直迄 1772 年三國（俄、普、奧）瓜分波蘭時，普魯士始取得波美瑞利亞。不過在 1648 年，勃蘭登堡普

---

❷❷　今名哥丹斯克 (Gdansk)，屬波蘭。

魯士除了得到波美拉尼亞東部外，同時也取得哈伯斯特 (Halberstadt) 主教區和易北河以西的馬德堡 (Magdeburg) 大主教區等地。而且在 1614 年至 1666 年間又用婚姻繼承的方式，取得萊茵河地區的馬克 (Mark)、克萊弗 (Cleves)、拉汶堡 (Ravenberg) 等地。此一發展頗為重要，使未來的普魯士不致成為東歐型或東方型的國家。但此時普魯士固已大有拓展，卻為三塊不相連結的土地：核心是勃蘭登堡與普魯士與波美瑞利亞有隔，而幾個易北河主教區又為其他小邦又與普魯士相隔。如何將三片土地聯在一起，並且繼續擴張，為當務之急。

㈡從大選侯到腓特烈大王的發展

大選侯腓特烈威廉（Frederick William，the Great Elector，1620–1688，在位時期 1640–1688），英年繼位，集權剝奪各地方議會 (Landtag) 的財稅權，盡力擴充軍備（為防衛其狹長而開放的領土和進一步擴張），並未因三十年戰爭結束而裁減，他的軍隊在 1646 年時僅八千人，至 1688 年擴至五萬人。他也致力於經濟建設，在斯波瑞河 (the Spree) 與奧德河 (the Oder River) 之間開鑿運河使首都柏林與海連接。他不排斥猶太人，也歡迎法國休京拉派信徒，當時法國人（約有二萬人）占了柏林人口的六分之一。不過，終他之世，勃蘭登堡普魯士只是一百五十萬人的小國，不足法國十二分之一。

接著，爭取王號。此由大選侯之子腓特烈完成。他作為選侯為腓特烈三世（Frederick III，1657–1713，選侯 1688–1701），作為國王為腓特烈一世 (Frederick I, 1688–1713)。1701 年，緣因神聖羅馬皇帝利阿坡一世為爭取他參加西班牙王位繼承戰 (War of the Spanish Succession, 1701–1714) 而接受他稱王的要求，為安撫波蘭，先稱「在普魯士的王」(King in Prussia)，但旋即稱「普魯士王」(King of Prussia)，他也在稱王後改稱腓特烈一世。此一王號亦即升格為王國，到「烏技勒支條約」(*Treaty of Utrecht*, 1714) 為各國所承認。他的兒子腓特烈威廉一世（Frederick William I，1688–1740，

在位時期 1712–1740）可謂為普魯士軍國主義之父，他鄙視文物而全力擴軍，節省一切開支，王室開支縮減四分之三❷❸，用預算的七分之五來建軍。他即位時有四萬人左右的軍隊，死時有八萬三千人。當時柏林有「北方的斯巴達」(Sparta of the North) 的稱號。有一點值得注意的，是經過長期擴軍，普魯士的社會發展和社會結構發生了一些重大的改變，即社會中堅的土地貴族 (Junkers) 與軍隊結為一體，他們成為軍官乃至將領的主要來源，此與歐洲其他國家的情況大異其趣。腓特烈威廉為了掌控財政、軍事和內政，也革新政府組織，成立「財政、軍事和內政總監督處」(General-Ober-Finanz-Kriegs- und Domainen-Direktorium, or General Supervisory Directory for Finances, War and Domains)，以統一權責。

在拓張方面，1720 年他聯合俄國打擊瑞典，獲得瑞屬波美拉尼亞的一部。

他死以後，由其子腓特烈繼位。他就是奠定普魯士大國地位而自己文治武功均有可觀的腓特烈二世（大王）。不過，他幼年不喜軍旅而好文學、哲學與音樂，尤愛法國詩歌與笛子。有鑑霍亨佐倫王室所負的重責大任，乃父至為焦慮也極為惱怒，認定「腓特烈是個柔弱頹廢的東西」(Der Fritz ist ein affeminierter kerl)，用鞭打和囚禁等方法來強迫他放棄志趣。腓特烈且曾逃亡，被抓回囚禁一年，且令其親眼看幫助他逃亡的人被處死。很少人在如此嚴酷的訓練下，得到任何正面的效果，但腓特烈後來卻成為一流的君主（「開明專制」的典範）和將才。他利用乃父留下的精銳軍隊和七百萬銀幣而大有為於歐洲。他先後插手奧地利王位繼承戰和七年戰爭 (1756–1763)，獲得西里西亞等土地，也使普魯士的聲勢大振，凌駕奧地利之上，後來成為領導德意志統一的主力。

---

❷❸　他去考尼斯堡加冕費用僅為 2,547 銀幣 (thalers)，乃父用去五百萬。

三、俄羅斯的改革與擴張

㈠彼得一世的西化圖強和拓展

俄羅斯自九世紀東斯拉夫人建國,十三世紀中葉經蒙古統治至十五世紀後期,莫斯科大公起而抵抗蒙古人,奠定國家基礎。俄羅斯因為接受東方正教和東羅馬(拜占庭)文化,因而表現出東方正教、君主專制和政教合一 (Caesaropapism) 等特色。此外,俄羅斯的歷史發展甚受地理因素的影響。東、西歐的地理景觀不同,西歐破碎而富多樣性,不列顛、義大利及伊比利亞半島各個自成體系,即使是法國亦因大西洋、阿爾卑斯山脈和庇利牛斯山脈而形成自然疆界,這使西歐各國在安全上較有保障。但是,東歐則不然,自波羅的海,以迄黑海和裏海,後喀爾巴阡山脈 (the Carpathian Mountains) 至烏拉山脈,是一個大的平原,大到可以把不列顛、法國和西班牙包括在內。這個大平原南部是大草原,從黑海、裏海一直延伸到亞洲內陸,這裡自古即為游牧民族入侵的孔道。這種缺乏自然屏障的地理狀態,構成了俄羅斯人一直要向外擴張才能覺得平安的心理因素❷❹。

1613 年羅曼諾夫王朝 (the Romanovs) 建立以後,俄羅斯歷史始進入新的發展方向,這個王室統治俄羅斯的時間甚長,從 1613 年至 1917 年。傳至彼得一世或稱彼得大帝 (Peter I, the Great, 1672–1725, 在位時期 1682–1725,惟 1689 年後始握大權) 時,始使俄羅斯歷史有了新的意義。彼得是一位性格像法國的路易十四那麼堅強而又專制遠甚的君主。他是一個聰敏而粗獷的人,身高六呎八吋,體格健碩到可一擊而致人死地。他所受的正式教育有限,但能看清俄羅斯落後西歐,軍事力量衰弱;外受土耳其、波蘭、瑞典等國的威脅和阻擋而不能西進,必須打破此一情況。他有決心也有力量來貫徹執行。

---

❷❹ 參看 Wallace Ferguson, *A Survey of European Civilization*, 4th ed. (Boston: Hougton Mifflin, 1969), p. 512.

　　在推行西化（「變法」或「維新」均為同義詞）方面，俄羅斯亦有多人眷戀自身價值，彼得認為即使是為了對抗西方，亦應先接受西方的制度和科技。這與清季學者魏源所說的「師夷長技以制夷」相類，但尤進一步，因行政制度亦觸及之。1700 年廢貴族傳統的國會 (boyar duma)，屬行集權。1711 年成立參政院 (Senate)，由九人組成，其職權為掌理立法、督導行政、執行最高司法、負責財政稅收，以及皇帝不在時監國。1718 年引進普魯士和瑞典的部會制 (collegia system)，成立十個政府部門，分別掌理陸軍、海軍、外交、商業、工業、礦冶、財稅、司法、國庫和貴族財產。他也擴大貴族「為國服務」(state serving) 的辦法，命貴族為政府及軍隊服務。他用人唯才，不計出身，也招攬外國客卿。地方行政也劃定省區，先分八省後分十二省，省內城市予以自治地位。配合西化，自 1703 年在芬蘭灣頭和尼瓦河 (the Neva) 口，興建新都，命名聖彼得堡 (St. Petersburg)❷，1715 年正式遷都於此，以更接近西方和海洋來取代內陸的和象徵舊俄羅斯的莫斯科。軍事方面，採取西式制度，軍人穿制服，用西式武器（毛瑟槍及砲），積極建陸、海軍。在社會習俗方面，亦屬行西化，命令人民剃鬚（除教士與農民外），親手剪去守舊貴族的鬍鬚，堅持留鬍鬚者則須繳稅以取得執照❷。他也命人民（農民例外）採西式衣著和不得再穿袍。此外，他也規定不可在地板上吐痰，講話時要注視對方，把舞會及吸煙介紹給社會，亦鼓勵婦女參加社交活動。在文教方面，推廣教育，簡化字母（由四十三個減至三十六個），改革曆法（將東羅馬曆改為朱理曆），1724 年成立俄羅斯科學院。

　　在對外關係方面，不脫戰爭與擴張的格局。事實上，在彼得統治俄羅斯之前，俄羅斯人即大肆擴張。這種擴張，是朝向東與西兩個方向的。在東邊的擴張受到盛清的阻擋，1689 年（清聖祖康熙二十八年）的「尼布楚

---

❷　其地 1703–1914 年稱聖彼得堡，1914–1924 年稱彼得格勒 (Petrograd)，1924–1991 年改名列寧格勒 (Leningrad)，1991 年再名聖彼得堡。

❷　東正教教義謂人留鬚始符「上帝的肖像」，無鬚者如貓。

條約」，維持了中國與俄羅斯一百六十餘年穩定的界線。但在西邊，1450
年至 1650 年兩百年間，俄羅斯已經快擴張到波羅的海和黑海。當時波羅的
海在瑞典的控制下，黑海沿岸是一些受土耳其帝國保護的韃靼人所建立的
汗國，在俄羅斯人與韃靼人之間為哥薩克人 (the Cossacks)。俄羅斯的西邊
為白俄羅斯人，西南邊為小俄羅斯人（魯特尼亞人及烏克蘭人），他們是在
當時的斯拉夫大國波蘭的保護之下。彼得要擴張，也要暖水港。其時波蘭
及土耳其均已走下坡，但仍不可小覷。瑞典為當時大國，控波羅的海，且
有法國的財政支援。 1697 年彼得聯合波蘭和丹麥，翌年爆發北方大戰
（Great Northern War, 1700–1721）。 瑞典國王查理十二 （Charles XII，
1682–1718，在位時期 1697–1718）年輕氣盛且好戰善戰，但於 1718 年戰
死，俄、瑞戰至 1721 年才訂立「尼斯達條約」(*Treaty of Nystadt*)，瑞典割
讓愛沙尼亞 、 立凡尼亞 、 英格利亞 (Ingria, or Ingermanland) 及喀瑞利亞
(Karelia, or Carelia) 之一部予俄羅斯。瑞典因此喪失了波羅的海地區和其地
的出海口，俄羅斯取代了其在波羅的海的地位。此年俄羅斯元老院上彼得
尊號「皇帝」(Imperator) 和大帝。此年以後，俄羅斯成為歐洲主要國家，
普魯士與英國感到戒心，特別是英國，因波羅的海港口為英國海軍取得補
給之處。

㈡凱薩琳二世的時代

彼得之後，真正繼承他的政策的人是女皇凱薩琳二世。但他們二人之
間是三十七年的不穩定時期，此因彼得五十三歲即死，未立繼承人，其間
有六位統治者。凱薩琳二世號稱「大帝」或「大后帝」。她是日耳曼境小王
侯公主，為安哈‧齊必斯特親王克里斯欽 (Prince Christian of Anhalt-Zerbst)
之女，美艷聰敏也冷靜現實。1744 年她十六歲時因普魯士國王腓特烈二世
作嫁而嫁給當時俄皇位繼承人（彼得一世之孫）彼得，腓特烈二世的動機
在於交好俄羅斯及縮減奧地利影響。一開始，頗受丈夫及俄羅斯貴族冷落，
但發憤研習語言及文化。 1762 年其夫繼位為彼得三世 （Peter III， 1728–

1762，在位時期 1762），他是一個心智薄弱而又放蕩的人，不為教會、軍隊和人民所喜愛。他做過一件有影響的事，便是在 1762 年當七年戰爭，普魯士的腓特烈二世正陷入對奧、法、俄的苦戰時，他使俄羅斯退出戰局，解了腓特烈的困局。1762 年凱薩琳與其情夫奧洛夫 (Grigori Orlov) 等發動宮廷政變推翻彼得三世，不久並將他刺殺死。但是到 1773 年還有一個頓河流域的哥薩克人普哥契夫 (Yemelyan I. Pugachev) 自稱為彼得三世，以解放農奴為號召發動叛亂，1775 年始平定。

推翻彼得三世後，她成為俄羅斯女皇。權謀治國且蓄養面首。但她也附庸風雅，與啟蒙時代的哲士如伏爾泰、狄德洛和孟德斯鳩等人相交往，且自認為開明專制的明主。對外政策方面，她繼續擴張，彼得一世既已解決了瑞典，她轉向注意南邊的土耳其和西邊的波蘭。她南方的目標，是控制黑海和問鼎地中海並染指近東。1768 年至 1774 年，發動對土耳其的戰爭，1774 年訂立的「庫楚克喀那支條約」(*Treaty of Kuchuk-Kainarji*，其地在保加利亞境內)，除在克里米亞 (Crimea) 等地區得到許多權益外（1792年土耳其正式承認俄併克里米亞），還得到土耳其承認俄羅斯為其境內基督教徒保護者的地位，此給予俄羅斯介入和干預土耳其內政的藉口。此後凱薩琳二世屢屢發動俄、土戰爭，雖然不斷蠶食土耳其，但也引起其他歐洲國家的關注。在西邊，她並與奧地利和普魯士三次瓜分波蘭 (1772, 1793, 1795) 而使波蘭亡國，更進一步地掃除了西進的障礙。至此，俄羅斯已為歐洲強國，在國際事務中的地位不容忽視❷❼。

第四節　政治革命與經濟革命

在此時期，西方另一個重要的轉型，便是具體化了民主與科學。在民主發展方面，英國革命落實了內閣制，美國革命奠定了總統制，法國革命

---

❷❼　關於俄國的一般發展，參看賀允宜，《俄國史》(臺北：三民書局，2004)，p. 654。

確立了主權在民的原則；在科學方面，理論與技術的結合造成了工業革命，從而使經濟有了新的面向。

一、英國革命與內閣制

㈠從王室國會的爭權到光榮革命

　　英國革命是一個漫長的過程。它肇始於 1603 年都鐸王室最後的君主伊莉莎白一世死後，司徒亞特王室 (the Stuarts) 由蘇格蘭入統英格蘭。司徒亞特王室一如歐洲大陸上的各國王室醉心於君主專制，而當時君主專制在歐陸也似乎是成功的政體。 英國的都鐸王朝在 1485 年至 1603 年間統治英國，雖有君主專制的架勢，但始終未發展出法國式的君主專制的理論和實際。此因英國為島國，所受國家安全的威脅遠較法國為小，不那麼需要強而有力的王室，以為全民團結的中心。更重要的，是英國素有議會政治的傳統，其國會自中世紀以來，在組織上已甚完備。而且，早已控制了國家的財稅權。再者，英國的國會一直較為強大，不像在法國、荷蘭、西班牙等國，有一些獨立性甚高的地方性議會，因而意志和力量容易集中。英國國會分上、下兩院，分別代表貴族和平民。在上議院中，世俗貴族占絕大多數。下議院中，則主要為鄉紳 (gentry) 的勢力。所謂鄉紳，指一個社會階層，它包括不出席上議院的農業貴族，不繼承封號的貴族幼子，而他們又與工商人士藉利益結合或通婚等方式而打成一片。因此，這時的英國國會並沒有嚴重的階級利益衝突，國會自身的組織又甚完善，它所代表的社會利益又如此堅強，因此沒有一個君主能夠與之長期抗衡。即使是在都鐸時期，也是假國會之名，行專制之實，用統馭的方法，而不是明目張膽地標榜君權神授。他們用國王崇拜 (king-worship) 的方式，而非專制統治，且君主的權力透過國會的立法來表達。尤其是在擊敗西班牙無敵艦隊 (1588) 以後，英國的國防安全與宗教生活皆趨穩定，對王室的依賴也相對地減少，因此王室必須妥善地面對。

　　這個王室的頭兩位君主，即詹姆士一世（James I，1566–1625，在位時期 1603–1625）及其子查理一世（Charles I，1600–1649，在位時期 1625–1649）與國會的關係不好。此時國會須由國王召集方可開會，然而國王常不召集國會。但當國家有特別的財政支出（譬如作戰）時，便必須召集國會以通過撥款。但每次召集，國會便會提出新的權力要求，最後與國王不歡而散。1641 年，查理一世要求國會通過為討伐愛爾蘭天主教徒叛亂的軍事撥款，而國會在撥款以前先要求軍事控制權，又通過「大諫章」(Grand Remonstrance) 要求國王任命的大臣應是國會所信任的人。國王拒絕接受。翌年，國王與國會終於兵戎相見而爆發了內戰。這個內戰從 1642 年打到 1646 年，支持王室者稱騎士黨 (the Cavaliers)，支持國會者稱圓顱黨 (the Roundheads)。國會雖獲得勝利，但最後克倫威爾 (Oliver Cromwell, 1599–1658) 憑其軍力控制局面。發展至 1649 年，查理一世以叛國罪被斬首處死，革命和內戰終導致「弒君」的悲劇。此後，克倫威爾成為真正的主宰。但是，直迄 1658 年他死去，英國沒有法理上的政權。克倫威爾以鐵腕奪得天下，只有鐵腕治之。此一如詩人馬維爾 (Andrew Marvell, 1621–1678) 所吟詠的：

　　　馬上得天下，必須馬上治❷

　　他死後，其子無能，不克繼事。至 1660 年，司徒亞特王朝復辟

---

❷　原句作：

The same art that did gain

A power must it maintain

此處轉引自 G. M. Trevelyan, *History of England*(London: Longmans, 1960), p. 429。參考同上，pp. 380, 396–397；Sir George Clark, *English History: A Survey* (Oxford: Oxford University Press, 1971), pp. 259–260.

(1660–1688)。但是，問題沒有解決。先是查理一世之子查理二世（Charles II，1630–1685，在位時期 1660–1685）即位，因其飽經憂患且個性陰柔，尚勉強沒有出事。但其弟詹姆士二世 （James II， 1633–1701， 在位時期 1685–1688），公然皈依羅馬教會且志在專制，與國會關係惡化。但因其無子，有二女。一為瑪琍，嫁荷蘭大統領威廉 (William III of Orange)，另一為安妮，嫁丹麥，皆為新教徒。英國人原希望時間能解決一切，俟詹姆士二世逝世後，情況便會改變。不意 1688 年 6 月 10 日，詹姆士又得一子，且立即受洗為天主教徒。於是國會內托利 (Tories) 和惠格 (Whigs) 兩黨領袖七人乃簽署邀請函， 請瑪琍和威廉蒞英統治， 掌握軍權的約翰·邱吉爾 (John Churchill, 1650–1722, 1st Duke of Marlborough) 又倒戈響應。 詹姆士二世在眾叛親離下，12 月 22 日逃往法國，路易十四在聖日曼王廷 (Court of St. Germain)，為之安排了一個流亡朝廷。

這個事件雖有乖倫常，但未經流血而又解決了長期糾纏的王室與國會爭權的問題， 確定國會的勝利， 因而被稱為 「光榮革命」 (Glorious Revolution)。1699 年國會又完成立法，使光榮革命的成果法制化。此一革命象徵人民反抗暴政的權利，以及確立議會政治及法治，而為政治理論家洛克所頌揚。但事實上，它是土地貴族及地主奪得政權之運動，人民並未得參政，國會議員的搖棄不高，投票權有財產限制，中世紀議員原有報酬，十七世紀取消，而使只有握有獨立的經濟基礎者始得參政。

㈡內閣制度的形成

英國革命建立了民主制度中典型的內閣制。它是經由演變而形成的一個政治傳統， 並非法律所制訂。 就某種意義說， 內閣可以說是由樞密院 (Privy Council) 分出來的 ， 內閣所作的決定亦由 「樞密院令」 (Order in Council) 的名義公布。原來在查理二世時， 國王因有感於樞密大臣 (Privy Councillors) 人數太多，乃選親信五人左右在宮廷內一個密室 (cabinet) 共商政事，這個密室後來習稱「內閣」。

　　光榮革命以後，威廉三世（1650-1702，英王 1689-1702，荷蘭大統領 1672-1702）接受史賓塞 (Robert Spencer, 1641-1702, 2nd Earl of Sunderland) 的建議，任用在國會中占多數的黨派領袖為主政大臣，當時是惠格黨占多數。不過，國王此時並無義務如此做，他採取此議是為了方便。漢諾威王朝 (House of Hanover) 在 1714 年入主英國。緣因詹姆士二世之二女及其後嗣皆絕，詹姆士一世之外孫女蘇菲亞（嫁漢諾威選侯）之子喬治繼為英王，此為喬治一世 （George I, 1660-1727, Elector of Hanover, from 1698, King, 1714-1727），這是漢諾威王朝的開始。喬治一世蒞英時已五十有四，他通曉拉丁文及法文，但不諳英語，對英國政治也無大興趣，因而常委政大臣。此時托利黨人有擁護司徒亞特王室色彩而被稱為詹姆士黨人 (Jacobites)，而惠格黨又占國會多數，因而惠格黨領袖華波爾（後封牛津伯爵，Sir Robert Walpole，1st Earl of Oxford，1676-1745）在 1721 年至 1742 年間受到喬治一世和喬治二世 （George II，1683-1760，在位時期 1727-1760）的寵信和重用。他也常代替國王主持內閣會議，因而權位漸重。他的本職是財相 (First Lord of Treasury)，但是因為他本人的行情日漲，這個職位也超出了它原來的重要性，成為內閣同僚中的第一位。他可以說是第一位有近代政治學意義的首揆或首相 (Prime Minister)，他集內閣首長和國會多數黨領袖於一身，是實際上的「政府首腦」(head of government)，而非僅為國王和國會的臣僕。他在倫敦唐寧街十號 (No. 10, Downing Street) 建立起總部，用恩賞、特惠與賄賂等方法來控制內閣及國會。唐寧街十號原是財相的官邸，而首相的官銜仍是財相，因首相實無法再兼顧財相的事務，乃另設財相 (Chancellor of Exchequer)。

　　華波爾並非民主鬥士，他那個時代的政治操守也不高。他與喬治二世王后加洛琳 (Caroline of Anspach) 有很好的關係。他領導下的惠格黨政權代表縉紳、土地貴族和商人集團的利益。此時為保障私人財產而有極嚴酷的刑律，偷竊小罪即可判死問吊。華波爾本人可以說是土地貴族和富商利益

（所謂 landed and funded elements of the party）的混合：他本人為鄉紳之子
而娶富有的木材商人之女，後來又封貴族。當時政治賄賂公行，僅貴族、
鄉紳和富商有投票權，據估計在全英國四十個郡中，有投票資格的人不出
一萬六千人。他們更可藉對「腐朽市鎮」和「私人市鎮」(rotten and pocket
boroughs) 的控制而掌握票源。華波爾所任用的國務大臣 (secretary of state)
牛卡索公爵 (Thomas Pelham, Duke of Newcastle 1693-1768) 即以操縱選舉
和以職位、榮銜和金錢籠絡各界人士為務。不過，華波爾也能掌握分際，
1742 年儘管他仍獲君主的信任，而且君主任用多數黨領袖仍係基於習慣而
非義務，但因惠格黨喪失在國會中的多數，他仍然決定去職。此後任用國
會多數黨領袖掌政，成為傳統。

　　內閣制度終於逐漸形成，而且日趨健全。喬治三世 （George III，
1738-1820，在位時期 1760-1820）曾欲加改變，但已積重難返。在此情形
下，原屬王室的一些權力，如組閣、解散國會、召集國會，儘管仍以君主
名義行之，實已轉入內閣之手。內閣也逐漸發展出集體負責 (collective
responsibility) 的原則，此指閣員在相互負責 (mutually responsible) 的精神
下，以一致的政策，集體地對議院和全民負責，以「英王陛下政府」(His
or Her Majesty's Government) 的名義施政。當內閣在國會因重大政策失去
支持時，也只有在辭職和解散國會之間選擇其一，而通常是選擇解散國會，
以「訴諸全民」(go to the country) 來探求新民意。一旦在大選中失利，便
由反對黨另組新的「英王陛下政府」。因之，內閣是聯繫王室或政與國會要
素，其重要性一如白芝奧 (Walter Bagehot, 1826-1877) 在其 1867 年出版的
《英國憲法》(*The English Constitution*) 中所說的，其作用一如「聯字符之
聯字」(a hyphen that joins) 和「扣衣鈕之扣衣」(a buckle that fastens)。至於
國會與內閣之間的關係，在國會至上和內閣向下院負責的精神下，內閣有
如「國會中的委員會」(a committee of Parliament)㉙不過，在政黨政治的運

㉙　轉引自 A. H. Birch, *The British System of Government*, 2nd ed. (London: Allen &

作和黨紀的要求下，在內閣制國家，執政黨是多數黨而首相或總理是黨魁，多數黨籍的國會議員要支持黨的決策，否則以黨紀處理，因而內閣也主導國會。尤其是晚近以來，首相的地位日趨重要，大選幾乎可以說是選舉首相，因而使英國大選也有了美國大選的味道。總之，英國作為典型的內閣制國家，其行政與立法的關係，並非完全是「分」立的。

二、美國革命

(一)獨立戰爭

美國或美利堅合眾國 (USA: United States of America) 是由原屬英國的北美十三個殖民地起而反抗英國的統治而成立的。導致美國革命最主要的原因，是英國在七年戰爭結束後決定要殖民地多負擔行政和防衛的費用，乃於以後的十二年間徵收各種稅捐。此本為當時流行歐洲的重商主義 (Mercantilism) 的經濟政策。重商主義主張：殖民地要供應母國所不生產的貨物；殖民地僅能與母國貿易，不可發展工業與母國競爭，亦不可資助母國的商業競爭者；殖民地要協助母國達成「優惠的貿易平衡」，要以貴重金屬供應母國。這種體制的目的，在使擁有殖民地的國家可以戰時強和平時富。英國在十七世紀中葉屢次頒布貿易及航海法 (Acts of Trade and Navigation) 規定：英國與殖民地間的貿易僅准以英船載運；某些貨品如煙草、糖、棉、米、靛青及皮草等不得輸往英屬港口以外的地區；所有輸往殖民地的貨物必須經過英國並在英國繳納關稅。這些規定雖違反殖民地的利益，但是英國在七年戰爭之前執行不嚴，此即所謂「有益的疏漏」(salutary neglect)，再加上殖民地在法國勢力的威脅下需要保護，故不致成為嚴重問題。

但是，七年戰爭決定了英國在殖民競爭上得到壓倒法國的勝利，日趨成熟獨立的北美殖民地對母國的依賴程度大為減低。此時英國卻決定加強

Unwin, 1970), p. 46.

對殖民地的控制，並且要它們分攤部分的防衛費用。於是，英國和北美十三個殖民地的關係趨於緊張。這個爭執後來表現在向殖民地人民徵稅上。1764 年左右，殖民地人民認為他們在英國國會並無代表權，英國國會無權立法向他們徵稅。爭執到 1770 年，幾經周折，英國政府決定盡廢各稅，僅餘茶稅。每磅茶僅徵稅三便士，年約一萬六千磅，此僅表示母國有徵稅之權。同時，為了救援行將破產的東印度公司，乃准該公司直接售茶給殖民地代銷商和免除銷美貨品之關稅，東印度公司乃能減價銷售，其價格低於走私進口的水貨。殖民地人民仍不領情，衝突不斷升高。1776 年 7 月 4 日，他們發表「獨立宣言」(*Declaration of Independence*)。

「獨立宣言」是來自維吉尼亞年僅三十三歲的傑弗遜 (Thomas Jefferson , 1743–1826) 起草而為在費城召開的大陸會議所通過的。這個重要文獻充滿啟蒙時代思想的精神，尤其是洛克的學說躍然於字裡行間。它的主旨說：在自然狀態下由自然律運作，所有的人皆自由而平等，人人都有一些不可讓渡的權利，其中主要的有「生命、自由和追求幸福」(life, liberty and pursuit of happiness)，政府的建立係為了確保這些權利，其「公正的權力」(just powers) 源自被治理者的同意，當政府違背了它的目的時，人民有權來改變它。在歷數英國的虐政後，宣布獨立。

美國獨立之爭不能善了。來自維吉尼亞的華盛頓 (George Washington, 1732–1799) 自 1755 年便以大陸軍 (Continental Army) 總司令的身分主導獨立戰爭。戰爭至為艱苦，但有國際援助。法國支援最力，1778 年初與美訂友好、通商及同盟條約。1779 年 6 月西班牙向美宣戰。1780 年 2 月俄國倡組武裝中立同盟 (League of Armed Neutrality)，丹麥、瑞典、荷蘭、奧地利、普魯士參加，以保障中立國貿易權益相號召，給予美國有力的鼓舞。1783 年訂立「巴黎條約」，正式取得獨立。

(二)政治制度的確立

美國獨立以後，先是建立邦聯，以 1777 年大陸會議通過的「邦聯條

款」(*Articles of Confederation*，1781 年生效) 為憲法。但這形同一個十三國的聯合，中央政府廢弱無力，無法發揮統合的力量。1787 年在費城另制新憲 (1788 年生效)，建立聯邦，其政治制度為標準的總統制和嚴格的三權分立體系。這個憲法奠定了美國可大可久的基礎。說來真是奇蹟，制憲時美國僅為一個人口不過三百萬左右，以農立國，領土只有大西洋沿岸的十三州的小國，後來成為一個人口超過二億七千萬 (2000 年統計數字)，科技和工業舉世無儔，擁有兩洋五十州的超強國家，但仍然遵守這一部憲法。有人認為此歸功於《憲法》前言 (按《美國憲法》並無「前言」這樣的標題而只有一段文字) 用現在加強語態：「美國人民為了組成完美的聯邦……制訂並建立美利堅合眾國的憲法」(We the people of the United States in order to form a more perfect Union......do ordain and establish this Constitution of the United States of America)。有人認為是因為《美國憲法》的「優越」。也有人認為是因為制憲者的「睿智」。也許真正的原因，是美國人崇尚法治的精神，以及此《憲法》有可以因應需要修正而仍然保留原憲法的彈性設計。不過，修憲的過程至為繁複而艱鉅：國會兩院各以出席人數的三分之二以上的票數通過後，再經四分之三以上的州議會同意。

《美國憲法》規定三權分立，但是文字上並未強調「分權」的字樣，僅以明確的方式規定立法權屬於國會，行政權歸總統，以及司法權由聯邦最高法院及各級法院來行使。

美國國會 (Congress) 為兩院制的結構，由眾議院 (House of Representatives) 和參議院 (Senate) 組成。眾議院代表全民，初時並未規定名額，僅謂每一眾議員代表三萬人，每州至少一名，但後以人口增加，1929 年定總額為四百三十五名，每一眾議員所代表的人口為人口總數除四百三十五所得之商數，任期兩年，所以每十年辦理人口普查一次。參議院代表各州，每州兩名，原規定由各州議會選出，1913 年改由人民直接選出，任期六年，每兩年改選總額三分之一。國會的議事規則頗能表現出服

從多數和尊重少數的精神，這裡所說的「少數」，包括少數黨、個別議員和意識型態上的少數。少數人如果能有技巧地運用議事規則，可以達到拖延、修改，乃至擊敗法案的目的。除了少數特殊的情況，如要推翻 (overriding)總統的覆議權 (veto power)，以及條約須經參議院三分之二的多數同意才能批准以外，其他公共政策的決定在兩院均為簡單多數。另外，參議員在參議院的發言本無時間限制。1975 年以後為避免過度的杯葛 (filibuster)，經五分之三的參議員投票同意，即可停止辯論，付諸表決。法案須經兩院的同意，始可送請總統簽署，使之成為法律。兩院有不同的職權，如眾議院對預算案（包括歲入和歲出）有先議權，參議院擁有對條約的決定權和聯邦官員任命的同意權。此外，眾議院對彈劾聯邦官員有起訴權，參議院有審判權。美國參議院有如此大的權力，常被稱為世界上最有權力的第二院。

國會兩院分別集會。但在總統選舉審查總統選票時，以及總統親向國會演說時，聯合集會。

在美國國會中，僅有議員始有法案提案權。法案由議員一人即可提出，不過通常是由一位以上的議員共同提案，法案或法律之所以常以姓氏為名，便是這個原因。總統和行政部門雖無提案權，但可擬定法案，交由總統同黨的相關委員會的主席（召集人）來提出。如果該一委員會主席與總統不屬同黨，亦可由少數黨的資深議員提出。如果議員接受政府委託，提出某一法案而其本人並不贊成該一法案時，可在提出的法案上註明「本案為應請求提出」(By Request)。

美國的行政權歸於總統和其所領導的內閣。總統任期四年，每四年選舉一次。候選人的資格是年滿三十五歲，居住美國十四年以上的「自然誕生」的公民（natural-born citizen，通常的解釋是指出生時即為美國公民而非歸化者）。至於選舉人的資格，原為年滿二十一歲的公民，1971 年改為年滿十八歲的公民。選舉日期則為前次總統選舉後第四年「十一月經過第一個星期一以後的第一個星期二」 (first Tuesday following first Monday in

November)。選舉的方式為間接選舉,選民投票選出「選舉人」(elector),
再由全國的選舉人組成「選舉人團」(Electoral College)。各州選舉人的人
數與其出席國會兩院的人數相等,現在全國參議員一百名,眾議員四百三
十五名,故各州選舉人的總數為五百三十五名,另加哥倫比亞特區(首都)
選舉人三名,總計共為五百三十八名。他們於大選年 11 月當選後,在 12
月 15 日集會於首都來投票選舉總統、副總統。選票是各州密封交給國會,
再由參議院議長 (現職的副總統) 於翌年 1 月 6 日在兩院聯席會議時開
票,以過半數 (二百七十票) 為當選。由於計票方式採取「勝者全得」
(winner-takes-all),即某黨總統候選人在某一州選舉人中得票過半時,則該
州全數總統選舉人票即歸其所有。又由於在政黨政治之下,各州的總統選
舉人係由政黨提名,經人民投票選出,而他們又會投票給其本黨的總統和
副總統候選人,所以每屆大選在總統選舉人的投票開票以後,便可知道是
何黨候選人當選,不必等在首府的正式投票。不過,這種「勝者全得」的
方式,有時會發生某一候選人得了較多的選民票,卻未能獲得過半數的選
舉人票,以致未能當選的情形。如果有候選人未能獲選舉人票的半數,則
由眾議院投票選出,其方式為每州一票,由每州眾議員中過半數決定,如
某州眾議員反對贊成各半時,則該州不予計算。

　　憲法生效後,華盛頓當選第一任總統(任期兩次,1789–1797),他第
一次當選及第二次連選皆獲全票,但他拒絕第三次連任。於是,總統皆以
任兩次為限。但佛蘭克林‧羅斯福 (Franklin Delano Roosevelt, 1882–1945)
曾參與 1932 年、1936 年、1940 年和 1944 年的四次總統大選而擔任四次總
統。1951 年經修憲限制連任以一次為限。

　　美國常被稱為典型的總統制國家。總統不僅為國家元首,亦同時為政
府領袖,集總統和總理身分於一體,他的執政任期不受在國會占不占多數
的影響。他的權力有:第一、元首權,代表美利堅合眾國,有其地位和尊
榮。第二、在立法方面有否文權和覆議權,否文權指他有權向國會提出立

法建議，但此不是正式的政府立法提案，亦不列入議程，立法提案仍由議員提出，成敗不在總統，有內閣制政府提案的優點而無其缺點。所謂覆議權，指國會通過的法案須經總統簽署，始能變成法律，總統對於其所不贊成的法案可以拒絕簽署，使之不能成為法律。不過，這不是完全的「否決」權，因為如果國會兩院再各以三分之二以上的票數通過，便可推翻總統的反對。另外，總統要在法案送達白宮十日內簽署，如果十日內（扣除星期日及休會日），總統未予簽署，亦未退回國會覆議，亦可視同期間了結而法案成為法律；但如果十日期間終了以前，國會已經閉會，此一法律案便不成立，此通稱總統的「袋中否決」(pocket veto)。第三、外交權與統帥權，在外交方面，總統有權承認外國政府，任命駐外使節和接受外國使節，也有權與外國政府訂立條約（但批准條約需要參議院三分之二以上票數的同意）；在統帥權方面，《憲法》第二條第二款規定總統是武裝部隊的最高統帥，負有開戰以禦外侮和保護國家的權責；但在憲法第一條第八款又把宣戰權賦予國會，因此在總統的統帥權與國會享有的宣戰權之間有含混的灰色地帶，此使總統可以不經國會的宣戰而派軍開戰。1973 年國會制定「戰爭權力法」(*War Powers Act*) 來限制總統在這一方面的權力，其主要內容為：當敵對情況及調動軍隊之可能性升高時，總統須與國會領袖磋商；總統採取軍事行動，必須在四十八小時內通知國會；如國會在總統採取軍事行動後六十天內未授權繼續使用武力，即必須撤回軍隊，但如經國會批准，此一期限可延長三十天；在此六十天或九十天內，國會有權要求總統將軍隊調離衝突地區。第四、任免權，總統有權任命（但需參議院之同意）及免除聯邦官員的職務。第五、行政督導權，即對聯邦各級政府及機關的指揮和監督的權力。由此可看見美國總統有極大的權力，堪稱有最高權力的民選首長。美國歷史學家施萊辛格 (Arthur M. Schlesinger, Jr.) 因而稱之為「帝王總統制」(Imperial Presidency)❸⓪。

---

❸⓪　參看 Arthur M. Schlesinger, Jr., *The Imperial Presidency* (Boston: Houghton Mifflin,

美國的司法權，由司法部門執掌，法官為終身職，按期支薪，不得削減以保障司法獨立。聯邦法院包括最高法院 (Supreme Court)，掌管司法案件，包括憲法事務，其人數現有院長 (Chief Justice) 一名及法官 (Associate Justices) 八名。其下有上訴法院 (Circuit Courts of Appeals)，約有十一個，以及地方法院 (District Courts)，約有九十個。各級法官均由總統提名經參議院同意後任命。最能彰顯司法權在立法權與行政權之間的作用的，是司法審查權 (judicial review)，也就是最高法院可以審查國會所通過的法律，以及行政部門所發布的行政命令是否違反《憲法》，如屬違憲，即宣布其無效。

美國三權分立並互相制衡的體制，可由立法權（國會）藉由預算權和彈劾權來牽制行政權（總統及各行政部門），亦可經由制訂法律和對法官任命的同意權來約束司法權（最高法院及各級法院）；行政權對國會有覆議權和對各級法院法官有提名權，而司法權對國會及行政部門又有司法審查權。

三、法國革命

㈠原因及發展

法國革命亦稱「1789 年的革命」 (Revolution of 1789)，為 1789 年至 1799 年間震撼法國和歐洲的大事。而它所引起的波及全歐的戰爭至 1815 年始告一段落。

法國革命之所以發生的原因，有：

在社會結構方面，歐洲在法國革命以前，有社會階級的劃分，每個人在法律上屬於某一階級 (estate, or order)，教士為第一階級，貴族屬第二階級，第三階級包括一切不屬前兩個階級的其他人，即工商業者和農民。構成特權階級的高級教士和貴族，不過占歐洲人口的 1%。另外，由於十七

1973); Theodore Sorensen, *Decision-Making in the White House: The Olive Branch or the Arrows* (New York: Columbia University Press, 1966), Foreword by John F. Kennedy；鄒文海，《比較憲法》（臺北：三民書局，1969）。

和十八世紀，工商業的發展與城市的增長，中產階級興起。這在英國、法國、荷蘭等國家特別顯著。在中歐與東歐，特別是在奧地利和普魯士，也出現了一種以政府文官為主所構成的中產階級。這使歐洲社會的貴族色彩有了沖淡的趨勢。但是，這些中產階級握有財富和知識，自不甘長期地被排除在參政者之外。除了在英國，他們有某種程度的參政權和在國會有代表權以外，在其他各國率多被排除在外，而法國尤甚。

舊秩序下的法國並不比他國更壞。法國的第一及第二階級合起來不足全人口二千五百萬人的 3%，其中教士約有十三萬人，貴族約有四十萬人左右。第三階級占全人口的 97%，其中農民最多，約占 80%。至於土地分配，約 40% 為農民所有，20% 強為貴族所有，20% 弱為資產人士所有，10% 弱為教會所有。但是，法國是啟蒙運動的中心，又因開明專制不成功，再加上無法解決的財政危機，終爆發革命。

法國的中產階級已告興起且頗有實力，他們屬於第三階級。1713 年至1789 年間，法國的對外貿易成長了五倍，可見一斑。這些中產階級雖然也可以巧立名目或捐官而免繳稅賦，但他們對被排除在參政行列之外，極為不滿。

在政治方面，十八世紀法國的君主專制政體走向衰落。君主專制必須有大有為的君主，再輔以有政治家胸襟的大臣，方能相得益彰。但是，路易十四以後的法國不再具備此種條件。路易十五時期改革不力。1774 年他死於天花，其孫路易十六（Louis XVI，1754–1793，在位時期 1774–1793）為一私德不錯之人，誠懇善良又愛家庭，他在治世可為令主，但法國當時問題很多且亟待改革，而他意志薄弱，易受人影響。

革命亦有思想背景，法國為啟蒙運動的大本營，人民對制度與社會不滿。而洛克、孟德斯鳩和盧梭的思想，使自然權利、有限政府、人民有反抗暴虐之權、契約政府和主權在民等觀念深入人心。所以，阿克頓 (Lord Acton) 認為，法國革命在實際行動前已在法國人民腦海中形成。

政府財政危機是法國革命的導火線。不過，法國不但不是貧窮的國家，而且是歐洲最繁榮和富庶的國家之一。如何解決一個富有國家中卻有一個破產政府的問題？路易十六從 1774 年起，連著換了四位財相，仍然無法解決問題。法國的問題在於財稅制度的不合理，稅收應該合理化、簡單化、消除特權、降低平民負擔最重的間接稅，以及提高直接稅。但是，革命前的法國並非如此。當時法國的稅收有兩類：一類為直接稅，包括土地稅 (taille)、人頭稅或戶稅 (capitation)、所得稅 (vingtieme)（原為百分之 5%，十八世紀為 10%）；另一類為間接稅，有貨物稅（有外國進出口的關稅和此省至彼省的地方稅）、鹽稅 (gabelle)，鹽由政府專賣較實價貴五、六十倍且幾乎全由平民（占人口百 97%）負擔。由於教會拒絕世俗政府就教產徵稅但同意對政府「自由捐獻」(don gratuit，or free gift，為數不少）以外，教士不用繳稅，貴族繳所得稅及人頭稅。不過，大致言之，頭兩個階級形同免稅。另外擔任公職的資產人士可以藉不同名目免稅，稅負幾乎全在農民和一般平民身上。

革命發展前夕的情形：

法國財政危機係參加十八世紀一連串的戰爭又介入美國獨立革命所引起。1788 年政府公債已積至四十億利誰 (livres)，每年要付的公債本息占了歲入的一半。再加上自 1783 年以來天災頻仍，農產歉收。如不改弦更張，實已不能應付時艱，但牽一髮而動全身，財政改革已不能孤立於政治和社會的其他改革。最後，只有召開自 1614 年後迄未召開的三級會議。於是 1789 年 5 月 5 日，在凡爾賽宮召開三級會議，分別有第一階級代表三百人，第二階級代表三百人，以及第三階級代表六百人。集會之後，第三階級代表力主「個別表決」(vote by head)，而反對過去每一階級為一個表決單位的「階級表決」(vote by order)，到 6 月 27 日路易十六同意三個階級代表共同開會，三級會議改名國民會議 (National Assembly)，採取「個別表決」的方式。於是，法國第一次有了一個包括一、二百位成員的單一國會。

但是，第三階級代表與國王不能建立互信，群眾介入，再加上國王認為巴黎駐軍受革命感染而徵調瑞士及日耳曼傭兵至巴黎附近，失業人口眾多和麵包等價格高漲（此因 1788 年歉收和經濟蕭條），導致暴動群眾在 7 月 14 日攻陷巴士底堡寨 (Bastille) 的軍火庫及監獄，此日後來成為革命後的法國的國慶日。他們組成公社 (Paris Commune)，接管巴黎市政，並組成民軍或稱國民自衛軍 (National Guard)，以拉法耶特 (Marquis de Lafayette, 1757–1834) 為司令，以巴黎城的紅、藍二色旗，加上波旁王室的白旗，製成紅、藍、白三色旗。是為普通人民及群眾介入革命之始，貴族開始流亡。到 7 月末以後，局勢漸失控，流言四起，是為「大恐慌」(grande peur)。人民拒絕繳稅，農民攻擊地主宅第和焚毀載有他們的封建義務的文件 (terrier)。10 月初，暴民（有些女人混在其中）跑到凡爾賽，強迫國王回巴黎舊宮 (Tuileries)，國民會議亦遷來巴黎。

國民會議有鑑於只有承認既成事實並使之合法化，才能恢復秩序，於是通過若干法律，宣布舊秩序的死亡和新社會的誕生。這其中最重要的有：廢除封建階級和封建特權，此發生在（1789 年）8 月 4 日夜晚 (Night of 4 August) 通過廢除封建階級、共同負擔公共開支、取消教會徵收什一稅權力，以及廢除農奴制度；發布「人權宣言」 (*Declaration of the Rights of Man*)，此在 8 月 26 日，人人「生而自由，權利平等」，舉凡自由、財產、安全、思想、出版自由，以及宗教寬容為自然權利，揭示主權在民的原則和「法律為普遍意志的表現，由全體公民或其代表制訂」。此外，國民會議制訂了 1791 年憲法，欲為革命建國奠下可大可久的基礎。這部憲法規定法國為有限王權的君主立憲政體，並採三權分立的制度：行政權由國王負責，他不再是「法蘭西之王」，而是「奉天恩承民意的法蘭西人之王」，他的詔令須由適當的部會首長副署方為有效 ；立法權由一院制國會即立法會議（Legislatif，or Legislative Assembly，由七百四十五名議員組成，任期兩年）來行使，國王對法案有四年延擱權 (suspensive veto)，宣戰、媾和、條

約均須經立法會議同意；司法方面，廢除各地高院 (parlements) 及舊的司法制度。地方行政廢原來的行省 (provinces) 而建立八十三個省 (departments)，以山脈或河流為名，省下有區 (districts)，行政官員由選舉產生，各有地方議會。這個憲法把選舉權限制得太嚴，它把人民分為積極公民 (active citizens) 和消極公民 (passive citizens) 兩種，但只有積極公民（繳納直接稅額至少為一般工人三天以上工資者）始有選舉權，時法國有成年男性七百餘萬，僅有四百二十五萬人合格，而他們亦不能直接選出國會議員，他們僅能選出選舉人，再由他們選出議員，當時此種人士全國僅有五萬人之譜。

至此，革命有了成就，但代表中產階級的勝利。對它的評價或接受程度，不同的人群有不同的感受。貴族和教士反對它，並希望能「倒撥時鐘」，回到革命爆發以前的狀態；資產（中產）階級和農民，滿意此種成果，希望革命到此為止；無產階級 (sans culottes) 和巴黎群眾，不滿已獲的成果，希望更向前推進。從這些不同的態度，衍生出歐洲十九世紀政治的左、中、右三種立場❸。

但是，革命終究未能到此為止。革命一直向「左」傾斜。所謂「左」，是指較激進的意識型態。表現在立法會議和其後立法部門中的，是激進分子坐在梯形議場的左側。路易十六優柔寡斷，也不甘為立憲君主；歐洲其他國家有鑑於革命有感染性，採取聯合干預，奧、普組成聯盟，1792 年 4 月立法會議通過向其宣戰，翌年 2 月英國、荷蘭、西班牙等國也捲入，立法會議宣布「祖國危急」激起法國人民的民族主義。1792 年，由成年男子普選而成立的國民公會 (National Convention) 主導立法。他們以叛國罪審訊「公民路易‧卡本」（Citizen Louis Capet，路易十六），翌年初將其送上斷頭臺處死，法國革命也演出弒君和改建共和的悲劇。此後，局勢益發失控，「恐怖之治」（Reign of Terror，1792 年 8 月至 1794 年 7 月）、拿破崙

❸　參看 Richard L. Greaves & others，前揭書，p. 633.

戰爭（Napoleonic Wars，1804 年至 1815 年）等，乃在所不免。法國和整個歐洲的人皆為法國革命付出極高的代價。

(二)法國革命的影響

法國革命有驚天動地之勢，它推翻了舊秩序，在政治和社會方面均有創新的發展，它所產生的影響更超出法國和歐洲的範疇之外。「自由、平等、博愛」的口號響徹雲霄；「主權在民」成為最高的原則。「人權宣言」為一大指標，使法國革命有了歷史的光輝和世界性的意義。拿破崙 (Napoleon Bonaparte, 1769–1821) 雖然威震全歐，但影響最大的是他的《拿破崙法典》（*Code Napoleon*，or *Napoleonic Code*，1804 年至 1810 年），它包涵了法國革命精神，如法律之前人人平等，子女皆可繼承遺產（廢除長子繼承制度），以及准許有限度的離婚，對建立公正社會有重大貢獻，亦屬法國革命的重大精神遺產。

還有，民族主義在法國革命也有了重大的發展，在革命戰爭中，為了抵禦外國干預，有「祖國危急」的號召，並全國皆兵 (levee en masses) 的動員。拿破崙的征戰也激起其他地區的民族主義。

不過，法國革命在建立永久制度上，不如英國和美國革命。革命後國體或政府型態有多次改變。例如，法國在 1958 年迄今的政府體制稱「第五共和」，這表示在這之前有過四次「共和」，此外還有多次其他的政體。這些變更並非僅為政權的更替，而是基本體制的改換。但在法國，「主權在民」的原則卻為不可爭議。

另外，法國革命所表現的憑意識型態改變政治與社會秩序的作法和所造成的混亂，使政治上的保守主義 (Conservatism) 得以興起。英國政治理論家柏克 (Edmund Burke, 1729–1797) 為主要代言人。柏克反對變遷，也不相信理性，他所重視的是經驗，也就是多代累積的智慧。他震慄於法國革命的激烈，認為法國革命的行動與意義在棄絕各時代所累積的智慧。他的力作是 1790 年出版的《法國革命的反思》(*Reflections on the Revolution in*

France)，他尊重人類歷代艱苦締造的社會與政治制度，認為歷史有其連續性，每一時代皆為綿延不絕的連鎖 (lengthening chain) 當中的一個環節。每一時代的人類均為文化遺產的保管者而非所有者，因而不可任意毀壞。沒有一個時代的人類可以武斷地決定未來社會的需要，他反對用任何抽象的原則來改變政治與社會的企圖。他也承認變更有時或不能免，但應審慎為之，而且「舊建制的有益部分」(the useful parts of the old establishment) 則應予保留，而且這種變更必須經過憲政程序，而絕不可以在抽象的邏輯名目下用暴力的方式來決定。他反對革命分子，認為他們是意識型態者 (ideologists)，強使人性適應其公式，他們不管現況如何，而強調應該如何或可能如何。他的著作成為日後保守主義政治家的經典。

四、工業革命

㈠工業革命的發展

　　工業革命 (Industrial Revolution) 指生產方式由農業和手工業轉向工業和機械。它在十八世紀中葉首先肇始於英國，然後擴及全世界，也由工業擴及到非工業的範疇，如經濟、社會和文化等。它表現在：⑴新的生產機器的發明和使用，首先發生在紡織業，繼而發展到其他的生產業和交通工具；⑵新材料的應用，如鐵和鋼等；⑶新能源的使用，如煤、蒸汽引擎、電力、汽油、內燃機等；⑷運輸及通訊的發展，包括火車、輪船、汽車、飛機、電報、廣播等；⑸新的生產組合如工廠的出現，此也導致分工和專業化的發展。這些現象的出現和交互影響，產生了革命性的影響，所以有「工業革命」之稱。「工業革命」一詞，首先在法國出現，但此一名詞的普及化，則因英國經濟史家亞諾・湯恩比 (Arnold Toynbee, 1852–1883) 用來描述 1760 年至 1840 年間發生在英國的經濟發展情形。

　　工業革命至十九世紀下半期進入了一個新的階段。其顯著的現象，是新工業的興起，工業技術的精進，工業基礎不斷擴大，乃至工業國家的增

多，同時過剩的資本也不再受政治疆界的限制而向外尋求投資的機會。這個現象常被稱為「工業革命的第二階段」(the second phase of the industrial revolution)。這個時期的工業發展與前一時期有不同之處：第一、在此之前，工業發展主要在紡織業和重工業，技術雖創新卻並不高度複雜；第二、前一時期的工業成品除紡織品外，並不為大眾所耗用，縱然因人口移居城市和交通運輸便利，使某些貨品的售價較前降低，不過這多為間接性的影響；第三、在此時期甚多新的而且供應大眾的產品，鋼的廣泛使用，電力的普及和化學工業的興起，為其著者；第四、各國次第走向工業化，英國的優越地位受到挑戰。最後，由於 1873 年至 1874 年間的財政危機和不景氣造成物價的滑落，各工業家乃用限制生產或達成協議的方式控制市場以維持較穩定的價格，此為日後卡特爾 (cartel) 或托辣斯 (trust)，或大企業出現的先聲。1913 年時德國的克虜伯 (Krupp) 就有七萬工人的規模，西門斯・哈斯克電氣公司 (Siemens-Halske) 的員工超過八萬人。

　　煉鋼工業的發展為本期最大的事件之一。這個階段常有「鋼的時代」(Age of Steel) 之稱。鋼是工業之王，基本上它是一種含碳量與其他的鐵不同的鐵，其品質卻優甚。十九世紀以前，鋼的製造過程既慢且難，成本甚高，以致鋼是半貴重金屬。1856 年英國工程師伯塞麥 (Henry Bessemer, 1813–1898) 發展出伯塞麥煉鋼法 (Bessemer Process)，用轉化爐 (converter) 把生鐵冶煉成鋼，使鋼的價格降到不到從前的七分之一。1863 年法國工程師馬丁 (Pierre Martin, 1824–1915) 利用德國人西門斯 (Friedrich Siemens, 1826–1904) 發明的再生爐 (regenerative furnace) 對伯塞麥煉鋼法加以改良，使之不但可以把廢鐵當做生鐵一樣地冶煉，而且可以生產較大的量，此為西門斯・馬丁煉鋼法 (Siemens-Martin Process)，亦稱敞爐煉鋼法 (open-hearth process)。不過，它仍有缺點，因為較適合冶煉品質高而含磷少的鐵，這種鐵只有在英國、西班牙和美國才有較多的產量。英國因為不僅自身擁有高品質的鐵，在西班牙取給亦便，因而此時執鋼鐵業之牛耳。1879

年，一對英國表兄弟湯瑪斯 (Sidney G. Thomas, 1850–1885) 和翟克瑞斯 (Percy C. Gilchrist, 1851–1925) 又發展出一種方法，它可以冶煉品質較差的含磷的鐵，使之成為工業用的鋼。此項發展不僅造成鋼的大量生產，而且對德國發生的作用很大，因為德國已自法國取得亞爾薩斯‧洛林 (Alsace-Lorraine)，此地區有豐富的鐵，但因含磷較高而迄無價值。至是，此區域的鐵配合上薩爾 (Saar) 和魯爾 (Ruhr) 的煤，成為德國的重要工業資源，而德國的鋼產量在 1893 年超過了英國。此外，比利時和美國亦有含磷的鐵，此後均為重要資源。同時，煉鋼技術的本身也不斷地改進。鋼的大量生產和普遍應用使許多工業有了更大的發展，舉凡鐵路、造船、軍火、汽車、建築等工業，均大量使用鋼。

電力的發展和普遍應用，找到了便宜、快捷和清潔的能源。在十九世紀上半期，電力的理論基礎已告奠立，1831 年英國人法拉第 (Michael Faraday, 1791–1867) 發明了發電機，可以使電能轉變為機械能。1882 年美國人愛迪生 (Thomas A. Edison, 1847–1931) 成功發展了電力的中央傳遞系統，不過此時電力限用於照明和公共交通。1891 年有了用高壓電線傳遞電力的方法。電力的普遍應用，不僅供應了工業所需的動力，而且也影響到一般人的日常生活。電力也促進了通訊和交通運輸的發展。1878 年這一年不僅愛迪生發明電燈，美國人貝爾 (Alexander Graham Bell, 1847–1922) 還發明了電話，翌年成立貝爾電話公司 (Bell Telephone Company)。1895 年義大利人馬可尼 (Guglielmo Maeconi, 1874–1937) 成功傳遞長波訊號而發明了電報，1898 年英法海峽兩岸通了電報，1901 年大西洋兩岸亦告接通。在交通方面，電車問世，有軌電車首先出現於 1879 年的柏林博覽會，1900 年前電車已通行於倫敦和巴黎。

另一個在動力方面的重大發展，是內燃機和蒸汽渦輪的發明。內燃機的原理是利用燃料在引擎汽缸內燃燒，將熱能轉換為機械能。1876 年德國人鄂圖 (Nikolaus Otto, 1832–1892) 製造出第一具有實用價值的內燃機，係

用煤氣燃燒。另一德國人戴默勒 (Gottlieb Daimler, 1834–1900) 加以改良，使燃燒汽油，並於 1885 年註冊專利。德人笛塞爾 (Rudolf Diesel, 1858–1913) 又成功設計了另一種重油（柴油）內燃機，並於 1892 年註冊專利，為一種能發出很大的動能的內燃機，可以應用到電氣廠、大型輪艦及機車等。蒸汽渦輪為英人派生斯 (Charles Parsons, 1854–1931) 所發明，是一種將流動的空氣、蒸汽及水等旋轉以產生很大的機械能的引擎，1884 年註冊專利，後來噴射機便運用此原理。

化學工業和合成工業也在此時肇端。德國在這方面居於領先的地位，他們在十九和二十世紀之交製造世界 90% 左右的染料。人工合成產品如塑膠、合成纖維和合成樹脂等亦有發展，而且後來發生很大的作用。

同時，工業情勢亦漸打破。工業革命擴散傳播，德國超過英國，美國更是後來居上，日本亦非等閒。全世界的工業都在革命。

交通運輸方面發展更大，公路、鐵路和海運固不待言。汽車和飛機也大有發展。汽車後來成為日常的交通工具，它雖在 1760 年代和 1880 年代，在法國和德國都有一些發展，但美國人福特 (Henry Ford, 1863–1947) 在 1903 年創設福特汽車公司 (Ford Motor Company) 致力開發大量生產和廉價的汽車，1908 年推出 T 型車 (Model T)，此後美國、法國、德國、義大利等國的汽車工業均甚發達，而日本的後來居上，尤為著稱。飛機方面，1903 年美國人萊特兄弟 (Orville & Wilbur Wright, 1871–1948 & 1867–1912) 在北卡羅林納州凱第荷克 (Kitty Hawk) 試驗他們發明的飛機，在 59 秒內飛行了 852 呎或 260 公尺（折合時速 30 哩），看來微不足道，但航空事業萌芽。不過，一直到第一次世界大戰時才有空軍出現。第二次世界大戰時，空軍已扮演重要的角色。民用航空方面，在 1925 年美國開始允許私人公司包用飛機送航空郵件，跨越太平洋的民航客運始於 1934 年由汎美航空公司（Pan American Airways，後改為 Pan American World Airways）首先推出。

　　二十世紀後期，特別是 1970 年代後，隨著高速度和高功能計算機（電腦）的發展，工業革命進入了資訊工業階段。電腦負起了設計、構圖、通訊的工作，而數據電子 (digital electronics) 和網路 (networks) 的應用，展開了新天地。

㈡工業革命的影響

1.在經濟與社會方面

⑴資本主義制度的興起

　　工業革命以前的資本活動，多由土地貴族和上層中產階級所操控經營，未脫農業和商業的色彩。工業革命後，許多生產設備場非一個普通人所能擁有，也不適合家庭經營。於是，資本、機械、原料和工人的結合產生了工廠組織。十九世紀中葉以後，工廠規模日益擴大，分工亦趨精細，機械也益發複雜昂貴，於是大型合股公司應運而生。這種合股公司用發行證券（股票和債券）來募集資本，並雇用專門管理人員經營，用付息或分配紅利的辦法來分配利潤。投資者透過銀行或證券交易所來投資。1844 年英國通過「合股公司條例」(*Joint Stock Company Act*)，對於投資採取有限責任的辦法，組成責任有限 (Company Ltd.) 的公司，美國的 Inc. (Incorporation)，德國的 G.m.b.H. 均同此理。於是形成了近代型態的資本主義制度。各工業國家也累積了鉅大的資本額，而且過剩的資本也不受國界的限制而尋求投資的機會。由於資本、貨物、勞力等均朝向需求最大，也就是生產效益最大的地區流動，世界經濟體系 (World or Global Economy) 形成，又因為生產動機由需要改為贏利，再加上生產方式的革新，舊有的工商業平衡被打破，經濟情況發生類似一種週期性的景氣 (boom) 和衰退 (recession)。有的時候衰退的規模非常大，其影響也非常嚴重，像 1929 年爆發於紐約的經濟大恐慌 (Great Depression)，一直持續到 1932 年才緩和下來，而美國當時已是世界經濟的「火車頭」，所以對全世界的經濟造成極大的傷害。迄今，世界經濟仍不脫景氣與衰退的循環。

⑵人口的增加

在工業革命以前，人口的增加非常緩慢，此因戰爭、疾疫、饑饉常能阻止人口的大量增加。十八世紀以後，因為工業革命使生產量遽增，交通運輸改良，公共衛生和醫藥的進步，死亡率大降，人口增加迅速。歐洲人口在 1650 年時約為一億左右，1800 年時約為一億八千七百萬人，十九世紀之末為四億二千萬人左右。1914 年時，歐洲人和有歐洲血統而居住於歐洲以外地區的人占了全世界人口的三分之一左右。其他地區的人，如亞洲人，則深感西方人口大量增加所給他們帶來的威脅。直到二十世紀，亞洲也展開工業革命以後，他們的人口又大量增加，超過西方人甚多。此因西方人早已有鑑於人口增加過速所帶來的弊端，而採取人口政策，朝向「人口零成長」(zero population growth) 發展，亞洲、非洲、拉丁美洲人民的人口增加率（出生率減去死亡率）偏高所致。大致言之，人口成長的演變有三個階段：第一個階段為高出生率和高死亡率的階段，第二個階段為高出生率和低死亡率的階段（如十九世紀的西方和二十世紀的亞、非、拉），第三個階段為低出生率和低死亡率的階段 （如今日的西方）。2000 年世界人口已超過六十億，但絕大部分生活在西方以外較為落後貧窮的地區。

⑶城市化

工業革命造成人口流向城市，使城市人口和城市數急劇的增加，顯示工業化 (industrialization) 與城市化 (urbanization) 之間的密切關係，新興城市可以說是工業和鐵路的產兒。英國人口原集中在南部，但自中部和北部變成工業區以後，城市便次第出現。在 1700 年不列顛各島（包括英格蘭、蘇格蘭、威爾斯）只有一個城市超過十萬人口，1911 年時已超過三十個。德國在 1840 年僅有兩個人口超過十萬的城市，1910 年時變為四十個。法國北部的城市發展，亦甚顯著。1815 年時全歐人口滿二十萬的城市不足一打，1960 年代已超過二百個。美國的東北部地區在工業革命後，也有顯著的城市化現象。城市在近代世界的重要性不容爭議，近代文明亦常被稱為

「城居者的文明」(Civilization of City Dwellers)。二十世紀中葉以後，在許多國家常以大城市為核心，把其郊區和附近的城市連接在一起，成為巨無霸城市 (megalopolis)。不過，二十世紀的城市化發展，以第三世界國家最為顯著。人口以百萬計數的城市稱米加城市 (megacities)，多集中在落後地區，其地的生活品質亦劣。

⑷社會結構的改變

首先是工人或勞動階級的大量出現，他們聚居於工業城市，無恆產，也沒有知識，完全賴工資維持生活。由於新興的工業城市，事先多未經規劃，因此公共衛生及下水道等均未遑計及，故居住條件不佳，工人集居之處更是貧民窟。他們的工作環境（安全與衛生）和工作條件（工時和工資）均甚惡劣，又因生計困難和雇主剝削，產生女工和童工的問題，又常受失業的威脅。他們自然不滿，乃嘗試以集體行動來謀求改善，此即工會組織。工會的合法地位，在西方國家各不相同，但要到十九世紀末期始告確定。同時，工人也尋求他們在政治上應有的權利，在十九世紀後半期他們也漸次取得投票權，終成可以影響政黨政策和政府施政的階級。

社會結構的另一重大變遷是中產階級的興起。「中產階級」一詞，隨著經濟和社會的變遷，所指涉的是不同的族群。在工業革命早期，它所指的是資產階級，為不是貴族教士，也不是農民工匠，而是工業資本家（工廠、礦山及鐵路的主人）、商人、銀行家、專業人士（律師及醫師等），以及高層的管理和技術人士。他們事業成功而富有多金，但卻被排除在參政的行列之外。在英國，工業城市如曼徹斯特和伯明罕等在國會中沒有代表權；在法國，儘管經過了 1789 年的革命，但他們的夙志仍未得償。在其他各西方國家也大致類此。十九世紀的許多政治改革，是他們推動的。二十世紀中葉以後，「中產階級」一詞的指涉發生變化，是指在高度工業化和商業化，特別是在服務業 (service industry) 成為農、工以外的「第三部門」(third sector)，而它所創造的國內生產毛額 (GDP) 和雇用人員名額皆超過工

業。服務業所生產的係一種無形的產品,其從業人員包括銀行、保險、會計、運輸、通訊、資料處理、廣告、零售批發、營造、設計、工程、管理、房地產經紀、專業服務(如律師、會計師、醫師)、娛樂、保健服務人員、工業銷售部門人員、行政人員、教育人員等等,皆屬服務業。這些人未擁有生產工具卻並不完全受制於擁有生產工具者,而又有屬於他們自己的一定程度的尊嚴、財富和權益,他們之中的大多數受過良好教育及訓練,他們的收入多來自薪酬,所以也稱薪酬階級 (salariat) 或白領階級 (white-collar class)。他們取代了舊的中產(資產)階級而成為社會主體的新中產階級。在先進國家,縱使是工人,只要有工作崗位,也是居有房,出入有車,衣食無慮,有銀行戶頭,有度假觀念,頗有中產階級的氣息。而且,現代工業的生產,以機械替代手工之處愈來愈多,所需勞工也就愈來愈少,相對地管理、技術和行政部門的人愈來愈多。因之,在高度工業化的國家內,傳統意義的「工人」的數字也在遞減之中。易言之,藍領階級的人數減少而白領階級的人數增多,所謂「中產階級」便是一般大眾,而且絕大比例的人口認同自己屬於中產階級。

　　這種情形使社會結構發生根本性的改變。在十九世紀時,西方社會的結構是一個三層的金字塔,頂層為人數很少的資本家和富有的地主,他們工作不多卻席豐履厚;在他們下邊是人數較多的中產階級,他們工作勤奮但收入亦多;最底層是人數最多的勞苦大眾,以工人和農人為主,他們工作辛苦而收入微薄。

　　到二十世紀以後,此一金字塔的結構發生變化:它由原來的鑽石形演變為菱形,即頂端和基層都變小了,而中間的一層卻加大了很多。但是,這個中層不再是過去的舊中產階級或資產階級,而是薪酬階級,它是主幹。在這個階級內,成員之間固然有差異,譬如一個企業主管與一個工頭之間,薪酬上當然有很大的差別,他們之間的生活格調也會不同,但是這種不同,卻不是十九世紀時期資本家和工人的不同。另外,此一薪酬階級是開放的,

基本上屬功績制 (meritocracy)，取得職位要憑資格和能力。由於它是開放的，便沒有保障性，即使是總經理級的行政人員也可能憑董事會的一紙通知便予以解職。他們經常面臨來自競爭者的挑戰，也不能惠及子女。這種社會的流動性 (social mobility) 開啟了無限的可能❸❷。

　　在此方面，還有環境污染和國際社會貧富不均的對抗，不過要到二十世紀下半期以後才趨於非常嚴重。

2.在思想方面

　　針對工業革命和它所造成的經濟、社會的劇變，乃有不同的學說從不同的角度，提出辯護、批評和分析，產生了不同的思想或意識型態。主要的有經濟自由主義、社會主義和共產主義。

(1)經濟自由主義及其修正

　　經濟自由主義 (Economic Liberalism) 脫胎於亞當・斯密的學說，而更進一步地立論。十九世紀前半期英國的曼徹斯特學派 (Manchester School) 或古典或自由經濟學家 (classical or liberal economists) 為其主要分子，最著者有馬爾薩斯 (Thomas Malthus, 1766–1834) 和李嘉圖 (David Ricardo, 1772–1823)。他們主要的論點有：(a)經濟的個人主義，認為人只要不違反他人的權益，可以遵循自利的原則來追求自己的福祉；(b)自由放任，政府不要干涉經濟，僅維持社會秩序和保護財產即可；(c)遵守自然法，如供求律 (law of supply and demand)、邊際效應律 (law of marginal utility) 和報酬遞減律 (law of diminishing returns) 等，如有違反，便有災難性的後果；(d)契約自由，個人可自由談判和簽訂契約；(e)自由競爭和自由貿易，競爭會減低售價，淘汰無效率的生產者，因而要禁止壟斷；國際貿易自由，可提高各國生產品質，降低售價，主張廢除保護關稅。

　　另外，馬爾薩斯著有《人口論》(*An Essay on the Principle of*

---

❸❷　參看 Richard Pipes, *Modern Europe* (Homewood, Illinois: The Dorsey Press, 1981), pp. 15–35; Edward M. Burns & others，前揭書，pp. 840–845, 953–978.

Population)，此書在 1798 年發行初版，1803 年再版時定論。他的論點是：人口的增加率大於食糧的增加率，戰爭、饑饉和疫病在遏制人口過分膨脹方面有部分功能，但人口增加仍不可免，貧窮和痛苦亦不可免。即使是通過法律，平均分配財富，窮人的情況也只能暫時改善，不久他們又會多生子女，人口又大增。他主張用「道德的抑制、遲婚和貞潔的生活」來防止人口的增加。李嘉圖為英籍猶太人，著有《政治經濟與租稅原理》(*Principles of Political Economy and Taxation*)，出版於 1817 年。他認為經濟活動三要素為：租金 (rent)、利潤 (profit) 和工資 (wage)。不過，他最有名的主張為其工資論，他主張工資的上限是使工人去可以生存、傳種而沒有增減的價格。

曼徹斯特或古典經濟學派的理論偏頗不全，太為資本家的利益講話，但他們曾有廣大的徒眾，也曾長期地發生影響。他們認為經濟活動完全受一些簡單的自然法則的支配，同時將馬爾薩斯的人口論、李嘉圖的工資論奉為圭臬，不曾預料到科學技術的昌明可以大幅度地增加農產，也沒有想到人口壓力可以藉計畫生育和對外移民來舒緩，工資論不合乎以後的事實。他們對於工業化所產生的社會病態不思積極的對策，只是提出消極的聽其自然的辦法，既非善策，也不公平。

第一次世界大戰前後，許多人便發現經濟不能放任不管。特別是在經濟大恐慌 (1929–1932)，各國政府以經濟或金融的手段介入經濟活動，包括限制信貸、縮緊銀根、控制物價與工資、貶值貨幣、津貼工業、吸收或濟助失業者，等等。在經濟理論上也有突破。1936 年，英國經濟學家凱恩斯 (John Maynard Keynes, 1st Baron of Tilton, 1883–1946) 出版《就業、利息與貨幣通論》(*General Theory of Employment, Interest and Money*)，認為失業的原因不是生產過剩，而係因需求不足，需求可藉增加貨幣供應，進行公共工程以刺激生產，以及平均社會財富等方法來提升。他反駁自由放任的說法，並主張政府介入以維持高水平的經濟生產和就業。

⑵社會主義

　　社會主義是一種與經濟自由主義完全不同的理論，它反對私有財產，也主張平均分配利潤。社會主義有不同的種類。

　　第一種是理想的或烏托邦式的社會主義 (Utopian Socialism)，主要人物有法國的聖西蒙 (Comte de Saint-Simon, 1760–1825)、傅利葉 (François Marie Charles Fourier, 1772–1837) 和布朗 (Louis Blanc, 1811–1882)，再加上英國人歐文 (Robert Owen, 1771–1858)。聖西蒙出身法國貴族，且曾參加美國獨立戰爭，他的思想混合了啟蒙時代對科學的尊重和浪漫主義對社會的熱誠。他主張生產工具應為公眾所擁有，廢除繼承權利和給予婦女適當的權利。傅利葉反對社會組織和經濟制度，主張建立小型而又自立的合作單位，他稱之為同居社 (Phalanstery)，組成分子各選擇其專業來工作，合理分配利潤。歐文原為蘇格蘭新拉那克 (New Lanark) 的紡織業雇主，瞭解工人苦況，認為利潤是一切的禍源，它使工資無法提高並削弱了工人購買力，結果造成生產過剩、週期循環和失業問題。他主張建立合作社區，此為一種工業和農業平衡的小型的和自願的組織，他在自己的物業區建立了包括住宅、學校、教堂和醫院的社區，也在美國印地安那州新協合 (New Harmony) 建立過合作社區，並不成功。路易・布朗是另一類型，他可以說是政府社會主義 (state socialism) 的先驅，把社會主義帶進政治的領域。他著有《勞動組織》(L'Organization du Travail)，出版於 1840 年，主張工人有工作權和「各盡所能，各取所需」。他參與過 1848 年法國二月革命，一度流亡英國，後為法國左翼政治人物。他的思想為理想的社會主義和馬克思社會主義之間的連鎖。

　　第二種社會主義也是較溫和的社會主義，那就是費邊社會主義 (Fabian Socialism)❸，此源自英國。蕭伯納 (George Bernard Shaw, 1856–1950)、韋

---

❸　「費邊」一詞源自 Fabius (c. 260–203 B.C.)，他是羅馬大將，挽救羅馬於漢尼拔 (Hannibal) 兵威下的人物，他綽號「拖延者」(Cunctator, or the Delayer)，他避免與

伯夫婦 (Sidney & Beatrice Webb, 1859–1947 & 1858–1943) 等人，在 1883
年至 1884 年頃成立費邊社 (Fabian Society)，主張避免暴力革命，用緩和的
手段來改變社會。他們支持勞工代表委員會 (Labour Representation
Committee)，而此一委員會，在 1906 年成為工黨 (Labour Party)。

　　第三種是基督教社會主義 (Christian Socialism)，此在英國和美國，指
基督理想與工商競爭的衝突之間的社會主義。在歐陸，它常指由宗教領袖
而非政治或勞工領袖領導下的社會主義運動。

(3)共產主義

　　共產主義 (Communism) 係由馬克思社會主義 (Marxist Socialism) 發展
出來的政治理論和意識型態。

　　馬克思 (Karl Marx, 1818–1883) 為普魯士籍猶太人，先後在波昂
(Bonn) 和柏林研習法律，後對哲學發生興趣，1841 年取得耶拿 (Jena) 大學
哲學博士。1848 年他參與發表《共產主義宣言》(*Communist Manifesto*)，
1849 年至 1883 年死時，定居倫敦，常在大英博物館 (British Museum) 從事
研究。他有時為《紐約論壇》(*New York Tribune*) 撰寫文稿外，主要靠恩格
斯 (Friedrich Engels, 1820–1895) 的資助。恩格斯出身富有的工業家庭，他
自 1844 年與馬克思締結終生友誼，他與馬克思共同發表 1848 年的《共產
主義宣言》，編輯整理馬克思的著作。馬克思的主要著作為《資本論》
(*Das Kapital*, or *The Capital*)，有三卷，分別在 1867 年、1885 年和 1895 年
出版。

　　馬克思主義有三個淵源：法國政治革命、英國工業革命和德國哲學思
想。法國政治革命建立可以用驟然的革命手段改變秩序的先例，馬克思認
為中產階級做得到的事，工人階級當然也可以做到，也就是法國政治革命
提供了群眾基礎；工業革命造成了種種的社會問題，提供了經濟理論；黑
格爾 (Georg W. F. Hegel, 1770–1831) 的辯證哲學啟發了階級鬥爭說，他又

漢尼拔正面決戰，用迂迴的方式來應付。

截取費爾巴克 (Ludwig Feuerbach, 1804–1872) 的唯物論，以物資條件代替黑格爾的理念。此外，亞當・斯密的勞工價值說也影響到他的剩餘價值論。馬克思主義的中心思想是辯證唯物論 (Dialectical Materialism)，人類社會的歷史是「階級鬥爭的歷史」(history of class struggle)，一個統治階級之所以能夠統治，係因其最能代表社會的經濟生產力，當其過時時便會被消滅和取代，最後會產生一個沒有階級的社會。在資本主義社會，資產（資本）階級消滅和取代了不具生產力的封建貴族並建立了新的工業秩序。於是進入了最後階段的鬥爭，是已完成歷史使命的資產階級和由工業工人所組成的最具生產力的無產階級 (proletariat) 之間的鬥爭。支持這種論點的，是馬克思的經濟理論，其中最重要的是勞動價值說 (labor theory of value) 和剩餘價值說 (theory of surplus value)。這是說，貨物的價值取決於勞動量，而貨物的價值與工人的工資之間的差別為剩餘價值，但為資本家剝奪去當作利潤。隨著工業化的進展，兩個階級的矛盾會深化，當無產階級推翻資產階級並將生產工具公有化以後，便不再有階級之分，因為生產工具不再為任何團體所私有。政府原被用為階級壓迫的工具，今後會成為經濟合作與整合的理性機制，而資產階級原用以控制社會的家庭、宗教等將告消失，個人會得到自我實現的空間。

　共產主義革命於 1917 年在列寧領導下革命成功，雖未建立理想的社會，但其不斷地向外輸出及滲透，曾經對世界造成很大的威脅。

第六章　一個世界的形成

　　肇端於十五世紀末年且賡續發展的地理大發現或不同人群社會的會合，把人類歷史從區域發展的階段推向了世界性的互動與交流。新航路與地理大發現係以歐洲為主導，但在歐洲勢力伸展到非歐地區以前，這些地區也有其發展。在亞洲，相當於歐洲的中古時期，中國歷經了隋、唐、五代、宋、元，以迄明代中葉，有其極為輝煌的成就；韓國（朝鮮）與日本的國家形成和歷史發展，亦有其特色；印度自岌多王朝以迄蒙兀兒帝國，也多彩多姿；西亞與近東地區回教勢力的興起，阿拉伯人與土耳其人的活動，也曾使日月變色；非洲與美洲也各有其歷史與文化，發展出他們自己的生活方式。

　　世界歷史在十五世紀以後，進入高度互動的時期。不同地域的人群社會的互動關係和文化交流，自遠古便已存在，但其在量上與質上均不能與此時期相比。1405 年（明成祖永樂三年）至 1433 年（明宣宗宣德八年）鄭和 (1371–1433) 七次下「西洋」（主要是「南洋」，或東南亞）。他所率領的是一支包括多則百餘艘，少則數十艘巨船（船體大者長四十餘丈，寬十八丈）的艦隊，他們行蹤所至及於東南亞大部、印度的東岸與西岸，較達伽瑪早九十年到達古里 (Calicut)，也到過錫蘭、波斯灣、霍穆茲海峽 (Straits of Hormuz)、亞丁、吉達和東非，甚至好望角附近，帶回長頸鹿、斑馬、鴕鳥等動物。1433 年以後，惜乎完全停止，以致未能有更多的探險與征服。因之，歐洲勢力後發卻先至。十五世紀末年和十六世紀之初，歐洲向外擴張其勢力。先是探險和發現，繼之則為通商、剝削及殖民。歐洲的影響力也逐漸地擴大，最後乃至無遠弗屆。於是乎「歐洲的擴大和世界

的歐化」(the Expansion of Europe and the Europeanization of the World) 成為世界近代史的主調，這與十六世紀以前，亞洲對歐洲曾有重大影響的情形，可以說大異其趣。另外，歐洲向外擴張的腳步並不限於海上，俄國人在陸上的東進亦屬此類，但一度為盛清的力量所阻擋（1689 年的「尼布楚條約」），不過後來還是大肆擴張。總之，在十六世紀以後，世界已經逐漸成為「一個世界」(One World)。

從前的世界，因為各地域獨立發展，互不相涉，乃至「東方有聖人焉，西方有聖人焉」，以及「東方是東方，西方是西方」。但是，東方和西方終究要會合。此一會合東西方的偉業，本來有機會由中國人來完成。十五世紀的明帝國盛極一時，明成祖永樂三年（1405 年），三保（寶）太監鄭和奉詔率領龐大的艦隊從蘇州劉家港（今蘇州市太倉縣瀏河鎮）啟碇南下出航「下西洋」。他所率領的人員，多時曾有二萬八千人，船艦多則超過百艘，少時亦有四十至五十艘，船體大者長四十餘丈和寬十八丈。他在明成祖永樂三年至宣宗宣德八年 (1405–1433) 的二十八年間，七次出航（六次在成祖時期，一次在宣宗時期），他航蹤所及包括東南亞大部、印度東岸及西岸，最遠到達非洲東岸（甚至到好望角附近）。他比歐洲航海家達伽瑪早九十年到達印度的古里，可惜後來無以為繼。終於，後來的歐洲人以「新航路的發現」和「新大陸的發現」而引領風騷，成就了「歐洲的擴大」。

在此之前，世界各地域雖也有連繫，但其規模與頻率均不足以影響彼此的發展基調。在亞洲，相當於歐洲的中古時期，中國歷經了隋、唐、五代、宋、元，以至明代中葉，有其輝煌的成就，但明代末期以後，西潮湧至，到清代後期便難以抗拒；日本和韓國的歷史各有其發展，在西方勢力衝擊下，也有不同的反應；印度自笈多王朝至蒙兀兒帝國，所受西方的影響由弱轉強；西亞、近東（中東）及阿拉伯世界，其回教的歷史與文化，從互相周旋到漸居下風；非洲和拉丁美洲，先有自己的發展到為西方所掌控，有其歷程。「大發現」先是發現，繼則殖民占領，或因商略需要而加以

控制。這些過程，把世界各地域連為一體。

西方的殖民和拓展，在十八世紀後期美國獨立以後，曾一度放緩，但十九世紀後期因「新帝國主義」(New Imperialism) 興起，又呈現更大的推力。自 1850 年代至 1911 年，歐洲人的勢力主宰了幾乎當時落後世界的全部。1914 年時不列顛建立了一個比它本土大一百四十倍的帝國，比利時的殖民帝國比自身大八十倍，荷蘭的殖民帝國比自身大六十倍，法國的殖民帝國比自身大二十倍，俄羅斯在完成西伯利亞大鐵路 (1891–1903) 後成為主要的太平洋國家，德國於 1890 年代也在東非、西南非、中國沿岸大有發展。歐洲的人口，在 1914 年時高達全球四分之一，而且有大量的外移人口，以及「非永久外移人口」(temporary emigrants) 如傳教士、軍人、教士、企業主等❶。日本和美國則是後來的擴張國家。

殖民主義或帝國主義後來不僅退潮，而且遭到「清算」，但「一個世界」終告形成。

第一節　1500 年以前的亞洲、非洲與美洲

一、亞　洲

亞洲幅員甚廣，亦為古文化發祥地。在地理區分上，有東亞、南亞、東南亞、西亞、北亞、中亞，以及太平洋上的許多島嶼。西亞列入中東 (近東) 部分討論，此處對東亞的日本與韓國、東南亞，以及南亞的印度的發展，作一鳥瞰式的探討。至於地處東亞的中國不僅是東亞文化的主體，也是東亞文化的母體，惟因本書以敘述外國史為主，不在此討論。

---

❶　參看 Robert O. Paxton, *Europe in the Twentieth Century* (New York: Harcourt Brace Jovanovich, Inc., 1975), pp. 1 (footnote 1), 4, 6–9.

㈠日　本

1.歷史發展

　　日本的地理條件有其有利的方面，在其大約六千個島嶼中，有六百個左右可以居住，但以本州、北海道、四國和九州四大島為主，其中最大島本州尤屬重要。整個日本均在溫帶內，再加上自熱帶海洋由南向北流動的黑潮 (Black Current) 中和了冬季的寒冷，而靠近海洋又便於航運和發展漁業。但日本在地理條件方面亦有不利之處，如山地多而陡峻，林地不多，平原狹小，河流湍急，容易造成各個不同地區的孤立，從而增加統一的困難。日本何時開始有人活動，不易確定。大致言之，最早的居民為到達新石器文化階段的原始人，蝦夷人 (Ainu) 便是他們的後裔，現居住北海道和千島群島，為一種膚色淺、平臉而多毛的民族。絕大部分的日本人則為黃種人，他們可能自中國大陸的蒙古和東北經由韓國而來，日本人便是由這些人混融而成。日本人所使用的語文，從語法與發音來看，屬於烏拉・阿爾泰語系 (the Ural-Altaic Languages)。不過，直迄西元一世紀中葉仍然是小國林立。中國史書《後漢書・東夷傳》謂：「倭在韓東南大海中，依山嶋為居，凡百餘國。自武帝滅朝鮮，使驛通於漢者三十許國，國皆稱王，世世傳統，其大倭王居邪馬臺國。……建武中元二年，倭奴國奉貢朝賀，使人自稱大夫……光武賜以印綬。」按中元二年為西元 57 年。一世紀，日本人已使用青銅器及鐵器。三世紀中葉，邪馬臺 (Yamatai, or Yamato) 女王卑彌呼的勢力興起，把日本西部的三十多個小國統一，並且控制朝鮮半島的弁韓，但邪馬臺國在三世紀中葉滅亡。繼之而起的，是號稱太陽神（天照大神）之後的大和氏族，他們在三世紀後期便已興起，五世紀初控制日本中部與西部。593 年女帝推古天皇即位，其外甥即為聖德太子，由他攝政，國家基礎漸告奠定。元明天皇時期，因與中國通聘，深受中國文化的影響，並且仿照長安經營奈良，710 年至 784 年間，國都在奈良，此為日本史上的奈良時代 (the Nara Period)。桓武天皇時又遷都平安（京都），此後稱為

平安時代 (the Heian Period, 794–1185)。

　　天皇遷都平安以後，漸漸喪失權力。自八世紀末年至十二世紀中葉，權臣藤原房前及其子孫專政，天皇形同傀儡。此種由權臣把持並且世襲的體制稱之為「攝關政治」❷。於是，藤原氏自家治事的機構「政所」，成為全國最高的權力中心。繼之，政治混亂，武士階級 (samurai) 勢力興起，封建制度形成。最後造成幕府制度，日本在明治維新以前先後有：源賴朝所建立的鎌倉幕府（以橫濱附近的鎌倉為根據地），控制日本的時期為 1192 年至 1333 年間；足利義滿所創立的室町幕府（根據地為京都室町），主宰日本政治時期為 1378 年至 1573 年；德川家康所創建的德川幕府或江戶幕府，操縱日本政治的時期為 1603 年至 1867 年。在此制度下，幕府將軍加「征夷大將軍」銜，以天皇為傀儡，實際上是世襲的攝政來統治日本，他的「府邸」和「政所」（鎌倉幕府初期稱「公文所」）成為權力中心。在幕府將軍下，除了直轄地「天領」以外，全日本分為若干藩，各藩均自成局面，自理其內政，但幕府可以控制對外關係、宣戰媾和，以及鑄幣和驛郵的事務。幕府與各藩的關係係建立在封建制度上，以「土地所有權之擁有」和「個人的忠誠」為基準，除天皇外，將軍是最大的地主。

　　在對外關係方面，日本文化在西方勢力東漸之前，幾乎皆來自中國文化。孝德天皇時仿效中國君主建立年號的作法，在 645 年建號「大化」，該年為大化元年。日本在七世紀中葉以後所推行的「大化革新」 (Taika Reform)，實際上就是唐化運動。1274 年（元世祖忽必烈至元十一年），統治中國的蒙古人在命日本歸順和朝貢被拒後（1268 年）舉兵進攻日本，但因遇風暴敗兵。1281 年（至元十八年），蒙古人再度大舉進兵征討日本，又遇暴風而敗兵，此可能為颱風，但日本人稱為「神風」 (kamikaze, or divine wind)。日本在中國宋代時與中國有相當密切的貿易關係，明代時有

❷　「攝關政治」中的「攝」為攝政，即天皇年幼時由大臣攝政；「關」為「關白」，此為一種批閱大政官文書，然後啟奏天皇的大臣。

侵擾中國的「倭寇」問題。

　　日本的歷史發展有三個突出的特色：第一是連續性，其國土、民族和統治者一直連續不斷，此以「萬世一系」的天皇制度來代表；第二為吸收性，一直吸取外來文化以為己用；第三為兼容性，日本人頗能把吸取來的文化與原有的文化融為一體，而成為日本人運用自如的文化。

　　西方勢力向東擴張以後，日本曾經拒絕其影響，只准中國與荷蘭的商船至長崎一地貿易，同時也禁止日本的船隻外航。因此，有兩百多年的時間，是日本歷史上的「鎖國時代」(1635–1853)。1853 年，美國海軍東印度別遣艦隊 (East India squadron) 指揮官培理 (Matthew Calbraith Perry, 1794–1858) 率艦強入浦賀港，打通了日本的門戶，給予日本極大的震撼。不久，日本也一如中國，被迫開放通商口岸和給予外國領事裁判權等等。日本響起了「尊王攘夷」的呼聲，當時江戶幕府的大將軍德川慶喜在內外壓力下，在 1867 年自動解散幕府，並把政權歸還給當時只有十五歲的天皇明治 (1852–1912)。此為日本歷史上的「大政奉還」，翌年並展開明治維新，實行君主立憲和進行改革，乃日趨強盛。但是，此後也走上了擴張侵略的道路。後來在甲午戰爭 (1894–1895) 擊敗中國，又在日俄戰爭 (1904–1905) 力挫俄國，躋身世界強國之林，也進入了帝國主義者俱樂部。

2.文化概況

　　近代以前的日本社會結構有分明的階級劃分。不同的階級之中有公卿（又稱廷臣）、諸侯、武士與町人百姓之分。公卿是直隸於天皇的朝臣，雖受幕府將軍的監督，但非幕府將軍的下屬。諸侯為各藩主。武士或直接隸屬於幕府，或屬於諸侯。町人百姓則為社會最基層。德川幕府以後，階級更為固定。

　　日本在三世紀至六世紀之間，也就是大和氏族或大和朝廷從事統一日本的時期有古墳文化。古墳的形式有圓墳、方墳與前方後圓墳三種。墳的內部結構有棺、槨、室，亦有陪葬品（其中有玉類、大刀和鏃等等），顯示

有來生的信念。日本本土的宗教為神道教 (Shinto)，源於對自然與神聖的力量或神 (kami) 的崇拜，是一種有拜物色彩的多神教，「神道」也是「眾神之道」的意思。神道教後來持續不斷發展。但是，六世紀中葉以後，佛教分別自韓國、中國與印度傳入日本。佛教信仰在日本非常發達，佛教的派別也很多，包括大乘佛教及禪宗 (Zen Buddhism) 等等。

在文字與文學方面，日本人在蛻變過程中頗受艱難。以文字言，文字為寫的語言，而日本語言屬於烏拉‧阿爾泰語系，在拼音上與中文 (漢文) 不同，但日本人在當時除中文外無法參照其他文字。人類很多語文常先由象形表意的 (picto-ideographic) 階段，走向表意表音的 (ideo-phonographic) 階段，然後再走向拼音的 (phonetic) 階段，但中文則在由象形表意的階段發展到表意表音的階段之後，便在此一階段大放光芒，未走上拼音的階段。中文的單音方塊文字固然有很多優點，如方塊字可經重複組成為新詞，所占空間非常經濟，可以使許多不同語言的地區有相同的文字，語法亦靈活優美。但是，中文並不適合多音節的語言，蓋平時中文可以用字符 (word signs) 來表達，只有遇有外文語彙而又不便意譯時才用字符來綴音，如 Jesus 中文為「耶穌」，Roosevelt 中文為「羅斯福」等等。日本人在五世紀時便開始用中文來寫日文，到唐朝玄宗（八世紀中葉）日本留學生吉備真備採取漢字楷體字偏旁而設計出日文楷體字母「片假名」，唐憲宗時（九世紀初）日本的學問僧空海又採漢字草書製成日文草體字母「平假名」。但日本人一直用他們的拼音來讀漢字，如 「南」 字他們讀成 「米納米」 (minami)，於此可以看出多音節的日本語文在適應單音節的中文困難之所在。日文有四十八個拼音符號，還要加上若干漢字（至少要 1,850 個）才可應用。日本人在最初的若干世紀，其學者、官員和作家均用中文 （漢字），這種情形一如中古時期歐洲人用拉丁文，但日本人講中文則不如歐洲人在中古時期講拉丁文那麼普遍。

在此情形下，日本早期的文學作品，特別是奈良時期均多用漢字寫成，

這包括太安萬侶 (?–723) 編撰的《古事記》、舍人親王 (676–735) 監修的《日本書記》、無名氏編纂的《風土記》等。太安萬侶編撰的《古事記》敘述日本古代歷史，揉雜著神話與傳說，共有三卷，上卷為神代，中卷自神武天皇至應神天皇 (660 B.C.–312 A.D.)，下卷自仁德天皇至推古天皇 (313–628)，所用文字為用漢字表音與表意混合使用；舍人親王監修的《日本書記》係仿中國的《史記》或《漢書》，共三十一卷（文字敘述三十卷，另加系圖一卷），敘述上古至持統天皇（七世紀末年）的日本歷史；無名氏的《風土記》則為記述各地風物、河川和傳說的散文集。平安時期以後，詩歌、散文和日記體裁的文學作品出現不少，但小說亦盛。日本此時的小說稱「物語」，其意為稗史或寓言，其中以女作家紫式部 (c. 978–1013) 的《源氏物語》❸最為有名，紫式部的真實姓名不詳，她可能出自藤原氏族的一支，她的父親曾為地方長官，在二十一歲時嫁一較伊年長甚多之男人，並育一女，她也擔任過皇宮女官。此一小說可能在 1001 年左右開始寫作，有前部與後部，前部寫美貌而有才藝的親王源氏（光源氏）的戀愛生活，後部寫其子薰大將的故事❹。

---

❸　《源氏物語》西方人亦甚熟悉，其英譯書名為 *The Tale of Genji*，紫式部英譯名為 Lady Murasaki，或 Lady Murasaki Shikibu。

❹　參看林明德，《日本史》（臺北：三民書局，民 77），pp. 4–140；陶天翼，《日本信史的開始》（臺北：三民書局，民 79）；W. G. Beasley, *The Modern History of Japan* (New York: Praeger, 1963), pp. 3–37, 327; Edward M. Burns & others, *World Civilizations*, 6th ed. (New York: Norton, 1982), Vol. I, pp. 331–342, 536–544; Richard L. Greaves & others, *Civilizations of the World: The Human Adventure* (Philadelphia: Harper & Row, 1990), pp. 257–263；亦可參閱 P. Duus, *Feudalism in Japan* (New York: Knopf, 1969); J. W. Hall, ed., *Japan Before Tokugawa* (Princeton: Princeton University Press, 1986); C. Totman, *Japan Before Perry: A Short History* (Berkeley: University of California Press, 1981).

㈡韓　國

　　韓國亦稱朝鮮，位於朝鮮半島，隔山嶺及鴨綠江與中國分開。其開發較日本為早，亦深受中國文化影響，但仍保持其單獨的認同。

　　朝鮮人可能源自西伯利亞東部及中國東北地區的北部，他們的語言與中國語言無關，屬烏拉‧阿爾泰語系。朝鮮半島上早在西元前 300 年以前，便有許多小國。漢武帝元封三年 (108 B.C.) 中國征服半島北部，設置真番、臨屯、樂浪、玄菟四郡，進行直接統治。半島南部則演為馬韓、弁韓、辰韓三國，時稱「三韓」，亦向中國稱臣。中國文化亦傳至朝鮮半島，並且經朝鮮半島至日本。西元前 75 年，朝鮮人收復大部分領土，但朝鮮半島西北部的樂浪則仍在中國控制下，而且發生中國與朝鮮和日本的橋樑作用。一世紀時，半島北部統一為高句麗 (Koguryo)，二世紀後期半島西南部形成新羅 (Silla)，西南部則百濟 (Paekche) 興起，半島成為三國鼎立的情況，是為「三國時期」。313 年，高句麗取樂浪，統一整個半島的北部。七世紀中葉（660 年左右），新羅併取百濟後在唐代幫助下征服高句麗，整個半島統一。九世紀時新羅又有內亂，直迄 936 年王建再統一，並改國名為「高麗」，他便是高麗太祖。「高麗」(Koryo) 一詞也就是「高麗亞」（韓國，Korea）一詞的由來。十三世紀初，蒙古人進攻朝鮮，並在 1259 年至 1368 年統治朝鮮。1392 年李朝或李氏王朝 (the Yi Dynasty) 將國號改為「朝鮮」，此王朝統治朝鮮直至 1910 年。

　　韓國受中國文化影響甚大。其佛教信仰（313 年由中國傳入）及典章制度均來自中國，其文字（自 600 年以後逐漸發展）亦由中國文字發展而成，惟使其盡量配合韓語，並採用拼音符號，至十五世紀時益為完備。同時，高麗的首都開城也是仿唐代京師長安興建者。韓國在名義上雖為中國藩屬，實際上是獨立國❺。

---

❺　參看 Greaves，前揭書，pp. 255–257；又 G.Henthorn, *History of Korea* (Glencoe, Ill:Free Press, 1971); K. B. Lee, *A New History of Korea*, trans. E. Wagner

　　明治維新後的日本圖謀朝鮮日亟。中日甲午戰爭後，日本強壓中國單方承認其為獨立自主國家而控制朝鮮，1905 年朝鮮成為日本的保護國，1910 年更吞併為殖民地而予以直接統治，一直到第二次世界大戰日本戰敗為止。

㈢東南亞

　　「東南亞」(Southeast Asia) 一詞為自第二次世界大戰時期始告流行的區域名稱。廣義的東南亞包括中國以南，澳洲以北，以及印度以東的亞洲大陸邊緣和島嶼的區域。此一區域人種及語言均甚複雜。大致言之，此區域的大陸部分如越南、泰國、緬甸等地係以漢藏族 (Sino-Tibetan Stock) 為主，而馬來西亞與印尼等地則以馬來族 (the Malay Stock) 為主。但是，此一區域曾飽經滄桑，變化甚多，其原來的風貌不易保持。譬如，兩大民族區內均有相當多的中國人，中國文化在越南（Vietnam，古稱安南），印度佛教在緬甸、泰國（古稱暹羅），回教文化在馬來亞與印尼，以及後來西班牙與美國的基督教文化在菲律賓均有顯著的影響。另外，這個區域山嶺縱橫，且有六條主要河流貫穿其間。這六條河流是緬甸的伊洛瓦底江 (the Irrawaddy)、薩爾溫江 (the Salween)、西唐江 (the Sittang)；泰國的湄南河 (the Menam)、湄公河 (the Mekong)，以及中國與越南之間的紅河 (the Red River)。

　　這個區域開發很早。在十六世紀初，西方勢力大舉進入以前，印度與回教勢力曾活躍於印度洋東邊的水域和阿拉伯海一帶，印度人也在馬來半島 (Malaya Peninsula)、安南 (Annam)、爪哇 (Java)、蘇門答臘 (Sumatra) 等地建有殖民地。自五世紀起，有一個信奉佛教的王朝建立了一個以蘇門答臘為基地，並控有爪哇西部，控制麻六甲海峽而且向馬來半島與菲律賓伸展的大帝國，此一帝國名叫室利佛逝 (Srivishaya, or Srivijaya)❻，此一帝國

(Cambridge: Harvard University Press, 1985).

❻　室利佛逝又作尸利佛逝，係由梵文 Srībuja 譯來，其義為妙勝。

在七世紀初至十一世紀時極為強大，後因回教勢力興起而衰，但一直持續到十四世紀。另外，十四世紀時，在爪哇興起一個新的王國滿者伯夷 (Madjapahit) 控制婆羅洲 (Borneo)、蘇門答臘，以及菲律賓和馬來半島的一部，為一與中國、印度支那（今中南半島）和印度貿易的商業帝國，十四世紀末年衰。

東南亞的另一重要地區為印度支那半島 (Indo-China Peninsula)，為一位於東南亞東部深入南中國海的半島，包括越南、高棉 (Cambodia，柬埔寨) 和寮國 (Laos)。其中越南很早（在秦代末年）便已建國，並與中國有很密切的關係，寮國在十七世紀時開始建國，高棉則曾有輝煌的歷史。他們在七世紀時建立一個龐大的高棉帝國 (the Khmer Empire)，十一至十二世紀時統有寮國南部，以及大部分的暹羅（泰國）和高棉，其首都吳哥 (Angkor, or A ngkor Thom)，位於金邊西北約 240 公里，為一四方形的有壕溝和城牆的城市。十五世紀時此一帝國為泰人所推翻，吳哥亦被放棄，1861 年始再被發現。吳哥附近有一些寺廟，十九世紀為法國考古隊在叢林中發現，其中最引人入勝者為吳哥窟 (Angkor Wat)，為一建築於十二世紀奉祀印度教護持神毗濕奴 (Vishnu)，也是帝王的墳墓。全寺用沙岩石疊成，並有精美的雕像。不過，此時印度教雖勢大，佛教在高棉亦為有力宗教。另外，回教勢力亦繼之而起，十五世紀時印尼、馬來亞，以及菲律賓南部，特別是民答那峨島 (Mindanao Island) 和蘇祿群島 (Sulu Archipelago) 的摩洛人 (the Moros) 信奉了回教。

本區域受中國及印度影響甚深，後來又受西方殖民主義的統治，第二次世界大戰以後始具近代國家與社會的型態❼。

---

❼ 參看 Greaves，前揭書，pp. 233–238; Burns，前揭書，pp .312–318. 詳見 D. G. R. Hall, *A History of Southeast Asia*, 4th ed. (London: Macmillan, 1981); K. R. Hall, *Maritime Trade and State Development in Early Southeast Asia* (Honolulu: University Press of Hawaii, 1985); M. Osborne, *Southeast Asia: An Illustrated Introductory*

　　十六世紀後，西方勢力開始進入東南亞，先是葡萄牙與西班牙，不過西班牙的影響較大，曾自 1565 年至 1898 年統治菲律賓，1898 年美國自西班牙奪取菲律賓，日本也一度在第二次世界大戰期間占有菲律賓，1946 年菲律賓獨立。印尼也飽經滄桑，十六世紀時葡萄牙與英國均曾發展至印尼，後來為荷蘭所控有，第二次世界大戰後獨立。馬來亞、新加坡、緬甸亦為英國所有，第二次世界大戰後獨立。中南半島在十九世紀後期為法國統治至 1954 年，因而一度稱法屬印度支那 (French Indochina)。泰國自十九世紀後飽受西方壓力，而英、法兩國尤烈，此時泰國賢王朱拉隆功 （King Chulalongkorn，1853–1910，在位時期 1856–1910）一面改革內政，一面與英、法斡旋，雖亦割讓一些土地予兩國，終究保全了泰國的獨立，1932 年且成為君主立憲國家。

㈣印　度

1.岌多王朝以後的發展

　　南亞或西南亞的主要地區是印度，印度在岌多王朝 (Gupta dynasty, 320–550) 曾經有光輝燦爛的成就，但後來受到外族的攻擊。游牧民族匈奴人或「白匈奴」(White Huns) 在 480 年大敗岌多王朝，並在六世紀建立了一個東起孟加拉，西至阿富汗與中亞的國家，其人民後漸融入印度人中。六世紀末年，起自恆河上游的哈爾沙（Harsha，590–647，他就是玄奘所說的「戒日王」）勢力大振，他在 606 年即位為王，建立了一個幾乎包括那巴達河 (the Narb ada or Narmada River) 以北的印度。他的王國雖與岌多王朝沒有直接的關係，但以中興岌多王朝為號召，他的文治和武功均頗可觀，但企圖征服德干高原未成（約在 620 年）。首都坎納吉（Kanauj，在巴特那西北）為文化中心。他在早年為印度教徒，後來皈依佛教，嚴禁殺生，廣建佛寺。據說他在坎納吉所辦的佛教法會 （643 年）有二十個國王和成千上萬的信徒參加。中國唐代高僧玄奘 （三藏法師，602–664 年）便是在他

History, 3rd ed. (London: George Allen & Unwin, 1985).

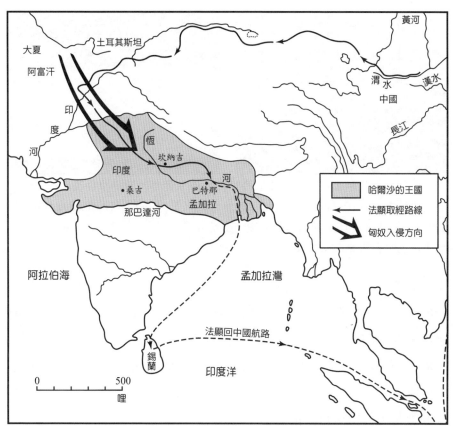

來源：Burns, op. cit., p. 306.

哈爾沙（戒日王）所統治的印度

的時代赴印度取經。玄奘於唐太宗貞觀元年（627年）自長安西行經西域至摩揭陀國，貞觀十九年（645年）回國，攜回梵文佛經657部。不過，哈爾沙並未停止對太陽神與濕婆神 (Shiva) 的崇拜，亦未以佛教或其他宗教為國教。另外，在岌多王朝與哈爾沙時期，印度與近東（特別與亞歷山大城）和羅馬西方的貿易關係頗為發達。同時，印度對東南亞亦有重大影響。

自哈爾沙死（647年）至 1526 年蒙兀兒帝國 (Mogul or Mughal Empire) 的建立，印度是一個政治分裂和混亂的時期，其情況與歐洲西羅馬帝國滅亡的情況並無二致，這在印度北部尤然。只是在西歐，自十一世

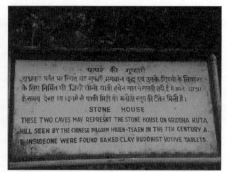

（左圖）玄奘法師在印度研究佛學的時期，佛教甚盛。距佛祖悟道處保打加也附近的拉者吉爾 (Rajgir) 旁邊的格理達庫塔山（靈鷲山，即 Gridhakūta Hill，約600 呎高）上有一些山洞為佛教修院，玄奘曾在此研究。（右圖）白底黑字的告示牌即說明玄奘曾在此苦修及鑽研。佛祖亦曾在此山頭講道。

紀以後經濟與文化上有相當的發展，而這些發展促進了文藝復興，此則為印度所未有。自從七世紀哈爾沙的王國衰弱之後，印度斯坦 (Hindustan)❽呈現分崩離析和小國林立的情況。有一些據地自雄的「拉者普」(Rajputs, or Rajpoots)❾，他們在印度西北部的拉者普坦那 (Rajputana) 建立了一些小王侯國。

2.回教勢力侵擾與德里蘇丹國

另一方面，來自阿富汗一帶信仰回教的土耳其人與阿富汗人不斷至印度侵掠。舉例言之，土耳其人酋長馬穆德 (Mahmud of Ghanzi, 971–1030) 號稱「伊斯蘭之劍」(Sword of Islam)，曾於 1001 年至 1027 年間從他在東阿富汗的基地格茲尼（Ghazni，現阿富汗東部），搶掠印度河上游和旁遮普西部地區十七次之多，摧毀神廟和掠奪城市財寶。這些侵略者精於騎戰與弓箭，難以抵擋。十二世紀末來自阿富汗的征服者穆罕默德 (Muhammad of

---

❽　印度斯坦 (Hindustan) 為波斯文，其意為「印度地」(Hindu Land)，其所涵蓋者為北到喜馬拉雅山脈，南抵德干高原的恆河平原的印度北部之地。

❾　Rajputs 原來的意思是「王子」，其淵源不明，可能是匈奴征服者和五、六世紀間其他入侵者之後裔，後融入印度社會，屬剎帝利階級。他們善騎術及劍術。

那爛陀大學 (Nalanda University) 的廢墟。「那爛陀」的原意是「蓮
花」，為「知識」之意。其位在距保打加也不遠的巴拉岡村
(Baragaon)。該大學自四世紀至十二世紀為佛學重鎮，玄奘曾在此
研究及教學。高聳處為大學佛寺的輪廓。

Ghor, d. 1206)⓾勢力大起，他征服部分旁遮普一帶的回教王侯國，並於
1192 年攻占德里 (Delhi)⓫，並在德里建立德里蘇丹國 （Delhi Sultanate,
1192–1398），此一蘇丹國統有印度北部，以及現巴基斯坦 (Pakistan) 和孟
加拉國 (Bangladesh) 等地，並且在十四世紀時一度伸張勢力至印度南部，
南部各邦亦承認其威權。

　　回教勢力的入侵與統治對印度產生不可磨滅的烙記。回教（一神論和
主張信眾平等）與印度教（多神或泛神論，雖亦有一神論傾向）本來極難
相容，但後來卻能共處。回教政權並未消滅印度人，只是對不信奉阿拉的
人徵收人頭稅，對印度教的宗教活動也徵稅。他們也難免有殘暴之事，摧

⓾　戈爾 (Ghor, or Ghur) 為阿富汗西部山嶺地區，時為一蘇丹國，穆罕默德為蘇丹之弟。

⓫　德里位於印度北部中央地帶，在朱穆納河 (the Jumna River) 兩岸。其地自古以來即
　　有城市或其他聚落興衰，1052 年為一拉者普城堡，穆罕默德據此城建德里蘇丹國。
　　現在的德里城則為蒙兀兒皇帝哲汗在 1639 年開始興建，後為其首都〔在此之前，
　　蒙兀兒帝國以阿格拉 (Agra) 為首都〕。1912 年德里取代加爾各答為印度首都，1931
　　年在德里郊區興建新城為新德里 (New Delhi)，1947 年成為獨立後的印度首都。

毀了許多佛教寺廟，也破壞了自從四世紀即為佛教學術中心的那爛陀大學。他們也興建了許多回教清真寺，常用被拆除的印度教或佛教寺廟的石塊為建材。另外，婦女地位更不如前，印度婦女必須深居簡出的「深閨制度」(Purdah) 即起於此時。

3.蒙兀兒帝國

　　德里蘇丹國和印度其他地區在十四世紀末期以後飽受來自中亞的帖木兒帝國的威脅。蒙古人在十三世紀征服中亞一帶，成吉思汗的大軍亦曾一度進入印度河流域。十四世紀時源自土耳其斯坦 (Turkestan) 的帖木兒 (Timur the Lame, or Tamerlane, 1336–1405)⑫大起。他率領一支由土耳其人與說土耳其語的蒙古人組成的大軍，自 1370 年以成吉思汗的後裔相號召。他滅亡了原來蒙古人所建立的察合臺汗國西部（蔥嶺以西）和伊兒汗國（原包括波斯與地中海以東），以撒馬爾罕 （Samarkand，or Samarqand，現在烏茲別克境內）為首都，建立了一個中亞大帝國。他在 1369 年後不斷西征

蒙兀兒帝國統治時期常予人黑暗殘暴的印象，但亦有其文化特色。上圖為最早的蒙兀兒建築，亦即此帝國第二位皇帝（帖木兒之子）胡馬庸（Humayun，or Homayun，1507–1556，在位時期 1530–1556）的陵墓，位於舊德里，在 1565 年興建。胡馬庸武功赫赫，為皇朝的鞏固者。令人慨嘆的是，蒙兀兒最後一位皇帝巴哈都皇二世在 1857 年最後困守在此而為英軍所執，結束了皇朝。

---

⑫　帖木兒 (Timur) 之作 Tamerlane 或 Tamburlane 為跛子帖木兒 (Timur Leng, or Timur the Lame) 之訛音。他誕生在撒馬爾罕附近的克斯 (Kesh)，他究為蒙古血統或土耳其血統，不易確定。他自稱為成吉思汗的曾孫。他可能是混有蒙古人與土耳其人血統的蒙古土耳其人。他的故事曾是許多西方文學家如馬婁 (Christopher Marlowe) 與艾倫坡 (Edgar Allan Poe) 等人寫作的題材。

南討，控制阿富汗、波斯、印度（印度河流域與恆河下游）等地。1392 年越過幼發拉底河，征服裏海與黑海之間的土地。1398 年侵入印度，攻陷德里，滅德里蘇丹國。他也征服敘利亞（1400 年），蹂躪現今喬治亞 (Georgia)，進入地中海東區，占領巴格達，並打敗鄂圖曼土耳其人於安哥拉（Angora，or Ankara，現土耳其首都），並俘虜蘇丹貝雅贊德一世 (Beyazid I)，後來在計畫進攻中國時死去。

帖木兒雖曾攻陷德里並大肆掠奪和殺戮，並滅亡了德里蘇丹國，不過他在同年即離開。德里蘇丹國隨即分裂為若干阿富汗人統治的小國。十五與十六世紀之交，另一號稱為帖木兒之後的土耳其人拔布 (Babur, or Babar, 1483–1530)❸又起，他在 1494 年繼承了中亞小王侯國費加那（Fergana，or Ferghana，現烏茲別克境內）的王位，並且一直想取得已為烏茲別克人占領的撒馬爾罕，未成。1504 年他占領喀布爾 (Kabul)，在阿富汗建立王國，不久改變擴張路線而南向印度。1526 年他在巴尼巴德（Panipat，在德里之北）打敗了殘餘的德里蘇丹國軍隊，攻取阿格拉（Agra，在現新德里東南約 115 哩）和德里，建立了蒙兀兒帝國 (the Mogul or Mughal Empire, 1526–1857)。

蒙兀兒帝國控有阿富汗和印度的中部與北部，為一強大的中央集權帝國。它的首都先是在阿格拉，在皇帝哲汗皇（Shah Jahan，or Shah Jehan，1592–1666，在位時期 1628–1658）時期後轉往德里 (1638)。哲汗皇時期此帝國曾達於顛峰，並曾一度征服德干高原的大部，把勢力推到文地亞山脈以南。在這個帝國統治印度的時期，在文化與藝術方面有很突出的表現，波斯畫家被延聘為宮廷畫家，留下很多作品。在建築方面，哲汗皇為其第三個愛妻瑪哈 (Mumtaz Mahal) 在阿格拉所興建的泰姬瑪哈陵（Taj Mahal，興工於 1630–1648），由一土耳其建築家設計，為一精美的白色大理石結構，並用一個長方形的水塘把它倒映出來，極具巧思，營造出很高的美感。

---

❸　Babur 或 Babar 為土耳其語「獅子」之意。

哲汗皇

德里的紅堡

他在德里所興築的紅堡 (Red Fort)，內含蒙兀兒皇宮，頗為著稱。蒙兀兒帝國在十七世紀漸衰並分崩，但仍在德里維持小局面，直迄 1857 年最後一位皇帝巴哈都皇二世（Bahadur Shah II）為英國人所廢，並流放至仰光。

　　新航路發現後，西方勢力進入印度，後演為英國和法國相爭。至十八世紀的七年戰爭 (Seven Years' War, 1756–1763)，英國占了上風，控有印度直迄第二次世界大戰之後。

4.印度南部

　　印度南部一直保持不同的狀況。當北部印度籠罩在回教勢力之下時，南部印度仍有一些印度教王國。其中重要的一個當為克里斯納河 (the Krishna River) 以南的維加雅那加 (Vijayanagar) 王國或勝利王國，其首都為維加雅那加城 (Vijayanagar, or City of Victory)❹。此王國於 1336 年建立，在十四世紀至十六世紀曾勢力甚強，有維加雅那加帝國之稱。首都為一周

---

❹　Vijayanagar 為梵語「勝利」之意。此王國之首都維加雅那加城（勝利城）位印度東南部，已為廢墟。

 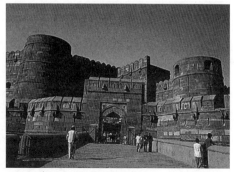

泰姬瑪哈陵為一極美之建築，白色雲石的陵墓上鑲了無數的寶石。歷時二十二年始完成。哲汗皇原有意在其附近為自己建一黑色雲石的陵寢；但 1658 年為自己的兒子所廢，只有在距此陵不遠的阿格拉紅堡眺望此陵並思念愛妻，後抑鬱以終。右圖為阿格拉的「紅堡」。

圍大約 60 哩（95 公里）的繁華城市，為貿易中心，文物鼎盛。1565 年德干高原鄰近回教幾個蘇丹國組成聯軍在蒙兀兒帝國支援下攻陷並搶劫此城，而此一王國亦亡。但是，南部印度一直有獨立於蒙兀兒帝國的勢力❶❺。

5.錫克教的創立

本時期另一發展為錫克教 (Sikhism) 的創立。此教的領導者稱「導師」（Guru，即印度語「老師」之意），其信徒為「弟子」(Sikhs)。此教的創始者，也就是第一位導師為納乃克 (Nanak, c. 1469–1539)。他大約在 1500 年開始傳道，有志把印度教和回教（印度的兩大宗教信仰）結合在一起。錫克教採取印度教靈魂轉世和因果之說，但也吸收回教信奉唯一真神和禁止崇拜圖像的思想。他教導信眾（弟子們）要有出世的精神和過平靜而正直的生活。但是在他死後，錫克教徒卻日益講求武術並變得好戰。此一發展

---

❶❺　有關印度部分取材自 Burns，前揭書，pp. 304–315, 520–526; Greaves，前揭書，pp. 220–231; McNeill，前揭書，pp. 230–236；吳俊才，《印度史》（臺北：三民書局，民 70），pp. 89–244。參看 H. G. Rawlinson, *India: A Short Cultural History* (New York: Praeger, 1965); D. P. Singhal, *A History of the Indian People* (London: Methuen, 1983).

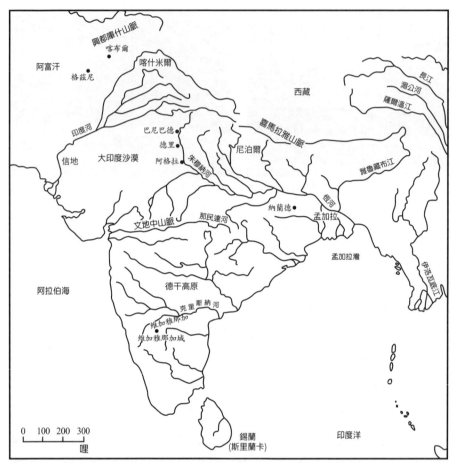

來源：Greaves & others, op. cit., p. 222.

中古時期的印度

與抵抗回教徒或回教勢力的壓迫有很大的關係。至 1699 年時第十位導師辛哈（Gobind Singh，1666–1708，也是最後一位導師）更組成富有戰鬥力的錫克軍為保持宗教獨立而轉戰各地 。他們的聖經 (Adi Granth) 便是集結十位導師的教誨而成。錫克教徒一直想建立屬於自己的國家，至 1849 年被英國人征服。他們集中在印度北部，特別是在旁遮普一帶，而旁遮普的阿木里查 (Amritsar) 的金寺 (Golden Temple) 尤為其聖地。

錫克教的第一位導師納乃克與其徒眾

㈤其他地區

中亞為游牧民族向東和向西入侵的孔道，其地位頗為重要，但有關歷史發展已在相關地方述及。西亞在中東（近東）部分討論。太平洋各島此時並未有重大發展。

二、非　洲

非洲可能是人類誕生的搖籃，但除北非以外，其與世界其他地區的互動關係發生較晚。本來，就地理位置而言，非洲與歐洲的分界是地中海，地中海常是通道而非障礙，東邊與亞洲西奈半島 (Sinai Peninsula) 構成自然的橋樑，而紅海較諸地中海尤為便捷，非洲與南亞之間的印度洋有季風 (monsoon winds) 亦有利於航運。但是，另一方面，撒哈拉沙漠 (the Sahara Desert) 構成很大的障礙，固然在西元前 5500 年至 2500 年之間，此沙漠尚非如此乾燥而有若干草地，但是後來情況日壞，以致撒哈拉以南的非洲或亞撒哈拉非洲 (the Sub-Saharan Africa) 便另成世界。此外，非洲東部，在現蘇丹共和國境內，有一條長約 200 哩（約 320 公里）和寬約 150 哩（約 240 公里）的蘇德 (the Sudd) 沼澤濕地帶，自來便是很難越過的險阻。同時，非洲面積雖大歐洲三倍，其鄰近海洋的地區卻殊少海灣與內陸海，以

致港口不多。非洲內陸的河流也與歐洲（如多瑙河與萊茵河等）和美洲（如北美的聖羅倫斯河和南美的亞馬遜河）不同，未能帶來對外交通的便利。大體言之，整個非洲除了極北和極南有些許肥沃的地帶以外，其他均乾燥貧瘠。北尚有撒哈拉沙漠，南有喀拉哈里沙漠 (the Kalahari Desert) 來阻隔。再就是在北邊有一些草地和草原，這個地區叫蘇丹 (the Sudan)，其阿拉伯文的意思為「黑人的國家」。最後是一些熱帶雨林，其難以通過的程度不亞於沙漠。因為這些因素，非洲一直停留在「黑暗大陸」(Dark Continent) 的階段[16]。

　　非洲人在種族上相當複雜，在撒哈拉沙漠以南人種頗為紛歧，而其淵源也不易查考。大致言之，有四大類：一為布什人 (Bushmen)，他們講和山語言 (Khoïsan Language)，因而他們與也講和山語言的霍屯圖人 (the Hottentots) 亦稱和山族 (the Khoïsan peoples)；二是尼格魯人 (the Negroes)，講尼日‧剛果語言 (the Niger-Congo Language)；三為小黑人 (the Pygmies)，膚色較尼格魯人淺，身材亦較矮小，講與尼格魯人相近的語言（但這似乎並非他們原來的語言）；四為高加索人種 (the Caucasoids)，他們講亞非語言。這四大類人種原先似乎均源於維多利亞湖 (Lake Victoria, or Victoria Nyanza)[17]，由此布什人南移至非洲南部，小黑人西向至剛果及西非的熱帶雨林，尼格魯人亦向西遷徙至西非或向西北至當時尚有水草的撒哈拉一些地區，而高加索人則朝西北方移動至埃及與北非，或向東北到了阿拉伯半島與西亞[18]。

　　非洲人原以狩獵和採集維生。西元前 5000 年左右農業（可能自西亞）傳入埃及，後來擴及其他地區。西元前 500 年至 200 年非洲進入鐵器時

---

[16]　參看 L. S. Stavrianos，前揭書，pp. 345–347.

[17]　維多利亞湖為非洲最大的湖，約有 26,830 平方哩（69,490 平方公里），位於東非烏干達—坦尚尼亞—肯亞邊境，其南半在坦尚尼亞，北半在烏干達，東北鄰肯亞。

[18]　參看 Stavrianos，前揭書，p. 347.

代。 在北非， 埃及、 迦太基等文化前已論及。 羅馬在征服迦太基 (146
B.C.) 後置非洲省，控制北非至西元四世紀。五世紀時日耳曼人（汪達爾
人）進入北非，六世紀時東羅馬帝國亦曾控制。繼之，阿拉伯回教勢力在
七世紀進入，到八世紀初他們控有了撒哈拉沙漠以北的非洲地區，僅衣索
比亞 (Ethiopia) 保持了基督教信仰。沙漠一度阻擋了回教勢力的發展，但
在後來蘇丹和東北的一些沿岸地區亦為回教勢力所控有。

　　撒哈拉以南的非洲有些地區自遠古即有人群活動。東非或東北非洲曾
有古國紐比亞 (Nubia)，紐比亞人 (Nubians) 組成的國家也叫庫什王國 (the
Cush or Kush Kingdom)，他們在西元前二十世紀左右曾經建立從尼羅河第
一瀑布 （First Cataract，約今埃及亞斯溫附近） 至今蘇丹喀圖木
(Khartoum) 的王國，且有相當高度的尼格魯文化，並且與埃及有些關係的
發展，在西元前八世紀至七世紀他們甚至曾統治埃及，為埃及的第二十五
王朝。此王國在西元六世紀接受基督教，並與衣索比亞聯合抗拒回教勢力
的擴張，至十四世紀衰亡。另有一個阿克薩穆王國 (Kingdom of Aksum or
Axum)，係在西元前一世紀至西元八世紀在衣索比亞北部建立的王國，四
世紀時信奉基督教。此王國與陸鎖的紐比亞或庫什不同，靠近紅海，並與
地中海世界有接觸。阿克薩穆是衣索比亞地區的第一個王國，其人民似為
非洲人與來自阿拉伯南部閃族阿拉伯人的混血，此可能是有關衣索比亞係
在西元前十世紀由所羅門與希巴女王 (Queen of Sheba) 所生的兒子曼奈里
克一世 (Menelik I) 所建立的說法的來源。阿克薩穆滅亡後，重心轉往衣索
比亞高原，並與外界隔離。先是小國林立，後來漸漸整合，但分合不定。

　　八世紀以後由於農業與冶金業的進步，經濟生產力提升，以及區域間
貿易發達，再加上回教的興起，國家逐漸發展。在西非，有三個王國或帝
國曾為重要的力量。首先在蘇丹地區西部有迦納 (Ghana)，此為以尼格魯
人，特別是蘇尼克族 (Soninke) 為主所建立的國家，在 700 年至 1200 年間
在經濟上與文化上均有相當發展。它的範圍包括現在塞內加爾 (Senegal) 東

部，馬利西南部和茅里塔尼亞 (Mauritania) 南部，因為經營黃金與食鹽的
出口貿易而富有，其首都在崑比・沙里（Kumbi Salib，現茅里塔尼亞東南
部）。迦納在十三世紀後崩解。另一王國或帝國為馬利 (Mali)，在 1200 年
至 1500 年間亦甚強大，且為主要的黃金供應國，亦為回教國家，勢力及於
尼日河 (the Niger) 中游和其他地區。再一個王國或帝國是松該 (Songhai, or
Songhay)，此國建立於八世紀初，其統治者約於 1000 年時信奉回教，在十
四世紀中葉至十六世紀末年曾甚強大，其領土自現奈及利亞 (Nigeria) 至大
西洋沿岸，其首都為尼日河上的高奧 (Gao)，後受摩洛哥侵略（1591 年）
而崩解。

　　非洲東南部的人口為黑人，但有一些阿拉伯人與來自印度西部的商人。
當地人使用的語言為班圖 (Bantu) 語言中的斯瓦希里 (Swahili) 語，這些人
亦被稱為斯瓦希里人，也有人認為他們是非洲黑人與阿拉伯商人的混血種。
這個地區在中古時期有若干城邦，其中重要的有曼達（Manda，今肯亞岸
外拉穆群島中的一島）和基爾瓦 (Kilwa) 等等。

　　非洲南部的早期歷史不詳。此一區域的人以班圖人和布什人為主，他
們也許在兩千多年前便居於此，在史瓦濟蘭 (Swaziland) 的卡維恩堡 (Castle
Cavern) 的一個洞穴中也發現有西元 400 年左右的陶器、融鐵和採鐵礦的工
具等 。葡萄牙人在 1482 年到達非洲南部時發現在現在的安哥拉 (Angola)
有一個班圖人建立的王國⓳。

　　西方人雖很早即與非洲有接觸，但主要在沿海地區。非洲內陸遲至十

⓳　參看 Burns，前揭書，pp. 44–47, 342–347, 544–553; Greaves，前揭書，pp. 199–
209; Stavrianos ，前揭書，pp. 345–359. 參看蔡百銓譯，《非洲簡史》 (Roland
Oliver & J. D. Fage, *A Short History of Africa*)（臺北：五南，民 80）；B. Davidson,
Africa: History of a Continent (New York: Macmillan, 1972) ； G. Mokhtar, ed.,
Ancient Africa (Berkeley: Univ. of California Press, 1980); R. Oliver, *The African
Middle Ages 1400–1800* (Cambridge: Cambridge University Press, 1981).

九世紀後期始為歐洲人所滲透，其地後來為歐洲人所瓜分。第二次世界大戰以後，非洲各國才次第獨立。

三、近　東

「近東」(Near East)、「中東」(Middle East) 和「遠東」(Far East) 是常見的地理名詞。這原源於西方地理學者把「東方」(the Orient) 分為三個區域：「近東」是接近歐洲的地區，「中東」則為距歐洲較遠的地區，「遠東」則為距歐洲最遠的太平洋地區。第一次世界大戰以後，「近東」的名稱較不常見，而「中東」與「遠東」二名詞似廣泛應用。「中東」地區包括地中海南岸及東岸，從摩洛哥延伸到阿拉伯半島和伊朗，其範圍大致為自波斯灣至東南亞，而「近東」則為這個地區的中央地帶，大致指從地中海迄波斯灣的地帶，包括西亞和東北非洲，有時亦涵蓋巴爾幹半島。此處所說的「近東」便是意指這個地帶。

此時近東最主要的國家是鄂圖曼帝國 (the Ottoman Empire)。這個帝國是最後一批侵入近東的土耳其人，也就是鄂圖曼土耳其人 (the Ottoman or Osmanli Turks) 所創建。這個帝國的始祖是鄂斯曼一世 (Osman, or Othman I, 1259–1326)，他所率領的土耳其人（鄂圖曼土耳其人）在 1290 年宣布脫離塞爾柱土耳其人而獨立，在小亞細亞西北部建立國家。1326 年在他死以前，其子及繼承者奧爾汗（Orkhan，1288?–1362?，在位時期 1324–1360）攻陷安那托利亞大城布薩（Bursa，現土耳其西北部），並以之為首都。奧爾汗是第一位正式稱「蘇丹」(Sultan) 的鄂圖曼土耳其統治者，因此後人通常把 1326 年視為帝國建立的一年。此後，他們勢力日大，並於 1345 年進入東南歐，1453 年攻陷君士坦丁堡，滅亡了東羅馬帝國，而以君士坦丁堡為其首都，並改名為伊斯坦堡。這個帝國曾極為強盛，構成對歐洲各國的最大威脅。蘇雷曼一世或蘇雷曼大帝（Sulayman，or Suleiman I，or Suleiman the Magnificent，1494–1566，在位時期 1520–1566）曾不可一世，

其領土東至黑海及波斯灣，西抵阿爾吉爾 (Algiers)，北到布達佩斯 (Budapest)，絕大部分的東南歐，匈牙利一部，以及近東和北非均在其掌握之中，1529 年且包圍維也納。歐洲人稱此帝國的政府叫「高門」(Sublime Porte)❷，此帝國在第一次世界大戰後才滅亡。

　　鄂圖曼帝國有其缺點：第一是高度君主集權，一切取決於蘇丹，但蘇丹繼承常是傳愛子而非長子，常有宮廷流血政爭，而蘇丹幼年所受教養及宮廷陰謀的傳統，不易培養出健全的政治家。第二從大政方針到一般措施均過於重視宗教因素，所有基督徒均被視作「希臘人」，其神聖的宗教法常呈現僵化不變和不能適應變遷的情況。第三在行政結構和用人管道是一種奴隸制度的作法，這些奴隸差不多係選自基督教徒兒童，自幼施以嚴格的回教訓練，後來如受重用則權位日高，真正的回教徒反而不易參政。在軍事力量方面也是類此，自蘇丹穆拉德一世（Murad I，1326?–1389，在位時期 1359–1389）創立新軍 (Janissaries, or Janizaries)，對戰俘和基督教兒童施以回教訓練及戰術，成為勢力極大的軍方力量❷。

　　鄂圖曼帝國自十六世紀後漸衰，十八世紀後更加速衰落。不過，東南歐巴爾幹半島、阿拉伯半島、埃及、巴勒斯坦、美索不達米亞仍在其籠罩之下。

　　至於伊朗或波斯，自西元 1000 年左右阿拔斯王朝崩解以致演變為一些割據的小國以後，來自東邊的塞爾柱土耳其人接受了回教信仰，也接管了

---

❷　原文出自對土耳其文「高門」(Babiâli, or High Gate) 的法文翻譯。此為君士坦丁堡通往帝國政府各部建築物的一個門的正式名稱。到十七世紀後，此名詞大為流行。蓋在此之前，政府的決策階層係在皇宮 (Topkapi Palace) 中的觀見座 (the Divan)，由首相 (Grand Vizier) 領導，十七世紀後集會改在皇宮外的首相府舉行，而區隔皇宮與首相府的門便是「高門」。

❷　1600 年左右，回教徒常用賄賂等方式爭取加入，十七世紀後演為世襲，同時也漸停止徵召基督徒參加。1826 年他們因叛亂而被消滅，此後用正規軍。

托普卡比皇宮 (Topkapi Palace) 中的蘇丹寢宮

伊朗。他們在 1065 年進入巴格達。十三世紀初蒙古人征服伊朗 （約在
1221 年），並控有中亞絕大部分地區。一百年後，帖木兒再度蹂躪此一地
區。但是波斯文化始終保留下來。十六世紀初，伊朗本土信奉回教什葉派
的薩夫維德王朝 (the Sa favids, or the Safawids, 1501–1736) 興起。這個王朝
的第一君伊斯邁爾 (Ismail) 開始使用古代的 「帝王」 (Shah) 稱號，一般譯
為「國王」❷。

　　西力東漸以後，此一地區的土耳其、伊朗、阿拉伯、埃及、巴勒斯坦等
均曾在西方勢力的高度影響之下。直到第一次世界大戰以後，才開始轉變。

四、美　洲

　　美洲 (America) 把南、北美洲合計在一起，是世界最大的大陸塊。與

---

❷　關於鄂圖曼帝國及伊朗的情況，主要取材自 Crane Brinton & others, *A History of
　　Civilization*, Vol. I (New Jersey: Prentice-Hall, 1960), pp. 369–376; Greaves，前揭書，
　　pp. 457–466. 另參閱 M. A. Cook, ed., *A History of the Ottoman Empire to 1730*
　　(Cambridge: Cambridge University Press, 1976); H. Inalcik, *The Ottoman Empire: The
　　Classical Age:1300–1600* (London: Weidenfeld & Nicolson, 1973); *Cambridge
　　History of Iran* (Cambridge: Cambridge University Press, 1983); R. M. Savory, *Iran
　　under the Safavids* (Cambridge: Cambridge University Press, 1983).

非洲相較，美洲的地理條件遠為優越。其沿海殊少沙漠，港口眾多，其內陸河流如亞馬遜河、密西西比河與聖羅倫斯河均有航運之利，其氣候亦較宜人。

　　美洲的印地安人 (the Indians, or Amer indians) 屬蒙古種 (Mongoloid stock)，他們可能係在兩萬多年以前，由西伯利亞經過白令海峽 (Bering Strait) 進入美洲，後來由巴拿馬地峽進入南美。他們也可能是從亞洲阿留申群島逐島越過太平洋直接抵達南美，惟此說尚未完全證實，但某些盤腿而坐的瑪雅藝術圖像，似乎提供一些佐證。有關亞、美之間在冰河時期存有陸橋，印地安人經由陸橋而來的說法，現已不被接受❷。美洲的文化從游牧到農業階段的發展較慢，可能在西元前 2000 年，在美洲的人民才能生產足夠的糧食來維持定居的聚落。中美洲（Mesoamerica，包括現在的墨西哥與中美洲）和祕魯 (Peru) 為農業發達較早的兩個地區。雖然早在西元前 5000 年，玉米、南瓜和辣椒便在墨西哥已有種植，但數量不足以維持定居的社區。同時，在祕魯種植樹薯 (manioc, or cassava) 和自中美洲和亞馬遜河地區分別引進花生與玉米，在人有食糧可吃以後，較大的聚落便可形成。於是在西元前 2000 年左右，漁獵聚落在墨西哥和祕魯出現，並開始耕種。

　　早在歐洲人到達以前，印地安人在拉丁美洲也曾發展出高度的文化。瑪雅文化 (the Mayan culture) 是西半球第一個高度發展的文化。瑪雅人 (the Maya Indians, or the Mayas) 所居住的地區包括今墨西哥南部、瓜地馬拉、百里斯、薩爾瓦多，以及宏都拉斯一帶，全盛時期約在西元三世紀至九世紀，當時約有二百萬人。他們在建築、曆法和宗教方面均甚發達。以建築言，瑪雅人可以蓋成高達數十公尺的廟宇和金字塔，但是沒有拱 (arch) 的知識，致使廟宇頂部的寬度不大，宏偉的建築卻只有狹小的空間。他們把精力花費在建築物的裝飾，也就是雕刻和繪畫上。另外，他們沒有金屬器

❷　參看 *The New Encyclopedia Britannica* (Chicago: Encyclopedia Britannica Inc., 1987), Vol. 22, pp. 814–815.

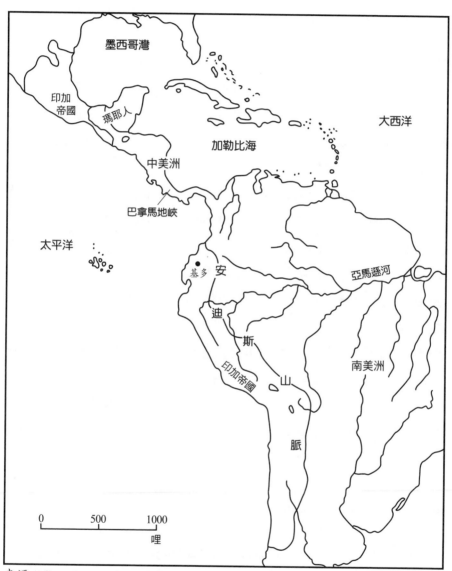

來源：Greaves & others, op. cit., p. 212.

歐洲勢力未來前的美洲（示意圖）

具，即使在後期有了金屬，也僅用於祭祀的儀禮，他們用黑曜石做成的刀來雕刻，全靠宗教信仰的鼓舞始能成事。所以，他們文化的發展有其極限。

　　較瑪雅文化稍晚，有阿茲提克文化和印加文化。阿茲提克印地安人 (the Aztec Indians) 的文化中心在墨西哥中部，他們的首都提諾克蘭（Tenochtilán，即今墨西哥城），曾盛極一時，約有二十萬人口。他們的文化成就，包括象形文字、天文、工程、建築。其君主為世襲的王室。其宗教不僅迷信而且殘忍，用活人獻祭，認為人血可以贏得神明的恩寵。有時祭司和戰士甚至吃食獻祭的人肉，其所信奉的神有日神和戰神，另有其他的神祇，包括拜蛇。印加印地安人 (the Inca Indians) 亦曾發展出相當高度的文化，並建有帝國，其頂點在西元 1450 年至 1532 年左右，其中心在今祕魯東南部安迪斯山脈 (the Andes Mountains)，向西北延伸經厄瓜多爾 (Ecuador)，玻利維亞 (Bolivia) 再南向至智利 (Chile)，甚至一度包括阿根廷 (Argentina) 的西北部。其政治制度為專制帝制，土地屬皇帝、教士或部落，而由年在二十五至五十歲的男性平民耕種，各部落照顧老幼和殘病的人民。他們未能發展出文字，以結繩（用不同顏色）紀事，但在醫藥和公共工程（造路和吊橋）方面頗為進步，並知道灌溉和施肥[24]。

　　地理大發現以後，北美經英國與法國激烈的爭奪，英國占了上風，因而有「盎格魯美洲」(Anglo America) 之稱，但 1776 年北部美洲獨立為美利堅合眾國 (USA: United States of America)，北美北部的加拿大則繼續為

---

[24] Burns，前揭書，Vol. II, pp. 1141–1144; Greaves，前揭書，pp. 209–210; Stavrianos，前揭書，pp. 361–373. 參看 G. Conrad, *Religion and Empire: The Dynamics of Aztec and Inca Expansionism* (Cambridge: Cambridge University Press, 1984); B. Cobo, *A History of the Inca Empire* (Austin: Univ. of Texas Press, 1979); N. Hammond, *Ancient Maya Civilization* (New Jersey: Rutgers University Press, 1982); R. A. M. van Zantwijk, *The Aztec Arrangement: The Social History of Pre-Spanish Mexico* (Norman: University of Oklahoma Press, 1985).

英國統治而於 1867 年成為自治領，但完全獨立係在第二次世界大戰以後。至於南美洲和西印度群島，絕大部分為西班牙人所統治，但葡萄牙人在巴西，以及法國人在西印度群島（海地）也有統治部分土地，因而稱拉丁美洲 (Latin America)。拉丁美洲各殖民地雖在法國革命、拿破崙戰爭以來，次第獨立，但在民主化與工業化方面的發展，較西方其他國家落後。

第二節　地理大發現及其影響

一、歐洲向外擴張的原因

十五世紀後期以來歐洲不斷地向外擴張，有其經濟上和宗教上的動機，同時也有地理知識與航海技術等方面的憑藉。在經濟方面，歐洲土地肥沃且礦產豐富，各種生活資源均不虞缺乏。可是歐洲畢竟面積較小，有一些高價值的貨物自古即依賴外地的輸入。這包括歐洲不能製成的貨品，如絲、棉織品、地毯、寶石、瓷器和品質優良的鋼。另外還有一些用作原料或半製成品的藥材和食品（諸如糖和更為重要的香料等），也是歐人自古即感到必需的。香料之中有胡椒、肉桂、丁香、薑、荳蔻等物，自來就因可製藥和保存肉類（防腐）及調味而為歐洲人所珍重。這些物品多係來自東方——中國、東印度群島和印度等地。十五世紀以後，由於被黑死病和經濟衰退所削減的歐洲人口又見回升，而歐洲本身的　「內部墾殖」　(internal colonization) 亦經完成而無空地可以發展，　因而對歐陸以外的經濟方面的要求也更形迫切。這些貨品雖為歐洲人所艷美，他們卻從未能直接參與東方與西方的貿易活動。在蘇伊士以東，完全是另一個世界。因為從印度直迄地中海的水陸交通均掌握在回教商人（通稱阿拉伯商人）的手中，他們把中國、印度和東印度香料群島的貨物，以陸路（隊商）和水運（經紅海或波斯灣）運到東地中海區的市場。東西商人（西方商人主要為義大利人）

便在亞歷山大港、貝魯特和君士坦丁堡（鄂圖曼帝國時稱伊斯坦堡）等地交易。但是，由於運費高昂而路程危險和阿拉伯回教商人的居間剝削，使這些貨品的售價過高。另外，貨物的供應也常有中斷之虞。譬如，鄂圖曼土耳其人征服近東之後，義大利商人便失掉了若干據點，而回教徒熱衷於作戰，對貿易並不全力以赴，這些都使歐洲對東方貨物的供應不能完全無虞。在此情形下，歐洲人（特別是西歐的葡萄牙人、西班牙人、荷蘭人、法國人和英國人）遠在十五世紀以前，便有直接與東方貿易而不必假手義大利人和阿拉伯人居間的念頭。他們認為南向沿非洲或者西航去亞洲，均為可能的路線。

在宗教與政治方面，傳教異域和征服蠻荒，把基督信仰帶給異教徒，原是基督徒的最大抱負。在基督教興起的頭四百年，它已經使希臘、羅馬世界及南歐的人民皈依基督。繼之從第五至第十二世紀，傳教士更開化了中歐和北歐的蠻人，並把福音帶到冰島和格陵蘭。自十二世紀以迄十五世紀，成千累萬的傳教士和十字軍更湧入近東，希冀從回教勢力下把當地的人民爭取過來。所以當十五世紀以來，基督教已擴有整個歐洲以後，對亞洲和非洲的興趣乃日益增加。此外，自十二世紀以來，盛傳有一位「傳教人約翰」(Prester John)㉕為一強有力的基督教君主，他在亞洲或非洲統有一個幅員廣大而繁榮的國家（或在東亞或在東非的阿比西尼亞）。這個傳說使歐人極感振奮，希望能夠聯絡他以為聲援，藉以對抗回教土耳其人的勢力。因此有以基督教自回教勢力中重新奪回伊比利亞半島，而將此種奪回發展為向外擴張，以解釋地理大發現者㉖。

㉕　十二世紀時歐洲旅遊及探險家，包括馬可‧波羅在內，均傳說有一位基督教教士或國王在亞洲或非洲統有一個富強的國度，或謂在中亞，或謂在非洲，也有人認為是衣索比亞。亦有人認為是蒙古大汗。中古英文 Priest 作 Prester。

㉖　參看 *The New Cambridge Modern History*, Vol. I, *The Renaissance 1493–1520* (Cambridge: Cambridge University Press, 1961), pp. 420–421.

　　這兩種經濟的和宗教的動機混合起來，乃使商人和傳教士共同為歐洲的擴張而奮鬥。當然，僅憑商人和傳教士的熱忱仍是不夠的。使地理大發現成為可能的，另外尚有其他的憑藉：地理知識與航海技術的進步。在地理知識方面，自中世紀以來歐人已對歐陸以外的世界大有瞭解。這一方面係得自希臘人的論著及實際的經驗，一方面則由於阿拉伯人的傳授。遠在西元前三世紀時，希臘人厄拉托西尼 (Eratosthenes) 即估算地球（古希臘人已相信地球為球狀）的圓周為 25,000 哩，此已相當精確。二世紀時的托勒密 （Claudius Ptolemy，在埃及亞歷山大城，希臘人）所著的《托氏地理學》(*Geography of Ptolemy*，約為 130 年至 150 年左右的著作，在 1410 年在歐洲重新被發現）可謂相當淵博。不過托氏所估算的地球圓周較厄拉托西尼為小，只有 18,000 哩，這使探險家有了不正確的樂觀想法。不過自從十三世紀以來，東西交通已甚發達，羅馬教皇及法國國王屢派信使由陸路前來與蒙古大汗接觸。這些人所寫的遊記對於歐人的地理知識大有幫助，其中最著者當為威尼斯人馬可‧波羅 (Marco Polo, 1254?–1324?)，其所寫的《馬可‧波羅遊記》(*Travels of Marco Polo*) 尤為膾炙人口。該遊記所寫的乃是馬可‧波羅在中國十七年，然後又由水路沿亞洲東岸和南岸航行至印度，又採陸路至地中海，而終於在 1295 年回到威尼斯的經過。他所描寫的中國 (Cathay)，其繁榮與富足的情形，甚為歐人所嚮往。此外如英人曼德維爾的《遊記》(*Travels of Sir John Mandeville*，約於 1356 年出版)，內容雖甚為誇張，所發生的影響亦甚大。該書極力主張地球為圓形，認為沿地球航行最後終能回到故國。中世紀以來，歐人和阿拉伯人有關地理知識和地圖的各種著作，經法人德伊 (Pierre Cardinal d'Ailly) 的綜合整理，乃成《世界形圖》(*Imago Mundi, or Image of the World*) 一書。該書係於 1410 年寫成，1483 年出版，集結了前人對地理研究的結晶。哥倫布曾熟讀是書。總之，到十五世紀在歐洲受過教育的人已多相信地球為圓形。中世紀的地圖已把歐洲、北非、西亞和印度洋附近各島很清晰地畫出。

在航海和造船技術方面，歐人在十五世紀時亦已大有成就。這主要得力於羅盤 (compass) 和天體觀測儀 (astrolabe) 的介紹和流行。羅盤係於十二或十三世紀時由阿拉伯人自中國傳入，到 1450 年左右已經普遍使用。至於天體觀測儀，可能係由希臘化時代的天文家 (Hellenistic astronomers) 所發明，而為阿拉伯人所改良，它差不多係與羅盤同時傳入歐洲。它的用途在於觀測星體的位置和高度，從而可以測知船隻所處的大致的緯度位置（即南北位置）。此後又有一種四方儀或象限儀 (quadrant)，以九十度的幅度為基礎，用以測量方位。十八世紀中葉（1731 年左右）又有六分儀 (sexant) 的發明，更易測出緯度位置。經度位置較難測定，直到十八世紀中葉（1760 年左右）因為經線儀 (chronometer) 的發明，問題也大致解決。造船方面，中世紀以來一直有進展，十五世紀時已能造有堅固船身和多桅（檣）的船隻。後來，葡萄牙人在這方面居於領先的地位，由於已知用很多的桅而且至少把中間較大的桅配以多帆，這可以使水手能夠在各種不同的風向和波浪中使船隻保持平衡，也可以使建造更大的船隻成為可能。這種發展使具有堅硬的外殼，巨大的龍骨和裝以大砲的巨型的遠洋帆船乃告出現。西方船隻火力的加強是一個重大的發展，火藥本是中國人的發明，火砲在十二世紀發展於中國。1240 年至 1241 年頃蒙古人侵入中歐時曾使用火藥，此後歐洲人逐漸瞭解火藥的性質。1346 年英、法百年戰爭中的克拉西 (Crécy) 之役首先使用炸藥，當時使馬匹震嚇，但並未發生很大的作用。此後，歐洲人在開礦、冶金及製砲方面，對火藥的應用日廣。十四世紀時

天體觀測儀——通常懸掛放置，橫檔為指方規或照準儀 (Alidade)，用以對照某一特定的星體來測定方位。

威尼斯人首先將砲裝於船上，但葡萄牙人是第一個知道把火力集中攻擊對方的船，要比攻擊對方士兵更為重要的歐洲民族。這些發展使歐洲人的船和火力要比中國人的大型帆船 (junks) 和阿拉伯人的帆槳船 (galleys) 及其裝備要「堅」要「利」。另外，歐洲人在航海地圖方面也有進展，歐洲水手很早便有一種簡易地圖 (portolani)，對於海岸線、河流與港口均有所描繪，葡萄牙人在向非洲西部海岸探險時便準備了這一類的地圖，並加以補充。

在歐洲向外擴張的初期，葡萄牙人居於領先的地位。這有多種原因：葡萄牙的地理位置剛好在沿著非洲或朝向南美來作航海探險的起飛點 (take-off point) 上。此外，在伊比利亞半島葡萄牙因受西班牙的閉鎖而無法向陸上發展，而且除了大西洋之外別無出口。葡萄牙地瘠民窮，如果不能把野心分子的力量轉移於海外，則可能生事於內部。凡此種種，都是造成葡萄牙人要向外發展的原因，葡萄牙人可能是歐洲各民族中第一個認清海洋不是障礙，而是聯絡世界各地和各民族最便利的通衢大道者❷⑦。

二、新航路與地理大發現

領導葡萄牙人在海外探險工作中著先鞭的人物是葡萄牙王室的一員——航海家亨利親王 (Infante or Prince Henry the Navigator, 1394–1460)。他是葡萄牙國王約翰一世（John I，John the Great，1357?–1433，在位時期 1385–1433）之子。他以擔任宗教武士團首領和葡萄牙最南端行省阿格夫 (Algarve) 總督的資源來支持海外航測和探險的工作。他設立造船廠、天文臺和研究航海及地理的學校。他堅信在大西洋與印度洋之間有一個海峽或開放的海以聯接二者，並認為其位置當在非洲之南，此一海路可以直通印度等地。於是他不斷地派出船隻出海遠航，這些水手雖從未能到達傳教人約翰所統治的國土，卻也頗有收穫：1418–1419 年間，他們發現了麥地拉

---

❷⑦　Lord Acton, *Lectures on Modern History* (London: The Fontana Library edition, 1961), p. 61.

好望角為非洲最西南端的尖岬，其西為大西洋，東為印度洋，被稱為「兩洋會合之處的好望角」(Cape of Good Hope: Where Two Oceans Meet)。左圖為該角形勢情況，右圖地標表示其在南緯 (34°21′26″) 及東經（18°28′26″）的位置。

島（Madeira，為大西洋中摩洛哥岸外的群島）；1427–1432 年間，他們發現了亞速爾群島（the Azores，在北大西洋葡萄牙岸外）；1434 年，克服了波札道爾岬 (Cape Bojador) 的障礙。總之，到亨利親王在 1460 年死時，葡萄牙水手已可沿著非洲的西岸航行。1470 年代和 1480 年代，葡萄牙人已可在西非的幾內亞沿岸取得奴隸、象牙、黃金和胡椒。不過他們始終不忘找尋通達東方的航道。1488 年葡萄牙人狄亞士 (Bartholomew Diaz, d. 1500) 終於發現了非洲最南端的岬角，他當時名之日風浪角 (Cape of Storms)。不過葡萄牙國王約翰二世則予以更名為好望角 (Cape of Good Hope)。到葡王曼紐一世（Manuel I，1469–1531，在位時期 1495–1531）時，另一葡萄牙人達伽瑪 (Vasco da Gama, 1469–1524) 於 1497 年 7 月自里斯本出發，終於在 1498 年 5 月 16 日到達印度的古里 (Calicut)❷❽，並不顧當地回教商人的

---

❷❽　古里 (Calicut, or Kozhikode) 位於印度西南部，在阿拉伯海的馬拉巴海岸西岸上，原為印度南部重要港口，自十九世紀衰落。它與加爾各答 (Calcutta) 完全為兩地，近年來國人常在著作中將二者混淆。加爾各答位於印度東部，在恆河支流胡格里河 (Hooghly River) 上，此河南流入孟加拉灣並可通遠洋船隻。加爾各答為 1690 年英國東印度公司所興建者，且在 1833 年至 1912 年為印度首都，現為印度第二大城市。

阻撓，而載運胡椒和肉桂回航，於翌年再回到葡萄牙。於是東西水程完全打通。

　　當時古里為印度瀕臨阿拉伯海馬拉巴海岸 (the Malabar Coast)㉙的一個重要港口。這個海岸是當時國際貿易商的集中地帶。這裡有很多不同宗教信仰的商人，不過掌握貿易的還是「阿拉伯」商人，他們實際上是印度回教徒。古里是商業中心，貨物由此取道波斯灣至伊斯坦堡，或者由此經紅海岸上的吉達 (Jedda, or Jidda) 至蘇伊士和亞歷山大城，然後再由威尼斯商人運往歐洲。另外從太平洋地區至此地區的水運則掌握在來自埃及和阿拉伯半島的摩爾人 (Moors) 之手，蓋中國人少至印度洋而印度人不善遠航。葡萄牙人來印度雖為貿易而非為征服，但對於他們所享的專利貿易有極大的威脅，因而他們對於葡人甚為杯葛。所以，1500 年，達伽瑪再來時便受到阻難。1502 年，他帶領一支包括二十一艘船隻的艦隊抵達，於是葡萄牙人與阿拉伯商人間有一場火拼，埃及人、土耳其人、威尼斯人均助阿拉伯人，蓋以利害相關之故。結果葡萄牙人占了上風。雙方所爭的是專利的控制，故無妥協的可能。航路大開之後，東方貨物在歐洲市場上的售價乃告大幅跌落，到 1504 年香料在里斯本的身價僅為過去在威尼斯的五分之一㉚。

　　至是葡萄牙人乃大事經營其海上商業帝國。1509 年葡萄牙派亞布奎克 (Alfonso d'Albuquerque, 1453–1515) 為印度總督。他於翌年取得臥亞 (Goa)。繼之，他取得奧穆茲島 (Ormuz) 和索科得拉島 (Socotra)，前者為印度洋入紅海的門戶，後者為印度洋進波斯灣的入口，而 1511 年取得麻六甲（Malacca，該地控制著聯接印度洋和中國海的麻六甲海峽）尤為重要。

㉙　馬拉巴海岸為印度西南海岸，自臥亞一直到半島南尖端的喀穆凌角 (Cape Comorin)。

㉚　Lord Acton，前揭書，p. 64; R. R. Palmer, *A History of the Modern World*, 6th ed. (New York: Knopf, 1984), pp. 105–107.

1514 年，葡萄牙船隻首次到達廣東。1543 年葡萄牙人抵達日本九州南邊岸外的種子島 (Tanegashima)，引進毛瑟槍，旋即與日本西部藩主建立了通商關係。不久之後，在臥亞等地傳教的西班牙耶穌會士沙勿略 (Saint Francis Xavier, 1506–1552)❸❶在 1549 年至 1551 年傳教至日本。1557 年葡萄牙取得澳門為其貿易根據地，並且也在中國傳教。沙勿略在 1552 年回臥亞，隨一葡萄牙使團來中國，但未入中國即在上川島（西方人稱聖約翰島）逝世，後葬臥亞。1583 年耶穌會士利馬竇 (Matteo Ricci, 1552–1610) 終於到達廣東，並於 1601 年（明神宗萬曆二十九年）獲准至北京傳教。於是東方航路和香料貿易完全為葡萄牙人所掌握：經由好望角運送香料至歐洲成為葡萄牙船隻的專利，不容他國染指，當地土人的船隻僅准在特許下在印度洋範圍內運卸貨物。

　　不過葡萄牙究屬小國寡民，在遠洋之外建立龐大的帝國畢竟力不從心，葡萄牙人口因之更為分散。葡人在東印度的財稅收益多用以維持帝國支出，本國所得不過是香料經里斯本輸入歐洲各地的收益，而葡萄牙統治者窮奢極慾，並醉心追逐歐洲的權力政治，人民並未得益。更嚴重的，是海權的逐漸衰落，葡萄牙艦隊的優越不再容易維持。在 1580 年前，迷失於航途中的船隻十不過一，但此後則高達三船中有一船迷失。1580 年至 1640 年間西班牙菲力普二世統治下的葡萄牙與西班牙聯合共戴一君。西班牙為強國並擁有菲律賓群島，不過此一聯結並未為葡萄牙帶來任何實際的助益，而且反而因之與英國及荷蘭為敵，更增加了維持東方貿易帝國家業的困難❸❷。另外，葡萄牙帝國之商業性大於其殖民性。在殖民方面，僅在巴西（1500 年 4 月 22 日，達伽瑪在赴印度航途中發現）成功。至於在亞洲和非洲，則並未能建立永久性的殖民帝國。葡人因未能掌握亞丁 (Aden)，故對印度洋

---

❸❶　沙勿略有「印度使徒」(Apostle to the Indies) 的稱號。

❸❷　參看 Herbert H. Rowen, *A History of Early Modern Europe, 1500–1815* (Berkeley:University of California Press, 1969), pp. 131–132.

的航路亦未能完全控制。 在非洲， 雖在沿岸地帶取得莫三鼻克 (Mozambique, 1520) 和盧安達 (Luanda, or São Paulo de Loanda, 1576)，並將阿比西尼亞變為保護國 （1663 年被逐出），但只是用作商業據點，並未深入內陸。

西航發現主要是西班牙人的工作，原籍義大利熱內亞的哥倫布 (Christopher Columbus, or Cristoforo Colombo, 1451–1506) 的志業。 他堅信地球為圓形，則沿大西洋西航可到達日本、中國和印度。他首先向葡王約翰二世獻計，但約翰二世命組委員會研究的結果，認為哥倫布所提出的自歐洲至日本沿岸西航距離僅有 3,000 海里❸的說法為不正確。 葡萄牙王乃認為哥倫布為一吹牛大王，不肯予以資助。在此情形下，哥倫布乃於 1485 年至西班牙向卡斯提爾 (Castile) 女王伊莎白拉一世 (Isabella I) 的王廷遊說。 他主要的論點是： 自歐洲至亞洲極端的西航距離不過是 3,000 海里左右，而葡人所發現的東方航路則超過 15,000 海里，因此其價值不高。哥倫布的估計係根據地球圓周以赤道為準係 18,000 海里的不正確的說法。依此估算，托斯卡尼里（Paolo dal Pozzo Toscanelli，1397–1482，義大利數學家及製圖家） 所繪的地圖係把亞洲繪在約當今美國加利福尼亞州附近❹。 1491 年，當對格拉納達 (Granada) 的征服已將告勝利地結束時，伊莎白拉女王始接納了他的計畫。於是哥倫布率領三艘小而堅實的船隻（最大者百噸） 和八十三人於 1492 年 8 月 3 日自卡地茲 (Cadiz) 附近的巴洛斯 （Palos， 現為西班牙西南部小鎮） 出發， 旗艦 「聖瑪利亞」 號 (Santa Maria) 由哥倫布親自駕駛。 他們在加納利群島 (the Canary Islands) 經過停留後於 9 月 6 日至 10 月 7 日向西航行。 10 月 7 日哥倫布航向改向西南，其間 10 月 10 日曾有喋血叛變， 但仍在 10 月 12 日抵達巴哈馬群島 (the

❸　每一海里或浬 (nautical mile) 為 1,854 公尺或 6,080 呎。 由歐洲經大圓圈路 (great circle route) 至日本為 10,600 浬。

❹　Lord Acton，前揭書，p. 68.

Bahama Islands) 中的聖薩爾瓦多島 (San Salvador)㉟。他不知道此為新世界。在十八世紀精確的時鐘和經線儀發明之前,航海者甚難確定自己所處的經度(即東西位置),而地理家亦低估了歐洲向西航行至亞洲的距離。因此哥倫布乃認為他已經到達了(東)印度群島的外圍。他回西班牙後,受到英雄式的歡迎,被稱為海洋元帥 (Admiral of the Ocean Sea),並被封為所發現地區的世襲總督。此後他又有過三次遠航(1493、1498 和 1502),第二次航行發現了波多黎各 (Puerto Rico)、維爾京群島 (Virgin Islands)、牙買加;第三次航行發現了委內瑞拉的奧利諾科河口 (the mouth of the Orinaco R.);第四次航行到達宏都拉斯岸外便折回。一直到死,哥倫布並不知道他所發現的實係一新世界,仍在拼命地尋覓中國與印度。到另一義大利佛羅倫斯人亞美利各‧維斯普西 (Amerigo Vespucci, 1454–1512) 在南美洲北岸四次航行並發現亞馬遜河諸口,他於 1497 年至 1503 年間寫了一些信件與友人討論他航行的經驗並自認他發現了一個新世界,這些信件後來印在 1507 年在日耳曼境內出版的 《宇宙誌導論》 (*Cosmographiae intruductio, or Introduction to Cosmography*) 中 。 日耳曼地理學教授瓦德斯穆勒 (Martin Waldseemüller, 1470?–1522?),始在一篇論文中主張將此新世界名為亞美利加 (America),因係亞美利卡(Americus,此為 Amerigo 的拉丁文寫法)發現,用以紀念其人。於是乎這個被誤認為「印度人」(Indians,現通稱印地安人)居住的大陸被稱為亞美利加迄今㊱。

㉟ 亦名瓦特林島 (Watling Island)。關於哥倫布「發現」或「遇到」新世界之是非功過,在 1992 年,亦即哥倫布發現美洲五百週年 (the Columbus Quincentenary) 時曾有激烈的爭論, 參看美國歷史學者 William D. Philips & Carla Rahn Philips, *The Worlds of Christopher Columbus* (Cambridge: Cambridge University Press, 1992);英國歷史學家 J. H. Elliott, *The Old World and the New: 1492–1650* (Cambridge: Cambridge University Press, 1970).

㊱ 參看 Herbert Rowen,前揭書,pp. 126–127.

　　自哥倫布第一次航行歸來以後，葡萄牙與西班牙便起爭端：葡人認為西班牙人侵入了他們的地盤而聲言哥倫布所發現者為亞速爾群島的外延部分。最後由親西班牙的教皇亞歷山大六世調處爭端，兩國在 1494 年在西班牙中部的陶德色阿 (Tordesillas) 訂立條約規定 ： 綠角群島 （Cape Verde Islands，在大西洋中約距西非沿岸 300 哩處） 以西 370 里格 (league)❸❼子午線為分界線 (line of demarcation)，此線以東所發現土地歸葡萄牙，以西歸西班牙。此使西班牙獲得北美和南美的絕大部。非洲、亞洲和南美東部（巴西）歸葡萄牙。其他各國則未能分得一杯羹。

　　美洲為一新世界雖為各方所承認，但歐人仍相信西航可以到達真正的印度群島 （而非 「西印度群島」）。 西班牙人巴布亞 (Vasco Nuñez de Balboa) 於 1513 年發現巴拿馬地峽 (Isthmus of Panama) 附近的海峽更加強了此種信心。於是西班牙、法國和英國的水手沿著中、南和北美的沿岸航行測探，雖屢見大河口和海灣，最後終發現沒有通達太平洋的水路。一直到 1520 年 10 月 ， 一位受雇於西班牙的葡萄牙人麥哲倫 (Fernão de Magalhães, or Ferdinand Magellan, 1480–1521) 率領五艘船找到了一個大西洋的西南出口（此後稱麥哲倫海峽），經三十八天的驚濤駭浪後到達一個平靜的洋面， 他因稱之為太平洋。 他到達了菲律賓，雖在菲戰死 （當地土人），有一船終能取道印度洋和好望角於 1522 年回國。於是人類有了環球一周的壯舉 (1519–1522)，但此舉只是為西班牙取得菲律賓，並沒有擾亂葡萄牙人在東方的優勢。不過這證明了地圓說和美洲實與亞洲無涉而為一新世界。

　　當十六和十七世紀之際，整個的墨西哥和中、南美洲均落入西班牙和葡萄牙的掌握，其中有五分之三為西班牙人所擁有。

　　遠在歐洲人進入美洲大陸以前，印地安人已經建立了相當程度的文化，如阿茲提克人、印加人和瑪雅人的文化。這些印地安人的文化與國家組織

---

❸❼　里格 (league) 為長度名，約當 3 哩。

便受到來自歐洲的征服者和殖民者 (conquistador and colonists) 所占據。西班牙人科達士 (Hernán Cortes, or Hernando Cortez, 1485–1547) 在 1519 年僅以十艘船，六、七百士兵，十八匹馬和幾門砲便控制了墨西哥，翌年更予完全征服。另一西班牙人皮佐魯 (Francisco Pizarro, 1476–1541) 於 1531 年僅以三船，一八〇士兵和二十七匹馬即征服了祕魯印加人所建立的帝國。這些征服的經過幾乎一如傳奇。到十六世紀中葉，西班牙的美洲殖民帝國已經根深蒂固地建立了起來。它分為兩大總督區：一稱新西班牙（New Spain，或稱墨西哥），其首府設在墨西哥城 (Mexico City)，包括墨西哥、中美洲、西印度群島、委內瑞拉和菲律賓；另一總督區為祕魯，以利馬 (Lima) 為首府，包括西班牙所屬的南美地區如祕魯、智利、阿根廷和厄瓜多爾等。這兩個總督區有二十二個主教區和兩所大學（每一總督區一所）。利馬聖馬科斯大學 (San Marcos of Lima) 建立在 1551 年，墨西哥大學建立在 1558 年，均較哈佛大學（建立於 1636 年）為早。在 1575 年左右，在新大陸的西班牙人約有 32,000 戶（接近 175,000 人），其中約有八分之五居住在西印度群島和墨西哥，八分之三居南美。有五百萬印地安人，四萬尼格魯黑奴和其他人（包括混血兒）在他們的統治之下。

　　西班牙和葡萄牙對於拉丁美洲的統治，後來發生極大的影響，尤其是西班牙不僅統治的地區較廣，而且在 1580 年至 1640 年間，西班牙國王兼為葡王，關係尤鉅。西班牙殖民政策的兩大要素為專制統治和父權政治 (despotism and paternalism)。在政治方面，統籌整個大局的還是西班牙的中央政府，由一個設在賽維爾 (Seville) 的印度理事會 (Council of the Indies) 總其成。殖民地的最高首長稱總督 (Viceroy)。總督的薪俸甚高，用意在於養廉。總督亦非可以專斷任意，另外尚有一個諮議會 (Audiencia)，總督的行事須諮詢其意見，諮議會議員有不經知會總督而直接上書國王的權利。此諮議會亦係該殖民地的上訴法庭，受理對總督或殖民地政府決策不當的申訴。殖民地政府的基本性質是專制的，教會更是專制統治的助力，教士

們要向當地人民說教勸以服從國王及其代理人的重要性。十六世紀中葉，異端裁判所 (the Inquisition) 亦在拉丁美洲建立作為維持專制統治的工具。它在墨西哥城和利馬建立起本部，並四處派人去懲治不合正統尺度的信仰。

在經濟行政方面，父權政治的色彩較濃。所有的土地在理論上均為王室的財產，一如所有的人口皆為王室的子民。不過實際上經濟政策係根據重商主義 (Mercantilism) 的原則，殖民地係為母國的利益而存在者。殖民地經濟主要係由貿易局 (Casa de Contratación, or House of Trade) 在印度理事會的監督下掌理商務，亦設在賽維爾。在當地，征服者及後來的殖民者享受特別優越的經濟地位。印地安人居於被奴役的地位，要為開礦和農業生產而工作。西班牙人在美洲推行一種特別的分封制度 (repartimiento)，把被征服民族的土地、貨物和勞務分配給征服者。在此情形下，乃因政府頒授土地而有了類似從前中古歐洲的莊園 (manor)，這種西班牙式的莊園 (encomienda, or ecomiendas) 使主人可以役使印地安人的勞力，只是根據法律，他不能剝奪印地安人的私有小塊土地，每週亦不得役使印地安人在四天以上，因要留兩天給他們自耕其個人的土地。此外，西班牙人大事開鑿拉丁美洲金、銀等貴重金屬的礦藏，一時使西班牙富甲天下而思大有為於歐洲（在國際政治上的縱橫捭闔及領導對抗改革企圖撲滅新教等）。不過西班牙的重商主義的經濟政策，對於殖民地及母國也有不良的影響。這種政策的目的，在於使母國商人享有殖民地貿易的專利和不准殖民地發展工業。既然僅注重貴重金屬的開採，就忽視了煤、錳和其他有助於工業的礦藏；為了使殖民地生產糖、棉、煙草以供應母國所需，使母國可以不致因動用金銀向外地購入以平衡貿易，也忽略了其他農業產品。這種限制政策有其惡性影響，從而妨害了母國及殖民地的經濟發展。直到十八世紀初期，波旁王室入主西班牙以後，對於殖民地的政治和經濟才有了有限度的改革，修改了限制政策，亦准許殖民地發展工業和鼓勵多種農業生產。

葡萄牙及西班牙既開其端，其他各國（特別是英國、法國與荷蘭）乃

急起直追。葡、西兩國在南半球的航路不准他們染指，他們既不能沿葡人路線即環繞好望角由印度洋通達東方，又不能沿西班牙人路線（即麥哲倫航線）橫渡太平洋而來，於是他們乃希望在北半球也能找到通往東方的航路。直到十六世紀之末，英國、法國和荷蘭的探險者嘗試著向歐亞大陸之北或美洲大陸之北航行，希冀打開北半球通道 (the North Passage)。這又有兩個假想中的路線：一為西北航道（North-West Passage，即沿美洲大陸之北），另一為東北航道（North-East Passage，即沿歐亞大陸之北）。在此構想下，義大利人卡布特 (John Cabot, 1450–c.1498) 受英國雇用，於 1497 年自布列斯托 (Bristol) 西航 ，而於同年發現布萊頓角島 (Cape Breton Island) 和紐芬蘭沿岸。翌年第二次西航，不知所終，或謂至格陵蘭南端、北美大陸，繼沿紐芬蘭南航至今日美國東岸。英國聲言其對北美的主權，即係依據他的發現 。英人企圖發現東北航道的努力 ，於 1553 年發現白海 (White Sea) 而得經由阿克吉爾 (Archangel) 打通了英國與俄國間的商業關係。法國航海家卡狄埃 (Jacques Cartier, 1491–1557) 於 1534 年發現了今加拿大東南部的聖羅倫斯灣 (Gulf of St. Lawrence) 。 不過當時這些土地的經濟價值不高，也未發現金礦，英國人最大的興趣仍在如何經由加拿大北邊的北冰洋來打通東方的航路。直到 1607 年英人始在維吉尼亞 (Virginia) 建立第一個成功的殖民地。翌年法國人始在加拿大經營。英人哈德遜 (Henry Hudson, 1576–1611) 先後為荷蘭和英國發現哈德遜河及哈德遜灣，均為找尋西北航道。荷蘭人雖亦相當努力，但無所創獲，到十七世紀前半葉他們攘奪了葡萄牙人在遠東的貿易區域。另外他們在新大陸（今紐約及加勒比海地區）亦有相當進展。總之，雖然直到十六世紀之末甚至十七世紀之初，英國、法國和荷蘭不斷地想在北半球找到通達東方的航路，奈何冰封的北冰洋無法突破❸。不過歐人卻得藉此而大肆經營新世界，則為其另一面。

---

❸　北冰洋冰封重重，非當時的航海技術所能突破。1969 年 9 月 1 日，美國破冰船曼哈坦號 (Manhattan) 始能以其龐大的破冰馬力自費城沿北美東岸向西北航行，進入

除此之外，還有俄國在陸上的向東擴張，至十七世紀中葉征服了西伯利亞。1689 年中、俄「尼布楚條約」簽訂後，俄國始稍停頓其擴張。

三、影　響

歐洲的向外擴張發生了極其深遠的影響。茲就一般性和經濟性的兩種影響，加以討論。

㈠一般性的影響

第一是它造成了環球航運交通的新形勢。在 1500 年以前，大西洋向被視為是一種航運交通上的障礙，自此以後則一變而為全球航運的橋樑和起點。在此情形下，歐洲本身所處的地緣位置亦發生變化。歐洲原本是歐亞大陸的極西的邊緣，是所謂「西櫺」；自此以後卻變為全世界航運輻輳的中心：歐洲與美洲大陸的障阻剷除了，與亞洲的遠東有了全程水路的航道，也因為奴隸貿易而與非洲建立了關係。於是歐洲變成了美洲、亞洲和非洲都可以通達的樞紐，只有澳洲和太平洋中的一些小島暫時還在它的接觸之外，但是到十八世紀末期亦與之發生了關聯。

第二是它促成了新知識和新技術的發達，從而擴大和增益了歐洲的文化內容。地理大發現使歐洲人對於有關世界的各種自然與人文知識有了多方面的瞭解，在歐洲興起了若干新學術的研究（如近代地理學、人類學、比較宗教、比較政府和經濟學等等）和新的技術發明。中國文化、回教文化和印度文化對於這種新形勢的反應不如歐洲人積極。

第三是它導致了世界的歐化 (the Europeanization of the World)。 1492 年至 1776 年間，歐人在新大陸從聖羅倫斯河至拉·普拉多河 (Rio de La Plata) 的篳路藍縷，使歐洲文化在美洲生根，美洲在某種意義上成為第二歐洲。至於亞洲、非洲和世界的其他地區，在地理大發現以後所受到的歐

北冰洋至阿拉斯加以北的勃羅霍灣。此因美國擬打通西北航道為阿拉斯加北坡的石油在美國東部開闢市場之故。

洲的影響也是異常昭著。於是「歐化」、「西化」(Westernization) 和「近代化」(Modernization) 幾有不可分之勢。而且到 1700 年以後，雖然仍有一些地區（如非洲內部和太平洋西北區）不為人所知，但「世界一家」的形勢已告形成，不再有可以孤立的人群社會。

此外，我們還可以談到它所造成的較黑暗的一面。在此可舉奴隸制度的復起和疾病的傳染肆虐為例。本來在中世紀後期奴隸已逐漸在西歐絕跡，西班牙、葡萄牙和英國等在美洲殖民，為了開闢森林，種植蔗、棉和掘鑿礦產而需要大量勞力，再加上白人不耐在熱帶氣候下做苦工，於是乃有非洲尼格魯人的輸入。關於黑奴買賣的總人數和運奴途中的傷亡情形，並無精確的統計。在十六世紀至十九世紀，歐洲人從非洲西岸，大約自塞內加爾至安哥拉一帶把一千萬左右的黑奴運進美洲，亦有五十萬人進入現在的美國與加拿大。後來在 1780 年至 1880 年間，阿拉伯人及非洲人又在非洲東部販奴至桑吉巴和東非沿海，以及紅海和波斯灣沿岸的國家。根據估計，非洲人口在三個多世紀中流失不止二千萬人（包含疾病與運奴途中的傷亡等）**㊟**。至於疾病的傳播，也隨著航運的發達而加速。歐洲船隻把黃熱病和瘧疾傳播到新世界而大為肆虐，致使中、南美有些地方嚴重到不再適宜於人居。此外，有一些歐人已習以為常的疾病如天花、痲疹和水痘等，對於沒有任何免疫力（不管是遺傳性的或後天獲得性的）的美洲印地安人有極大的損害。當然，印地安人也有所回報，那就是梅毒。儘管梅毒是否源自美洲印地安人仍無定論。這種疾病的交互傳播，使一些地區的人口大受損失。例如墨西哥中部高原的人口，自 1519 年白人初侵入時的一千一百萬人，降到 1650 年的一百五十萬人，而此數字尚包括來自西班牙的移民**㊵**。

㊟ 參看 Wallace Ferguson, *A Survey of European Civilization*, 4th ed. (Boston: Houghton Mifflin, 1969), pp. 545–546.

㊵ 參看 William H. McNeill, *A World History*, 2nd ed. (Oxford: Oxford University Press, 1971), pp. 300–301.

(二)經濟性的影響

地理大發現所造成的經濟上的影響更為重要，它不僅在歐洲使經濟中心因而自地中海移往大西洋，或使義大利和德意志的經濟衰退及西班牙、葡萄牙、英國、荷蘭和法國的經濟勃興（此因義大利等地的經濟繁榮主要建立在東方貨物的專賣上，葡萄牙人發現通往印度的全程水路後便一蹶不振）。重要的是，它產生了一些更為深遠的影響。這可以分作幾項來討論：

1.商業革命

地理大發現和新航路使商業革命 (the Commercial Revolution) 更加速進行。自從中世紀晚期商業活動已大有起色，西方商人已經在商業組織和商業程序方面有了極大的進展。這主要係因銀行業的興起，十四世紀以後貸款、匯兌和轉帳有了極大的方便，貨幣經濟因而大盛。前在文藝復興一章已談及這種事業始先建立在義大利城市，如佛羅倫斯和威尼斯等地。這兩個城市銀行家所發行的貨幣佛羅林 (florin) 和達卡特 (ducat)，在十四世紀即流行於國際市場。佛羅倫斯的銀行世家麥地西 (the Medici) 不僅控制了佛羅倫斯的財政金融，而且也控制了政權。這個銀行世家的標幟——三個金球——至今成為西方典當業的符誌。銀行業在十五世紀左右傳播至德意志南部、法國和荷蘭等地。德境的銀行家族富格 (the Fuggers) 為個中翹楚。他們貸款予王侯與主教，為教廷發行贖罪券的代理者。他們的財富到雅各‧富格二世 (Jacob Fugger II, 1459–1525) 時達於極點，他實際上壟斷了銀、銅、水銀諸礦的開採和買賣而富可敵國。1519 年查理五世 (Charles V) 之所以能當選神聖羅馬皇帝，便與他的財政支持甚有關係，他以取得提洛爾 (Tyrol) 和西班牙的稅收為抵押而貸款給查理五世，此後此銀行家族與哈布斯堡王室維持了一百多年的密切關係。法國的科爾 (Jacques Coeur, 1395–1456) 亦甚為出色，他深受法國國王查理七世（Charles VIII）的信任，他資助英法百年戰爭中法國的軍費和奠定法國對東地中海區域的貿易基礎。國家銀行也繼私人銀行而起，較著者為英格蘭銀行（1694 年，不過到

1946 年後才真正國有)。銀行業的發達使遠程的和國際的貿易較易進行。
例如一位荷蘭阿姆斯特丹的商人欲購入威尼斯的貨物,只要用阿姆斯特丹
銀行所簽發的匯票即可把所需款項轉到。銀行業的興盛使資本活動趨於方
便。這包括投資和借貸。貸款的利息甚高,十六世紀時通常年息可以高達
百分之三十。在中世紀時,貸款生息一向為教會所譴責,它是重利盤剝
(usury),是大罪之一。羅馬教會對此一向反對。馬丁·路德因為痛恨「富
格作風」(Fuggerism),對它亦不稍貸。喀爾文對此較為容忍,但截至 1640
年在資本主義色彩較濃的荷蘭喀爾文教會仍是反對貸款生息的。不過這實
係無法禁止之事。各教會只好建立標準以區分「重利盤剝」和「正當利息」
(legitimate return)。而且後來因銀行業愈來愈發達,利息遂有下降之勢。十
七世紀時阿姆斯特丹銀行 (Bank of Amsterdam) 因經營得法,使存戶相信存
款安全並可隨時提取,乃能以較低利息吸收存款,再以較低利息貸給工商
業者❹。

　　新航路與新世界的發現,再配合上資本金融流通的便利,使商業範圍
頓告擴大。原先中世紀式的小型地方貿易(以城市及其周圍形成一個經濟
單位,工匠及農人在城內交換產品),遂一變而為世界性的貿易。生產的方
式亦隨之有了改變。此因新世界與新航路的發現,不僅使奢侈品的貿易量
大增,也使一些一般性的消費品如米、糖、茶等等亦大為增加。商場大大
地擴大了,如西班牙賴自西西里取得穀類,荷蘭自波蘭進口食物等是。十
七世紀以後,普通貨物的貿易更為重要,數量也日增。十八世紀時歐洲的
貿易(內部的和國際的)大為增加。1715 年至 1789 年間,據估計英國的
貿易量增加了四倍,法國的貿易量增加了八倍。這就是由於對美洲和亞洲
貿易增加的結果。在生產方面,直到十八世紀後期工廠制度問世以前,家
庭工業(domestic system,此名稱的來源係由於成品在工匠個人家中完成

---

❹　R. R. Palmer, *A History of the Modern World*, 6th ed. (New York: Knopf, 1984), pp.
　　112–113.

之故）仍是常態的情形，這特別在織布與五金等行業為然，但亦已漸趨資本制度化：因為一方面工人係受雇為工資而工作，他們除了自己分內的工作以外所知不多；另一方面有專人來經理其事，他與工人之間並無什麼認識。此外尚有一些工業，如礦業、印刷、書籍買賣、造船業和兵器工業等，本身就是一種大規模的和全國性的生產活動，至是乃更為資本制度化。不過這個時期的經濟活動仍是以商人為主，係所謂「商業的資本制度」(Commercial Capitalism)。此因工業仍然停留在手工業的階段，生產者係為了購買者的訂單而工作，生產者所處的地位較購買者與銷售者為差。這種情形到十九世紀產生了「工業的資本主義制度」以後才有所改變❷。

新航路與新世界的發現對於資本主義制度的發展關係頗大。遠洋航程的貿易儘管也有人有能力私自負擔，不過為了不要獨冒風險或其他原因，仍然流行合股經營的方式。最初的合股投資常以某一特別航程的船隻為限，該船返航之後便告分手。後來此類的結合漸趨永久性，乃有合股公司(joint stock companies) 的出現。這種合股公司係用發行股份的方式，由投資者認購所組成。它有一些其他商業組織所沒有的優點。第一，它通常可以從政府得到一些特權（如專利權等），例如在英國對俄國貿易有莫斯科維公司 (the Muscovy Company)，對東地中海區貿易有東地中海區公司 (the Levant Company)，對美洲貿易有維吉尼亞公司 (the Merchant Adventurers of Virginia) 和對遠東貿易有東印度公司 (the East India Company)。這些都是享有專利權的公司，其中東印度公司尤著，它把印度當作公司財產來統治甚久（直到 1784 年才受到限制，其優越地位更維持到 1858 年）。第二，這種合股公司用發行股票的方式來籌集資本，可以有效地動員個人的私蓄來支持遠洋貿易。第三，這種公司有其合法的永久性，可以作大規模的和長程的計畫以促進貿易。

所謂商業革命便是指以上所述的商業程序的改進、商業組織的創新和

---

❷　R. R. Palmer，前揭書，pp. 114–116.

商業規模的擴大等等。

　　此外，有近代意義的投機風潮也起源於此時，這可視為商業革命所產生的結果之一。十八世紀初期發生過兩個大的投機風潮：一為南海股市風潮 (South Sea Bubble)，另一為密西西比股市風潮 (Mississippi Bubble)。南海股市風潮發生在英國。英人哈萊 (Robert Harley, 1st Earl of Oxford and Mortimer, 1661–1724) 於 1711 年組織南海公司 (South Sea Company)，以承擔部分國債而取得在南美洲與太平洋島嶼的專利貿易權。公司的股票一直上漲，最後到了原價的十倍以上。但是不久忽傳該公司經營的能力不如傳聞中之高，於是股票持有人乃急求脫手，股票價值慘跌，造成很大的一場風潮。1720 年華波爾 (Robert Walpole, 1676–1745) 出任財相便與解決此一風潮有關。密西西比股市風潮發生在法國。蘇格蘭經濟學者約翰・勞 (John Law, 1671–1729) 於 1717 年說服法國攝政王奧爾良公爵 (Philip, Duke of Orléans) 以發行紙幣和授予密西西比公司在路易西安那 (Louisiana) 和加拿大專利權以償付國債。法國人乃競相爭購股票，使股票售價高漲達原價的四十倍。但旋因股票持有人發現公司在美洲並無甚大的經營，乃又拼命拋售所持有的股票，這使股票價值大跌而造成大破產，時亦在 1720 年。

　　總之，商業革命造成了一種以追求剩餘利潤為目的的資產人士的出現。他們可以說是一種「財富的貴族」(aristocracy of the wealth)，包括銀行家、商人、造船者、種植業（甘蔗、棉花）主人和股票投機者。他們在十七世紀已經逐漸變成西歐的社會中堅，而可以與原有的土地貴族相抗衡。不過他們在政治上取得較重要的地位，則在工業革命展開以後。

2.物價革命

　　物價革命 (the Price Revolution) 係指新世界發現後，貴重金屬大量地流入歐洲引起物價大幅上升的現象，它有極深遠的影響。本來在中世紀時，尤其是 1300 年以後，在歐洲由於銀產減少和歐洲貴重金屬流入亞洲以交換香料及絲等貨物，而恆有通貨不足之感。十五世紀後期，歐洲銀產（特別

在日耳曼和奧地利）有所增加，才稍微解決了部分問題。美洲發現以後，
情況發生變化，通貨乃由稀少而變得過剩。這主要係因為貴重金屬的流入
歐洲所造成的。緣西班牙人征服墨西哥和祕魯等地後，掠奪其寶藏和貴重
金屬送回歐洲。此外，他們也在墨西哥和上祕魯（Upper Peru，今玻利維
亞一帶）大肆開採。這些礦田大都係在政府特許下由私人經營，政府抽取
五分之一的出產以為報酬，這已相當於王室正常收入的六分之一。礦主開
採所得的貴重金屬亦多流入歐洲。僅在祕魯的波多西（Potosi，位於現玻利
維亞南部的小城），其開採量即非常可觀。在 1570 年左右，該地有十二萬
人口，與當時的巴黎相彷彿。據官方紀錄，自 1500 年至 1650 年間，有
180 噸黃金和 16,000 噸白銀輸入賽維爾。於是，物價上升所造成的通貨膨
脹在歐洲各地區均為不免。這種情形有地區性的不同，也有時間上的差異。
西班牙在十六世紀時物價上漲了四倍以上，其他地區物價亦上漲甚多。這
種「物價革命」固與大量貴重金屬自美洲輸入歐洲有關；唯現亦有歷史學
者認為此一時期人口增加，因而需求量變大，而生產量並未大幅增加，使
貨物與勞務缺乏，應為主要的原因。食糧價格的增漲尤為顯著，平均在兩
倍，小麥漲幅最大，十七世紀初期的小麥售價約為十五世紀後期的五倍。
這種情形使人口增長受到抑制，但也有別的影響。英國在十六世紀因糧價
上漲而不再動輒把可耕地變為牧地；荷蘭不僅加強填海造地，而且改變三
分之一的土地休耕以恢復地力的做法，改為定期種植豆及豌豆的做法以恢
復土壤中的氮，或放牧動物而用其糞肥。後來到十七世紀後期英國與法國
亦採類似辦法，逐漸使農業生產企業化，並有助於工業革命的發展❸。

　　物價革命還有其他很深遠的影響。各國政府因依賴固定稅收而恆覺經
費不足。再加上此時期以來政府組織日趨擴大和複雜，又要維持較大的軍
隊，戰爭頻繁而費用日高。各國君主及政府面對此種困難採取各種不同的
救急辦法。有的出諸向銀行家借貸之途，如哈布斯堡王室向銀行家族富格

---

❸　Greaves，前揭書，pp. 416–417, 421.

借款。較通常的是用通貨膨脹的辦法,以一定重量的金幣或銀幣使之代表
更大的貨幣價值。或者他們侵奪各城市的特許權利,然後再要它們出款贖
回。或者有的國家如英國等,君主與國會不斷爭論,要求新稅。因之,這
種金融危機造成了一些憲政危機。另外,物價革命使所有靠固定收入為生
的人均蒙受不利,特別是土地貴族受損為大,因為許多地租和捐獻均已在
前幾個世紀中折換成固定的款額。靠工資生活的人也蒙受不利的影響,因
為工資的增加永遠落在物價的上升之後。在這個已建立的經濟關係因受物
價高漲的影響而發生改變的時代中,只有工商資本家得到好處,他們因為
物價上升、市場擴大和新貨品(茶、煙草等)的流行而大賺其錢❹。

最後尚有一點,即物價革命在東歐和西歐所發生的影響不同。在西歐,
大致上是農民的境況好轉而地主的遭遇惡化;在東歐,則與此相反。蓋因
在西歐早自十四世紀初農民即以每年付地主若干固定的款額而取得莊園的
土地,這種固定的款額隨著通貨膨脹而購買力日減。於是在西班牙、法國
和英國等等西歐地區,有許多小的土地貴族變得甚難維持,他們多投身軍
旅而變成不安的因素之一,在各國的內亂和宗教戰爭中他們都有分。至於
在東歐,農民仍然未脫農奴的地位,地主則因市場擴大和穀價日增而大收
其利❺。

3. 重商主義的興起

歐洲擴張所造成的各種經濟的和政治的現象,使許多學者注意探討經
濟問題。十六世紀的法國人布丹 (Jean Bodin, 1530–1596) 在其《六卷國家
論》(*Les Six Livres de la République*, 1576) 中對各種政治與經濟問題頗多論
列。另一法國人孟契殿 (Antoine de Montchrétien, 1575?–1621) 在 1615 年出
版《政治經濟論》(*Traité de l'É conomie Politique*, or *Treatise of Political
Economy*),而把此種新的學科稱之為「政治經濟」。十六、十七世紀之時

---

❹ Palmer,前揭書,pp. 118–122.

❺ Palmer,前揭書,pp.122–123.

甚囂塵上的經濟理論通稱重商主義，這個名詞係亞當·斯密自重農學派
(the Physiocrats) 借來經其《國富論》而通行的。在當時並無此一名詞。重
商主義一詞所指內容甚為廣泛，以致不易下一精切的定義。它最廣義的解
釋，可以說是政府為了富國強兵和促進繁榮所採取的經濟政策，在此政策
下政府通盤地籌劃農業、工業和商業的發展，以期達成優惠的貿易平衡並
進而提高國力。它的目的主要是政治性的。此種理論之興起當與地理大發
現有關。不過民族主義的發展與近代國家之出現亦為其因素。重商主義有
以下幾個主要的論點：(1)金銀通貨主義 (bullionism)，強調財用充足在國政
中的重要性，認為充裕的財源是「戰爭的力量」(sinews of war)。政府致力
於增加其貴重金屬（未鑄造的原料和已鑄成的錢幣均包括在內）的儲量，
這可以藉開採自己土地的礦藏（如西班牙和葡萄牙），或藉掠奪的方法（如
英國、法國和荷蘭的商船私掠），或藉增加出口以賺取他國的外匯來達成；
(2)發展稅源，因而主張促進國內的經濟發展以便課稅，所以鼓吹保護關稅
政策，以助國內工業的發展，同時亦可使利潤與工資留存國內，以便徵稅
而裕國用；(3)力主維持優惠的貿易平衡 (favourable balance of trade)，因而
鼓勵出口。英人湯姆斯·馬 (Thomas Mun, 1571–1641) 對此鼓吹最力。他
是東印度公司的董事，著有《論英國與東印度群島之間的貿易》(*Discourse
of Trade from England unto the East Indies*, 1622)，後擴展為《論對外貿易為
英國之珍寶》(*Discourse on England's Treasure by Foreign Trade*, 1664)，力
主增加輸出。重商主義者主張發展殖民地，而殖民地存在的目的為輔助
「母」國的經濟：供應原料和購買母國的工業成品。英國、西班牙、葡萄
牙諸國屢頒「航海法」(*Navigation Acts*)，規定運自或運往各該國及其殖民
地之貨物必須由自己國家的船隻（或供應該項貨品地區的船隻）裝運，即
為此種政策下的產物。重商主義者亦主張消除國內的貿易壁壘（如關卡及
行會之類），以加強國內工商發展。

最早實行此種主張者為西班牙。英國在這方面頗為成功。法國路易十

四時代在考爾白 (Jean Baptiste Colbert, 1619–1683) 當政的時期，亦有相當成就。

重商主義者的錯誤在於把財富與金錢混淆在一起。亞當・斯密自由放任說興起後，此種理論深受攻擊。美國獨立革命發生以後，亦說明一國欲長期維持殖民地的不易行。隨著自由放任說的流行，1783 年以後近一百年之久並無激烈的殖民競爭。這種情形要到 1870 年以後，由於新帝國主義因受工業革命和民族主義相結合的影響而產生，殖民競爭才再度變成國際衝突的禍源。此是後話不提。

4.物產的交流

新航路與新大陸的發現對於物產的交流亦有所促進。歐洲人把馬匹、牛、豬、羊、雞、鴨、鵝等介紹到美洲。他們也把新的穀物、蔬菜和水果帶進新大陸：如小麥、大麥、黑麥、胡蘿蔔、白菜、蕪菁、甜菜、蘋果、梨、李、桃、檸檬、桔等等。不過美洲印地安人也投桃報李地使歐洲人知道了玉米（印地安穀）、馬鈴薯、地瓜、南瓜、利馬豆、番茄等等。玉米和馬鈴薯（尤其是後者）是非常重要的物產，對歐洲人的生計甚有幫助。此後西方人口的增多，當與這些作物和藥材的輸入有關。美洲的動物介紹入舊世界者不多，南美駱馬不適歐洲需要，但火雞在十六世紀末年成為普遍受歡迎的家禽。另外尚有一些不適宜於較寒冷氣候的作物，如煙草和可可等，則仍以在當地生產為主。至於咖啡（一般相信首先發現於衣索比亞），後來在東、西印度群島均甚繁盛。此外尚須一提者，有許多藥材亦因地理大發現而得在各地交流。金雞納霜原為印地安人用以治療瘧疾者，後來為歐洲人所採用，使奎寧成為對抗瘧疾的有效藥品。來自美洲的藥材還有黃樟 (sassafras)、菝契 (sarsaparilla) 和吐根 (ipecac)。來自非洲的藥材有旃那 (senna) 等。來自亞洲的藥材亦有樟腦、鴉片、大黃等等。經濟作物和藥材的交流發生了相當的作用。玉米傳播遠到中國、非洲，但馬鈴薯在中國不如地瓜重要❹。

第三節　殖民、擴張與一個世界的形成

　　新航路與地理大發現以後，西方勢力展開了殖民與擴張，而透過這些殖民與擴張，不管它是幸或不幸，但無可避免地，把遠近各地域拉在一起，形成了一個世界。西方的殖民與擴張，大體上可以分作兩個階段。從地理大發現到美國革命，為第一個或早期的階段，其特色為重商色彩濃厚，著重對通商路線據點或具有戰略價值地點的掌控，但對當時有較為強大政治力量的地區（如中國），或西方人不甚瞭解也不感興趣的地區（如非洲內陸）則較少顧及。此一階段，西方在建立殖民方面的成就，主要在美洲、印度、澳洲、紐西蘭等地區。美國獨立，顯示出殖民地取得的不易和失掉的可惜，於是在此一時期左右，殖民擴張幾近陷於停頓。工業革命以後，工業與民族主義的結合，在十九世紀晚期形成了新帝國主義，為殖民擴張再添動力，介入世界各個角落。西方勢力變得無遠弗屆，也無堅不摧，各

㊻ 本節多處參考 Greaves，前揭書，pp. 403–423; William McNeill, *A History of the Human Community*, 3rd ed. (New Jersey: Prentice-Hall, 1990), Vol. II, pp. 348–372; Ferguson，前揭書，pp. 546–548. 另可參閱 J. H. Parry, *The Discovery of the Sea*, 2nd ed. (Berkeley: University of California, 1981); L. N. McAlister, *Spain and Portugal in the New World, 1492–1700* (Minneapolis: University of Minnesota Press, 1984); S. E. Morison, *The European Discovery of America: The Northern Voyages, A.D. 1492–1616* (New York: Oxford University Press, 1974); J. H. Elliott, *The Old World and the New: 1492–1650*; D. P. Mannix & M. Cowley, *Black Cargoes: A History of the Atlantic Slave Trade, 1518–1865* (New York: Viking, 1962), F. Braudel, *Civilization and Capitalism*, trans. S. Reynolds, 3 Vols (New York: Harper & Row, 1981–1984); I. M. Wallerstein, *The Modern World System: Capitalist Agriculture and the Origins of the European World Economy in the Sixteenth Century* (New York: Academic Press, 1974).

地無不感受到歐風美雨的壓力，而「歐化」、「西化」和「現代化」成為三個涵意相類的名詞。

一、早期的發展

㈠英國、荷蘭和法國東印度公司

　　十五世紀末期以後，歐洲各國紛紛向外擴張。在面向東方，掀起對東印度 (East Indies) 的狂熱。所謂東印度，先是指印度，後來泛指東方。在此情形下，各國紛紛成立東印度公司 (East India Company)，其中較為著名的有：英國東印度公司 (British East India Company)、荷蘭東印度公司 (Dutch East Indies Company)，以及法國東印度公司 (French India Company)。英國東印度公司規模最大，存在兩百七十多年 (1600–1874)。它富可敵國，經營和統治印度，憑本身的力量擊敗在印度的法國對手，它派任印度總督（雖然要經英國政府的同意）統理印度，至 1858 年才由英國政府接手。它也專營對中國的貿易（直至 1834 年），該公司的駐廣州特別委員會主席 (President, Select Committee) 即中國人所說的「大班」(taipan)，被認為是外國商界的負責人，英國所派出的馬戛爾尼 (Lord Macartney) 大使團 (1892–1893) 和亞美士德 (Lord Amherst) 大使團 (1816)，均係由該公司主導和負責經費。中國與英國的關係在 1834 年以後之所以迅速惡化和不能補救，也是因為兩國關係在英國方面是由該公司（所謂「公班衙」）負全責，它儘管有富可敵國的資源，但畢竟為私營的企業，又加上貿易利益龐大，可以盡量通融，但 1834 年它的專利遭到廢止之後，中國和英國的關係便直接由英國政府接手，於是主權平等和國家尊嚴等爭議便不能避免。

　　荷蘭東印度公司及法國東印度公司，也扮演過重要角色。荷蘭東印度公司存在近兩百年 (1602–1798)，它負責所有好望角以東和麥哲倫海峽以西的荷蘭貿易事務，十七世紀時達到極盛時期。它也曾有海外領土，其中最著者便是在十七世紀統有印尼（稱荷屬東印度群島），直迄 1798 年它解散

時始由荷蘭政府接管。法國東印度公司成立較晚，也存在一百多年 (1664–1769)，它也負責法國在印度的經營，曾與英國東印度公司大打擂臺。

㈡英、法在美洲和印度的角逐

美洲大陸分為南美洲和北美洲。南美洲在地理大發現以後至十六世紀中葉，西班牙便在其絕大部分建立了殖民統治，葡萄牙取得巴西，法國也在西印度群島的海地等地取得統治權。由於西班牙語、葡萄牙語和法語均屬拉丁語系，此地區因稱拉丁美洲。

至於北美洲和印度，後來英國和法國相爭甚久，而且就兩國相爭的政略和戰略目的而言，兩個地域是連在一起的。當然，其他國家也曾介入競爭，例如紐約 (New York) 原是荷蘭人在 1625 年建立的新阿姆斯特丹 (New Amsterdam)，它附近的土地也曾叫新尼德蘭 (New Netherlands)，1664 年為英國奪得。再例如，今日印度西南部阿拉伯海馬拉巴岸上的科佐柯德 (Kozhikode) 原名古里，它是葡萄牙航海家達伽瑪在 1498 年打通東西全部水路航程的港口，葡萄牙人亦在此拓展，但 1792 年終為英國所得。還有，葡萄牙在十六世紀初年 (1510) 取得印度西部阿拉伯海岸上的臥亞、達曼 (Daman) 和狄歐 (Diu) 三塊不相連的土地且建為殖民地，一直保有到 1961 年始為印度所奪回。但是，這些小國寡民畢竟實力有限，所以後來落得英、法相爭的局面。

英國聲稱其對北美大陸的權利，是依據原籍熱內亞後歸化英國的航海家卡布特在 1497 年航行至北美沿岸的布萊頓角和諾瓦斯古廈 (Nova Scotia)。英國人第一個在北美大陸永久性的聚落，始於 1607 年 105 位屯墾者在維吉尼亞建立的詹姆士敦殖民地 (Jamestown Colony)，後來擴大為維吉尼亞州。此州之命名係為紀念有「處子女王」(Virgin Queen) 之稱的伊莉莎白一世，意為「處子之地」。繼之，是較為動人的麻薩諸色 (Massachusetts) 的開發。1620 年在英國有一批清教徒 (Pilgrim) 乘三桅帆船「五月花」號 (The Mayflower) （載重 180 噸的運酒船）自樸立茅斯

(Plymouth) 至美洲的樸萊茅斯。他們在船上訂立 「五月花契約」
(*Mayflower Compact*)，規範建立以社會契約為基礎的自治社會，後來建立
樸立茅斯殖民地 (Plymouth Colony)，此種自治社會後來擴及其他地區。但
是，1620-1621 年的冬季，他們遭受到歉收和家畜死亡等災難而面臨饑饉，
後賴印地安人的幫助，教他們種植農作和畜養家畜而度過難關。後來舉行
歡宴以慶祝豐收和感謝上帝的仁慈，是為感恩節 (Thanksgiving Day) 的由
來。如今已經成為北美地區的公共假日，在美國為每年 11 月的第四個禮拜
四，在加拿大為每年 10 月的第二個禮拜一，不過現在較為重視家庭團聚。

　　總之，自 1607-1624 年間建立維吉尼亞至 1733 年建立喬治亞，十三
個殖民地次第建立。這些新社會的形成，主要是靠兩大結合力：環境的壓
力，如印地安人和法國人（當時與英國人有殖民競爭），以及肇基於宗教自
由的理想主義，此因他們多屬非英國國教徒，係為追求信仰自由和試圖建
立新的社會秩序而來。這些殖民者在基本上仍採英國的生活方式，而英國
文化為歐洲文化的一環，此時期的歐洲文化為文藝復興、宗教改革和啟蒙
時代的文化。但是，他們的生活也有美利堅化 (Americanized) 的地方，他
們多靠土地與森林維生，他們固然從歐洲帶來種籽、植物與家畜，但也從
印地安人學習種玉米、馬鈴薯和煙草等。後來逐漸發展商業、造船業與水
運，波士頓、費城與南方的查理斯頓 (Charleston)，皆為商業中心，十八世
紀時工業亦興起。另外，英國人亦開發加拿大東部，如紐芬蘭島和哈德遜
灣。大致言之，英國在北美洲的殖民地集中在阿帕拉契山脈 (Appalachian
Mountains) 以東的大西洋沿岸，但英國認為由大西洋沿岸向內延伸均為其
所有。但是，北美洲的殖民地在 1776 年宣布脫離英國而獨立。

　　法國在北美洲的殖民地分布在英國殖民地之北，在加拿大東南的芬地
灣 (Bay of Fundy) 和聖羅倫斯河 (St. Lawrence River) 流域一帶，以迄美、
加之間的大湖區 (Great Lakes)，法國人視為新法蘭西 (New France)。在南
邊，法國人沿密西西比河 (Mississippi River) 發展，英、法兩國在俄亥俄

(Ohio) 與密西西比河一帶有爭奪戰，法國人也想把路易西安那 (Louisiana)、密西西比河地區和加拿大連為一氣。但法國人在北美僅約為英國人的十分之一 (英人約有三十萬)，且為了保護新法蘭西的天主教統一信仰而不准休京拉派信徒移入。

在印度，自十五世紀末年，西方人如葡萄牙人、法國人、荷蘭人和英國人進入其間，後來演為英、法競逐之局。此時統治印度的蒙兀兒帝國已廢弱無力，十七世紀間，英國與法國的兩家東印度公司均大有斬獲。在此情形下，兩國必須見個高低。

於是，英國與法國在北美和印度有了激烈的殖民競爭。此一競爭至十七世紀末期以後，趨於白熱化。兩國在 1689 年至 1763 年間間歇爆發但不停止的殖民戰爭，有時被稱為第二次英法百年戰爭 (Second Hundred Years' War)。至十八世紀，兩國面臨最後的決戰，而同一時期也是普魯士興起和向奧地利挑戰的時期，因此此一時期的歷史有兩個主要線索：在歐洲為普、奧爭雄，在歐外是英、法殖民競爭。兩件事情息息相關，英國依其利益需要而採取忽東忽西和左右逢源的政策。最後一個戰爭為七年戰爭 (Seven Years' War, 1756–1763)，在先前的戰爭中，英國和奧地利常為盟國而法國及普魯士亦為戰友，至此改變為英國與普魯士和法國及奧地利互為同盟，是為「外交革命」(Diplomatic Revolution)。這個戰爭解決了英國和法國在北美及印度的爭雄，因而也稱為法印戰爭 (French and Indian War)。英國的策略是支持普魯士在歐洲大陸消耗法國的實力，以遂行其「在日耳曼征服加拿大」(to conquer Canada in Germany) 的構想，結果英國在北美和印度大獲全勝。戰後兩國簽訂 1763 年的「巴黎條約」(*Treaty of Paris, 1763*)，西班牙與葡萄牙亦為簽約國。英國鞏固了在北美的殖民地，也取得了加拿大和印度。

英國雖在 1776 年喪失了北美十三州，但在加拿大建立了長久的統治。尤其是主宰了印度。不過，印度的經營和治理，並非由英國政府負責，而

是由英國東印度公司經理，哈斯汀 (Warren Hastings, 1731-1818) 便是在
1774 年該公司所派任的第一個印度總督。1857 年，發生士兵叛亂事件
(Sepoy Mutiny)，蔓延及印度北部和中部，歷數月始平定。1858 年，英國
政府自東印度公司手中接管印度，但印度境內仍有一些未為英國直接統治
的土邦，稱為印度各邦 (Indian States)。英國女王維多利亞 (Victoria，
1819-1901，在位時期 1837-1901) 指派總督，並且提高了總督的名銜❹。
1876 年，英王加尊號為「印度女皇」 (Empress of India) 或「印度皇帝」
(Emperor of India)。此時的印度號稱次大陸 (Indian Subcontinent)，除印度
外，尚包括今日的巴基斯坦和孟加拉等國，稱為「英屬印度帝國」(British
Indian Empire)。印度被稱為 「英國王冠上最明亮的寶石」 (the brightest
jewel of the British Crown)，在英國直接統理的部分有十一個行省，各省置
省督 (Governor) 向總督負責，各土邦則有總督派任的駐地專員 (Resident)，
不過主要掌理其對外關係。另一方面，英國對印度的保有非常在意。英國
介入近東（中東），維護東地中海地區的安寧，以確保印度航路的安全，就
是為其帝國生命線。

　　英國在印度的統治有一些正面的作用，把西方的思想和工業介紹至印
度，而且也給予知識分子一個共同的語言使他們能夠超越紛歧的語言而結
合組織，因而有「仁慈的帝國主義」(benevolent imperialism) 之稱。1937 年
印度各省獲自治權力，但中央級政府仍握在英國人手中，第二次世界大戰
後方獲獨立地位❹。

㈢澳洲與紐西蘭

　　澳洲 (Australia) 原為原住民的天下，他們可能是自東南亞移來。十七
世紀之初，葡萄牙人和西班牙人均可能「看見」澳洲。首先到訪澳洲的人

---

❹　總督原稱 Governor-General，至此改稱 Viceroy。

❹　參看 Edward M. Burns, *World Civilizations*, 6th ed. (New York: Norton, 1982), Vol.
II, pp. 1612-1618；吳俊才，《印度史》(臺北：三民書局，1981)，pp. 245-258。

是荷蘭人。1770 年英國人庫克船長 (Captain James Cook, 1728–1779) 抵達
植物學灣 (Botany Bay)，他聲稱東岸為英國所有。1788 年英國把新南威爾
斯 (New South Wales) 闢為流放犯人的刑罰殖民地 (penal colony)，至 1840
年才停止運送犯人至澳洲東部，但在塔西馬尼亞 (Tasmania) 和西澳
(Western Australia) 要分別到 1853 年和 1868 年才停止。十八世紀末年後，
人數日增，其他各地亦次第開發，特別是把西班牙種的曼里諾綿羊
(Merino sheep) 引進和在新南威爾斯和維多利亞 (1851)，以及西澳 (1892) 發
現金礦後為然。英國統治澳洲時期，自十九世紀末期曾採取白澳政策（阻
止非白人移入），此種作法至 1974 年始停止。

　　紐 西 蘭 (New　Zealand) 本 為 來 自 東 南 亞 的 波 利 尼 西 亞 毛 利 人
(Polynesian Maoris) 的生息之地。十七世紀中葉，約 1642 年荷蘭人塔斯曼
(Abel Tasman) 曾 「看到」 該地，而紐西蘭一詞便是從荷文 「新芝蘭」
（Nieuw Zeeland，Zeeland 為荷蘭省名） 轉來。英人庫克在 1669 年至 1777
年間曾四次到訪該地。英國人在 1792 年建立第一個聚落，在 1841 年前為
新南威爾斯屬地。1860 年至 1870 年間移入者與毛利人曾爆發戰爭。

　　英國人在澳、紐的統治，把人民、語言乃至價值觀也帶到這些地區。
有學者指出：歐洲人一向稱東亞為遠東，甚至移居澳洲的歐人也沿用此一
名稱，殊不知東亞實際上位在澳洲的北邊且相去不遠❹。恐怕到二十世紀
中葉，澳洲人才知道他們身處何方。

二、新帝國主義階段

㈠概　況

　　帝國主義 (Imperialism) 是人類自古至今都存在的現象。它指：一個政
府、國家或民族用直接或間接的方式對另一類似人群建立統治或控制的力

---

❹　參看 A. J. Toynbee, ed., *Half the World: The History and Culture of China and Japan*
　　(London: Thames and Hudson, 1973), p. 9.

量，它可以是領土的奪取，也可以是進行政治或經濟的掌控。不過，在古代常用武力征服的方式，是為軍事的帝國主義 (Military Imperialism)。十六世紀以還，隨新航路和新大陸大發現的歐洲殖民擴張，頗富重商主義的色彩，因而是重商的帝國主義 (Mercantile Imperialism)。前已談及，本來在十八世紀末年以後，由於美國革命的影響，使重商主義與殖民主義的活動受到打擊，因為取得殖民地不無艱難而長期保有卻不容易，同時在自由貿易理論的鼓吹下，一個國家不一定要藉著政治的控制才能發展對另一個國家或地區的貿易，美國獨立以後，英、美兩國的貿易不減反增，為一有力的例證。再加上 1815 年拿破崙戰爭以後，歐洲各國多忙於內政事務或國際問題，只有英國控制了拉丁美洲的市場，算是經濟型帝國主義的發展。至十九世紀末期，大約在 1870 年代興起的帝國主義（1880–1914 年為其顛峰時期），因為係植根於民族主義和工業經濟，且以近代科技作為憑藉，又採取各種經濟的、政治的、文化的和軍事的手段來擴張其利益，同時也深入各個地域的內部，因而稱為新帝國主義 (New Imperialism)。除了軍事力量的強大以外，在經濟手段上，它們投資剝削，設立跨國公司，經營礦冶、種植、碼頭、貨倉、工廠、鐵路、航運、銀行及各種金融機構；在政治上，為了確保和擴大它們的利益，它們介入別的國家的內政，企圖建立親自己的政治力量；在文化上，輸出各種文化產品，影響別國人民的思想。

　　同時，從事新帝國主義的國家也不再以歐洲國家為限，美國與日本也加入行列。美國加入殖民擴張較晚，與其地大物博而曾有長期的內部擴張（主要為西部開拓）有關。美國史學家杜納 (Frederick Jackson Turner) 即曾指出：美國的南部與西部曾在不同的時間自覺為北部和東部的殖民地❺⓿。南北戰爭以後的美國發展迅速。十九世紀末年，美國發展為兩洋（瀕臨大西洋和太平洋）國家，有了「天命」感 (manifesto destiny)，在內部擴張趨

---

❺⓿　參看 Robin W. Winks, "Imperialism" in C. Vann Woodward, ed., *A Comparative Approach to American History* (1968), pp. 284–285.

於飽和之後，便向外發展。至於日本，在明治維新以後，也是力圖擴張。甲午戰爭 (1894–1895) 打敗中國，日俄戰爭 (1904–1905) 又力挫俄國。日俄戰爭頗富世界意義，因為它顯示了一個亞洲國家（日本）戰勝了一個歐洲國家，由一個美洲國家（美國）調解議和。

　　這些帝國主義國家透過各種帝國主義手段的運作，在它們自己的國境之外，發展出錯綜複雜的利益關係。它們直接統治的地域是殖民地，不直接統治的地域叫保護領 (protectorate)，在它們相爭不下的地域就畫分為勢力範圍 (spheres of influence)。

(二)新帝國主義成因解釋

　　第一種說法為經濟因素，認為資本主義的擴張與競爭為其因素。最先倡此論者為美國學者柯南特 (Charles A. Conant) 與英國學者霍布生 (John A. Hobson)。他們認為帝國主義興起是對廉價原料、牟利市場、剝削落後地域，以及為剩餘資本謀求出路。霍布生認為：「帝國主義的經濟主根」(the economic taproot of imperialism) 就是 「過剩的資本尋求投資」(excessive capital in search of investment)。他認為，過剩資本的形成是因為資本主義國家內部財富分配不均，矯正之法在於內部的社會改革和公平分配財富，然後消費大眾可以提高其消費水準，以與生產力的升高相配合，如此始能使工業國家內部沒有過剩的資本或貨物，以致要用帝國主義的手段來解決問題[51]。這種論點後為馬克思學派的人所強調，認為帝國主義是資本主義經濟制度發展下的必然現象，而資本主義必須不斷擴張，否則即趨死亡。列寧更發揮此論，於 1916 年出版《帝國主義是資本主義的最高階段》(*Imperialism, The Highest Stage of Capitalism*)，認為帝國主義最簡潔的定義為：到達了壟斷階段的資本主義制度。

---

[51]　參看 Charles A. Conant, "The Economic Basis of 'Imperialism', "*North American Review*, (Sept. 1898), pp. 326–340; J. A. Hobson, *Imperialism: A Study* (London: Allen and Unwin, 1902).

　　此說固有部分正確之處。各工業國對於海外原料與市場一向垂涎，過剩資本尋找出路，也是事實。1860 年至 1900 年間，英國海外投資由七十億美元增為二百億美元，其中約有半數投資在殖民地。在第一次世界大戰前夕，法國與德國有五分之一的投資在殖民地，但外國需要資本也是事實。另外，剩餘資本不多的國家如俄國和義大利從事帝國主義活動，又作何解釋❺❷？再者，各工業國所建立的海外市場並未能解決市場問題，各工業國在十九世紀之末，雖有保護關稅之事，但主要貿易仍多在各工業國之間。以法國言，大約只有十分之一的貿易係在其海外屬地。德國在此期內工業增長與出口能力均較法國為優，而其殖民地卻較法國為少。凡此種種，均說明此說的不足。

　　第二種解釋則側重政治的因素，國家安全需要基地、戰略物資、緩衝國，以及交通線的控制。同時也要防止其他國家取得這些東西。地緣政治學的理論興起於此時。1897 年德國地理學者拉茲爾 (Friedrich Ratzel) 出版〈政治地理學〉(*Politische Geographie*)，討論政治的自然條件，以及分析國家與空間的關係。英國學者麥金德 (John Halford Mackinder) 提出心臟地帶論 (Heartland Theory) 而名噪一時，他著有〈英國與英國海洋〉(*Britain and British Seas*)，以及〈歷史的地理樞紐〉(*The Geographical Pivot of History*)。有時也有國家外交策略的考量，譬如德國願見法國拓展於歐洲以外，以彌補其在歐洲失地於德國的怨情。

　　第三種解釋是從民族主義和人性本身著手。在民族主義方面，歐洲各國在完成民族國家後，對民族自尊和國家榮譽的要求更為加強，一個大國必須擁有殖民地始可表現其富強和優越。在人性本身方面，人類一直有為侵略而侵略和為宰割而宰割的原始傾向，帝國主義便承襲此種傾向。另外，生物學中的優勝劣敗引申到人類行為，此即所謂社會的達爾文學說 (Social

---

❺❷　參看 Richard L. Greaves & others, *Civilizations of the World: The Human Adventure* (New York: Harper & Row, 1990), pp. 800–801.

Darwinism)，也為此提供解說。

　　第四種解釋為「道德」的說法，說是出於對落後地區人民的解放與開化。當時的很多白人堅決地相信他們的文化特別優越，而把這種文化（包括語言、宗教、制度、法律和禮俗）介紹給落後地區的人民，是一種崇高的使命和責任。他們認為，殖民與拓張便是把近代西方文化傳播到落後的蠻荒地域，白人所負的責任不是占領，而是託管。英國詩人吉卜林 (Rudyard Kipling, 1865–1936) 宣揚此說甚力，他有「英國帝國主義的桂冠詩人」(poet laureate of British Imperialism) 之稱。他認為，指導、治理和提升落後地域人民的文化，是「白種人的負擔」(White Man's Burden)。

　　總之，帝國主義是一個非常龐雜而影響深遠的問題，它有很多複雜的因素。以上所說的，都是它的構成原因，而且它們之間又有交互作用，以致造成無遠弗屆的帝國主義。

(三)新帝國主義的競爭

1.非洲的瓜分

　　非洲的面積是歐洲的四倍，不過除了沿岸地區以外，歐洲人對非洲不甚了了，而以「黑暗大陸」目之。非洲有不同的文化與國家，西非大草原地區曾有一度繁盛的迦納、馬利和松該等王國；在辛巴威 (Zimbabwe) 和東南非洲講班圖語或斯瓦希里語的班圖人建立了一些城邦；在雨林和南部地區居住著散人 (San)、矮黑人和夸克瓦人 (Khoikhoi)，仍處部落狀態並以採集維生。

　　首先鼓動起歐洲人對非洲內陸興趣的人是傳教士和探險者。蘇格蘭人李文斯頓 (David Livingstone, 1813–1873) 為一醫療傳教士，廣泛而深入地旅遊非洲內陸，他到了贊比齊河 (Zambesi River) 而為第一個觀察維多利亞瀑布的西方人。1849 年至 1871 年間他在非洲探險（僅 1863 年一度被召回英國），他先後出版了《宣傳遊記》(*Missionary Travels*) (1859) 和《贊比齊河及其支流》(*The Zambesi and Its Tributaries*) (1865)。他與非洲原住民的關

係良好，也喜歡單獨行動，但歐、美一度傳說他失蹤。〈紐約前鋒報〉(*New York Herald*) 乃派出記者斯坦利 (Sir Henry Morton Stanley, 1841–1904)（出生在威爾斯，後來美）前往中非洲尋訪。斯坦利在 1871 年至 1878 年在非洲深入不毛，他不僅找到李文斯頓，而且自己也多所發現。他先後出版《我如何找到李文斯頓》 (*How I Found Livingstone*) (1872) 和 《黑暗大陸歷險記》(*Through the Dark Continent*)（二冊，1878）等書而名噪一時。他與李文斯頓不同，李文斯頓出於宗教的和人道的立場，他卻用商人的眼光來觀察非洲潛在的財富，並且在歐洲尋找支持他的人。

1878 年斯坦利找到贊助人比利時國王利阿坡二世（Leopold II，1835–1909，在位時期 1865–1909）。他們成立私營的國際剛果協會 (International Congo Association) 以經營剛果地區。斯坦利於 1882 年回到剛果，他先後分別與五百名左右的酋長訂立契約或條約，以小飾物或幾碼布匹誘使他們接受剛果協會的藍色和金色的旗幟，獲得九十萬平方哩的土地。許多歐洲人群起效法，譬如德國人庇特斯 (Karl Peters) 建立德國屯墾會社 (German Colonization Society) 取得西南非洲大片土地，法國人布拉薩 (Pierre Brazza) 也控制了剛果以北的大片土地。英國與法國以國家力量介入，使競爭白熱化。1875 年英國掌握蘇伊士運河和占領埃及，1881 年法國取得突尼西亞。為了規範或協調列強在非洲的行為， 德國首相俾斯麥 (Otto von Bismarck, 1815–1880) 出面召開柏林會議 (Congress of Berlin)，會議時間自 1884 年 11 月至 1885 年 2 月，大多數的歐洲國家及美國和土耳其等均派代表參加。此會議對非洲的命運有很大的影響，對於各國經略非洲達成了若干協議：在沿岸占有土地的國家有權向內陸延伸其勢力範圍，但要在有效占領後始可聲稱主權並且要通知他國。這些規範加速了各國在非洲的競逐，也造成了 1885 年至 1900 年非洲的被瓜分。

帝國主義在非洲的競爭也造成了若干國際危機，其中最主要的有 1898 年的法紹達危機 (Fashoda Crisis) ， 以及 1899 年至 1902 年的波耳戰爭

(Boer War)。法紹達危機肇因於英國和法國的殖民衝突。英國早已取得好望角，也掌控了埃及，乃有打通從好望角至埃及的南北軸心計畫，但法國也有從撒哈拉到紅海的東西軸心計畫而自剛果河朝向尼羅河發展，兩個國家無可避免地在蘇丹發生衝突。緣自 1896 年以來由英將吉麥納 (Herbert Kitchener, 1850–1916) 率領下的英、埃軍隊沿尼羅河而上，在 1898 年 9 月掌握了蘇丹。另一方面，法國軍隊在馬項德 (Jean Baptiste Marchand, 1863–1934) 指揮下，在 1898 年 7 月抵達尼羅河上的法紹達❸，9 月英、埃軍隊也到了法紹達，便成了對峙之局。英、埃軍隊在數量上居於優勢並堅持在法紹達城堡上升起英屬埃及的旗幟，法方亦不退讓，於是形成近五十年來英、法兩國最大的危機，自該年 9 月 18 日持續到 11 月 3 日。法國政府決定從較為長遠的角度看英、法關係而最後讓步。1899 年 3 月，英國和法國達成協議：法國放棄對尼羅河流域的權利，換取英國承認其在撒哈拉地區（無經濟價值）的權利。

　　波耳戰爭起於英國在南非的擴張。英國於 1815 年自荷蘭手中取得好望角殖民地 (Cape Colony)。該地原為荷蘭人及部分法國休京拉派新教徒開發之地，這些人，特別是荷裔人口，稱為波耳人 (the Boers)❺。英國人大量湧入之後，他們對英國人以英文為惟一官方語文和禁止奴隸（1834 年後英帝國禁奴）不滿，於是乃有稱為「大遷移」(the Great Trek) 的大舉北遷，他們進入奧倫奇河 (the Orange River) 流域和跨過瓦爾河 (the Vaal River)，而建立了兩個小國，分別叫做奧倫奇自由邦 (Orange Free State) 和特蘭瓦爾自由邦 (Transvaal Free State)。但是，並未能相安無事。英國人為了要執行連結好望角殖民地與開羅（埃及）的南北軸心計畫，誓必不容他們。後來又因為在特蘭瓦爾發現黃金和鑽石的礦藏而南非的經濟中心也由好望角轉往特蘭瓦爾，再加上此時好望角已因蘇伊士運河的開鑿而喪失通往印度戰

❸　法紹達於 1904 年改名為柯達 (Kodok)，在今蘇丹中西部上尼羅河（白尼羅河）岸上。
❺　波耳在荷蘭文中為「農民」之意，他們是講南非荷語 (Afrikanas) 的荷裔人民。

略據點的地位。這些因素使英國人湧入，英國也一直要把兩個共和國納入其主導的南非聯邦 (the Union of South Africa)。發展到 1899 年 10 月，終於爆發了英國與兩個波耳共和國開戰的波耳戰爭（1899 年 10 月至 1902 年 5 月）。波耳人英勇抵抗，有些歐洲國家如俄、德等國皆同情波耳人，歐洲輿論亦多支持之。戰爭初期，英國屢遭不利，但最後波耳人終告失敗。1902 年 5 月，兩個自由邦終變成兩個英國直轄殖民地，英國承諾建立代議政治，並予三百萬英鎊作為復員費用。

　　非洲在 1885 年至 1900 年十五年間為歐洲國家所瓜分。法國取得百分之三十三，英國為百分之三十，德國與比利時各為百分之八，葡萄牙為百分之六，義大利為百分之五，西班牙不到百分之一。各國統治其非洲殖民地的方式雖各不同，但大致上為少數白人憑藉優勢軍力和高效率文官組織，統治著絕大多數的黑人。在此一提的，是這些瓜分土地的分界和殖民地的區隔，完全不顧及自然邊界和語言及民族的分布，而是根據各國占領的情況為之，致使第二次世界大戰各殖民地獨立以後，它們之間的國界整整齊齊，一如神工鬼斧而使它們平添許多糾紛、衝突和戰爭。

2.亞洲的震撼

　　新帝國主義在亞洲的殖民競爭，超越了新航路發現以來商略據點的爭奪，使這一個古老的大陸發生震撼。在 1850 年代，法國開始經營越南，取南圻 (Cochin-China) 和進窺中圻 （安南本部，Annam Proper） 和北圻 (Tonkin)，亦於 1863 年收束埔寨 (Cambodia) 為保護國。1882 年法國進兵河內，以及法國與中國之間的爭執，演為 1884 年的中、法越南戰爭，1885 年中國與法國「中法新約」，即「中法會訂越南條約十款」，中國承認安南（包括中圻和北圻）為法國的保護國而不再是中國屬邦。1887 年法國將南圻、中圻、北圻和束埔寨組為法屬印度支那聯邦 (the Indochinese Union)。1893 年法國占領寮國。差不多同時英屬印度次第 (1824, 1852, 1885) 併吞了緬甸。兩國雖維持泰國的獨立以為緩衝，但對峙之局成。

　　中國南邊的門戶為英國和法國所叩，而北邊則有俄國與日本相爭。俄國對中國一直蠶食和鯨吞，明治維新後力圖強盛的日本也以擴張為務，於是朝鮮（韓國）便成為衝突的焦點。中國一向視朝鮮為攸關其國防安全最親密也最重要的屬邦，日本認為朝鮮為其進向亞洲大陸的跳板，俄國也早有意於三韓。1894 年日本步步緊逼，中、日終爆發甲午戰爭 (1894–1895)。此一戰爭與戰後的「馬關條約」，使中國陷入國將不國的慘狀，列強在中國大肆攘奪，演為「租借地攘奪戰」(battle of concessions in China)❺❺。最後中國被列強劃分勢力範圍：法國取得雲南、廣西、廣東的路礦權，以及要求海南島和中越邊境的雲南、廣西和廣東三省不得讓給別國；英國除與法國在中國西南競爭外，復要求長江流域不得讓予他國；德國要求山東及部分黃河流域為其範圍；俄國要求以長城以北為其範圍；日本也要求福建不得讓予他國。1898 年美國在美西戰爭 (Spanish-American War) 中擊敗西班牙取得菲律賓後，亦正式進入亞洲的爭奪戰，在華府與美駐華使館研商如何在中國取得口岸而發現已無機會後，乃於 1899 年提出門戶開放政策。

　　英國在印度早已取得無容挑戰的地位。英國與俄國在中亞亦有競爭。（這些地區包括波斯、阿富汗、土耳其斯坦❺❻、西藏）。俄國在 1864 年取得土耳其斯坦的塔什干 (Tashkent)，十年後叩印度門戶。英國為確保印度安全，擔心俄國經波斯入波斯灣，或經新疆、西藏入孟加拉灣，最後入印度洋，故防範甚力。英國與俄國的競爭，至 1907 年兩國達成諒解後始告緩和。其方式為劃定勢力範圍：在波斯，北屬俄國，東南和沿波斯灣一帶屬英國，中間為緩衝地帶。另外，俄國承認英國在阿富汗有特殊利益，以及

---

❺❺　英國首相兼外相 Lord Salisbury 語，見 (British) Foreign Office Confidential Print, Vol. 7139, No. 45，他給當時英國駐華公使 Claude MacDonald 的電報。

❺❻　土耳其斯坦 (Turkestan, or Turkistan) 分東西兩部，東土耳其斯坦在中國控制下但常為俄蠶食；西土耳其斯坦為自中國西邊邊疆至裏海和北至伊朗（波斯）和南到阿富汗之地，曾歷滄桑。

兩國承認中國在西藏的宗主權。

3.地中海東區與拉丁美洲的滲透

　　新帝國主義的擴張手法，也有經濟滲透的一面。這在地中海東區和拉丁美洲為著。地中海東區在世界航運和戰略要衝方面居主要位置，其中的西亞尤為重要，此時此地區主要國家為鄂圖曼土耳其帝國。土耳其帝國雖自十七世紀末期就積弱不振，歐洲列強常予取予求，再加上東南歐巴爾幹半島上的基督教民族不甘再受土耳其帝國的統治，造成錯綜複雜的近東問題，但因歐洲列強之間利益衝突過大而步調不一，土耳其帝國未被瓜分。歐洲人既不能直接統治，乃作經濟滲透。法國與土耳其帝國的經濟關係素來較他國密切，對其政府債券投資尤多，掌握其公債的百分之六十之多。英國在十九世紀末，亦對土耳其加強投資。德國急起直追，其投資之多直追法國。德國在爭取鐵路承築權方面成就很大，1899 年德國財團 (German Syndicate) 取得巴格達鐵路承築權 (Baghdad Railway Concession)，但英國、法國和俄國亦加入鐵路承築權的角逐，直迄 1914 年 6 月英國和德國始草簽協議，德國承諾不在巴格達之南築路和承認英國在幼發拉底河有水運優先權，才解決了巴格達鐵路問題，但後因同年 8 月第一次世界大戰爆發而停止。歐洲列強對土耳其帝國的經濟滲透，導致 1881 年迫使土耳其帝國政府接受各國組成的國債委員會 (European Debt Commission) 來監督土耳其的財政和關稅徵收。

　　拉丁美洲是另一個歐洲國家輸出過剩資本、銷售產品和提供原料的地域，拉丁美洲各國亦爭取外國投資。英國在此區域的利益最大，其資本多投注於鐵路，阿根廷六分之五的鐵路為英國資本所興築，其他如祕魯、烏拉圭、巴拉圭和巴西等國的鐵路，英國的資本與技術亦占重要地位。其他如法國、比利時和德國亦投資興建鐵路。不過，這些鐵路的興建多是為了配合歐洲列強的需要而興建的，其路程多自內陸至海港，對開發各國內部與各國之間的經濟，俾益不大。另一歐洲人投資的項目為政府債券，由於

政況不穩和需款孔亟，各國政府常願以高利率來吸引外資，當時歐洲利息不過百分之三，但拉丁美洲各國公債利息常在百分之六至百分之二十之間。歐洲國家在拉丁美洲投資活動的情形也反映出各該國自身的經濟特色，譬如英國資本多集中在傳統重工業（如鐵路及礦冶），法國資本多集中於政府債券，德國資本較側重於新興的工業（如光學、電氣和化工等）。此外，歐洲人亦移入，他們喜歡居住在拉丁美洲南端的溫帶地區，如阿根廷（以西班牙人和義大利人為多）、智利（愛爾蘭人及德國人等），以及巴西南部（德國人）。

　　美國後來成為拉丁美洲最大的帝國主義國家。美國一直視拉丁美洲為其禁臠，早在 1823 年在維也納會議後標榜正統主義而歐洲殖民主義可能重返拉丁美洲時，美國總統門羅（James Monroe，1758–1831，任期 1817–1825）頒布門羅主義 (Monroe Doctrine)：美國不過問歐洲事務但亦不歡迎歐洲殖民勢力再返美洲。1890 年後美國自身的內部擴張已屆飽和，開始著眼海外。1895 年古巴起而反抗西班牙的統治，美國同情古巴，此時美國在古巴有五千萬元的投資，也購買古巴革命分子在紐約發行的債券，新興的大眾傳播事業如報紙也大量披露西班牙人殘酷的消息。美國國會通過決議承認古巴革命分子為交戰團體。1898 年 2 月 15 日，美國因古巴局勢不安而派往古巴哈瓦那港口的軍艦「緬因」號 (Maine) 忽而沉沒且有二百五十人喪生。此事真正原因至今未明，但調查謂起於魚雷攻擊。麥金萊總統（William McKinley，1843–1901，任期 1897–1901）的共和黨政府乃決定向西班牙宣戰，是為美西戰爭。美國在古巴和菲律賓均大獲全勝。戰後的和約規定古巴獨立，但根據 1901 年的「普雷特修正條款」(*the Platt Amendment*)❺❼，美國有權干預古巴境內有關「生命、財產和個人自由」受到危害的事件，也可以介入維持古巴獨立的事件，使古巴一如美國的保護國，而且這些都寫入古巴的憲法，至 1934 年始告取消。此外，此一和約也

---

❺❼　普雷特 (Orville Platt) 係提出此議案的美國參議員，故以此名。

規定美國取得波多黎各 (Puerto Rico)、關島 (Guam) 和菲律賓。美西戰爭期間，美國併吞夏威夷群島 (1898)，1899 年又取威克島 (Wake Island)，1900年又占薩摩亞島群 (the Samoan Group) 中的土圖伊拉島 (Tutuila)，均屬在加勒比海與太平洋中的擴張行動。

　　美國的帝國主義擴張至迪奧多・羅斯福擔任總統時期 （Theodore Roosevelt，1858–1919，任期 1901–1909）更為推展。他在內政方面雖主張改革，如限制托辣斯和保護自然環境等，對外則主張擴張並採取金元外交 (Dollar Diplomacy)。金元外交指對外保護美國投資者的利益或利用投資進行干預，為政治與經濟的結合與利用。美國在加勒比海地區的擴張，最顯著的是巴拿馬運河的開鑿與控制。先是在 1850 年美國與英國曾訂約言明在兩國互相同意前，不單獨開鑿巴拿馬運河。1901 年時英國因值波耳戰爭欲與美國有友好關係而放棄權利。此時巴拿馬在哥倫比亞控制下，哥倫比亞國會於 1903 年拒絕批准美國可以開鑿巴拿馬運河的條約。此時巴拿馬適有反抗哥倫比亞的動亂，美國立即承認巴拿馬的獨立，也派軍阻擋哥倫比亞平亂。接著美國與獨立的巴拿馬共和國簽約，准許美國開鑿通過巴拿馬地峽 (Isthmus of Panama) 的運河並擁有管理權。1904 年羅斯福再進一步伸張美國在拉丁美洲的利益， 他宣布門羅主義的羅斯福推論 (Roosevelt Corollary to the Monroe Doctrine)。緣因 1904 年多明尼加共和國 (Dominican Republic) 財政崩潰，歐洲各債權國有出面干預以保全其投資。美國為防止此種可能，乃迫使多明尼加共和國與之訂約而將其經濟置於美國保護之下。羅斯福宣稱：今後拉丁美洲國家遇有困難而需要 「國際警察力量」 (an international police power) 時，美國將出面介入。同時美國亦派財經專家改革多明尼加財政，並以多明尼加關稅收入之半來支付外債。門羅主義本為消極的警告不准歐洲國家插手美洲事務的主張，至此有了積極的意義，即美國可以監督美洲事務而西半球為其勢力範圍。不過，這種作法也在拉丁美洲國家間造成惡感，1930 年代美國改行睦鄰政策。

4.大英國協的建立

大英國協 (British Commonwealth of Nations) 的建立，為帝國主義活動中最具特色的一頁，至今尚有餘緒而演變為國協 (Commonwealth of Nations, or The Commonwealth)。

英國人曾經建立過世界上最大的殖民帝國，在 1908 年帝國顛峰時包括了全世界四分之一的土地和超過四分之一的人民。這個帝國的土地有四種主要的分類：自治領、直轄殖民地、印度帝國和保護領。大英國協最早係由自治領組成，所謂自治領 (Self-Governing Dominions, or Domonions) 是白人居住的有自治權的殖民地。殖民地有兩類：居留殖民地 (colonies of settlement) 和壓榨殖民地 (colonies of exploitation)。所謂居留殖民地是白人把人民、語言、文化、制度都移植過來的殖民地，所謂壓榨殖民地為土著人民和當地文化占優勢的殖民地❺❽。

英國創設的第一個自治領是加拿大。1867 年英國國會通過「英屬北美條例」(*the British North America Act*)，把當時加拿大各殖民地（各省），即諾瓦斯古廈 (Nova Scotia)、紐布倫斯威克 (New Brunswick)、魁北克 (Quebec) 和安大略 (Ontario) 合在一起組成加拿大自治領 (Dominion of Canada)。該自治領採取聯邦的型態，有兩院制的議會（眾議院與參議院），向眾議院負責的政府（內政自主），以及代表王室而不掌實權的總督。此種制度後來擴及其他白人居住的自治殖民地，如澳洲 (1901)、紐西蘭 (1907) 和南非聯邦 (1909)。1926 年英國與各自治領舉行的帝國會議，決定英王為大不列顛、愛爾蘭及海外各自治領之王，並釐清自治領的法定地位為彼此地位平等和藉著對王室的共同忠悃而聯合為大英國協。1931 年英國國會把這些帝國會議的決議案整理通過為「威西敏特法規」(*Statute of Westminster*)，正式建立大英國協。此為英國政治家具有妥協的能力，以及

---

❺❽ 參看 Crane Brinton & others, *Civilization in the West* (New Jersey: Prentice-Hall, 1969), p. 502.

能夠遷就和適應事實的明證。1949 年大英國協改名為國協,為至今猶存的國際組織。它目前會員國有 53 個(數字有時有變更),其中有 16 個(數字有時有變)且以英國君主用它們的君主的名義為它們的國家元首,而以總督(現皆由各該國政府推荐)為其代表,君主僅為團結和協同一致的象徵,總督在這些國家扮演不具實權的元首的角色。各會員國的財政部長每年集會一次,政府首長每兩年集會一次,各會員國之間亦有若干文化與教育的聯繫。

三、結　語

西方人主導的地理大發現和殖民擴張一度主宰世局,也把各個地域聯結成為「一個世界」。這個世界後來隨著交通運輸和資訊傳播的日趨便捷而演變為加拿大傳播學者馬克魯罕 (Marshall McLuhan, 1911–1980) 所說的「世界村」(global village)。另一方面,殖民主義在二十世紀中葉以後,已遭清算。但是,帝國主義並未消失。不同的人類和文化如何在這個日益縮小的空間共存共榮,是最重要的課題。

譯名對照表

A

Aachen　阿亨

Aanepadda　阿奈巴達

Aargau　亞古

Abbasid Caliphate, the　阿拔斯王朝

Abdera　阿布迪拉

Abraham　亞伯拉罕

AbuBakr　阿布‧巴克

Abu Simbel　阿布‧西貝

Abu Talib　阿布‧塔里博

Acarnania　阿卡那尼亞

Achaea　亞契安

Achaeans, the　亞契安人

Achaean League　亞契安同盟

Achaemenes　阿基曼尼斯

Achaemenids (Achaemenidae), the　阿
基曼尼王朝

Achilles　阿奇里斯

Acragas　阿克拉格斯

Acre (Akko)　亞克

Actium　艾克提穆

Adad　阿達德

Adam Smith　亞當‧斯密

Aden　亞丁

Adrianople　亞德利亞堡

Aegean Sea, the　愛琴海

Aegina　愛吉那

Aeneas　義尼阿斯

Aeneid　義尼德

Aeolians, the　艾奧良人

Aeschylus　艾思奇拉斯

Aetolian League, the　奧托連同盟

Agade　阿格德

Agamemnon　阿格曼儂

Agenor　阿根諾

Agiadae, the　阿及亞狄家族

Agincourt　愛珍考

Agra　阿格拉

Ahmose　阿穆斯

Ahriman　阿利曼

Ainu (Aino)　蝦夷人

Ajanta Hills　阿哲達山

Akhenaton　阿克納頓

Akhetaton　阿克塔頓

Akkad　阿卡德

Aksum (Axum)　阿克薩穆

Al-Azhar, University of　阿亞茲哈大學

Alaric　阿拉里克

Alberti, Leone B.　亞伯提

Albertus Magnus, Soint　亞爾伯

d' Albuquerque, Alfonso　亞布奎克

Alcuin　阿昆

Alemannia　阿勒曼尼亞

Gracchi Brothers (Tiberius & Caius Gracchus)　格拉古兄弟

Granada　格拉納達

Greco, El　葛瑞柯（「希臘人」）

Gregory VII　格理高里七世

Grotius, Hugo　格勞秀士

Guatemala　瓜地馬拉

Guelphs, the　教皇黨

Guicciardini, Francesco　格西亞迪尼

Gujarat　古札拉特

Gupta Dynasty, the　岌多王朝

Gutenberg, Johannes　谷騰堡

H

Hades (Pluto)　海地斯（冥神）

Hadrian　哈德良

Halicarnassus　哈利卡那蘇

Halle　霍爾

Halys, the　哈萊斯河

Hamburg　漢堡

Hammurabi (Hammurapi, Khammurabi)　漢摩拉比

Hannibal　漢尼拔

Hanover　漢諾威

Hanseatic League, the　漢撒同盟

Hapsburgs (Habsburgs), the　哈布斯堡王朝

Harappa　哈拉巴

Harran　哈蘭

Harsha　哈爾沙（戒日王）

Hastings　哈斯汀

Hatshepsut　赫茨普蘇

Hattusas　哈圖沙斯

Hebrews, the　希伯來人

Hector　赫克多

Heidelberg　海德堡

Heidelberg Man　海德堡人

Helen　海倫

Heliopolis (Hermopolis)　赫里波里斯（赫莫波里斯）

Hellenistic Age　希臘化時代

Hellespont　赫里斯朋特

Henry　亨利

Hephaestus (Vulcan)　赫夫斯塔斯（火神）

Hera (Juno)　喜拉

Heraclea　喜拉克里亞

Hermes　赫爾穆斯

Herodotus　希羅多德

Hesiod　赫西奧德

Hestia (Vesta)　海斯西亞（司灶女神）

Hinduism　印度教

Hindustan　印度斯坦

Hipparchus　喜巴古斯

Hippias　西皮亞斯

Hippocrates　希波克拉提斯

Hira, Mount　希拉山

Hittites, the　西臺人

Hobbes, Thomas　霍布士

Holbein, Hans　霍爾本

Holocene Epoch, the　全新世

Homo erectus　直立人

Homo habilis　巧人

Homo neanderthalis (Neanderthal Man)　尼安德爾人

Louvain　魯汶

Lower Egypt　下埃及

Lübeck　盧比克

Lucania　盧加尼亞

Lucca　盧加

Lucretius　呂克里修斯

Luxor　盧克索

Lycurgus　賴考柯斯

Lydia　里迪亞

Lysander　賴山德

Lysimachus　李西馬柯斯

M

Macedonia　馬其頓

Machiavelli, Niccolò　馬基維里

Madjapahit　滿者伯夷

Magadha　摩揭陀

Magyars, the　馬札兒人

Mahabharata　大戰書

Mahavira, Vardhamana　馬哈瓦拉

Maine　梅因

Mainz　梅因茲

Malaga　馬拉格

Mali　馬利

Maliakós, Gulf of　馬里亞克斯灣

Manetho　馬奈圖

Manichaeism　摩尼教

Mantua　曼圖亞

Manzikert　馬佐克特

Maratha, the　馬拉達人

Marathon　馬拉松

Marcellus　馬賽拉斯

Marduk　馬度克

Maria　瑪利亞

Marius, Gaius　馬里烏斯（馬留）

Marlowe, Christopher　馬婁

Marmora, Sea of　瑪莫拉海

Mars (Ares)　馬爾斯（戰神）

Masaccio　馬薩其奧

Massys (Metsys), Quentin　麥西斯

Matilda　馬狄斯

Matthias　馬提亞

Mauritania　茅里塔尼亞

Maurya Dynasty, the　孔雀王朝

Maximilian I　麥西米連一世

Maya　瑪雅

Mayan Civilization, the　瑪雅文明

Mecca　麥加

Medes, the　米提人

Media　米提亞

Medici, the　麥地西家族

Mediterranean Sea, the　地中海

Megalopolis　米格洛波里斯

Megara　米格拉

Melos　米洛斯

Memory　曼莫瑞

Memphis　孟斐斯

Menander　米南德

Menelaus　曼尼勞斯

Menes　曼尼斯

Menkaure (Menkure)　曼考爾

Mercia　麥西亞

Mercury　墨丘利

Merovingians, the　梅洛文琴王朝

Nero　尼祿

Nerva　尼爾瓦

Neustria　紐斯垂亞

New Empire, the　新帝國時期（埃及）

New Kingdom　新王國時期（埃及）

Nicaea　尼西亞

Nicephorus I　奈斯普魯斯一世

Nicomedia　尼克米迪亞

Nile, the　尼羅河

Nimurud　尼米魯德

Nineveh　尼尼微

Nippur　尼勃爾

Nirurta　寧諾達

Noah　挪亞

Noricum　諾里柯穆

Normandy　諾曼地

Northumbria　瑙森伯里亞

Novgorod　諾夫哥勞特

Nubia　紐比亞

Numidia　紐米底亞

Nuremberg (Nürnberg)　紐倫堡

O

Octavian (Octavianus)　渥大維

Odoacer (Odovacar)　奧道阿塞（奧道瓦卡）

Odysseus (Ulysses)　奧德修斯

Odyssey　奧德賽

Oedipus　奧迪匹斯

Oeta, Mount　奧艾達山

Ogotai　窩闊臺

Old Kingdom, the　舊王國時期（埃及）

Olduvai Gorge　歐杜維峽谷

Olympia　奧林匹亞

Olympus, Mt.　奧林匹斯山

Omar (Umar)　奧馬

Omar Khayyám　奧馬・凱耶

Omayyad Caliphate, the　奧馬雅王朝

Oresteia　奧勒斯提亞

Orestes　奧勒斯提斯

Orléans　奧爾良

Osiris　歐西瑞斯

Ostrogoths, the　東哥德人

Otto I　鄂圖一世

Ottoman Empire, the　鄂圖曼帝國

Ovid　奧維德

Oxford　牛津

P

Padua　巴都亞

Palatine, the　巴拉丁

Palavas, the　巴拉瓦人

Paleolithic Period (Old Stone Age)　舊石器時代

Paleozoic Era, the　古生代

Palermo　巴勒摩

Panipat　巴尼巴德

Pannonia　般諾尼亞

Papacy (Papal States)　教宗國

Paris　巴里斯

Parnassus, Mt.　巴那薩斯山

Parsees (Parsis)　巴賽信徒

Parthenon　巴特農神廟

Parthia　安息（帕提亞）

伊朗史——創造世界局勢的國家

曾是「世界中心」的伊朗，如今卻轉變成負面印象的代名詞，以西方為主體的觀點淹沒了伊朗的聲音。本書嘗試站在伊朗的角度，重新思考那些我們習以為常的觀念與說法，深入介紹伊朗的歷史、文化、政治發展。伊朗的發展史，值得所有關心國際變化的讀者深入閱讀。

波蘭史——譜寫悲壯樂章的民族（二版）

十八世紀後期波蘭被強鄰三度瓜分，波蘭之所以能復國，正顯示波蘭文化自強不息的生命力。二十世紀「團結工會」推動波蘭和平改革，又為東歐國家民主化揭開序幕。波蘭的發展與歐洲歷史緊密相連，欲了解歐洲，應先對波蘭有所認識。

土耳其史——歐亞十字路口上的國家（增訂三版）

在伊斯蘭色彩的揮灑下，土耳其總有一種東方式的神秘感；強盛的國力創造出充滿活力的燦爛文明，特殊的位置則為她帶來多舛的境遇。且看她如何在內憂外患下，蛻變新生，迎向新時代的來臨。

奧地利史——藍色多瑙國度的興衰與重生

奧地利有著令世人屏息的絕美風光，音樂、藝術上更有登峰造極的傲人成就。這個位處「歐洲心臟」的國家，與德意志世界有著千絲萬縷的糾葛，其波瀾壯闊的歷史發展，造就了奧地利的璀璨與滄桑。讓我們嘗一口香甜濃郁的巧克力，聽一曲氣勢磅礡的交響樂，在阿爾卑斯山環繞的絕色美景中，神遊奧地利的古往今來。

越南史——堅毅不屈的半島之龍

龍是越南祖先的形象化身，代表美好、神聖的意義。這些特質彷彿也存在越南人民的靈魂中，使其永不屈服於強權與失敗，總能一次又一次的挺過難關，期盼就像是潛伏大地的龍，終有飛昇入天的一日。

澳大利亞史——古大陸·新國度（四版）

懸於大洋中的古澳大利亞大陸，長年與世隔絕，有著豐富的奇特物種、壯闊的山河土地。自十七世紀伊始，遙遠彼端的歐洲人、相去不遠的亞洲人，逐步至此建立家園，打造出如南十字星般耀眼的嶄新國度。

紐西蘭史——白雲仙境·世外桃源（三版）

對於紐西蘭，我們知曉南島的山川峽灣，如匠人般勾勒出壯闊的山巒天際；北島的火山地景，隨人在瞭望中任憑想像馳騁。其人文歷史，就有如白雲仙境之霧，在迷濛中不被世人所知。殖民統治下的歷史痕跡、多元族群間的衝突融合，這座落於地球南端的世外桃源，還有待人們細細探尋！

墨西哥史——仙人掌王國（增訂三版）

馬雅和阿茲特克文明的燦爛富庶，成為歐洲人夢寐以求的「黃金國」，然而貪婪之心和宗教狂熱蒙蔽了歐洲人的雙眼，古老的印第安王國慘遭荼毒，淪為異族壓榨的工具，直至今日，身為強大美國的鄰居，墨西哥要如何蛻變新生，請拭目以待。

以色列史——改變西亞局勢的國家（增訂二版）

猶太民族歷經了兩千多年的漫長流散，終於在 1948 年宣布建立自己的國家以色列 。 為什麼猶太人會將巴勒斯坦視為記憶中永存的歷史家園?以色列與阿拉伯諸國的關係又是如何受到美國、蘇聯等強權的翻弄干預 ？以色列人與原本住在巴勒斯坦的阿拉伯人，究竟有無可能達成真正的和解共生 ？

約旦史——一脈相承的王國（二版）

位處於非、亞交通要道上的約旦，先後經歷多個政權更替，近代更成為以色列及阿拉伯地區衝突的前沿地帶 。 本書將介紹約旦地區的滄桑巨變，並一窺二十世紀初建立的約旦王國，如何在四代國王的帶領下，在混亂的中東情勢中求生存的傳奇經歷。

秘魯史——太陽的子民（增訂二版）

提起秘魯，便令人不得不想起神祕的古印加帝國。曾有人說，印加帝國是外星人的傑作，您相信嗎？本書將為您揭開印加帝國的奧祕，及秘魯從古至今豐富的文化內涵及歷史變遷。

埃及史——神祕與驚奇的古國（二版）

溫和的尼羅河為埃及帶來豐沛的水源 ， 孕育出埃及璀璨的上古文明。近代以來，埃及為對抗外來勢力的侵略，建立起民族獨立國家，並致力於現代化。本書以通俗易懂的文字描述埃及歷史文明的演進、主流文化與特色，帶你一探埃及的過去和現在。

南斯拉夫史——巴爾幹國家的合與分（三版）

已然解體的南斯拉夫，如同徘徊遊蕩的鬼魅，糾纏著巴爾幹半島的局勢發展；先後獨立的七個國家，時至今日仍舊相互牽絆、命運緊緊相繫。這個被稱為「火藥庫」的歐洲南方之境，能否在解體後獲得喘息？南斯拉夫的過往值得我們細數，探究成因，從歷史中找尋通往未來的答案。

南非史——彩虹之國

南非經歷了長久的帝國殖民與種族隔離後，終於在 1990 年代終結不平等制度，完成民主轉型。雖然南非一路走來如同好望角的舊稱「風暴角」般充滿狂風暴雨，但南非人期待雨後天晴的日子到來，用自由平等照耀出曼德拉、屠圖等人所祈願的一個「彩虹之國」。

國家圖書館出版品預行編目資料

世界通史／王曾才著.——三版二刷.——臺北市：三
民，2021
　　面；　公分

　ISBN 978-957-14-6831-0　（平裝）
　1. 世界史

711　　　　　　　　　　　　　　　109007236

世界通史

作　　者	王曾才
發 行 人	劉振強
出 版 者	三民書局股份有限公司
地　　址	臺北市復興北路 386 號 (復北門市)
	臺北市重慶南路一段 61 號 (重南門市)
電　　話	(02)25006600
網　　址	三民網路書店 https://www.sanmin.com.tw
出版日期	初版一刷 1993 年 2 月
	增訂二版十三刷 2019 年 9 月
	三版一刷 2020 年 7 月
	三版二刷 2021 年 9 月
書籍編號	S710040
I S B N	978-957-14-6831-0

三民書局